D1983453

Veronelli

WEINE AUS ITALIEN

5. Ausgabe

Redaktion

Daniel Thomases
und
Gigi Brozzoni

WILHELM HEYNE VERLAG
MÜNCHEN

Cuvée Imperiale Berlucchi

Flaschengärung

*Die Nr. 1 in Italien**

Jetzt auch in Deutschland, in den besten Lokalen, erhältlich.

Für weitere informationen:
C.M.R.
Handelsagentur G.b.R.
Bismark Str. 137
63065 OFFENBACH
Tel. 069/82361909
Fax 069/82361878

* Segment "Metodo Classico"

BERLUCCHI

Guido Berlucchi & C. S.r.l.
P.zza Duranti, 4 - 25040 Borgonato (Brescia) - ITALIEN
tel. ++49 30 984381 - fax ++49 30 9828347

Besuchen Sie unsere Kellerei, nahe dem Gardasee

Inhaltsverzeichnis

Vorwort

Meine Restaurant- und Weinführer haben ihren Ursprung in den sechziger Jahren, als sie unter dem Titel „Veronellis Guide zum genußvollen Italien" (22 Bände, einer für jede Region Italiens) erscheinen sollten. Den bescheidenen Fähigkeiten des Verlegers Livio Garzanti haben wir es zu verdanken, daß die Serie leider nie vervollständigt wurde. Die acht existierenden Bände beeindrucken jeden, der sie in den Händen hält.

Die Verlage Rizzoli, Mondadori usw., bei denen ich eine weitere Veröffentlichung versuchte, dachten nur an Globalisierung mit minimalem kulturellem Engagement: einfache Führer, anspruchslose Lektüren, die in der Lage sind, den Leser mit ein paar Symbolen und Zahlen in Sicherheit zu wiegen.

Als ich dieses Jahr beim „Giro d'Italia" für die Sportzeitung „Gazzetta dello Sport" berichtete, ging mir plötzlich ein Licht auf: zum Teufel mit der Globalisierung! Die Menschen, die Fans, mit dem Herzen beim Rennen, ignorieren keineswegs die sinnlichen Reize der Landschaft und des Gaumens. Diese Tatsache nahm ich in meine Berichterstattung auf, was die Menschen erfreute.

GAJA
GROMIS
GAJA DISTRIBUZIONE
BROLIO
Paolo Conterno
F.lli Cigliutti
Giacomo Bologna "Braida"
TRAVAGLINI
Roberto Voerzio
SCARZELLO
ELIO GRASSO
BOLLA
ALOIS LAGEDER
Allegrini
AZIENDA AGRICOLA E. PIRA & FIGLI
ALMONDO GIOVANNI
VINI TOROS
DORO PRINCIC

Die Weine Italiens...

FISCHER + TREZZA STUTTGART

PRINCIPIANO FERDINANDO
TERUZZI & PUTHOD
CLERICO
FORADORI
GOMBA BAROLO
FONTODI
CA' del BOSCO
LA SPINETTA
CASTELLO DI AMA
Poggio Antico
Nittardi®
SAN ROMANO
PALAZZONE
Banfi
CASTELLO DEI RAMPOLLA
TENUTA CAPARZO
CASTAGNOLI
LE FILIGARE
FRANCO M. MARTINETTI
AVIGNONESI
MOLINO
BRIC CENCIURIO
San Bartolomeo
PALAZZONE
CASANUOVA delle CERBAIE
GIACOMO CONTERNO
PRUNOTTO
Casale Marchese
REGALEALI
JACOPO POLI
Casanova di Neri
FEUDI DI SAN GREGORIO
CANEVEL SPUMANTI
VENEGAZZU Spumanti

...Visitenkarten des guten Geschmacks.

Fischer + Trezza Import GmbH
Ulmerstr. 150
70188 Stuttgart
Telefax: 0711 - 46 06 90 - 0
Telefon: 0711 - 46 06 70 - 0

Meine Reportagen vom „Giro d'Italia" erschienen unter dem Titel „Bianco, Rosso e Rosa" mit Berichten aus der aktuell gefahrenen Etappe und meiner provokativen Glosse „Veronellis Auge". Vielleicht ist es Ihnen bereits bekannt, daß mein Augenlicht langsam aber sicher erlischt, weshalb ich meine Beiträge lieber „Veronellis linkes Auge" genannt hätte, da ich auf diesem besser sehe. Das hätte jedoch einen unangenehmen politischen Ton bekommen. Ich stehe weder links noch rechts und schon gar nicht in der Mitte, ich bin eben ein freier Mann. Die Anarchisten hängen wie die Engel von Chagall in der Luft und so dachte ich mir, ich versehe meine Berichte mit dem göttlichen Dreieck. Der Erfolg inspirierte mich, auch dem vorliegenden Guide meine ganz persönlichen Bemerkungen hinzuzufügen. Somit gewinne ich meine Rolle als Mitverfasser wieder zurück.

Die Sonnen werden Weinen verliehen, die eine beständige, ausgezeichnete Qualität vorweisen, daher ändern sie sich, mit einigen seltenen Ausnahmen, von Jahr zu Jahr kaum. Gigi Brozzoni und Daniel Thomases haben die Einführung eines neuen Symbols, den Kometen, für Weine vorgeschlagen, die ihr Debüt im Führer mit einer Punktzahl ab 90/100 vorlegen. Ich habe ihre Entscheidung respektiert, obwohl man sich über die Wahl des Symbols streiten kann, da ein Komet in der Regel einmal vorüberzieht, um dann für immer oder sehr lange Zeit zu verschwinden.

Im Anschluß an das Vorwort finden Sie eine Liste mit Weinen, die mich in ihrer Vorzüglichkeit überrascht haben. Diese Liste führe ich unter der Bezeichnung „Chapeaux", was meine Bewunderung zum Ausdruck bringen soll: „Hut ab!"

Zum Abschluß eine Bemerkung zum Jahrgang 1998, der extrem schwierig und in vielen Fällen von starken Regenfällen im Oktober gestört wurde. Dennoch könnte es ein „Jahrhundertjahrgang" werden.

Luigi Veronelli

Roma
Das Hotel
"Hassler Villa Medici"
empfiehlt:
1899
SAN PELLEGRINO TERME
100
100 YEARS
SANPELLEGRINO S.p.A. - MILANO - ITALIEN
PELLEGRINO
MIT KOHLENSÄURE VERSETZT
HYDROGENCARBONAT-MINERAL
Analyseauszug des Instituts
Taunusstein vom 24.02.95
SAN PELLEGRINO
Das internationale
Mineralwasser.

Veronellis Chapeaux

„Hut ab!" vor diesen Weinen

ALTO ADIGE CABERNET LAFOA 1995, Produttori Colterenzio, *Appiano (Bolzano)*

ANFITEATRO 1995, Vecchie Terre di Montefili, *Greve in Chianti (Siena)*

ANTHOS 1995, Erste & Neue, *Caldaro (Bolzano)*

ARBEST BARBERA D'ASTI 1994, Bava, *Cocconato (Asti)*

AUREUS 1996, Josef Niedermayr, *Appiano (Bolzano)*

AVIÈ MOSCATO PASSITO 1996, Cascina Castlet, *Costigliole d'Asti (Asti)*

BATÀR 1996, Querciabella, *Greve in Chianti (Siena)*

BOLDO CABERNET SAUVIGNON 1997, Tre Monti, *Imola (Bologna)*

BRAIDE MATE CHARDONNAY 1995, Livon, *San Giovanni al Natisone (Udine)*

BRANIA DEL CANCELLO 1997, Fattoria Colle Verde, *Capannori (Lucca)*

BREG 1995, Josko Gravner, *Oslavia (Gorizia)*

CA' BOLANI SAUVIGNON FRIULI 1997, Ca' Bolani, *Cervignano del Friuli (Udine)*

CA' DI PIAN BARBERA D'ASTI 1996, Giuseppe Rivetti, *Castagnole Lanze (Asti)*

CANNETO AGLIANICO DEL VULTURE 1994, D'Angelo, *Rionero in Vulture (Potenza)*

CANTICO DELLA CROSIA BARBERA DEL MONFERRATO SUPERIORE 1996, Visconti Cassinis Ravizza, *Rosignano Monferrato (Alessandria)*

CAPANNELLE ROSSO BARRIQUE 1995, Capannelle, *Gaiole in Chianti (Siena)*

CAPICHERA VENDEMMIA TARDIVA 1997, Tenute di Capichera, *Arzachena (Sassari)*

COLLE MANORA 1995, Colle Manora, *Quargnento (Alessandria)*

COLLI BERICI CAMPO DEL LAGO MERLOT 1995, Villa Dal Ferro Lazzarini, *San Germano dei Berici (Vicenza)*

CORNELIUS CABERNET SAUVIGNON MERLOT DELL'ALTO ADIGE 1995, Produttori Colterenzio, *Appiano (Bolzano)*

DANIELE TREBBIANO D'ABRUZZO 1994, Dino Illuminati, Fattoria Nicò, *Controguerra (Teramo)*

DE MIRANDA ASTI 1996, Contratto, *Canelli (Asti)*

DESSERT 1994, Spia d'Italia, *Lonato (Brescia)*

DON ANSELMO AGLIANICO DEL VULTURE 1993, Paternoster, *Barile (Potenza)*

DUCA D'ARAGONA 1992, Francesco Candido, *San Donaci (Brindisi)*

DUCA SAN FELICE CIRÒ RISERVA 1993, Librandi, *Cirò Marina (Crotone)*

EMOZIONI BARBERA D'ASTI 1997, Tenaglia, *Serralunga di Crea (Alessandria)*

Vom Wein für jeden Tag bis zu Spitzengewächsen - über 300 auserlesene Weine u.a. von

Argiolas, Banti, Bortolomiol, Braida, Bucci, Caprili, Aldo Conterno, Costaripa, Felsina, Dal Forno, Drusian, Gastaldi, Germano, Grattamacco, Isole e Olena, Kante, Martinetti, Massolino, Murgo, Pelissero, Pira, Planeta, Plozner, Poliziano, Rivera, Santa Barbara, Santadi, Schreckbichl, Selvapiana, Spadafora, La Spinetta, Tedeschi, Terre Rosse, Tre Monti, Vallone, Valentini

ITALIEN FÄNGT BEI GARIBALDI AN.

In Italien gibt es 1.165.242 Winzer. Etwa 500 gehören zur Spitze. GARIBALDI importiert die Weine von 80 der besten.

EBERHARD SPANGENBERGS
GARIBALDI
WEIN IMPORT

Versand und Katalog: Frohschammerstraße 14, 80807 München,
Telefon 089/35 63 61 16, Telefax 089/359 29 29
Läden: 80634 München, Nymphenburger Straße 188, Tel. 089/168 97 38
80799 München, Schellingstraße 60, Tel. 089/272 09 06
81479 München-Solln, Diefenbachstraße 1, Tel. 089/74 91 11 59
79102 Freiburg, Talstraße 1a, Tel. 07 61/70 71 800

FALERNO 1995, Michele Moio, *Mondragone (Caserta)*
FELLINE PRIMITIVO DI MANDURIA 1997, Felline, *Manduria (Taranto)*
FOR DUKE 1996, Carmignani G. Fuso, *Montecarlo (Lucca)*
GALATRONA 1994, Fattoria Petrolo, *Mercatale Val d'Arno (Arezzo)*
GATTI ROSSO 1995, Enrico Gatti, *Erbusco (Brescia)*
GEWÜRZTRAMINER DELL'ALTO ADIGE 1996, Baron Widmann, *Cortaccia (Bolzano)*
GIUDARENA DOLCETTO DI DOGLIANI 1997, Giovanni Uria, *Farigliano (Cuneo)*
GRAGNANO 1997, Cantine Grotta del Sole, *Quarto (Napoli)*
GRATICCIAIA 1992, Vallone, *Lecce*
GRATTAMACCO ROSSO 1995, Podere Grattamacco, *Castagneto Carducci (Livorno)*
GRAVNER ROSSO 1994, Josko Gravner, *Oslavia (Gorizia)*
IL PENDIO ROSSO TERRE DI FRANCIACORTA 1995, Gianluigi Balestra, *Monticelli Brusati (Brescia)*
I SODI DI SAN NICCOLO' 1990, Poderi Castellare di Castellina, *Castellina in Chianti (Siena)*
ISONZO KOLAUS SAUVIGNON 1996, Pierpaolo Pecorari, *San Lorenzo Isontino (Gorizia)*
KASTELAZ GEWÜRZTRAMINER DELL'ALTO ADIGE 1997, Elena Walch, *Termeno (Bolzano)*
KASTLET CABERNET DELL'ALTO ADIGE 1996, Tenuta Schwarhof Loacker, *Bolzano*
LACRIMA DI MORRO D'ALBA 1997, Badiali & Candelaresi, *Morro d'Alba (Ancona)*
LA GENERALA BARBERA D'ASTI DI AGLIANO 1996, Bersano, *Nizza Monferrato (Alessandria)*
LA GENERALA BARBERA D'ASTI DI AGLIANO 1997, Bersano, *Nizza Monferrato (Alessandria)*
LA GIOIA DI RIECINE 1995, Riecine, *Gaiole in Chianti (Siena)*
LE CAGGIOLE VINO NOBILE DI MONTEPULCIANO RISERVA 1993, Il Macchione, *Montepulciano (Siena)*
LE FRACCE RIESLING RENANO 1996, Le Fracce, *Casteggio (Pavia)*
LE TRAME CHIANTI CLASSICO 1995, Podere delle Boncie, *Castelnuovo Berardenga (Siena)*
LIBURNIO 1994, Orlandi Contucci Ponno, *Roseto degli Abruzzi (Teramo)*
L'INNOMINATO SEMILLON – SAUVIGNON VENDEMMIA TARDIVA 1997, Fattoria del Buonamico, *Montecarlo (Lucca)*
MADÉGO CABERNET SAUVIGNON 1995, La Cappuccina, *Monteforte d'Alpone (Verona)*
MADRESELVA 1994, Casale del Giglio, *Le Ferriere (Latina)*
MANNA 1996, Franz Haas, *Montagna (Bolzano)*
MASSETO 1995, Ornellaia, *Bolgheri (Livorno)*
MIMOSA 1995, Colle Manora, *Quargnento (Alessandria)*
MONDONE MONFERRATO ROSSO 1995, Colonna, *Vignale Monferrato (Alessandria)*

MONNA CLAUDIA 1995, Rodano, *Castellina in Chianti (Siena)*
MONSORDO LA BERNARDINA 1997, Ceretto, *Alba (Cuneo)*
MONTALUPA SYRAH 1996, Famiglia Ascheri, *Bra (Cuneo)*
MONTECHIARI CABERNET 1995, Moreno Panattoni, *Montecarlo (Lucca)*
MORELLINO DI SCANSANO 1997, Acquaviva, *Montemerano (Grosseto)*
OLTRE PIEMONTE CHARDONNAY 1996, Tenaglia, *Serralunga di Crea (Alessandria)*
PALARI 1995, Salvatore Geraci, *Messina*
PASSAURUM 1997, Thurnhof, *Bolzano*
PETIT ROUGE 1996, Institut Agricole Regional, *Aosta*
PIAN DELLE VIGNE FIANO D'AVELLINO 1996, Feudi di San Gregorio, *Sorbo Serpico (Avellino)*
PIANO DI MONTEVERGINE TAURASI 1994, Feudi di San Gregorio, *Sorbo Serpico (Avellino)*
PIASTRAIA 1996, Michele Satta, *Castagneto Carducci (Livorno)*
PINOT NERO DEI COLLI TREVIGIANI 1995, Serafini-Vidotto, *Nervesa della Battaglia (Treviso)*
PODERE DEL BOSCO SYRAH 1996, Luigi D'Alessandro, *Cortona (Arezzo)*
POGGIO CILIEGIO 1996, Rascioni Cecconello, *Orbetello (Grosseto)*
POGGIO DEL CARDINALE COLLI ALBANI SUPERIORE 1996, Antiche Tenute Ducato dell'Ariccia, *Ariccia (Roma)*
RANCIA CHIANTI CLASSICO RISERVA, Felsina, *Castelnuovo Berardegna (Siena)*
RIBOLLA DEL COLLIO 1995, Josko Gravner, *Oslavia (Gorizia)*
RIBOTE DOLCETTO DI DOGLIANI 1996, Fratelli Porro, *Dogliani (Cuneo)*
ROSA DEL GOLFO 1997, Mirella Calò, *Alezio (Lecce)*
ROSAE RUCHE' 1996, Giuseppe Rinaldi, *Barolo (Cuneo)*
ROVERE MERLOT DEL TICINO 1995, Cantina Monti, *Cademario (Schweiz)*
RUJNO 1990, Josko Gravner, *Oslavia (Gorizia)*
SACRISASSI 1995, Le Due Terre, *Prepotto (Udine)*
SALGARI AMARONE 1991, Dario Salgari, *Negrar (Verona)*
SAN GIOVANNI FALERIO DEI COLLI ASCOLANI 1997, San Giovanni, *Offida (Ascoli Piceno)*
SANGIOVETO 1995, Badia a Coltibuono, *Gaiole in Chianti (Siena)*
SASSI GROSSI MERLOT DEL TICINO 1995, Gialdi, *Mendrisio (Schweitz)*
SCIACCHETRÀ CINQUE TERRE 1995, Cooperativa Agricoltura Riomaggiore, *Riomaggiore (La Spezia)*
SCIORIO CHARDONNAY DI COSTIGLIOLE 1996, Mauro Gozzellino, *Costigliole d'Asti (Asti)*
SCIRI NERO D'AVOLA 1995, COS, *Vittoria (Ragusa)*
SERPICO 1996, Feudi di San Gregorio, *Sorbo Serpico (Avellino)*

SURÌ VINSANT DOLCETTO DI DOGLIANI 1996, Carlo Romana, *Dogliani (Cuneo)*
TERRA DI LAVORO 1996, Fontana Falardi, *Sessa Aurunca (Caserta)*
TERRE BRUNE 1995, Cantina Sociale Santadi, *Santadi (Cagliari)*
TERRANO DEL CARSO 1991, Edi Kante, *Duino Aurisina (Trieste)*
TURRIGA 1993, Cantine Argiolas, *Serdiana (Cagliari)*
VERDUZZO DEI COLLI ORIENTALI DEL FRIULI 1993, Marco Lesizza, *Prepotto (Udine)*
VIGNA ADRIANA FRASCATI 1996, Castel de Paolis, *Grottaferrata (ROMA)*
VIGNA ALBARE SOAVE 1994, Umberto Portinari, *Monteforte d'Alpone (Verona)*
VIGNA D'ANTAN MERLOT E CABERNET DEL TICINO 1995, Guido Brivio, *Mendrisio (Schweiz)*
VIGNA DEI PRETI FRASCATI SUPERIORE 1997, Piero Costantini, *Monte Porzio Catone (Roma)*
VIGNA DEL DOSSO BARBAROSSA 1993, Fattoria Paradiso, *Bertinoro (Forlì)*
VIGNA MACCHIA DEI GOTI TAURASI 1995, Antonio Gaggiano, *Taurasi (Avellino)*
VIGNA ROCCOLO DEL CASALE OLTREPÒ' PAVESE RISERVA 1990, Cantina La Versa, *Santa Maria La Versa (Pavia)*
VIGNETO GUERA BARBERA D'ASTI 1994, Il Mongetto, *Vignale Monferrato (Alessandria)*
VIGNETO GUERA BARBERA D'ASTI 1995, Il Mongetto, *Vignale Monferrato (Alessandria)*
VIGNETO GUERA BARBERA D'ASTI 1997, Il Mongetto, *Vignale Monferrato (Alessandria)*
VIGNETO DI MONTE LODOLETTA VALPOLICELLA SUPERIORE 1993, Romano Dal Forno, *Cellore d'Illasi (Verona)*
VILLA NÒVARE CABERNET SAUVIGNON 1996, Bertani, *Negrar (Verona)*
VIN SANTO 1991, San Giusto a Rentennano, *Gaiole in Chianti (Siena)*

Jetzt testen!

Jetzt das neue abenteuer und reisen entdecken: 40 volle Seiten Titelthema + Essen und Trinken + Kurzreisen und Fernziele + Sport und Freizeit + Aktuelle Tips und Service + Menschen und Visionen

3 Hefte für nur 15,- DM im Miniabo

Sie sparen im Vergleich zum Einzelkauf 10,50 DM!

UNID DESIGN, München

abenteuer und reisen

Hier können Sie was erleben.

www.abenteuer-reisen.de

Jetzt im Mini-Abo für nur 15,- DM testen und 10,50 DM sparen:

Telefon 06172/670-408,

Fax 06172/670-535

(Bitte anfordern mit Kennwort: VERO99)

Die Redaktion

Daniel Thomases stammt aus Connecticut, hat an der Harvard University Sprachwissenschaft studiert und lebt seit 1971 in Florenz. Als geschätzter Kenner der italienischen Verhältnisse im Weinbereich arbeitet er mit zahlreichen italienischen und ausländischen Önologen und Fachzeitschriften zusammen (seit 1985 mit Veronelli), darunter Decanter, Wine, Fine Wine Folio und Wine Spectator.

Gigi Brozzoni, geboren und wohnhaft in Bergamo, arbeitet seit 1988 im Seminario Permanente Luigi Veronelli. Er ist Leiter der Zeitschrift „Il Consenso", Mitveranstalter von Kongressen, Veranstalter und Leiter von Kursen über sensorische Analyse und Autor der Veronelli-Kataloge „DOC- und DOCG-Weine" und „Märchenhafte Weine".

"La Versa"
1300 Hektar Weinberge in der Weingegend Oltrepò Pavese
seit 90 Jahren ganz von Hand gelesen
Seit 1905
verarbeitet die Kellerei La Versa ausschließlich eigene Trauben zu Wein und destilliert ausschließlich eigenen Trester
Oltrepò Pavese D.O.C.
Riserva
DONELASCO
DONELASCO
OLTREPÒ PAVESE
ROSSO RISERVA 1993
La Versa

Gault Millau

Kritisch und kompetent

848 Seiten
17. Ausgabe
DM 58,-
öS 423,- / sFr 52,50
ISBN 3-453-14654-9

536 Seiten
6. Ausgabe
DM 48,-
öS 350,- / sFr 44,50
ISBN 3-453-14655-7

Einleitung

Dieser Guide ist der letzte dieses Jahrtausends, was ich nicht anmerke um die Dramatik zu steigern, sondern weil das Ende einer Epoche der ideale Moment ist, um Schlußfolgerungen zu ziehen und – hoffentlich nicht rein aufzählende – Beurteilungen auszusprechen. Vor tausend Jahren war ein Großteil der europäischen Bevölkerung überzeugt, daß das Ende der Welt naht. Heute glauben nur noch Sektenanhänger daran, obwohl wir, die Überlebenden der historischen Hitzewelle von 1998 in Italien, uns gerne überzeugen lassen, daß das Ozonloch, die Waldbrände in den Tropen und die Emission giftiger Gase das Weltklima – hoffentlich nicht unwiderruflich – verändern. Vielleicht werden gegen Ende des nächsten Jahrhunderts, wenn andere Leute diesen Guide betreuen, die Nero d'Avola im Isarco-Tal angebaut und Mittel- und Süditalien geschätzte Standorte für die Produktion von Mango und Papaya sein.

Inzwischen gedeihen die italienischen Weinberge und die Hersteller beweisen, daß der Weinanbau goldene Zeiten erlebt. Ohne Übertreibung können wir feststellen, daß die Liebhaber italienischer Weine nie eine größere Auswahl hatten. Das neue Qualitätsniveau manifestiert sich in der Anzahl der neuen, mit Sonnen bewerteten Weine, sieben insgesamt, aus verschiedenen Regionen, Zonen, Rebsorten. Es sind viele, aber wir sind von ihrer Qualität absolut überzeugt.

Wir erinnern unsere Leser daran, daß wir langsam die schwierigen Jahrgänge der frühen 90er Jahre hinter uns lassen. Jahrgänge wie 1993, 1995, 1996 und 1997 bieten ernsthaften und engagierten Produzenten die Gelegenheit, zu beweisen, was man zustande bringen kann, wenn günstige metereologische Bedingungen gegeben sind – die Ergebnisse sprechen für sich.

Um dem Leser die Suche nach interessanten Neuigkeiten zu erleichtern, haben wir auch in dieser Ausgabe wieder zwei spezielle Indizes zusammengestellt. Der *Index der Kometen* (Seite 504) listet die Weine auf, die – obwohl völlig neu in diesem Führer – als echte Senkrechtstarter angesehen werden müssen, der Index *Neue Weine* (ab Seite 505) jene, die entweder zum ersten Mal oder nach langer Abwesenheit wieder im Führer erscheinen. Ein Gesamtverzeichnis aller im Buch bewerteten Weine sowie aller Wein-Produzenten finden Sie nach wie vor im *Index der Weine* (ab Seite 514) beziehungsweise im *Index der Produzenten* (ab Seite 629).

Auch dieses Jahr haben wir versucht, die Informationen über Hersteller und jeden ihrer Weine so ausführlich wie möglich zu präsentieren, um dem Leser eine schnelle Suche nach seinen Lieblingscharakteristika zu ermöglichen. Hierzu haben wir neue Kürzel und Symbole eingeführt.

„IGT" bezeichnet Weine mit Typischer Geographischer Indikation, die zwischen DOC- und Tafelwein anzusiedeln sind. Es entspricht der französischen Bezeichnung „Vins de Pays" oder der deutschen Bezeichnung „Landwein", betrifft mehr oder weniger große Gebiete und folgt einem einfachen, flexibel auslegbaren Regelwerk. Viele sehr gute italienische Weine, die die Bezeichnung DOC nicht führen dürfen, sind in der Bezeichnung „IGT" wiederzufinden.

„ha" bezeichnet die Größe in Hektar des Herkunftsweinbergs. Wenn ein Wein den Namen eines Weinbergs trägt, dann bezieht sich die Zahl auf die Größe dieses einen Weinbergs, ansonsten ist darunter die Gesamtgröße verschiedener Lagen zu verstehen, auch wenn diese nicht direkt beieinander liegen.

Die 🍾 bezieht sich auf die durchschnittliche Anzahl der hergestellten Flaschen, eine kleine Abweichung der Produktionsmenge bei unterschiedlichen Jahrgängen ist jedoch möglich.

⊙ steht für Weine mit einem guten Preis-Leistungsverhältnis und wird dann erteilt, wenn der Einführungspreis nicht über 10.000 Lire liegt und die Verkostung mindestens eine Bewertung von 85/100 ergeben hat. Dieses Merkmal bezeichnet also einen bestimmten Jahrgang und ist nicht unbedingt auf andere Jahrgänge übertragbar. Natürlich werden Sie vergeblich nach einem Barolo oder Brunello di Montalcino suchen, die lange und in Barriques ausgebaut werden. Aber Sie werden viele ausgezeichnete junge Weine oder Weine aus eher unbekannten Lagen vorfinden.

★ weist auf einen Wein hin, der sein Debüt im Führer gibt und bei der Verkostung eine Bewertung von mindestens 90/100 bekommen hat, also eine echte Entdeckung, die eine entsprechende Würdigung verdient.

Wie jedes Jahr, sind alle Weine ausschließlich nach ihrer Qualität bewertet worden, ohne Randfaktoren wie Preis, Produktionsmenge, Lage, verwendete Rebsorten und Produzent in Betracht zu ziehen. Alle guten Produzenten und Weine Italiens sind in unserem Guide willkommen, keine Region, keine Rebsorte wird bevorzugt, aber auch Ausgewogenheit ist nicht unser Ziel. Dieser Guide entsteht am Verkostungstisch und nicht im Büro.

Die Weine im Hauptteil haben wir aus Gründen der Übersichtlichkeit tabellarisch dargestellt. In der linken Spalte erfolgt die erste Bewertung mit unseren „Markenzeichen“ Stern und Sonne, in der rechten Spalte finden Sie eine genaue Klassifizierung und im Falle einer Blindverkostung die vergebene Punktzahl in Hundertsteln.

Die Sonnen und Sterne sind das Resultat einer sich über die Jahre ständig wiederholenden Verkostung eines Weines und stellen eine Gesamtbewertung dar. Die in Hundertsteln aufgeführten Punkte sind das Ergebnis einer einzigen Blindverkostung eines Jahrgangs. Somit können sich durchaus Differenzen hinsichtlich der Punkt- und Symbolbewertung ergeben. Die Kürzel G.B. (Gigi Brozzoni) und D.T. (Daniel Thomases) stehen für den jeweiligen Verkoster. Am Anfang des Buches finden Sie eine Aufstellung unserer bevorzugten Weine: die ✪ und die ★★★.

Seit einigen Jahren verwenden wir Symbole, um einen schnellen Überblick zu geben, wie die einzelnen Weine ausgebaut werden. Verstehen Sie diese bitte nur als allgemeinen Hinweis, da bei vielen Weinen der Ausbau weitaus komplexer ist, als sich mit ein oder zwei Symbolen darstellen ließe. Wir setzen diese auch nicht bewertend ein, sondern möchten dem Leser ein weiteres Kriterium bei seiner Auswahl zur Hand geben. Ein frischer Wein wird zum Beispiel fast immer in Stahltanks, ein komplexer, schwerer Wein fast immer in Holzfässern, meistens in Eichen-Barriques, ausgebaut.

Nach dem empfohlenen Jahrgang (🍷) finden Sie – innerhalb der Klammern mit dem Preishinweis (*Pk.*) – eines oder eine Kombination der folgenden Symbole:

N für Weine, die sofort für eine mehr oder weniger kurze Zeit in Tanks aus Stahl, Glaskeramik oder – seltener – Fiberglas ausgebaut werden, oder für Weine, bei denen man auf Grund der sofortigen Flaschenabfüllung nicht von Ausbau sprechen kann (ein typisches Beispiel hierfür ist der Moscato d'Asti).

H für Weine, die für einen längeren Zeitraum in Holzfässern (normalerweise Eichenholz) mit mittlerem bis großem Fassungsvermögen (auch über 500 Liter) ausgebaut werden. Bei einigen DOC- und DOCG-Weinen, die eigentlich in Barriques ausgebaut werden, haben wir trotzdem dieses Symbol verwendet, wenn der Barrique-Ausbau die Charakteristika der natürlichen Reifung nur unwesentlich beeinflußt hat.

COLLECTION ROLF HEYNE

Guides für Kenner und Genießer

216 Seiten
ISBN 3-453-09756-4

256 Seiten
ISBN 3-453-08039-4

232 Seiten
ISBN 3-453-08706-2

268 Seiten
ISBN 3-453-11528-7

Jeder Band gebunden,
DM 44,- / öS 321,- / sFr 41,-

HEYNE

B für Weine, die in Eichen-Barriques (225 Liter) oder generell in Holzfässern ausgebaut werden (Pièce, Tonneau usw.), deren Fassungsvermögen nicht größer als 600 Liter ist. Meistens verwenden wir dieses Symbol bei Tafelweinen. Bei DOC- und DOCG-Weinen wird es nur benutzt, wenn der Ausbau in Barriques auch wirklich Auswirkungen auf den Charakter des Weines hat, oder wenn ein Hersteller ein und dieselbe Lage unterschiedlich ausbaut. Außerdem wird der Vin Santo mit diesem Symbol versehen, der einem komplexen Ausbau in Barriques von unterschiedlicher Größe (50–200 Liter) und Holzart unterzogen wird.

Die oben genannten Symbole können auch kombiniert erscheinen. In diesen Fällen kann der Ausbau gleichzeitig oder nacheinander nach unterschiedlichen Methoden stattfinden. Es gibt z. B. Weine, die teils in Stahltanks, teils in Holzfässern, oder zuerst in Stahltanks und dann in Holzfässern ausgebaut werden. Die Reihenfolge der Symbole zeigt Ihnen die Gewichtung der einzelnen Ausbaustufen an. Für Schaumweine beziehen sich die Symbole natürlich auf den Grundausbau und nicht auf den eigentlichen Gärungsprozeß.

Die restlichen Symbole erklären sich wie folgt:

★ guter Wein

★★ sehr guter Wein

★★★ hervorragender Wein

♣ ein guter, sehr guter oder hervorragender Wein, der zum ersten Mal aufgenommen wurde. Ist ein Hersteller zum ersten Mal vertreten, erscheinen alle Weine mit einem Kleeblatt.

○ wird nur an sehr, sehr wenige Weine vergeben, die einen absoluten Qualitätsanspruch erfüllen.

🍷 empfohlene Jahrgänge eines Weines. Wundern Sie sich bitte nicht, daß einige Jahrgänge fast nicht vorhanden sind. Dies erklärt sich alleine dadurch, daß sie unseren Qualitätsansprüchen nicht genügen.

o.J. ohne Angabe des Jahrgangs (Verkostung)

Pk. Preiskategorie (A–F)

❀ Basisrebsorten, wenn möglich mit verwendetem Prozentsatz. Bei DOC- und DOCG-Weinen, die den rechtlichen Bestimmungen unterliegen, sowie bei Tafelweinen, die den Namen der Rebsorte führen, haben wir auf gesonderte Nennung verzichtet.

Die Preise werden in 6 Kategorien von A bis F angegeben:

A bis 6.000 Lire
B bis 10.000 Lire
C bis 15.000 Lire
D bis 20.000 Lire
E bis 30.000 Lire
F über 30.000 Lire

Diese Preise wurden auf der Basis von Produzentenangaben erstellt und beziehen sich auf die Kalkulation ab Hersteller inklusive Mehrwertsteuer. Die Marktpreise sind also etwas höher anzusetzen. Standen uns keine Informationen zur Verfügung, so wurde der ungefähre Marktpreis ermittelt. Eine Verifizierung Ihrerseits ist also zu empfehlen. Bei Weinen, die nur in Flaschen zu 0,375 l oder 0,5 l geliefert werden, haben wir aus Gründen der Vergleichbarkeit den Preis auf 0,75 l hochgerechnet.

Durch die Neuregelung der Herkunftsbezeichnung wurden viele DOC-Weine zu DOCG-Weinen und Tafelweine zu IGT-Weinen (Indicazione Geografica Tipica). Wundern Sie sich also beim Kauf nicht über eine abweichende Bezeichnung.

Auf den Seiten 485 bis 503 finden Sie eine ausgiebige Auswahl an Weinen der italienischen Schweiz, die von Rocco Lettieri zusammengestellt und bearbeitet wurde. Die Bewertung erfolgte nach seinen subjektiven Parametern.

Wir haben am Anfang auf die Anzahl der neuen Sonnen hingewiesen und viele Leser werden sich gleich auf die Suche nach hochbewerteten Weinen machen. Es ist eine logische und unweigerliche Tatsache: Es sind die großen Weine, die Interesse und Emotionen wecken, die Bewegung bringen und die eine früher unbekannte Lage plötzlich aufwerten. Es wäre jedoch ein großer Fehler, das Ansteigen der Zahl der guten Hersteller in schon bekannten Lagen und das der neuen, vielversprechenden Produzenten zu übersehen. Es ist bekannt, daß der italienische Qualitätswein seine Ursprünge in Piemont, der Toskana und Friaul hat. In den letzten Jahren jedoch haben die Weine in Südtirol, Umbrien und auch auf den Inseln einen gewaltigen Qualitätssprung gemacht. In dieser Ausgabe kann man ähnliche positive Ergebnisse in Marken, Latium und verschiedenen Lagen in Süditalien auffinden. Wir können also daraus schlußfolgern, daß die Schlacht um die Qualität dort gewonnen wurde, wo es wirklich zählt: im Gewissen der einzelnen Hersteller, die jetzt die Reaktion des Markts auf diese Qualitätssteigerung erfahren. Dem Italien des dritten Jahrtausends wird dann wahrscheinlich – vielleicht zum ersten Mal seit den Zeiten Vergils – der Name „Enotria“ gerecht: Land des Weines.

Daniel Thomases

Ab sofort im guten Zeitschriftenhandel oder im Hauptbahnhof für 16,– DM erhältlich

Abo-Hotline: 01 30 / 18 77 88

COUNTRY STYLE *gewährt Ihnen viermal im Jahr Einblicke in die schönsten Häuser auf dem Lande in Deutschland, in der Toskana, der Provence und auf Mallorca. Die Frühjahrsausgabe präsentiert Ihnen unter anderem die Finca einer bekannten Designerin auf der Baleareninsel, lädt Sie ein in eine traditionsreiche Stoffweberei und gibt Ihnen Einkaufs- und Restauranttips von Insidern. Weiterhin öffnen wir Ihnen die Tore einer romantischen Mühle in der Provence und entführen Sie nach Grasse ins Reich der Düfte.*

Vom Herausgeber besonders empfohlene Weine

Im folgenden finden Sie eine Aufstellung unserer bevorzugten Weine: die ☼ und ★★★. Die mit einem * gekennzeichneten Weine wurden erstmals in der Ausgabe 1999 mit einer Sonne oder mit drei Sternen bewertet.

☼

Amarone della Valpolicella Vigneto di Monte Lodoletta*, *Dal Forno Romano* S. 449
Barbaresco Santo Stefano di Neive, *Giacosa Bruno* S. 216
Barbaresco Sorì Tildin, *Gaja* S. 142
Barbera d'Asti Superiore Bricco dell'Uccellone, *Braida di Giacomo Bologna* S. 225
Barolo Bricco Bussia Vigna Cicala, *Conterno Aldo* S. 203
Barolo Bricco Rocche, *Ceretto* S. 136
Barolo Riserva Monfortino, *Conterno Giacomo* S. 204
Barolo, *Mascarello Bartolo* S. 148
Breganze Torcolato Riserva Acininobili, *Maculan* S. 449
Brunello di Montalcino Riserva Vigneti dei Cottimelli, *Fuligni* S. 346
Brunello di Montalcino Riserva, *Case Basse* S. 342
Brunello di Montalcino, *Cerbaiona* S. 343
Camartina, *Querciabella* S. 328
Castello di Ama Vigna L'Apparita, *Castello di Ama* S. 320
Cepparello, *Isole e Olena* S. 296
Cervaro della Sala Umbria, *Castello della Sala* S. 439
Dolcetto d'Alba Coste*, *Vajra Giuseppe Domenico* S. 151
Dolcetto di Dogliani Briccolero, *Chionetti Quinto* S. 175
Flaccianello della Pieve Colli della Toscana Centrale, *Fontodi* S. 381
Fontalloro Toscana, *Felsina* S. 310
Gaia e Rey, *Gaja* S. 143
Isonzo Sauvignon Vieris*, *Vie di Romans* S. 55
Le Pergole Torte, *Montevertine* S. 392
Maurizio Zanella, *Cà del Bosco* S. 106
Moscato d'Asti La Galeisa, *Caudrina* S. 169
Orizzonte, Rosso del Malcantone*, *Christian Zundel* S. 492
Patriglione, *Taurino Cosimo* S. 12
Percarlo, *San Giusto a Rentennano* S. 323
Recioto di Soave I Capitelli, *Anselmi Roberto* S. 461
Rosso della Centa*, *Borgo del Tiglio* S. 43
San Leonardo*, *San Leonardo* S. 421
Solaia, *Antinori* S. 316
Terre di Franciacorta Chardonnay, *Cà del Bosco* S. 106
Trebbiano d'Abruzzo, *Valentini* S. 2

SIEMENS

„Profikeller“ für Weinkenner

Weinkenner kommen auf ihre Kosten.

Der Siemens-Weinlager-Kühlautomat VINOTHEQUE KD 40 W 00 lagert Weinflaschen vorbildlich. Mit der richtigen Lagertemperatur.

Mit der erforderlichen Dunkelheit und Ruhe, um die Qualität des Weins voll zur Entfaltung zu bringen.

Wein optimal gelagert.

Auf 14 herausnehmbaren Spezial-Flaschenrosten haben bis zu 167 Flaschen (0,7 Liter) oder 138 Flaschen (1,0 Liter) beste Lagerbedingungen. Und das extrem sparsam. (Energieverbrauch in 365 Tagen 161 kWh).

Weinlager-Kühlautomat VINOTHEQUE von Siemens.

195 cm hoch, 66 cm breit, 66 cm tief.

★★★

New Age.
Harmony
harmony
Clarity
clarity
Wellbeing
wellbeing
FONTANA CANDIDA
Frascati
SUPERIORE
FONTANA CANDIDA
NUOVA ERA DI UN MITO

Wo finden Sie die interessantesten Immobilien-Angebote weit und breit?

In Europas größtem Immobilien-Magazin.

Das große Immobilien-Magazin präsentiert jeden Monat über 3000 Häuser, Wohnungen und Ferien-Domiziele im In- und Ausland zum Kaufen und zeigt die Angebote übersichtlich mit aussagekräftigen Fotos, Preisen und Ansprechpartnern. BELLEVUE ist der kompetente Ratgeber für alle, die Grundbesitz erwerben wollen: Experten beraten Sie bei Finanzierung, Steuervorteilen, Recht und geben Ihnen wertvolle Tips bei der Suche nach dem passenden Objekt.
BELLEVUE jetzt auch im Internet unter: www.bellevue.de

Fordern Sie jetzt Ihr kostenloses Probeexemplar an!

Einfach anrufen unter: 0781 / 639 69 97

COLLECTION ROLF HEYNE

Grappa – die Passion des Genießers

Ein ebenso reizvoller wie kenntnisreicher Überblick über den geistvollen Vetter des italienischen Weins.

176 Seiten, ca. 120 Farbabbildungen, gebunden
DM 58,- / öS 423,- / sFr 52,50 · ISBN 3-453-14924-6

Nicht ohne diesen Guide durch die Toskana!

Eine Palette von 55 authentischen Speiselokalen der Toskana, die zu genußvollen Exkursionen einladen.

272 Seiten, ca. 180 Farbabbildungen, gebunden
DM 48,- / öS 350,- / sFr 44,50 · ISBN 3-453-15493-2

Viva la pizza vera!

Dieses Buch enthält noch mehr, als die äußere Hülle (Originalverpackung vom Pizza-Heimservice) verspricht: Hier werden die großen Pizza-Klassiker samt ihren Originalrezepten und auch Neuschöpfungen mit vielen Fotos präsentiert.

168 Seiten,
mit ca. 140 Farbabbildungen,
gebunden, verpackt in
einer Pizzaschachtel
DM 39,80 / öS 291,- / sFr 37,-
ISBN 3-453-14922-X

HEYNE

all in one.
Spieltechniken
Turnierberichte
Reisen
Ausrüstung
GOLF Journal
Abo Hotline:
07 11 / 72 52 -23

FOTO: NEIL KIRK
GENUSS HAT VIELE SEITEN
Probe-Abo: Zwei Ausgaben für DM 15,-
Telefon: 0800/1001759
Aktionsnummer: 615887 M
Winter 4/98
DM 8,50
ELLE bistro
Deco
Trendfarbe Rot – die schönsten Accessoires
Design
Küchen im Space-Look
Südafrika
Party: Fingerfood für viele Gäste
Fünf feine Gänge: Ganz relaxed genießen
Zwischendurch: Die pure Schoko-Lust
Festlich

Stilvoll nächtigen in Bella Italia...

So wird der Italien-Urlaub noch schöner: Ein topaktueller Überblick über reizvolle kleine Hotels und Pensionen, die eingehend geprüft wurden und hier ausführlich beschrieben sind. Dabei sind die tatsächlichen Wünsche der Reisenden berücksichtigt und zahlreiche nützliche Informationen beigegeben.

238 Seiten, Broschur
DM 28,-/öS 204,-/sFr 26,-
ISBN 3-453-15624-2

HEYNE

Veronelli

WEINE
AUS
ITALIEN

WILHELM HEYNE VERLAG
MÜNCHEN

VERONELLI

Goethe hätte sie geliebt …

1316 Seiten, gebunden
15. Ausgabe
DM 49,- / öS 358,- / sFr 45,50
ISBN 3-453-15616-1

380 Seiten, gebunden
1. Ausgabe
DM 39,- / öS 285,- / sFr 36,-
ISBN 3-453-15618-8

708 Seiten,
gebunden
5. Ausgabe
DM 48,-
öS 350,- / sFr 44,50
ISBN 3-453-15617-X

ATESSA (Chieti)

Nächste Autobahnausfahrt: Val di Sangro (A14).

Azienda Agricola **Terra d'Aligi**

Plz. 66041, via Piana La Fara 90, località Piazzano;
Tel. 0872/897916; Fax 897813.

Gründungsjahr: 1973. *Inhaber:* Familie Spinelli. *Kundenbetreuung:* die Inhaber. *Produktionsleitung:* Adriano Spinelli. *Agronom:* Vincenzo Spinelli. *Anbaufläche in ha.:* 40. *Besuchszeiten:* nach Vereinbarung. *Degustation:* in einer Probierstube.

DOC:

★★ Montepulciano d'Abruzzo, 🍷 1995 (N *Pk.* A ⊙) 1995 (D.T.) 85

★ Montepulciano d'Abruzzo Cerasuolo, 🍷 1997 (N *Pk.* A)

★ Trebbiano d'Abruzzo, 🍷 1997 (N *Pk.* A)

BOLOGNANO (Pescara)

Nächste Autobahnausfahrt: Torre dei Passeri (A25).

Azienda Agricola **Zaccagnini Ciccio**

Plz. 65020, contrada Pozzo; Tel. 085/8880195; Fax 8880288.

Gründungsjahr: 1978. *Inhaber:* Francesco Zaccagnini. *Kundenbetreuung:* Marcello Zaccagnini. *Produktionsleitung:* Concezio Marulli. *Anbaufläche in ha.:* 50. *Besuchszeiten:* Montag bis Freitag während der Geschäftszeiten. *Degustation:* in einer rustikalen Probierstube.

DOC:

★ Montepulciano d'Abruzzo, 🍷 1996 (ha 7 🍾 83.000 H *Pk.* B)

★★ Montepulciano d'Abruzzo Riserva, 🍷 1995 (ha 3 🍾 13.000 H B *Pk.* B)

Tafelwein:

★ Capsico Rosso, 🍷 1993 (ha 1,5 🍾 6.000 H B *Pk.* C) 🍇 Cabernet Franc

CONTROGUERRA (Teramo)

Nächste Autobahnausfahrt: San Benedetto del Tronto (A14).

Azienda Agricola **Illuminati Dino – Fattoria Nicò**

Plz. 64010, contrada San Biagio 18; Tel. 0861/808008; Fax 810004.

Gründungsjahr: 1890. *Inhaber:* Dino Illuminati. *Kundenbetreuung:* der Inhaber. *Produktionsleitung:* Claudio Cappellacci. *Anbau-*

fläche in ha.: 70. *Besuchszeiten:* täglich, außer Samstag nachmittags und Sonntag. *Degustation:* im Weinkeller.

DOC:

- ★ Controguerra Bianco Daniele, 🍷 1997 (H *Pk.* C)
- ★ Controguerra Bianco Loré, 🍷 1994 (B *Pk.* E)
- ★ Controguerra Chardonnay Cenalba, 🍷 1997 (N *Pk.* B)
- ★★ Montepulciano d'Abruzzo Lumen, 🍷 1994 (B *Pk.* D) 1994 (D.T.) 87
- ★★ Montepulciano d'Abruzzo Nicò, 🍷 1994 (H *Pk.* D)
- ★ Montepulciano d'Abruzzo Zanna, 🍷 1997 (H B *Pk.* C)

Azienda Agricola **Montori Camillo**

Plz. 64010, via Piane Tronto 65; Tel. 0861/809943; Fax 809912.

Inhaber: Camillo Montori. *Kundenbetreuung:* der Inhaber und Paola. *Produktionsleitung:* der Inhaber. *Besuchszeiten:* Montag bis Freitag, nach Vereinbarung. *Degustation:* in einer Probierstube neben dem kleinen Bauernmuseum.

DOC:

- ★★ Montepulciano d'Abruzzo Fonte Cupa, 🍷 1995 (ha 5 🍾 30.000 H B *Pk.* D)
- ★ Trebbiano d'Abruzzo Fonte Cupa, 🍷 der letzte (ha 10 🍾 90.000 N *Pk.* B)

Tafelwein:

- ★ Leneo d'Oro, 🍷 1995 (ha 1 🍾 10.000 B *Pk.* B) 🍇 Chardonnay und Trebbiano
- ★★ Leneo Moro, 🍷 1995 (ha 2 🍾 10.000 B *Pk.* D) 🍇 Montepulciano, Cabernet und Merlot

LORETO APRUTINO (Pescara)

Nächste Autobahnausfahrt: Loreto (A14).

Azienda Agricola **Valentini**

Plz. 65014, via del Baio 2; Tel. 085/8291138; Fax 8291138.

Inhaber: Edoardo Valentini. *Kundenbetreuung:* der Inhaber. *Produktionsleitung:* der Inhaber. *Besuchszeiten:* während der Geschäftszeiten, nach telefonischer Vereinbarung. *Degustation:* im Weinkeller.

DOC:

- ★★★ Montepulciano d'Abruzzo, 🍷 1992 und 1993 (H *Pk.* F)
- ★★ Montepulciano d'Abruzzo Cerasuolo, 🍷 1996 (H *Pk.* E)
- ○ Trebbiano d'Abruzzo, 🍷 1992 und 1993 (H *Pk.* E)

ROSCIANO (Pescara)

Nächste Autobahnausfahrt: Pescara ovest (A14).

Azienda **Marramiero**

Plz. 65020, Contrada Sant'Andrea 1; Tel. 085/8505766; Fax 8505766.

Gründungsjahr: 1994. *Inhaber:* Enrico Marramiero. *Kundenbetreuung:* Antonio Chiavaroli. *Produktionsleitung:* Romeo Taraborrelli. *Agronom:* Cesare Tiberio. *Anbaufläche in ha.:* 30. *Besuchszeiten:* Montag bis Freitag, von 8 bis 12 Uhr und von 14 bis 18 Uhr. *Degustation:* im Weinkeller.

DOC:

♣ Montepulciano d'Abruzzo Inferi, 🍷 1994 (ha 4 🍾 10.000 B *Pk.* C) 1994 (G.B.) 85

ROSETO DEGLI ABRUZZI (Teramo)

Nächste Autobahnausfahrt: Roseto degli Abruzzi (A14).

Azienda Agricola **Orlandi Contucci Ponno**

Plz. 64026, via Piana degli Ulivi 1, contrada Voltarrosto;
Tel. 085/8944049; Fax 8931206.

Gründungsjahr: 1970. *Inhaber:* Marina Orlandi Contucci. *Kundenbetreuung:* die Inhaberin. *Produktionsleitung:* Donato Lanati. *Anbaufläche in ha.:* 28,7. *Besuchszeiten:* Montag bis Freitag, von 17 bis 18.30 Uhr; Samstag von 10.30 bis 12.30 Uhr.

IGT:

♣ Colle Funaro, 🍷 1994 (ha 4,5 🍾 22.000 N B *Pk.* B⊙) 🍇 Cabernet Sauvignon und Cabernet Franc 1994 (D.T.) 87

♣ Liburnio, 🍷 1992 (ha 2,7 🍾 5.000 N B *Pk.* D) 🍇 Cabernet (80%) und andere Rebsorten (20%) 1992 (D.T.) 88

♣ Roccesco, 🍷 1997 (ha 0,2 🍾 12.000 N *Pk.* B⊙) 🍇 Chardonnay 1997 (D.T.) 86

Besonderes: Dieser Hersteller hat vielleicht ein für die Abruzzen ungewöhnliches Angebot, die Qualität der Weine steht jedoch außer Frage. (D.T.)

TOCCO CASAURIA (Pescara)

Nächste Autobahnausfahrt: Torre de' Passeri-Casauria (A25).

Azienda Agricola **Filomusi Guelfi Lorenzo**

Plz. 65028, via Filomusi Guelfi 11; Tel. 085/98353; Fax 98353.

Gründungsjahr: 1987. *Inhaber:* Lorenzo Filomusi Guelfi. *Kundenbetreuung:* der Inhaber. *Produktionsleitung:* Romano D'Amario.

Anbaufläche in ha.: 9,8. *Besuchszeiten:* nur nach Vereinbarung. *Degustation:* in einer Probierstube.

DOC:

★ Montepulciano d'Abruzzo Cerasuolo Ceppeto, 🍷 der letzte (ha 0,65 🍾 6.500 N *Pk.* A)

★ Montepulciano d'Abruzzo Vigna Fonte Dei, 🍷 1996 (ha 2,5 🍾 23.500 H *Pk.* B)

Tafelwein:

★ Le Scuderie del Cielo, 🍷 der letzte (ha 0,8 🍾 6.500 N *Pk.* B) 🍇 Chardonnay, Sauvignon und Malvasia Toscana

TOLLO (Chieti)

Nächste Autobahnausfahrt: Pescara sud (A14).

Cantina **Tollo**

Plz. 66010, viale Garibaldi; Tel. 0871/961726; Fax 962122.

Gründungsjahr: 1961. *Kundenbetreuung:* Goffredo Agostini und Maurizio Primavera. *Produktionsleitung:* Goffredo Agostini. *Besuchszeiten:* Montag bis Freitag, von 8 bis 12 Uhr und von 14 bis 18 Uhr. *Degustation:* in einer kleinen Taverne.

DOC:

★★ Montepulciano d'Abruzzo Cagiolo, 🍷 1995 (B *Pk.* C)

★ Montepulciano d'Abruzzo Colle Secco, 🍷 1995 (H *Pk.* A)

TORANO NUOVO (Teramo)

Nächste Autobahnausfahrt: San Benedetto del Tronto (A14).

Azienda Agricola Barone **Cornacchia**

Plz. 64010, località Le Torri; Tel. 0861/887412; Fax 88008.

Inhaber: Piero Cornacchia. *Kundenbetreuung:* der Inhaber. *Produktionsleitung:* Herr Marini. *Agronom:* Ettore Cardelli. *Besuchszeiten:* Montag bis Freitag, nach Vereinbarung. *Degustation:* in einer Probierstube.

DOC:

★★ Montepulciano d'Abruzzo Poggio Varano, 🍷 1995 (B *Pk.* B)

★★ Montepulciano d'Abruzzo Vigna Le Coste, 🍷 1995 (H *Pk.* B)

★ Trebbiano d'Abruzzo, 🍷 der letzte (N *Pk.* A)

AOSTA (Aosta)

Nächste Autobahnausfahrt: Aosta (A5).

Institut Agricole Regional

Plz. 11100, regione La Rochère 1/A; Tel. 0165/553304; Fax 553297.

Gründungsjahr: 1982. *Inhaber:* Fondazione Regione Valle d'Aosta und Casa Ospitaliera Gran San Bernardo. *Kundenbetreuung:* Sergio Aguettaz. *Produktionsleitung:* Grato Praz. *Agronom:* Luciano Rigazio. *Anbaufläche in ha.:* 6,5. *Besuchszeiten:* Montag bis Freitag während der Arbeitszeiten. *Degustation:* im Weinkeller.

DOC:

- ★★ Valle d'Aosta Chardonnay, 🍷 1996 (B *Pk.* D) 1996 (G.B.) 86
- ★ Valle d'Aosta Gamay, 🍷 der letzte (N *Pk.* B)
- ★ Valle d'Aosta Petit Rouge, 🍷 der letzte (N *Pk.* B)
- ★★ Valle d'Aosta Petite Arvine, 🍷 der letzte (N *Pk.* C) 1997 (G.B.) 86

Tafelwein:

- ♣ Elite, 🍷 der letzte (B *Pk.* D) 🍇 Viognier 1996 (G.B.) 88
- ★ La Comète, 🍷 der letzte (B *Pk.* D) 🍇 Sauvignon
- ★ Rouge du Prieur, 🍷 1996 (B *Pk.* D) 🍇 Grenache
- ★ Sang des Salasses, 🍷 1996 (B *Pk.* D) 🍇 Pinot Nero
- ★★ Tresor du Caveau, 🍷 1996 (B *Pk.* D) 🍇 Syrah 1996 (G.B.) 86
- ★★ Vin du Prevot, 🍷 1996 (B *Pk.* D) 🍇 Cabernet Sauvignon, Cabernet Franc und Merlot 1996 (G.B.) 88

ARNAD (Aosta)

Nächste Autobahnausfahrt: Verres (A5).

Bonin Dino

Plz. 11020, Pied de Ville 13; Tel. 0125/966067.

Inhaber: Dino Bonin. *Kundenbetreuung:* der Inhaber. *Produktionsleitung:* Cesarino Bonin. *Besuchszeiten:* Samstag und Sonntag, von Mai bis Oktober; in den übrigen Monaten nur auf Vereinbarung. *Degustation:* in einer Probierstube.

DOC:

- ★ Valle d'Aosta Arnad Montjovet, 🍷 der letzte (N H *Pk.* B)
- ★ Valle d'Aosta Müller-Thurgau, 🍷 der letzte (N *Pk.* B)
- ★ Valle d'Aosta Petite Arvine, 🍷 der letzte (N *Pk.* B)

ARVIER (Aosta)

Nächste Autobahnausfahrt: Aosta (A5).

Cooperativa **Co-Enfer**

Plz. 11011, via Corrado Gex 31 bis; Tel. 0165/99238.

Gründungsjahr: 1978. *Kundenbetreuung:* Vorstand Luigi Nardo. *Produktionsleitung:* Vincent Grosjean. *Besuchszeiten:* nur nach telefonischer Vereinbarung. *Degustation:* im Weinkeller.

DOC:

★ Valle d'Aosta Enfer d'Arvier, 🍷 der letzte ([H] *Pk.* C)

AYMAVILLES (Aosta)

Nächste Autobahnausfahrt: Aosta ovest (A5).

Viticulteur **Charrère Costantino**

Plz. 11010, frazione Les Moulins 28; Tel. 0165/902135; Fax 902758.

Gründungsjahr: 1955. *Inhaber:* Costantino Charrère. *Kundenbetreuung:* der Inhaber. *Produktionsleitung:* der Inhaber. *Agronom:* der Inhaber. *Besuchszeiten:* nur nach telefonischer Vereinbarung. *Degustation:* in einer Probierstube neben dem Weinkeller.

DOC:

★★ Valle d'Aosta Premetta, 🍷 der letzte ([N] *Pk.* C)
★ Valle d'Aosta Torrette, 🍷 der letzte ([N] *Pk.* C)

Tafelwein:

★ Les Fourches, 🍷 1996 ([N] *Pk.* D) 🍇 Grenache
★★★ Vin de La Sabla, 🍷 1995 und 1996 ([N] *Pk.* C) 🍇 Petit Rouge (50%) und Fumin (50%)

Azienda Agricola **Les Crêtes**

Plz. 11010, località Villetos 50; Tel. 0165/902274; Fax 902758.

Gründungsjahr: 1988. *Inhaber:* Costantino Charrère und Iolanda Plat. *Kundenbetreuung:* der Inhaber. *Produktionsleitung:* Vincent Grosjean. *Agronom:* der Inhaber. *Besuchszeiten:* nur nach telefonischer Vereinbarung. *Degustation:* in einer Probierstube.

DOC:

♣ Valle d'Aosta Chardonnay Cuvée Frissonnière, 🍷 1997 ([N] *Pk.* C) 1997 (G.B.) 89
★★ Valle d'Aosta Chardonnay Frissonnière Cuvée Bois, 🍷 1996 ([B] *Pk.* C) 1996 (G.B.) 86
★★ Valle d'Aosta Fumin Vigne La Tour, 🍷 der letzte ([N] *Pk.* C) 1996 (G.B.) 85

★★ Valle d'Aosta Petite Arvine Vigne Champorette, 🍷 der letzte (N *Pk.* C) 1997 (G.B.) 86
★ Valle d'Aosta Pinot Nero Vigne La Tour, 🍷 der letzte (N *Pk.* C)
★★ Valle d'Aosta Torrette Vigne Les Toules, 🍷 der letzte (N *Pk.* C)

Tafelwein:
★★ Côteaux La Tour, 🍷 1996 (B *Pk.* D) 🍇 Syrah 1996 (G.B.) 88
★ Le Rouge, 🍷 der letzte (N *Pk.* B) 🍇 Petit Rouge, Mayolet und Dolcetto
★ Syrah La Tour, 🍷 der letzte (N *Pk.* C)

CHAMBAVE (Aosta)

Nächste Autobahnausfahrt: Saint Vincent–Châtillon (A5).

Società Cooperativa **La Crotta di Vegneron**

Plz. 11023, piazza Roncas 2; Tel. 0166/46670; Fax 46543.

Gründungsjahr: 1890. *Inhaber:* Giuseppe Giuliano Aguettaz (Vorstand). *Kundenbetreuung:* der Vorstand oder der Kellermeister. *Produktionsleitung:* Andrea Costa. *Besuchszeiten:* nach Vereinbarung. *Degustation:* in einer Probierstube.

DOC:
★★ Valle d'Aosta Chambave Muscat, 🍷 der letzte (N *Pk.* B)
★★★ Valle d'Aosta Chambave Muscat Passito, 🍷 1995 (N *Pk.* E)
★ Valle d'Aosta Chambave Rouge, 🍷 der letzte (N *Pk.* A)
★★ Valle d'Aosta Fumin, 🍷 1996 (B *Pk.* B ⊙) 1996 (G.B.) 86
★ Valle d'Aosta Müller-Thurgau, 🍷 der letzte (N *Pk.* B)
★★ Valle d'Aosta Nus Malvoisie Fletri, 🍷 1995 (B *Pk.* E)
★ Valle d'Aosta Pinot Gris Fletri, 🍷 1995 (B *Pk.* D)

Voyat Ezio

Plz. 11023, via Arberaz 31; Tel. 0166/46139.

Gründungsjahr: 1860. *Inhaber:* Ezio Voyat. *Kundenbetreuung:* Familie Voyat. *Produktionsleitung:* der Inhaber, auch landwirtschaftlicher Leiter. *Anbaufläche in ha.:* 1,85. *Besuchszeiten:* während der Geschäftszeiten, nach telefonischer Vereinbarung. *Degustation:* in einer kleinen Taverne.

Tafelwein:
★ La Gazzella, 🍷 1996 (🍾 8.000 N *Pk.* C) 🍇 Moscato Bianco
★★ Passito Le Muraglie, 🍷 1995 (🍾 1.500 N *Pk.* F) 🍇 Moscato Bianco
★ Rosso Le Muraglie, 🍷 1996 (🍾 4.000 H *Pk.* C) 🍇 Petit Rouge, Gros Vien und Dolcetto

DONNAS (Aosta)

Nächste Autobahnausfahrt: Pont Saint Martin (A5).

Caves Cooperatives de **Donnas**

Plz. 11020, via Roma 97; Tel. 0125/807096.

Gründungsjahr: 1971. *Kundenbetreuung:* Giulio Follioley. *Produktionsleitung:* Massimo Bellocchia. *Agronom:* Stefania Dozio. *Besuchszeiten:* täglich, nach telefonischer Vereinbarung. *Degustation:* in einer kleinen Taverne.

DOC:

★ Valle d'Aosta Donnas, 🍷 1995 (H B *Pk.* B)

★ Valle d'Aosta Rosso Barmet, 🍷 der letzte (N *Pk.* B)

MORGEX (Aosta)

Nächste Autobahnausfahrt: Morgex (A5).

Azienda Agricola **Vevey Albert Maison**

Plz. 11017, strada Villair 57; Tel. 0165/808930; Fax 808930.

Gründungsjahr: 1968. *Inhaber:* Mario und Mirko Vevey. *Kundenbetreuung:* die Inhaber. *Produktionsleitung:* Mario Vevey. *Agronom:* Mirko Vevey. *Anbaufläche in ha.:* 1,5. *Besuchszeiten:* täglich, nach telefonischer Vereinbarung. *Degustation:* in einer Probierstube.

DOC:

★ Valle d'Aosta Blanc de Morgex et de La Salle, 🍷 der letzte (🍾 1.500 N *Pk.* B)

QUART (Aosta)

Nächste Autobahnausfahrt: Aosta (A5).

Fratelli **Grosjean – Maison Vigneronne**

Plz. 11020, frazione Ollignan 1; Tel. 0165/765283; Fax 765181.

Gründungsjahr: 1969. *Inhaber:* Fernando Grosjean. *Kundenbetreuung:* der Inhaber. *Produktionsleitung:* Vincent Grosjean. *Anbaufläche in ha.:* 4,7. *Besuchszeiten:* nach telefonischer Vereinbarung, Freitag und Samstag nur abends. *Degustation:* in einer Probierstube mit Platz für 20-30 Personen.

DOC:

♣ Valle d'Aosta Fumin, 🍷 1996 (🍾 1.000 H B *Pk.* C) — 1996 (G.B.) 85

★★ Valle d'Aosta Petite Arvine, 🍷 der letzte (🍾 8.700 N *Pk.* B ⊙) — 1997 (G.B.) 88

★ Valle d'Aosta Torrette, 🍷 der letzte (🍾 12.700 🄷 *Pk.* B)

Tafelwein:

★ Blanc de Dauphine, 🍷 der letzte (🄽 *Pk.* B) 🍇 Moscato

VILLENEUVE (Aosta)

Nächste Autobahnausfahrt: Aosta (A5).

Anselmet René et Fils

Plz. 11018, frazione La Cretes; Tel. 0165/95217; Fax 95217.

Gründungsjahr: 1978. *Inhaber:* Renato Anselmet. *Kundenbetreuung:* der Inhaber. *Produktionsleitung:* Giorgio Anselmet. *Agronom:* der Inhaber und sein Sohn. *Anbaufläche in ha.:* 1. *Besuchszeiten:* nach Vereinbarung.

DOC:

♣ Valle d'Aosta Chardonnay, 🍷 1997
(ha 0,2 🍾 1700 🄱 *Pk.* D) 1997 (G.B.) 85

♣ Valle d'Aosta Pinot Noir, 🍷 1997
(ha 0,6 🍾 4.000 🄱 *Pk.* C) 1997 (G.B.) 86

Die Symbole und ihre Bedeutung:

★	guter Wein
★★	sehr guter Wein
★★★	hervorragender Wein
○	wird nur an sehr, sehr wenige Weine vergeben, die einen absoluten Qualitätsanspruch erfüllen
♣	ein guter, sehr guter oder hervorragender Wein, der neu in diesen Führer aufgenommen wurde
★≈	ein hervorragender Wein, der neu in diesen Führer aufgenommen wurde und bei der Verkostung auf Anhieb mindestens 90 Punkte erhielt
🍷	empfohlene Jahrgänge eines Weines
ha 3,5	Anbaufläche in Hektar, auf der ein bestimmter Wein erzeugt wird
🍾	Anzahl der vom genannten Wein ausgebauten Flaschen
o.J.	ohne Angabe des Jahrgangs (Verkostung)
Pk.	Preiskategorie (A–F)
⊙	besonders gutes Preis/Leistungs-Verhältnis
🍇	Basisrebsorten, wenn möglich mit verwendetem Prozentsatz

ALEZIO (Lecce)

Nächste Autobahnausfahrt: Taranto oder Bari nord (A14).

Azienda **Calò Giuseppe e Figlio – Rosa del Golfo**

Plz. 73011, via Garibaldi 56; Tel. 0833/281045; Fax 0331/992365.

Gründungsjahr: 1939. *Inhaber:* Lina Calò. *Kundenbetreuung:* die Inhaberin. *Besuchszeiten:* täglich, nach telefonischer Vereinbarung. *Degustation:* im Weinkeller.

Tafelwein:

★ Bolina, 🍷 der letzte (N *Pk.* B) Verdeca (85%) und Chardonnay (15%)

★★★ Portulano, 🍷 1993 (H B *Pk.* B) Negro Amaro (90%) und Malvasia Nera (10%)

★★ Rosa del Golfo, 🍷 der letzte (N *Pk.* B) Negro Amaro (90%) und Malvasia Nera (10%)

★★ Scaliere di Rosa del Golfo, 🍷 der letzte (N *Pk.* B) Negro Amaro (90%) und Malvasia Nera (10%)

Besonderes: Mino Calò ist von uns gegangen, hat aber in seinem Keller vielversprechende Weine hinterlassen, darunter auch einen Fundus, der das Weingut in die Lage versetzen könnte, 1997 den ersten Quarantale seit 1988 herzustellen. (D.T.)

ANDRIA (Bari)

Nächste Autobahnausfahrt: Canosa (A14).

Azienda Vinicola **Rivera**

Plz. 70031, SS 98, km 19.800, Contrada Rivera;
Tel. 0883/569501; Fax 569575.

Gründungsjahr: 1953. *Inhaber:* Familien De Corato und Gancia. *Kundenbetreuung:* Carlo De Corato und Marcello Micheli. *Produktionsleitung:* Leonardo Palumbo. *Besuchszeiten:* Montag bis Freitag, nach telefonischer Vereinbarung. *Degustation:* in einer Probierstube.

DOC:

★★ Castel del Monte Il Falcone Riserva, 🍷 1995 (ha 13,6 80.500 N B *Pk.* C)

★ Castel del Monte Pinot Bianco Terre al Monte, 🍷 der letzte (ha 5,2 45.000 N *Pk.* B)

★ Castel del Monte Preludio N. 1, 🍷 der letzte (ha 8,7 79.000 N *Pk.* B)

★ Castel del Monte Sauvignon Terre al Monte, 🍷 der letzte (ha 7,2 65.000 N *Pk.* B)

★ Moscato di Trani Piani di Tufara, 🍷 1996 (ha 2,89 17.000 N B *Pk.* C)

CASTELLANETA (Taranto)

Nächste Autobahnausfahrt: San Basilio (A14).

Azienda Agricola **Colli della Murgia**

Plz. 74011, via T. Grossi 29, località Bellopiede;
Tel. 080/5481125; Fax 5484020.

Gründungsjahr: 1986. *Inhaber:* Franco Ventricelli und Valentino Di Benedetto. *Kundenbetreuung:* Gianni Cucchi und Valentino Di Benedetto. *Produktionsleitung:* Valentino Di Benedetto. *Agronom:* Franco Ventricelli. *Anbaufläche in ha.:* 20. *Besuchszeiten:* täglich, nach telefonischer Vereinbarung. *Degustation:* in einer Probierstube.

Tafelwein:

♣ Selvato, 🍷 1997 (ha 10 🍾 80.000 N *Pk.* C) 🍇 Aglianico und Sangiovese 1997 (G.B.) 85

COPERTINO (Lecce)

Nächste Autobahnausfahrt: Bari (A14).

Cantina Sociale di **Copertino**

Plz. 73043, via Martiri del Risorgimento 6;
Tel. 0832/947031; Fax 930860.

Gründungsjahr: 1935. *Kundenbetreuung:* Severino Garofano. *Produktionsleitung:* Severino Garofano. *Besuchszeiten:* Montag bis Freitag, von 8 bis 12 Uhr und von 15 bis 18 Uhr. *Degustation:* in einer Probierstube.

DOC:

★ Copertino Rosato, 🍷 der letzte (N *Pk.* A)

★★ Copertino Rosso Riserva, 🍷 1994 (N *Pk.* A ⊙) 1994 (D.T.) 86

Tafelwein:

★ Cigliano, 🍷 der letzte (N *Pk.* A) 🍇 Chardonnay

Masseria **Monaci**

Plz. 73043, località Tenuta Monaci; Tel. 0832/947512; Fax 947512.

Gründungsjahr: 1995. *Kundenbetreuung:* Severino Garofano. *Produktionsleitung:* Severino Garofano. *Anbaufläche in ha.:* 15. *Besuchszeiten:* Montag bis Freitag von 8 bis 12 Uhr und von 15 bis 18 Uhr. *Degustation:* in einer Probierstube.

IGT:

♣ I Censi Salento Rosso, 🍷 1995 (🍾 50.000 N B *Pk.* B ⊙) 🍇 Primitivo 1995 (D.T.) 86

♣ Simposia Salento Rosso, 🍷 1994 und 1995 (ha 6 🍾 50.000 N B *Pk.* B) 🍇 Negro Amaro (80%) und Montepulciano (20%) 1994 (D.T.) 85 + 1995 (G.B.) 85

GRAVINA DI PUGLIA (Bari)

Nächste Autobahnausfahrt: Trani (A14)

Cantina Cooperativa **Botromagno**

Plz. 70024, via Fratelli Cervi 12; Tel. 080/6965865; Fax 6969026.

Gründungsjahr: 1991. *Inhaber:* Familie D'Agostino. *Kundenbetreuung:* Beniamino D'Agostino. *Produktionsleitung:* Matteo De Rosa unter Beratung von Severino Garofano. *Agronom:* Matteo De Rosa. *Besuchszeiten:* nach telefonischer Vereinbarung. *Degustation:* in einer Probierstube.

DOC:

★★ Gravina, 🍷 der letzte (N *Pk.* A ⊙) 1997 (D.T.) 85

Tafelwein:

★★ Gravesano Malvasia Passita, 🍷 1992 (B *Pk.* C) 1992 (D.T.) 86

★★ Pier delle Vigne Rosso, 🍷 1992 und 1993 (B *Pk.* A ⊙)
Aglianico und Montepulciano 1993 (D.T.) 85

GUAGNANO (Lecce)

Nächste Autobahnausfahrt: Bari (A14), dann die Superstrada Brindisi–Lecce.

Azienda Agricola **Taurino Cosimo**

Plz. 73010, strada statale 605; Tel. 0832/706490; Fax 706242.

Gründungsjahr: 1972. *Inhaber:* Cosimo Taurino. *Kundenbetreuung:* Rita und Rosanna, Ehefrau und Tochter des Inhabers. *Produktionsleitung:* Severino Garofano. *Agronom:* Francesco Taurino. *Anbaufläche in ha.:* 120. *Besuchszeiten:* täglich, nach Voranmeldung. *Degustation:* in einem großen Probiersaal.

DOC:

★★ Salice Salentino Rosso Riserva, 🍷 1994 und 1995
(ha 70 950.000 H B *Pk.* C) 1995 (D.T.) 85

IGT:

★★ Chardonnay del Salento Taurino, 🍷 der letzte
(ha 2,5 15.000 N B *Pk.* C) 1997 (D.T.) 87

★★★ Notarpanaro Rosso del Salento, 🍷 1990 und 1993
(ha 35 450.000 H B *Pk.* C)
Negro Amaro 1993 (D.T.) 90

★★ Scaloti Rosato del Salento, 🍷 der letzte
(ha 5 25.000 N *Pk.* C) Negro Amaro 1997 (D.T.) 88

Tafelwein:

○ Patriglione, 🍷 1990 und 1993 (ha 10 41.500 B *Pk.* F)
Negro Amaro (90%) und
Malvasia Nera (10%) 1993 (G.B.) 92

Besonderes: Dr. Cosimo Taurino, einer der Meister des Weinbaus in Süditalien, hat entschieden, daß Gegenwart und Zukunft bedeutender seien als die glorreiche Vergangenheit. Aus dieser Überzeugung sind ein Rosato Scaloti von ganz neuer Qualität und ein Notarpanaro hervorgegangen, der dabei ist, das Niveau des Patriglione zu erreichen. Taurino kann in aller Ruhe in die Zukunft blicken: auch nach 20-25 Jahren sind seine Weine noch makellos, wie die Kostproben von Notarpanaro 1974 (90) und Patriglione 1979 (90) bewiesen haben. (D.T.)

LECCE (Lecce)

Nächste Autobahnausfahrt: Bari (A14), dann die Superstrada nach Lecce.

Agricole **Vallone**

Plz. 73100, via XXV Luglio 5; Tel. 0832/308041; Fax 243108.

Gründungsjahr: 1980. *Inhaber:* Vittoria und Maria Teresa Vallone. *Kundenbetreuung:* Donato Lazzari. *Produktionsleitung:* Severino Garofano. *Agronom:* Donato Lazzari. *Besuchszeiten:* nach telefonischer Vereinbarung. *Degustation:* in einer Probierstube in Castelserranova.

DOC:

★★ Brindisi Rosso Vigna Flaminio, 🍷 1995 (N H *Pk.* A)
★★ Salice Salentino Rosso, 🍷 1995 (N H *Pk.* A)

Tafelwein:

★ Corte Valesio, 🍷 der letzte (N *Pk.* A) 🍇 Sauvignon
★★★ Graticciaia, 🍷 1992 (B *Pk.* E) 🍇 Negro Amaro, auf der Darre getrocknet — 1992 (D.T.) 90
★★ Passo de Le Viscarde, 🍷 1994 (N B *Pk.* D) 🍇 Sauvignon (80%) und Malvasia Bianca (20%), beide getrocknet — 1994 (D.T.) 87

Besonderes: Der Graticciaia 1992 kann es mit den besten Rotweinen Süditaliens aufnehmen. (D.T.)

LOCOROTONDO (Bari)

Nächste Autobahnausfahrt: Bari nord (A14), dann die Superstrada nach Lecce.

Cantina Sociale di **Locorotondo**

Plz. 70010, via Madonna della Catena 99;
Tel. 080/9311644; Fax 9311213.

Gründungsjahr: 1932. *Kundenbetreuung:* Verkaufsleiter Donato Pinto. *Produktionsleitung:* Benedetto Lorusso. *Besuchszeiten:*

Montag bis Freitag, nach telefonischer Vereinbarung. *Degustation:* in einer Probierstube im Weinkeller.

DOC:

★ Locorotondo, 🍷 der letzte (N *Pk.* A)

★★ Locorotondo Vigneti in Tallinaio, 🍷 der letzte (N *Pk.* B)

MANDURIA (Taranto)

Nächste Autobahnausfahrt: Massafra (A14).

Azienda Agricola **Felline**

Plz. 74024, via Santo Stasi I, zona industriale;
Tel. 099/9711660; Fax 9711530.

Gründungsjahr: 1996. *Inhaber:* Antonio Perrucci. *Kundenbetreuung:* Alessia Perrucci. *Produktionsleitung:* Roberto Cipresso. *Agronom:* Fabrizio Perrucci. *Besuchszeiten:* Montag bis Freitag, nach Vereinbarung. *Degustation:* in einer Probierstube.

DOC:

★ Primitivo di Manduria, 🍷 1996 und 1997 (B *Pk.* B ⊙) 1997 (G.B.) 91

IGT:

♣ Alberello Rosso del Salento, 🍷 1997 (N *Pk.* A ⊙) Negroamaro und Primitivo 1997 (G.B.) 87

♣ Vigna del Feudo Puglia, 🍷 1997 (H B *Pk.* C) Montepulciano, Primitivo, Cabernet und Merlot 1997 (G.B.) 90

Azienda Vinicola **Soloperto Giovanni**

Plz. 74024, Strada Statale 7; Tel. 099/9794286; Fax 9794286.

Gründungsjahr: 1969. *Inhaber:* Giovanni Soloperto. *Kundenbetreuung:* Ernesto Soloperto. *Produktionsleitung:* der Inhaber. *Anbaufläche in ha.:* 12. *Besuchszeiten:* Montag bis Freitag, von 8 bis 13 Uhr und von 15 bis 18 Uhr, und Samstagmittag; im Sommer von 7 bis 14 Uhr. *Degustation:* in einer Probierstube.

DOC:

★ Primitivo di Manduria Ceppo Nuovo 14 gradi, 🍷 1992 (H *Pk.* B)

★★ Primitivo di Manduria Ceppo Vecchio 16 gradi, 🍷 1991 und 1992 (H *Pk.* B)

SALICE SALENTINO (Lecce)

Nächste Autobahnausfahrt: Bari (A14), dann Superstrada Bari–Brindisi–Lecce, Ausfahrt Squinzano.

Antica Azienda Vitivinicola dei Conti **de Castris Leone**

Plz. 73015, via Senatore De Castris 50;
Tel. 0832/733608; Fax 731114.

Gründungsjahr: 1665. *Inhaber:* Familie der Grafen Leone de Castris. *Kundenbetreuung:* Leonardo Pinto. *Produktionsleitung:* Leonardo Pinto. *Agronom:* Herr Leoni. *Besuchszeiten:* Montag bis Freitag, nach Vereinbarung. *Degustation:* in einer Probierstube mit 8 Sitzplätzen.

DOC:

- ★ Copertino Rosso, 1996 (ha 30 250.000 N *Pk.* A)
- ★★ Salice Salentino Rosso Donna Lisa, 1993 (ha 10 75.000 B *Pk.* E)
- ★ Salice Salentino Rosso Riserva, 1995 (ha 50 400.000 N H *Pk.* C)

IGT:

- ★ Five Roses Salento Rosato, der letzte (ha 50 250.000 N *Pk.* B) Negro Amaro (85%) und Malvasia Nera (15%)

SAN DONACI (Brindisi)

Nächste Autobahnausfahrt: Bari (A14), dann Superstrada Richtung Brindisi.

Azienda Vitivinicola **Candido Francesco**

Plz. 72025, via Armando Diaz 46; Tel. 0831/635674; Fax 634695.

Gründungsjahr: 1929. *Kundenbetreuung:* Alessandro Candido und Herr Picone. *Produktionsleitung:* Severino Garofano. *Agronom:* Pasquale Galluccio. *Besuchszeiten:* Montag bis Freitag, von 7.30 bis 12.30 Uhr und von 14 bis 17 Uhr. *Degustation:* in einer Probierstube.

DOC:

- ★★ Aleatico di Puglia, 1989 (H *Pk.* B)
- ★ Salice Salentino Rosato, der letzte (N *Pk.* A)
- ★★ Salice Salentino Rosso Riserva, 1994 (H *Pk.* A ⊙) — 1994 (D.T.) 85

Tafelwein:

- ★★ Cappello di Prete, 1994 (B *Pk.* B) Negro Amaro
- ★ Chardonnay Casina Cucci, der letzte (N *Pk.* B)

★★ Duca d'Aragona, 🍷 1992 (B *Pk.* D) 🍇 Negro Amaro (80%) und Montepulciano (20%) 1992 (D.T.) 88
♣ Paule Calle, 🍷 1995 (B *Pk.* D) 🍇 Chardonnay und getrocknete Malvasia 1995 (D.T.) 86
★ Vigna Vinera, 🍷 der letzte (B *Pk.* B) 🍇 Sauvignon

Besonderes: Der Aufstieg dieses Hauses geht weiter und der Duca d'Aragona ist sein Aushängeschild. (D.T.)

SAN PIETRO VERNOTICO (Brindisi)

Nächste Autobahnausfahrt: Bari (A14), dann Superstrada Richtung Brindisi.

Cooperativa Agricola **Santa Barbara**

Plz. 72027, via Maternità Infanzia 23; Tel. 0831/652749; Fax 652749.

Gründungsjahr: 1983. *Kundenbetreuung:* Pietro Giorgiani. *Produktionsleitung:* Pietro Giorgiani. *Anbaufläche in ha.:* 250. *Besuchszeiten:* Montag bis Freitag, von 8.30 bis 13.30 Uhr.

IGT:

♣ Bargaglio Salento, 🍷 1994 (ha 15 🍾 120.000 N H *Pk.* B ⊙) 🍇 Negro Amaro und Primitivo 1994 (G.B.) 85

TUGLIE (Lecce)

Nächste Autobahnausfahrt: Bari nord (A14).

Azienda Vinicola **Calò Michele & Figli**

Plz. 73058, via Masseria Vecchia 1; Tel. 0833/596242; Fax 596242.

Gründungsjahr: 1954. *Inhaber:* Michele Calò und Söhne. *Kundenbetreuung:* Fernando und Giovanni Calò. *Produktionsleitung:* die Inhaber unter Beratung von Beppe Bassi. *Anbaufläche in ha.:* 32,9. *Besuchszeiten:* täglich, nach telefonischer Vereinbarung. *Degustation:* in einer Probierstube.

DOC:

★ Alèzio Rosato Mjère, 🍷 der letzte (ha 15 🍾 45.000 N *Pk.* B ⊙) 1997 (D.T.) 85
★★ Alèzio Rosso Mjère, 🍷 1996 (ha 5 🍾 13.000 N H *Pk.* C) 1996 (D.T.) 87

IGT:

★ Bianco del Salento Mjère, 🍷 der letzte (ha 4,5 🍾 20.000 N *Pk.* B) 🍇 Verdeca (90%) und Chardonnay (10%)

Tafelwein:

★★ Rosso del Salento Vigna Spano, 🍷 1993
(ha 5,9 🍾 10.000 N B *Pk.* E) 🍇 Negro Amaro (90%) und Malvasia Nera (10%)

Besonderes: Der Vigna Spano wurde 1996 zum ersten Mal seit 1993 wieder produziert und das sehr gute Niveau des Mjère macht uns große Hoffnungen. (D.T.)

Diese fünf Symbole sind neu im Veronelli:

🍷 empfohlene Jahrgänge eines Weines

ha 3,5 Anbaufläche in Hektar, auf der ein bestimmter Wein erzeugt wird

🍾 Anzahl der vom genannten Wein ausgebauten Flaschen

★ ein hervorragender Wein, der neu in diesen Führer aufgenommen wurde und bei der Verkostung auf Anhieb mindestens 90 Punkte erhielt

⊙ besonders gutes Preis/Leistungs-Verhältnis

Die spezifische Art des Ausbaus der Weine wird im Buch durch folgende drei Symbole kenntlich gemacht:

N für Weine, die sofort für eine mehr oder weniger kurze Zeit in Tanks aus Stahl, Glaskeramik oder – seltener – Fiberglas ausgebaut werden.

H für Weine, die für einen längeren Zeitraum in Holzfässern (normalerweise Eichenholz) mit mittlerem bis großem Fassungsvermögen (auch über 500 Liter) ausgebaut werden.

B für Weine, die in Eichen-Barriques (225 Liter) oder generell in Holzfässern ausgebaut werden (Pièce, Tonneau usw.), deren Fassungsvermögen nicht größer als 600 Liter ist.

BARILE (Potenza)

Nächste Autobahnausfahrt: Candela oder Foggia (A16).

Azienda Vinicola **Paternoster**

Plz. 85022, via Nazionale 23; Tel. 0972/770224; Fax 770658.

Gründungsjahr: 1925. *Inhaber:* Giuseppe Paternoster und Söhne. *Kundenbetreuung:* Vito Paternoster. *Produktionsleitung:* Giuseppe Paternoster, auch landwirtschaftlicher Leiter, und Leonardo Palumbo. *Anbaufläche in ha.:* 6,5. *Besuchszeiten:* täglich, nach Voranmeldung. *Degustation:* in einer Probierstube.

DOC:

★★ Aglianico del Vulture, 🍷 1994 und 1995 (🍾 80.000 [H] *Pk.* B ⊙) — 1995 (D.T.) 85

★★★ Aglianico del Vulture Riserva Don Anselmo, 🍷 1992 und 1993 (ha 3,5 🍾 12.500 [H] [B] *Pk.* D) — 1993 (D.T.) 90

IGT:

★ Bianco di Corte, 🍷 1996 (ha 1,7 🍾 6.800 [N] [B] *Pk.* B ⊙) 🍇 Fiano — 1996 (D.T.) 85

★ Clivus, 🍷 der letzte (ha 1,4 🍾 7.000 [N] *Pk.* B) 🍇 Moscato

Besonderes: Der Weißwein des Hauses, der Fiano in Barrique, präsentiert sich als wertvoll und interessant, das Juwel der Serie ist jedoch der Don Anselmo, ein Aglianico, wie er im Buche steht. (D.T.)

RIONERO IN VULTURE (Potenza)

Nächste Autobahnausfahrt: Candela (A16).

Casa Vinicola **D'Angelo**

Plz. 85028, via Provinciale 8; Tel. 0972/721517; Fax 723495.

Gründungsjahr: 1940. *Inhaber:* Donato und Lucio D'Angelo. *Kundenbetreuung:* Donato D'Angelo. *Produktionsleitung:* Donato D'Angelo, auch landwirtschaftlicher Leiter. *Anbaufläche in ha.:* 15. *Besuchszeiten:* Montag bis Freitag, nach telefonischer Vereinbarung. *Degustation:* in einer Probierstube mit Platz für 8 Personen.

DOC:

★★ Aglianico del Vulture, 🍷 1995 (ha 4 🍾 150.000 [H] *Pk.* B ⊙) — 1995 (D.T.) 85

★★ Aglianico del Vulture Riserva Vigna Caselle, 🍷 1991 und 1993 (ha 3 🍾 30.000 [H] *Pk.* C) — 1993 (G.B.) 85

Tafelwein:

★★★ Canneto, 🍷 1993 und 1994 (ha 3 🍾 30.000 [B] *Pk.* D) 🍇 Aglianico — 1994 (D.T.) 90

Azienda Vinicola **Martino Armando**

Plz. 85028, via Lavista 2/A; Tel. 0972/721422; Fax 720005.

Gründungsjahr: 1942. *Inhaber:* Armando Martino. *Kundenbetreuung:* der Inhaber. *Produktionsleitung:* Giovanni Colucci. *Agronom:* Martino Armando. *Besuchszeiten:* mit Voranmeldung, Dienstag bis Samstag, von 9 bis 13 Uhr und von 16 bis 18 Uhr. *Degustation:* in einer Probierstube.

DOC:

★ Aglianico del Vulture, 1995 (H B *Pk.* C)

★★ Aglianico del Vulture Riserva, 1993 (H *Pk.* C)

Stilvoll nächtigen in Bella Italia...

So wird der Italien-Urlaub noch schöner: Ein topaktueller Überblick über reizvolle kleine Hotels und Pensionen, die eingehend geprüft wurden und hier ausführlich beschrieben sind. Dabei sind die tatsächlichen Wünsche der Reisenden berücksichtigt und zahlreiche nützliche Informationen beigegeben.

238 Seiten, Broschur
DM 28,-/öS 204,-/sFr 26,-
ISBN 3-453-15624-2

HEYNE

BERTINORO (Forlì)

Nächste Autobahnausfahrt: Forlì oder Cesena.

Vini Pregiati **Celli**

Plz. 47032, viale Carducci 5; Tel. 0543/445183; Fax 445183.

Gründungsjahr: 1966. *Inhaber:* Familien Sirri und Casadei. *Kundenbetreuung:* Mauro Sirri. *Produktionsleitung:* Carlo Savelli. *Agronom:* Rino Casadei. *Anbaufläche in ha.:* 39,7. *Besuchszeiten:* Montag bis Freitag, von 9 bis 12 Uhr und von 15 bis 19 Uhr. *Degustation:* in einer Probierstube mit Platz für 50 Personen.

DOCG:

★★ Albana di Romagna Passito Solara, 🍷 1995
(ha 1,8 🍾 4.000 B *Pk.* D)

DOC:

★★ Sangiovese di Romagna Riserva Le Grillaie, 🍷 1995
(ha 5,2 🍾 39.600 H B *Pk.* B)

★ Sangiovese di Romagna Superiore Le Grillaie, 🍷 1996
(ha 8,5 🍾 75.000 N *Pk.* A)

Fattoria **Paradiso**

Plz. 47032, via Palmeggiana 285; Tel. 0543/445044; Fax 444224.

Gründungsjahr: Ende des 19. Jahrhunderts. *Inhaber:* Mario Pezzi. *Kundenbetreuung:* Graziella Pezzi. *Produktionsleitung:* Maurizio Cavallar. *Agronom:* Herr Ringressi. *Anbaufläche in ha.:* 40. *Besuchszeiten:* täglich, nach Voranmeldung. *Degustation:* in einer Taverne-Önothek.

DOCG:

★ Albana di Romagna Dolce Vigna del Viale, 🍷 der letzte
(ha 1,65 🍾 20.000 N *Pk.* B)

DOC:

★ Cagnina di Romagna Vigna Giardino, 🍷 der letzte
(ha 2,32 🍾 26.000 N *Pk.* B)

★ Pagadebit di Romagna Vigna dello Spungone, 🍷 der letzte
(ha 1,9 🍾 18.000 N *Pk.* B)

★★ Sangiovese di Romagna Superiore Vigna delle Lepri, 🍷 1993
(ha 3,31 🍾 12.000 H B *Pk.* C) 1993 (D.T.) 85

Tafelwein:

★ Barbarossa di Bertinoro Riserva Vigna del Dosso, 🍷 1994
(ha 2,5 🍾 12.000 H B *Pk.* C)

BOMPORTO (Modena)

Nächste Autobahnausfahrt: Modena nord (A1).

Cantina **Bellei Francesco & C.**

Plz. 41030, via per Modena 80; Tel. 059/818002; Fax 818100.

Gründungsjahr: 1930. *Inhaber:* Giuseppe Bellei. *Kundenbetreuung:* Giorgio Battilani. *Produktionsleitung:* Giuseppe und Christian Bellei. *Agronom:* Giuseppe Bellei. *Besuchszeiten:* täglich, nach Voranmeldung. *Degustation:* im Weinkeller.

DOC:

★ Lambrusco di Sorbara Capsula Oro, 🍷 der letzte (N *Pk.* B)

Tafelwein:

★★ Spumante Brut Cuvée Francesco Bellei, 🍷 1995 (N *Pk.* D)
🍇 Chardonnay und Pinot Nero

★ Spumante Brut Millesimato, 🍷 1995 (N *Pk.* E)
🍇 Chardonnay und Pinot Nero

BRISIGHELLA (Ravenna)

Nächste Autobahnausfahrt: Faenza (A14).

Azienda Agricola **La Berta**

Plz. 48013, via Pideura 48; Tel. 0546/84998; Fax 663250.

Gründungsjahr: 1960. *Inhaber:* Marcello und Costantino Giovannini. *Kundenbetreuung:* die Inhaber. *Produktionsleitung:* Stefano Chioccioli, auch landwirtschaftlicher Leiter. *Besuchszeiten:* täglich, nach Vereinbarung. *Degustation:* in einer rustikalen Probierstube.

DOC:

★ Sangiovese di Romagna Superiore, 🍷 der letzte (N *Pk.* B)

★★ Sangiovese di Romagna Superiore Olmatello, 🍷 1995 (H *Pk.* B ⊙) 1995 (D.T.) 89

★ Sangiovese di Romagna Superiore Solona, 🍷 1997 (N *Pk.* B)

Tafelwein:

★★ Infavato, 🍷 der letzte (B *Pk.* E) 🍇 Malvasia 1995 (D.T.) 89

★ Pieve di Thò, 🍷 der letzte (N B *Pk.* B) 🍇 Chardonnay

Besonderes: Der aktuelle Olmatello ist noch besser als der 1994er, was eigentlich vorhersehbar war, da die Jahrgänge sich im Wert deutlich voneinander unterscheiden. Der Erfolg des Infavato erweckt den Eindruck, daß die Aufgabe der Produktion von Malvasia Passita seitens vieler Winzer im Gebiet zwischen der Toskana und der Emilia ein großer Fehler war. (D.T.)

CARPANETO PIACENTINO (Piacenza)

Nächste Autobahnausfahrt: Fiorenzuola d'Arda (A1).

Azienda Agricola **Montesissa Francesco e Figli**

Plz. 29013, frazione Rezzano, cascina Buffalora;
Tel. 0523/850123; Fax 850123.

Gründungsjahr: 1950. *Inhaber:* Francesco Montesissa. *Kundenbetreuung:* Gian Luigi Montesissa. *Produktionsleitung:* Sergio Galetti. *Agronom:* Gian Luigi Montesissa. *Besuchszeiten:* täglich, nach telefonischer Vereinbarung. *Degustation:* in einer Probierstube neben dem Weinkeller.

DOC:

- ★ Colli Piacentini Cabernet Sauvignon Case Ronchi, 🍷 1996 (B *Pk.* C)
- ★★ Colli Piacentini Gutturnio Riserva Bosco del Sole, 🍷 1994 (B *Pk.* B)
- ★ Colli Piacentini Pinot Nero Bosco del Sole, 🍷 1995 (B *Pk.* D)
- ★ Colli Piacentini Sauvignon, 🍷 der letzte (N *Pk.* B)

CASTEL BOLOGNESE (Ravenna)

Nächste Autobahnausfahrt: Imola oder Faenza (A14).

Azienda Agricola **Ferrucci**

Plz. 48014, via Casolana 3045/2; Tel. 0546/651068; Fax 651011.

Gründungsjahr: 1932. *Inhaber:* Stefano Ferrucci. *Kundenbetreuung:* der Inhaber. *Produktionsleitung:* Sergio Ragazzini. *Agronom:* Stefano Ferrucci. *Besuchszeiten:* täglich, nachmittags. *Degustation:* in einer kleinen Taverne.

DOCG:

- ★ Albana di Romagna Dolce, 🍷 der letzte (N *Pk.* B)
- ★ Albana di Romagna Passito, 🍷 1995 (N *Pk.* E)

DOC:

- ★★ Sangiovese di Romagna Riserva Bottale, 🍷 1993 (B *Pk.* D) — 1993 (D.T.) 87
- ★★ Sangiovese di Romagna Riserva Domus Caia, 🍷 1995 (B *Pk.* D) — 1995 (D.T.) 87

Besonderes: Es ist eine deutliche Verbesserung der Produktion dieses Herstellers sowie eine sorgfältige Verwendung von kleinen Holzfässern festzustellen. Außerdem läßt die Kostprobe vom Sangiovese 1997 erahnen, daß im Keller noch mehr interessante Sachen schlummern müssen. (D.T.)

CASTELLO SERRAVALLE (Bologna)

Nächste Autobahnausfahrt: Bologna Casalecchio oder Modena sud (A1).

Azienda Agricola **Vallona GMS**

Plz. 40050, località Fagnano, Sant'Andrea 203; Tel. 051/6703058; Fax 6703333.

Gründungsjahr: 1985. *Inhaber:* Maria Cavara. *Kundenbetreuung:* Maurizio Vallona. *Produktionsleitung:* Maurizio Vallona, auch landwirtschaftlicher Leiter. *Anbaufläche in ha.:* 13. *Besuchszeiten:* täglich, nach telefonischer Vereinbarung. *Degustation:* in einer kleinen Taverne.

DOC:

★★ Colli Bolognesi Cabernet Sauvignon, ▼ 1995 (ha 1,5 ▮ 6.000 H B *Pk.* B ⊙) 1995 (D.T.) 85

★★ Colli Bolognesi Chardonnay Riserva, ▼ der letzte (▮ 3.500 B *Pk.* B)

★ Colli Bolognesi Pignoletto Superiore, ▼ der letzte (▮ 10.000 N *Pk.* B)

★ Colli Bolognesi Sauvignon Superiore, ▼ der letzte (▮ 10.000 N *Pk.* B ⊙) 1997 (D.T.) 86

CASTELVETRO DI MODENA (Modena)

Nächste Autobahnausfahrt: Modena sud (A1).

Azienda Agricola **Graziano**

Plz. 41014, via Ossi 30; Tel. 059/799162.

Gründungsjahr: 1982. *Inhaber:* Vittorio Graziano. *Kundenbetreuung:* der Inhaber. *Produktionsleitung:* der Inhaber, auch landwirtschaftlicher Leiter. *Agronom:* der Inhaber. *Besuchszeiten:* nach telefonischer Vereinbarung.

DOC:

★★ Lambrusco Grasparossa di Castelvetro, ▼ der letzte (N *Pk.* B)

Azienda Agricola **Manicardi**

Plz. 41014, via Massaroni 1; Tel. 059/799000; Fax 790752.

Gründungsjahr: 1983. *Inhaber:* Enzo Manicardi. *Kundenbetreuung:* der Inhaber. *Produktionsleitung:* Mario Zanchetta. *Besuchszeiten:* mit Voranmeldung, Montag bis Freitag, von 8 bis 12 Uhr und von 14 bis 18.30 Uhr. *Degustation:* in einem großen Probiersaal.

DOC:

★ Lambrusco Grasparossa di Castelvetro, 🍷 der letzte (N *Pk.* A)

CIVITELLA DI ROMAGNA (Forlì)

Nächste Autobahnausfahrt: Forlì (A14).

Azienda Vitivinicola Poderi dal **Nespoli**

Plz. 47012, strada statale 310, Nr. 51; Tel. 0543/989637; Fax 989247.

Inhaber: Gebrüder Ravaioli. *Kundenbetreuung:* Valerio Ravaioli. *Produktionsleitung:* Emilio Placci. *Besuchszeiten:* nach Vereinbarung. *Degustation:* in einer Probierstube.

DOC:

★ Sangiovese di Romagna Prugneto, 🍷 1996 (ha 4 ı 19.000 H *Pk.* B)

IGT:

★★ Borgo dei Guidi, 🍷 1995 (ha 2 ı 6.000 B *Pk.* D) Sangiovese, Cabernet Sauvignon und Raboso 1995 (D.T.) 85

★ Il Nespoli Vendemmia Tardiva, 🍷 1995 (ha 5 ı 10.000 H *Pk.* B) Sangiovese

CORIANO (Rimini)

Nächste Autobahnausfahrt: Rimini (A14).

Cooperativa Sociale **San Patrignano**

Plz. 47852, via San Patrignano 53; Tel. 0541/362362; Fax 756718.

Gründungsjahr: 1981. *Inhaber:* Cooperativa Sociale San Patrignano. *Kundenbetreuung:* Mario Monaco. *Produktionsleitung:* Riccardo Cottarella. *Agronom:* Luciano Bordini. *Anbaufläche in ha.:* 45. *Besuchszeiten:* nach Vereinbarung.

Tafelwein:

♣ Tanimodi, 🍷 1997 (ha 1,5 ı 8.000 N *Pk.* B ⊙) Trebbiano und Sauvignon 1997 (D.T.) 87

♣ Vintàn, 🍷 1997 (ha 0,1 ı 3.000 B *Pk.* B ⊙) Trebbiano 1997 (D.T.) 86

Besonderes: Einige unschöne Ereignisse haben in letzter Zeit die Aufmerksamkeit der Sensationspresse auf diese Kooperative gelenkt, die Drogenabhängigen beim Entzug und bei einem neuen Start ins Leben behilflich ist. Vielleicht wird sich die Presse jedoch demnächst eher für die Arbeit in den Weinbergen von Coriano und die schönen

Weine interessieren – momentan besonders den Tanimodi und den Vintàn, einen Sangiovese mit großer Zukunft –, die beweisen, wie leistungsfähig diese solidarische Gemeinschaft ist. (D.T.)

FAENZA (Ravenna)

Nächste Autobahnausfahrt: Faenza (A14).

Azienda Agricola Fratelli **Conti**

Plz. 48018, località Santa Lucia, via Pozzo 1;
Tel. 0546/642149; Fax 642222.

Gründungsjahr: 1900. *Inhaber:* Maria Antonietta Conti. *Kundenbetreuung:* Leone Conti. *Produktionsleitung:* Sergio Ragazzini. *Besuchszeiten:* Dienstag, Donnerstag und Samstag nachmittags bis 18 Uhr, nach telefonischer Voranmeldung. *Degustation:* in einer Probierstube im Weinkeller.

DOCG:

★★ Albana di Romagna Passito Non Ti Scordar di Me, 🍷 1995 ([B] *Pk.* E) 1995 (D.T.) 86

★ Albana di Romagna Vignapozzo, 🍷 der letzte ([N] *Pk.* B)

DOC:

★ Sangiovese di Romagna Superiore, 🍷 der letzte ([N] *Pk.* A)

★★ Sangiovese di Romagna Superiore Riserva, 🍷 1995 ([N] [B] *Pk.* B)

Tafelwein:

★ Arcolaio, 🍷 1995 ([B] *Pk.* C) 🍇 Sangiovese und Cabernet Sauvignon

Istituto Professionale di **Persolino**

Plz. 48018, via Firenze 194; Tel. 0546/22932; Fax 22511.

Gründungsjahr: 1962. *Inhaber:* Fondazione Caldesi. *Kundenbetreuung:* Eraldo Tura. *Produktionsleitung:* Sergio Ragazzini. *Anbaufläche in ha.:* 3. *Besuchszeiten:* täglich, außer Sonn- und Feiertage, von 8 bis 13 Uhr. *Degustation:* in einer Probierstube.

DOC:

★ Albana di Romagna Passito Ultimo Giorno di Scuola, 🍷 1996 (ha 0,5 🍾 1.200 [B] *Pk.* C)

Azienda Agricola **Trerè**

Plz. 48018, località Monti Coralli, via Casale 19;
Tel. 0546/47034; Fax 47012.

Gründungsjahr: 1960. *Inhaber:* Morena Trerè und Massimiliano Fabbri. *Kundenbetreuung:* die Inhaber. *Produktionsleitung:* Alvise

Toffoletto. *Agronom:* Massimiliano Fabbri. *Besuchszeiten:* Montag bis Freitag während der Geschäftszeiten und Samstagmittag. *Degustation:* in einer kleinen Taverne.

DOCG:

★ Albana di Romagna Passito, 🍷 1994 (ha 1 🍾 3.000 B *Pk.* E)

DOC:

★★ Sangiovese di Romagna Riserva Amarcord d'un Ross, 🍷 1995 (ha 3 🍾 4.000 H B *Pk.* B⊙) 1995 (D.T.) 86

★ Trebbiano di Romagna Rebianco, 🍷 der letzte (N *Pk.* A)

FORLI (Forlì)

Nächste Autobahnausfahrt: Forlì (A14).

Drei Donà – Tenuta La Palazza

Plz. 47100, Massa di Vecchiazzano, via del Tesoro 23;
Tel. 0543/769371; Fax 765049.

Gründungsjahr: 1985. *Inhaber:* Claudio Drei Donà. *Kundenbetreuung:* der Inhaber. *Produktionsleitung:* Franco Bernabei. *Agronom:* Claudio Drei Donà. *Anbaufläche in ha.:* 16. *Besuchszeiten:* nach telefonischer Vereinbarung. *Degustation:* in einer Probierstube.

DOC:

★★ Sangiovese di Romagna Superiore Riserva Pruno, 🍷 1994 (ha 5 H B *Pk.* E)

IGT:

★★ Il Tornese Forlì, 🍷 1996 (ha 3,5 H *Pk.* D)
🍇 Chardonnay 1996 (D.T.) 88

★★ Magnificat Forlì, 🍷 1994 (ha 2,5 B *Pk.* E)
🍇 Cabernet Sauvignon 1994 (D.T.) 87

★★ Notturno in Fa Maggiore Forlì, 🍷 1996 (ha 5 N H *Pk.* C)
🍇 Sangiovese

IMOLA (Bologna)

Nächste Autobahnausfahrt: Imola (A14).

Azienda Agricola **Tre Monti**

Plz. 40026, via Lola 3; Tel. 0542/657116; Fax 657122.

Gründungsjahr: 1966. *Inhaber:* Vittorio und David Navacchia. *Kundenbetreuung:* Vittorio Navacchia. *Produktionsleitung:* Donato Lanati. *Agronom:* Vittorio Navacchia. *Anbaufläche in ha.:* 45. *Besuchszeiten:* täglich, von 8 bis 19.30 Uhr. *Degustation:* in einer kleinen Taverne.

DOCG:

★★ Albana di Romagna Passito Vigna del Lago, 🍷 1995 (ha 4 🍾 3.000 N B *Pk.* E)

DOC:

★ Colli di Imola Bianco Salcerella, 🍷 der letzte (ha 2 🍾 3.500 N *Pk.* C)

★ Sangiovese di Romagna Riserva, 🍷 1995 (ha 5 🍾 10.000 B *Pk.* B)

★ Sangiovese di Romagna Superiore, 🍷 der letzte (ha 7 🍾 6.000 N *Pk.* B)

LANGHIRANO (Parma)

Nächste Autobahnausfahrt: Parma nord (A1) oder Parma ovest (A15).

Lamoretti

Plz. 43013, strada della nave 6, località Casatico; Tel. 0521/863590; Fax 863663.

Gründungsjahr: 1930. *Inhaber:* Isidoro Lamoretti. *Kundenbetreuung:* der Inhaber. *Produktionsleitung:* Mario Zanchetta. *Agronom:* der Inhaber. *Anbaufläche in ha.:* 18,8. *Besuchszeiten:* nach telefonischer Vereinbarung. *Degustation:* im Weinkeller oder, an sonnigen Nachmittagen, auf der Panoramaterrasse.

DOC:

★ Colli di Parma Vigna del Guasto, 🍷 1997 (ha 1,3 🍾 6.800 N *Pk.* B)

Tafelwein:

★ Vigna Lunga '71, 🍷 1997 (ha 0,3 🍾 2.000 N B *Pk.* C)
🍇 Cabernet Sauvignon (90%) und Merlot (10%)

MARZENO DI FAENZA (Ravenna)

Nächste Autobahnausfahrt: Faenza (A14).

Fattoria **Zerbina**

Plz. 48010, via Vicchio 11; Tel. 0546/40022; Fax 40275.

Gründungsjahr: 1971. *Inhaber:* Francesco Geminiani. *Kundenbetreuung:* Cristina Geminiani. *Produktionsleitung:* Cristina Geminiani unter Beratung von Vittorio Fiore. *Agronom:* Cristina Geminiani und Franco Calini. *Besuchszeiten:* Montag bis Freitag, nach Vereinbarung. *Degustation:* in einer Probierstube.

DOCG:

♣ Albana di Romagna Dolce Arrocco, 🍷 1995
(ha 2 ▮4.000 B *Pk.* E) 1995 (D.T.) 88

★★★ Albana di Romagna Passito Scacco Matto, 🍷 1993 und 1994
(ha 2 ▮3.000 B *Pk.* F) 1994 (D.T.) 90

DOC:

♣ Colli di Faenza Vicchio, 🍷 1997
(ha 2 ▮6.000 N *Pk.* B ⊙) 1997 (D.T.) 85

★★★ Sangiovese di Romagna Riserva Pietramora, 🍷 1995
(ha 1,8 ▮5.000 B *Pk.* D) 1995 (D.T.) 89

★★ Sangiovese di Romagna Superiore Ceregio, 🍷 der letzte
(N *Pk.* A)

★★ Sangiovese di Romagna Superiore Torre di Ceparano, 🍷 1996
(ha 2,5 ▮17.000 B *Pk.* C) 1996 (D.T.) 87

Tafelwein:

★★★ Marzieno, 🍷 1994 und 1995 (ha 3 ▮1.000 B *Pk.* D)
Sangiovese und Cabernet Sauvignon 1995 (D.T.) 90

★★ Tergeno, 🍷 1997 (ha 1,5 ▮4.000 B *Pk.* C)
Chardonnay und Sauvignon Blanc 1997 (D.T.) 88

Besonderes: Wegen ihres vielfältigen und abgerundeten Angebots, der Präzision und Individualität jedes einzelnen Weins und der hervorragenden organoleptischen Qualitäten ihrer Produkte bleibt Cristina Gemignani in der Romagna die Königin unter den Weinproduzenten. (D.T.)

MELDOLA (Forlì)

Nächste Autobahnausfahrt: Forlì (A14).

Azienda Vitivinicola **Le Calbane**

Plz. 47010, frazione Ricò, via Possaduro 9;
Tel. 0543/494486; Fax 494486.

Gründungsjahr: 1973. *Inhaber:* Cesare Raggi. *Kundenbetreuung:* der Inhaber mit Ehefrau Maria. *Produktionsleitung:* Giuseppe Casadei. *Agronom:* Marco Siroli und Graziano Mingozzi. *Anbaufläche in ha.:* 1,5. *Besuchszeiten:* täglich, nach Voranmeldung. *Degustation:* in einer Probierstube.

DOC:

★★ Sangiovese di Romagna Superiore Le Calbane, 🍷 1996
(▮4.000 H *Pk.* B)

Tafelwein:

★ Baricò, 🍷 1995 (▮1.500 B *Pk.* C) Sangiovese

★★ Calbanesco, 🍷 1995 (🍾 1.450 🅷 *Pk.* D) 🍇 Calbanesco
★ Trebiondo Vigna della Quercia, 🍷 der letzte (🍾 1.000 🅽 *Pk.* B) 🍇 Trebbiano

MODIGLIANA (Forlì)

Nächste Autobahnausfahrt: Faenza (A14).

Azienda Agricola **Castelluccio**

Plz. 47015, via Tramonto 15; Tel. 0546/942486; Fax 942486.

Gründungsjahr: 1975. *Inhaber:* Castelluccio srl. *Kundenbetreuung:* Gianalfredo Bernabucci. *Produktionsleitung:* Attilio Pagli. *Agronom:* Remigio Bordini. *Anbaufläche in ha.:* 16. *Besuchszeiten:* nach telefonischer Vereinbarung, Montag bis Freitag. *Degustation:* in einer Probierstube im Bauernhaus.

Tafelwein:

★★ Le More, 🍷 1996 (🍾 30.000 🅽 *Pk.* B) 🍇 Sangiovese
★★ Lunaria, 🍷 1996 (🍾 9.000 🅽 🅱 *Pk.* B ⊙) 🍇 Sauvignon — 1996 (G.B./D.T.) 85
★★ Ronco dei Ciliegi, 🍷 1995 (🍾 9.000 🅱 *Pk.* D) 🍇 Sangiovese
★★★ Ronco del Re, 🍷 1996 (🍾 1.200 🅱 *Pk.* E) 🍇 Sauvignon — 1996 (G.B./D.T.) 88
★★★ Ronco della Simia, 🍷 1995 (🍾 5.000 🅱 *Pk.* E) 🍇 Sangiovese
★★★ Ronco delle Ginestre, 🍷 1994 und 1995 (🍾 8.000 🅱 *Pk.* E) 🍇 Sangiovese

MONTE SAN PIETRO (Bologna)

Nächste Autobahnausfahrt: Bologna Casalecchio (A1).

Azienda Agricola Tenuta **Bonzara**

Plz. 40050, via San Chierlo, 37/a; Tel. 051/6768324; Fax 225772.

Gründungsjahr: 1963. *Inhaber:* Francesco Lambertini. *Kundenbetreuung:* der Inhaber. *Produktionsleitung:* Stefano Chioccioli, auch landwirtschaftlicher Leiter. *Anbaufläche in ha.:* 16. *Besuchszeiten:* Montag bis Samstag, von 8 bis 12 Uhr und von 13 bis 18 Uhr. Sonntag nur nach Vereinbarung. *Degustation:* in einer Probierstube.

DOC:

★ Colli Bolognesi Bianco Borgo di Qua, 🍷 der letzte (ha 1,5 🍾 7.000 🅽 *Pk.* C)
★★ Colli Bolognesi Cabernet Sauvignon Bonzarone, 🍷 1996 (ha 1,5 🍾 6.000 🅱 *Pk.* D) — 1996 (G.B.) 88
♣ Colli Bolognesi Merlot, 🍷 1997 (ha 1,5 🍾 5.000 🅽 *Pk.* C) — 1997 (G.B./D.T.) 85

★★★ Colli Bolognesi Merlot Rocca di Bonacciara, 🍷 1996
(ha 2 🍾 8.800 B *Pk.* E) 1996 (G.B.) 90

★★ Colli Bolognesi Sauvignon Superiore Le Carrate, 🍷 der letzte
(ha 1,7 🍾 7.000 N *Pk.* C)

Tafelwein:

★ U Pasa, 🍷 1995 (ha 2 🍾 3.000 B *Pk.* D) getrocknete Sauvignon

Besonderes: Die gute Zusammenarbeit von Francesco Lambertini mit dem Winemaker Stefano Chioccioli macht sich auch im schwierigen Jahrgang 1996 bemerkbar, in welchem sie elegante und sehr feine Weine ausgebaut haben. (D.T.)

MONTEVEGLIO (Bologna)

Nächste Autobahnausfahrt: Modena sud oder Bologna Casalecchio (A1).

Azienda Agricola **San Vito**

Plz. 40050, frazione Oliveto, via Monte Rodano 6;
Tel. 051/964521; Fax 964114.

Gründungsjahr: 1969. *Inhaber:* Aldo Mazzanti. *Kundenbetreuung:* der Inhaber und Carlo Frascaroli. *Produktionsleitung:* Giambattista Zanchetta. *Anbaufläche in ha.:* 15. *Besuchszeiten:* täglich, nach Vereinbarung. *Degustation:* in einer Probierstube.

DOC:

★ Colli Bolognesi Cabernet Sauvignon, 🍷 1997
(ha 1 🍾 8.000 N B *Pk.* B)

★ Colli Bolognesi Chardonnay, 🍷 1997 (ha 1 🍾 6.000 N *Pk.* B)

NONANTOLA (Modena)

Nächste Autobahnausfahrt: Modena Campogalliano (A22).

Azienda Agricola **Pedroni**

Plz. 41015, località Rubbiara, via Risaia 2;
Tel. 059/549019; Fax 548520.

Gründungsjahr: 1862. *Inhaber:* Giuseppe Pedroni. *Kundenbetreuung:* der Inhaber. *Produktionsleitung:* Otello Venturelli. *Agronom:* Giuseppe Pedroni. *Anbaufläche in ha.:* 5,5. *Besuchszeiten:* nach telefonischer Vereinbarung. *Degustation:* in der dazugehörigen Weinschenke.

DOC:

★ Lambrusco di Sorbara, 🍷 der letzte (N *Pk.* A)

OZZANO TARO (Parma)

Nächste Autobahnausfahrt: Fornovo Taro (A15).

Monte delle Vigne

Plz. 43046, via Costa 25/27; Tel. 0521/809105; Fax 809105.

Gründungsjahr: 1972. *Inhaber:* Andrea Ferrari. *Kundenbetreuung:* der Inhaber. *Produktionsleitung:* Giulio Armani. *Anbaufläche in ha.:* 25. *Besuchszeiten:* täglich, nach Vereinbarung. *Degustation:* in einer Probierstube.

Tafelwein:

★ Nabucco, 🍷 1996 (ha 3,75 ▮ 7.000 B *Pk.* C)
🍇 Barbera (70%) und Merlot (30%)

PREDAPPIO ALTA (Forlì)

Nächste Autobahnausfahrt: Forlì (A14).

Fattoria **Casetto dei Mandorli**

Plz. 47010, via Umberto I 21; Tel. 0543/922361; Fax 922361.

Inhaber: Giuseppe Nicolucci. *Kundenbetreuung:* Maria Nicolucci. *Produktionsleitung:* Alessandro Nicolucci. *Agronom:* der Inhaber. *Anbaufläche in ha.:* 12. *Besuchszeiten:* täglich, nach telefonischer Vereinbarung. *Degustation:* in einer Taverne oder im Gästehaus.

DOC:

★ Cagnina di Romagna Vigna della Rosa, 🍷 der letzte (ha 1 ▮ 8.000 N *Pk.* A)

★★ Sangiovese di Romagna Predappio di Predappio Vigna del Generale, 🍷 1995 (ha 2 ▮ 10.000 H B *Pk.* D)

★★ Sangiovese di Romagna Superiore Vigneti Tre Rocche, 🍷 der letzte (ha 4 ▮ 30.000 H *Pk.* B ⊙) 1997 (D.T.) 85

★ Sangiovese di Romagna Vigna dei Mandorli, 🍷 der letzte (ha 3 ▮ 30.000 N H *Pk.* A)

RIVERGARO (Piacenza)

Nächste Autobahnausfahrt: Piacenza sud (A1).

Azienda Vitivinicola **La Stoppa**

Plz. 29029, frazione Ancarano; Tel. 0523/958159; Fax 951141.

Gründungsjahr: 1973. *Inhaber:* Erben Raffaele Pantaleoni. *Kundenbetreuung:* Angela und Elena Pantaleoni. *Produktionsleitung:* Giulio Armani, auch landwirtschaftlicher Leiter. *Anbaufläche in ha.:* 25. *Besuchszeiten:* während der Geschäftszeiten. *Degustation:* in einer Probierstube im alten Weinkeller.

DOC:

★★ Colli Piacentini Barbera, 🍷 1996 (🍾 13.000 B *Pk.* B)

★★ Colli Piacentini Cabernet Sauvignon Stoppa, 🍷 1995 und 1996 (🍾 13.000 B *Pk.* C) 1996 (G.B./D.T.) 86

★ Colli Piacentini Chardonnay Armelio, 🍷 der letzte (🍾 3.300 N *Pk.* B)

★ Colli Piacentini Gutturnio, 🍷 der letzte (🍾 50.000 N *Pk.* A)

★ Colli Piacentini Sauvignon, 🍷 1997 (🍾 13.000 N *Pk.* B ⊙) 1997 (D.T.) 85

Tafelwein:

★ Buca delle Canne, 🍷 1993 (🍾 160 B *Pk.* E) 🍇 Sauvignon und Semillon

★★ Macchiona, 🍷 1995 (🍾 24.000 H B *Pk.* C) 🍇 Barbera (60%) und Bonarda (40%) 1995 (D.T.) 87

★≈ Vigna del Volta, 🍷 1996 (🍾 5.300 B *Pk.* D) 🍇 Malvasia und Moscato, beide getrocknet 1996 (G.B.) 90

RUSSI (Ravenna)

Nächste Autobahnausfahrt: Faenza (A14) oder Lugo-Cotignola (A14).

Tenuta **Uccellina**

Plz. 48026, via Garibaldi 51; Tel. 0544/580144; Fax 582990.

Gründungsjahr: 1986. *Inhaber:* Alberto Rusticali. *Kundenbetreuung:* der Inhaber. *Produktionsleitung:* Sergio Ragazzini. *Agronom:* Alberto Rusticali. *Besuchszeiten:* Montag bis Samstag, nach telefonischer Vereinbarung. *Degustation:* in einer Probierstube.

DOCG:

★ Albana di Romagna Dolce, 🍷 der letzte (N *Pk.* A)

★★ Albana di Romagna Passito, 🍷 1995 (B *Pk.* C)

DOC:

★★ Sangiovese di Romagna Superiore Riserva, 🍷 1995 (H *Pk.* B ⊙) 1995 (D.T.) 85

Tafelwein:

★ Ruchetto dell'Uccellina, 🍷 1995 (B *Pk.* C) 🍇 Pinot Nero

SANT'ILARIO D'ENZA (Reggio Emilia)

Nächste Autobahnausfahrt: Reggio Emilia (A1).

Azienda Agricola **Moro**

Plz. 42040, località Calerno, via Patrioti 47;
Tel. 0522/679190; Fax 679964.

Gründungsjahr: 1972. *Inhaber:* Rinaldo Rinaldini. *Kundenbetreuung:* der Inhaber mit Paola Rinaldini. *Besuchszeiten:* Montag bis Freitag, von 8.30 bis 12 Uhr und von 14.30 bis 18 Uhr. *Degustation:* in einer Taverne in den ehemaligen Stallungen mit Gewölbedecke.

DOC:

★ Lambrusco Reggiano, 🍷 der letzte (N *Pk.* A)

Tafelwein:

★ Lambrusco Spumante Morone, 🍷 der letzte (N *Pk.* A)
★ Lambrusco Spumante Picol Ross, 🍷 der letzte (N *Pk.* A)

SAVIGNANO SUL PANARO (Modena)

Nächste Autobahnausfahrt: Modena sud (A1).

Barbieri Casimiro

Plz. 41056, via Manelle 68; Tel. 059/730076.

Gründungsjahr: 1902. *Inhaber:* Casimiro Barbieri. *Kundenbetreuung:* der Inhaber und seine Familie. *Produktionsleitung:* Dr. Rocchi Bazzano. *Agronom:* Casimiro Barbieri. *Besuchszeiten:* nach telefonischer Vereinbarung. *Degustation:* im Weinkeller.

DOC:

★★ Lambrusco Grasparossa di Castelvetro Magazzeno Villa Barbieri, 🍷 der letzte (N H *Pk.* B)

TRAVO (Piacenza)

Nächste Autobahnausfahrt: Piacenza sud (A1) oder Piacenza est (A21).

Azienda Agricola **Il Poggiarello**

Plz. 29020, Scrivellano di Travo; Tel. 0523/957241; Fax 614502.

Gründungsjahr: 1980. *Inhaber:* Familien Ferrari und Perini. *Kundenbetreuung:* Paolo und Stefano Perini. *Produktionsleitung:* Paolo Perini und Giuseppe Bassi. *Besuchszeiten:* im Sommer am Sonntag, von 10 bis 19 Uhr; in den übrigen Monaten und an Wochentagen nur nach Vereinbarung. *Degustation:* in einer Probierstube.

DOC:

★ Colli Piacentini Sauvignon Perticato Il Quadri, der letzte (B *Pk.* C)

Tafelwein:

★ Perticato del Novarei, 1995 (B *Pk.* C) Cabernet Sauvignon

VIGOLZONE (Piacenza)

Nächste Autobahnausfahrt: Piacenza sud (A1) oder Piacenza est (A21).

Azienda Agricola **La Tosa**

Plz. 29020, località La Tosa; Tel. 0523/870727; Fax 870727.

Gründungsjahr: 1985. *Inhaber:* Stefano und Ferruccio Pizzamiglio. *Kundenbetreuung:* Stefano Pizzamiglio. *Produktionsleitung:* Stefano Pizzamiglio unter Beratung von Piero Ballario. *Anbaufläche in ha.:* 10. *Besuchszeiten:* täglich, nach telefonischer Vereinbarung. *Degustation:* in einem großen Saal, in dem Winzerwerkzeuge ausgestellt sind.

DOC:

★★ Colli Piacentini Cabernet Sauvignon Luna Selvatica, 1995 (B *Pk.* D)

★ Colli Piacentini Gutturnio La Tosa, der letzte (N *Pk.* B)

★★ Colli Piacentini Gutturnio Vignamorello, 1997 (H B *Pk.* C)

★★ Colli Piacentini Malvasia Sorriso di Cielo, 1997 (N B *Pk.* C)

★★ Colli Piacentini Sauvignon La Tosa, der letzte (N *Pk.* C)

ZIANO PIACENTINO (Piacenza)

Nächste Autobahnausfahrt: Castel San Giovanni (A21).

Azienda Agricola **Mossi**

Plz. 29010, località Albareto; Tel. 0523/860201; Fax 860158.

Gründungsjahr: 1558. *Inhaber:* Luigi Mossi. *Kundenbetreuung:* Caterina und Barbara Mossi. *Produktionsleitung:* Enzo Galetti. *Agronom:* Luigi Mossi. *Anbaufläche in ha.:* 45. *Besuchszeiten:* Montag bis Freitag, nach Vereinbarung. *Degustation:* in einer Probierstube mit Platz für 16 Personen oder in einer Taverne mit Platz für 50 Personen im Weinkeller.

DOC:

★ Colli Piacentini Gutturnio Riserva, 1995 (7.000 H *Pk.* B)

★ Colli Piacentini Gutturnio Riserva Vigna Riva del Sole, 1995 (6.000 H B *Pk.* C)

ZOLA PREDOSA (Bologna)

Nächste Autobahnausfahrt: Casalecchio (A1).

Vigneto delle **Terre Rosse**

Plz. 40069, via Predosa 83; Tel. 051/755845; Fax 755845.

Gründungsjahr: 1961. *Inhaber:* Adriana, Giovanni und Elisabetta Vallania. *Kundenbetreuung:* die Inhaber. *Produktionsleitung:* Giovanni und Elisabetta Vallania. *Agronom:* Giovanni und Elisabetta Vallania. *Besuchszeiten:* nach telefonischer Vereinbarung. *Degustation:* im Weinkeller.

DOC:

★★ Colli Bolognesi Cabernet Sauvignon Il Rosso di Enrico Vallania Cuvée, 🍷 1993 und 1994 (ha 4 N *Pk.* C) 1993 (G.B.) 86 + 1994 (D.T.) 87

★★ Colli Bolognesi Chardonnay Cuvée Giovanni Vallania, 🍷 1995 (ha 1 N *Pk.* C)

★ Colli Bolognesi Merlot, 🍷 1994 (ha 1 N *Pk.* C)

★ Colli Bolognesi Pinot Bianco, 🍷 der letzte (ha 1 N *Pk.* B)

★ Colli Bolognesi Sauvignon, 🍷 der letzte (N *Pk.* B)

Tafelwein:

★★ Adriana Vallania, 🍷 der letzte (ha 0,5 N *Pk.* C) 🍇 Malvasia Spätlese

★★ Malagò Vendemmia Tardiva Elisabetta Vallania, 🍷 1995 (ha 1 N *Pk.* D ⊙) 🍇 Riesling Italico und Riesling Renano

Die spezifische Art des Ausbaus der Weine wird im Buch durch folgende drei Symbole kenntlich gemacht:

N für Weine, die sofort für eine mehr oder weniger kurze Zeit in Tanks aus Stahl, Glaskeramik oder – seltener – Fiberglas ausgebaut werden.

H für Weine, die für einen längeren Zeitraum in Holzfässern (normalerweise Eichenholz) mit mittlerem bis großem Fassungsvermögen (auch über 500 Liter) ausgebaut werden.

B für Weine, die in Eichen-Barriques (225 Liter) oder generell in Holzfässern ausgebaut werden (Pièce, Tonneau usw.), deren Fassungsvermögen nicht größer als 600 Liter ist.

BUTTRIO (Udine)

Nächste Autobahnausfahrt: Udine (A23) oder Palmanova (A4).

Hinweis: Dieses Jahr habe ich den Colli Orientali del Friuli Tocai Friulano 1997 (85/100) von Conte D'Attimis-Maniago (Tel. 0432/674027) gekostet. In der gesamten Serie macht sich ein erfreuliches qualitatives Wachstum bemerkbar, das uns darauf hoffen läßt, diesen Hersteller in den Guide des nächsten Jahres wieder aufnehmen zu können. (G.B.)

Azienda Agricola **Buiatti Livio e Claudio**

Plz. 33042, via Lippe 25; Tel. 0432/674317; Fax 674317.

Gründungsjahr: Anfang des 20. Jahrhunderts. *Inhaber:* Claudio Buiatti. *Kundenbetreuung:* Claudio Buiatti. *Produktionsleitung:* der Inhaber, auch landwirtschaftlicher Leiter. *Anbaufläche in ha.:* 8. *Besuchszeiten:* Montag bis Freitag, nach telefonischer Vereinbarung. *Degustation:* in einer Probierstube.

DOC:

★ Colli Orientali del Friuli Merlot, 🍷 1995 (ha 0,7 🍾 5.000 N B *Pk.* B)
★ Colli Orientali del Friuli Pinot Bianco, 🍷 der letzte (ha 0,5 🍾 3.000 N *Pk.* B)
★ Colli Orientali del Friuli Pinot Grigio, 🍷 der letzte (ha 0,5 🍾 3.000 N *Pk.* B)
★ Colli Orientali del Friuli Pinot Nero, 🍷 1995 (ha 0,3 🍾 2.000 N B *Pk.* B)
★ Colli Orientali del Friuli Refosco dal Peduncolo Rosso, 🍷 1995 (ha 0,5 🍾 3.000 N B *Pk.* B)
★ Colli Orientali del Friuli Tocai, 🍷 der letzte (ha 1,2 🍾 7.000 N *Pk.* B)

Azienda Agricola **Danieli Marina**

Plz. 33042, frazione Caminetto, via Beltrame 75;
Tel. 0432/673283; Fax 674421.

Gründungsjahr: 1971. *Inhaber:* Marina Danieli. *Kundenbetreuung:* die Inhaberin. *Produktionsleitung:* Giorgio Grai. *Agronom:* Marina Danieli. *Anbaufläche in ha.:* 40. *Besuchszeiten:* Montag bis Freitag während der Geschäftszeiten; Samstag und Sonntag nur nach Vereinbarung. *Degustation:* in einer Probierstube in einem alten, renovierten Bauernhaus.

DOC:

★ Colli Orientali del Friuli Pinot Bianco, 🍷 der letzte (N B *Pk.* B)
★ Colli Orientali del Friuli Pinot Grigio, 🍷 der letzte (N B *Pk.* B)

★ Colli Orientali del Friuli Tocai, 🍷 der letzte (N B *Pk.* B)

Tafelwein:

♣ Faralta, 🍷 1992 (H B *Pk.* E) 🍇 Merlot, Cabernet und Tazzelenghe 1992 (D.T.) 86

Azienda Agricola **Meroi Davino**

Plz. 33042, via Stretta del Parco 7; Tel. 0432/674025; Fax 673369.

Gründungsjahr: 1976. *Inhaber:* Paolo Meroi. *Kundenbetreuung:* der Inhaber. *Produktionsleitung:* der Inhaber, auch landwirtschaftlicher Leiter. *Anbaufläche in ha.:* 7. *Besuchszeiten:* nach Vereinbarung.

DOC:

♣ Colli Orientali del Friuli Chardonnay, 🍷 1997 (🍾 1.000 B *Pk.* C) 1997 (D.T.) 88

♣ Colli Orientali del Friuli Picolit, 🍷 1997 (🍾 750 B *Pk.* F) 1997 (D.T.) 87

♣ Colli Orientali del Friuli Sauvignon, 🍷 1997 (🍾 1.500 N B *Pk.* C) 1997 (D.T.) 87

Tafelwein:

♣ Dominin, 🍷 1996 (🍾 1.300 B *Pk.* E) 🍇 Merlot und Refosco 1996 (D.T.) 88

Azienda Agricola **Miani**

Plz. 33042, frazione Vicinale, via Peruzzi 10; Tel. 0432/674327.

Gründungsjahr: 1985. *Inhaber:* Enzo Pontoni. *Kundenbetreuung:* der Inhaber. *Produktionsleitung:* der Inhaber unter der Aufsicht von Roberto Cipresso. *Besuchszeiten:* täglich, nach telefonischer Vereinbarung. *Degustation:* im Weinkeller.

DOC:

★★ Colli Orientali del Friuli Merlot, 🍷 1994 (B *Pk.* D)

★ Colli Orientali del Friuli Sauvignon, 🍷 der letzte (N *Pk.* C)

★★ Colli Orientali del Friuli Tocai, 🍷 der letzte (N *Pk.* C)

Tafelwein:

★★ Miani Bianco, 🍷 1997 (B *Pk.* C) 🍇 Chardonnay, Pinot Grigio und Riesling Renano 1997 (D.T.) 88

★★ Miani Rosso, 🍷 1996 (B *Pk.* C) 🍇 Refosco, Cabernet und Tazzelenghe

Aziende Vitivinicole **Valle**

Plz. 33042, via Nazionale 3, Km 9,7 SS 56;
Tel. 0432/674289; Fax 674280.

Gründungsjahr: 1957. *Inhaber:* Luigi und Dina Valle. *Kundenbetreuung:* Ilaria, Paolo und Marco Valle. *Produktionsleitung:* Luigi, Paolo und Marco Valle. *Anbaufläche in ha.:* 20. *Besuchszeiten:* mit Voranmeldung, täglich. *Degustation:* in der Taverne im Weinkeller.

DOC:

- ★ Colli Orientali del Friuli Cabernet Riserva Collezione Gigi Valle, 🍷 1996 (ha 0,7 🍾 5.000 [H] *Pk.* D)
- ★ Colli Orientali del Friuli Merlot Riserva Collezione Gigi Valle, 🍷 1996 (🍾 6.000 [H] *Pk.* D)
- ★★ Colli Orientali del Friuli Pinot Grigio Selezione Araldica, 🍷 der letzte (ha 1,5 🍾 12.500 [N] *Pk.* D)
- ★★ Colli Orientali del Friuli Riesling Selezione Araldica, 🍷 der letzte (🍾 3.000 [N] *Pk.* D) 1997 (G.B.) 85
- ★ Colli Orientali del Friuli Sauvignon Selezione Araldica, 🍷 der letzte (ha 1,65 🍾 12.000 [N] *Pk.* D)

CAPRIVA DEL FRIULI (Gorizia)

Nächste Autobahnausfahrt: Villesse (A4).

Azienda Agricola **Castello di Spessa**

Plz. 34070, via Spessa 1; Tel. 0481/639914; Fax 630161.

Gründungsjahr: 1989. *Inhaber:* Loretto Pali. *Kundenbetreuung:* Fabio Berin. *Produktionsleitung:* Domenico Lovat unter der Aufsicht von Fabio Berin. *Besuchszeiten:* nur nach Vereinbarung. *Degustation:* in einem wunderschönen großen Saal.

DOC:

- ★ Collio Pinot Bianco, 🍷 der letzte ([N] *Pk.* C)
- ★★ Collio Pinot Bianco di Santarosa, 🍷 1996 ([B] *Pk.* D)
- ★★ Collio Rosso Conte di Spessa, 🍷 1994 ([B] *Pk.* E)
- ★ Collio Sauvignon, 🍷 der letzte ([N] *Pk.* C)

Azienda Fratelli **Pighin**

Plz. 34070, via S.Antonio 3; Tel. 0432/675444; Fax 609001.

Gründungsjahr: 1963. *Inhaber:* Gebrüder Pighin. *Kundenbetreuung:* Sonia, Livio und Roberto Pighin. *Produktionsleitung:* Livio Pighin und Paolo Valdesolo. *Anbaufläche in ha.:* 20. *Besuchszeiten:* Montag bis Freitag, nach Vereinbarung. *Degustation:* im Weinkeller.

DOC:

★ Collio Cabernet, 🍷 1996 (H *Pk.* C)
★ Collio Chardonnay, 🍷 der letzte (N *Pk.* C)
★ Collio Merlot, 🍷 1996 (H *Pk.* B)
★ Collio Picolit, 🍷 1996 (N B *Pk.* F)
★ Collio Pinot Bianco, 🍷 der letzte (N *Pk.* C)
★ Collio Pinot Grigio, 🍷 der letzte (N *Pk.* C)
★ Collio Sauvignon, 🍷 der letzte (N *Pk.* C)

Tafelwein:

★ Soreli, 🍷 1996 (N *Pk.* C) 🍇 Tocai, Pinot Bianco und Sauvignon

Roncus

Plz. 34070, via Mazzini 26; Tel. 0481/809349; Fax 809349.

Gründungsjahr: 1985. *Inhaber:* Marco Perco. *Kundenbetreuung:* der Inhaber und Laouar Nour. *Produktionsleitung:* Stefano Chioccioli. *Degustation:* im Gästehaus.

Tafelwein:

★	Pinot Bianco, 🍷 1997 (N *Pk.* C)	1997 (D.T.) 85
♣	Roncus Bianco, 🍷 1997 (H *Pk.* C) 🍇 Pinot Bianco, Ribolla und Malvasia	1997 (D.T.) 85
★	Sauvignon, 🍷 1997 (N *Pk.* C)	1997 (D.T.) 87
♣	Tocai, 🍷 1997 (N *Pk.* C)	1997 (D.T.) 86

Azienda Agricola **Russiz Superiore**

Plz. 34070, via Russiz 7; Tel. 0481/99164; Fax 960270.

Gründungsjahr: 1966. *Inhaber:* Alba und Marco Felluga mit den Kindern. *Kundenbetreuung:* Alessandra, Patrizia und Roberto Felluga. *Produktionsleitung:* Giovanni Di Mastrogiovanni unter Beratung von Donato Lanati. *Anbaufläche in ha.:* 60. *Besuchszeiten:* nach Vereinbarung. *Degustation:* in einer Probierstube.

DOC:

★★	Collio Cabernet Franc, 🍷 1996 (H *Pk.* D)	1996 (D.T.) 85
★★	Collio Merlot, 🍷 1996 (H *Pk.* D)	
★★	Collio Pinot Bianco, 🍷 der letzte (N *Pk.* D)	1997 (D.T.) 86
★★	Collio Pinot Grigio, 🍷 der letzte (N *Pk.* D)	1997 (D.T.) 86
★★	Collio Rosso Riserva degli Orzoni, 🍷 1994 (B *Pk.* E)	1994 (D.T.) 86
★★	Collio Sauvignon, 🍷 der letzte (N *Pk.* D)	1997 (D.T.) 87
★★	Collio Tocai, 🍷 der letzte (N *Pk.* D)	1997 (D.T.) 85

IGT:

★★ Verduzzo, 🍷 1994 (B *Pk.* D)

Azienda Agricola **Schiopetto Mario**

Plz. 34070, via Palazzo Arcivescovile 1; Tel. 0481/80332; Fax 808073.

Gründungsjahr: 1965. *Inhaber:* Mario Schiopetto. *Kundenbetreuung:* der Inhaber und seine Familie. *Produktionsleitung:* Stefano Menotti und Giorgio Schiopetto unter der Aufsicht des Inhabers. *Agronom:* Giorgio Schiopetto. *Anbaufläche in ha.:* 30. *Besuchszeiten:* nach telefonischer Vereinbarung. *Degustation:* im Weinkeller oder in einer Probierstube im Wohnhaus.

DOC:

★★ Collio Cabernet Franc, 🍷 1996 (ha 1 🍾 6.600 H *Pk.* C)
★★ Collio Merlot, 🍷 1996 (ha 0,79 🍾 7.800 H *Pk.* C)
★★ Collio Müller-Thurgau, 🍷 der letzte (ha 0,4 🍾 2.700 N *Pk.* D) 1997 (G.B.) 86
★★ Collio Pinot Bianco, 🍷 der letzte (ha 2,7 🍾 11.300 N *Pk.* D) 1997 (D.T.) 88
♣ Collio Pinot Bianco Amrità, 🍷 1996 (🍾 3.000 H *Pk.* F) 1996 (D.T.) 89
★★ Collio Pinot Grigio, 🍷 der letzte (ha 2,06 🍾 20.000 N *Pk.* D) 1997 (D.T.) 86
★★ Collio Ribolla, 🍷 der letzte (ha 0,38 🍾 3.800 N *Pk.* D) 1997 (G.B.) 87
★★ Collio Riesling, 🍷 der letzte (ha 1,5 🍾 5.600 N *Pk.* D) 1997 (G.B.) 86
★★★ Collio Sauvignon, 🍷 der letzte (ha 3,03 🍾 26.600 N *Pk.* D) 1997 (D.T.) 87
★★ Collio Tocai, 🍷 der letzte (ha 7,32 🍾 48.000 N *Pk.* D) 1997 (D.T.) 85
♣ Collio Tocai Pardes, 🍷 1996 (🍾 3.000 H *Pk.* F) 1996 (D.T.) 88

IGT:

★★ Blanc des Rosis Venezia Giulia, 🍷 der letzte (🍾 13.000 N *Pk.* D) 🍇 Pinot Bianco, Tocai, Sauvignon und Malvasia 1997 (D.T.) 88
★★ Rivarossa Venezia Giulia, 🍷 1996 (🍾 13.000 H *Pk.* C) 🍇 Merlot, Cabernet Sauvignon und Cabernet Franc 1996 (D.T.) 87

Azienda Agricola **Villa Russiz**

Plz. 34070, via Russiz 6; Tel. 0481/80047; Fax 809657.

Gründungsjahr: 1869. *Inhaber:* Istituto Cerruti. *Kundenbetreuung:* Gianni Menotti. *Produktionsleitung:* Gianni Menotti, auch landwirtschaftlicher Leiter. *Besuchszeiten:* Montag bis Freitag, von 8.30 bis 12 Uhr und von 14 bis 18 Uhr; besser mit Voranmeldung. *Degustation:* in einer Probierstube.

DOC:

★★★	Collio Merlot Graf de La Tour, 🍷 1995 (B *Pk.* E)	1995 (D.T.) 88
★★	Collio Pinot Bianco, 🍷 der letzte (N *Pk.* C)	1997 (D.T.) 88
★★	Collio Pinot Grigio, 🍷 der letzte (N *Pk.* C)	1997 (D.T.) 88
★	Collio Riesling, 🍷 der letzte (N *Pk.* C)	
★★★	Collio Sauvignon de La Tour, 🍷 der letzte (N *Pk.* D)	1997 (D.T.) 90
★★	Collio Tocai, 🍷 der letzte (N *Pk.* C)	1997 (D.T.) 86

Besonderes: Der Sauvignon de la Tour 1997, auf den Gianni Menotti zu Recht stolz ist, ist ein großer Wein. Allerdings wirft keiner der Weine dieser Serie einen Schatten auf den Namen dieses Produzenten, der bereits zu einem der Symbole Friauls geworden ist. Im Keller befindet sich ein großartiger Picolit, von dem nur einige hundert Flaschen für Freunde und leidenschaftliche Weinliebhaber abgefüllt werden. (D.T.)

CIVIDALE DEL FRIULI (Udine)

Nächste Autobahnausfahrt: Udine (A23).

Azienda Agricola **Dal Fari**

Plz. 33043, via Darnazzacco; Tel. 0432/731219; Fax 700332.

Gründungsjahr: 1988. *Inhaber:* Renzo Toffolutti. *Kundenbetreuung:* der Inhaber und Ehefrau Laura. *Produktionsleitung:* Fabio Coser. *Anbaufläche in ha.:* 12. *Besuchszeiten:* Montag bis Samstagmittag. *Degustation:* im Gästehaus neben dem Weinkeller.

DOC:

★ Colli Orientali del Friuli Sauvignon, 🍷 der letzte (6.000 N *Pk.* B)

Tafelwein:

★ Rosso d'Orsone, 🍷 1993 (5.000 B *Pk.* C) Cabernet Sauvignon, Merlot, Cabernet Franc und Schioppettino

Azienda Agricola **Rodaro Paolo**

Plz. 33043, località Spessa, via Cormons 8;
Tel. 0432/716066; Fax 716066.

Inhaber: Luigi, Edo und Paolo Rodaro. *Kundenbetreuung:* Paolo Rodaro. *Produktionsleitung:* Paolo Rodaro. *Anbaufläche in ha.:* 30. *Besuchszeiten:* Montag bis Freitag, von 8 bis 20 Uhr. *Degustation:* in einer kleinen Taverne.

DOC:

★ Colli Orientali del Friuli Chardonnay, 🍷 der letzte (ha 1,5 🍾 6.500 N *Pk.* B)

★★ Colli Orientali del Friuli Pinot Bianco, 🍷 der letzte (ha 1,5 🍾 6.500 N *Pk.* B)

★ Colli Orientali del Friuli Ribolla Gialla, 🍷 der letzte (ha 3 🍾 13.000 N *Pk.* B)

★★ Colli Orientali del Friuli Sauvignon, 🍷 der letzte (ha 6 🍾 26.000 N *Pk.* B)

★ Colli Orientali del Friuli Tocai, 🍷 der letzte (ha 8,5 🍾 45.000 N *Pk.* B)

CODROIPO (Udine)

Nächste Autobahnausfahrt: Latisana (A4).

Vigneti **Pittaro**

Plz. 33033, località Zompicchia, via Udine 67;
Tel. 0432/904726; Fax 908530.

Gründungsjahr: 1972. *Inhaber:* Piero Pittaro. *Kundenbetreuung:* Patrizia Pittaro. *Produktionsleitung:* Piero Pittaro und Stefano Trinco. *Agronom:* Enea De Ponte. *Anbaufläche in ha.:* 75. *Besuchszeiten:* nach telefonischer Vereinbarung. *Degustation:* in einem Saal für Meetings und Degustationen.

DOC:

★ Friuli Grave Cabernet, 🍷 1996 (🍾 18.000 H B *Pk.* B)

★ Friuli Grave Pinot Grigio, 🍷 der letzte (🍾 135.000 N *Pk.* B)

★★ Friuli Grave Sauvignon Riserva, 🍷 der letzte (🍾 22.000 N *Pk.* B)

Tafelwein:

★ Apicio, 🍷 1995 (🍾 8.500 B *Pk.* C) 🍇 Kreuzung Manzoni und Chardonnay, beide getrocknet

CORMONS (Gorizia)

Nächste Autobahnausfahrt: Villesse

Tenuta di **Angoris**

Plz. 34071, località Angoris 7; Tel. 0481/60923; Fax 60925.

Gründungsjahr: 1937. *Inhaber:* Luciano Locatelli. *Kundenbetreuung:* Luciano Locatelli, Natale Favretto und Claudia Locatelli. *Produktionsleitung:* Natale Favretto. *Besuchszeiten:* mit Voranmeldung, Montag bis Freitag. *Degustation:* in einer gut ausgestatteten Probierstube.

DOC:

★ Colli Orientali del Friuli Sauvignon della Rocca Bernarda, 🍷 der letzte (ha 1,8 🍾 16.600 B *Pk.* C)

★ Collio Merlot, 🍷 1996 (ha 0,9 🍾 5.900 B *Pk.* C)

Azienda Agricola **Borgo del Tiglio**

Plz. 34070, frazione Brazzano, via San Giorgio 71;
Tel. 0481/62166; Fax 630845.

Gründungsjahr: 1981. *Inhaber:* Nicola Manferrari. *Kundenbetreuung:* Fulvia und Nicola Manferrari. *Produktionsleitung:* der Inhaber und Fulvia Manferrari. *Agronom:* Nicola Manferrari. *Anbaufläche in ha.:* 8. *Besuchszeiten:* nach telefonischer Vereinbarung. *Degustation:* in einer Taverne.

DOC:

★★★	Collio Chardonnay, 🍷 1996 (B *Pk.* D)	1996 (D.T.) 87
★★	Collio Malvasia, 🍷 1996 (N B *Pk.* D)	1996 (D.T.) 89
★★	Collio Rosso, 🍷 1994 (B *Pk.* E)	1994 (D.T.) 88
★★	Collio Sauvignon, 🍷 1996 (N B *Pk.* D)	1996 (D.T.) 89
★★	Collio Tocai, 🍷 der letzte (N B *Pk.* D)	
★★★	Collio Tocai Ronco della Chiesa, 🍷 1996 (N B *Pk.* D)	

IGT:

★★	Bianco delle Venezie, 🍷 1996 (B *Pk.* D)	
	🍇 Tocai, Sauvignon und Riesling Renano	1996 (G.B.) 89

Tafelwein:

○	Rosso della Centa, 🍷 1994 (B *Pk.* F)	
	🍇 Merlot	1994 (D.T.) 92
★★	Studio Bianco, 🍷 1996 (B *Pk.* E)	
	🍇 Tocai, Sauvignon und Riesling Renano	1996 (D.T.) 87

Borgo San Daniele

Plz. 34071, via San Daniele 16; Tel. 0481/630525; Fax 630525.

Gründungsjahr: 1990. *Inhaber:* Mauro Mauri. *Kundenbetreuung:* Alessandra und Mauro Mauri. *Produktionsleitung:* der Inhaber, auch landwirtschaftlicher Leiter. *Anbaufläche in ha.:* 12. *Besuchszeiten:* täglich, nach telefonischer Vereinbarung. *Degustation:* in einer Probierstube.

DOC:

♣	Isonzo Chardonnay, 🍷 1997 (ha 1,3 🍾 6.000 N B *Pk.* C)	1997 (G.B.) 88
♣	Isonzo Pinot Grigio, 🍷 1997 (ha 1,5 🍾 5.000 N B *Pk.* C)	1997 (G.B.) 85

♣ Isonzo Tocai Friulano, 🍷 1997
(ha 2 🍾 6.000 N B *Pk.* C) 1997 (G.B.) 87

Tafelwein:

★★ Arbis Bianco, 🍷 1997 (ha 1,5 🍾 6.000 N B *Pk.* B ⊙)
🍇 Tocai Friulano, Sauvignon und Müller-Thurgau 1997 (G.B.) 88

★★ Arbis Rosso, 🍷 1996 (ha 1,3 🍾 5.500 B *Pk.* C)
🍇 Cabernet Franc und Cabernet Sauvignon 1996 (G.B.) 88

★ Gortmarin, 🍷 1995 (ha 0,75 🍾 2.800 B *Pk.* D)
🍇 Merlot, Cabernet Franc und Cabernet Sauvignon

Azienda Agricola **Caccese Paolo**

Plz. 34071, località Pradis 6; Tel. 0481/61062; Fax 61062.

Gründungsjahr: 1969. *Inhaber:* Paolo Caccese. *Kundenbetreuung:* der Inhaber. *Produktionsleitung:* Giuseppe Lipari. *Agronom:* Alessio Zanutta. *Anbaufläche in ha.:* 6. *Besuchszeiten:* täglich, nach telefonischer Vereinbarung. *Degustation:* in einer kleinen Taverne in der ehemaligen Stallung.

DOC:

★ Collio Cabernet Franc, 🍷 1996 (ha 0,53 🍾 5.000 N *Pk.* C)
★★ Collio Malvasia, 🍷 der letzte (ha 0,52 🍾 3.500 N *Pk.* C)
★ Collio Merlot, 🍷 1996 (ha 0,73 🍾 3.500 N B *Pk.* C)
★ Collio Pinot Bianco, 🍷 der letzte (ha 0,40 🍾 3.500 N *Pk.* C)
★★ Collio Sauvignon, 🍷 der letzte (ha 0,86 🍾 6.000 N *Pk.* C)
★★ Collio Tocai, 🍷 der letzte (ha 1,47 🍾 8.000 N *Pk.* C)

Cantina Produttori **Cormòns**

Plz. 34071, via Vino della Pace 31; Tel. 0481/61798; Fax 630031.

Gründungsjahr: 1968. *Inhaber:* eine Genossenschaft von 200 Mitgliedern. *Kundenbetreuung:* Vorstand Luigi Soini. *Produktionsleitung:* Rodolfo Rizzi. *Agronom:* Gianni Rover und Luigi Soini. *Anbaufläche in ha.:* 349. *Besuchszeiten:* mit Voranmeldung, Montag bis Samstag, von 8.30 bis 12 Uhr und von 14 bis 16 Uhr. *Degustation:* in einer Probierstube.

DOC:

♣ Collio e Collio, 🍷 der letzte
(ha 8 🍾 60.000 N *Pk.* B ⊙) 1997 (G.B.) 85

♣ Isonzo Bianco Pietraverde, 🍷 der letzte
(ha 10 🍾 90.000 N *Pk.* B ⊙) 1997 (G.B.) 85

Tafelwein:

★★ Vino della Pace, 🍷 1996 (ha 2 🍾 7.500 N *Pk.* F)
🍇 zahlreiche Rebsorten aus aller Welt

Azienda Agricola **Felluga Livio**

Plz. 34070, frazione Brazzano, via Risorgimento 1;
Tel. 0481/60203; Fax 630126.

Inhaber: Familie Livio Felluga. *Kundenbetreuung:* Elda und Maurizio Felluga. *Produktionsleitung:* Lorenzo Regoli unter Beratung von Stefano Chioccioli und Andrea Felluga, der auch landwirtschaftlicher Leiter ist. *Agronom:* Daniele Cocetta mit der Beratung von Stefano Chioccioli. *Anbaufläche in ha.:* 135. *Besuchszeiten:* nach Vereinbarung. *Degustation:* in einer Probierstube.

DOC:

- ♣ Colli Orientali del Friuli Chardonnay, 🍷 1997 (N *Pk.* C) — 1997 (D.T.) 87
- ★ Colli Orientali del Friuli Merlot, 🍷 1996 (B *Pk.* C) — 1996 (D.T.) 86
- ★★★ Colli Orientali del Friuli Merlot Riserva Sossò, 🍷 1996 (B *Pk.* E) — 1996 (D.T.) 90
- ★★ Colli Orientali del Friuli Picolit Riserva, 🍷 1994 (B *Pk.* F) — 1994 (D.T.) 89
- ★★ Colli Orientali del Friuli Pinot Grigio, 🍷 der letzte (N *Pk.* C)
- ★ Colli Orientali del Friuli Refosco dal Peduncolo Rosso, 🍷 1995 (B *Pk.* D)
- ★★★ Colli Orientali del Friuli Rosazzo Bianco Terre Alte, 🍷 1996 (N *Pk.* D) — 1996 (D.T.) 88
- ★ Colli Orientali del Friuli Sauvignon, 🍷 der letzte (N *Pk.* C) — 1997 (D.T.) 89
- ★★ Colli Orientali del Friuli Tocai, 🍷 der letzte (N *Pk.* C) — 1997 (D.T.) 88

IGT:

- ★★ Esperto Chardonnay delle Venezie, 🍷 der letzte (N B *Pk.* B ⊙) — 1997 (D.T.) 86

Azienda Agricola **Keber Edi**

Plz. 34071, frazione Plessiva, località Zegla 17; Tel. 0481/61184.

Gründungsjahr: 1957. *Inhaber:* Edi Keber. *Kundenbetreuung:* Edi Keber. *Produktionsleitung:* der Inhaber. *Besuchszeiten:* nach telefonischer Vereinbarung. *Degustation:* in einer alten Taverne.

DOC:

- ★ Collio Merlot, 🍷 1995 (B *Pk.* C)
- ★★ Collio Pinot Bianco, 🍷 der letzte (N *Pk.* B)
- ★ Collio Pinot Grigio, 🍷 der letzte (N *Pk.* B)
- ★ Collio Sauvignon, 🍷 der letzte (N *Pk.* B)
- ★★ Collio Tocai, 🍷 der letzte (N *Pk.* B)

Produttore **Keber Renato**

Plz. 34071, frazione Plessiva, località Zegla 15;
Tel. 0481/61196; Fax 61196.

Inhaber: Renato Keber. *Kundenbetreuung:* Renato Keber. *Produktionsleitung:* der Inhaber. *Anbaufläche in ha.:* 13. *Besuchszeiten:* täglich, nach telefonischer Vereinbarung. *Degustation:* in einer Probierstube.

DOC:

★★ Collio Bianco Beli Grici, 🍷 1997 (N B *Pk.* C) 1997 (D.T.) 88
★ Collio Cabernet Franc, 🍷 1997 (N *Pk.* C) 1997 (D.T.) 86
★★ Collio Chardonnay Grici, 🍷 1996 (🍾 1.200 B *Pk.* C)
★★ Collio Merlot Grici, 🍷 1994 (B *Pk.* D)
★★ Collio Pinot Bianco Zegla, 🍷 der letzte (N B *Pk.* C)
★ Collio Pinot Grigio, 🍷 1997 (N *Pk.* C) 1997 (D.T.) 87
★★ Collio Sauvignon, 🍷 der letzte (N *Pk.* C) 1997 (D.T.) 88
★ Collio Tocai, 🍷 1997 (N *Pk.* C) 1997 (D.T.) 86
★★ Collio Tocai Zegla, 🍷 1997 (ha 1 N *Pk.* C) 1997 (D.T.) 88

Azienda Agricola **Princic Alessandro**

Plz. 34071, via Pradis 5; Tel. 0481/60723; Fax 60723.

Inhaber: Alessandro Princic. *Kundenbetreuung:* Alessandro Princic. *Produktionsleitung:* der Inhaber. *Besuchszeiten:* während der Geschäftszeiten. *Degustation:* im Weinkeller oder in einer Probierstube im Wohnhaus.

DOC:

★★ Collio Pinot Bianco, 🍷 der letzte (N *Pk.* C)
★ Collio Sauvignon, 🍷 der letzte (N *Pk.* C)
★★ Collio Tocai, 🍷 der letzte (N *Pk.* C)

Azienda Agricola **Ronco del Gelso**

Plz. 34071, via Isonzo 117; Tel. 0481/61310; Fax 61310.

Gründungsjahr: 1972. *Inhaber:* Giorgio Badin. *Kundenbetreuung:* Giorgio Badin. *Produktionsleitung:* der Inhaber, auch landwirtschaftlicher Leiter. *Anbaufläche in ha.:* 15. *Besuchszeiten:* nach Vereinbarung. *Degustation:* in einer Probierstube.

DOC:

★ Isonzo Bianco Latimis, 🍷 1997 (N *Pk.* C) 1997 (G.B.) 88
★★ Isonzo Chardonnay, 🍷 1997 (N B *Pk.* C) 1997 (G.B./D.T.) 88
★★★ Isonzo Merlot, 🍷 1996 (B *Pk.* D)
★★ Isonzo Pinot Grigio Sot Lis Rivis, 🍷 1997 (B *Pk.* C) 1997 (G.B./D.T.) 87
★★ Isonzo Riesling, 🍷 1996 (N *Pk.* C)

★★ Isonzo Sauvignon, 🍷 1997 ([N] *Pk.* C) 1997 (D.T.) 88
★≈ Isonzo Sauvignon Sot Lis Rivis, 🍷 1997 ([B] *Pk.* C) 1997 (D.T.) 90
★★★ Isonzo Tocai, 🍷 1997 ([N] *Pk.* C) 1997 (D.T.) 86

Azienda Agricola **Tiare – Roberto Snidarcig**

Plz. 34071, via Monte 58; Tel. 0481/60064; Fax 60064.

Gründungsjahr: 1985. *Inhaber:* Roberto Snidarcig. *Kundenbetreuung:* der Inhaber. *Produktionsleitung:* der Inhaber. *Besuchszeiten:* täglich, außer Mittwoch. *Degustation:* in einer Probierstube.

DOC:

♣ Collio Sauvignon Tiare, 🍷 1997 ([N] *Pk.* B ⊙) 1997 (G.B.) 85
♣ Isonzo Cabernet Sauvignon Tiare, 🍷 1996 ([H] *Pk.* B ⊙) 1996 (G.B.) 85
♣ Isonzo Merlot Tiare, 🍷 1997 ([N] *Pk.* B ⊙) 1997 (G.B.) 85

Tafelwein:

★ Ronco della Tiare, 🍷 1996 ([B] *Pk.* B) 🍇 Cabernet Sauvignon, Merlot und Schiopettino

CORNO DI ROSAZZO (Udine)

Nächste Autobahnausfahrt: Palmanova (A4).

Azienda Agricola **Specogna**

Plz. 33040, località Rocca Bernarda 4;
Tel. 0432/755840; Fax 755840.

Gründungsjahr: 1963. *Inhaber:* Leonardo Specogna. *Kundenbetreuung:* Graziano Specogna. *Produktionsleitung:* Valdino D'Just. *Agronom:* Graziano Specogna. *Anbaufläche in ha.:* 12. *Besuchszeiten:* täglich, nach telefonischer Vereinbarung. *Degustation:* in einer Taverne neben dem Weinkeller.

DOC:

★★ Colli Orientali del Friuli Cabernet, 🍷 1996 (ha 1 🍾 3.000 [H] [B] *Pk.* C)
★ Colli Orientali del Friuli Merlot, 🍷 1996 (ha 2 🍾 7.500 [H] [B] *Pk.* C)
★★ Colli Orientali del Friuli Picolit, 🍷 1996 (ha 0,5 🍾 1.000 à 0,375 [N] [B] *Pk.* E)
★★ Colli Orientali del Friuli Pinot Grigio, 🍷 der letzte (ha 2 🍾 6.000 [N] *Pk.* C)
★★ Colli Orientali del Friuli Tocai, 🍷 der letzte (ha 3 🍾 12.000 [N] *Pk.* C)
★ Colli Orientali del Friuli Verduzzo, 🍷 der letzte (ha 1 🍾 4.000 [N] [B] *Pk.* C)

Azienda Agricola **Zof**

Plz. 33040, via Giovanni XXIII 32/a; Tel. 0432/759673; Fax 759284.

Gründungsjahr: 1985. *Inhaber:* Daniele Zof und Angela Snidero. *Kundenbetreuung:* Daniele Zof. *Produktionsleitung:* Daniele Zof unter Beratung von Donato Lanati. *Agronom:* Alberto Zof. *Anbaufläche in ha.:* 13. *Besuchszeiten:* Montag bis Freitag, nach Vereinbarung. *Degustation:* im Eßsaal des Bauernhauses, das auch dem Agrartourismus dient.

DOC:

★ Colli Orientali del Friuli Pinot Bianco, 🍷 der letzte (ha 0,5 🍾 3.500 N *Pk.* B)

★ Colli Orientali del Friuli Pinot Grigio, 🍷 1997 (ha 1 🍾 7.000 N *Pk.* B)

♣ Colli Orientali del Friuli Sauvignon, 🍷 1997 (ha 1 🍾 7.000 N *Pk.* B ⊙) — 1997 (G.B.) 85

★ Colli Orientali del Friuli Tocai, 🍷 1197 (ha 1,2 🍾 8.000 N *Pk.* B)

Tafelwein:

★★ Va Pensiero, 🍷 1995 (🍾 1.200 H B *Pk.* D) 🍇 Cabernet Sauvignon und Schiopettino — 1995 (G.B.) 86

DOLEGNA DEL COLLIO (Gorizia)

Nächste Autobahnausfahrt: Palmanova (A4).

Azienda Agricola **Cà Ronesca**

Plz. 34070, località Lonzano 27; Tel. 0481/60034; Fax 639941.

Gründungsjahr: 1979. *Inhaber:* Sergio Comunello und Paolo Bianchi. *Kundenbetreuung:* Paolo Bianchi. *Produktionsleitung:* Franco Dalla Rosa, auch landwirtschaftlicher Leiter. *Anbaufläche in ha.:* 52. *Besuchszeiten:* Montag bis Freitag, von 8 bis 18 Uhr; Samstag und Sonntag nach Vereinbarung. *Degustation:* in einer Probierstube.

DOC:

★★ Colli Orientali del Friuli Pinot Grigio del Podere di Ipplis, 🍷 der letzte (ha 0,9 🍾 5.000 N *Pk.* C)

★★ Colli Orientali del Friuli Sauvignon del Podere di Ipplis, 🍷 der letzte (ha 1,3 🍾 5.000 N *Pk.* C)

★ Collio Cabernet Franc Lonzano, 🍷 1996 (ha 3,5 🍾 13.000 N H B *Pk.* B)

★ Collio Chardonnay Lonzano, 🍷 der letzte (ha 4 🍾 200.000 N *Pk.* B)

★ Collio Pinot Bianco Ronesca, 🍷 der letzte (ha 2,4 🍾 7.000 N *Pk.* B)

★★ Collio Sauvignon S. Giacobbe, 🍷 der letzte (ha 5,9 🍾 30.000 N *Pk.* C)

Tafelwein:

★ Sariz, 🍷 1994 (ha 3 ❙ 7.000 🅱 *Pk.* C) 🍇 Pinot Nero, Cabernet Franc und Refosco dal Peduncolo Rosso

Azienda Agricola **Venica & Venica**

Plz. 34070, località Cerò, via Mernico 42;
Tel. 0481/61264; Fax 639906.

Gründungsjahr: 1929. *Inhaber:* Gianni und Giorgio Venica. *Kundenbetreuung:* Gianni und Ornella Venica. *Produktionsleitung:* Giorgio Venica. *Agronom:* Gianni Venica. *Besuchszeiten:* nach telefonischer Vereinbarung. *Degustation:* in einer Probierstube.

DOC:

★★ Collio Merlot Perilla, 🍷 1994 (🅱 *Pk.* D) 1994 (D.T.) 87
★ Collio Pinot Bianco, 🍷 der letzte (🅽 *Pk.* C)
♣ Collio Pinot Grigio, 🍷 1997 (🅽 *Pk.* C) 1997 (D.T.) 85
★ Collio Sauvignon, 🍷 der letzte (🅽 *Pk.* C) 1997 (D.T.) 86
★★ Collio Sauvignon Cerò, 🍷 1992 und 1993 (🅱 *Pk.* D)
★★ Collio Sauvignon Ronco delle Mele, 🍷 der letzte (🅽 *Pk.* C) 1997 (D.T.) 87
★ Collio Tocai, 🍷 der letzte (🅽 *Pk.* C) 1997 (D.T.) 85

Tafelwein:

★★ Refosco dal Peduncolo Rosso Bottaz, 🍷 1994 (🅱 *Pk.* D) 1994 (D.T.) 88
♣ Rosso delle Cime, 🍷 1994 (🅱 *Pk.* D) 🍇 Merlot, Cabernet Sauvignon und Refosco 1994 (D.T.) 87
★★ Vignis di Venica, 🍷 1994 (🅽 *Pk.* D) 🍇 Tocai (50%), Chardonnay (40%) und Sauvignon (10%)

Besonderes: Gianni Venica hat sich, wie viele andere in Friaul, durch Weißweine einen guten Namen gemacht, jedoch beweist seine diesjährige, wie bereits die vorhergehende Produktion, die beachtlichen Fortschritte auch seiner Rotweine. (D.T.)

DUINO AURISINA (Trieste)

Nächste Autobahnausfahrt: Monfalcone (A4).

Azienda Agricola **Kante**

Plz. 34011, località Prepotto 3; Tel. 040/200761; Fax 200761.

Gründungsjahr: 1980. *Inhaber:* Edi Kante. *Kundenbetreuung:* der Inhaber. *Produktionsleitung:* der Inhaber. *Anbaufläche in ha.:* 6. *Besuchszeiten:* nur nach Vereinbarung. *Degustation:* im Weinkeller.

DUINO AURISINA

DOC:

★★ Carso Chardonnay, 🍷 1996 (ha 1,5 🍾 6.000 B *Pk.* D)
★★ Carso Malvasia, 🍷 1995 (ha 1 🍾 4.000 B *Pk.* D)
★★ Carso Sauvignon, 🍷 1996 (ha 1,5 🍾 6.000 B *Pk.* D)
★ Carso Terrano, 🍷 1995 (ha 0,5 🍾 2.000 B *Pk.* D)
★★ Carso Vitovska, 🍷 1996 (ha 1,5 🍾 6.000 B *Pk.* D)

FARRA D'ISONZO (Gorizia)

Nächste Autobahnausfahrt: Villesse (A4).

Azienda Agricola **Borgo Conventi**

Plz. 34070, strada Colombara 13; Tel. 0481/888004; Fax 888510.

Gründungsjahr: 1976. *Inhaber:* Gianni Vescovo. *Kundenbetreuung:* der Inhaber mit Ehefrau Genny und Tochter Barbara. *Produktionsleitung:* Erica und Gianni Vescovo. *Agronom:* der Inhaber. *Besuchszeiten:* nur nach Vereinbarung. *Degustation:* in einer Probierstube mit Platz für 60 Personen.

DOC:

★★ Collio Chardonnay Colle Russian, 🍷 1996 (B *Pk.* D)
★★ Collio Pinot Bianco, 🍷 der letzte (N *Pk.* C)
★ Collio Pinot Grigio, 🍷 der letzte (N *Pk.* C)
★★ Collio Sauvignon, 🍷 der letzte (N *Pk.* C)
★ Collio Tocai, 🍷 der letzte (N *Pk.* C)

Tafelwein:

★★ Braida Nuova, 🍷 1994 (B *Pk.* E) 🍇 Merlot (40%), Cabernet Sauvignon (40%) und Cabernet Franc (20%)

Azienda Agricola Vinnaioli **Jermann**

Plz. 34070, località Villanova, via Monte Fortino 21;
Tel. 0481/888080; Fax 888512.

Inhaber: Silvio Jermann. *Kundenbetreuung:* der Inhaber. *Produktionsleitung:* der Inhaber. *Besuchszeiten:* Montag bis Freitag, nach Vereinbarung. *Degustation:* in einer kleinen Taverne.

Tafelwein:

★★ Capo Martino in Ruttaris, 🍷 1996 (H *Pk.* D)
🍇 Pinots, Tocai, Picolit und Malvasia 1996 (D.T.) 90
★★ Chardonnay, 🍷 der letzte (N *Pk.* C)
★ Red Angel, 🍷 1997 (N *Pk.* C) 🍇 Pinot Nero 1997 (D.T.) 86
★ Riesling Afix, 🍷 1997 (N *Pk.* C) 1997 (D.T.) 85
★★ Sauvignon, 🍷 der letzte (N *Pk.* C)
★★ Traminer, 🍷 der letzte (N *Pk.* C) 1997 (D.T.) 88
★★ Vinnae, 🍷 der letzte (N *Pk.* C) 🍇 Ribolla Gialla (90%), Riesling und Malvasia (10%)

★★★ Vintage Tunina, 1996 (N *Pk.* E) Sauvignon, Chardonnay, Ribolla, Malvasia Istriana und Picolit 1996 (D.T.) 87
★★★ Where the Dreams now it is just wine, 1996 (B *Pk.* E) Chardonnay 1996 (D.T.) 87

Azienda Vinicola **Puiatti**

Plz. 34070, via Aquileia 30; Tel. 0481/809922; Fax 809685.

Gründungsjahr: 1982. *Inhaber:* Giovanni Puiatti. *Kundenbetreuung:* der Inhaber. *Produktionsleitung:* Vittorio und Giovanni Puiatti. *Agronom:* G. Pascoli. *Anbaufläche in ha.:* 56. *Besuchszeiten:* Montag bis Freitag, nach Vereinbarung. *Degustation:* in einer Probierstube.

DOC:
★★ Collio Chardonnay, der letzte (39.000 N *Pk.* C)
★ Collio Pinot Bianco, der letzte (13.000 N *Pk.* C)
★ Collio Pinot Grigio, der letzte (56.000 N *Pk.* C)
★ Collio Sauvignon, der letzte (70.000 N *Pk.* C)
★★ Collio Sauvignon Archetipi, 1995 (6.600 N *Pk.* D)

GRADISCA D'ISONZO (Gorizia)

Nächste Autobahnausfahrt: Villesse (A4).

Azienda Vinicola **Felluga Marco**

Plz. 34072, via Gorizia 121; Tel. 0481/99164; Fax 960270.

Gründungsjahr: 1905. *Inhaber:* Alba und Marco Felluga mit den Kindern. *Kundenbetreuung:* Alessandra, Patrizia und Roberto Felluga. *Produktionsleitung:* Giovanni Di Mastrogiovanni. *Anbaufläche in ha.:* 128. *Besuchszeiten:* nach telefonischer Vereinbarung. *Degustation:* in einem großen Probiersaal.

DOC:
★★ Collio Merlot, 1996 (H *Pk.* C)
★ Collio Pinot Bianco, der letzte (N *Pk.* C)
★★ Collio Pinot Grigio, der letzte (N *Pk.* C)
★ Collio Ribolla Gialla, der letzte (N *Pk.* C)
★★ Collio Sauvignon, der letzte (N *Pk.* C) 1997 (D.T.) 87
★ Collio Tocai, der letzte (N *Pk.* C)

Tafelwein:
★★ Carantan, 1994 (B *Pk.* E) Cabernet Sauvignon, Cabernet Franc und Merlot 1994 (D.T.) 87
★★ Marco Felluga, 1996 (B *Pk.* D) Chardonnay
★★ Molamatta, der letzte (N *Pk.* C) Pinot Bianco, Tocai und Ribolla

★ Moscato Rosa, 🍷 1997 (N *Pk.* D) 1997 (D.T.) 88
★★ Refosco, 🍷 1996 (H *Pk.* C)

Besonderes: Der Moscato Rosa hat gegenüber der Vergangenheit an Größe und, wie es sich für einen Dessertwein gehört, an Süße gewonnen. Echte Neuheiten sind jedoch die noch in der Verfeinerung befindlichen Rotweine des Jahrgangs 1997, die gegenüber den vorhergehenden – ganz im Einklang mit der neuen Firmenphilosophie – eine völlig andere Struktur aufweisen. (D.T.)

LUCINICO (Gorizia)

Nächste Autobahnausfahrt: Villesse (A4).

Conte Douglas S. Attems

Plz. 34070, via Giulio Cesare 36/a; Tel. 0481/390206.

Inhaber: Graf Douglas S. Attems. *Kundenbetreuung:* der Inhaber. *Produktionsleitung:* Fabio Coser. *Agronom:* Carlo Peratoner. *Anbaufläche in ha.:* 32. *Besuchszeiten:* nach Vereinbarung. *Degustation:* im Weinkeller.

DOC:

★ Collio Cabernet Franc, 🍷 1995 (B *Pk.* B)
★★ Collio Pinot Grigio, 🍷 der letzte (N *Pk.* B)
★ Collio Sauvignon, 🍷 der letzte (N *Pk.* B)

MANZANO (Udine)

Nächste Autobahnausfahrt: Palmanova (A4).

Le Vigne di Zamò

Plz. 33044, via Abate Corrado 55; Tel. 0432/759693; Fax 759884.

Gründungsjahr: 1981. *Inhaber:* Familie Zamò. *Kundenbetreuung:* Barbara Maniacco. *Produktionsleitung:* Massimiliano Buiani unter Beratung von Franco Bernabei. *Agronom:* Giuseppe Gollino. *Besuchszeiten:* nur nach Vereinbarung. *Degustation:* in einer Probierstube.

DOC:

★ Colli Orientali del Friuli Picolit Abbazia di Rosazzo, 🍷 1993 (B *Pk.* F)
★ Colli Orientali del Friuli Ribolla Gialla Ronco dei Roseti, 🍷 der letzte (N *Pk.* D)
★ Colli Orientali del Friuli Sauvignon Ronco dei Roseti, 🍷 der letzte (N *Pk.* D)

Tafelwein:

★★ Pignolo Abbazia di Rosazzo, 🍷 1994 (B *Pk.* E)

★★ Ronco dei Roseti Abbazia di Rosazzo, 🍷 1993 (🅱 *Pk.* E) 🍇 Cabernet Sauvignon, Cabernet Franc, Merlot, Refosco und Tazzelenghe

★★ Ronco della Abbazia, 🍷 1993 (🅱 *Pk.* E) 🍇 Picolit und Verduzzo

★★ Ronco delle Acacie Abbazia di Rosazzo, 🍷 1995 (🅱 *Pk.* E) 🍇 Tocai, Chardonnay und Pinot Bianco

Azienda Agricola **Ronchi di Manzano**

Plz. 33044, via Orsaria 42; Tel. 0432/740718; Fax 754378.

Gründungsjahr: 1969. *Inhaber:* Gebrüder Borghese. *Kundenbetreuung:* Roberta Borghese. *Produktionsleitung:* Vincenzo De Giuseppe. *Agronom:* Roberta Borghese. *Anbaufläche in ha.:* 45. *Besuchszeiten:* Montag bis Freitag, von 8 bis 18 Uhr. *Degustation:* in einer Taverne.

DOC:

♣ Colli Orientali del Friuli Cabernet Franc, 🍷 1996 (🅱 *Pk.* C) 1996 (D.T.) 85

★ Colli Orientali del Friuli Chardonnay, 🍷 der letzte (🅽 *Pk.* B)

★★ Colli Orientali del Friuli Merlot Ronc di Subule, 🍷 1995 und 1996 (🅱 *Pk.* C) 1996 (D.T.) 88

★ Colli Orientali del Friuli Refosco dal Peduncolo Rosso, 🍷 1996 (🅱 *Pk.* C) 1996 (D.T.) 86

★ Colli Orientali del Friuli Rosazzo Picolit, 🍷 1996 (🅱 *Pk.* E)

♣ Colli Orientali del Friuli Rosazzo Rosso Ronc di Rosazzo, 🍷 1996 (🅱 *Pk.* C) 1996 (D.T.) 87

★ Colli Orientali del Friuli Sauvignon, 🍷 der letzte (🅽 *Pk.* C)

♣ Colli Orientali del Friuli Verduzzo Ronc di Rosazzo, 🍷 1996 (🅱 *Pk.* C) 1996 (D.T.) 85

IGT:

★★ Le Zuccule, 🍷 1996 (🅱 *Pk.* C) 🍇 Merlot und Cabernet Sauvignon

Azienda Agricola **Torre Rosazza**

Plz. 33044, località Poggiobello, frazione Oleis;
Tel. 0432/759429; Fax 750191.

Gründungsjahr: 1986. *Inhaber:* Genagricola spa. *Kundenbetreuung:* Giovanni Tomadoni und Claudio Flaborea. *Produktionsleitung:* Giovanni Tomadoni und Walter Filiputti. *Agronom:* Claudio Flaborea. *Besuchszeiten:* nur nach Vereinbarung. *Degustation:* in einer freundlichen Probierstube.

DOC:

- ★★ Colli Orientali del Friuli Cabernet Sauvignon Ronco della Torre, 🍷 1993 (B *Pk.* C)
- ★ Colli Orientali del Friuli Chardonnay, 🍷 der letzte (N *Pk.* B)
- ★★ Colli Orientali del Friuli Merlot L'Altromerlot, 🍷 1993 (B *Pk.* B)
- ★ Colli Orientali del Friuli Pinot Bianco Ronco delle Magnolie, 🍷 der letzte (B *Pk.* C)
- ★ Colli Orientali del Friuli Pinot Grigio, 🍷 der letzte (N *Pk.* B)
- ★ Colli Orientali del Friuli Refosco dal Peduncolo Rosso, 🍷 1995 (H *Pk.* B)
- ★ Colli Orientali del Friuli Ribolla Gialla, 🍷 der letzte (N *Pk.* B)
- ★★ Colli Orientali del Friuli Sauvignon Silterra, 🍷 1995 (N *Pk.* C)

Zamò e Zamò – Villa Belvedere

Plz. 33044, via Abate Corrado 55; Tel. 0432/759693; Fax 759884.

Gründungsjahr: 1990. *Inhaber:* Familie Zamò. *Kundenbetreuung:* Barbara Maniacco. *Produktionsleitung:* Massimiliano Buiani unter Beratung von Franco Bernabei. *Agronom:* Giuseppe Gollino. *Besuchszeiten:* Montag bis Freitag, nach telefonischer Vereinbarung. *Degustation:* in einer Probierstube.

DOC:

- ★★ Colli Orientali del Friuli Bianco Trevigne, 🍷 1996 (B *Pk.* D) 1996 (D.T.) 87
- ★★ Colli Orientali del Friuli Cabernet, 🍷 1997 (H *Pk.* D)
- ★★ Colli Orientali del Friuli Merlot, 🍷 1997 (H *Pk.* D)
- ★ Colli Orientali del Friuli Merlot Vigne 50 anni, 🍷 1995 (B *Pk.* E)
- ★★ Colli Orientali del Friuli Refosco dal Peduncolo Rosso, 🍷 1997 (H *Pk.* D)
- ★ Colli Orientali del Friuli Tocai Vigne 50 anni, 🍷 1997 (N B *Pk.* E)

MARIANO DEL FRIULI (Gorizia)

Nächste Autobahnausfahrt: Villesse (A4).

Azienda Agricola **Masut da Rive**

Plz. 34070, via Manzoni 82; Tel. 0481/69200; Fax 69200.

Gründungsjahr: 1975. *Inhaber:* Silvano und Fabrizio Gallo. *Kundenbetreuung:* Fabrizio Gallo. *Produktionsleitung:* Fabrizio Gallo. *Anbaufläche in ha.:* 17. *Besuchszeiten:* täglich, nach telefonischer Vereinbarung. *Degustation:* in einer Probierstube.

DOC:

- ★ Isonzo Cabernet Franc, 🍷 1996 (🍾 9.000 [N] *Pk.* C) — 1996 (G.B.) 85
- ★★ Isonzo Cabernet Sauvignon, 🍷 1996 (🍾 5.500 [H] [B] *Pk.* C) — 1996 (G.B.) 85
- ★ Isonzo Chardonnay, 🍷 der letzte (🍾 6.700 [N] *Pk.* C) — 1997 (G.B./D.T.) 85
- ★ Isonzo Chardonnay Maurus, 🍷 1996 und 1997 (🍾 2.000 [B] *Pk.* C) — 1996 (G.B.) 86 + 1997 (D.T.) 87
- ★★ Isonzo Merlot, 🍷 1996 (🍾 5.000 [H] [B] *Pk.* C) — 1996 (G.B./D.T.) 86
- ★★ Isonzo Pinot Bianco, 🍷 der letzte (🍾 8.000 [N] *Pk.* C) — 1997 (G.B.) 86
- ★ Isonzo Pinot Grigio, 🍷 der letzte (🍾 6.500 [N] *Pk.* C) — 1997 (D.T.) 86
- ★★ Isonzo Pinot Nero, 🍷 1995 (🍾 2.000 [B] *Pk.* C) — 1995 (G.B.) 88
- ★ Isonzo Sauvignon, 🍷 1997 (🍾 12.000 [N] *Pk.* C) — 1997 (D.T.) 87
- ★★ Isonzo Tocai, 🍷 der letzte (🍾 5.800 [N] *Pk.* C) — 1997 (D.T.) 86

Azienda Agricola **Vie di Romans**

Plz. 34070, località Vie di Romans 1; Tel. 0481/69600; Fax 69600.

Gründungsjahr: 1975. *Inhaber:* Gianfranco Gallo. *Kundenbetreuung:* der Inhaber. *Produktionsleitung:* der Inhaber. *Anbaufläche in ha.:* 20,4. *Besuchszeiten:* täglich, nur nach Vereinbarung. *Degustation:* in einer Probierstube.

DOC:

- ★★ Isonzo Chardonnay Ciampagnis Vieris, 🍷 1996 (ha 1,5 🍾 8000 [N] *Pk.* C) — 1996 (D.T.) 85
- ★★ Isonzo Chardonnay Vie di Romans, 🍷 1996 (ha 4 🍾 23.000 [B] *Pk.* D) — 1996 (D.T.) 88
- ★★ Isonzo Pinot Grigio Dessimis, 🍷 1996 (ha 3 🍾 16.000 [B] *Pk.* D) — 1996 (D.T.) 88
- ★★ Isonzo Rosso Voos dai Ciamps, 🍷 1991; 1995 im Kommen (ha 1,5 🍾 5.500 [B] *Pk.* D)
- ★★★ Isonzo Sauvignon Pière, 🍷 1996 (ha 4 🍾 21.000 [N] *Pk.* D) — 1996 (D.T.) 89
- ○ Isonzo Sauvignon Vieris, 🍷 1996 (ha 3,4 🍾 17.000 [B] *Pk.* D) — 1996 (D.T.) 90

Tafelwein:

- ★★ Flors di Uis, 🍷 1996 (ha 3 🍾 16.000 [N] *Pk.* D) 🍇 Malvasia Istriana, Riesling Renano, Chardonnay und Tocai — 1996 (D.T.) 89

Besonderes: Jahre von geduldiger und sorgfältiger Arbeit haben aus dem Sauvignon Vieris einen Spitzenwein gemacht. Dieser Hersteller scheint jedoch mit dem Gemeinplatz, Italien wäre ein Land der großen Rotweine, aufräumen zu wollen. Er produziert ausgezeichnete Weißweine, die keine Minderwertigkeitsgefühle aufkommen lassen. (D.T.)

MOSSA (Gorizia)

Nächste Autobahnausfahrt: Villesse (A4).

Azienda Agricola **Vazzoler Redi**

Plz. 34070, località Blanchis; Tel. 0432/505807; Fax 505807.

Gründungsjahr: 1951. *Inhaber:* Redi Vazzoler. *Kundenbetreuung:* der Inhaber. *Besuchszeiten:* nur nach Vereinbarung. *Degustation:* in einer rustikalen Probierstube neben dem Weinkeller.

DOC:

★ Collio Cabernet, 🍷 1994 (B *Pk.* C)
★ Collio Müller-Thurgau, 🍷 der letzte (N *Pk.* B)
★★ Collio Pinot Bianco, 🍷 der letzte (N *Pk.* B)
★ Collio Pinot Grigio, 🍷 der letzte (N *Pk.* B ⊙) 1997 (D.T.) 86
★★ Collio Sauvignon, 🍷 der letzte (N *Pk.* B)
★★ Collio Tocai, 🍷 der letzte (N *Pk.* B)

Tafelwein:

★★ Ronco Blanchis, 🍷 der letzte (N B *Pk.* C)
🍇 Pinot Bianco und Müller-Thurgau

NIMIS (Udine)

Nächste Autobahnausfahrt: Udine nord (A23).

Azienda Agricola **Coos Dario**

Plz. 33045, frazione Ramandolo 16; Tel. 0432/790320.

Gründungsjahr: 1988. *Inhaber:* Dario Coos. *Kundenbetreuung:* der Inhaber. *Produktionsleitung:* der Inhaber. *Besuchszeiten:* täglich, nach telefonischer Vereinbarung. *Degustation:* im Weinkeller.

DOC:

★ Colli Orientali del Friuli Longhino, 🍷 der letzte (N *Pk.* D)
★★ Colli Orientali del Friuli Ramandolo, 🍷 1996 (N B *Pk.* D)

Azienda Agricola **Il Roncat di Giovanni Dri**

Plz. 33045, via Pescia 7, frazione Ramandolo;
Tel. 0432/790260; Fax 42333.

Gründungsjahr: 1968. *Inhaber:* Giovanni Dri. *Kundenbetreuung:* Renata, Carla und Stefania Dri. *Produktionsleitung:* Stefania Dri.

Agronom: der Inhaber. *Anbaufläche in ha.:* 8,9. *Besuchszeiten:* täglich, nach Voranmeldung. *Degustation:* in einer Probierstube im neuen Weinkeller.

DOC:

★★ Colli Orientali del Friuli Picolit, 🍷 1996 (ha 0,2 🍾 660 **B** *Pk.* F) 1996 (G.B.) 85

★★ Colli Orientali del Friuli Ramandolo, 🍷 1997 (ha 5 🍾 17.800 **N** *Pk.* D)

★★ Colli Orientali del Friuli Ramandolo Il Roncat, 🍷 1995 (ha 0,5 🍾 2.000 **B** *Pk.* E) 1995 (G.B.) 87

★ Colli Orientali del Friuli Refosco dal Peduncolo Rosso, 🍷 1994 (ha 1,1 🍾 6.600 **N** *Pk.* C)

★ Colli Orientali del Friuli Sauvignon Il Roncat, 🍷 1997 (ha 0,3 🍾 1.600 **B** *Pk.* D)

Tafelwein:

★★ Il Roncat Rosso, 🍷 1993 (ha 0,5 🍾 2.500 **B** *Pk.* E) 🍇 Refosco (50%), Schioppettino (20%), Cabernet Franc und Cabernet Sauvignon (20%) und Franconia (10%)

♣ Rosso del Monte dei Carpini, 🍷 1995 (ha 0,3 🍾 1.800 **N** *Pk.* D) 🍇 Schioppettino (80%) und Refosco (20%), 1995 (G.B.) 85

★★ Uve Decembrine, 🍷 1993 (ha 0,4 🍾 1.800 **B** *Pk.* E) 🍇 Verduzzo Spätlese

ONTAGNANO DI GONARS (Udine)

Nächste Autobahnausfahrt: Palmanova (A4).

Azienda Agricola **di Lenardo**

Plz. 33050, via Cesare Battisti 1; Tel. 0432/928633; Fax 923375.

Gründungsjahr: 1878. *Inhaber:* Familie di Lenardo. *Kundenbetreuung:* Massimo di Lenardo. *Produktionsleitung:* Giovanni Crosato. *Agronom:* Massimo di Lenardo. *Anbaufläche in ha.:* 30. *Besuchszeiten:* nach telefonischer Vereinbarung, Montag bis Freitag. *Degustation:* in einer Probierstube.

DOC:

♣ Friuli Grave Cabernet Vigne dai Vieris, 🍷 1997 (**N** *Pk.* B ⊙) 1997 (G.B.) 85

♣ Friuli Grave Chardonnay Woody, 🍷 1997 (**B** *Pk.* C) 1997 (G.B.) 87

★ Friuli Grave Merlot Vigne San Martin, 🍷 1997 (**N** *Pk.* B)

★ Friuli Grave Pinot Bianco Vigne dai Vieris, 🍷 der letzte (**N** *Pk.* B)

★ Friuli Grave Pinot Grigio Vigne dai Vieris, 🍷 der letzte (**N** *Pk.* B ⊙) 1997 (G.B.) 85

★ Friuli Grave Sauvignon Vigne dai Vieris, 🍷 der letzte (N *Pk.* B)

★★ Friuli Grave Tocai Vigne San Martin, 🍷 der letzte (N *Pk.* B)

Tafelwein:

★★ Ronco Nolé, 🍷 1996 (B *Pk.* B) 🍇 Merlot, Cabernet Franc und Refosco

OSLAVIA (Gorizia)

Nächste Autobahnausfahrt: Villesse (A4).

Azienda Agricola **Fiegl**

Plz. 34070, località Lenzuolo Bianco 1; Tel. 0481/31072; Fax 534436.

Gründungsjahr: 1992. *Inhaber:* Rinaldo, Alessio und Giuseppe Fiegl. *Kundenbetreuung:* Rinaldo und Alessio Figelj. *Produktionsleitung:* Giovanni Bianchi. *Agronom:* Giuseppe Figelj. *Besuchszeiten:* täglich, nach Vereinbarung. *Degustation:* im Weinkeller.

DOC:

♣ Collio Chardonnay, 🍷 1997 (N *Pk.* C) 1997 (G.B.) 85

★ Collio Merlot, 🍷 1996 (B *Pk.* D) 1996 (G.B.) 87

♣ Collio Pinot Bianco, 🍷 1997 (N *Pk.* C) 1997 (G.B.) 86

★ Collio Sauvignon, 🍷 1997 (N *Pk.* C) 1997 (G.B.) 85

★ Collio Tocai Friulano, 🍷 der letzte (N *Pk.* C)

Tafelwein:

★ Leopold Bianco, 🍷 1996 (N B *Pk.* C) 🍇 Sauvignon, Ribolla Gialla, Pinot Bianco und Tocai 1996 (G.B.) 86

♣ Leopold Rosso, 🍷 1993 (B *Pk.* D) 🍇 Merlot und Cabernet Franc 1993 (G.B.) 88

Josko **Gravner**

Plz. 34070, via Lenzuolo Bianco 9; Tel. 0481/30882; Fax 30882.

Inhaber: Josko Gravner. *Kundenbetreuung:* der Inhaber. *Produktionsleitung:* der Inhaber. *Besuchszeiten:* täglich, nur nach Vereinbarung. *Degustation:* in einem Probierraum im Wohnhaus.

DOC:

★★★ Collio Ribolla, 🍷 1995 (B *Pk.* F)

Tafelwein:

★★ Breg, 🍷 1995 (B *Pk.* F) 🍇 Pinot Grigio, Riesling Italico, Sauvignon und Chardonnay

★★ Rosso Gravner, 🍷 1993 (B *Pk.* F) 🍇 Merlot (90%) und Cabernet Sauvignon (10%)

★★★ Rujno, 🍷 1991 (B *Pk.* F) 🍇 Merlot (70%) und Cabernet Sauvignon (30%)

Azienda Agricola **Il Carpino**

Plz. 34070, via Sovenza 14/A; Tel. 0481/884097; Fax 884205.

Gründungsjahr: 1987. *Inhaber:* Silvano Cibini und Franco Sosol. *Kundenbetreuung:* die Inhaber. *Produktionsleitung:* Franco Sosol, auch landwirtschaftlicher Leiter. *Besuchszeiten:* Montag bis Freitag, nach Vereinbarung. *Degustation:* in einer kleinen Taverne.

DOC:

★ Collio Chardonnay, 🍷 1996 (N B *Pk.* C)
★ Collio Pinot Grigio, 🍷 1996 (N B *Pk.* C)
★★ Collio Ribolla Gialla, 🍷 1996 (N B *Pk.* C)
★★ Collio Sauvignon, 🍷 1996 (N B *Pk.* C)

Tafelwein:

★★ Rosso Carpino, 🍷 1994 (B *Pk.* D) 🍇 Merlot und Refosco

Azienda Agricola **La Castellada**

Plz. 34170, località Oslavia 1; Tel. 0481/33670; Fax 33670.

Gründungsjahr: 1985. *Inhaber:* Giorgio und Nicolò Bensa. *Kundenbetreuung:* die Inhaber. *Produktionsleitung:* die Inhaber. *Besuchszeiten:* täglich, nach telefonischer Vereinbarung. *Degustation:* im Weinkeller oder in einer Probierstube im Wohnhaus.

DOC:

★★ Collio Ribolla Gialla, 🍷 1996 (B *Pk.* D)

Tafelwein:

★★ Bianco della Castellada, 🍷 1996 (B *Pk.* D) 🍇 Tocai, Pinot Grigio, Ribolla Gialla und Sauvignon 1996 (D.T.) 88
★★ Rosso della Castellada, 🍷 1994 (B *Pk.* C) 🍇 Merlot (85%) und Cabernet Sauvignon (15%) 1994 (D.T.) 86

Azienda Agricola **Primosic**

Plz. 34070, località Madonnina di Oslavia 3;
Tel. 0481/535153; Fax 536705.

Gründungsjahr: 1966. *Kundenbetreuung:* Silvestro Primosig. *Produktionsleitung:* Marko Primosig. *Anbaufläche in ha.:* 24. *Besuchszeiten:* nach telefonischer Vereinbarung. *Degustation:* in einer Probierstube im Wohnhaus.

DOC:

★★ Collio Chardonnay Gmajne, 🍷 der letzte (B *Pk.* C)
★★ Collio Merlot Riserva, 🍷 1995 (B *Pk.* C)
★★ Collio Sauvignon Gmajne, 🍷 der letzte (N *Pk.* C)

Tafelwein:

★ Klin, 🍷 1995 (B *Pk.* D) Sauvignon (50%), Chardonnay (40%) und Ribolla (10%)

Azienda Agricola **Princic Dario**

Plz. 34170, via Ossario 15/a; Tel. 0481/532730; Fax 532730.

Gründungsjahr: 1988. *Inhaber:* Dario Princic. *Kundenbetreuung:* der Inhaber. *Produktionsleitung:* der Inhaber. *Agronom:* die landwirtschaftlichen Techniker vom Consorzio Vini Collio. *Anbaufläche in ha.:* 5. *Besuchszeiten:* nach Vereinbarung. *Degustation:* im Weinkeller.

DOC:

♣ Collio Cabernet Sauvignon, 🍷 1995 (ha 0,5 🍾 2.300 B *Pk.* D) — 1995 (D.T.) 86

♣ Collio Sauvignon, 🍷 1996 (ha 1,5 🍾 4.500 N *Pk.* C) — 1996 (D.T.) 85

Azienda Agricola **Radikon Stanislao**

Plz. 34170, località Tre Buchi 4; Tel. 0481/32804; Fax 32804.

Gründungsjahr: 1980. *Inhaber:* Stanislao Radikon. *Kundenbetreuung:* der Inhaber. *Produktionsleitung:* der Inhaber. *Besuchszeiten:* täglich, nach telefonischer Vereinbarung. *Degustation:* im Weinkeller.

DOC:

★★★ Collio Merlot, 🍷 1993 (B *Pk.* D)

Tafelwein:

★★ Oslavje, 🍷 1995 (B *Pk.* C)

PAVIA DI UDINE (Udine)

Nächste Autobahnausfahrt: Palmanova (A4).

Azienda Agricola **Le Fredis - Scarbolo**

Plz. 33050, frazione Lauzacco, viale Grado 4;
Tel. 0432/675612; Fax 675612.

Gründungsjahr: 1987. *Inhaber:* Valter Scarbolo. *Kundenbetreuung:* der Inhaber mit Ehefrau Maria Grazia. *Produktionsleitung:* der Inhaber, auch landwirtschaftlicher Leiter. *Besuchszeiten:* täglich, nach Voranmeldung. *Degustation:* im Weinkeller.

DOC:

★ Friuli Grave Chardonnay, 🍷 der letzte (ha 1 🍾 6.500 N *Pk.* B)

★★ Friuli Grave Merlot Campo del Viotto, 🍷 1995 (ha 0,4 🍾 2.100 N B *Pk.* C) 1995 (G.B.) 85

★ Friuli Grave Refosco dal Peduncolo Rosso, 🍷 1996 (ha 0,7 🍾 4.500 N *Pk.* B)

Azienda Fratelli **Pighin**

Plz. 33050, viale Grado 1, frazione Risano;
Tel. 0432/675444; Fax 609001.

Gründungsjahr: 1963. *Inhaber:* Gebrüder Pighin. *Kundenbetreuung:* Livio, Sonia und Roberto Pighin. *Produktionsleitung:* Livio Pighin und Paolo Valdesolo. *Anbaufläche in ha.:* 140. *Besuchszeiten:* Montag bis Freitag, nach Vereinbarung. *Degustation:* im Weinkeller.

DOC:

★★ Friuli Grave Sauvignon Vigna Casette, 🍷 1997 (N *Pk.* B)

★★ Friuli Grave Tocai Vigna Casette, 🍷 1997 (N *Pk.* B)

Tafelwein:

★ Baredo, 🍷 1993 (B *Pk.* C) 🍇 Cabernet Sauvignon, Merlot und Refosco

PRADAMANO (Udine)

Nächste Autobahnausfahrt: Udine sud (A23).

Fantinel

Plz. 33040, via Cussignacco 80; Tel. 0432/670444; Fax 670464.

Gründungsjahr: 1969. *Inhaber:* Familie Fantinel. *Kundenbetreuung:* Marco Fantinel. *Produktionsleitung:* Gianni Campo Dall'Orto. *Anbaufläche in ha.:* 250. *Besuchszeiten:* Montag bis Freitag, von 9 bis 12 Uhr und von 14 bis 17 Uhr. *Degustation:* in einer Probierstube.

DOC:

★ Collio Sauvignon Vigneti St. Helena, 🍷 1997 (ha 6 🍾 15.000 N *Pk.* C)

PREMARIACCO (Udine)

Nächste Autobahnausfahrt: Villesse (A4).

Azienda Agricola **Case Sparse**

Plz. 33040, via Case Sparse 21, località Rocca Bernarda, frazione Ipplis; Tel. 0432/716501; Fax 716501.

Gründungsjahr: 1991. *Inhaber:* Giancarlo Tognacchini. *Kundenbetreuung:* Simone Tognacchini und L. Di Donè. *Produktionsleitung:*

Luca D'Attoma. *Agronom:* Simone Tognacchini. *Anbaufläche in ha.:* 11,5. *Besuchszeiten:* nach Vereinbarung. *Degustation:* im Weinkeller.

DOC:

♣ Colli Orientali del Friuli Bianco d'Orione, 🍷 1997 (ha 3 🍾 10.000 N *Pk.* D) 1997 (D.T.) 86

♣ Colli Orientali del Friuli Schioppettino, 🍷 1997 (ha 2 🍾 3.000 N B *Pk.* D) 1997 (D.T.) 85

Azienda Agricola **Rocca Bernarda**

Plz. 33040, via Rocca Bernarda 27, frazione Ipplis;
Tel. 0432/716273; Fax 716273.

Gründungsjahr: 1567. *Inhaber:* Sovrano Militare Ordine di Malta. *Kundenbetreuung:* Mario Zuliani. *Produktionsleitung:* Marco Monchiero. *Agronom:* Mario Zuliani. *Anbaufläche in ha.:* 40. *Besuchszeiten:* Montag bis Samstagmittag während der Geschäftszeiten, mit Voranmeldung. *Degustation:* in einer typisch fraulischen Probierstube.

DOC:

★ Colli Orientali del Friuli Merlot Centis, 🍷 1996 (🍾 7.000 B *Pk.* C)

★ Colli Orientali del Friuli Picolit Riserva, 🍷 1996 (🍾 .2800 B *Pk.* F)

★ Colli Orientali del Friuli Ribolla Gialla, 🍷 1997 (🍾 7.000 N *Pk.* B)

★ Colli Orientali del Friuli Sauvignon, 🍷 1997 (🍾 17.000 N *Pk.* B)

Azienda Agricola **Scubla Roberto**

Plz. 33040, frazione Ipplis, via Rocca Bernarda 22;
Tel. 0432/716258; Fax 0481/99153.

Gründungsjahr: 1991. *Inhaber:* Roberto Scubla. *Kundenbetreuung:* der Inhaber. *Anbaufläche in ha.:* 7. *Besuchszeiten:* Montag bis Samstag, nach Vereinbarung. *Degustation:* in einer Probierstube.

DOC:

★★ Colli Orientali del Friuli Bianco Pomédes, 🍷 der letzte (🍾 2.000 B *Pk.* D) 🍇 Tocai, Pinot Bianco und Riesling Renano

★★ Colli Orientali del Friuli Cabernet Sauvignon, 🍷 1996 (🍾 2.000 B *Pk.* C) 1996 (G.B.) 86

★ Colli Orientali del Friuli Merlot, 🍷 1996 (🍾 2.000 B *Pk.* C)

★★ Colli Orientali del Friuli Pinot Bianco, 🍷 der letzte (🍾 7.000 N *Pk.* C)

★★ Colli Orientali del Friuli Sauvignon, 🍷 der letzte (🍾 10.000 N *Pk.* C)

★★ Colli Orientali del Friuli Tocai, 🍷 der letzte (🍾 6.000 N *Pk.* C)

Azienda Agricola **Vigne dal Leon**

Plz. 33040, località Rocca Bernarda; Tel. 0432/759693; Fax 759884.

Gründungsjahr: 1979. *Inhaber:* Tullio Pierluigi und Silvano Zamò. *Kundenbetreuung:* Tullio Zamò und Barbara Maniacco. *Produktionsleitung:* Massimiliano Buiani unter Beratung von Franco Bernabei. *Besuchszeiten:* nach telefonischer Vereinbarung. *Degustation:* in einer Probierstube.

DOC:

★★ Colli Orientali del Friuli Pinot Nero, 🍷 1994 (B *Pk.* E)

★★ Colli Orientali del Friuli Schioppettino, 🍷 1994 (*Pk.* E)

Tafelwein:

★★ Tazzelenghe, 🍷 1993 (B *Pk.* E)

★★★ Tullio Zamò, 🍷 1995 (B *Pk.* E)

🍇 Pinot Bianco — 1995 (D.T.) 89

Besonderes: Wenn der Tullio Zamò den Namen Chardonnay tragen würde, wäre er einer der begehrtesten Weißweine Italiens. Man sollte also nochmal bekräftigen, daß der nach allen Regeln der Kunst bearbeitete Pinot Bianco einen Wein von höchstem Niveau ergeben kann. (D.T.)

PREPOTTO (Udine)

Nächste Autobahnausfahrt: Palmanova (A4) oder Udine sud (A23).

Azienda Agricola **La Viarte**

Plz. 33040, via Novacuzzo 50; Tel. 0432/759458; Fax 753354.

Gründungsjahr: 1973. *Inhaber:* Giuseppe Ceschin. *Kundenbetreuung:* Carla Ceschin. *Produktionsleitung:* der Inhaber und sein Sohn. *Agronom:* Luigi Castenetto. *Anbaufläche in ha.:* 21,4. *Besuchszeiten:* nach telefonischer Vereinbarung. *Degustation:* in einer kleinen Taverne.

DOC:

★★ Colli Orientali del Friuli Bianco Liende, 🍷 1996 (🍾 10.000 N B *Pk.* D)

★ Colli Orientali del Friuli Pinot Bianco, 🍷 1997 (ha 2,46 🍾 5.300 N *Pk.* C)

★ Colli Orientali del Friuli Pinot Grigio, 🍷 1997 (ha 2,84 🍾 13.000 [N] *Pk.* C)

★★ Colli Orientali del Friuli Sauvignon, 🍷 1997 (ha 4,14 🍾 17.000 [N] *Pk.* C)

★ Colli Orientali del Friuli Schioppettino, 🍷 1995 (ha 0,7 🍾 1.300 [N] [B] *Pk.* D)

★★ Colli Orientali del Friuli Tocai, 🍷 1997 (ha 3,45 🍾 9.300 [N] *Pk.* C)

Tafelwein:

★★ Roi, 🍷 1994 (🍾 1.500 [B] *Pk.* E) 🍇 Merlot (80%), Cabernet Franc (10%) und Cabernet Sauvignon (10%) 1994 (G.B.) 88

♣ Siùm, 🍷 1995 (🍾 2.500 [B] *Pk.* E) 🍇 Verduzzo Friulano und Picolit 1995 (G.B.) 87

Azienda Agricola **Le Due Terre**

Plz. 33040, via Roma 68/B; Tel. 0432/713189; Fax 713189.

Gründungsjahr: 1984. *Inhaber:* Silvana Forte und Flavio Basilicata. *Kundenbetreuung:* die Inhaber. *Produktionsleitung:* Flavio Basilicata und Roberto Cipresso. *Anbaufläche in ha.:* 4,5. *Besuchszeiten:* täglich, nur nach telefonischer Vereinbarung. *Degustation:* im Weinkeller oder in einer Probierstube im Wohnhaus.

DOC:

★★ Colli Orientali del Friuli Pinot Nero, 🍷 1996 (ha 0,6 🍾 3.000 [B] *Pk.* D) 1996 (G.B.) 90

Tafelwein:

★ Implicito, 🍷 1996 (ha 0,22 🍾 600 [B] *Pk.* F) 🍇 Picolit

★★★ Sacrisassi Bianco, 🍷 1996 (ha 1,5 🍾 6.400 [B] *Pk.* C) 🍇 Tocai (45%), Sauvignon (45%) und Ribolla (10%) 1996 (G.B.) 91

★★★ Sacrisassi Rosso, 🍷 1996 (ha 1,5 🍾 7.400 [B] *Pk.* C) 🍇 Refosco (50%), Schioppettino (50%) 1996 (G.B.) 92

Azienda Agricola **Ronchi di Cialla**

Plz. 33040, frazione Cialla; Tel. 0432/731679; Fax 709806.

Gründungsjahr: 1972. *Inhaber:* Paolo und Dina Rapuzzi. *Kundenbetreuung:* die Inhaber. *Produktionsleitung:* die Inhaber und seine Söhne Pierpaolo und Ivan. *Besuchszeiten:* während der Geschäftszeiten, nach telefonischer Vereinbarung. *Degustation:* in einer Probierstube im Wohnhaus.

DOC:

★ Colli Orientali del Friuli Cialla Bianco, 🍷 1996 ([B] *Pk.* C) 1996 (G.B.) 85

★★ Colli Orientali del Friuli Picolit di Cialla, 🍷 1993 ([B] *Pk.* E)

★★ Colli Orientali del Friuli Refosco dal Peduncolo Rosso di Cialla, 🍷 1992 und 1993 (B *Pk.* E)
★★ Colli Orientali del Friuli Verduzzo di Cialla, 🍷 1995 (B *Pk.* E)

Tafelwein:

♣ Ciallarosso, 🍷 1995 (B *Pk.* C) Schioppettino und Refosco 1995 (G.B.) 86
★★ Schioppettino di Cialla, 🍷 1992 und 1993 im Kommen (B *Pk.* E)

SACILE (Pordenone)

Nächste Autobahnausfahrt: Pordenone (A28)

Azienda Agricola **Vistorta**

Plz. 33067, località Vistorta; Tel. 0434/71135; Fax 734878.

Gründungsjahr: 1850. *Inhaber:* Brandino Brandolini d'Adda. *Kundenbetreuung:* der Inhaber. *Produktionsleitung:* George Pauli. *Agronom:* Arnaldo Bellinato. *Anbaufläche in ha.:* 25. *Besuchszeiten:* nur nach Vereinbarung. *Degustation:* in einer Probierstube.

DOC:

★★ Friuli Grave Merlot Vistorta, 🍷 1996 (ha 16 ı 50.000 B *Pk.* D) 1996 (G.B.) 86

SAN FLORIANO DEL COLLIO (Gorizia)

Nächste Autobahnausfahrt: Villesse (A4).

Antica Azienda Agricola Conti **Formentini**

Plz. 34070, via Oslavia 5; Tel. 0481/884131; Fax 884214.

Gründungsjahr: 1520. *Inhaber:* Gruppo Italiano Vini. *Kundenbetreuung:* Marco Del Piccolo. *Produktionsleitung:* Marco Del Piccolo. *Besuchszeiten:* täglich, nach Voranmeldung. *Degustation:* im Weinkeller.

DOC:

★ Collio Cabernet Franc Vigneto Draga, 🍷 1996 (B *Pk.* B)
★★ Collio Pinot Bianco Vigneto Orto, 🍷 der letzte (N *Pk.* B)
★ Collio Sauvignon, 🍷 der letzte (N *Pk.* B)
★ Collio Tocai Vigneto Orto, 🍷 der letzte (N *Pk.* B)

Tercic Matjaz

Plz. 34070, località Bucuie 9; Tel. 0481/884193; Fax 884193.

Gründungsjahr: 1993. *Inhaber:* Matjaz Tercic. *Kundenbetreuung:* der Inhaber. *Produktionsleitung:* der Inhaber, auch landwirtschaftlicher Leiter. *Anbaufläche in ha.:* 4,5. *Besuchszeiten:* Samstag, nach Vereinbarung. *Degustation:* im Weinkeller.

DOC:

♣ Collio Pinot Grigio, 🍷 1997 (ha 1 🍾 13.300 [N] *Pk.* B ⊙) — 1997 (D.T.) 88

♣ Collio Ribolla Gialla, 🍷 1997 (ha 0,5 🍾 12.000 [N] *Pk.* B ⊙) — 1997 (D.T.) 86

♣ Collio Sauvignon, 🍷 1997 (ha 0,6 🍾 12.500 [N] *Pk.* B ⊙) — 1997 (D.T.) 85

Tafelwein:

♣ Vino degli Orti, 🍷 1997 (ha 0,7 🍾 12.500 [N] *Pk.* B ⊙) 🍇 Tocai, Malvasia und Riesling — 1997 (D.T.) 86

Besonderes: Mit einer Serie sehr eleganter und gut gemachter Weine wird in den diesjährigen Weinführer ein junger Produzent aufgenommen, dessen Ziel es ist, die Weine von San Floriano del Collio aufzuwerten. Hoffentlich nehmen sich seine Kollegen in der Region ein Beispiel an ihm. (D.T.)

SAN GIOVANNI AL NATISONE (Udine)

Nächste Autobahnausfahrt: Palmanova (A4).

Azienda Agricola **Livon**

Plz. 33048, località Dolegnano; Tel. 0432/757173; Fax 757690.

Gründungsjahr: 1964. *Inhaber:* Dorino, Tonino und Valneo Livon. *Kundenbetreuung:* Tonino und Valneo Livon. *Produktionsleitung:* Rinaldo Stocco. *Agronom:* Tonino Livon. *Besuchszeiten:* täglich, nach Voranmeldung. *Degustation:* in einer Probierstube.

DOC:

★★ Colli Orientali del Friuli Refosco dal Peduncolo Rosso Riul, 🍷 1996 ([N] [B] *Pk.* C)

★ Colli Orientali del Friuli Verduzzo Casali Godia, 🍷 1996 ([B] *Pk.* C)

★ Collio Cabernet Franc Arborizza, 🍷 1996 ([N] [B] *Pk.* C)

★★ Collio Chardonnay Braide Mate, 🍷 1996 ([B] *Pk.* D)

★★ Collio Chardonnay Tre Clas, 🍷 der letzte ([N] *Pk.* C)

★ Collio Pinot Grigio Braide Grande, 🍷 der letzte ([N] *Pk.* C)

★ Collio Sauvignon Valbuins, 🍷 der letzte ([N] *Pk.* C)

Tafelwein:

★ Moscato Giallo Planaces, 🍷 1996 ([B] *Pk.* C)

★★ Tiareblù, 🍷 1994 ([B] *Pk.* D) 🍇 Merlot, Cabernet Sauvignon und Cabernet Franc

Azienda Agricola **Ronco del Gnemiz**
Plz. 33048, via Ronchi 5; Tel. 0432/756238; Fax 756238.

Gründungsjahr: 1964. *Inhaber:* Enzo Palazzolo. *Kundenbetreuung:* Serena Palazzolo und Gabriele Gregorat. *Produktionsleitung:* Erica Orlandino unter Beratung von Francesco Serafini. *Anbaufläche in ha.:* 16. *Besuchszeiten:* Montag bis Freitag, nach Vereinbarung. *Degustation:* in einer Probierstube.

DOC:

♣ Colli Orientali del Friuli Bianco, 🍷 1995 (🍾 1.200 N B *Pk.* C) — 1995 (G.B.) 89

★★ Colli Orientali del Friuli Chardonnay, 🍷 1997 (ha 2,3 🍾 8.500 B *Pk.* D) — 1997 (D.T.) 87

★★ Colli Orientali del Friuli Picolit, 🍷 1994 (ha 0,25 🍾 1.000 à 0.50 B *Pk.* F)

♣ Colli Orientali del Friuli Pinot Grigio, 🍷 1997 (ha 2,2 🍾 7.300 N *Pk.* C) — 1997 (D.T.) 85

★★★ Colli Orientali del Friuli Rosso del Gnemiz, 🍷 1995 (ha 3 🍾 5.000 B *Pk.* D) — 1995 (G.B.) 90

★ Colli Orientali del Friuli Sauvignon, 🍷 der letzte (ha 3 N B *Pk.* C) — 1997 (D.T.) 86

★★ Colli Orientali del Friuli Schioppettino, 🍷 1995 (ha 0,2 🍾 600 B *Pk.* D) — 1995 (D.T.) 86

♣ Colli Orientali del Friuli Tocai Friulano, 🍷 1997 (ha 0,7 🍾 4.500 N *Pk.* C) — 1997 (G.B.) 86

Tafelwein:

★★★ Rosso del Gnemiz, 🍷 1994 (ha 3 🍾 5.000 B *Pk.* D) 🍇 Cabernet Sauvignon, Cabernet Franc und Merlot — 1994 (G.B.) 88

SAN LORENZO ISONTINO (Gorizia)

Nächste Autobahnausfahrt: Villesse (A4).

Azienda Agricola **Lis Neris – Pecorari**
Plz. 34070, via Gavinana 10; Tel. 0481/80105; Fax 809592.

Gründungsjahr: 1879. *Inhaber:* Alvaro Pecorari. *Kundenbetreuung:* der Inhaber. *Produktionsleitung:* der Inhaber, auch landwirtschaftlicher Leiter. *Anbaufläche in ha.:* 26. *Besuchszeiten:* täglich, nach Voranmeldung. *Degustation:* in einer Probierstube.

DOC:

★★ Isonzo Chardonnay, 🍷 der letzte (ha 6,5 🍾 6.600 N *Pk.* C) — 1997 (D.T.) 86

★★ Isonzo Chardonnay Riserva St. Jurosa, 🍷 1996 (🍾 6.000 B *Pk.* D) — 1996 (D.T.) 88

★★ Isonzo Pinot Grigio, 🍷 der letzte (ha 7 🍾 29.000 N *Pk.* C) 1997 (D.T.) 87
★★ Isonzo Pinot Grigio Gris, 🍷 1996 (🍾 16.000 N B *Pk.* D) 1996 (D.T.) 87
★★★ Isonzo Rosso Lis Neris, 🍷 1995 (ha 4 🍾 5.000 B *Pk.* E) 1995 (D.T.) 89
★★ Isonzo Sauvignon Dom Picol, 🍷 1996 (🍾 2.500 B *Pk.* D) 1996 (D.T.) 87
★★ Isonzo Sauvignon Picol, 🍷 1997 (ha 7,5 🍾 12.000 N *Pk.* C) 1997 (D.T.) 88
★ Isonzo Tocai, 🍷 der letzte (ha 0,5 🍾 3.000 N *Pk.* C)

Tafelwein:
★★ Tal Lùc Verduzzo Passito, 🍷 1996 (ha 0,5 🍾 600 à 0.50 B *Pk.* F) 1996 (D.T.) 90

Azienda Agricola **Pecorari Pierpaolo**

Plz. 34070, via Tommaseo 36/C; Tel. 0481/808775; Fax 808775.

Gründungsjahr: 1973. *Inhaber:* Pierpaolo Pecorari. *Kundenbetreuung:* der Inhaber mit Ehefrau und Sohn. *Besuchszeiten:* nach telefonischer Vereinbarung. *Degustation:* in einer Probierstube im Wohnhaus.

DOC:
★★ Isonzo Chardonnay, 🍷 der letzte (N *Pk.* B)
★★ Isonzo Chardonnay Soris, 🍷 1995 (B *Pk.* D)
★★ Isonzo Merlot Baolar, 🍷 1995 (B *Pk.* D)
★★ Isonzo Pinot Bianco Fara, 🍷 1995 (B *Pk.* D)
★ Isonzo Pinot Grigio Olivers, 🍷 1996 (B *Pk.* D) 1996 (D.T.) 87
★★ Isonzo Sauvignon, 🍷 der letzte (N *Pk.* C)
★★ Isonzo Sauvignon Kolaus, 🍷 1996 (B *Pk.* D) 1996 (D.T.) 86
★★ Isonzo Tocai, 🍷 der letzte (N *Pk.* B)

TALMASSONS (Udine)

Nächste Autobahnausfahrt: Latisana (A4).

Azienda **Mangilli**

Plz. 33030, frazione Flumignano, via Tre Avieri 12;
Tel. 0432/766248; Fax 765308.

Gründungsjahr: Ende des 19. Jahrhunderts. *Inhaber:* Familie Perissinotto. *Kundenbetreuung:* der Inhaber und Adriano Teston. *Produktionsleitung:* Adriano Teston. *Besuchszeiten:* Montag, von 9 bis 12 Uhr, und Freitag, von 14 bis 18 Uhr. *Degustation:* in einer Probierstube mit sechs Sitzplätzen.

DOC:

★ Colli Orientali del Friuli Refosco dal Peduncolo Rosso, 🍷 1994 (N *Pk.* B)
★ Collio Pinot Grigio, 🍷 der letzte (N *Pk.* B)
★★ Collio Sauvignon, 🍷 der letzte (N *Pk.* C) 1997 (G.B.) 86
★ Collio Tocai, 🍷 der letzte (N *Pk.* B)
★ Friuli Grave Cabernet, 🍷 1996 (N *Pk.* B)
★ Friuli Grave Merlot, 🍷 1996 (N *Pk.* B)

Tafelwein:

★★ Progetto, 🍷 1990 (H B *Pk.* D) 🍇 Cabernet Sauvignon (60%), Cabernet Franc (20%) und Merlot (20%)

Diese fünf Symbole sind neu im Veronelli:

🍷 empfohlene Jahrgänge eines Weines
ha 3,5 Anbaufläche in Hektar, auf der ein bestimmter Wein erzeugt wird
🍾 Anzahl der vom genannten Wein ausgebauten Flaschen
★ ein hervorragender Wein, der neu in diesen Führer aufgenommen wurde und bei der Verkostung auf Anhieb mindestens 90 Punkte erhielt
⊙ besonders gutes Preis/Leistungs-Verhältnis

Die spezifische Art des Ausbaus der Weine wird im Buch durch folgende drei Symbole kenntlich gemacht:

N für Weine, die sofort für eine mehr oder weniger kurze Zeit in Tanks aus Stahl, Glaskeramik oder – seltener – Fiberglas ausgebaut werden.

H für Weine, die für einen längeren Zeitraum in Holzfässern (normalerweise Eichenholz) mit mittlerem bis großem Fassungsvermögen (auch über 500 Liter) ausgebaut werden.

B für Weine, die in Eichen-Barriques (225 Liter) oder generell in Holzfässern ausgebaut werden (Pièce, Tonneau usw.), deren Fassungsvermögen nicht größer als 600 Liter ist.

CASIGNANA (Reggio Calabria)

Nächste Autobahnausfahrt: Gioia Tauro (A3).

Azienda Agricola **Ceratti Umberto**

Plz. 89030, Contrada Palazzi; Tel. 0964/913073.

Gründungsjahr: 1900. *Inhaber:* Pasquale Ceratti. *Kundenbetreuung:* der Inhaber. *Produktionsleitung:* der Inhaber. *Besuchszeiten:* täglich, nach telefonischer Vereinbarung. *Degustation:* in einer Probierstube.

DOC:

★ Greco di Bianco, 🍷 1996 und 1997 (N *Pk.* C)

CIRO' (Crotone)

Nächste Autobahnausfahrt: Sibari (A3).

Fattoria **San Francesco**

Plz. 88813, strada Provinciale ex SS 106, località Quattromani; Tel. 0962/32228; Fax 32987.

Gründungsjahr: 1984. *Inhaber:* Francesco Siciliani. *Kundenbetreuung:* Franca Leone. *Produktionsleitung:* Fabrizio Ciufoli. *Agronom:* der Inhaber. *Besuchszeiten:* täglich, nach Vereinbarung. *Degustation:* in einer kleinen Taverne.

DOC:

★ Cirò Bianco, 🍷 der letzte (N *Pk.* A)

★★ Cirò Rosso Classico Ronco dei Quattro Venti, 🍷 1993 (B *Pk.* D) 1993 (G.B./D.T.) 88

★★ Cirò Rosso Classico Superiore Donna Madda, 🍷 1993 und 1994 (B *Pk.* C) 1994 (D.T.) 85

CIRO' MARINA (Crotone)

Nächste Autobahnausfahrt: Sibari (A3).

Cantina Cooperativa **Caparra & Siciliani**

Plz. 88072, Cirò Marina, S.S.106; Tel. 0962/371435; Fax 371435.

Gründungsjahr: 1963. *Inhaber:* Familien Caparra und Siciliani. *Kundenbetreuung:* Francesco Macrì. *Produktionsleitung:* Severino Garofano. *Agronom:* Carlo Siciliani. *Anbaufläche in ha.:* 213. *Besuchszeiten:* nach telefonischer Vereinbarung, Montag bis Samstag. *Degustation:* in einer Probierstube.

DOC:

★ Cirò Rosso Classico, 🍷 1996 (ha 80 🍾 400.000 N *Pk.* A)

★★ Cirò Rosso Classico Superiore Volvito, 🍷 1994 (ha 5 🍾 20.000 B *Pk.* C)

Azienda Vinicola **Librandi**

Plz. 88072, Cirò Marina, S.S.106, contrada San Gennaro; Tel. 0962/31518; Fax 370542.

Gründungsjahr: 1940. *Inhaber:* Antonio und Nicodemo Cataldo Librandi. *Kundenbetreuung:* Herr Nicodemo. *Produktionsleitung:* Donato Lanati. *Agronom:* Antonio und Nicodemo Cataldo Librandi. *Anbaufläche in ha.:* 85. *Besuchszeiten:* mit Voranmeldung, während der Geschäftszeiten. *Degustation:* in einer Probierstube.

DOC:

★ Cirò Bianco, 🍷 der letzte (N *Pk.* A)
★★ Cirò Rosso Classico, 🍷 1996 (N *Pk.* B)
★★★ Cirò Rosso Riserva Duca San Felice, 🍷 1991 und 1993 (N *Pk.* C) 1993 (D.T.) 89

IGT:

★★ Critone, 🍷 der letzte (N *Pk.* B) 🍇 Chardonnay (90%) und Sauvignon (10%)
★★★ Gravello, 🍷 1990 und 1991 (B *Pk.* D) 🍇 Gaglioppo (60%) und Cabernet Sauvignon (40%)
★ Le Passule, 🍷 1994 (B *Pk.* D) 🍇 Mantonico 1994 (D.T.) 85

NOCERA TERINESE (Catanzaro)

Nächste Autobahnausfahrt: Falerna (A3).

Azienda Agricola **Odoardi**

Plz. 88047, contrada Campodorato; Tel. 0984/29961; Fax 28503.

Gründungsjahr: 1970. *Inhaber:* Lillo Gregorio Odoardi. *Kundenbetreuung:* Michele Rocca. *Produktionsleitung:* Luca D'Attoma. *Agronom:* Gregorio Odoardi. *Besuchszeiten:* nach telefonischer Vereinbarung. *Degustation:* in einer Probierstube.

DOC:

★ Savuto, 🍷 1994 (ha 5 H *Pk.* C)
★ Savuto Superiore Vigna Mortilla, 🍷 1995 (ha 7 N *Pk.* D)
★ Scavigna Bianco, 🍷 der letzte (🍾 60.000 N *Pk.* B)
♣ Scavigna Rosso Garrone, 🍷 1996 (ha 6 🍾 7.000 B *Pk.* E) 1996 (G.B.) 88

Tafelwein:

★ Pian della Corte Blu, 🍷 der letzte (ha 9 🍾 3.000 B *Pk.* D) 🍇 Chardonnay, Riesling Italico und Pinot Bianco
★★ Valeo, 🍷 1995 (🍾 1.000 à 0.375 N B *Pk.* E) 🍇 Valeo, lokale Moscato und Traminer Aromatico, alle getrocknet 1995 (G.B./D.T.) 86

ATRIPALDA (Avellino)

Nächste Autobahnausfahrt: Avellino est (A16).

Azienda Vinicola **Mastroberardino**

Plz. 83042, via Manfredi 75–81; Tel. 0825/614111; Fax 614231.

Gründungsjahr: 1720. *Inhaber:* Antonio, Carlo und Piero Mastroberardino. *Kundenbetreuung:* die Inhaber. *Produktionsleitung:* Antonio Mastroberardino, auch landwirtschaftlicher Leiter. *Anbaufläche in ha.:* 350. *Besuchszeiten:* Montag bis Freitag, nach Vereinbarung. *Degustation:* in einer Probierstube.

DOCG:

★★ Taurasi Radici, 🍷 1992 und 1994 (🍾 80.000 H B *Pk.* D) 1994 (D.T.) 85

DOC:

♣ Fiano di Avellino More Majorum, 🍷 1995 (🍾 40.000 B *Pk.* D)
★★ Fiano di Avellino Radici, 🍷 der letzte (🍾 60.000 N *Pk.* C)
★★ Fiano di Avellino Vignadora, 🍷 der letzte (🍾 30.000 N *Pk.* C)
★ Greco di Tufo Novaserra, 🍷 der letzte (🍾 70.000 N *Pk.* C)
★★ Greco di Tufo Vignadangelo, 🍷 der letzte (🍾 40.000 N *Pk.* C)
★ Vesuvio Bianco Lacryma Christi, 🍷 der letzte (🍾 300.000 N *Pk.* C)

CAPRI (Napoli)

Nächste Autobahnausfahrt: Napoli sud (A2).

Agricola **La Caprense**

Plz. 80073, via Provinciale Marina Grande 203/a;
Tel. 081/8376835; Fax 8376990.

Gründungsjahr: 1980. *Kundenbetreuung:* Romolo Celentano. *Produktionsleitung:* Riccardo Cotarella. *Besuchszeiten:* Montag bis Freitag, von 9 bis 12 Uhr und von 15 bis 18 Uhr. *Degustation:* im Weinkeller.

DOC:

★ Capri Bianco Punta Vivara, 🍷 der letzte (N *Pk.* B)
★ Capri Rosso Solaro, 🍷 1994 (N *Pk.* B)

CASTELVENERE (Benevento)

Nächste Autobahnausfahrt: Caianello (A1).

Azienda Agricola **Antica Masseria Venditti**

Plz. 82030, via Sannitica 98; Tel. 0824/940306; Fax 940301.

Gründungsjahr: 1976. *Inhaber:* Nicola Venditti. *Kundenbetreuung:* der Inhaber. *Produktionsleitung:* der Inhaber, auch landwirtschaftlicher Leiter. *Besuchszeiten:* während der Geschäftszeiten. *Degustation:* in einer Probierstube neben dem Weinkeller.

DOC:

★★ Solopaca Bianco Vigna Bacalàt, 🍷 der letzte (N *Pk.* B)
★ Solopaca Bianco Vigna Foresta, 🍷 der letzte (H *Pk.* A)
★★ Solopaca Rosso Vigna Marraioli, 🍷 der letzte (H *Pk.* A)

Tafelwein:

★★ Vàndari, 🍷 der letzte (N *Pk.* B) 🍇 Falanghina

CELLOLE (Caserta)

Nächste Autobahnausfahrt: Capua oder Cassino (A2).

Fattoria **Villa Matilde**

Plz. 81030, Strada Statale Domitiana 18;
Tel. 0823/932088; Fax 932134.

Gründungsjahr: 1960. *Inhaber:* Salvatore und Maria Ida Avallone. *Kundenbetreuung:* Maria Ida Avallone. *Produktionsleitung:* Riccardo Cotarella. *Agronom:* Umberto Saulle und Saverio Tesone. *Anbaufläche in ha.:* 62. *Besuchszeiten:* täglich, nach Vereinbarung. *Degustation:* im Winter in einer kleinen Taverne und im Sommer im Pavillon.

DOC:

★★ Falerno del Massico Bianco Vigna Caracci, 🍷 der letzte (ha 3,3 🍾 12.000 N B *Pk.* D) 1997 (D.T.) 89
★ Falerno del Massico Rosso, 🍷 1996 (🍾 50.000 H *Pk.* C) 1996 (G.B.) 85

Tafelwein:

★ Cecubo Rosso, 🍷 1990 (B *Pk.* D) 🍇 Abbuoto und Coda di Volpe
★★ Vigna Camarato, 🍷 1992 (ha 1,8 🍾 6.500 H *Pk.* E) 🍇 Aglianico

Besonderes: Der Vigna Caracci konnte dank der sehr umsichtigen Verwendung von kleinen Holzfässern die Vielfalt seiner Qualitäten noch besser entfalten. (D.T.)

FOGLIANISE (Benevento)

Nächste Autobahnausfahrt: Benevento (A16).

Cantina del Taburno

Plz. 82030, via Sala; Tel. 0824/871338; Fax 50084.

Gründungsjahr: 1988. *Inhaber:* Consorzio Agrario di Benevento. *Kundenbetreuung:* Angelo Pizzi. *Produktionsleitung:* Angelo Pizzi.

Anbaufläche in ha.: 1000. *Besuchszeiten:* Montag bis Freitag während der Geschäftszeiten. *Degustation:* in einer Probierstube.

DOC:

★ Aglianico del Taburno, 🍷 1993 (🍾 100.000 H *Pk.* B)
★★ Aglianico del Taburno Riserva, 🍷 1992 (🍾 50.000 H B *Pk.* D)
★ Taburno Falanghina, 🍷 der letzte (🍾 400.000 N *Pk.* B)

FORIO D'ISCHIA (Napoli)

Nächste Autobahnausfahrt: Napoli sud (A2).

D'Ambra Vini d'Ischia

Plz. 80070, località Panza, strada statale 270;
Tel. 081/907246; Fax 908190.

Gründungsjahr: 1888. *Inhaber:* Corrado und Andrea D'Ambra. *Kundenbetreuung:* Corrado D'Ambra. *Produktionsleitung:* Andrea D'Ambra. *Agronom:* Andrea D'Ambra. *Besuchszeiten:* mit Voranmeldung, Montag bis Freitag, von 8 bis 18 Uhr. *Degustation:* in einer Probierstube.

DOC:

★ Ischia Forastera, 🍷 der letzte (ha 5 🍾 44.000 N *Pk.* B)

IGT:

★★ Per'e Palummo Tenuta Montecorvo Epomeo Rosso, 🍷 der letzte (N *Pk.* C)
★★ Tenuta Frassitelli Epomeo Bianco, 🍷 der letzte (ha 4 🍾 32.000 N *Pk.* C) 🍇 Biancolella 1997 (G.B.) 87
★ Vigne di Piellero Epomeo Bianco, 🍷 der letzte (ha 3 🍾 28.000 N *Pk.* B) 🍇 Biancolella

Cantine **Pietratorcia**

Plz. 80075, via Provinciale Panza 267; Tel. 081/908206; Fax 908206.

Gründungsjahr: 1993. *Inhaber:* Terra Mia srl. *Kundenbetreuung:* Vito Verde. *Produktionsleitung:* Ambrogio Iacono, auch landwirtschaftlicher Leiter. *Anbaufläche in ha.:* 7. *Besuchszeiten:* täglich, nach Vereinbarung. *Degustation:* in einer Probierstube.

DOC:

♣ Ischia Bianco Superiore Vigne del Cuotto, 🍷 1996 (ha 2,9 🍾 20.000 N *Pk.* D) 1996 (G.B.) 87

Tafelwein:

♣ Pietratorcia Gran Riserva, 🍷 1996 (ha 0,4 🍾 3.000 H B *Pk.* E) 🍇 Biancolella (90%) und andere Reben (10%) 1996 (G.B.) 85

LAPIO (Avellino)

Nächste Autobahnausfahrt: Avellino est (A16).

Azienda Agricola **Romano Nicola**

Plz. 83030, frazione Casale Arianiello; Tel. 0825/982189; Fax 982189.

Gründungsjahr: 1988. *Inhaber:* Nicola Romano. *Kundenbetreuung:* der Inhaber. *Produktionsleitung:* Santilo Buonaiuto. *Agronom:* Nicola Romano. *Anbaufläche in ha.:* 4. *Besuchszeiten:* täglich, nach Vereinbarung. *Degustation:* in einer Probierstube.

DOC:

★★ Fiano di Avellino, 🍷 der letzte (N *Pk.* B)

MANOCALZATI (Avellino)

Nächste Autobahnausfahrt: Avellino est (A16).

Azienda Agricola **D'Antiche Terre**

Plz. 83030, contrada Lo Piano SS. 7 bis;
Tel. 0825/675358; Fax 675634.

Gründungsjahr: 1989. *Inhaber:* Geschäftsführerin Margherita De Iorio. *Kundenbetreuung:* die Inhaberin. *Produktionsleitung:* die Inhaberin unter Beratung von Ottavio Santucci. *Agronom:* Saverio Iandoli. *Anbaufläche in ha.:* 40. *Besuchszeiten:* Montag bis Freitag, von 9 bis 12 Uhr und von 16 bis 18 Uhr. *Degustation:* in einer Probierstube.

DOCG:

★ Taurasi, 🍷 1995 (ha 8 🍾 4.400 N B *Pk.* D)

DOC:

★ Fiano di Avellino, 🍷 der letzte (ha 13 🍾 40.000 N *Pk.* C)

MONTEFREDANE (Avellino)

Nächste Autobahnausfahrt: Avellino est (A16).

Azienda Agricola **Vadiaperti**

Plz. 83030, via Vadiaperti; Tel. 0825/607270; Fax 607270.

Gründungsjahr: 1984. *Inhaber:* Antonio ed Elisa Troisi. *Kundenbetreuung:* Antonio, Raffaele und Elisa Troisi. *Produktionsleitung:* Raffaele Troisi. *Agronom:* Raffaele Troisi. *Besuchszeiten:* nach Vereinbarung, täglich, ab 16 Uhr. *Degustation:* in einer rustikalen Probierstube mit offenem Kamin.

DOC:

★★ Fiano di Avellino, 🍷 der letzte (N *Pk.* C)

★ Greco di Tufo, 🍷 der letzte (N *Pk.* B)

MONTEFUSCO (Avellino)

Nächste Autobahnausfahrt: Benevento oder Avellino est (A16).

Azienda Agricola **Terre Dora di Paolo**

Plz. 83030, via Serra; Tel. 0825/968215; Fax 963022.

Gründungsjahr: 1994. *Inhaber:* Paolo, Lucio, Walter und Daniela Mastroberardino. *Kundenbetreuung:* Daniela Mastroberardino, am Wochenende Paolo, Lucio und Walter Mastroberardino. *Produktionsleitung:* Paolo und Lucio Mastroberardino, auch landwirtschaftlicher Leiter. *Besuchszeiten:* nach telefonischer Vereinbarung. *Degustation:* in einer Probierstube oder im Weinkeller.

DOCG:

♣ Taurasi, 🍷 1994 (ha 10 🍾 13.000 H B *Pk.* D) 1994 (D.T.) 86

DOC:

★ Fiano di Avellino Terre di Dora, 🍷 der letzte (ha 13 🍾 90.000 N *Pk.* C)

★ Greco di Tufo Loggia della Serra, 🍷 der letzte (ha 13 🍾 90.000 N *Pk.* B)

IGT:

★ Il Principio, 🍷 1996 (ha 5 🍾 20.000 H B *Pk.* B)
🍇 Aglianico

PONTE (Benevento)

Nächste Autobahnausfahrt: Caianello (A2) oder Benevento (A16).

Ocone Agricola del Monte

Plz. 82030, via Monte; Tel. 0824/874040; Fax 874328.

Gründungsjahr: 1910. *Inhaber:* Ocone & Co. *Kundenbetreuung:* Domenico Ocone und Luigi Pastore. *Produktionsleitung:* Carmelo Ferrara. *Agronom:* Vittoria Brancaccio. *Anbaufläche in ha.:* 35. *Besuchszeiten:* nach telefonischer Vereinbarung, Montag bis Freitag, von 8 bis 12 Uhr und von 14 bis 18 Uhr; Samstag nur bis 13 Uhr. *Degustation:* in einer Probierstube.

DOC:

★★ Aglianico del Taburno Vigna Pezza La Corte, 🍷 1993 (ha 1,5 🍾 4.800 N H B *Pk.* C)

★★ Solopaca Rosso, 🍷 1996 (ha 1 🍾 10.000 N *Pk.* B)

★ Taburno Falanghina, 🍷 der letzte (ha 5 🍾 30.000 N *Pk.* B)

★ Taburno Greco, 🍷 der letzte (ha 5 🍾 25.000 N *Pk.* B)

QUARTO (Napoli)

Nächste Autobahnausfahrt: Autobahnring von Napoli, Ausfahrt Monteruscello.

Cantine **Grotta del Sole**

Plz. 80010, via Spinelli 2; Tel. 081/8769470; Fax 8769470.

Gründungsjahr: 1989. *Inhaber:* Familie Martusciello. *Kundenbetreuung:* Elena Martusciello. *Produktionsleitung:* Gennaro Martusciello, auch landwirtschaftlicher Leiter. *Anbaufläche in ha.:* 7. *Besuchszeiten:* täglich, nach Vereinbarung. *Degustation:* in einer Probierstube.

DOC:

★★ Penisola Sorrentina Gragnano, 🍷 der letzte (N *Pk.* B)
★ Penisola Sorrentina Lettere, 🍷 der letzte (N *Pk.* B)

SAN CIPRIANO PICENTINO (Salerno)

Nächste Autobahnausfahrt: Pontecagnano (A3).

Azienda Agricola **Montevetrano**

Plz. 84099, v ia Montevetrano, località Nido;
Tel. 089/882285; Fax 882285.

Gründungsjahr: 1991. *Inhaber:* Silvia Imparato. *Kundenbetreuung:* die Inhaberin. *Produktionsleitung:* Riccardo Cotarella. *Anbaufläche in ha.:* 4. *Besuchszeiten:* nach telefonischer Vereinbarung. *Degustation:* in einer Probierstube.

Tafelwein:

★★★ Montevetrano, 🍷 1995 und 1996 (ha 4 🍾 12.000 B *Pk.* E)
🍇 Cabernet Sauvignon (60%), Merlot (30%)
und Aglianico (10%) 1996 (D.T.) 92

SANT'AGATA DEI GOTI (Benevento)

Nächste Autobahnausfahrt: Caserta sud (A1).

Azienda Agricola **Mustilli**

Plz. 82019, via dei Fiori 20; Tel. 0823/717433; Fax 717619.

Gründungsjahr: 1960. *Inhaber:* Leonardo und Maria Lina Mustilli. *Kundenbetreuung:* Paola Mustilli. *Agronom:* Vincenzo Ascierto. *Anbaufläche in ha.:* 20. *Besuchszeiten:* täglich, nach telefonischer Vereinbarung. *Degustation:* in einer alten Taverne.

DOC:

★ Sant'Agata dei Goti Aglianico Vigna Cesco di Nece, 🍷 1993 (ha 4 🍾 20.000 N H *Pk.* B)

★ Sant'Agata dei Goti Falanghina, 🍷 der letzte (ha 7 🍾 60.000 N *Pk.* B)
★ Sant'Agata dei Goti Greco, 🍷 der letzte (ha 3,5 🍾 20.000 N *Pk.* B)
★ Sant'Agata dei Goti Greco Primicerio, 🍷 der letzte (ha 0,5 🍾 3.000 N *Pk.* B)
★ Sant'Agata dei Goti Piedirosso, 🍷 1996 (ha 4 🍾 15.000 N H *Pk.* B)

SESSA AURUNCA (Caserta)

Nächste Autobahnausfahrt: Caianello oder Capua (A1).

Azienda **Fontana Galardi**

Plz. 81037; Tel. 0823/708034; Fax 081/5753270.

Gründungsjahr: 1990. *Inhaber:* Francesco und Dora Catello und Maria Luisa Murena. *Kundenbetreuung:* Maria Luisa Murena. *Produktionsleitung:* Riccardo Cotarella. *Agronom:* Nicola Trabucco. *Anbaufläche in ha.:* 4. *Besuchszeiten:* nach Vereinbarung. *Degustation:* in einer Probierstube.

Tafelwein:

★ Terra di Lavoro, 🍷 1996 (ha 4 🍾 4.000 N B *Pk.* F)
Aglianico und Piedirosso 1995 (D.T.) 96

Besonderes: Vor einem Jahr hätte niemand gedacht, daß der beste Wein Italiens dieses Jahres aus Sessa Aurunca in der Provinz Caserta kommen würde, obwohl wir als erste im Weinführer des letzten Jahres bereits über den Terra di Lavoro 1995 berichtet haben. Hiermit erweisen wir den Inhabern und dem Winemaker Riccardo Cotarella unsere Hochachtung. Brillat-Savarin sagte: «Die Schöpfung eines neuen Gerichts trägt zum Glück des Menschen mehr bei als die Entdeckung eines neuen Sterns.» Wir stimmen dem zu und ergänzen: «Dasselbe gilt auch für die Erschaffung eines neuen einzigartigen Weins.» (D.T.)

SORBO SERPICO (Avellino)

Nächste Autobahnausfahrt: Avellino est (A16).

Aziende Agricole **Feudi di San Gregorio**

Plz. 83050, località Cerza Grossa; Tel. 0825/986266; Fax 986230.

Gründungsjahr: 1986. *Inhaber:* Familien Capaldo und Ercolino. *Kundenbetreuung:* Vincenzo Ercolino und Mirella Capaldo. *Produktionsleitung:* Mario Ercolino. *Agronom:* Attilio Scienza. *Besuchszeiten:* Montag bis Freitag, nach Vereinbarung. *Degustation:* in einer Probierstube.

DOCG:

★★ Taurasi, 🍷 1994 (H B *Pk.* E) 1994 (G.B.) 90

♣ Taurasi Piano di Montevergine, 🍷 1994 und 1995 im Kommen (H B *Pk.* E) 1994 (G.B.) 91 + 1995 (G.B.) 90
♣ Taurasi Selve di Luoti, 🍷 1995 (H B *Pk.* E) 1995 (G.B.) 92

DOC:

★★ Fiano di Avellino Pietracalda, 🍷 der letzte (N B *Pk.* C) 1997 (G.B.) 88
★★ Greco di Tufo Cutizzi, 🍷 der letzte (N B *Pk.* C) 1997 (G.B.) 86

IGT:

★★ Campanaro Irpinia Bianco, 🍷 1996 (B *Pk.* E) 🍇 Fiano und Greco di Tufo 1996 (G.B.) 88
★~ Serpico Irpinia Rosso, 🍷 1996 (B *Pk.* E) 🍇 Aglianico (65%), Piedirosso (30%) und Sangiovese (5%) 1996 (G.B.) 93

Tafelwein:

★ Privilegio, 🍷 1996 (B *Pk.* E) 🍇 Fiano, zum Teil mit Edelfäule 1996 (G.B.) 85
♣ Rubrato, 🍷 1995 (H *Pk.* E) 🍇 Aglianico 1995 (G.B.) 87

Besonderes: Diese Serie kampanischer Weine wird immer vielfältiger und qualitativ besser. Solche Ergebnisse erreicht man nur durch langes Forschen und Experimentieren. In diesem Jahr startet eine Mikroproduktion von 35 der 100 verschiedenen Biotypen des Aglianico prefilosserico, die von den Gebrüdern Ercolino in ihren Weinbergen entdeckt worden sind. Leider waren viele davon von Viren befallen. Das Ziel dieser Studie ist es, den authentischen Qualitäten dieser bedeutenden Rebsorte auf den Grund zu gehen und sie, wenn möglich, wieder herzustellen. (G.B.)

TAURASI (Avellino)

Nächste Autobahnausfahrt: Benevento oder Grottaminarda (A16).

Azienda Agricola **Caggiano Antonio**

Plz. 83030, Contrada Sala; Tel. 0827/74043; Fax 74043.

Gründungsjahr: 1994. *Inhaber:* Antonio Caggiano. *Kundenbetreuung:* der Inhaber. *Produktionsleitung:* der Inhaber und Angelo Valentino. *Agronom:* Angelo Valentino. *Anbaufläche in ha.:* 15. *Besuchszeiten:* täglich, nach Vereinbarung. *Degustation:* in einer Probierstube.

Tafelwein:

♣ FiaGre, 🍷 1995 (🍾 4.000 N B *Pk.* B ⊙) 🍇 Fiano und Greco 1995 (G.B.) 86
♣ Taurì, 🍷 1994 (🍾 8.000 N B *Pk.* B ⊙) 🍇 Aglianico, Piedirosso und Fiano 1994 (G.B.) 87

TEVEROLA (Caserta)

Nächste Autobahnausfahrt: Napoli (A3).

Cantine **Caputo C.I.B. Italia**

Plz. 81030, via Garibaldi 64; Tel. 081/5033955; Fax 5034307.

Gründungsjahr: 1890. *Inhaber:* Mario und Nicola Caputo. *Kundenbetreuung:* die Inhaber. *Produktionsleitung:* Manlio Erba. *Agronom:* Antonio Pesce. *Anbaufläche in ha.:* 55,6. *Besuchszeiten:* Montag bis Freitag, nach telefonischer Vereinbarung. *Degustation:* im Weinkeller

DOC:

- ★ Asprinio d'Aversa, 🍷 der letzte (ha 5 🍾 60.000 N *Pk.* B)
- ★ Vesuvio Bianco Lacryma Christi, 🍷 der letzte (ha 6 🍾 80.000 N *Pk.* B)
- ★ Vesuvio Rosso Lacryma Christi, 🍷 der letzte (ha 8 🍾 95.000 N H B *Pk.* B)

TUFO (Avellino)

Nächste Autobahnausfahrt: Avellino est (A16).

Azienda Agraria Eredi **Vitantonio Di Marzo**

Plz. 83010, via Gaetano Di Marzo 11; Tel. 0825/998022; Fax 998383.

Gründungsjahr: 1827. *Inhaber:* Erben Vitantonio Di Marzio. *Kundenbetreuung:* Alberico Vicario. *Produktionsleitung:* Maurizio Baldi. *Agronom:* Alberico Vicario. *Besuchszeiten:* nach Vereinbarung, Montag bis Samstag. *Degustation:* im Weinkeller.

DOC:

- ★ Greco di Tufo, 🍷 der letzte (N *Pk.* A)

VENTICANO (Avellino)

Nächste Autobahnausfahrt: Benevento (A16).

Azienda Vinicola **Struzziero Giovanni**

Plz. 83030, via Cadorna 214; Tel. 0825/965065; Fax 965067.

Gründungsjahr: 1920. *Inhaber:* Giovanni Struzziero. *Kundenbetreuung:* der Inhaber oder Mario Struzziero. *Produktionsleitung:* Mario Struzziero. *Agronom:* Mario Struzziero. *Besuchszeiten:* Montag bis Freitag, nach Vereinbarung. *Degustation:* in einer Probierstube.

DOCG:

- ★ Taurasi Campoceraso, 🍷 1995 (H *Pk.* C)
- ★ Taurasi Riserva, 🍷 1993 (H *Pk.* E)

DOC:

★ Fiano di Avellino, 🍷 der letzte (N *Pk.* B)
★ Greco di Tufo Vigna delle Brecce, 🍷 der letzte (N *Pk.* B)
★ Greco di Tufo Villa Giulia, 🍷 der letzte (N *Pk.* B)

VITULAZIO (Caserta)

Nächste Autobahnausfahrt: Capua (A1).

Villa San Michele

Plz. 81050, via Appia km. 198; Tel. 081/666773; Fax 668312.

Gründungsjahr: 1964. *Inhaber:* Familie Galeno. *Kundenbetreuung:* Michele Galeno und Giulio Iannini. *Produktionsleitung:* Franco Pastore. *Agronom:* Bruno Mogavero. *Anbaufläche in ha.:* 32. *Besuchszeiten:* täglich, nach telefonischer Vereinbarung. *Degustation:* in einer Probierstube.

IGT:

♣ Aglianico Terre del Volturno, 🍷 1996
(ha 7 65.000 B *Pk.* B ⊙) 1996 (G.B.) 85
♣ Greco Terre del Volturno, 🍷 1997
(ha 6 55.000 N *Pk.* B ⊙) 1997 (G.B.) 85

Tafelwein:

♣ Don Carlos Brut, 🍷 der letzte (ha 5 50.000 N *Pk.* D)
Pinot Bianco, Chardonnay und Greco 1995 (G.B.) 85

Die spezifische Art des Ausbaus der Weine wird im Buch durch folgende drei Symbole kenntlich gemacht:

N für Weine, die sofort für eine mehr oder weniger kurze Zeit in Tanks aus Stahl, Glaskeramik oder – seltener – Fiberglas ausgebaut werden.

H für Weine, die für einen längeren Zeitraum in Holzfässern (normalerweise Eichenholz) mit mittlerem bis großem Fassungsvermögen (auch über 500 Liter) ausgebaut werden.

B für Weine, die in Eichen-Barriques (225 Liter) oder generell in Holzfässern ausgebaut werden (Pièce, Tonneau usw.), deren Fassungsvermögen nicht größer als 600 Liter ist.

ANAGNI (Frosinone)
Nächste Autobahnausfahrt: Anagni-Fiuggi (A2).

Cantina **Colacicchi**
Plz. 03012, località Romagnano; Tel. 06/4469661; Fax 4468351.

Kundenbetreuung: Marco Trimani. *Besuchszeiten:* nach telefonischer Vereinbarung.

Tafelwein:

★ Romagnano, 🍷 1993 (H *Pk.* C) Trebbiano Romanesco, Malvasia und Passerina

★★ Torre Ercolana, 🍷 1990 (H *Pk.* C) Cabernet Sauvignon, Merlot und Cesanese

CASTIGLIONE IN TEVERINA (Viterbo)
Nächste Autobahnausfahrt: Orvieto (A1).

Casa Vinicola **Conte Vaselli**
Plz. 01024, piazza del Poggetto 12; Tel. 0761/948305; Fax 948305.

Gründungsjahr: 1937. *Inhaber:* Familie Vaselli. *Kundenbetreuung:* Patrizio Bacocco. *Produktionsleitung:* Riccardo Cotarella. *Agronom:* Francesco Quondam Giovenale. *Anbaufläche in ha.:* 110. *Besuchszeiten:* Montag und Freitag, nach Vereinbarung. *Degustation:* in einer Probierstube.

DOC:

★★ Orvieto Classico Secco Torre Sant'Andrea, 🍷 der letzte (ha 4 10.000 N *Pk.* B)

CERVETERI (Roma)
Nächste Autobahnausfahrt: Cerveteri (A12) oder Grande Raccordo Anulare.

Cantina Sociale Cooperativa di **Cerveteri**
Plz. 00052, via Aurelia Km. 42.700; Tel. 06/9905697; Fax 9903707.

Gründungsjahr: 1960. *Kundenbetreuung:* Geschäftsführer Riccardo Cotarella. *Produktionsleitung:* Riccardo Cotarella, auch landwirtschaftlicher Leiter. *Besuchszeiten:* nach Vereinbarung. *Degustation:* in einer Probierstube.

Tafelwein:

★★ Cerveteri Rosso Vigna Grande, 🍷 1995 (B *Pk.* B) Sangiovese und Merlot

GROTTAFERRATA (Roma)

Nächste Autobahnausfahrt: Monte Porzio (A2).

Azienda Agricola **Castel de Paolis**

Plz. 00046, via Val de Paolis; Tel. 06/9413648; Fax 94316025.

Gründungsjahr: 1985. *Inhaber:* Adriana Croce Santarelli. *Kundenbetreuung:* Fabrizio Santarelli. *Produktionsleitung:* Lorenzo Peira. *Agronom:* Fabrizio Santarelli. *Anbaufläche in ha.:* 10,5. *Besuchszeiten:* täglich, von 10 bis 18 Uhr, an Sonn- und Feiertagen nur nach Vereinbarung. *Degustation:* in einer Probierstube.

DOC:

- ★★ Frascati Superiore, 🍷 1997 (🍾 14.000 [N] *Pk.* C)
- ★ Frascati Superiore Cannellino, 🍷 1997 (🍾 4.000 [N] *Pk.* D)
- ★★ Frascati Superiore Vigna Adriana, 🍷 1997 (🍾 14.000 [N] *Pk.* D) 1997 (G.B.) 85

IGT:

- ★ Muffa Nobile Lazio, 🍷 1997 (🍾 2.000 [B] *Pk.* D) 🍇 Sauvignon und Semillon
- ★★ Quattro Mori Lazio, 🍷 1996 (🍾 8.000 [B] *Pk.* E) 🍇 Syrah, Merlot, Cabernet Sauvignon und Petit Verdot 1996 (G.B.) 86
- ★★ Rosathea Lazio, 🍷 1997 (🍾 2.000 [N] *Pk.* D) 🍇 Moscato Rosa
- ★★ Selve Vecchie Lazio, 🍷 1997 (🍾 2.000 [B] *Pk.* E) 🍇 Chardonnay und Sauvignon

LE FERRIERE (Latina)

Nächste Autobahnausfahrt: Valmontone (A2).

Azienda Agricola **Casale del Giglio**

Plz. 04010, strada Cisterna-Nettuno, km 13;
Tel. 06/5742529; Fax 5750871.

Gründungsjahr: 1967. *Inhaber:* Familie Santarelli. *Kundenbetreuung:* Antonio Santarelli. *Produktionsleitung:* Paolo Tiefenthaler. *Agronom:* Raffaele Buratti. *Besuchszeiten:* nach telefonischer Vereinbarung. *Degustation:* im Weinkeller oder in der Villa.

Tafelwein:

- ★ Albiola, 🍷 der letzte ([N] *Pk.* A) 🍇 Sangiovese (90%) und andere rote Reben, rot gekeltert
- ♣ Antinoo, 🍷 1995 ([B] *Pk.* B⊙) 🍇 Chardonnay 1995 (D.T.) 86
- ★ Chardonnay, 🍷 der letzte ([N] *Pk.* B)
- ★ Madreselva, 🍷 1994 ([N] [B] *Pk.* B⊙) 🍇 Merlot und Cabernet Sauvignon zu gleichen Teilen 1994 (D.T.) 86
- ♣ Mater Matutua, 🍷 1994 ([B] *Pk.* D) 🍇 Syrah und Petit Verdot 1994 (D.T.) 85

- ♣ Merlot, 🍷 1996 (B *Pk.* B ⊙) — 1996 (D.T.) 87
- ★ Satrico, 🍷 der letzte (N *Pk.* A) 🍇 Trebbiano (70%) und Chardonnay (30%)
- ♣ Shiraz, 🍷 1996 (B *Pk.* B ⊙) 🍇 Syrah — 1996 (D.T.) 88

Besonderes: Die Firma wird sehr professionell geleitet und der Önologe Paolo Tiefenthaler schafft es, eine ganze Serie guter Weine mit einem beneidenswerten Preis-Leistungsverhältnis herzustellen. (D.T.)

MARINO (Roma)

Nächste Autobahnausfahrt: Grande Raccordo Anulare di Roma, Ausfahrt Appia Nuova.

Azienda Vitivinicola **Di Mauro**

Plz. 00040, località Frattocchie, via di Colle Picchioni 46;
Tel. 06/93546329; Fax 7211580.

Gründungsjahr: 1974. *Inhaber:* Paola Di Mauro und Sohn Armando. *Kundenbetreuung:* die Inhaber. *Produktionsleitung:* Riccardo Cotarella. *Agronom:* die Inhaber. *Besuchszeiten:* nach telefonischer Vereinbarung. *Degustation:* in einer Probierstube im Wohnhaus mit Platz für 12-16 Personen.

DOC:

- ★ Marino Etichetta Verde, 🍷 der letzte (N *Pk.* B)
- ★★ Marino Selezione Oro, 🍷 der letzte (N *Pk.* B ⊙) — 1997 (D.T.) 86

Tafelwein:

- ★ Colle Picchioni Rosso, 🍷 1994 (N *Pk.* C) 🍇 Merlot, Cabernet Sauvignon, Sangiovese und Montepulciano
- ★★★ Colle Picchioni Vigna del Vassallo, 🍷 1993 (H *Pk.* D) 🍇 Merlot, Cabernet Sauvignon und Cabernet Franc
- ★★ Le Vignole Bianco, 🍷 1995 (H *Pk.* C) 🍇 Malvasia del Lazio, Sauvignon und Trebbiano
- ★★ Le Vignole Rosso, 🍷 1993 (H *Pk.* C) 🍇 Merlot, Cabernet Sauvignon und Cabernet Franc

MONTE PORZIO CATONE (Roma)

Nächste Autobahnausfahrt: Monte Porzio (A2).

Azienda Agricola **Costantini Piero – Villa Simone**

Plz. 00040, via Frascati Colonna 29; Tel. 06/3203575; Fax 3213210.

Gründungsjahr: 1982. *Inhaber:* Piero Costantini. *Kundenbetreuung:* Giuseppina Colamartino. *Produktionsleitung:* Lorenzo Costantini. *Agronom:* Lorenzo Costantini. *Anbaufläche in ha.:* 20. *Besuchszeiten:* nach telefonischer Vereinbarung. *Degustation:* im Weinkeller oder in einer kleinen Taverne.

DOC:

★ Frascati Cannellino Vigneto Torricella, 🍷 1996 (ha 1 ❙ 4.000 N B *Pk.* D)
★ Frascati Superiore Vigna dei Preti, 🍷 der letzte (N *Pk.* B)
★★ Frascati Superiore Vigneto Filonardi, 🍷 1997 (N *Pk.* C)
★★ Frascati Villa Simone, 🍷 der letzte (N *Pk.* B)

MONTEFIASCONE (Viterbo)

Nächste Autobahnausfahrt: Orvieto (A1).

Azienda Vinicola **Falesco**

Plz. 01027, S.S. Cassia Km. 94.155; Tel. 0761/827032; Fax 827032.

Gründungsjahr: 1985. *Inhaber:* Renzo und Riccardo Cotarella. *Kundenbetreuung:* Daniele Montanelli. *Produktionsleitung:* Riccardo Cotarella. *Besuchszeiten:* Montag bis Samstag, nach telefonischer Vereinbarung. *Degustation:* in einer Probierstube.

DOC:

★ Est Est Est di Montefiascone, 🍷 der letzte (N *Pk.* A)
★★ Est Est Est di Montefiascone Poggio dei Gelsi, 🍷 der letzte (N *Pk.* B ⊙) 1997 (D.T.) 86
★★★ Est Est Est di Montefiascone Poggio dei Gelsi Vendemmia Tardiva, 🍷 1995 (B *Pk.* C)

Tafelwein:

★ Grechetto, 🍷 der letzte (N *Pk.* B)
★★★ Montiano, 🍷 1996 (B *Pk.* D) 🍇 Merlot 1996 (D.T.) 89
★★ Vitiano, 🍷 der letzte (N B *Pk.* A ⊙) 🍇 Cabernet, Merlot und Sangiovese 1997 (D.T.) 87

Diese fünf Symbole sind neu im Veronelli:

🍷 empfohlene Jahrgänge eines Weines

ha 3,5 Anbaufläche in Hektar, auf der ein bestimmter Wein erzeugt wird

❙ Anzahl der vom genannten Wein ausgebauten Flaschen

★≈ ein hervorragender Wein, der neu in diesen Führer aufgenommen wurde und bei der Verkostung auf Anhieb mindestens 90 Punkte erhielt

⊙ besonders gutes Preis/Leistungs-Verhältnis

ALBENGA (Savona)

Nächste Autobahnausfahrt: Albenga (A10).

Cascina **Fèipu dei Massaretti**

Plz. 17031, frazione Bastia, regione Massaretti 7;
Tel. 0182/20131; Fax 20131.

Gründungsjahr: 1965. *Inhaber:* Bice und Pippo Parodi. *Kundenbetreuung:* die Inhaber mit den Töchtern Ivana und Brunella und den Schwiegersöhnen Gianni und Mirco. *Produktionsleitung:* Livio Manera. *Agronom:* Giorgio Bozzano. *Besuchszeiten:* täglich, nach Vereinbarung. *Degustation:* in einer kleinen Taverne im Weinkeller.

DOC:

★★ Riviera Ligure di Ponente Pigato Cascina Fèipu, 🍷 der letzte (N *Pk.* C)

★ Riviera Ligure di Ponente Rossese Cascina Fèipu, 🍷 der letzte (N *Pk.* B)

Tafelwein:

♣ Due Anelli, 🍷 1996 (🍾 1.300 N B *Pk.* D)
🍇 Pigato 1996 (G.B.) 86

★ Russu du Fèipu, 🍷 der letzte (N *Pk.* B) 🍇 Rossese, Sangiovese und Brachetto

CAMPOROSSO (Imperia)

Nächste Autobahnausfahrt: Bordighera oder Ventimiglia (A10).

Azienda Vitivinicola **Foresti**

Plz. 18033, località Camporosso Mare, via Braie 223;
Tel. 0184/292377; Fax 250922.

Gründungsjahr: 1979. *Inhaber:* Felice, Mery und Marco Foresti. *Kundenbetreuung:* die Inhaber. *Produktionsleitung:* Giuliano Noè. *Agronom:* Felice Foresti. *Anbaufläche in ha.:* 15. *Besuchszeiten:* Montag bis Freitag, nach telefonischer Vereinbarung. *Degustation:* in einer Taverne.

DOC:

★ Riviera Ligure di Ponente Pigato I Soli, 🍷 der letzte (ha 6 🍾 23.000 N *Pk.* B)

★★ Riviera Ligure di Ponente Vermentino Vigneto Selvadolce, 🍷 der letzte (ha 0,9 🍾 7.000 N *Pk.* C)

★★ Rossese di Dolceacqua Superiore, 🍷 der letzte (ha 3 🍾 6.000 N H *Pk.* C)

★ Rossese di Dolceacqua Vigneto Luvaira di Bertù, 🍷 1996 (ha 0,5 🍾 1.500 N B *Pk.* D)

★ Rossese di Dolceacqua Vigneto Morghe di Bacicin, 🍷 1995 (ha 0,5 🍾 1.500 N B *Pk.* D) 1995 (D.T.) 85

Azienda Agricola Tenuta **Giuncheo**
Plz. 18033, località Giuncheo; Tel. 0184/288639; Fax 288737.

Gründungsjahr: 1974. *Inhaber:* Familie Schweizer. *Kundenbetreuung:* die Inhaber. *Produktionsleitung:* Donato Lanati. *Agronom:* die Inhaber. *Besuchszeiten:* täglich, nach telefonischer Vereinbarung. *Degustation:* im Weinkeller oder in einer Probierstube im Wohnhaus.

DOC:

★ Riviera Ligure di Ponente Vermentino Le Palme, 🍷 der letzte (N *Pk.* B)

★★ Rossese di Dolceacqua Vigneto Pian del Vescovo, 🍷 der letzte (N *Pk.* C)

CASTELNUOVO MAGRA (La Spezia)

Nächste Autobahnausfahrt: Sarzana (A12).

Azienda Agricola **La Colombiera**
Plz. 19030, via Montecchio 92; Tel. 0187/674265; Fax 670264.

Gründungsjahr: 1970. *Inhaber:* Francesco Ferro. *Kundenbetreuung:* Pieralberto Ferro. *Produktionsleitung:* Pieralberto Ferro. *Besuchszeiten:* nachmittags, nach telefonischer Vereinbarung. *Degustation:* in einer rustikalen Probierstube.

DOC:

★ Colli di Luni Rosso Terrizzo, 🍷 der letzte (H *Pk.* B)

★ Colli di Luni Vermentino, 🍷 der letzte (N *Pk.* B)

★★ Colli di Luni Vermentino Vignale Paterno, 🍷 der letzte (N *Pk.* B)

Azienda Agricola **Lambruschi Ottaviano**
Plz. 19030, via Olmarello 28; Tel. 0187/674261.

Gründungsjahr: 1964. *Inhaber:* Fabio Lambruschi. *Kundenbetreuung:* der Inhaber und sein Vater. *Produktionsleitung:* Giorgio Baccigalupi. *Besuchszeiten:* mit Voranmeldung, Montag bis Freitag. *Degustation:* im Weinkeller.

DOC:

★★ Colli di Luni Vermentino, 🍷 der letzte (N *Pk.* A)

CHIAVARI (Genova)

Nächste Autobahnausfahrt: Chiavari (A7).

Enoteca **Bisson**

Plz. 16043, corso Gianelli 28; Tel. 0185/314462; Fax 314462.

Gründungsjahr: 1978. *Inhaber:* Pierluigi Lugano. *Kundenbetreuung:* der Inhaber. *Produktionsleitung:* der Inhaber. *Agronom:* Walter Iguera. *Anbaufläche in ha.:* 7. *Besuchszeiten:* täglich, von 9 bis 13 Uhr und von 16 bis 19.30 Uhr, außer Mittwoch nachmittags. *Degustation:* in der Önothek im Weinkeller.

DOC:

★ Golfo del Tigullio Ciliegiolo, 🍷 der letzte (ha 1 🍾 5.300 N *Pk.* B)

★ Golfo del Tigullio Il Musaico, 🍷 der letzte (ha 1 🍾 6.500 N *Pk.* B) 🍇 Dolcetto

★ Golfo del Tigullio Vermentino Monte Bernardo, 🍷 der letzte (ha 0,6 🍾 3.300 N *Pk.* B)

★ Golfo del Tigullio Vermentino Vigna Erta, 🍷 der letzte (ha 1 🍾 3.300 N *Pk.* B)

Tafelwein:

★ Acinirari Passito, 🍷 1994 (ha 1 🍾 600 B *Pk.* F) 🍇 Bianchetta Genovese (85%) und Vermentino (15%)

CHIUSANICO (Imperia)

Nächste Autobahnausfahrt: Imperia est (A10).

Azienda Agricola **La Rocca di San Nicolao**

Plz. 18023, via Dante 10, frazione Gazzelli;
Tel. 0183/52850; Fax 52850.

Gründungsjahr: 1993. *Kundenbetreuung:* Marco Della Valle und Ivana Tonon. *Produktionsleitung:* Marco Giamello und Luciano Empolesi. *Anbaufläche in ha.:* 5. *Besuchszeiten:* täglich, von 8 bis 19 Uhr. *Degustation:* in einer Probierstube.

DOC:

♣ Riviera Ligure di Ponente Vermentino Vigna dei Proxi, 🍷 1997 (ha 1 🍾 6.000 N H *Pk.* D) 1997 (G.B.) 85

DOLCEACQUA (Imperia)

Nächste Autobahnausfahrt: Bordighera (A10).

Vignaiolo **Cane Giovan Battista**

Plz. 18035, via Roma 21; Tel. 0184/206120.

Inhaber: Giovan Battista Cane (genannt Mandino). *Kundenbetreuung:* der Inhaber. *Produktionsleitung:* der Inhaber. *Besuchszeiten:*

während der Geschäftszeiten. *Degustation:* im Weinkeller (einer ehemaligen Kirche).

DOC:

★ Rossese di Dolceacqua Superiore Vigneti d'Arcagna, 🍷 der letzte (🅷 *Pk.* B)

FINALE LIGURE (Savona)

Nächste Autobahnausfahrt: Finale Ligure (A10).

Azienda Agricola **Terre Rosse**

Plz. 17024, via Manie 3; Tel. 019/698782; Fax 698782.

Gründungsjahr: 1985. *Inhaber:* Vladimiro Galluzzo. *Kundenbetreuung:* der Inhaber. *Produktionsleitung:* Pietro Trevia. *Agronom:* Vladimiro Galluzzo. *Besuchszeiten:* täglich, außer Sonntag, nach Vereinbarung. *Degustation:* in einer Probierstube.

DOC:

★★ Riviera Ligure di Ponente Pigato, 🍷 der letzte (🅽 *Pk.* C)

★★ Riviera Ligure di Ponente Vermentino, 🍷 der letzte (🅽 *Pk.* C)

IMPERIA (Imperia)

Nächste Autobahnausfahrt: Imperia est (A10).

Tenuta Agricola **Colle dei Bardellini**

Plz. 18100, frazione Sant'Agata, via Fontanarosa 12;
Tel. 0183/291370; Fax 291370.

Gründungsjahr: 1983. *Inhaber:* Pino Sola (Geschäftsführer). *Kundenbetreuung:* der Geschäftsführer (erreichbar auch unter 010/594513). *Produktionsleitung:* Giuliano Noè. *Agronom:* Dr. Bessone. *Anbaufläche in ha.:* 5. *Besuchszeiten:* nach telefonischer Vereinbarung. *Degustation:* in einer rustikalen Probierstube.

DOC:

★ Riviera Ligure di Ponente Pigato Vigna La Torretta, 🍷 der letzte (ha 1 🍾 7.000 🅽 *Pk.* C)

★ Riviera Ligure di Ponente Rossese Vigna U Munte, 🍷 der letzte (ha 0,3 🍾 2.500 🅽 *Pk.* B)

★★ Riviera Ligure di Ponente Vermentino Vigna U Munte, 🍷 der letzte (ha 2 🍾 15.000 🅽 *Pk.* C)

ORTONOVO (La Spezia)

Nächste Autobahnausfahrt: Carrara.

Cantine **Lunae Bosoni**

Plz. 19034, località Luni, via Bozzi 63; Tel. 0187/660187; Fax 669223.

Gründungsjahr: 1970. *Inhaber:* Paolo Bosoni. *Kundenbetreuung:* der Inhaber. *Produktionsleitung:* der Inhaber. *Besuchszeiten:* Dienstag bis Samstag, von 16 bis 19 Uhr. *Degustation:* in einer Probierstube.

DOC:

★ Colli di Luni Rosso, 🍷 1996 (H *Pk.* B)
★ Colli di Luni Vermentino, 🍷 der letzte (N *Pk.* B)

ORTOVERO (Savona)

Nächste Autobahnausfahrt: Albenga (A10).

Azienda Agricola **Durin**

Plz. 17037, via Roma 92; Tel. 0182/547007; Fax 547007.

Gründungsjahr: 1800. *Inhaber:* Angelo Basso, genannt Durin. *Kundenbetreuung:* Antonio Basso. *Produktionsleitung:* der Inhaber, auch landwirtschaftlicher Leiter. *Besuchszeiten:* täglich, mit Voranmeldung. *Degustation:* im Weinkeller.

DOC:

★ Riviera Ligure di Ponente Pigato, 🍷 1997 (N *Pk.* B⊙) 1997 (D.T.) 86
★ Riviera Ligure di Ponente Vermentino, 🍷 1997 (N *Pk.* B⊙) 1997 (D.T.) 85

PERINALDO (Imperia)

Nächste Autobahnausfahrt: Sanremo ovest (A10).

Castello di Perinaldo

Plz. 18030, piazza Castello; Tel. 0184/672346; Fax 290962.

Gründungsjahr: 1989. *Inhaber:* Rita Kraus Hilges und Arnold Hilges. *Kundenbetreuung:* die Inhaber. *Produktionsleitung:* die Inhaber, auch landwirtschaftliche Leiter. *Besuchszeiten:* täglich, nach Vereinbarung. *Degustation:* im charakteristischen Weinkeller.

DOC:

★ Rossese di Dolceacqua Brae, 🍷 1995 (N B *Pk.* C)
★★ Rossese di Dolceacqua Curli, 🍷 1995 (B *Pk.* E)

PIEVE DI TECO (Imperia)

Nächste Autobahnausfahrt: Imperia est (A10).

Lupi

Plz. 18026, via Mazzini 9; Tel. 0183/276090; Fax 276090.

Gründungsjahr: 1970. *Inhaber:* Tommaso und Angelo Lupi. *Kundenbetreuung:* die Inhaber. *Produktionsleitung:* Donato Lanati. *Agronom:* Fabio Lupi. *Besuchszeiten:* nur nach Vereinbarung. *Degustation:* in einer kleinen Taverne.

DOC:

★★ Riviera Ligure di Ponente Ormeasco Superiore Le Braje, 🍷 1995 (N B *Pk.* C)

★★ Riviera Ligure di Ponente Pigato Le Petraie, 🍷 der letzte (N *Pk.* C)

★★ Riviera Ligure di Ponente Vermentino Le Serre, 🍷 der letzte (N *Pk.* C)

Tafelwein:

★★ Vignamare, 🍷 1997 (N B *Pk.* D) 🍇 Vermentino und Pigato

QUILIANO (Savona)

Nächste Autobahnausfahrt: Savona (A10).

Vignaiola **Scarrone Rita**

Plz. 17040, via San Rocco 5; Tel. 019/8878479.

Gründungsjahr: 1960. *Inhaber:* Rita Scarrone. *Kundenbetreuung:* die Inhaberin. *Agronom:* Giovanni Oddone. *Besuchszeiten:* nach telefonischer Vereinbarung. *Degustation:* in einer kleinen Taverne neben dem Weinkeller.

Tafelwein:

★ Granaccia di Quiliano, 🍷 der letzte (N *Pk.* D)

RANZO (Imperia)

Nächste Autobahnausfahrt: Albenga (A10).

Azienda Agricola **Bruna**

Plz. 18028, via Umberto I 81; Tel. 0183/318082; Fax 318082.

Inhaber: Maddalena Capello. *Kundenbetreuung:* die Inhaberin und Ehemann Riccardo Bruna. *Produktionsleitung:* Riccardo Bruna. *Agronom:* Riccardo Bruna. *Besuchszeiten:* nach telefonischer Vereinbarung. *Degustation:* in einer Probierstube.

DOC:

★ Riviera Ligure di Ponente Pigato Le Russeghine, 🍷 der letzte (N *Pk.* B)

★★ Riviera Ligure di Ponente Pigato Villa Torracchetta in Ortovero, 🍷 der letzte (N *Pk.* B)

RIOMAGGIORE (La Spezia)

Nächste Autobahnausfahrt: La Spezia (A15).

Vignaioli **Forlini e Cappellini**

Plz. 19017, piazza Duomo 6, Manarola; Tel. 0187/920496.

Inhaber: Germana Forlini und Alberto Cappellini. *Kundenbetreuung:* die Inhaber. *Produktionsleitung:* Riccardo Arrigoni. *Besuchszeiten:* mit Voranmeldung (möglicherweise ab 20 Uhr), täglich. *Degustation:* im mit Möbeln aus alten Faßdauben eingerichteten Weinkeller.

DOC:

★ Cinque Terre, 🍷 der letzte (N *Pk.* C)

Cooperativa Agricoltura di **Riomaggiore**

Plz. 19017, località Groppo; Tel. 0187/920435; Fax 920076.

Gründungsjahr: 1982. *Kundenbetreuung:* Antonello Maietta. *Produktionsleitung:* Nello Capris. *Agronom:* Matteo Bonanini. *Besuchszeiten:* täglich, von 8 bis 12 Uhr und von 14 bis 18 Uhr; am besten mit Voranmeldung. *Degustation:* in einer Probierstube.

DOC:

★ Cinque Terre Costa da Posa, 🍷 der letzte (N *Pk.* B)

★ Cinque Terre Costa de Campu, 🍷 der letzte (N *Pk.* B)

★ Cinque Terre Costa de Sera, 🍷 der letzte (N *Pk.* B)

★★ Cinque Terre Sciacchetrà, 🍷 1995 (B *Pk.* F) 1995 (G.B.) 85

SARZANA (La Spezia)

Nächste Autobahnausfahrt: Sarzana (A12).

Fattoria **Picedi Benettini**

Plz. 19038, via Mazzini 57; Tel. 0187/625147; Fax 625147.

Gründungsjahr: 12. Jahrhundert. *Inhaber:* Graf Nino Picedi Benettini. *Kundenbetreuung:* der Inhaber. *Produktionsleitung:* Giorgio Baccigalupi. *Besuchszeiten:* Dienstag nach Vereinbarung. *Degustation:* in einer Probierstube.

DOC:

★ Colli di Luni Bianco, 🍷 der letzte (N *Pk.* B)

★ Colli di Luni Rosso, 🍷 der letzte (N *Pk.* B)

★★ Colli di Luni Vermentino, 🍷 der letzte (N Pk. B)

Tafelwein:

★★ Ciliegiolo, 🍷 der letzte (N Pk. A) 🍇 Ciliegiolo

SOLDANO (Imperia)

Nächste Autobahnausfahrt: Bordighera (A10).

Azienda Agricola **Guglielmi Enzo**

Plz. 18030, corso Verbone 143; Tel. 0184/289042; Fax 289042.

Gründungsjahr: 1965. *Inhaber:* Enzo Guglielmi. *Kundenbetreuung:* der Inhaber und seine Ehefrau. *Produktionsleitung:* Gian Paolo Ramò. *Agronom:* Enzo Guglielmi. *Besuchszeiten:* täglich, nach telefonischer Vereinbarung. *Degustation:* in einer Probierstube.

DOC:

★★ Rossese di Dolceacqua Superiore, 🍷 der letzte (N Pk. B)

VENDONE (Savona)

Nächste Autobahnausfahrt: Albenga (A10).

Azienda Agricola **Vio Claudio**

Plz. 17030, frazione Crosa 16; Tel. 0182/76338; Fax 76338.

Gründungsjahr: 1970. *Inhaber:* Claudio Vio. *Kundenbetreuung:* der Inhaber und seine Familie. *Produktionsleitung:* Rino Trevia. *Agronom:* der Inhaber und die Familienmitglieder. *Anbaufläche in ha.:* 1,5. *Besuchszeiten:* täglich, nach telefonischer Vereinbarung. *Degustation:* im Weinkeller.

DOC:

★★ Riviera Ligure di Ponente Pigato dell'Albenganese, 🍷 der letzte (ha 1,1 🍾 8.000 N Pk. B ⊙) 1997 (G.B.) 85

★ Riviera Ligure di Ponente Vermentino, 🍷 der letzte (ha 0,4 🍾 2.000 N Pk. B)

Diese fünf Symbole sind neu im Veronelli:

- 🍷 empfohlene Jahrgänge eines Weines
- ha 3,5 Anbaufläche in Hektar, auf der ein bestimmter Wein erzeugt wird
- 🍾 Anzahl der vom genannten Wein ausgebauten Flaschen
- ★≈ ein hervorragender Wein, der neu in diesen Führer aufgenommen wurde und bei der Verkostung auf Anhieb mindestens 90 Punkte erhielt
- ⊙ besonders gutes Preis/Leistungs-Verhältnis

ADRO (Brescia)

Nächste Autobahnausfahrt: Palazzolo sull'Oglio (A4).

Contadi Castaldi

Plz. 25030, via Colzano 32, località Fornaci;
Tel. 030/7450126; Fax 7450322.

Gründungsjahr: 1991. *Inhaber:* Vittorio Moretti und Martino De Rosa. *Kundenbetreuung:* Mario Falcetti und Alessandro Chinello. *Produktionsleitung:* Alessandro Chinello. *Agronom:* Mario Falcetti. *Anbaufläche in ha.:* 30. *Besuchszeiten:* täglich, nach Vereinbarung. *Degustation:* in einem großen Probiersaal.

DOCG:

★ Franciacorta Brut, 🍷 der letzte (80.000 [N] *Pk.* C)
★ Franciacorta Brut Satèn, 🍷 der letzte (20.000 [N] *Pk.* D)
★ Franciacorta Brut Zero, 🍷 der letzte (5.000 [N] *Pk.* D)

DOC:

★ Terre di Franciacorta Bianco, 🍷 1997 (50.000 [N] *Pk.* B)
★ Terre di Franciacorta Rosso, 🍷 1996 (40.000 [N] [H] *Pk.* B ⊙) 1996 (D.T.) 85

Azienda Agricola **Cornaleto**

Plz. 25030, via Cornaleto 2; Tel. 030/7450565; Fax 7450552.

Gründungsjahr: 1970. *Inhaber:* Luigi Lancini. *Kundenbetreuung:* Vittorio Lancini. *Produktionsleitung:* Cesare Ferrari. *Agronom:* Luigi Saramondi. *Besuchszeiten:* nach telefonischer Vereinbarung. *Degustation:* in einem großen Empfangssaal.

DOCG:

★★ Franciacorta Brut Millesimato, 🍷 1989 ([N] *Pk.* D) 1989 (D.T.) 87
★★ Franciacorta Extra Brut, 🍷 der letzte ([N] *Pk.* D) o.J. (D.T.) 85

DOC:

★ Terre di Franciacorta Bianco Corno Nero, 🍷 1996 ([B] *Pk.* C)
★★ Terre di Franciacorta Rosso Selezione Poligono, 🍷 1995 ([B] *Pk.* D)

BORNATO (Brescia)

Nächste Autobahnausfahrt: Rovato (A4).

Azienda Agricola **Monte Rossa**

Plz. 25040, via Luca Marenzio 14; Tel. 030/725066; Fax 7750061.

Gründungsjahr: 1972. *Inhaber:* Paola Rovetta. *Kundenbetreuung:* Emanuele Rabotti. *Produktionsleitung:* Cesare Ferrari. *Agronom:*

Emanuele Rabotti. *Anbaufläche in ha.:* 22. *Besuchszeiten:* mit Voranmeldung, Montag bis Freitag. *Degustation:* in einem Saal aus dem 15. Jahrhundert.

DOCG:

★★ Franciacorta Extra Brut Millesimato Cabochon, 🍷 1993 (🍾 25.000 N B *Pk.* D) 1993 (D.T.) 87

DOC:

★ Terre di Franciacorta Rosso Cep, 🍷 1995 (🍾 18.000 N *Pk.* B)

BRESCIA (Brescia)

Nächste Autobahnausfahrt: Brescia ovest oder Brescia centro (A4).

Pasolini Mario

Plz. 25060, frazione Mompiano, via Colle San Giuseppe 5;
Tel. 030/2004307; Fax 2004307.

Gründungsjahr: 1952. *Inhaber:* Mario Pasolini. *Kundenbetreuung:* der Inhaber. *Produktionsleitung:* der Inhaber. *Besuchszeiten:* nachmittags, nur nach Vereinbarung. *Degustation:* in einer Probierstube im Wohnhaus.

Tafelwein:

★★ Ronco di Mompiano, 🍷 1995 (H *Pk.* B)
🍇 Marzemino (70%) und Merlot (30%)

Premiovini

Plz. 25125, via Corsica 12; Tel. 030/29721; Fax 40889.

Gründungsjahr: 1825. *Kundenbetreuung:* Romeo Paternoster. *Produktionsleitung:* Romeo Paternoster. *Besuchszeiten:* nur Montag (außer August) nach Vereinbarung. *Degustation:* in einer kleinen Empfangs- und Probierstube.

DOC:

★ Alto Adige Chardonnay della Staffa, 🍷 der letzte (N *Pk.* B)
★ Alto Adige Pinot Grigio della Staffa, 🍷 der letzte (N *Pk.* B)
★ Alto Adige Traminer Aromatico della Staffa, 🍷 der letzte (N *Pk.* B)
★ Amarone della Valpolicella Pegaso, 🍷 1994 (H *Pk.* C)
★ Barbera d'Alba Anforio, 🍷 1996 (H *Pk.* B)
★ Castel del Monte Rosso Torre Sveva, 🍷 1997 (H *Pk.* A)
★ Dolcetto di Diano d'Alba Sorì della Madonnina Anforio, 🍷 1997 (H *Pk.* B)
★ Lambrusco di Sorbara Contessa Matilde, 🍷 der letzte (N *Pk.* A)

- ★ Lambrusco Grasparossa di Castelvetro Contessa Matilde, 🍷 der letzte (N *Pk.* A)
- ★ Lugana San Grato, 🍷 der letzte (N *Pk.* B)

BRONI (Pavia)

Nächste Autobahnausfahrt: Broni Stradella (A21).

Maga Lino

Plz. 27043, via Mazzini 50; Tel. 0385/51212; Fax 54588.

Gründungsjahr: 1886. *Inhaber:* Lino Maga. *Kundenbetreuung:* der Inhaber und Sohn Giuseppe. *Produktionsleitung:* Carlo Corino. *Agronom:* Giuseppe Maga. *Anbaufläche in ha.:* 14. *Besuchszeiten:* täglich, von 10 bis 19 Uhr; um Lino Maga anzutreffen, nur mit Voranmeldung. *Degustation:* in einer Probierstube, mit Direktverkauf.

DOC:

- ★★ Oltrepò Pavese Rosso Barbacarlo, 🍷 1996 (ha 4 🍾 10.000 H *Pk.* D)
- ★ Oltrepò Pavese Rosso Montebuono, 🍷 1996 (ha 8 🍾 10.000 H *Pk.* C)
- ★ Oltrepò Pavese Rosso Ronchetto di Maga, 🍷 1996 (ha 1 🍾 2.000 H *Pk.* C)

CALVAGESE DELLA RIVIERA (Brescia)

Nächste Autobahnausfahrt: Brescia est oder Desenzano (A4).

Azienda Agraria **Redaelli de Zinis**

Plz. 25080, via Ugo De Zinis 1; Tel. 030/601001; Fax 9140023.

Gründungsjahr: 1856. *Inhaber:* Ugo und Sandro Redaelli de Zinis. *Kundenbetreuung:* Sandro und Isa Redaelli de Zinis. *Produktionsleitung:* Fulvio Santini. *Agronom:* Luca Marzi. *Besuchszeiten:* täglich, nach Vereinbarung. *Degustation:* in einer Probierstube (das Weingut verfügt auch über ein schönes Kongreßzentrum).

DOC:

- ★ Garda Classico Bianco Poggio Belvedere, 🍷 1996 (🍾 25.000 B *Pk.* B)
- ★ Garda Classico Groppello Mocasina, 🍷 1997 (🍾 200.000 H *Pk.* B)
- ★ Garda Classico Rosso Superiore Calvagese, 🍷 1995 (🍾 25.000 H *Pk.* B)

CAMIGNONE IN FRANCIACORTA (Brescia)

Nächste Autobahnausfahrt: Ospitaletto (A4).

Azienda Agricola **Il Mosnel**

Plz. 25040, via Barboglio 14; Tel. 030/653117; Fax 654236.

Gründungsjahr: 1968. *Inhaber:* Emanuela Barboglio. *Kundenbetreuung:* Lucia und Giulio Barzanò. *Produktionsleitung:* Luigi Biemmi und Alberto Musatti. *Agronom:* Pier Luigi Villa. *Anbaufläche in ha.:* 37. *Besuchszeiten:* täglich, von 10 bis 19 Uhr. Besuchergruppen nur nach Vereinbarung. *Degustation:* in einer Taverne.

DOCG:

★ Franciacorta Brut, 🍷 der letzte (🍾 20.000 N B *Pk.* D)

★ Franciacorta Brut Millesimato, 🍷 1993 (🍾 10.000 N B *Pk.* E)

★ Franciacorta Brut Nouvelle Cuvée, 🍷 der letzte (🍾 40.000 N *Pk.* C)

DOC:

★ Terre di Franciacorta Bianco Campolarga, 🍷 der letzte (🍾 30.000 N *Pk.* B)

★ Terre di Franciacorta Bianco Sulif, 🍷 der letzte (🍾 10.000 B *Pk.* D)

★ Terre di Franciacorta Rosso Fontecolo, 🍷 1996 (ha 4,5 🍾 25.000 H B *Pk.* C)

IGT:

★ Pinot Nero Sebino, 🍷 1996 (ha 1,5 🍾 2.000 B *Pk.* E) 1996 (G.B.) 85

CAPRIOLO (Brescia)

Nächste Autobahnausfahrt: Palazzolo sull'Oglio (A4).

Azienda Agricola **Lantieri de Paratico**

Plz. 25031, via S. Paratico 50; Tel. 030/736151; Fax 736151.

Gründungsjahr: 1974. *Inhaber:* Familie Lantieri de Paratico. *Kundenbetreuung:* Fabio, Giovanna und Patrizia Lantieri de Paratico. *Produktionsleitung:* Cesare Ferrari. *Agronom:* Gianluigi Donna. *Besuchszeiten:* nach telefonischer Vereinbarung. *Degustation:* in einer Probierstube.

DOCG:

★★ Franciacorta Brut, 🍷 der letzte (N *Pk.* D)

★★ Franciacorta Brut Millesimato, 🍷 1993 (N *Pk.* E)

★ Franciacorta Extra Brut, 🍷 der letzte (N *Pk.* D)

DOC:

★ Terre di Franciacorta Bianco Colzano, 🍷 1997 (N B *Pk.* C)

Azienda Agricola **Ricci Curbastro**

Plz. 25031, Villa Evelina, via Adro 37; Tel. 030/736094; Fax 7460558.

Gründungsjahr: 1968. *Inhaber:* Gualberto Ricci Curbastro und Söhne. *Kundenbetreuung:* Riccardo und Lorenzo Ricci Curbastro. *Produktionsleitung:* Alberto Musatti und Owen J. Bird. *Agronom:* Gualberto und Riccardo Ricci Curbastro. *Besuchszeiten:* täglich, von 8 bis 12 Uhr und von 14 bis 19 Uhr. *Degustation:* in einer Probierstube im Weinkeller.

DOCG:

★ Franciacorta Brut, 🍷 der letzte (N B *Pk.* D) o.J. (D.T.) 85
♣ Franciacorta Demi Sec, 🍷 der letzte (N *Pk.* C) o.J. (D.T.) 87
★ Franciacorta Extra Brut Millesimato, 🍷 1993 (N B *Pk.* D)
★★ Franciacorta Satèn Brut Millesimato, 🍷 1995 (B *Pk.* D) 1995 (D.T.) 86

DOC:

★★ Terre di Franciacorta Bianco Vigna Bosco Alto, 🍷 1996 (B *Pk.* B ⊙) 1996 (D.T.) 87
★ Terre di Franciacorta Rosso Ricci Curbastro, 🍷 1996 (B *Pk.* B)

Tafelwein:

★ Pinot Nero Sebino, 🍷 1995 (B *Pk.* D)

CAROBBIO DEGLI ANGELI (Bergamo)

Nächste Autobahnausfahrt: Grumello del Monte (A4).

Azienda Agricola **Tenuta degli Angeli**

Plz. 24060, frazione Santo Stefano, via Fara 2;
Tel. 035/951489; Fax 687121.

Gründungsjahr: 1987. *Inhaber:* Manuela und Pierangelo Testa. *Kundenbetreuung:* Pierangelo Testa. *Produktionsleitung:* Teresio Schiavi. *Agronom:* Pierangelo Testa. *Anbaufläche in ha.:* 2. *Besuchszeiten:* nach Vereinbarung. *Degustation:* in einer Probierstube.

Tafelwein:

★ Spumante degli Angeli Extra Brut, 🍷 1994 (ha 1 🍾 1.500 N *Pk.* D) 🍇 Chardonnay

CASTEGGIO (Pavia)

Nächste Autobahnausfahrt: Casteggio (A21)

Tenuta **Frecciarossa**

Plz. 27045, via Vigorelli 141; Tel. 0383/804465; Fax 890485.

Gründungsjahr: 1922. *Inhaber:* Margherita Odero. *Kundenbetreuung:* Pietro Calvi di Bergolo. *Produktionsleitung:* Franco Bernabei. *Agronom:* Margherita Odero. *Anbaufläche in ha.:* 16. *Besuchszeiten:* Montag bis Freitag, nach telefonischer Vereinbarung. *Degustation:* in einer Probierstube im Weinkeller.

DOC:

★★ Oltrepò Pavese Pinot Nero, 🍷 1994
(ha 3,18 🍾 8.500 B *Pk.* E) 1994 (G.B.) 85

♣ Oltrepò Pavese Rosso Le Praielle, 🍷 1996
(ha 8,12 🍾 14.600 H B *Pk.* B ⊙) 1996 (D.T.) 89

★★ Oltrepò Pavese Rosso Riserva Villa Odero, 🍷 1991
(ha 8,12 🍾 16.000 H B *Pk.* C)

Azienda Agricola **Le Fracce**

Plz. 27045, via Castel del Lupo 5; Tel. 0383/82526; Fax 804151.

Gründungsjahr: 1960. *Inhaber:* Fondazione Fernando Bussolera und Lina Branca Bussolera. *Kundenbetreuung:* Francesco Cervetti. *Produktionsleitung:* Francesco Cervetti, auch landwirtschaftlicher Leiter. *Anbaufläche in ha.:* 42. *Besuchszeiten:* Montag bis Freitag, nach Vereinbarung. *Degustation:* in einer Probierstube.

DOC:

★ Oltrepò Pavese Bonarda Le Fracce, 🍷 der letzte
(ha 10 🍾 60.000 N *Pk.* B)

★★ Oltrepò Pavese Pinot Grigio Le Fracce, 🍷 der letzte
(ha 7 🍾 40.000 N *Pk.* C)

★ Oltrepò Pavese Rosso Bohemi, 🍷 1991
(ha 2 🍾 15.000 B *Pk.* D)

★★ Oltrepò Pavese Rosso Cirgà, 🍷 1996 (ha 4 🍾 30.000 N *Pk.* C)

Azienda Agricola **Ruiz de Cardenas**

Plz. 27045, strada alle Mollie 35; Tel. 0383/82301; Fax 02/406649.

Gründungsjahr: 1979. *Inhaber:* Gianluca Ruiz de Cardenas. *Kundenbetreuung:* der Inhaber. *Produktionsleitung:* Giancarlo Scaglione. *Agronom:* G. Zatti. *Anbaufläche in ha.:* 5. *Besuchszeiten:* nach telefonischer Vereinbarung. *Degustation:* in einer Probierstube.

DOC:

★★ Oltrepò Pavese Pinot Nero Brumano, 🍷 1995 (ha 0,86 🍾 1.500 B *Pk.* C) 1995 (D.T.) 87

Tafelwein:

★ Ruiz de Cardenas Extra Brut, 🍷 1994 (🍾 3.000 N B *Pk.* C) 🍇 Chardonnay (75%) und Pinot Nero (25%) 1994 (D.T.) 87

♣ Ruiz de Cardenas Extra Brut, 🍷 der letzte (🍾 3.000 N B *Pk.* C) 🍇 Chardonnay (70%) und Pinot Nero (30%) s.a. (D.T.) 85

CAZZAGO SAN MARTINO (Brescia)

Nächste Autobahnausfahrt: Rovato (A4).

Azienda Agricola **Guarischi**

Plz. 25046, frazione Calino, via Paolo VI 62;
Tel. 030/7750838; Fax 725005.

Gründungsjahr: 1957. *Inhaber:* Familie Guarischi. *Kundenbetreuung:* Giampiero und Monica Guarischi. *Produktionsleitung:* Massimo Azzolini. *Besuchszeiten:* nach telefonischer Vereinbarung.

DOCG:

★★ Franciacorta Brut Contessa Camilla Maggi, 🍷 der letzte (N *Pk.* E)

★ Franciacorta Brut Millesimato, 🍷 1992 (N *Pk.* E)

DOC:

★★ Terre di Franciacorta Bianco Le Solcaie, 🍷 1996 (B *Pk.* D) 1996 (D.T.) 86

★ Terre di Franciacorta Rosso Le Solcaie, 🍷 1994 (B *Pk.* D) 1994 (D.T.) 85

Azienda Agricola **Ronco Calino**

Plz. 25040, via Sala 88; Tel. 035/477011; Fax 477077.

Gründungsjahr: 1996. *Inhaber:* Paolo Radici. *Kundenbetreuung:* Paolo Zerboni. *Produktionsleitung:* Francesco Polastri und Paolo Zerboni. *Agronom:* Leonardo Valenti. *Anbaufläche in ha.:* 10. *Besuchszeiten:* Montag bis Freitag, von 9 bis 18 Uhr. *Degustation:* in einer Probierstube.

DOC:

♣ Terre di Franciacorta Bianco, 🍷 1997 (ha 3 🍾 12.000 N *Pk.* D) 1997 (G.B.) 85

CENATE SOTTO (Bergamo)

Nächste Autobahnausfahrt: Seriate (A7).

Azienda Agricola **Caminella**

Plz. 24069, via Dante Alighieri 13; Tel. 035/941828; Fax 941830.

Gründungsjahr: 1996. *Inhaber:* Giovanna Terzi. *Kundenbetreuung:* Sandra Grandi. *Produktionsleitung:* Alberto Musatti und Fabrizio Zardini. *Agronom:* Alberto Panont. *Anbaufläche in ha.:* 2,39. *Besuchszeiten:* Montag bis Freitag, von 9 bis 12 Uhr. *Degustation:* in einer Probierstube.

DOC:

★ Valcalepio Rosso Ripa di Luna, 1996 (5.000 *Pk.* B)

Tafelwein:

★ Goccio di Sole, 1996 (6.000 *Pk.* E)
Moscato di Scanzo

★ Luna Rossa, 1996 (7.000 *Pk.* C)
Cabernet, Merlot und Pinot Nero.

★ Verde Luna, 1996 (5.000 *Pk.* B)
Sauvignon, Chardonnay und Pinot Bianco

CHIURO (Sondrio)

Nächste Autobahnausfahrt: Agrate Brianza (A4).

Negri Nino

Plz. 23030, via Ghibellini 3; Tel. 0342/482521; Fax 482235.

Gründungsjahr: 1897. *Inhaber:* Gruppo Italiano Vini. *Kundenbetreuung:* Monica Messina. *Produktionsleitung:* Casimiro Maule. *Agronom:* Dino Lauro. *Anbaufläche in ha.:* 38. *Besuchszeiten:* Montag bis Freitag, von 8 bis 12 Uhr von 14 bis 18 Uhr, mit Voranmeldung. Samstag und Sonntag nach Vereinbarung. *Degustation:* in einer Taverne.

DOC:

★★★ Valtellina Sfursat 5 Stelle, 1996
(20.000 *Pk.* E) 1996 (G.B.) 88

★ Valtellina Superiore Inferno Botti d'Oro, 1995
(40.000 *Pk.* C)

★★ Valtellina Superiore Nino Negri Fracia, 1991
(20.000 *Pk.* C) 1991 (G.B.) 85

♣ Valtellina Superiore Nino Negri Riserva Oro, 1990
(10.000 *Pk.* D) 1990 (G.B.) 86

★ Valtellina Superiore Sassella Botti d'Oro, 1995
(40.000 *Pk.* C)

Casa Vinicola Aldo **Rainoldi**

Plz. 23030, via Stelvio 128; Tel. 0342/482225; Fax 483775.

Gründungsjahr: 1905. *Inhaber:* Giuseppe Rainoldi. *Kundenbetreuung:* der Inhaber oder Giuseppe Venini. *Produktionsleitung:* Giuseppe Rainoldi. *Besuchszeiten:* Montag bis Freitag, nach telefonischer Vereinbarung. *Degustation:* in einer kleinen Taverne.

DOC:

★★ Valtellina Sfursat, 🍷 1994 (B *Pk.* E)
★ Valtellina Superiore Grumello, 🍷 1995 (H *Pk.* B)
★ Valtellina Superiore Inferno Riserva, 🍷 1994 (B *Pk.* D)
★★ Valtellina Superiore Inferno Riserva Barrique, 🍷 1994 (B *Pk.* D) 1994 (G.B.) 86
★ Valtellina Superiore Sassella Riserva, 🍷 1994 (B *Pk.* D)

Enologica **Valtellinese**

Plz. 23030, via Ghibellini 3; Tel. 0342/483103; Fax 483121.

Gründungsjahr: 1873. *Inhaber:* Gruppo Italiano Vini. *Kundenbetreuung:* Lucia Bordoni. *Produktionsleitung:* Casimiro Maule. *Agronom:* Dino Lauro. *Anbaufläche in ha.:* 4. *Besuchszeiten:* Montag bis Freitag, von 8 bis 12 Uhr und von 14 bis 18 Uhr; an Sonn- und Feiertagen, von 10 bis 12 Uhr, mit Voranmeldung. *Degustation:* in einer Probierstube.

DOC:

★★ Valtellina Superiore Riserva Antica Rhaetia, 🍷 1989 (🍾 10.000 B *Pk.* C)
★★ Valtellina Superiore Riserva Castel Grumello, 🍷 1988 (ha 2,5 🍾 10.000 B *Pk.* C)
★★ Valtellina Superiore Riserva Vigna Paradiso, 🍷 1989 (ha 1,5 🍾 5.000 B *Pk.* C)

COCCAGLIO (Brescia)

Nächste Autobahnausfahrt: Rovato (A4).

Azienda Agricola Tenuta **Castellino**

Plz. 25030, via San Pietro 46; Tel. 030/7721015; Fax 7701240.

Gründungsjahr: 1985. *Inhaber:* Marino, Fausto und Sandro Bonomi. *Kundenbetreuung:* Gemma Mazzotti. *Produktionsleitung:* Cesare Ferrari. *Agronom:* Luigi Derfini. *Besuchszeiten:* nur nach Vereinbarung. *Degustation:* in einer Probierstube.

DOCG:

★ Franciacorta Brut, 🍷 der letzte (N *Pk.* D) o.J. (D.T.) 87

★★ Franciacorta Brut Millesimato, 🍷 1990 (B *Pk.* E)

★★ Franciacorta Satèn, 🍷 1993 (N *Pk.* D)

DOC:

★★ Terre di Franciacorta Bianco Solicano, 🍷 1996 (B *Pk.* C) 1996 (D.T.) 85

♣ Terre di Franciacorta Rosso, 🍷 1996 (ha 3 🍾 16.000 N H *Pk.* B ⊙) 1996 (D.T.) 85

Azienda Agricola **Montorfano de Filippo**

Plz. 25030, via Vittorio Veneto 3; Tel. 030/7721541; Fax 7721504.

Gründungsjahr: 1916. *Inhaber:* Domenico De Filippo. *Kundenbetreuung:* der Inhaber. *Produktionsleitung:* der Inhaber, auch landwirtschaftlicher Leiter. *Anbaufläche in ha.:* 10. *Besuchszeiten:* Montag bis Freitag, nach telefonischer Vereinbarung. *Degustation:* in einer Probierstube.

DOCG:

♣ Franciacorta Brut, 🍷 der letzte (N *Pk.* D) o.J. (D.T.) 85

CORTEFRANCA (Brescia)

Nächste Autobahnausfahrt: Rovato (A4).

Azienda Agricola Fratelli **Berlucchi**

Plz. 25040, frazione Borgonato, via Broletto 2;
Tel. 030/984451; Fax 9828209.

Gründungsjahr: 1967. *Inhaber:* Gebrüder Berlucchi. *Kundenbetreuung:* Pia Berlucchi Rizzo (Geschäftsführer). *Produktionsleitung:* Cesare Ferrari. *Anbaufläche in ha.:* 50. *Besuchszeiten:* nach telefonischer Vereinbarung. *Degustation:* in Probierstuben mit Gewölbedecken und Fresken aus dem 17. Jahrhundert.

DOCG:

★★ Franciacorta Brut Millesimato, 🍷 1994 (ha 20 🍾 120.000 N *Pk.* D)

DOC:

★ Terre di Franciacorta Bianco Dossi delle Querce, 🍷 1997 (ha 0,5 🍾 3.000 N B *Pk.* C)

★ Terre di Franciacorta Rosso Dossi delle Querce, 🍷 1993 (ha 1,5 🍾 9.000 H *Pk.* C)

CORTEFRANCA

Berlucchi Guido & C.

Plz. 25040, piazza Duranti 4, frazione Borgonato;
Tel. 030/984381; Fax 984293.

Gründungsjahr: 1981. *Produktionsleitung:* Franco und Arturo Ziliani, auch landwirtschaftlicher Leiter. *Besuchszeiten:* täglich, nach Vereinbarung. *Degustation:* in einem großen Probiersaal.

Tafelwein:

★ Cellarius Brut Riserva Speciale, 🍷 der letzte (N *Pk.* C) 🍇 Pinot Bianco, Pinot Nero und Chardonnay

Azienda Agricola **Monzio Compagnoni**

Plz. 25040, località Nigoline; Tel. 030/9884157; Fax 9884158.

Gründungsjahr: 1996. *Inhaber:* Marcello Monzio Compagnoni. *Kundenbetreuung:* Marcello Monzio Compagnoni. *Produktionsleitung:* Alberto Musatti. *Agronom:* Fabrizio Zardini. *Besuchszeiten:* nach Vereinbarung. *Degustation:* in einer Probierstube mit offenem Kamin.

DOCG:

★ Franciacorta Brut Monzio Compagnoni, 🍷 der letzte (N B *Pk.* C) o.J. (D.T.) 85

DOC:

★ Terre di Franciacorta Rosso Ronco della Seta, 🍷 1996 (N H B *Pk.* B)

★★ Valcalepio Rosso Colle della Luna, 🍷 1996 (N H B *Pk.* B)

Tafelwein:

★★ Bianco di Luna, 🍷 1996 (B *Pk.* B) 🍇 Chardonnay

★ Colle della Luna Bianco, 🍷 der letzte (N B *Pk.* B ⊙) 🍇 Chardonnay und Pinot Bianco 1997 (G.B.) 85

★ Don Quijote, 🍷 1995 (B *Pk.* E) 🍇 Moscato di Scanzo

★ Monzio Compagnoni Brut, 🍷 der letzte (N B *Pk.* C) 🍇 Chardonnay

★ Rosso di Luna, 🍷 1995 (B *Pk.* C) 🍇 Cabernet Sauvignon 1995 (G.B.) 85

CORVINO SAN QUIRICO (Pavia)

Nächste Autobahnausfahrt: Casteggio (A21) oder Groppello Cairoli (A12).

Tenuta **Mazzolino**

Plz. 27050, via Mazzolino 26; Tel. 0383/876122; Fax 02/896480.

Gründungsjahr: 1984. *Inhaber:* Sandra Braggiotti. *Kundenbetreuung:* Roberto Piaggi. *Produktionsleitung:* Giancarlo Scaglione.

Agronom: Roberto Piaggi. *Besuchszeiten:* Montag bis Freitag, von 8.30 bis 12.30 und von 14.30 bis 18; an Sonn- und Feiertagen nur nach Vereinbarung. *Degustation:* in einer rustikalen Probierstube.

DOC:

★★ Oltrepò Pavese Bonarda, der letzte (N *Pk.* B)

★★ Oltrepò Pavese Chardonnay Blanc, 1996 (B *Pk.* B)

★★ Oltrepò Pavese Pinot Nero Noir, 1995 (B *Pk.* E) 1995 (D.T.) 86

Tafelwein:

★ Corvino, 1996 (B *Pk.* B) Barbera und Pinot Nero, zu gleichen Teilen

ERBUSCO (Brescia)

Nächste Autobahnausfahrt: Rovato (A4).

Azienda Agricola **Bellavista**

Plz. 25030, via Bellavista 5; Tel. 030/7760276; Fax 7760386.

Gründungsjahr: 1977. *Inhaber:* Vittorio Moretti. *Kundenbetreuung:* das Büropersonal. *Produktionsleitung:* Mattia Vezzola unter Mithilfe von Piero Bonomi. *Agronom:* Gian Franco Falimbella. *Besuchszeiten:* nach Vereinbarung, Montag bis Freitag (außer während der Weinlese). *Degustation:* in einer großen und freundlichen Taverne.

DOCG:

★★★ Franciacorta Gran Cuvée Brut, 1993 (N B *Pk.* E) 1993 (G.B.) 89

★★ Franciacorta Gran Cuvée Pas Operé, 1992 (N B *Pk.* E) 1992 (D.T.) 85

★★ Franciacorta Gran Cuvée Satèn, der letzte (N B *Pk.* E) o.J. (D.T.) 87

★★ Franciacorta Riserva Vittorio Moretti, 1988 (B *Pk.* E)

DOC:

★ Terre di Franciacorta Bianco, der letzte (N *Pk.* C)

★★ Terre di Franciacorta Bianco Convento dell'Annunciata, 1995 (B *Pk.* D)

★★ Terre di Franciacorta Bianco Uccellanda, 1995 (B *Pk.* E)

★★ Terre di Franciacorta Rosso, 1995 (H B *Pk.* B⊙) 1995 (D.T.) 87

Tafelwein:

★★ Casotte, 1995 (B *Pk.* E) Pinot Nero

★★★ Solesine, 1995 (B *Pk.* E) Cabernet Sauvignon (85%) und Merlot (15%)

Azienda Agricola **Cà del Bosco**

Plz. 25030, via Case Sparse 20; Tel. 030/7760600; Fax 7268425.

Gründungsjahr: 1968. *Inhaber:* Familie Zanella (verantwortlich für Weinberge, Keller und Verwaltung) und die Santa Margherita spa. *Kundenbetreuung:* Francesca Facchetti. *Produktionsleitung:* Stefano Capelli. *Agronom:* Luigi Reghenzi. *Anbaufläche in ha.:* 96. *Besuchszeiten:* Montag bis Freitag, nur nach Vereinbarung. *Degustation:* in einer großen und freundlichen Taverne.

DOCG:

♣ Franciacorta Brut, der letzte (N B *Pk.* E) o.J. (D.T.) 87
★★ Franciacorta Brut Millesimato, 1994 (N B *Pk.* E)
★★★ Franciacorta Cuvée Annamaria Clementi, 1991 (B *Pk.* F) 1991 (D.T.) 89
★ Franciacorta Dosage Zéro, 1994 (N B *Pk.* E) 1994 (D.T.) 86
★★★ Franciacorta Satèn, 1993 (N B *Pk.* E) 1993 (D.T.) 90

DOC:

★★ Terre di Franciacorta Bianco, 1997 (N *Pk.* C) 1997 (D.T.) 85
○ Terre di Franciacorta Chardonnay, 1996 (B *Pk.* E) 1996 (D.T.) 89
★★ Terre di Franciacorta Rosso, 1996 (H B *Pk.* C) 1996 (D.T.) 86

IGT:

○ Maurizio Zanella, 1995 (B *Pk.* E) Cabernet Sauvignon (45%), Merlot (30%) und Cabernet Franc (25%) 1995 (D.T.) 90

Tafelwein:

★★ Elfo, 1997 (N *Pk.* C) verschiedene, zum Teil autochthone Reben
★★ Pinero, 1995 (B *Pk.* E) Pinot Nero

Azienda Agricola **Cavalleri**

Plz. 25030, via Provinciale 96; Tel. 030/7760217; Fax 7267350.

Gründungsjahr: 1967. *Inhaber:* Giovanni Cavalleri. *Kundenbetreuung:* Giulia Cavalleri und Aldo Pagnoni. *Produktionsleitung:* Cesare Ferrari. *Agronom:* Pierluigi Calabria. *Anbaufläche in ha.:* 32,5. *Besuchszeiten:* Montag bis Freitag, nach Vereinbarung. *Degustation:* in einem großen Probiersaal oberhalb des Weinkellers.

DOCG:

★★ Franciacorta Brut, der letzte (45.000 N *Pk.* D)
★★ Franciacorta Brut Collezione, 1993 (14.000 N *Pk.* E)
★★ Franciacorta Pas Dosé, 1993 (11.000 N *Pk.* D)

★★ Franciacorta Satèn, 🍷 der letzte (🍾 7.000 B Pk. D) o.J. (D.T.) 88

DOC:

★ Terre di Franciacorta Bianco, 🍷 der letzte (🍾 70.000 N Pk. B)

★★ Terre di Franciacorta Bianco Rampaneto, 🍷 1996 (ha 1,81 🍾 16.000 N Pk. B ⊙) 1996 (D.T.) 87

★★ Terre di Franciacorta Bianco Seradina, 🍷 1996 (ha 2 🍾 5.000 B Pk. C) 1996 (D.T.) 88

★ Terre di Franciacorta Rosso, 🍷 1996 (🍾 43.000 H Pk. B)

★★ Terre di Franciacorta Rosso Vigna Tajardino, 🍷 1995 (ha 4,74 🍾 13.000 B Pk. D)

IGT:

★★ Corniole, 🍷 1995 (ha 0,59 🍾 1.250 B Pk. D) 🍇 Merlot

Azienda Agricola **Gatti Enrico**

Plz. 25030, via Metelli 9; Tel. 030/7267999; Fax 7760539.

Gründungsjahr: 1987. *Inhaber:* Enrico Gatti. *Kundenbetreuung:* Lorenzo Gatti und Enzo Balzarini. *Produktionsleitung:* Alberto Musatti. *Agronom:* Lorenzo Gatti und Enzo Balzarini. *Besuchszeiten:* während der Geschäftszeiten, nach telefonischer Vereinbarung. *Degustation:* in einer Probierstube.

DOCG:

★★ Franciacorta Brut, 🍷 der letzte (N Pk. D) o.J. (D.T.) 87

DOC:

★★ Terre di Franciacorta Bianco, 🍷 der letzte (N Pk. B)

★ Terre di Franciacorta Rosso, 🍷 1996 (H Pk. B)

Tafelwein:

♣ Gatti Bianco, 🍷 1996 (B Pk. C) 🍇 Chardonnay 1996 (D.T.) 89

★★ Gatti Rosso, 🍷 1995 (B Pk. C) 🍇 Cabernet Sauvignon

Azienda Agricola **San Cristoforo**

Plz. 25030, via Villanuova 2; Tel. 030/7760482; Fax 7760116.

Gründungsjahr: 1980. *Inhaber:* Bruno Dotti. *Kundenbetreuung:* der Inhaber. *Produktionsleitung:* Alberto Musatti und Fabrizio Zardini. *Agronom:* Pier Luigi Villa. *Anbaufläche in ha.:* 8. *Besuchszeiten:* während der Geschäftszeiten, mit Voranmeldung. *Degustation:* es wird ein Probierraum eingerichtet.

DOC:

♣ Terre di Franciacorta Bianco, 🍷 1997 (ha 3 🍾 14.000 N Pk. B ⊙) 1997 (G.B.) 85

♣ Terre di Franciacorta Rosso, 🍷 1996 (ha 5 🍾 23.000 N *Pk.* B ⊙) 1996 (G.B.) 85

♣ Terre di Franciacorta Rosso San Cristoforo Uno, 🍷 1995 (ha 5 🍾 1.200 B *Pk.* C) 1995 (G.B.) 88

Azienda Agricola **Uberti**

Plz. 25030, via Fermi 2; Tel. 030/7267476; Fax 7760455.

Gründungsjahr: 1793. *Inhaber:* Giovanni Agostino Uberti und Eleonora Pagani Uberti. *Kundenbetreuung:* Eleonora Pagani Uberti. *Produktionsleitung:* Cesare Ferrari. *Agronom:* Giovanni Agostino Uberti. *Anbaufläche in ha.:* 16. *Besuchszeiten:* Montag bis Freitag, nach Vereinbarung. *Degustation:* in einer Probierstube.

DOCG:

★★ Franciacorta Brut Francesco I, 🍷 der letzte (N *Pk.* E)

★ Franciacorta Brut Rosé, 🍷 der letzte (N *Pk.* E)

★★ Franciacorta Extra Brut Comari del Salem, 🍷 1991 (N B *Pk.* F)

★★ Franciacorta Extra Brut Francesco I, 🍷 der letzte (N *Pk.* E)

★ Franciacorta Magnificentia, 🍷 der letzte (N B *Pk.* F)

DOC:

★★ Terre di Franciacorta Bianco dei Frati Priori, 🍷 1993 und 1995 (B *Pk.* E)

★★ Terre di Franciacorta Bianco Maria Medici, 🍷 1995 (N *Pk.* D)

★ Terre di Franciacorta Rosso, 🍷 1993 und 1994 (H *Pk.* C)

Tafelwein:

★★ Rosso dei Frati Priori, 🍷 1994 (B *Pk.* E)
🍇 Cabernet Sauvignon

GRUMELLO DEL MONTE (Bergamo)

Nächste Autobahnausfahrt: Grumello del Monte (A4).

Carlozadra

Plz. 24064, via Gandossi 13; Tel. 035/832066; Fax 4420417.

Inhaber: Carlo Zadra. *Kundenbetreuung:* Celestina Zadra. *Produktionsleitung:* Paolo Zadra unter Aufsicht vom Vater. *Besuchszeiten:* täglich, mit Voranmeldung. *Degustation:* in der nahen Önothek.

Tafelwein:

★★ Carlozadra Extra Dry, 🍷 der letzte (N *Pk.* D)
🍇 Chardonnay, Pinot Nero und Pinot Meunier

★ Carlozadra Non Dosato, 🍷 der letzte (N *Pk.* D)
🍇 Chardonnay und Pinot Nero

Tenuta **Castello di Grumello**

Plz. 24064, via Fosse 11; Tel. 035/4420817; Fax 4420817.

Gründungsjahr: 1953. *Inhaber:* Matilde Kettlitz. *Kundenbetreuung:* Cristina Kettlitz und André de Brabant. *Produktionsleitung:* Carlo Zadra und Sohn Paolo. *Anbaufläche in ha.:* 20. *Besuchszeiten:* Montag bis Freitag; an Sonn- und Feiertagen nach telefonischer Vereinbarung. *Degustation:* im Weinkeller oder in einer Probierstube im Schloß.

DOC:

★ Valcalepio Bianco, 🍷 der letzte (N *Pk.* B)

★★ Valcalepio Rosso Colle del Calvario, 🍷 1995 (B *Pk.* C) 1995 (G.B.) 86

IGT:

★★ Aurito, 🍷 1996 (N *Pk.* B) 🍇 Chardonnay

Azienda Vitivinicola **La Cornasella**

Plz. 24064, frazione San Pantaleone; Tel. 035/832012.

Gründungsjahr: 1977. *Inhaber:* Rosolino Geroli. *Kundenbetreuung:* Alessandro und Rosolino Geroli. *Produktionsleitung:* Alessandro Geroli. *Besuchszeiten:* täglich. *Degustation:* im Weinkeller.

DOC:

★★ Valcalepio Rosso, 🍷 1994 (B *Pk.* C)

Tafelwein:

★★ Rubente, 🍷 1994 (N *Pk.* F) 🍇 Moscato di Scanzo

LONATO (Brescia)

Nächste Autobahnausfahrt: Desenzano del Garda (A4).

Azienda Agricola Cascina **Spia d'Italia**

Plz. 25017, via Marziale Cerutti 61; Tel. 030/9130233; Fax 9130233.

Gründungsjahr: 1965. *Inhaber:* Andrea und Maddalena Guetta. *Kundenbetreuung:* der Inhaber und seine Ehefrau. *Produktionsleitung:* Fulvio Santini. *Agronom:* Andrea Guetta. *Besuchszeiten:* täglich; Sonntag nur nach Vereinbarung. *Degustation:* in einer kleinen Taverne mit Platz für 60 Personen.

DOC:

★ Garda Bresciano San Martino della Battaglia, 🍷 der letzte (N *Pk.* B)

★ San Martino della Battaglia Liquoroso Dessert, 🍷 1993, 1994 (N B *Pk.* E)

MARIANA MANTOVANA (Mantova)

Nächste Autobahnausfahrt: Peschiera (A4) oder Mantova nord oder sud (A22).

Spezia Stefano

Plz. 46010, via Matteotti 90; Tel. 0376/735012; Fax 735012.

Gründungsjahr: 1960. *Inhaber:* Stefano Spezia. *Kundenbetreuung:* der Inhaber. *Produktionsleitung:* der Inhaber, auch landwirtschaftlicher Leiter. *Anbaufläche in ha.:* 2. *Besuchszeiten:* täglich, nach telefonischer Vereinbarung. *Degustation:* im Weinkeller.

Tafelwein:

★★ Ancellotta, 🍷 1996 (B *Pk.* C)

★ Ancellotta fermentazione naturale in bottiglia, 🍷 der letzte (N *Pk.* A)

★★ Lambrusco fermentazione naturale in bottiglia, 🍷 der letzte (N *Pk.* A)

MILANO (Milano)

Nächste Autobahnausfahrt: Milano (A1-A7-A4-A8).

Fratelli **Solci**

Plz. 20135, via Morosini 19; Tel. 02/55195725; Fax 5458122.

Inhaber: Angelo und Piero Solci. *Kundenbetreuung:* die Inhaber. *Produktionsleitung:* Angelo Solci. *Besuchszeiten:* Dienstag bis Samstag von 9 bis 13 Uhr und von 16 bis 19 Uhr.

Tafelwein:

★★ Spumante Solci's Brut Riserva Particolare, 🍷 der letzte (N *Pk.* D) 🍇 Pinot Nero (50%) und Chardonnay (50%)

★ Spumante Solci's Rosé Riserva Particolare, 🍷 der letzte (N *Pk.* D) 🍇 Pinot Nero

MONIGA DEL GARDA (Brescia)

Nächste Autobahnausfahrt: Desenzano del Garda (A4).

Azienda Agricola **Costaripa**

Plz. 25080, via Cialdini 12; Tel. 0365/502010; Fax 502675.

Gründungsjahr: 1972. *Inhaber:* Bruno Vezzola. *Kundenbetreuung:* Imer Vezzola. *Produktionsleitung:* Mattia Vezzola. *Besuchszeiten:* Montag bis Freitag, von 9 bis 13 Uhr und von 15 bis 19 Uhr; am besten mit Voranmeldung. *Degustation:* in einem Probierraum im Wohnhaus.

DOC:

★ Garda Classico Chiaretto, 🍷 der letzte (N *Pk.* B)

★★ Garda Classico Chiaretto Rosamara, 🍷 der letzte (N *Pk.* B)

Tafelwein:

★ Costaripa Brut, 🍷 der letzte (N *Pk.* D)

★ Pradamonte, 🍷 1993 (B *Pk.* C) 🍇 Cabernet Sauvignon

MONTECALVO VERSIGGIA (Pavia)

Nächste Autobahnausfahrt: Stradella (A21).

Hinweis: Bei den Kostproben der Weine von Torti (Frazione Castelrotto 6, Tel. 0385/951000) wurde der Oltrepò Pavese Pinot Nero 1996 als sehr interessant empfunden.

Azienda Agricola **Casa Ré**

Plz. 27047, frazione Casa Ré; Tel. 0385/99986; Fax 99300.

Gründungsjahr: 1981. *Inhaber:* Eugenio Casati. *Kundenbetreuung:* Linda Casati. *Produktionsleitung:* Donato Lanati. *Anbaufläche in ha.:* 15. *Besuchszeiten:* täglich, mit Voranmeldung. *Degustation:* in einer Probierstube.

DOC:

★ Oltrepò Pavese Bonarda Pian del Re, 🍷 1995 (B *Pk.* D)

♣ Oltrepò Pavese Bonarda Riserva, 🍷 1994 (B *Pk.* D) 1994 (G.B.) 86

IGT:

♣ Cabernet Sauvignon della Valle Versa, 🍷 1995 (B *Pk.* C) 1995 (G.B.) 85

MONTICELLI BRUSATI (Brescia)

Nächste Autobahnausfahrt: Ospitaletto (A4).

Tenuta **La Montina**

Plz. 25040, via Baiana 17; Tel. 030/653278; Fax 6850209.

Gründungsjahr: 1987. *Inhaber:* Giancarlo und Osvaldo Bozza. *Kundenbetreuung:* Giancarlo Bozza. *Produktionsleitung:* Cesare Ferrari. *Agronom:* Totò Alceo. *Besuchszeiten:* nach telefonischer Vereinbarung. *Degustation:* in einer Probierstube.

DOCG:

★ Franciacorta Brut, 🍷 der letzte (N *Pk.* D) o.J. (D.T.) 86

★★ Franciacorta Brut Millesimato, 🍷 1994 (N B *Pk.* E)

★★ Franciacorta Extra Brut, 🍷 der letzte (N *Pk.* D)

★ Franciacorta Satèn, 🍷 der letzte (N *Pk.* D)

DOC:

★ Terre di Franciacorta Rosso Dossi, 🍷 1996 (N H *Pk.* B)

Azienda Agricola **Lo Sparviere**

Plz. 25040, via Costa 2; Tel. 030/652382; Fax 652382.

Gründungsjahr: 1978. *Inhaber:* Monique Poncelet. *Kundenbetreuung:* die Inhaberin. *Produktionsleitung:* Francesco Polastri. *Anbaufläche in ha.:* 30. *Besuchszeiten:* nach telefonischer Vereinbarung. *Degustation:* im Weinkeller.

DOCG:

★★ Franciacorta Brut, 🍷 der letzte (🍾 2.5000 N B *Pk.* D)

DOC:

★ Terre di Franciacorta Bianco, 🍷 der letzte
(🍾 30.000 N *Pk.* B)

★ Terre di Franciacorta Rosso Il Cacciatore, 🍷 1995
(🍾 10.000 B *Pk.* C) 1995 (D.T.) 86

Azienda Agricola **Villa**

Plz. 25040, via Villa 12; Tel. 030/652329; Fax 6852305.

Gründungsjahr: 1960. *Inhaber:* Alessandro Bianchi. *Kundenbetreuung:* Paolo Pizziol. *Produktionsleitung:* Corrado Cugnasco. *Agronom:* Ermes Vianelli. *Anbaufläche in ha.:* 23,2. *Besuchszeiten:* Montag bis Samstagmittag während der Geschäftszeiten. *Degustation:* in einer Probierstube aus dem 16. Jahrhundert, die mit Originalmöbeln und Fresken aus dem 18. Jahrhundert ausgestattet ist.

DOCG:

★ Franciacorta Brut, 🍷 1994
(ha 3,9 🍾 27.000 N *Pk.* D) 1994 (D.T.) 86

♣ Franciacorta Brut Selezione, 🍷 1992
(ha 0,4 🍾 2.500 N B *Pk.* F) 1992 (G.B.) 88

★★ Franciacorta Cuvette Extra Dry, 🍷 1994
(ha 2,1 🍾 14.600 N *Pk.* E) 1994 (D.T.) 87

DOC:

★ Terre di Franciacorta Bianco, 🍷 der letzte
(ha 4,1 🍾 28.300 N *Pk.* B)

★★ Terre di Franciacorta Bianco Marengo, 🍷 1996
(ha 0,8 🍾 5.500 B *Pk.* D) 1996 (G.B.) 87

★ Terre di Franciacorta Rosso, 🍷 1996
(ha 6,74 🍾 40.300 H *Pk.* B)

★★ Terre di Franciacorta Rosso Gradoni, 🍷 1993 und 1995
(ha 0,9 🍾 6.000 B *Pk.* D) 1993 (D.T.) 88 + 1995 (D.T.) 85

MONTU' BECCARIA (Pavia)

Nächste Autobahnausfahrt: Stradella

Azienda Agricola **Piccolo Bacco dei Quaroni**

Plz. 27040, località Costa Montefedele; Tel. 0385/60521; Fax 262196.

Gründungsjahr: 1890. *Inhaber:* Gianpaolo Cavalli. *Kundenbetreuung:* Luigi Cavalli. *Produktionsleitung:* Aldo Venco. *Agronom:* Giuseppe Zatti. *Anbaufläche in ha.:* 10. *Besuchszeiten:* täglich, nach Voranmeldung. *Degustation:* im Weinkeller.

DOC:

★ Oltrepò Pavese Bonarda, 🍷 der letzte (ha 1,5 🍾 5.000 🄷 *Pk.* B)
★ Oltrepò Pavese Buttafuoco, 🍷 der letzte (ha 1 🍾 5.000 🄷 *Pk.* B)
★★ Oltrepò Pavese Pinot Nero, 🍷 1995 (ha 1 🍾 5.000 🄷 *Pk.* B)

Azienda Agricola **Vercesi del Castellazzo**

Plz. 27040, via Aureliano 36; Tel. 0385/60067; Fax 262098.

Gründungsjahr: 1960. *Inhaber:* Dr. Franco Vercesi. *Kundenbetreuung:* Dr. Giuseppecarlo Vercesi. *Produktionsleitung:* Aldo Venco. *Agronom:* Dr. Marco Vercesi. *Anbaufläche in ha.:* 20. *Besuchszeiten:* täglich, nach Vereinbarung. *Degustation:* im großen Saal des Castellazzo.

DOC:

★★ Oltrepò Pavese Bonarda Fatila, 🍷 1995 (ha 2 🍾 6.000 🄱 *Pk.* E)
★★ Oltrepò Pavese Pinot Nero Luogo dei Monti, 🍷 1995 (ha 3 🍾 5.000 🄱 *Pk.* E)
★★ Oltrepò Pavese Rosso Orto di San Giacomo, 🍷 1995 (🍾 5.000 🄱 *Pk.* D)
★ Oltrepò Pavese Rosso Pezzalunga, 🍷 der letzte (🍾 15.000 🄽 *Pk.* B)

MONZAMBANO (Mantova)

Nächste Autobahnausfahrt: Peschiera del Garda oder Sirmione (A4).

Fattoria **Colombara**

Plz. 46040, via Ortaglia; Tel. 0376/800377; Fax 800377.

Gründungsjahr: 1921. *Inhaber:* Cesare und Franco Gozzi. *Kundenbetreuung:* die Inhaber. *Produktionsleitung:* die Inhaber, auch landwirtschaftliche Leiter. *Anbaufläche in ha.:* 17. *Besuchszeiten:*

täglich, nach Vereinbarung. *Degustation:* in einer kleinen Probierstube.

DOC:

★ Garda Chardonnay Colombara, 🍷 1997 (N B *Pk.* B)
★ Garda Colli Mantovani Bianco, 🍷 der letzte (N *Pk.* A)
★ Garda Pinot Bianco, 🍷 der letzte (N *Pk.* A)

IGT:

★ Rosso Saline, 🍷 1996 (H B *Pk.* C) 🍇 Merlot und Cabernet Sauvignon

Tafelwein:

★ Spumante Brut Gozzi, 🍷 der letzte (N *Pk.* C)

Azienda Agricola **La Prendina**

Plz. 46040, Strada San Pietro 86; Tel. 0376/809450; Fax 045/516257.

Gründungsjahr: In den 60er Jahren. *Inhaber:* Giulietto Piona. *Kundenbetreuung:* Luciano Piona. *Produktionsleitung:* Giulietto und Luciano Piona. *Agronom:* Mario Frigo. *Besuchszeiten:* täglich, außer Montag, nach Vereinbarung. *Degustation:* in einer Probierstube.

DOC:

★ Garda Pinot Bianco, 🍷 der letzte (N *Pk.* A)

IGT:

★★ Cabernet Sauvignon Alto Mincio Vigneto del Falcone, 🍷 1996 (B *Pk.* C) 1995 (G.B.) 87

Tafelwein:

★★ Merlot Vigneto La Prendina, 🍷 1995 (N B *Pk.* B) 🍇 Merlot (85%) und Cabernet Franc (15%)

OME (Brescia)

Nächste Autobahnausfahrt: Ospitaletto (A4).

Azienda Agricola **Majolini**

Plz. 25050, via Manzoni, località Valle; Tel. 030/6527378; Fax 652010.

Gründungsjahr: 1981. *Inhaber:* Ezio Maiolini. *Kundenbetreuung:* der Inhaber. *Produktionsleitung:* Cesare Ferrari. *Agronom:* Pierluigi Donna. *Anbaufläche in ha.:* 13. *Besuchszeiten:* täglich, nach Vereinbarung. *Degustation:* in einer Probierstube.

DOCG:

♣ Franciacorta Brut, 🍷 der letzte (ha 5 🍾 30.000 N *Pk.* D) o.J. (D.T.) 86

PASSIRANO (Brescia)

Nächste Autobahnausfahrt: Ospitaletto (A4).

Azienda Agricola Marchesi **Fassati di Balzola**

Plz. 25050, via Castello 2; Tel. 030/6850753; Fax 6850753.

Gründungsjahr: 1980. *Inhaber:* Gebrüder Fassati di Balzola. *Kundenbetreuung:* Leonardo Fassati. *Produktionsleitung:* Corrado Cugnasco. *Agronom:* Leonardo Fassati. *Besuchszeiten:* nur nach Vereinbarung. *Degustation:* in einer Probierstube.

DOC:

♣ Terre di Franciacorta Bianco Vigna Medes, 🍷 1995 (ha 2,44 ▮ 4.100 B *Pk.* C) 1995 (D.T.) 86

POLPENAZZE DEL GARDA (Brescia)

Nächste Autobahnausfahrt: Desenzano del Garda (A4).

Cascina La Pertica

Plz. 25080, frazione Picedo 24; Tel. 0365/651471; Fax 651991.

Gründungsjahr: 1983. *Inhaber:* Ruggero Brunori. *Kundenbetreuung:* Andrea Salvetti. *Produktionsleitung:* Franco Bernabei. *Anbaufläche in ha.:* 14. *Besuchszeiten:* nach telefonischer Vereinbarung. *Degustation:* im Weinkeller.

DOC:

★★ Garda Classico Chiaretto Le Sincette, 🍷 der letzte (▮ 7.000 N *Pk.* B)

★★ Garda Classico Rosso Le Sincette, 🍷 1995 (▮ 30.000 H *Pk.* B)

Tafelwein:

★★ Bianco Le Sincette, 🍷 der letzte (N H *Pk.* B) 🍇 Tocai, Chardonnay und Sauvignon

★★ Le Zalte Rosso, 🍷 1995 (▮ 5.000 B *Pk.* C) 🍇 Cabernet Sauvignon, Cabernet Franc und Merlot 1995 (D.T.) 88

Besonderes: Es ist kaum zu glauben, daß ein derartig vielfältiger und mit lang anhaltendem Abgang versehener Rotwein von den Ufern des Gardasees stammt, aber Ruggero Brunori und Franco Bernabei haben dieses Wunder in der Tat zustande gebracht. (D.T.)

POZZOLENGO (Brescia)
Nächste Autobahnausfahrt: Sirmione (A4).

Cantina **Marangona**
Plz. 25010, Antica Corte Ialidy; Tel. 030/919379; Fax 9904439.

Gründungsjahr: 1956. *Inhaber:* Familie Smorlesi. *Kundenbetreuung:* Lorenzo Fabiani und Carlo Veronese. *Produktionsleitung:* Cesare Ferrari. *Agronom:* Carlo Veronese. *Anbaufläche in ha.:* 40. *Besuchszeiten:* täglich, von 9 bis 12 Uhr und von 14 bis 19 Uhr. *Degustation:* in einer Probierstube.

DOC:
- ♣ Lugana Antica Corte Ialidy, 🍷 der letzte (ha 4 ⁞ 15.000 ⊡ *Pk.* B ⊙) — 1997 (G.B.) 85
- ♣ Lugana Il Rintocco, 🍷 1996 (ha 3 ⁞ 8.000 ⊡ *Pk.* C) — 1996 (G.B.) 86

PROVAGLIO D'ISEO (Brescia)
Nächste Autobahnausfahrt: Rovato (A4).

Azienda Agricola **Bersi Serlini**
Plz. 25050, via Cerreto 7; Tel. 030/9823338; Fax 983234.

Gründungsjahr: 1958. *Inhaber:* Familie Bersi Serlini. *Produktionsleitung:* Corrado Cugnasco. *Agronom:* Bersi Serlini. *Besuchszeiten:* Montag bis Freitag, nach Vereinbarung. *Degustation:* in einer Probierstube.

DOCG:
- ★★ Franciacorta Brut, 🍷 der letzte (⊡ *Pk.* D)
- ★ Franciacorta Extra Brut Millesimato, 🍷 1992 (⊡ *Pk.* D)

PUEGNAGO DEL GARDA (Brescia)
Nächste Autobahnausfahrt: Desenzano del Garda (A4).

Azienda Agricola **Comincioli**
Plz. 25080, via Roma 10; Tel. 0365/651141; Fax 651141.

Gründungsjahr: 1552. *Inhaber:* Gianfranco Comincioli. *Kundenbetreuung:* der Inhaber. *Produktionsleitung:* Giuseppe Piotti. *Agronom:* Gianfranco Comincioli. *Anbaufläche in ha.:* 7. *Besuchszeiten:* täglich, nach telefonischer Voranmeldung. *Degustation:* in einer Probierstube.

DOC:
- ★ Riviera del Garda Bresciano Chiaretto, 🍷 der letzte (ha 3 ⁞ 14.000 ⊡ *Pk.* B)

★ Riviera del Garda Bresciano Groppello, 🍷 1996 (ha 2 🍾 10.000 N H *Pk.* C)

★★ Riviera del Garda Bresciano Rosso Vigna Pedemut, 🍷 1996 (ha 1,5 🍾 8.000 N H *Pk.* B)

ROCCA DE' GIORGI (Pavia)

Nächste Autobahnausfahrt: Broni-Stradella (A21).

Azienda Agricola **Anteo**

Plz. 27043, località Chiesa; Tel. 0385/48583; Fax 48583.

Gründungsjahr: 1981. *Inhaber:* Geschäftsführer Ettore Piero Cribellati und Antonella Cribellati. *Kundenbetreuung:* Antonella Cribellati und Romano Losio. *Produktionsleitung:* Giuseppe Bassi. *Agronom:* Eugenio Achilli. *Anbaufläche in ha.:* 30. *Besuchszeiten:* täglich, nach Vereinbarung. *Degustation:* in einer kleinen, dem Gästehaus zugehörigen Taverne.

DOC:

★ Oltrepò Pavese Pinot Nero Ca' dell'Oca Rosso, 🍷 1995 (ha 5,38 🍾 7.200 B *Pk.* C)

★ Oltrepò Pavese Spumante Brut Selezione del Gourmet, 🍷 1991 (🍾 5.500 N *Pk.* E)

RODENGO SAIANO (Brescia)

Nächste Autobahnausfahrt: Ospitaletto (A4).

Azienda Agricola **Mirabella**

Plz. 25050, via Cantarana 2; Tel. 030/611197; Fax 611388.

Gründungsjahr: 1979. *Inhaber:* Lina Wertmüller und Mitgesellschafter. Vorstand Giovanni Battista Michelotti. *Kundenbetreuung:* Roberto Ravelli. *Produktionsleitung:* Teresio Schiavi. *Agronom:* Roberto Ravelli. *Anbaufläche in ha.:* 40. *Besuchszeiten:* nach Vereinbarung; auch für große Besuchergruppen. *Degustation:* in einer Probierstube.

DOCG:

★ Franciacorta Brut, 🍷 der letzte (🍾 90.000 N *Pk.* C)

★ Franciacorta Brut Millesimato, 🍷 1991 (🍾 20.000 N *Pk.* D)

DOC:

★ Terre di Franciacorta Bianco, 🍷 1995 (🍾 6.000 B *Pk.* B)

★ Terre di Franciacorta Rosso, 🍷 1995 (🍾 15.000 B *Pk.* B)

ROVESCALA (Pavia)

Nächste Autobahnausfahrt: Stradella.

Azienda Agricola **Tronconi Edmondo**

Plz. 27040, via Roma 22; Tel. 0385/75048; Fax 75048.

Gründungsjahr: 1961. *Inhaber:* Alberto Tronconi. *Kundenbetreuung:* Luisa Tronconi. *Produktionsleitung:* Massimo Ghelfi. *Agronom:* Alberto Tronconi. *Anbaufläche in ha.:* 4. *Besuchszeiten:* täglich, von 8 bis 12 Uhr und von 14 bis 20 Uhr. *Degustation:* im Ausstellungssaal.

DOC:

- ★ Oltrepò Pavese Bonarda Fracchioni, 🍷 der letzte (ha 2,84 ▮ 10.000 [H] *Pk.* A)

SAN COLOMBANO AL LAMBRO (Milano)

Nächste Autobahnausfahrt: Lodi oder Casalpusterlengo (A1).

Panigada Stefano

Plz. 20078, via Vittoria 13; Tel. 0371/89103; Fax 89103.

Gründungsjahr: 1950. *Inhaber:* Stefano Panigada. *Kundenbetreuung:* der Inhaber und Sohn Antonio. *Produktionsleitung:* Stefano und Antonio Panigada. *Agronom:* Antonio Panigada. *Anbaufläche in ha.:* 5. *Besuchszeiten:* täglich; Sonntag nach Vereinbarung. *Degustation:* im Weinkeller.

DOC:

- ★ San Colombano Rosso Riserva Banino Vigna La Merla, 🍷 1994 ([H] [B] *Pk.* C)

Azienda Agricola **Pietrasanta Carlo**

Plz. 20078, via Pasino Sforza 55; Tel. 0371/89285.

Gründungsjahr: 1952. *Inhaber:* Carlo Pietrasanta. *Kundenbetreuung:* der Inhaber. *Produktionsleitung:* der Inhaber und Aldo Venco. *Besuchszeiten:* Samstag und Sonntag, von 9 bis 12 Uhr und von 15 bis 19 Uhr. *Degustation:* in einer Probierstube mit großem Kamin.

DOC:

- ★ San Colombano Riserva Podere Costa Regina, 🍷 1995 ([H] *Pk.* B)

Tafelwein:

- ★ Bianco della Costa, 🍷 der letzte ([N] [B] *Pk.* B) 🍇 Pinot Nero und Riesling Renano zu gleichen Teilen
- ★ Rosso della Costa, 🍷 1995 ([H] [B] *Pk.* B) 🍇 Merlot (60%), Croatina (25%) und Cabernet Sauvignon (15%)

Azienda Agricola **Riccardi Enrico – Nettare dei Santi**
Plz. 20078, via Capra 17; Tel. 0371/897381; Fax 897381.

Gründungsjahr: 1948. *Inhaber:* Enrico Riccardi. *Kundenbetreuung:* der Inhaber und seine Ehefrau. *Besuchszeiten:* täglich, nach Vereinbarung. *Degustation:* in einer Probierstube.

DOC:
★ San Colombano, der letzte (ha 15 70.000 N *Pk.* A)

IGT:
★ Roverone, der letzte (ha 3 20.000 N *Pk.* A)
Barbera, Croatina, Merlot und Cabernet Sauvignon

SANTA MARIA DELLA VERSA (Pavia)

Nächste Autobahnausfahrt: Broni-Stradella (A21).

Cantina Sociale **La Versa**
Plz. 27047, via F. Crispi 13; Tel. 0385/798411; Fax 7984500.

Gründungsjahr: 1905. *Kundenbetreuung:* die Verantwortliche für die Öffentlichkeitsarbeit. *Produktionsleitung:* Riccardo Ottina. *Agronom:* Valeria Fasoli (vom Centro Assistenza Viticolo Valle Aversa). *Besuchszeiten:* nach telefonischer Vereinbarung, vorzugsweise im Laufe des Vormittags. *Degustation:* in einer Probierstube.

DOC:
★ Oltrepò Pavese Barbera, der letzte (H *Pk.* A)
★ Oltrepò Pavese Bonarda, der letzte (H *Pk.* A)
★★ Oltrepò Pavese Riesling Vigna Campostella, 1996 (B *Pk.* D)
★★ Oltrepò Pavese Rosso del Roccolo, 1993 (B *Pk.* E)
★ Oltrepò Pavese Spumante Extra Brut Millesimato, 1990 (N *Pk.* D) Pinot Nero

SCANZOROSCIATE (Bergamo)

Nächste Autobahnausfahrt: Seriate (A4).

Azienda Agricola **Brugherata**
Plz. 24020, via Medolago 47; Tel. 035/655202; Fax 655202.

Gründungsjahr: 1985. *Inhaber:* Patrizia Merati. *Kundenbetreuung:* die Inhaberin. *Produktionsleitung:* Sergio Cantoni. *Agronom:* Bruno Marengoni. *Anbaufläche in ha.:* 4. *Besuchszeiten:* nach Vereinbarung. *Degustation:* in einer Probierstube.

DOC:
♣ Valcalepio Rosso Riserva Doglio, 1994 (ha 0,75 2.100 H *Pk.* C) 1994 (G.B.) 85

SIRMIONE (Brescia)
Nächste Autobahnausfahrt: Sirmione (A4).

Azienda Agricola **Cà dei Frati**
Plz. 25019, via Frati 22; Tel. 030/919468; Fax 919468.

Gründungsjahr: 1969. *Inhaber:* Pietro Dal Cero und Söhne. *Kundenbetreuung:* Igino und Anna Dal Cero. *Produktionsleitung:* Alberto Musatti und Marco Zizioli. *Agronom:* Herr Minotto. *Anbaufläche in ha.:* 37. *Besuchszeiten:* täglich, nach telefonischer Vereinbarung. *Degustation:* in einer Taverne.

DOC:

★★ Lugana Brolettino, 🍷 1996 (ha 6 🍾 45.000 B *Pk.* C)
★★ Lugana I Frati, 🍷 der letzte (ha 20 🍾 160.000 N *Pk.* B)

IGT:

★★ Pratto Benaco Bresciano, 🍷 1996 (ha 2 🍾 13.000 B *Pk.* C) 🍇 Trebbiano di Lugana, Chardonnay und Sauvignon
★★ Ronchedone Benaco Bresciano, 🍷 1995 (ha 3 🍾 24.000 B *Pk.* C) 🍇 Cabernet Franc, Cabernet Sauvignon und Merlot

Tafelwein:

★ Tre Filer, 🍷 1995 (ha 1 🍾 10000 à 0.50 B *Pk.* E) 🍇 Trebbiano di Lugana, Chardonnay und Sauvignon, überreif 1995 (G.B.) 87

SORISOLE (Bergamo)
Nächste Autobahnausfahrt: Bergamo oder Dalmine (A4).

Azienda Vitivinicola **Bonaldi – Cascina del Bosco**
Plz. 24010, frazione Petosino, via Gasparotto 96;
Tel. 035/571701; Fax 571701.

Gründungsjahr: 1967. *Inhaber:* Lorenzo Bonaldi. *Kundenbetreuung:* Gilberto Ravasio. *Produktionsleitung:* Fulvio Santini. *Agronom:* Gilberto Ravasio. *Anbaufläche in ha.:* 4. *Besuchszeiten:* täglich (außer Sonn- und Feiertage), während der Geschäftszeiten. *Degustation:* in einer Probierstube neben dem Weinkeller.

DOC:

★ Valcalepio Bianco, 🍷 der letzte (N *Pk.* B)
★ Valcalepio Rosso, 🍷 1996 (H *Pk.* B)
★★ Valcalepio Rosso Riserva, 🍷 1994 (H *Pk.* C)

Tafelwein:

★★ Cantoalto, 🍷 1991 (B *Pk.* D) 🍇 Cabernet Sauvignon und Merlot

TIRANO (Sondrio)

Nächste Autobahnausfahrt: Agrate Brianza (A4).

Azienda Vitivinicola Conti **Sertoli Salis**

Plz. 23037, piazza Salis 3; Tel. 0342/710404; Fax 710428.

Gründungsjahr: 1989. *Kundenbetreuung:* Angela Ansalone und Guido Trinca. *Produktionsleitung:* Claudio Introini. *Agronom:* Claudio Introini. *Anbaufläche in ha.:* 7. *Besuchszeiten:* täglich, nach Vereinbarung. *Degustation:* in einer Probierstube aus dem 17. Jahrhundert.

DOC:

★★★ Valtellina Sforzato Canua, 🍷 1995 (🍾 16.000 B *Pk.* E) — 1995 (G.B.) 88

★★ Valtellina Superiore Corte della Meridiana, 🍷 1995 (🍾 25.000 B *Pk.* D) — 1995 (G.B.) 86

Tafelwein:

★ Il Saloncello, 🍷 1996 (🍾 32.000 H B *Pk.* C) 🍇 Nebbiolo

★ Torre della Sirena, 🍷 der letzte (🍾 23.000 N B *Pk.* C) 🍇 Rossola und Pignola

TORRICELLA VERZATE (Pavia)

Nächste Autobahnausfahrt: Casei Gerola (A7) oder Casteggio (A21).

Azienda Agricola **Monsupello**

Plz. 27050, via San Lazzaro 5; Tel. 0383/896043; Fax 896391.

Gründungsjahr: 1893. *Inhaber:* Carlo Boatti. *Kundenbetreuung:* Laura Boatti und Carla Dallera Boatti. *Produktionsleitung:* Pierangelo Boatti. *Agronom:* Paolo Fiocchi. *Besuchszeiten:* täglich, nach Vereinbarung. *Degustation:* in einer Probierstube.

DOC:

★ Oltrepò Pavese Barbera I Gelsi, 🍷 1995 (N *Pk.* B)

★ Oltrepò Pavese Chardonnay Senso, 🍷 1996 (B *Pk.* C)

★★ Oltrepò Pavese Rosso Podere La Borla, 🍷 1995 (H B *Pk.* C)

VILLA DI TIRANO (Sondrio)

Nächste Autobahnausfahrt: Agrate Brianza (A4).

Casa Vinicola **Triacca**

Plz. 23030, via Nazionale 121; Tel. 0342/701352; Fax 704673.

Gründungsjahr: 1897. *Inhaber:* Gebrüder Triacca. *Kundenbetreuung:* die Inhaber. *Produktionsleitung:* Domenico Triacca. *Agro-*

nom: Giuliano Molinari. *Besuchszeiten:* nach telefonischer Vereinbarung. *Degustation:* in einer Probierstube.

DOC:

- ★ Valtellina Monastero La Gatta, 🍷 199 (ha 8 🍾 70.000 ◫ *Pk.* C)
- ★★ Valtellina Prestigio, 🍷 1994 (ha 4 🍾 20.000 ◫ *Pk.* E)
- ★★ Valtellina Sforzato, 🍷 1995 (ha 9 🍾 50.000 ◫ *Pk.* E)
- ★ Valtellina Tradizione, 🍷 1994 (ha 3 🍾 15.000 ◫ *Pk.* C)

Die Symbole und ihre Bedeutung:

- ★ guter Wein
- ★★ sehr guter Wein
- ★★★ hervorragender Wein
- ○ wird nur an sehr, sehr wenige Weine vergeben, die einen absoluten Qualitätsanspruch erfüllen
- ♣ ein guter, sehr guter oder hervorragender Wein, der neu in diesen Führer aufgenommen wurde
- ★≈ ein hervorragender Wein, der neu in diesen Führer aufgenommen wurde und bei der Verkostung auf Anhieb mindestens 90 Punkte erhielt
- 🍷 empfohlene Jahrgänge eines Weines
- ha 3,5 Anbaufläche in Hektar, auf der ein bestimmter Wein erzeugt wird
- 🍾 Anzahl der vom genannten Wein ausgebauten Flaschen
- o.J. ohne Angabe des Jahrgangs (Verkostung)
- *Pk.* Preiskategorie (A–F)
- ⊙ besonders gutes Preis/Leistungs-Verhältnis
- 🍇 Basisrebsorten, wenn möglich mit verwendetem Prozentsatz

BARBARA (Ancona)

Nächste Autobahnausfahrt: Senigallia (A14).

Casa Vinicola **Santa Barbara**

Plz. 60010, borgo Mazzini 35; Tel. 071/9674249; Fax 9674263.

Gründungsjahr: 1965. *Inhaber:* Stefano Antonucci. *Kundenbetreuung:* der Inhaber. *Produktionsleitung:* Pier Luigi Lorenzetti. *Agronom:* Pier Luigi Lorenzetti. *Besuchszeiten:* während der Geschäftszeiten, auch Samstagmittag. *Degustation:* im Weinkeller.

DOC:

★ Verdicchio dei Castelli di Jesi Classico Stefano Antonucci,
🍷 1996 (H B *Pk.* C)

IGT:

★ Pignocco Rosso, 🍷 der letzte (H *Pk.* B)
🍇 Moscato Rosso, Lacrima di Morro d'Alba, Cabernet, Merlot und Montepulciano

Tafelwein:

★ Riserva Stefano Antonucci, 🍷 1993 (B *Pk.* C)
🍇 Merlot und Cabernet Sauvignon

★ Vigna San Bartolo Rosso, 🍷 1995 (H *Pk.* B)
🍇 Montepulciano und Cabernet

CASTELPLANIO (Ancona)

Nächste Autobahnausfahrt: Ancona nord (A14).

Casa Vinicola **Fazi Battaglia**

Plz. 60032, località Stazione, via Roma 117;
Tel. 0731/813444; Fax 814149.

Gründungsjahr: 1949. *Kundenbetreuung:* Stefano Zucchegna (erreichbar auch unter 06/4741041). *Produktionsleitung:* Dino Porfiri unter Beratung von Franco Bernabei. *Besuchszeiten:* nach telefonischer Vereinbarung. *Degustation:* im Weinkeller.

DOC:

★ Rosso Conero, 🍷 1997 (H *Pk.* A ⊙) 1997 (D.T.) 86

★★ Verdicchio dei Castelli di Jesi Classico Le Moie,
🍷 1997 (N *Pk.* B ⊙) 1997 (D.T.) 85

★★ Verdicchio dei Castelli di Jesi Classico San Sisto,
🍷 1995 (B *Pk.* C) 1995 (D.T.) 85

CIVITANOVA MARCHE (Macerata)

Nächste Autobahnausfahrt: Macerata-Civitanova Marche (A14).

Azienda Agricola **Boccadigabbia**

Plz. 62012, contrada Castelletta 56; Tel. 0733/70728; Fax 770627.

Gründungsjahr: 1975. *Inhaber:* Elvidio Alessandri. *Kundenbetreuung:* der Inhaber (erreichbar auch unter 0733/771253). *Produktionsleitung:* Fabrizio Ciufoli. *Besuchszeiten:* nur nach Vereinbarung. *Degustation:* in einer Probierstube im alten Bauernhaus.

DOC:

★★ Rosso Piceno, 🍷 1996 ([H] [B] *Pk.* B ⊙) 1996 (D.T.) 87

★★ Rosso Piceno Saltapicchio, 🍷 1995 ([B] *Pk.* C) 1995 (D.T.) 90

Tafelwein:

★★★ Akronte, 🍷 1995 ([B] *Pk.* C)
🍇 Cabernet Sauvignon 1995 (D.T.) 90

★ Aldonis, 🍷 der letzte ([N] *Pk.* B) 🍇 Chardonnay

★★ Il Girone, 🍷 1994 ([B] *Pk.* C) 🍇 Pinot Nero

★★★ Montalperti, 🍷 1996 ([B] *Pk.* C)
🍇 Chardonnay 1996 (D.T.) 86

Besonderes: Die Weine aus den Marken sind wieder im Kommen. Elvidio Alessandrini könnte, ohne überheblich zu sein, behaupten, daß die ersten guten Weine der Region, angefangen mit dem Akronte 1990, von ihm stammen. Und in diesem Sinne macht er weiter. (D.T.)

CUPRAMONTANA (Ancona)

Nächste Autobahnausfahrt: Ancona nord (A14).

Azienda Agricola **Vallerosa - Bonci**

Plz. 60034, via Torre 13; Tel. 0731/789129; Fax 789808.

Gründungsjahr: 1969. *Inhaber:* Familie Bonci. *Kundenbetreuung:* Giuseppe Bonci. *Produktionsleitung:* Sergio Paolucci. *Agronom:* Giancarlo Soverchia. *Anbaufläche in ha.:* 35. *Besuchszeiten:* Montag bis Freitag, von 9 bis 18 Uhr; Samstag von 9 bis 12 Uhr. *Degustation:* in einer Probierstube im Weinmuseum.

DOC:

★★ Verdicchio dei Castelli di Jesi Classico Superiore Le Case,
🍷 der letzte (ha 3 ǀ 15.000 [N] [B] *Pk.* B)

★★ Verdicchio dei Castelli di Jesi Classico Superiore San Michele,
🍷 der letzte (ha 4 ǀ 20.000 [N] *Pk.* B)

FABRIANO (Ancona)

Nächste Autobahnausfahrt: Ancona nord (A14).

Cantine **Mecella Enzo**

Plz. 60044, via Dante 112; Tel. 0732/21680; Fax 627705.

Gründungsjahr: 1972. *Inhaber:* Enzo Mecella. *Kundenbetreuung:* der Inhaber. *Produktionsleitung:* der Inhaber. *Besuchszeiten:* mit Voranmeldung, Montag bis Freitag, von 8 bis 12.30 Uhr und von 15 bis 18.30 Uhr. *Degustation:* im Weinkeller.

DOC:

★★ Rosso Conero Rubelliano, 🍷 1994 (🍾 6.800 B *Pk.* C)

★ Verdicchio di Matelica Antico di Casa Fosca, 🍷 1994 (🍾 2.800 B *Pk.* B)

★ Verdicchio di Matelica Casa Fosca, 🍷 1996 (🍾 12.000 N *Pk.* A)

Tafelwein:

★★ Braccano, 🍷 1995 (🍾 10.000 B *Pk.* B) 🍇 Ciliegiolo (80%) und Merlot (20%)

JESI (Ancona)

Nächste Autobahnausfahrt: Ancona nord (A14).

Azienda Vitivinicola **Brunori Mario e Giorgio**

Plz. 60035, viale della Vittoria 103; Tel. 0731/207213; Fax 207213.

Gründungsjahr: 1956. *Inhaber:* Giorgio und Mario Brunori. *Kundenbetreuung:* Giorgio Brunori. *Produktionsleitung:* Alberto Mazzoni. *Agronom:* Carlo Brunori. *Anbaufläche in ha.:* 6. *Besuchszeiten:* Montag bis Freitag, nach Vereinbarung. *Degustation:* im Weinkeller.

DOC:

♣ Lacrima di Morro d'Alba, 🍷 1997 (🍾 3.600 N *Pk.* B ⊙) 1997 (G.B.) 85

★ Verdicchio dei Castelli di Jesi Classico, 🍷 der letzte (ha 4 🍾 35.000 N *Pk.* B ⊙) 1997 (D.T.) 86

★★ Verdicchio dei Castelli di Jesi Classico Superiore San Nicolò, 🍷 der letzte (ha 2 🍾 16.800 N *Pk.* B ⊙) 1997 (D.T.) 87

LORETO (Ancona)

Nächste Autobahnausfahrt: Ancona sud oder Loreto (A14).

Casa Vinicola **Garofoli**

Plz. 60025, via Arno 9; Tel. 071/7820162; Fax 7821437.

Gründungsjahr: 1901. *Inhaber:* Franco, Dante, Carlo und Gianfranco Garofoli. *Kundenbetreuung:* Carlo Garofoli und Silvia Maggi. *Produktionsleitung:* Carlo Garofoli, auch landwirtschaftlicher Leiter. *Anbaufläche in ha.:* 30. *Besuchszeiten:* Montag bis Freitag, nach telefonischer Vereinbarung. *Degustation:* in einer Probierstube in der Villa.

DOC:

★★★ Rosso Conero Riserva Grosso Agontano, 🍷 1995
(ha 6 ▮ 1.600 🅱 *Pk.* D) 1995 (D.T.) 87

★ Rosso Conero Vigna Piancarda, 🍷 1997
(ha 10 ▮ 120.000 🅷 *Pk.* B)

♣ Rosso Piceno Colle Ambro, 🍷 1995
(ha 24 ▮ 100.000 🅷 *Pk.* B⊙) 1995 (G.B.) 85

★★ Verdicchio dei Castelli di Jesi Classico Macrina, 🍷 der letzte
(ha 20 ▮ 140.000 🅽 *Pk.* B⊙) 1997 (D.T.) 85

★ Verdicchio dei Castelli di Jesi Podium, 🍷 1996
(ha 10 ▮ 20.000 🅽 *Pk.* C) 1996 (G.B./D.T.) 87

★★ Verdicchio dei Castelli di Jesi Serra Fiorese, 🍷 1995
(ha 10 ▮ 20.000 🅱 *Pk.* C) 1995 (D.T.) 87

Tafelwein:

★ Le Brume, 🍷 1994 und 1995 (ha 10 ▮ 3.550 🅱 *Pk.* D)
🍇 getrocknete Verdicchio

MACERATA (Macerata)

Nächste Autobahnausfahrt: Loreto (A14).

Azienda Agricola **Villamagna**

Plz. 62100, contrada Montanello 3; Tel. 0733/429236.

Gründungsjahr: 1970. *Inhaber:* Elvidio Alessandri. *Kundenbetreuung:* der Inhaber. *Produktionsleitung:* Fabrizio Ciufoli. *Besuchszeiten:* nach telefonischer Vereinbarung. *Degustation:* in einer Probierstube.

DOC:

★★ Rosso Piceno, 🍷 1996 (🅷 *Pk.* B⊙) 1996 (D.T.) 88

MAIOLATI SPONTINI (Ancona)

Nächste Autobahnausfahrt: Ancona nord (A14).

Monte Schiavo «La Vite»

Plz. 60030, via Vivaio; Tel. 0731/700385; Fax 703359.

Gründungsjahr: 1995. *Inhaber:* Familie Pieralisi. *Kundenbetreuung:* Francesca Marasca. *Produktionsleitung:* Luigi Lorenzetti. *Besuchszeiten:* Montag bis Freitag, von 9 bis 12 Uhr und von 15 bis 18 Uhr. *Degustation:* im Firmenladen.

DOC:

♣ Verdicchio dei Castelli di Jesi Classico Coste del Molino, 🍷 1997 (ha 6 🍾 50.000 🅽 *Pk.* A ⊙) 1997 (G.B.) 87

★ Verdicchio dei Castelli di Jesi Classico Superiore Palio di San Floriano, 🍷 1997 (ha 5 🍾 50.000 🅽 *Pk.* B ⊙) 1997 (G.B.) 85

MATELICA (Macerata)

Nächste Autobahnausfahrt: Ancona nord (A14).

Belisario – Cantina Sociale di Matelica e Cerreto d'Esi

Plz. 62024, via Aristide Merloni 12; Tel. 0737/787247; Fax 787247.

Gründungsjahr: 1976. *Kundenbetreuung:* Mario Pecchia und Patrizio Gagliardi. *Produktionsleitung:* Roberto Potentini. *Besuchszeiten:* täglich (außer Sonntag), von 9 bis 12.30 Uhr und von 14.30 bis 18.30 Uhr. *Degustation:* in einer Probierstube.

DOC:

★ Verdicchio di Matelica Anfora, 🍷 der letzte (🅽 *Pk.* A)

★★ Verdicchio di Matelica Riserva Cambrugiano, 🍷 1996 (🅽 *Pk.* B)

★★ Verdicchio di Matelica Vigneti del Cerro, 🍷 1997 (🅽 *Pk.* B)

Azienda Agricola **Castiglioni-Bisci**

Plz. 62024, via Fogliano 120; Tel. 0737/787490; Fax 787490.

Gründungsjahr: 1982. *Inhaber:* Gebrüder Bisci. *Produktionsleitung:* Paolo Caciorgna. *Agronom:* Aroldo Bellelli. *Anbaufläche in ha.:* 18,6. *Besuchszeiten:* nach Vereinbarung, Montag bis Freitag. *Degustation:* in einem großen Probiersaal.

DOC:

★ Verdicchio di Matelica, 🍷 1997 (ha 8 🍾 50.000 🅽 *Pk.* B ⊙) 1997 (D.T.) 87

★★ Verdicchio di Matelica Vigneto Fogliano, 🍷 1997 (ha 2,2 🍾 13.000 🅽 *Pk.* B ⊙) 1997 (D.T.) 90

Azienda Agricola Fattoria **La Monacesca**

Plz. 62012, contrada Monacesca; Tel. 0733/812602; Fax 810593.

Gründungsjahr: 1973. *Inhaber:* Casimiro Cifola. *Kundenbetreuung:* Aldo Cifola. *Produktionsleitung:* Roberto Cipresso. *Agronom:* Aldo Cifola. *Anbaufläche in ha.:* 22. *Besuchszeiten:* Montag bis Freitag, nach Vereinbarung. *Degustation:* in einer Probierstube.

DOC:

★★ Verdicchio di Matelica, 🍷 der letzte
(ha 8,5 🍾 45.000 [N] *Pk.* B⊙) 1997 (D.T.) 87

★ Verdicchio di Matelica La Monacesca Riserva, 🍷 1996
(ha 7 🍾 40.000 [N] *Pk.* C)

IGT:

★★★ Mirum, 🍷 1996 (ha 2,5 🍾 13.000 [N] *Pk.* D)
🍇 Verdicchio, Chardonnay und Sauvignon

NUMANA (Ancona)

Nächste Autobahnausfahrt: Loreto-Porto Recanati (A14).

Fattoria **Le Terrazze**

Plz. 60026, via Musone 4; Tel. 071/7390352; Fax 7391285.

Gründungsjahr: 1882. *Inhaber:* Antonio Terni. *Kundenbetreuung:* Antonio und Georgina Terni. *Produktionsleitung:* Attilio Pagli. *Agronom:* Leonardo Valenti. *Anbaufläche in ha.:* 15. *Besuchszeiten:* täglich, nach telefonischer Vereinbarung. *Degustation:* in einer Probierstube im Reifekeller.

DOC:

★ Rosso Conero, 🍷 1997
(ha 10 🍾 30.000 [H] *Pk.* B⊙) 1997 (D.T.) 86

★★ Rosso Conero Sassi Neri, 🍷 1996
(ha 3 🍾 10.000 [B] *Pk.* D) 1996 (D.T.) 87

IGT:

★ Le Cave, 🍷 1997 (ha 2 🍾 6.000 [N] [H] *Pk.* B⊙)
🍇 Chardonnay 1997 (D.T.) 87

Azienda Agricola Conte **Leopardi Dittajuti**

Plz. 60026, via Marina II 26; Tel. 071/7390116; Fax 7391479.

Gründungsjahr: 1949. *Inhaber:* Piervittorio Leopardi Dittajuti. *Kundenbetreuung:* der Inhaber. *Produktionsleitung:* Romeo Taraborrelli. *Agronom:* der Inhaber. *Besuchszeiten:* von 8 bis 19.30 Uhr; an Sonn- und Feiertagen von 8.30 bis 12.30 Uhr. *Degustation:* in einer Probierstube.

DOC:

★★ Rosso Conero Vigneti del Coppo, 🍷 1995 (H *Pk.* B)

Tafelwein:

★ Bianco del Coppo, 🍷 der letzte (N *Pk.* B) 🍇 Sauvignon

OFFIDA (Ascoli Piceno)

Nächste Autobahnausfahrt: Pedaso oder San Benedetto del Tronto (A14).

Azienda Agricola **San Giovanni**

Plz. 63035, contrada Ciafone 41;
Tel. 0736/889032; Fax 0735/780492.

Gründungsjahr: 1979. *Inhaber:* Silvano Di Lorenzo. *Kundenbetreuung:* Gianni Di Lorenzo und Primo Narcisi. *Produktionsleitung:* Primo Narcisi. *Agronom:* Pompilio D'Angelo. *Anbaufläche in ha.:* 32. *Besuchszeiten:* nach Vereinbarung. *Degustation:* in einem großen Probiersaal.

DOC:

♣ Falerio dei Colli Ascolani San Giovanni, 🍷 1997
(ha 3,5 🍾 30.000 N *Pk.* A⊙) 1997 (G.B.) 87

OSIMO SCALO (Ancona)

Nächste Autobahnausfahrt: Ancona sud (A14).

Azienda Vinicola **Umani Ronchi**

Plz. 60027, S.S. 16, km 310,400; Tel. 071/7108019; Fax 7108859.

Gründungsjahr: 1958. *Inhaber:* Familie Bianchi Bernetti. *Kundenbetreuung:* Massimo, Stefano und Michele Bernetti. *Produktionsleitung:* Umberto Trombelli unter Beratung von Giacomo Tachis. *Agronom:* Luigi Piersanti unter Beratung von Herrn Modi. *Anbaufläche in ha.:* 190. *Besuchszeiten:* täglich, nach Voranmeldung. *Degustation:* in einer Probierstube bei der Tenuta Villa Bianchi.

DOC:

★★ Montepulciano d'Abruzzo Jorio, 🍷 1995
(🍾 60.000 H *Pk.* B⊙) 1995 (D.T.) 87

★★ Rosso Conero Cùmaro, 🍷 1995 (ha 5 🍾 35.000 B *Pk.* D)

★ Rosso Conero San Lorenzo, 🍷 1995
(ha 14 🍾 100.000 H *Pk.* B)

♣ Verdicchio dei Castelli di Jesi Classico Riserva Plenio, 🍷 1995
(ha 2 🍾 10.000 N B *Pk.* C) 1995 (G.B./D.T.) 85

★★ Verdicchio dei Castelli di Jesi Classico Superiore Casal di Serra, 🍷 1997 (ha 15 🍾 100.000 N B *Pk.* B ⊙) 1997 (D.T.) 86

IGT:

★★ Le Busche Marche Bianco, 🍷 1996 (ha 2 🍾 12.000 B *Pk.* D) 🍇 Verdicchio (50%) und Chardonnay (50%)

★★ Maximo Marche Bianco, 🍷 1994 (ha 1,5 🍾 5.000 à 0,375 N *Pk.* D) 🍇 Sauvignon mit Edelfäule 1994 (G.B.) 88

★★ Pelago Marche Rosso, 🍷 1995 (ha 4 🍾 20.000 B *Pk.* E) 🍇 Cabernet Sauvignon (50%), Montepulciano (40%) und Merlot (10%) 1995 (G.B./D.T.) 88

OSTRA VETERE (Ancona)

Nächste Autobahnausfahrt: Senigallia (A14).

Azienda Agricola Fratelli **Bucci**

Plz. 60010, via Cona 30; Tel. 071/964179; Fax 02/6554470.

Gründungsjahr: 1982. *Inhaber:* Gebrüder Bucci. *Kundenbetreuung:* Gabriele Tanfani. *Produktionsleitung:* Giorgio Grai. *Agronom:* Dario Carbini. *Anbaufläche in ha.:* 20. *Besuchszeiten:* Montag bis Freitag, nach Vereinbarung. *Degustation:* im Weinkeller.

DOC:

★ Rosso Piceno Pongelli, 🍷 1995 (ha 4 🍾 15.000 H *Pk.* B)

★★ Verdicchio dei Castelli di Jesi Classico, 🍷 1996 (ha 15 🍾 50.000 N H *Pk.* B)

★★ Verdicchio dei Castelli di Jesi Classico Riserva Villa Bucci, 🍷 1995 (ha 3 🍾 15.000 H *Pk.* C)

PERGOLA (Pesaro)

Nächste Autobahnausfahrt: Fano oder Marotta (A14).

Fattoria **Villa Ligi**

Plz. 61045, via Zoccolanti 25/A; Tel. 0721/734351; Fax 734351.

Gründungsjahr: 1985. *Inhaber:* Francesco Tonelli. *Kundenbetreuung:* der Inhaber. *Produktionsleitung:* der Inhaber, auch landwirtschaftlicher Leiter. *Anbaufläche in ha.:* 10. *Besuchszeiten:* täglich, nach telefonischer Vereinbarung; bevorzugt nachmittags. *Degustation:* in einer Probierstube.

Tafelwein:

★ Parlengo, 🍷 1994; 1995 im Kommen (ha 0,4 🍾 2.000 H *Pk.* B) 🍇 Montepulciano (80%) und Sangiovese (20%)

★★ Vernaculum Selezione G Vigna Grifoleto, 🍷 der letzte (ha 0,6 🍾 3.300 N *Pk.* B) 🍇 Vernaccia Rossa di Pergola

POGGIO SAN MARCELLO (Ancona)

Nächste Autobahnausfahrt: Senigallia (A14).

Azienda Agricola **Sartarelli**

Plz. 60030, contrada Costa del Molino; Tel. 0731/89732.

Inhaber: Donatella Sartarelli und Claudia Pozzi. *Kundenbetreuung:* Donatella Sartarelli und Stefano Chiacchierini. *Produktionsleitung:* Stefano Chiacchierini. *Besuchszeiten:* nach telefonischer Vereinbarung. *Degustation:* in einer Probierstube.

DOC:

★ Verdicchio dei Castelli di Jesi Classico, 🍷 der letzte (N *Pk.* B)

★★ Verdicchio dei Castelli di Jesi Classico Contrada Balciana, 🍷 1997 (N *Pk.* B ⊙) 1997 (D.T.) 87

★★ Verdicchio dei Castelli di Jesi Classico Tralivio, 🍷 1997 (N *Pk.* B)

RIPATRANSONE (Ascoli Piceno)

Nächste Autobahnausfahrt: Porto d'Ascoli oder Pedaso (A14).

Tenuta **Cocci Grifoni**

Plz. 63030, frazione San Savino, contrada Messieri 12; Tel. 0735/90143; Fax 90123.

Gründungsjahr: 1970. *Inhaber:* Guido Cocci Grifoni. *Kundenbetreuung:* Marilena Cocci Grifoni und Diana Marchetti. *Produktionsleitung:* Paola Cocci Grifoni und Antonio Alberti. *Agronom:* G. Movetti. *Anbaufläche in ha.:* 45. *Besuchszeiten:* Montag bis Freitag, am besten nach Vereinbarung. *Degustation:* in einer Probierstube.

DOC:

★ Falerio dei Colli Ascolani Vigneti San Basso, 🍷 der letzte (🍾 18.000 N *Pk.* B)

★★ Rosso Piceno Superiore Vigna Messieri, 🍷 1995 (🍾 18.000 H *Pk.* B)

Tafelwein:

★ Podere Colle Vecchio, 🍷 der letzte (🍾 8.000 N *Pk.* B) 🍇 Pecorino

SPINETOLI (Ascoli Piceno)

Nächste Autobahnausfahrt: Ascoli Piceno oder San Benedetto del Tronto (A14).

Azienda Agricola Conte **Saladini Pilastri Saladino**

Plz. 63030, via Saladini 5; Tel. 0736/899534; Fax 898594.

Gründungsjahr: 1989. *Inhaber:* Graf Saladino Saladini Pilastri. *Kundenbetreuung:* Luigi Peroni. *Produktionsleitung:* Domenico

D'Angelo, auch landwirtschaftlicher Leiter, mit der auswärtigen Beratung von Roberto Cipresso. *Besuchszeiten:* Montag bis Freitag, nach Vereinbarung. *Degustation:* im Weinkeller.

DOC:

♣ Rosso Piceno, 🍷 1997 (N *Pk.* B⊙) 1997 (D.T.) 85

★≈ Rosso Piceno Monte Prandone, 🍷 1997 (N *Pk.* C) 1997 (D.T.) 90

★★ Rosso Piceno Vigna Piediprato, 🍷 1997 (B *Pk.* B⊙) 1997 (D.T.) 89

Besonderes: Der Vigna Piediprato 1997 erweist sich als sehr gut, das neue Cru des Hauses, der Monte Prandone, ist jedoch noch besser. (D.T.)

STAFFOLO (Ancona)

Nächste Autobahnausfahrt: Ancona nord (A14).

Fattoria **Coroncino**

Plz. 60039, contrada Coroncino 7; Tel. 0731/779494; Fax 770205.

Gründungsjahr: 1980. *Inhaber:* Lucio Canestrari. *Kundenbetreuung:* der Inhaber und Ehefrau Fiorella De Nardo. *Produktionsleitung:* der Inhaber, auch landwirtschaftlicher Leiter. *Anbaufläche in ha.:* 6. *Besuchszeiten:* nur nach Vereinbarung. *Degustation:* im Weinkeller.

DOC:

★★ Verdicchio dei Castelli di Jesi Classico Superiore Gaiospino, 🍷 der letzte (ha 2,7 🍾 7.000 N B *Pk.* D)

★★ Verdicchio dei Castelli di Jesi Classico Superiore Il Coroncino, 🍷 der letzte (ha 3 🍾 10.000 N *Pk.* B)

Tafelwein:

★ Le Lame, 🍷 der letzte (ha 0,3 🍾 2.000 N *Pk.* B) 🍇 Trebbiano

Azienda Agricola **Fonte della Luna**

Plz. 60039, via San Francesco 1/a; Tel. 0731/779307; Fax 779307.

Gründungsjahr: 1950. *Inhaber:* Medoro Cimarelli. *Kundenbetreuung:* Medoro und Luca Cimarelli. *Produktionsleitung:* Giancarlo Soverchia, auch landwirtschaftlicher Leiter. *Anbaufläche in ha.:* 7. *Besuchszeiten:* täglich, nach Voranmeldung. *Degustation:* in einer Probierstube.

DOC:

♣ Rosso Piceno Grizio, 🍷 1997 (🍾 7.500 H *Pk.* B⊙) 1997 (D.T.) 85

♣ Verdicchio dei Castelli di Jesi, 🍷 1997 (🍾 20.000 N H *Pk.* A⊙) 1997 (D.T.) 86

♣ Verdicchio dei Castelli di Jesi Fra Moriale, 🍷 1997 (🍾 6.000 N H *Pk.* A⊙) 1997 (D.T.) 88

Azienda Agricola Fratelli **Zaccagnini & C.**

Plz. 60039, via Salmagina 9/10; Tel. 0731/779892; Fax 779219.

Gründungsjahr: 1974. *Inhaber:* Silvio und Mario Zaccagnini. *Kundenbetreuung:* Silvio und Mario Zaccagnini und Giorgio Rosini. *Produktionsleitung:* Alberto Musatti. *Besuchszeiten:* Montag bis Freitag, von 8 bis 12.30 Uhr und von 14 bis 18 Uhr; an Sonn- und Feiertagen Voranmeldung empfohlen. *Degustation:* in einem großen ortstypischen Probiersaal.

Tafelwein:

★ Vigna Vescovi Riserva, 🍷 1994 (🍾 10.000 N B *Pk.* C)
🍇 Cabernet Sauvignon und Pinot Nero 1994 (G.B.) 85

VARANO (Ancona)

Nächste Autobahnausfahrt: Ancona nord oder sud (A14).

Azienda Agricola **Moroder**

Plz. 60029, frazione Montacuto 112; Tel. 071/898232; Fax 898232.

Gründungsjahr: 1985. *Inhaber:* Alessandro Moroder. *Kundenbetreuung:* Alessandro und Serenella Moroder. *Produktionsleitung:* Franco Bernabei. *Agronom:* Tarcisio Ricciotti. *Anbaufläche in ha.:* 17. *Besuchszeiten:* nach telefonischer Vereinbarung. *Degustation:* in einer Probierstube im Weinkeller.

DOC:

★ Rosso Conero, 🍷 1996 (ha 9 🍾 70.000 H *Pk.* B)

★★ Rosso Conero Dorico, 🍷 1995 (ha 5 🍾 30.000 H B *Pk.* D) 1995 (G.B./D.T.) 86

IGT:

♣ Oro Bianco Marche, 🍷 1995 (ha 1 🍾 1.500 B *Pk.* D)
🍇 Moscato (70%), Malvasia (15%) und Trebbiano (15%), alle getrocknet 1995 (D.T.) 88

★ Rosa di Montacuto, 🍷 der letzte (ha 2 🍾 10.000 N *Pk.* A)
🍇 Montepulciano, Sangiovese, Aglianico und Alicante

CAMPOMARINO (Campobasso)

Nächste Autobahnausfahrt: Termoli (A14).

Masseria **Di Majo Norante**

Plz. 86042, contrada Ramitello 4; Tel. 0875/57208; Fax 57379.

Gründungsjahr: 1970. *Inhaber:* Luigi und Alessio Di Majo Norante. *Kundenbetreuung:* Alessio Di Majo Norante. *Produktionsleitung:* Alessio Di Majo Norante. *Anbaufläche in ha.:* 46. *Besuchszeiten:* Montag bis Samstag, nach Vereinbarung. *Degustation:* in einer Probierstube im Bauernhaus.

DOC:

★★ Biferno Rosso Ramitello, 🍷 1995 (18.200 H *Pk.* B ⊙) — 1995 (D.T.) 85

IGT:

★★ Aglianico, 🍷 1995 (6.800 H *Pk.* B ⊙) — 1995 (D.T.) 86
♣ Biblos, 🍷 1995 (6.240 H *Pk.* D)
Falanghina und Greco — 1995 (G.B.) 85
★★ Fiano, 🍷 der letzte (12.250 N *Pk.* B)
★★ Greco, 🍷 der letzte (16.000 N *Pk.* B)
★ Prugnolo, 🍷 1994 (4.800 H *Pk.* B)
★ Ramitello Bianco Molise, 🍷 der letzte (18.300 N *Pk.* B)
Falanghina (80%) und Fiano (20%)

Tafelwein:

★★ Apianae, 🍷 1993 (4.350 N H *Pk.* C)
Moscato Reale — 1993 (D.T.) 87

Die spezifische Art des Ausbaus der Weine wird im Buch durch folgende drei Symbole kenntlich gemacht:

N für Weine, die sofort für eine mehr oder weniger kurze Zeit in Tanks aus Stahl, Glaskeramik oder – seltener – Fiberglas ausgebaut werden.

H für Weine, die für einen längeren Zeitraum in Holzfässern (normalerweise Eichenholz) mit mittlerem bis großem Fassungsvermögen (auch über 500 Liter) ausgebaut werden.

B für Weine, die in Eichen-Barriques (225 Liter) oder generell in Holzfässern ausgebaut werden (Pièce, Tonneau usw.), deren Fassungsvermögen nicht größer als 600 Liter ist.

ACQUI TERME (Alessandria)

Nächste Autobahnausfahrt: Alessandria sud (A26).

Cantina **Viticoltori dell'Acquese**

Plz. 15011, via IV Novembre 14; Tel. 0144/322008; Fax 56393.

Gründungsjahr: 1953. *Inhaber:* 400 Winzergenossen. *Kundenbetreuung:* Andrea Bobbio. *Produktionsleitung:* Dora Marchi. *Anbaufläche in ha.:* 500. *Besuchszeiten:* täglich, nach telefonischer Vereinbarung. *Degustation:* in einer Probierstube.

DOCG:

♣ Moscato d'Asti Casarito, 🍷 1997
(ha 3 🍾 20.000 N *Pk.* C) — 1997 (D.T.) 86

♣ Moscato d'Asti Dolceoro, 🍷 1997
(ha 10 🍾 65.000 N *Pk.* B ⊙) — 1997 (D.T.) 88

DOC:

♣ Barbera d'Asti Bricco, 🍷 1997
(ha 2 🍾 10.000 B *Pk.* C) — 1997 (D.T.) 86

♣ Dolcetto d'Acqui Statiellae, 🍷 1997
(ha 2 🍾 10.000 N *Pk.* B ⊙) — 1997 (D.T.) 87

Besonderes: Dieses bisher hauptsächlich für den Brachetto und manchen Muskateller berühmte Gebiet bietet aufgrund der Sachkenntnisse der technischen Leiterin Dora Marchi ein breites Potential, das sich auch auf den Acquese ausdehnt. Zu den bereits vorhandenen guten Barbera und Dolcetto dieses Hauses gesellt sich nun ein sich gut entwickelnder Pinot Nero. (D.T.)

AGLIANO D'ASTI (Asti)

Nächste Autobahnausfahrt: Asti est (A21).

Azienda Agricola **Ferraris Roberto**

Plz. 14041, via Dogliani 33; Tel. 0141/954234; Fax 954234.

Inhaber: Roberto Ferraris. *Kundenbetreuung:* der Inhaber. *Produktionsleitung:* der Inhaber unter Mitarbeit von Giuliano Noè. *Agronom:* Piero Cartosi. *Anbaufläche in ha.:* 5,7. *Besuchszeiten:* nach telefonischer Vereinbarung. *Degustation:* in einer kleinen Taverne.

DOC:

★ Barbera d'Asti Nobbio, 🍷 1995 (B *Pk.* C)

★ Barbera d'Asti Vigneto Nobbio, 🍷 1996 (N *Pk.* B)

AGLIANO TERME (Asti)

Nächste Autobahnausfahrt: Asti est (A21).

Azienda Agricola **Trinchero**

Plz. 14041, frazione Vianoce 56; Tel. 0141/954016; Fax 954016.

Gründungsjahr: 1940. *Inhaber:* Renato Trinchero. *Kundenbetreuung:* Renato, Grazia und Ezio Trinchero. *Produktionsleitung:* Giuseppe Perroncito. *Agronom:* Ezio und Renato Trinchero. *Besuchszeiten:* täglich, nach telefonischer Vereinbarung. *Degustation:* in einer Probierstube.

DOC:

★ Barbera d'Asti La Barslina, 🍷 1995 (B *Pk.* D)
★★ Barbera d'Asti Vigna del Noce, 🍷 1994 (H *Pk.* D)

Tafelwein:

★★ Le Taragne, 🍷 1995 (B *Pk.* C) 🍇 Dolcetto und Merlot

ALBA (Cuneo)

Nächste Autobahnausfahrt: Asti est (A21).

Aziende Vitivinicole **Ceretto**

Plz. 12051, località San Cassiano 34; Tel. 0173/282582; Fax 282383.

Gründungsjahr: 1962. *Inhaber:* Bruno und Marcello Ceretto. *Kundenbetreuung:* Bruno Ceretto und Bruna Manzone. *Produktionsleitung:* Giacolino Gillardi Mauro und Savio Daniele, unter der Aufsicht von Donato Lanati. *Agronom:* Gianluigi Marenco. *Anbaufläche in ha.:* 80. *Besuchszeiten:* während der Arbeitszeit, nach telefonischer Vereinbarung. *Degustation:* in einer gut ausgestatteten Probierstube.

DOCG:

★★★ Barbaresco Bricco Asili, 🍷 1995
(ha 1,2 🍾 7.400 H B *Pk.* F) 1995 (D.T.) 85
★★ Barbaresco Bricco Asili Faset, 🍷 1995
(ha 1,62 🍾 8.800 H B *Pk.* F) 1995 (D.T.) 85
○ Barolo Bricco Rocche, 🍷 1993 (ha 1,03 🍾 5.770 H B *Pk.* F)
★★ Barolo Bricco Rocche Brunate, 🍷 1993
(ha 5,61 🍾 24.800 B *Pk.* F)
★★ Barolo Bricco Rocche Prapò, 🍷 1993
(ha 2,39 🍾 13.700 B *Pk.* F)

DOC:

★★ Barbera d'Alba Piana, 🍷 1996 (ha 2,64 🍾 16.300 B *Pk.* D)
★★ Dolcetto d'Alba Rossana, 🍷 1997 (ha 10,5 🍾 85.000 N *Pk.* C)
★ Langhe Arneis Blangé, 🍷 1997 (ha 36 🍾 320.000 N *Pk.* D)

★★ Langhe Cabernet La Bernardina, 🍷 1995
(ha 1,3 🍾 4.000 B *Pk.* F) 1995 (D.T.) 88

★★ Langhe Chardonnay La Bernardina, 🍷 1996
(ha 2,6 🍾 15.000 B *Pk.* F) 1996 (G.B.) 88

★★ Langhe Pinot Nero La Bernardina, 🍷 1995
(ha 1,4 🍾 6.400 B *Pk.* F) 1995 (G.B.) 87

★ Nebbiolo d'Alba Lantasco, 🍷 1996
(ha 2,48 🍾 15.000 B *Pk.* D)

Tafelwein:

★★ La Bernardina Bianco, 🍷 1996 (ha 0,95 🍾 3.700 N *Pk.* F)
🍇 Viognier

★★ La Bernardina Brut, 🍷 1994 (ha 6,4 🍾 37.000 N *Pk.* E)
🍇 Chardonnay und Pinot Nero

★ La Bernardina Rosso, 🍷 1995 (ha 1,2 🍾 3.300 B *Pk.* F)
🍇 Syrah 1995 (D.T.) 87

Poderi **Colla**

Plz. 12051, località San Rocco Seno d'Elvio 82;
Tel. 0173/290148; Fax 441498.

Gründungsjahr: 1994. *Inhaber:* Tino und Federica Colla. *Kundenbetreuung:* Tino und Federica Colla mit Dada Burdese. *Produktionsleitung:* Tino Colla und Dada Burdese. *Agronom:* Dada Burdese. *Anbaufläche in ha.:* 25. *Besuchszeiten:* nach telefonischer Vereinbarung. *Degustation:* im Empfangssaal des Bauernmuseums.

DOCG:

★ Barbaresco Tenuta Roncaglia, 🍷 1995
(ha 3,8 🍾 17.000 H *Pk.* F)

★ Barolo Bussia, 🍷 1993 (ha 6,01 🍾 25.300 H *Pk.* F)

DOC:

★ Barbera d'Alba Roncaglia, 🍷 1996
(ha 0,84 🍾 5.800 H *Pk.* D)

★★ Dolcetto d'Alba Roncaglia, 🍷 1996
(ha 6,34 🍾 25.000 N *Pk.* C)

★★ Langhe Bricco del Drago, 🍷 1994
(ha 6,34 🍾 13.000 H *Pk.* E) 🍇 Dolcetto (85%) und Nebbiolo (15%)

★ Langhe Campo Romano, 🍷 1996 (ha 1 🍾 4.000 B *Pk.* E)
🍇 Pinot Nero

★ Langhe Sanrocco, 🍷 der letzte (ha 7 🍾 7.000 N *Pk.* C)
🍇 Pinot Nero in Bianco (50%), Chardonnay (25%) und Riesling Renano (25%)

Azienda Agricola **Piazzo Armando**

Plz. 12051, frazione San Rocco Seno d'Elvio 31;
Tel. 0173/35689; Fax 440703.

Gründungsjahr: 1979. *Inhaber:* Armando Piazzo. *Kundenbetreuung:* Franco Allario. *Produktionsleitung:* Roberto Maccaluso. *Besuchszeiten:* täglich, nach telefonischer Vereinbarung. *Degustation:* in einer Probierstube.

DOCG:

★ Barbaresco, 🍷 1995 (H *Pk.* C)
★★ Barbaresco Sorì Fratin, 🍷 1995 (H B *Pk.* D)
★ Barolo, 🍷 1993 (H B *Pk.* D)

DOC:

★ Barbera d'Alba Mugiot, 🍷 1996 (B *Pk.* C)
★★ Dolcetto d'Alba, 🍷 1997 (H *Pk.* B)

Casa Vinicola **Pio Cesare**

Plz. 12051, via Cesare Balbo 6; Tel. 0173/440386; Fax 363680.

Gründungsjahr: 1881. *Inhaber:* Pio Boffa. *Kundenbetreuung:* der Inhaber mit Augusto Boffa. *Produktionsleitung:* Paolo Fenocchio. *Agronom:* der Inhaber mit Paolo Fenocchio. *Besuchszeiten:* Montag bis Samstagmittag, nach Vereinbarung. *Degustation:* in einer Probierstube.

DOCG:

★★ Barbaresco, 🍷 1995 (H B *Pk.* F)
★★ Barbaresco Il Bricco, 🍷 1995 (H B *Pk.* F)
★★ Barolo, 🍷 1993 (H B *Pk.* F)
★★★ Barolo Ornato, 🍷 1993 (H B *Pk.* F)

DOC:

★ Dolcetto d'Alba, 🍷 1997 (N *Pk.* C)
★ Langhe Chardonnay L'Altro, 🍷 1997 (N B *Pk.* C)
★★ Langhe Chardonnay Piodilei, 🍷 1996 (B *Pk.* E)
★ Langhe Nebbiolo Il Nebbio, 🍷 der letzte (N *Pk.* C)
★ Nebbiolo d'Alba, 🍷 1995 (H B *Pk.* C)

Prunotto

Plz. 12051, regione San Cassiano 4/G; Tel. 0173/280017; Fax 281167.

Gründungsjahr: 1923. *Inhaber:* Piero Antinori. *Produktionsleitung:* Danilo Drocco, auch landwirtschaftlicher Leiter. *Anbaufläche in ha.:* 40. *Besuchszeiten:* Montag bis Freitag, nach Vereinbarung. *Degustation:* in einer Probierstube mit Platz für 15 Personen.

DOCG:

★★★ Barbaresco Montestefano, 🍷 1995 (ha 2 H B *Pk.* E) 1995 (D.T.) 86
★★ Barolo, 🍷 1994 (H *Pk.* E) 1994 (D.T.) 86
★★★ Barolo Bussia di Monforte, 🍷 1993 und 1994 (ha 4 H B *Pk.* F) 1994 (D.T.) 89
★★★ Barolo Cannubi, 🍷 1993 (ha 1,5 H B *Pk.* F)
★ Moscato d'Asti, 🍷 der letzte (N *Pk.* B ⊙) 1997 (D.T.) 88

DOC:

♣ Barbera d'Alba, 🍷 1997 (🍾 75.000 H *Pk.* B ⊙) 1997 (D.T.) 86
★★★ Barbera d'Alba Pian Romualdo, 🍷 1995 und 1996 (ha 3 H B *Pk.* C) 1996 (D.T.) 90
★≈ Barbera d'Asti Costamiole, 🍷 1996 (ha 26 🍾 26.250 B *Pk.* E) 1996 (D.T.) 90
★ Barbera d'Asti Fiulot, 🍷 der letzte (ha 21 N *Pk.* B)
★★ Dolcetto d'Alba Mosesco di Rodello d'Alba, 🍷 1997 (ha 2 N H *Pk.* B ⊙) 1997 (D.T.) 89
★★ Nebbiolo d'Alba Occhetti di Monteu Roero, 🍷 1996 (ha 7 H B *Pk.* C) 1996 (D.T.) 87
★★ Roero Arneis, 🍷 der letzte (N *Pk.* C) 1997 (D.T.) 87

Azienda Agricola **Rinaldi Francesco e Figli**

Plz. 12051, via Sacco 4; Tel. 0173/440484; Fax 440484.

Gründungsjahr: 1870. *Inhaber:* Luciano Rinaldi. *Kundenbetreuung:* Paola Rinaldi. *Produktionsleitung:* Luciano Rinaldi. *Agronom:* Luciano Rinaldi. *Besuchszeiten:* nach telefonischer Vereinbarung. *Degustation:* in einer Probierstube mit Platz für 20 Personen.

DOCG:

★★ Barolo Cannubbio, 🍷 1993 (ha 2,5 🍾 10.000 H *Pk.* E)

ANDEZENO (Torino)

Nächste Autobahnausfahrt: Villanova d'Asti (A21).

Azienda Vitivinicola **Balbiano**

Plz. 10020, corso Vittorio Emanuele I;
Tel. 011/9434214; Fax 9434044.

Gründungsjahr: 1941. *Inhaber:* Francesco Balbiano. *Kundenbetreuung:* Francesco, Pina und Daniela Balbiano. *Produktionsleitung:* der Inhaber. *Besuchszeiten:* täglich, nach telefonischer Vereinbarung. *Degustation:* in einer kleinen Taverne.

DOC:

★ Freisa di Chieri Secco Punte d'Vigna Veja, 🍷 der letzte (H *Pk.* B)

★ Freisa di Chieri Secco Vivace, 🍷 der letzte (N *Pk.* A)
★ Malvasia di Castelnuovo Don Bosco, 🍷 der letzte (N *Pk.* B)

ASTI (Asti)

Nächste Autobahnausfahrt: Asti est (A21).

Giulio **Cocchi Spumanti**

Plz. 14100, via Malta 17; Tel. 0141/907083; Fax 907085.

Gründungsjahr: 1891. *Inhaber:* Familie Bava. *Kundenbetreuung:* Gino Gianotti. *Produktionsleitung:* Donato Lanati. *Besuchszeiten:* nach telefonischer Vereinbarung. *Degustation:* in einer Probierstube.

DOCG:

★ Asti, 🍷 der letzte (N *Pk.* B)

Tafelwein:

★★ Giulio Cocchi Brut Classico Millesimato, 🍷 1991 (30.000 N *Pk.* E) Pinot Nero und in kleinen Mengen Chardonnay
★ Giulio Cocchi Brut Classico Riserva, 🍷 1990 (12.000 N *Pk.* E) Pinot Nero und in kleinen Mengen Chardonnay
★ Giulio Cocchi Brut Classico Rosé, 🍷 der letzte (N *Pk.* D) Pinot Nero

BARBARESCO (Cuneo)

Nächste Autobahnausfahrt: Asti est (A21).

Hinweis: Die Bedeutung von Montestefano als Teil dieser Gemeinde bedarf hier keiner zusätzlichen Erläuterung. Der Barbaresco Montestefano 1995 (87) von Ca' Nova, Tel. 0173/635123, macht auf die schönen natürlichen Eigenschaften des Crus aufmerksam. Sehr positiv war auch die erste Verkostung des Barbaresco Sorì Montaribaldi 1995 (87) von Montaribaldi (Tel. 0173/638220). (D.T.)

Azienda Agricola **Bianco Mauro – Cascina Morassino**

Plz. 12050, via Ovello 32; Tel. 0173/635149; Fax 635149.

Gründungsjahr: vor vier Generationen. *Inhaber:* Mauro Bianco. *Kundenbetreuung:* Roberto Bianco. *Produktionsleitung:* der Inhaber. *Agronom:* Roberto und Mauro Bianco. *Anbaufläche in ha.:* 4,5. *Besuchszeiten:* täglich, nach telefonischer Vereinbarung. *Degustation:* in einer rustikalen Taverne.

DOCG:

★ Barbaresco, 🍷 1995 (ha 1 5.000 H *Pk.* D)

★★ Barbaresco Ovello, 🍷 1995 (ha 0,8 🍾 4.000 H *Pk.* E)

DOC:

★ Barbera d'Alba, 🍷 1996 (ha 0,3 🍾 2.000 B *Pk.* D)
★ Dolcetto d'Alba, 🍷 1997 (ha 0,9 🍾 5.000 N *Pk.* B)

Selezione Grandi Vini **Cà Romè**

Plz. 12050, via Rabajà 36; Tel. 0173/635126; Fax 635175.

Gründungsjahr: 1980. *Inhaber:* Romano Marengo. *Kundenbetreuung:* der Inhaber und seine Familie. *Produktionsleitung:* Giuseppe Marengo. *Agronom:* Livio Cravanzola. *Anbaufläche in ha.:* 5. *Besuchszeiten:* nach telefonischer Vereinbarung. *Degustation:* in einer Probierstube.

DOCG:

★ Barbaresco, 🍷 1995 (ha 2 🍾 10.400 H *Pk.* F)
★★ Barbaresco Maria di Brun, 🍷 1993 (ha 1 🍾 5.000 H *Pk.* F)
★ Barolo Rapet, 🍷 1993 (ha 2 🍾 10.400 H *Pk.* F)

Tafelwein:

♣ Dapruvè, 🍷 1995 (ha 0,36 🍾 3.200 H B *Pk.* E)
🍇 Barbera und Nebbiolo 1995 (G.B.) 86

Tenute **Cisa Asinari dei Marchesi di Gresy**

Plz. 12050, via Rabaja 43; Tel. 0173/635222; Fax 635187.

Gründungsjahr: 1973. *Inhaber:* Marchesi di Gresy. *Kundenbetreuung:* Elena Ercole und Marinella Cirio. *Produktionsleitung:* Piero Ballario und Marco Dotta. *Agronom:* Piero Ballario. *Besuchszeiten:* nach telefonischer Vereinbarung. *Degustation:* in einer Probierstube.

DOCG:

★★★ Barbaresco Camp Gros, 🍷 1995
(ha 2,58 🍾 10.000 H *Pk.* F) 1995 (D.T.) 88
★★ Barbaresco Gaiun, 🍷 1995
(ha 2,3 🍾 10.000 B *Pk.* F) 1995 (G.B.) 86
★ Barbaresco Martinenga, 🍷 1995
(ha 6,49 🍾 25.000 H *Pk.* F) 1995 (D.T.) 85
★★ Moscato d'Asti La Serra, 🍷 der letzte
(ha 3,51 🍾 25.000 N *Pk.* C) 1997 (D.T.) 87

DOC:

★★ Dolcetto d'Alba Monte Aribaldo, 🍷 1997
(ha 4,3 🍾 25.000 N *Pk.* C)
★ Langhe Chardonnay, 🍷 der letzte (ha 2,4 🍾 10.000 N *Pk.* C)
★★ Langhe Sauvignon, 🍷 der letzte (ha 2 🍾 9.000 N *Pk.* C)

Tafelwein:

★★ Chardonnay Gresy, 🍷 1996 (ha 1,58 🍾 6.000 B *Pk.* E)

★★ Villa Martis, 🍷 1995 (ha 2,2 🍾 9.200 H B *Pk.* C)
🍇 Nebbiolo und Barbera — 1995 (D.T.) 87

★★ Virtus, 🍷 1995 (ha 1,2 🍾 6.500 B *Pk.* E)
🍇 Barbera und Cabernet Sauvignon — 1995 (D.T.) 86

Azienda Agricola **Cortese Giuseppe**

Plz. 12050, via Rabajà 35; Tel. 0173/635131; Fax 635131.

Gründungsjahr: 1971. *Inhaber:* Giuseppe Cortese. *Kundenbetreuung:* der Inhaber mit Ehefrau Rosella Balocco und Sohn Pier Carlo. *Produktionsleitung:* Pier Carlo Cortese. *Agronom:* Giuseppe Cortese. *Anbaufläche in ha.:* 7. *Besuchszeiten:* täglich, nach telefonischer Vereinbarung. *Degustation:* in einer Probierstube.

DOCG:

★★ Barbaresco Vigna in Rabajà, 🍷 1995
(ha 3,5 🍾 18.000 H *Pk.* D)

DOC:

★ Dolcetto d'Alba Trifolera, 🍷 1997 (ha 2 🍾 10.000 N *Pk.* B)

Azienda Agricola **Gaja**

Plz. 12050, via Torino 36/a; Tel. 0173/635255; Fax 635256.

Gründungsjahr: 1859. *Inhaber:* Angelo Gaja. *Produktionsleitung:* Guido Rivella. *Anbaufläche in ha.:* 83. *Besuchszeiten:* das Weingut ist nicht für den Publikumsverkehr geöffnet.

DOCG:

★★★ Barbaresco, 🍷 1994 und 1995
(ha 16 🍾 48.000 H B *Pk.* F) — 1995 (D.T.) 86

★★★ Barbaresco Costa Russi, 🍷 1995
(ha 4,35 🍾 12.000 H B *Pk.* F) — 1995 (D.T.) 87

★★★ Barbaresco Sorì San Lorenzo, 🍷 1995
(ha 3,88 🍾 10.000 H B *Pk.* F) — 1995 (D.T.) 89

○ Barbaresco Sorì Tildin, 🍷 1995
(ha 3,38 🍾 8.500 H B *Pk.* F) — 1995 (D.T.) 88

★★★ Barolo Sperss, 🍷 1993 und 1994
(ha 12 🍾 36000 H B *Pk.* F) — 1994 (D.T.) 86

DOC:

★★ Langhe Cremes, 🍷 1997 (ha 7 🍾 25.000 H *Pk.* C) 🍇 Dolcetto

★★ Langhe Rossj-Bass, 🍷 1997 (ha 9 🍾 35.000 B *Pk.* E)
🍇 Chardonnay

Tafelwein:

★★★ Alteni di Brassica, 🍷 1996 (ha 2,36 🍾 8.000 [B] *Pk.* E)
🍇 Sauvignon 1996 (D.T.) 92

★★★ Darmagi, 🍷 1995 (ha 2,8 🍾 9.000 [H] [B] *Pk.* F)
🍇 Cabernet Sauvignon 1995 (D.T.) 88

○ Gaia e Rey, 🍷 1996 (ha 4,8 🍾 17.000 [B] *Pk.* F)
🍇 Chardonnay 1996 (D.T.) 90

★★ Sito Moresco, 🍷 1994 (ha 10 🍾 47.000 [H] [B] *Pk.* E)
🍇 Nebbiolo (85%), Merlot (10%) und Barbera (5%)

★★ Sito Rey, 🍷 1996 (ha 6 🍾 18.000 [H] [B] *Pk.* E)
🍇 Barbera 1996 (D.T.) 87

Giacosa Carlo Viticoltore

Plz. 12050, via Ovello 8; Tel. 0173/635116; Fax 635293.

Gründungsjahr: 1964. *Inhaber:* Carlo Giacosa. *Kundenbetreuung:* der Inhaber mit Carla und Maria Grazia. *Agronom:* Carlo Giacosa. *Anbaufläche in ha.:* 5. *Besuchszeiten:* täglich, nach telefonischer Vereinbarung. *Degustation:* im Weinkeller.

DOCG:

★★ Barbaresco Montefico, 🍷 1995 (ha 1,36 🍾 8.000 [H] *Pk.* D)

★ Barbaresco Narin, 🍷 1995 (ha 1,5 🍾 9.000 [H] [B] *Pk.* D)

DOC:

★ Barbera d'Alba Mucin, 🍷 1997 (ha 0,55 🍾 5.000 [H] *Pk.* B)

★ Dolcetto d'Alba Cuchet, 🍷 1997 (ha 0,6 🍾 6.000 [N] [H] *Pk.* B)

Azienda Agricola **I Paglieri**

Plz. 12050, via Rabajà 8; Tel. 0173/635109.

Gründungsjahr: 1974. *Inhaber:* Alfredo und Giovanni Roagna. *Kundenbetreuung:* die Inhaber. *Produktionsleitung:* die Inhaber. *Besuchszeiten:* nach telefonischer Vereinbarung. *Degustation:* im Weinkeller.

DOCG:

★★ Barbaresco, 🍷 1995; Riserva 1993
([H] *Pk.* F) 1995 (D.T.) 87 + Riserva 1993 (D.T.) 85

★★ Barolo La Rocca e La Pira, 🍷 1993; Riserva 1991
([H] *Pk.* F) 1993 (D.T.) 85 + Riserva 1991 (D.T.) 90

DOC:

★ Dolcetto d'Alba, 🍷 1997 ([N] *Pk.* B)

★★ Langhe Bianco Solea, 🍷 1996 ([B] *Pk.* D)
🍇 Chardonnay (90%) und Nebbiolo weiß gekeltert (10%)

★★ Langhe Rosso Soleo, 🍷 1994 ([B] *Pk.* E)
🍇 Cabernet Sauvignon (90%) und Nebbiolo (10%)

Tafelwein:

★★ Crichet Pajè, 🍷 1990 (H B *Pk.* F) Nebbiolo

★★ Opera Prima XII, 🍷 n.m. (B *Pk.* D) Nebbiolo o.J. (D.T.) 85

Azienda Agricola **Minuto Luigi Cascina Luisin**

Plz. 12050, via Rabajà 23; Tel. 0173/635154; Fax 635154.

Gründungsjahr: 1913. *Inhaber:* Luigi Minuto. *Kundenbetreuung:* der Inhaber. *Produktionsleitung:* Roberto Minuto. *Agronom:* Luigi und Roberto Minuto. *Anbaufläche in ha.:* 5. *Besuchszeiten:* täglich, nach telefonischer Vereinbarung. *Degustation:* in einer Probierstube.

DOCG:

★★ Barbaresco Rabajà, 🍷 1995 (H *Pk.* E)

★ Barbaresco Sorì Paolin, 🍷 1995 (H *Pk.* E) 1995 (D.T.) 89

DOC:

★ Barbera d'Alba Asili, 🍷 1997 (H *Pk.* B)

★ Dolcetto d'Alba Bric Trifula, 🍷 1997 (H *Pk.* B)

Azienda Agricola **Moccagatta**

Plz. 12050, via Rabajà 24; Tel. 0173/635152; Fax 635279.

Gründungsjahr: 1952. *Inhaber:* Franco und Sergio Minuto. *Kundenbetreuung:* die Inhaber. *Besuchszeiten:* täglich, nach telefonischer Vereinbarung. *Degustation:* in einer Probierstube.

DOCG:

★★ Barbaresco Bric Balin, 🍷 1995 (B *Pk.* E)

★ Barbaresco Vigneto Basarin, 🍷 1995 (H *Pk.* E)

★★ Barbaresco Vigneto Cole, 🍷 1995 (H *Pk.* E)

DOC:

★★ Barbera d'Alba Vigneto Basarin, 🍷 1996 (B *Pk.* D)

★ Dolcetto d'Alba Vigneto Buschet, 🍷 1997 (N H *Pk.* B)

★★ Langhe Chardonnay Buschet, 🍷 1996 (B *Pk.* D) 1996 (D.T.) 88

Azienda Agricola **Musso**

Plz. 12050, via Cavazza 5; Tel. 0173/635129; Fax 635129.

Gründungsjahr: 1955. *Inhaber:* Valter Musso. *Kundenbetreuung:* der Inhaber. *Produktionsleitung:* der Inhaber. *Besuchszeiten:* täglich, von 8 bis 12 Uhr und von 14 bis 18 Uhr. *Degustation:* in einer Probierstube im alten Weinkeller.

DOCG:

★★ Barbaresco Bricco Rio Sordo, 🍷 1995 ([H] *Pk.* C)
★ Barbaresco Pora, 🍷 1995 ([H] *Pk.* C)

DOC:

★ Dolcetto d'Alba, 🍷 1997 ([N] *Pk.* B)

Cooperativa **Produttori del Barbaresco**

Plz. 12050, via Torino 52; Tel. 0173/635139; Fax 635130.

Gründungsjahr: 1958. *Kundenbetreuung:* Celestino Vacca, Aldo Vacca und Gianni Testa. *Produktionsleitung:* Gianni Testa. *Agronom:* Gianni Testa. *Besuchszeiten:* nur nach Vereinbarung. *Degustation:* in einer Probierstube mit 20 Sitzplätzen.

DOCG:

★★ Barbaresco Asili Riserva, 🍷 1990 ([H] *Pk.* D)
★ Barbaresco Moccagatta, 🍷 1990 ([H] *Pk.* D)
★★ Barbaresco Montefico, 🍷 1990 ([H] *Pk.* D)
★★ Barbaresco Montestefano, 🍷 1990 ([H] *Pk.* D)
★ Barbaresco Ovello, 🍷 1990 ([H] *Pk.* D)
★★ Barbaresco Pajè, 🍷 1990 ([H] *Pk.* D)
★ Barbaresco Pora, 🍷 1990 ([H] *Pk.* D)
★★ Barbaresco Rabajà, 🍷 1990 ([H] *Pk.* D)
★★ Barbaresco Rio Sordo, 🍷 1990 ([H] *Pk.* D)
★ Barbaresco Riserva, 🍷 1993 ([H] *Pk.* C)

Azienda Agricola **Rocca Albino**

Plz. 12050, via Rabajà 15; Tel. 0173/635145; Fax 635145.

Inhaber: Albino Rocca. *Kundenbetreuung:* Daniela und Angelo Rocca. *Produktionsleitung:* Angelo Rocca und Beppe Caviola. *Besuchszeiten:* täglich. *Degustation:* in einer Probierstube.

DOCG:

★★ Barbaresco Vigneto Brich Ronchi, 🍷 1995 ([H] [B] *Pk.* D) — 1995 (D.T.) 86
★★ Barbaresco Vigneto Loreto, 🍷 1995 ([H] *Pk.* C) — 1995 (D.T.) 89

DOC:

★ Barbera d'Alba Gèpin, 🍷 1996 ([B] *Pk.* B)
★ Dolcetto d'Alba Vignalunga, 🍷 1997 ([N] *Pk.* B)

Azienda Agricola **Rocca Bruno – Rabajà**

Plz. 12050, via Rabajà 29; Tel. 0173/635112; Fax 635112.

Gründungsjahr: 1980. *Inhaber:* Bruno Rocca. *Kundenbetreuung:* der Inhaber mit Ehefrau Rosella Daviso. *Produktionsleitung:* Giorgio Barbero. *Besuchszeiten:* täglich, nach telefonischer Vereinbarung. *Degustation:* in einer Taverne.

DOCG:

★★★ Barbaresco Rabajà, 🍷 1995 ([H] [B] *Pk.* E) — 1995 (D.T.) 86

DOC:

★★ Barbera d'Alba, 🍷 1996 ([B] *Pk.* C) — 1996 (D.T.) 87
★★ Dolcetto d'Alba Trifolè, 🍷 1997 ([N] *Pk.* B)
★★ Langhe Chardonnay Cadet, 🍷 1996 ([N] [B] *Pk.* C) — 1996 (D.T.) 88

Besonderes: Bruno Rocca ist bestimmt nicht wegen seiner Weißweine bekannt und legt wahrscheinlich auch keinen Wert darauf, es zu werden. Aber sein Cadet ist, wie sich bereits am Jahrgang 1995 und jetzt am1996er zeigt, einer der Chardonnay, denen es gelingt, den guten Ruf der Langhe für diese Rebsorte zu untermauern. (D.T.)

BAROLO (Cuneo)

Nächste Autobahnausfahrt: Asti est (A21) oder Marene (A6).

Barale Fratelli Azienda Agricola

Plz. 12060, via Roma 6; Tel. 0173/56127; Fax 56350.

Gründungsjahr: 1870. *Inhaber:* Sergio Barale. *Kundenbetreuung:* Emilia Barale. *Produktionsleitung:* Silvano Bolmida. *Agronom:* Sergio Barale. *Anbaufläche in ha.:* 20. *Besuchszeiten:* während der Arbeitszeit, nach telefonischer Vereinbarung. *Degustation:* in der Önothek im ehemaligen Weinkeller.

DOCG:

★ Barbaresco Vigna Rabajà, 🍷 1995 (ha 0,5 🍾 3.000 [H] *Pk.* F)
★★ Barolo Vigna Castellero, 🍷 1993 (ha 6 🍾 20.000 [H] *Pk.* F)

DOC:

★ Barbera d'Alba Vigna Preda, 🍷 1996 (ha 1,5 🍾 4.000 [H] *Pk.* C)
★ Dolcetto d'Alba Costa di Rose, 🍷 1997 (ha 3,5 🍾 10.000 [H] *Pk.* B)
★ Dolcetto d'Alba Vigna Bussia, 🍷 1997 (ha 1 🍾 4.000 [H] *Pk.* C)

Borgogno Giacomo e Figli

Plz. 12060, via Gioberti 1; Tel. 0173/56108; Fax 56344.

Gründungsjahr: 1761. *Inhaber:* Ida Chiavassa Boschis. *Kundenbetreuung:* das Büropersonal. *Produktionsleitung:* Cesare Boschis und Osvaldo Pressenda. *Anbaufläche in ha.:* 20. *Besuchszeiten:* Montag bis Freitag während der Arbeitszeit; Samstag und Sonntag nur nach telefonischer Vereinbarung. *Degustation:* in einer Probierstube.

DOCG:

★ Barbaresco Riserva, 🍷 1995 im Kommen (🍾 11.000 ◫ *Pk.* E)
★★ Barolo, 🍷 1993 (🍾 75.000 ◫ *Pk.* E)

DOC:

★ Barbera d'Alba, 🍷 1997 (🍾 20.000 ◫ ◫ *Pk.* B)
★ Dolcetto d'Alba, 🍷 1997 (🍾 25.000 ◫ ◫ *Pk.* B)
★ Langhe Nebbiolo, 🍷 1996 (🍾 6.500 ◫ *Pk.* C)

Cantina **Borgogno Serio e Battista**

Plz. 12060, località Cannubi, via Crosia 12;
Tel. 0173/56107; Fax 56327.

Inhaber: Serio und Battista Borgogno. *Kundenbetreuung:* Anna und Paola Borgogno. *Produktionsleitung:* Serio Borgogno, auch landwirtschaftlicher Leiter. *Besuchszeiten:* Montag bis Freitag, von 8 bis 12 Uhr und von 14 bis 19 Uhr; Samstag und Sonntag nur nach telefonischer Vereinbarung. *Degustation:* in einer Probierstube.

DOCG:

★★ Barolo Cannubi, 🍷 1993 (🍾 13.000 ◫ *Pk.* E)

Azienda Agricola **Brezza Giacomo & Figli**

Plz. 12060, via Lomondo 4; Tel. 0173/56191; Fax 56354.

Gründungsjahr: 1885. *Inhaber:* Enzo, Marco und Giacomo Brezza. *Kundenbetreuung:* Enzo und Giacomo Brezza. *Produktionsleitung:* Enzo Brezza. *Anbaufläche in ha.:* 25. *Besuchszeiten:* täglich, nach telefonischer Vereinbarung. *Degustation:* in einer Probierstube im piemontesischen Stil des 19. Jahrhunderts.

DOCG:

★★ Barolo Bricco Sarmassa, 🍷 1993 (🍾 2.900 ◫ *Pk.* F)
★ Barolo Cannubi, 🍷 1993 (🍾 7.900 ◫ *Pk.* E)
★★ Barolo Castellero, 🍷 1993 (🍾 6.500 ◫ *Pk.* E)
★★ Barolo Sarmassa, 🍷 1993 (🍾 9.300 ◫ *Pk.* E)

DOC:

★ Barbera d'Alba Cannubi Muscatel, 🍷 1996 (🍾 7.900 ◫ *Pk.* C)
★ Dolcetto d'Alba San Lorenzo, 🍷 1997 (🍾 8.200 ◫ *Pk.* B)

Azienda Agricola **Cabutto – Tenuta La Volta**

Plz. 12060, località La Volta 13; Tel. 0173/56168; Fax 56376.

Gründungsjahr: 1920. *Inhaber:* Bartolomeo Cabutto. *Kundenbetreuung:* Bruno und Osvaldo Cabutto. *Produktionsleitung:* Osvaldo

Cabutto. *Agronom:* Osvaldo Cabutto. *Besuchszeiten:* täglich, nach telefonischer Vereinbarung. *Degustation:* in einer Probierstube.

DOCG:

★★ Barolo Vigna La Volta, 🍷 1993 und 1994 (ha 4,6 🍾 12.500 🅷 *Pk.* F) 1994 (D.T.) 86

DOC:

★★ Barbera d'Alba Superiore Bricco delle Viole, 🍷 1996 (ha 2,6 🍾 7.000 🅱 *Pk.* C)

★ Dolcetto d'Alba Superiore, 🍷 1996 und 1997 (🍾 3.500 🅱 *Pk.* C) 1996 (G.B.) 87

★★ Dolcetto d'Alba Vigna La Volta, 🍷 1997 (ha 5,5 🍾 20.000 🅽 *Pk.* C) 1997 (G.B.) 86

★★ Langhe Rosso Vendemmiaio, 🍷 1995 (🍾 3.000 🅱 *Pk.* E) 🍇 Nebbiolo (80%) und Barbera (20%) 1995 (D.T.) 89

Cantine dei **Marchesi di Barolo**

Plz. 12060, via Alba 12; Tel. 0173/56101; Fax 56320.

Gründungsjahr: 1861. *Inhaber:* Familien Abbona und Scarzello. *Kundenbetreuung:* Donata Patrito. *Produktionsleitung:* Roberto Vezza. *Agronom:* Giancarlo Alessandria. *Besuchszeiten:* täglich, nach telefonischer Vereinbarung (Samstag und Sonntag nur mittags). *Degustation:* in einer Önothek.

DOCG:

★★ Barolo Brunate, 🍷 1993 (🅷 *Pk.* E)

★★ Barolo Cannubi, 🍷 1990 (🅷 *Pk.* E)

★★ Barolo Cannubi Valletta, 🍷 1993 (🅷 *Pk.* E)

★★ Barolo Coste di Rose, 🍷 1993 (🅷 *Pk.* E)

★★ Barolo Sarmassa, 🍷 1993 (🅷 *Pk.* E)

DOC:

★ Barbera d'Alba Paiagallo, 🍷 1996 (🅷 *Pk.* B)

★ Dolcetto d'Alba Boschetti, 🍷 1997 (🅽 *Pk.* B)

★ Dolcetto d'Alba Madonna Como, 🍷 1997 (🅽 *Pk.* B)

Cantina **Mascarello Bartolo**

Plz. 12060, via Roma 15; Tel. 0173/56125.

Gründungsjahr: 1918. *Inhaber:* Bartolo Mascarello. *Kundenbetreuung:* der Inhaber mit Tochter Maria Teresa. *Produktionsleitung:* Bartolo und Maria Teresa Mascarello. *Agronom:* Alessandro Fantino. *Anbaufläche in ha.:* 5. *Besuchszeiten:* täglich, während der Arbeitszeit. *Degustation:* im Raum der Flaschenabfüllung.

DOCG:

○ Barolo, 🍷 1993 (ha 3 🍾 16.800 🅷 *Pk.* F)

DOC:

★ Barbera d'Alba, 🍷 1997 (ha 0,7 🍾 3.300 ◘ *Pk.* C)
★★ Dolcetto d'Alba, 🍷 1997
(ha 0,95 🍾 6.000 ◘ *Pk.* C) 1997 (G.B.) 85

Azienda Agricola **Pira Enrico & Figli**
Plz. 12060, via Vittorio Veneto 1; Tel. 0173/56247.

Gründungsjahr: Anfang des 20. Jahrhunderts. *Inhaber:* Chiara Boschis. *Kundenbetreuung:* Chiara Boschis. *Produktionsleitung:* die Inhaberin, auch landwirtschaftliche Leiterin. *Anbaufläche in ha.:* 2,5. *Besuchszeiten:* während der Arbeitszeit, nach telefonischer Vereinbarung. *Degustation:* in einer Probierstube.

DOCG:

★★ Barolo, 🍷 1993 und 1994 (ha 2 🍾 10.000 ◘ *Pk.* E)

DOC:

★ Barbera d'Alba, 🍷 1996 (◘ *Pk.* B)

Azienda Vitivinicola **Rinaldi Giuseppe**
Plz. 12060, via Monforte 3; Tel. 0173/56156.

Gründungsjahr: 1890. *Inhaber:* Giuseppe Rinaldi. *Kundenbetreuung:* der Inhaber. *Produktionsleitung:* der Inhaber und Marco Mascarello. *Agronom:* Giuseppe Rinaldi. *Anbaufläche in ha.:* 8. *Besuchszeiten:* während der Arbeitszeit, nach telefonischer Vereinbarung. *Degustation:* in einer Probierstube mit Platz für 20 Personen.

DOCG:

★★ Barolo, 🍷 1993 und 1994 (ha 1 🍾 2.800 ◘ *Pk.* F)
★★★ Barolo Brunate, 🍷 1991 und 1993 (ha 2,3 🍾 10.500 ◘ *Pk.* F)

DOC:

★ Barbera d'Alba, 🍷 1996 (ha 0,7 🍾 2.800 ◘ *Pk.* B)
★ Dolcetto d'Alba, 🍷 1996
(ha 1,5 🍾 5.500 ◘ *Pk.* B⊙) 1996 (D.T.) 87

Azienda Agricola **Sandrone Luciano**
Plz. 12060, via Alba 57; Tel. 0173/56239; Fax 56239.

Gründungsjahr: 1978. *Inhaber:* Luciano Sandrone. *Kundenbetreuung:* der Inhaber und Ehefrau Mariuccia. *Produktionsleitung:* Luca Sandrone. *Anbaufläche in ha.:* 12. *Besuchszeiten:* täglich, nach telefonischer Vereinbarung. *Degustation:* in einer Probierstube.

DOCG:

★★★ Barolo Cannubi Boschis, 🍷 1993 und 1994
(◘ *Pk.* E) 1994 (G.B.) 86

★★★ Barolo Le Vigne, 🍷 1993 (H *Pk.* E)

DOC:

★ Barbera d'Alba, 🍷 1996 (H *Pk.* C)
★★★ Dolcetto d'Alba, 🍷 1997 (N *Pk.* C) 1997 (D.T.) 85
★ Nebbiolo d'Alba Valmaggiore, 🍷 1996 (H *Pk.* C)

Azienda Agricola **Scarzello Giorgio & Figli**

Plz. 12060, via Alba 29; Tel. 0173/56170; Fax 0172/431535.

Gründungsjahr: Anfang des 20. Jahrhunderts. *Inhaber:* Giorgio Scarzello. *Kundenbetreuung:* der Inhaber und Ehefrau Gemma Chionetti. *Besuchszeiten:* täglich, nach telefonischer Vereinbarung. *Degustation:* in einer Probierstube neben dem Weinkeller.

DOCG:

★ Barolo, 🍷 1993 (H *Pk.* E)
★★★ Barolo Vigna Merenda, 🍷 1990 (H *Pk.* F)

DOC:

★ Dolcetto d'Alba Paiagallo, 🍷 1997 (N *Pk.* B)

Azienda Agricola **Sylla Sebaste**

Plz. 12060, località San Pietro delle Viole;
Tel. 0173/56266; Fax 56353.

Inhaber: Familie Keusseoglou. *Kundenbetreuung:* die Inhaber. *Produktionsleitung:* Donato Lanati. *Besuchszeiten:* täglich, nach telefonischer Vereinbarung. *Degustation:* in einem großen Probiersaal.

DOCG:

★★ Barolo, 🍷 1993 (H *Pk.* E)
★★ Barolo Brunate, 🍷 1993 (H *Pk.* E)
★★ Barolo Bussia, 🍷 1993 (H *Pk.* E)

DOC:

★★ Dolcetto d'Alba Monrobiolo di Bussia, 🍷 1997 (H *Pk.* B)

Tafelwein:

★★ Bricco Viole, 🍷 1996 (B *Pk.* C)
🍇 Nebbiolo und Barbera 1996 (D.T.) 86
★ Samara, 🍷 der letzte (N *Pk.* B) 🍇 Favorita und Chardonnay

Azienda Agricola **Vajra Giuseppe Domenico**

Plz. 12060, via delle Viole 25; Tel. 0173/56257; Fax 56345.

Gründungsjahr: 1972. *Inhaber:* Aldo Vaira. *Kundenbetreuung:* Milena Vaira. *Produktionsleitung:* der Inhaber. *Besuchszeiten:* täglich, nach telefonischer Vereinbarung. *Degustation:* im Weinkeller.

DOCG:

★★ Barolo, 🍷 1994 (H *Pk.* E)

★★★ Barolo Bricco delle Viole, 🍷 1993 und 1994 (H *Pk.* E) 1994 (D.T.) 90

★★★ Barolo Fossati, 🍷 1990 (H *Pk.* F)

DOC:

★★★ Barbera d'Alba Bricco delle Viole, 🍷 1995 (H *Pk.* C)

★ Dolcetto d'Alba, 🍷 1997 (H *Pk.* B ⊙) 1997 (D.T.) 87

○ Dolcetto d'Alba Coste & Fossati, 🍷 1996 und 1997 (H *Pk.* C) 1997 (D.T.) 91

★★ Langhe Bianco, 🍷 der letzte (N *Pk.* C) 1997 (D.T.) 87

★★ Langhe Freisa Kyé, 🍷 1997 (H *Pk.* C) 1997 (D.T.) 88

♣ Langhe Nebbiolo, 🍷 1997 (N H *Pk.* C) 1997 (D.T.) 88

Azienda Agricola **Virna – Borgognot**

Plz. 12060, via Alba 71; Tel. 0173/56120; Fax 56120.

Gründungsjahr: 1950. *Inhaber:* Lodovico Borgogno. *Kundenbetreuung:* Virna Borgogno. *Produktionsleitung:* Virna Borgogno. *Agronom:* Giovanni Abrigo. *Anbaufläche in ha.:* 8. *Besuchszeiten:* täglich, nach telefonischer Vereinbarung. *Degustation:* in einer rustikalen Probierstube mit offenem Kamin.

DOCG:

★★ Barolo Vigna Sarmassa, 🍷 1993 (ha 1,6 🍾 8.000 H B *Pk.* E)

DOC:

★ Barbera d'Alba, 🍷 1996 (ha 2 🍾 13.000 N H B *Pk.* B)

Tafelwein:

★ Virna, 🍷 1995 (H B *Pk.* B) 🍇 Nebbiolo und Barbera

BOCA (Novara)

Nächste Autobahnausfahrt: Romagnano-Ghemme (A26).

Podere **Ai Valloni**

Plz. 28010, via Traversagna 1; Tel. 0322/87332; Fax 011/505912.

Gründungsjahr: 1980. *Inhaber:* Guido Sertorio. *Kundenbetreuung:* der Inhaber. *Produktionsleitung:* Armando Cordero. *Agronom:* Luciana Biondo. *Anbaufläche in ha.:* 3,7. *Besuchszeiten:* nach telefonischer Vereinbarung. *Degustation:* in einer ortstypischen Taverne.

DOC:

★★ Boca Vigna Cristiana, 🍷 1992 (ha 3,7 🍾 5.000 H *Pk.* E)

BRA (Cuneo)

Nächste Autobahnausfahrt: Asti est (A21) oder Marene (A6).

Cantine **Ascheri Giacomo**

Plz. 12042, via Piumati 23; Tel. 0172/412394; Fax 432021.

Gründungsjahr: 1880. *Inhaber:* Familie Ascheri. *Kundenbetreuung:* Cristina Vignola. *Produktionsleitung:* Giuliano Bedino. *Agronom:* Matteo Ascheri. *Anbaufläche in ha.:* 25. *Besuchszeiten:* täglich, nach telefonischer Vereinbarung. *Degustation:* in einer Probierstube.

DOCG:

★★ Barolo Vigna Farina, 🍷 1993 und 1994
(ha 2 🍾 9.800 N H B *Pk.* F) 1994 (G.B.) 85

DOC:

★ Barbera d'Alba Vigna Fontanelle, 🍷 1997
(ha 1,7 🍾 7.500 N H *Pk.* B)

★★ Dolcetto d'Alba Vigna Nirane di Verduno, 🍷 1997
(ha 1,9 🍾 7.500 N *Pk.* B)

★ Dolcetto d'Alba Vigna Sant'Anna di Monforte, 🍷 1997
(ha 0,5 🍾 4.000 N H *Pk.* B)

★★ Langhe Bric Mileui, 🍷 1996 (ha 2 🍾 7.000 N B *Pk.* C)
🍇 Barbera (80%) und Nebbiolo (20%)

★★ Langhe Rocca d'Auçabech, 🍷 1996
(ha 0,6 🍾 2.500 N B *Pk.* C) 🍇 Freisa

★ Nebbiolo d'Alba Bricco San Giacomo, 🍷 1996
(ha 1,9 🍾 9.000 N H *Pk.* C)

Tafelwein:

♣ Montalupa Syrah, 🍷 1996
(ha 1,5 🍾 2.400 H *Pk.* E) 1996 (G.B.) 88

♣ Montalupa Viognier, 🍷 1997
(ha 0,7 🍾 2.600 N B *Pk.* E) 1997 (G.B.) 87

Besonderes: Die beiden neuen auf der Grundlage von Syrah und Viognier entwickelten Weine aus Montalupa sind sehr interessant. Die Pflege dieser Weinberge hat die Inhaber jedoch nicht von ihren früheren Pflichten abgelenkt, so daß sie auch im Jahrgang 1994 einen guten Barolo produzieren konnten. (G.B.)

CALAMANDRANA (Asti)

Nächste Autobahnausfahrt: Asti est oder Alessandria sud (A21).

Azienda Vitivinicola **Chiarlo Michele**

Plz. 14042, strada Nizza-Canelli 99; Tel. 0141/769030; Fax 769033.

Gründungsjahr: 1956. *Inhaber:* Michele Chiarlo. *Kundenbetreuung:* Marina Daniele. *Produktionsleitung:* Roberto Bezzato. *Agronom:* Stefano Chiarlo. *Besuchszeiten:* während der Geschäftszeiten, nach telefonischer Vereinbarung. *Degustation:* in einer Probierstube.

DOCG:

♣ Barbaresco Asili, 🍷 1995 (H *Pk.* F) — 1995 (D.T.) 87

★★ Barbaresco Rabajà, 🍷 1995 (H *Pk.* E)

★★ Barolo Cannubi, 🍷 1993 (H *Pk.* E)

★★★ Barolo Cerequio, 🍷 1993 (H *Pk.* E)

★★ Barolo Vigna Rionda, 🍷 1993 (H *Pk.* E)

DOC:

★★ Barbera d'Asti Superiore Valle del Sole, 🍷 1996 (B *Pk.* D) — 1996 (D.T.) 86

Tafelwein:

★★ Barilot, 🍷 1996 (B *Pk.* E) 🍇 Nebbiolo und Barbera — 1996 (D.T.) 88

★★ Countacc!, 🍷 1996 (B *Pk.* E) 🍇 Cabernet Sauvignon, Nebbiolo und Barbera — 1996 (D.T.) 89

★ Plenilunio, 🍷 1996 (B *Pk.* E) 🍇 Cortese, Sauvignon und Chardonnay

Azienda Agricola **La Giribaldina**

Plz. 14042, Regione San Vito 39; Tel. 0141/718043; Fax 718043.

Gründungsjahr: 1995. *Inhaber:* Maria Grazia Macchi und Francesco Colombo. *Kundenbetreuung:* die Inhaberin. *Produktionsleitung:* Piergiorgio Berta. *Agronom:* Piero Roseo. *Anbaufläche in ha.:* 5. *Besuchszeiten:* nach telefonischer Vereinbarung. *Degustation:* im alten Weinkeller mit Gewölbedecke aus Ziegeln und Stein.

DOCG:

★ Moscato d'Asti, 🍷 der letzte (ha 1 🍾 7.000 N *Pk.* B ⊙) — 1997 (D.T.) 85

DOC:

★ Barbera d'Asti Cala delle Mandrie, 🍷 1996 (ha 0,5 🍾 3300 B *Pk.* C)

CALOSSO (Asti)

Nächste Autobahnausfahrt: Asti est (A21).

Hinweis: Ich konnte eine sehr interessante Kostprobe vom fröhlich frischen, aromatischen Gamba Pernice 1991 der Cantina Collina d'Oro machen. (L.V.)

Azienda Agricola **Scagliola**

Plz. 14052, frazione San Siro 42; Tel. 0141/853183; Fax 853183.

Gründungsjahr: 1991. *Inhaber:* Maggiorino und Mario Scagliola. *Kundenbetreuung:* die Familienmitglieder. *Agronom:* D. Eberle. *Anbaufläche in ha.:* 13. *Besuchszeiten:* täglich, nach telefonischer Vereinbarung.

DOCG:

★★ Moscato d'Asti Volo di Farfalle, 🍷 der letzte
(ha 5 ❘ 25.000 🄽 *Pk.* C) — 1997 (D.T.) 85

DOC:

★ Barbera d'Asti San Si, 🍷 1996
(ha 2 ❘ 6.000 🄱 *Pk.* C) — 1996 (G.B.) 86

♣ Langhe Dolcetto, 🍷 1997
(ha 0,6 ❘ 4.000 🄽 *Pk.* B ⊙) — 1997 (G.B.) 87

★★ Piemonte Chardonnay Casot Dan Vian, 🍷 der letzte
(ha 1,8 ❘ 10.000 🄽 *Pk.* B)

Azienda Agricola **Tenuta dei Fiori**

Plz. 14052, via Valcalosso 3; Tel. 0141/826938; Fax 966500.

Gründungsjahr: 1985. *Kundenbetreuung:* Walter Bosticardo. *Produktionsleitung:* Walter Bosticardo. *Besuchszeiten:* täglich, nach telefonischer Vereinbarung. *Degustation:* in einer Probierstube.

Tafelwein:

★ Chardonnay, 🍷 1996 (🄱 *Pk.* C)

★ Gamba di Pernice, 🍷 der letzte (🄽 *Pk.* B)
🍇 Gamba di Pernice

★★ Pensiero, 🍷 der letzte (🄽 *Pk.* C) 🍇 Moscato

CALUSO (Torino)

Nächste Autobahnausfahrt: Chivasso (A4).

Azienda Agricola **Bianco Renato**

Plz. 10014, via Roma 18; Tel. 011/9833511.

Inhaber: Renato Bianco. *Kundenbetreuung:* der Inhaber. *Produktionsleitung:* Daniele Bianco. *Agronom:* Renato Bianco. *Besuchs-*

zeiten: während der Arbeitszeit. *Degustation:* in einer rustikalen Taverne.

DOC:

★ Erbaluce di Caluso, 🍷 der letzte (N *Pk.* A)

CANALE D'ALBA (Cuneo)

Nächste Autobahnausfahrt: Asti ovest (A21).

Hinweis: Unter den gekosteten Weinen von Enrico Serafino hat uns der Dolcetto d'Alba 1997 besonders beeindruckt.

Azienda Agricola **Cascina Chicco**

Plz. 12043, via Valentino 144; Tel. 0173/979069; Fax 979069.

Gründungsjahr: 1985. *Inhaber:* Enrico und Marco Faccenda. *Kundenbetreuung:* die Inhaber. *Produktionsleitung:* die Inhaber, auch landwirtschaftliche Leiter. *Anbaufläche in ha.:* 12. *Besuchszeiten:* täglich, nach telefonischer Vereinbarung. *Degustation:* in einer Probierstube.

DOC:

★★	Barbera d'Alba Bric Loira, 🍷 1996 (B *Pk.* C)	1996 (D.T.) 90
♣	Roero, 🍷 1996 (H *Pk.* C)	1996 (D.T.) 85
★★	Roero Arneis, 🍷 der letzte (N *Pk.* B ⊙)	1997 (D.T.) 86
★	Roero Vigna Valmaggiore, 🍷 1996 (B *Pk.* C)	1996 (D.T.) 87

Tafelwein:

★ Birbét Dolce, 🍷 der letzte (N *Pk.* C) Brachetto

Azienda Agricola **Correggia Matteo**

Plz. 12043, via Santo Stefano Roero 124;
Tel. 0173/978009; Fax 978009.

Gründungsjahr: Anfang des 20. Jahrhunderts. *Inhaber:* Matteo Correggia. *Kundenbetreuung:* der Inhaber. *Produktionsleitung:* der Inhaber, auch landwirtschaftlicher Leiter. *Besuchszeiten:* täglich, nach telefonischer Vereinbarung. *Degustation:* in einer Probierstube im Weinkeller.

DOC:

♣	Barbera d'Alba, 🍷 1997 (N B *Pk.* B ⊙)	1997 (D.T.) 87
★★	Barbera d'Alba Bric Marun, 🍷 1996 (B *Pk.* D)	1996 (D.T.) 90
★★★	Nebbiolo d'Alba La Val dei Preti, 🍷 1996 (B *Pk.* D)	1996 (D.T.) 91
♣	Roero, 🍷 1997 (N B *Pk.* B ⊙)	1997 (D.T.) 88
★★	Roero Arneis, 🍷 der letzte (N B *Pk.* B)	

Tafelwein:

★ Anthos, 🍷 der letzte (N *Pk.* B) Brachetto

Vini Pregiati **Deltetto**

Plz. 12043, corso Alba 43; Tel. 0173/979383; Fax 95710.

Gründungsjahr: 1950. *Inhaber:* Carlo und Antonio Deltetto. *Kundenbetreuung:* Antonio Deltetto. *Produktionsleitung:* Antonio Deltetto. *Anbaufläche in ha.:* 15. *Besuchszeiten:* nach telefonischer Vereinbarung, während der Geschäftszeiten. *Degustation:* in einer Probierstube.

DOC:

★ Barbera d'Alba Bramé, 🍷 1996 (B *Pk.* B ⊙) 1996 (D.T.) 85
★★ Roero Arneis San Michele, 🍷 der letzte (N B *Pk.* C)
★ Roero Madonna Boschi, 🍷 1996 (B *Pk.* B ⊙) 1996 (D.T.) 86

Azienda Agricola **Gallino Filippo**

Plz. 12043, Valle del Pozzo 63; Tel. 0173/98112; Fax 98112.

Gründungsjahr: 1960. *Inhaber:* Gianni Gallino. *Kundenbetreuung:* Filippo und Gianni Gallino. *Produktionsleitung:* Filippo und Gianni Gallino, auch landwirtschaftliche Leiter. *Besuchszeiten:* nach telefonischer Vereinbarung. *Degustation:* in einer Probierstube.

DOC:

♣ Barbera d'Alba Superiore, 🍷 1996 (N B *Pk.* C) 1996 (D.T.) 87

Azienda Agricola **Malabaila di Canale**

Plz. 12043, Castello di Canale; Tel. 0173/979044; Fax 95800.

Gründungsjahr: 1988. *Inhaber:* Corrado Carrega Malabaila und Valerio Falletti. *Kundenbetreuung:* Corrado Carrega Malabaila. *Produktionsleitung:* Valerio Falletti, auch landwirtschaftlicher Leiter. *Anbaufläche in ha.:* 22. *Besuchszeiten:* täglich. *Degustation:* in einer Probierstube im Schloß Malabaila.

DOC:

★ Nebbiolo d'Alba Bric Merli, 🍷 1996 (ha 1,3 🍾 5.000 H *Pk.* B)
★ Roero Arneis Pradvaj, 🍷 der letzte (ha 1,7 🍾 12.000 N *Pk.* B ⊙) 1997 (G.B.) 85
★ Roero Superiore Bric Volta, 🍷 1996 (ha 3,5 🍾 25.000 N H *Pk.* B)

Azienda Agricola **Malvirà**

Plz. 12043, località Canova, via Santo Stefano Roero 144; Tel. 0173/978145; Fax 978145.

Gründungsjahr: 1970. *Inhaber:* Roberto und Massimo Damonte. *Kundenbetreuung:* die Inhaber. *Produktionsleitung:* Roberto Damonte. *Agronom:* Massimo Damonte. *Besuchszeiten:* täglich, nach telefonischer Vereinbarung. *Degustation:* in einer Probierstube, für größere Empfänge ist ein Saal mit 200 qm verfügbar.

DOC:

★	Langhe Bianco Treuve, 🍷 der letzte (B *Pk.* C)	
★★	Langhe Rosso San Guglielmo, 🍷 1996 (B *Pk.* C)	1996 (D.T.) 86
♣	Roero, 🍷 1996 (B *Pk.* C)	1996 (D.T.) 87
★	Roero Arneis Renesio, 🍷 der letzte (N *Pk.* B)	
★★	Roero Arneis Saglietto, 🍷 der letzte (N B *Pk.* B⊙)	1997 (D.T.) 88
★★	Roero Arneis Trinità, 🍷 der letzte (N B *Pk.* B⊙)	1997 (D.T.) 86
★★	Roero Superiore, 🍷 1996 (B *Pk.* D)	1996 (D.T.) 87

Azienda Agricola **Monchiero Carbone**

Plz. 12043, via Santo Stefano Roero 2; Tel. 0173/95568; Fax 95568.

Gründungsjahr: 1989. *Inhaber:* Marco und Francesco Monchiero und Lucia Carbone. *Kundenbetreuung:* Francesco Monchiero. *Produktionsleitung:* Marco Monchiero, auch landwirtschaftlicher Leiter. *Anbaufläche in ha.:* 10. *Besuchszeiten:* Montag bis Samstag. *Degustation:* in einer Probierstube.

DOC:

♣	Barbera d'Alba Monbirone, 🍷 1996 (ha 2 ǀ 7.000 B *Pk.* C)	1996 (D.T.) 85
♣	Roero Arneis, 🍷 1997 (ha 3 ǀ 25.000 N *Pk.* B⊙)	1997 (D.T.) 86
♣	Roero Superiore Srü, 🍷 1996 (ha 4 ǀ 20.000 B *Pk.* D)	1996 (D.T.) 88

Azienda Agricola **Porello Marco e Ettore**

Plz. 12043, corso Alba 71; Tel. 0173/979324; Fax 979324.

Gründungsjahr: 1990. *Inhaber:* Riccardo und Ettore Porello. *Kundenbetreuung:* die Inhaber und Marco Porello, Riccardos Sohn. *Produktionsleitung:* Marco Porello. *Agronom:* Riccardo, Ettore und Marco Porello. *Anbaufläche in ha.:* 12. *Besuchszeiten:* täglich, nach telefonischer Vereinbarung. *Degustation:* im Weinkeller.

DOC:

★	Roero, 🍷 1996 (H *Pk.* B)	
★	Roero Arneis Camestrì, 🍷 der letzte (N *Pk.* B)	

CANELLI (Asti)

Nächste Autobahnausfahrt: Asti est (A21).

Contratto Giuseppe

Plz. 14053, via G.B. Giuliani 56; Tel. 0141/823349; Fax 824650.

Gründungsjahr: 1867. *Inhaber:* Carlo und Antonella Micca-Bocchino. *Kundenbetreuung:* Doriana Quaglia. *Produktionsleitung:* Giancarlo Scaglione. *Agronom:* Gianluca Scaglione. *Anbaufläche in ha.:* 34. *Besuchszeiten:* täglich, außer Donnerstag, von 9 bis 12 Uhr und von 15 bis 18 Uhr. *Degustation:* in einer Probierstube.

DOCG:

♣ Asti Spumante De Miranda, 🍷 der letzte
(ha 3,5 🍾 20.000 N B *Pk.* E) 1996 (D.T.) 87

★★ Barolo Tenuta Secolo di Cerequio, 🍷 1993
(ha 2,5 🍾 10.000 B *Pk.* F) 1997 (D.T.) 85

★ Moscato d'Asti Tenuta Gilardino, 🍷 der letzte
(ha 16 🍾 25.000 N *Pk.* B)

DOC:

★★ Barbera d'Asti Solus AD, 🍷 1995
(ha 3 🍾 15.000 B *Pk.* F) 1996 (D.T.) 86

★ Piemonte Chardonnay La Sabauda, 🍷 1996
(ha 2 🍾 10.000 B *Pk.* D)

Tafelwein:

★★ Giuseppe Contratto Brut Riserva Millesimata, 🍷 1994
(ha 4 🍾 20.000 N B *Pk.* E)

Coppo Luigi e Figli

Plz. 14053, via Alba 66; Tel. 0141/823146; Fax 832563.

Gründungsjahr: 1892. *Inhaber:* Piero, Gianni, Roberto und Paolo Coppo. *Kundenbetreuung:* die Inhaber. *Produktionsleitung:* Gianni Coppo und Guglielmo Grasso. *Agronom:* Gianni Coppo. *Besuchszeiten:* Montag bis Freitag, von 9 bis 12 Uhr und von 15 bis 17 Uhr. *Degustation:* in einer Taverne im Weinkeller.

DOCG:

★ Moscato d'Asti Moncalvina, 🍷 der letzte
(🍾 25.000 N *Pk.* B ⊙) 1997 (D.T.) 86

DOC:

★★ Barbera d'Asti Camp du Rouss, 🍷 1996
(🍾 60.000 B *Pk.* C) 1996 (D.T.) 86

★ Barbera d'Asti L'Avvocata, 🍷 1996 (🍾 40.000 H *Pk.* B)

★★★ Barbera d'Asti Pomorosso, 🍷 1995 und 1996
(🍾 15.000 B *Pk.* E) 1995 (D.T.) 89 + 1996 (D.T.) 90
★ Piemonte Chardonnay Costebianche, 🍷 der letzte
(🍾 50.000 N B *Pk.* B)
★★★ Piemonte Chardonnay Monteriolo, 🍷 1996
(🍾 20.000 B *Pk.* E) 1996 (D.T.) 89

Tafelwein:

★★ Mondaccione, 🍷 1996 (🍾 15.000 B *Pk.* D)
Freisa 1996 (D.T.) 86
★★ Riserva Coppo Brut, 🍷 1990 (🍾 12.000 B *Pk.* E)
Pinot Nero (80%) und Chardonnay (20%)

Casa Vinicola **Gancia**

Plz. 14053, corso Libertà 66; Tel. 0141/8301; Fax 835341.

Inhaber: Familie Gancia. *Kundenbetreuung:* das Büro für Öffentlichkeitsarbeit. *Produktionsleitung:* Corrado Cavallo. *Besuchszeiten:* während der Geschäftszeiten, nach Voranmeldung. *Degustation:* es stehen große Räumlichkeiten mit Küche zur Verfügung.

Tafelwein:

★★ Vintage dei Gancia Metodo Classico, 🍷 1990 (B *Pk.* D)
Chardonnay

Azienda Agricola **L'Armangia**

Plz. 14053, Frazione San Giovanni 14/c, S.P. Bubbio Montegrosso; Tel. 0141/824947; Fax 823274.

Gründungsjahr: 1988. *Inhaber:* Ignazio Giovine. *Kundenbetreuung:* der Inhaber. *Produktionsleitung:* der Inhaber, auch landwirtschaftlicher Leiter. *Anbaufläche in ha.:* 4,4. *Besuchszeiten:* Montag bis Samstag, von 8 bis 18 Uhr. *Degustation:* in einer Probierstube mit 10 Sitzplätzen.

DOCG:

★ Moscato d'Asti, 🍷 der letzte
(ha 2,02 🍾 10.000 N *Pk.* B ⊙) 1997 (D.T.) 87

DOC:

♣ Barbera d'Asti Superiore Titon, 🍷 1996
(ha 0,3 🍾 2.300 H B *Pk.* C) 1996 (D.T.) 86
★ Monferrato Bianco Enne Enne, 🍷 1997
(ha 0,37 🍾 3.000 N B *Pk.* B ⊙)
Sauvignon 1997 (D.T.) 87
★ Piemonte Chardonnay, 🍷 1997 (ha 1,65 🍾 8.000 N B *Pk.* B)

Azienda Agricola **Villa Giada**

Plz. 14053, Regione Ceirole 4; Tel. 0141/831100; Fax 829756.

Gründungsjahr: 1990. *Inhaber:* Andrea Faccio. *Kundenbetreuung:* Lidia Picco Faccio. *Produktionsleitung:* Donato Lanati. *Agronom:* der Inhaber. *Anbaufläche in ha.:* 18. *Besuchszeiten:* täglich, nach Vereinbarung. *Degustation:* in einer Probierstube in einem restaurierten Bauernhof.

DOC:

★★ Barbera d'Asti Superiore Bricco Dani, 🍷 1996
(ha 3 🍾 6.000 H B *Pk.* D) 1996 (G.B.) 88

CAREMA (Torino)

Nächste Autobahnausfahrt: Quincinetto (A5).

Cantina Sociale di **Carema**

Plz. 10010, via Nazionale 28; Tel. 0125/811160; Fax 811160.

Gründungsjahr: 1960. *Inhaber:* Winzergenossenschaft. *Kundenbetreuung:* Manlio Muggianli und Luciano Clerin. *Produktionsleitung:* Gaspare Buscemi. *Besuchszeiten:* täglich, von 9 bis 12.30 Uhr und von 14.30 bis 19 Uhr. *Degustation:* in einem großen Probiersaal.

DOC:

★ Carema, 🍷 1993 (ha 12 🍾 60.000 H B *Pk.* C)

★★ Carema di Carema Etichetta Bianca, 🍷 1993
(🍾 15.000 H *Pk.* C)

CASORZO D'ASTI (Asti)

Nächste Autobahnausfahrt: Felizzano (A21).

Azienda Agricola Fratelli **Biletta**

Plz. 14032, via Roma 24; Tel. 0141/929303; Fax 929303.

Inhaber: Pietro und Carlo Biletta. *Kundenbetreuung:* die Inhaber. *Produktionsleitung:* die Inhaber. *Anbaufläche in ha.:* 8,6. *Besuchszeiten:* täglich, nach Vereinbarung. *Degustation:* in einer Probierstube im Stil des 18. Jahrhunderts.

DOC:

★★ Freisa d'Asti Moncucchetto, 🍷 der letzte
(ha 1 🍾 6.000 N *Pk.* B)

★ Grignolino d'Asti Moncucchetto, 🍷 der letzte
(ha 3 🍾 20.000 N *Pk.* B)

★ Malvasia di Casorzo d'Asti Moncucchetto, 🍷 der letzte
(ha 0,6 🍾 5.000 N *Pk.* B)

Tafelwein:

★ Ruchetto, 🍷 der letzte (ha 0,4 🍾 3.000 N *Pk.* B ⊙)
🍇 Ruchè — o.J. (G.B.) 85

Besonderes: Der Wein auf der Grundlage der seltenen Ruchè wechselt zwar oft seinen Namen, bleibt aber immer ein interessanter Tropfen. (G.B.)

CASSANO SPINOLA (Alessandria)

Nächste Autobahnausfahrt: Serravalle (A7).

Cascina Grigiona

Plz. 15063, strada per Stazzano; Tel. 02/47502; Fax 58309769.

Gründungsjahr: 1984. *Inhaber:* Rita Manara. *Kundenbetreuung:* die Inhaberin. *Produktionsleitung:* Giancarlo Scaglione. *Besuchszeiten:* nach Voranmeldung. *Degustation:* in einer Probierstube.

Tafelwein:

★ Cortè, 🍷 der letzte (N B *Pk.* B) 🍇 Cortese und Chardonnay

CASTAGNOLE LANZE (Asti)

Nächste Autobahnausfahrt: Asti est (A21).

Hinweis: Im warmen Jahrgang 1997 gut gelungen ist der Moscato d'Asti (86) von Amelio Dogliotti (Tel. 0141/878153). (D.T.)

Azienda Agricola **Cascina Burio**

Plz. 14054, via San Grato 44; Tel. 0141/878008; Fax 878008.

Gründungsjahr: 1989. *Inhaber:* Ivo Rosso. *Kundenbetreuung:* der Inhaber. *Produktionsleitung:* Enzo Daniele Moiso. *Agronom:* Ivo Rosso. *Anbaufläche in ha.:* 4. *Besuchszeiten:* nach telefonischer Vereinbarung. *Degustation:* im alten Weinkeller.

DOCG:

★ Moscato d'Asti Pianbunsa, 🍷 der letzte
(ha 2,35 🍾 10.000 N *Pk.* B)

Vignaiolo **Rivetti Giuseppe**

Plz. 14054, via Annunziata 33; Tel. 0141/877396; Fax 877396.

Inhaber: Giorgio, Bruno und Carlo Rivetti. *Kundenbetreuung:* Giorgio Rivetti. *Produktionsleitung:* die Inhaber. *Besuchszeiten:* täglich, nach Vereinbarung. *Degustation:* in einer kleinen Taverne.

DOCG:

♣ Barbaresco Vigneto Gallina, 🍷 1995 (B *Pk.* E) 1995 (D.T.) 89
★★ Moscato d'Asti Biancospino, 🍷 der letzte (N *Pk.* B)
★★ Moscato d'Asti Bric Lapasot, 🍷 der letzte (N *Pk.* B)
★★ Moscato d'Asti Bricco Quaglia, 🍷 der letzte (N *Pk.* B ⊙) 1997 (D.T.) 88
★★ Moscato d'Asti Muscatel Vej, 🍷 der letzte (N *Pk.* B)
★★ Moscato d'Asti San Rumu, 🍷 der letzte (N *Pk.* B)

DOC:

★≈ Barbera d'Alba Gallina, 🍷 1996 (B *Pk.* D) 1996 (D.T.) 90
★★ Barbera d'Asti Cà di Pian, 🍷 1997 (N B *Pk.* C) 1997 (D.T.) 88
★★ Monferrato Rosso Pin, 🍷 1996 (B *Pk.* D) 1996 (D.T.) 90
★ Piemonte Chardonnay Lidia, 🍷 1997 (B *Pk.* C) 1997 (D.T.) 88

Besonderes: Den Dolcetto San Rumu, in der Regel einer der besten in Piemont, gibt es leider nicht mehr, da der Weinberg aufgegeben wurde. Das heißt aber nicht, daß es hier an hervorragenden Weinen mangelt. Im Gegenteil: Der Pin befindet sich unter den besten neuen Weinen der Region und der Barbera d'Alba hat ebenfalls ein sehr hohes Niveau erreicht. Darüber hinaus hat der Barbaresco Gallina ein schönes Debut erlebt und die Jahrgänge 1996 und 1997 versprechen noch besser zu werden. (D.T.)

CASTELLINALDO (Cuneo)

Nächste Autobahnausfahrt: Asti est (21).

Tenuta **Ca' du Russ**

Plz. 12050, via S. Pellico 7; Tel. 0173/213069; Fax 213069.

Gründungsjahr: 1912. *Inhaber:* Sergio Marchisio. *Kundenbetreuung:* der Inhaber. *Produktionsleitung:* Gianfranco Cordero. *Anbaufläche in ha.:* 25. *Besuchszeiten:* täglich, nach Vereinbarung. *Degustation:* in einer Probierstube mit Platz für 30 Personen.

DOC:

★ Barbera d'Alba Castellinaldo, 🍷 1996 (ha 2 🍾 5.000 B *Pk.* C)
★ Roero Arneis Costa delle Rose, 🍷 der letzte (ha 4 🍾 25.000 N *Pk.* B)

Azienda Agricola **Marsaglia**

Plz. 12050, via Mussone 2; Tel. 0173/213048; Fax 213048.

Gründungsjahr: 1878. *Inhaber:* Emilio Marsaglia. *Kundenbetreuung:* Marina Mortara Marsaglia. *Produktionsleitung:* Gianfranco

Cordero. *Anbaufläche in ha.:* 15. *Besuchszeiten:* täglich, nach Vereinbarung. *Degustation:* im Weinkeller oder in einer Probierstube mit Blick auf die Roero-Hügel.

DOC:

★ Barbera d'Alba Castellinaldo, 🍷 1996 (ha 1,2 🍾 4.000 B *Pk.* C)

★ Roero Arneis Serramiana, 🍷 1997 (ha 0,8 🍾 3.000 N B *Pk.* C)

★ Roero Superiore San Servasio, 🍷 1996 (ha 3 🍾 10.000 N B *Pk.* C)

Azienda Agricola **Selezione Teo Costa**

Plz. 12050, via San Salvario 1; Tel. 0173/213066; Fax 213066.

Inhaber: Roberto und Marco Costa. *Kundenbetreuung:* Nicoletta Marcellio Costa und Roberto Teobaldo Costa. *Produktionsleitung:* Gianfranco Cordero. *Agronom:* Antonio Costa, Vater des Inhabers. *Besuchszeiten:* Montag bis Freitag, von 8 bis 12 Uhr mit Voranmeldung; an Sonn- und Feiertagen nur nach Vereinbarung; kein Einzelhandel. *Degustation:* in einem rustikalen Probiersaal mit Blick auf das Schloß und das Stadtzentrum von Castellinaldo.

DOC:

★ Barbera d'Alba Castellinaldo, 🍷 1996 (ha 5 🍾 13.300 H B *Pk.* E) 1996 (D.T.) 86

★★ Roero Arneis Serramiana, 🍷 der letzte (ha 5 🍾 30.000 N *Pk.* C)

★ Roero Superiore Vigna Bataiòt, 🍷 1996 (ha 2 🍾 10.000 H *Pk.* C)

CASTELLO DI ANNONE (Asti)

Nächste Autobahnausfahrt: Asti est (A21).

Cantine **Viarengo G.L. & figlio**

Plz. 14034, via Roma 88; Tel. 0141/401131; Fax 401706.

Gründungsjahr: 1883. *Inhaber:* Giovanna Mogna Viarengo. *Kundenbetreuung:* Carlo Viarengo. *Produktionsleitung:* Giancarlo Scaglione. *Besuchszeiten:* Montag bis Freitag, von 8 bis 12 Uhr und von 14 bis 18 Uhr. *Degustation:* in einer Probierstube im Haus aus dem 19. Jahrhundert.

DOC:

★★ Barbera d'Asti Il Falé, 🍷 1996 (ha 4 🍾 20.000 B *Pk.* C)

★ Grignolino d'Asti della Tagliata, 🍷 der letzte (ha 1 🍾 3.000 N *Pk.* B)

CASTELLO DI ANNONE

Villa Fiorita

Plz. 14034, via Case Sparse 2; Tel. 0141/401231; Fax 401209.

Gründungsjahr: 1985. *Inhaber:* Familie Rondolino. *Kundenbetreuung:* Francesco Rondolino. *Produktionsleitung:* Giancarlo Scaglione. *Agronom:* Sergio Carpignano. *Besuchszeiten:* nach telefonischer Vereinbarung. *Degustation:* in einer Probierstube.

DOC:

★ Barbera d'Asti Villa Fiorita, 🍷 1996 (H *Pk.* B)

★ Grignolino d'Asti Pian delle Querce, 🍷 der letzte (N *Pk.* B)

Tafelwein:

★★ Il Giorgione, 🍷 1996 (B *Pk.* D) 🍇 Barbera 1996 (D.T.) 87

♣ Maniero, 🍷 1996 (ha 6 🍾 26.000 B *Pk.* C)
🍇 Barbera und Pinot Nero 1996 (D.T.) 85

CASTELNUOVO DON BOSCO (Asti)

Nächste Autobahnausfahrt: Villanova d'Asti (A21).

Cascina Gilli

Plz. 14022, via Nevissano 35; Tel. 011/9876984; Fax 9876984.

Gründungsjahr: 1984. *Inhaber:* Gianni Vergnano. *Kundenbetreuung:* Carlo Feyles. *Produktionsleitung:* Carlo Feyles. *Agronom:* Giovanni Matteis. *Anbaufläche in ha.:* 18. *Besuchszeiten:* während der Geschäftszeiten, nach Voranmeldung. *Degustation:* in einer Probierstube im Haus aus dem 18. Jahrhundert.

DOC:

★ Freisa d'Asti Vigna del Forno, 🍷 der letzte
(ha 1 🍾 7.000 H *Pk.* B)

★ Freisa d'Asti Vivace, 🍷 der letzte (ha 8,5 🍾 60.000 N *Pk.* B)

★★ Malvasia di Castelnuovo Don Bosco, 🍷 der letzte
(ha 5,5 🍾 35.000 N *Pk.* B⊙) 1997 (G.B.) 86

CASTIGLIONE FALLETTO (Cuneo)

Nächste Autobahnausfahrt: Asti est (A21) oder Marene (A6).

Hinweis: 1994 war kein einfacher Jahrgang für den Nebbiolo, trotzdem ist der Barolo Solanotto Altinasso (85) seinem Hersteller Cavalier Bartolomeo, Tel. 0173/62866, gut gelungen. (D.T.)

Azienda Agricola **Azelia**

Plz. 12060, via Alba Barolo 27; Tel. 0173/62859; Fax 62859.

Inhaber: Luigi Scavino. *Kundenbetreuung:* Lorella, Ehefrau des Inhabers. *Produktionsleitung:* der Inhaber. *Besuchszeiten:* nach telefonischer Vereinbarung. *Degustation:* in einer Probierstube.

DOCG:

★★ Barolo, 🍷 1993 (H *Pk.* E)

★★★ Barolo Bricco Fiasco, 🍷 1994 (H *Pk.* F) 1994 (D.T.) 86

DOC:

★★ Barbera d'Alba Vigneto Punta, 🍷 1996 (H B *Pk.* C) 1996 (D.T.) 87

★★ Dolcetto d'Alba Bricco dell'Oriolo, 🍷 1997 (N *Pk.* B ⊙) 1997 (D.T.) 85

Azienda Agricola **Bongiovanni**

Plz. 12060, via Alba-Barolo 4; Tel. 0173/262184; Fax 262184.

Gründungsjahr: 1965. *Inhaber:* Olga Bongiovanni. *Kundenbetreuung:* Davide Mozzoni. *Produktionsleitung:* Davide Mozzoni. *Agronom:* Davide Mozzoni. *Besuchszeiten:* täglich, nach Vereinbarung. *Degustation:* im Weinkeller.

DOCG:

★ Barolo, 🍷 1993 (B *Pk.* E)

DOC:

★ Dolcetto d'Alba, 🍷 1997 (N *Pk.* B)

Tafelwein:

★≈ Falletto, 🍷 1996 (B *Pk.* E) 1996 (D.T.) 90

Azienda Agricola **Brovia**

Plz. 12060, via Alba Barolo 54; Tel. 0173/62852; Fax 62852.

Gründungsjahr: 1953. *Inhaber:* Giacinto, Raffaele, Elena und Cristina Brovia. *Kundenbetreuung:* Elena und Cristina Brovia. *Produktionsleitung:* Giacinto Brovia mit Hilfe der Tochter Cristina. *Agronom:* Raffaele Brovia. *Anbaufläche in ha.:* 13. *Besuchszeiten:* nach telefonischer Vereinbarung. *Degustation:* in einer Probierstube.

DOCG:

★ Barbaresco Rio Sordo, 🍷 1995 (ha 1 ı 3.500 H *Pk.* E)

★★ Barolo Garblèt Suè, 🍷 1993 (ha 1,5 ı 8.000 H *Pk.* E) 1993 (G.B.) 85

★★★ Barolo Rocche dei Brovia, 🍷 1993 (ha 1,3 ı 7.400 H *Pk.* F)

★★ Barolo Villero, 🍷 1993 (ha 1,3 ı 5.000 H *Pk.* F)

DOC:

★★ Barbera d'Alba Sorì del Drago, 🍷 1996 (ha 0,86 ı 3.500 N B *Pk.* C) 1996 (G.B.) 85

★★★ Dolcetto d'Alba Solatio Brovia, 🍷 1996 (ı 2.400 N B *Pk.* D) 1996 (G.B.) 88

★ Nebbiolo d'Alba Valmaggione, 🍷 1996 (ha 0,6 ı 3.200 N H *Pk.* C)

Tenuta Vitivinicola **Cavallotto – Bricco Boschis**
Plz. 12060, località Bricco Boschis; Tel. 0173/62814; Fax 62914.

Gründungsjahr: 1948. *Inhaber:* Olivio und Gildo Cavallotto. *Kundenbetreuung:* Laura und die Gebrüder Cavallotto. *Produktionsleitung:* Giuseppe und Alfio Cavallotto. *Agronom:* Gildo Cavallotto. *Anbaufläche in ha.:* 23. *Besuchszeiten:* täglich, nach Vereinbarung. *Degustation:* in einer Probierstube im alten Weinkeller.

DOCG:

★★ Barolo Riserva Bricco Boschis Vigna Colle Sud Ovest, 🍷 1991 (ha 1,11 🍾 5.300 🄷 *Pk.* F)

★★ Barolo Riserva Bricco Boschis Vigna San Giuseppe, 🍷 1993 (ha 5,1 🍾 28.000 🄷 *Pk.* F) 1993 (G.B.) 87

★★ Barolo Riserva Vigna Punta Vignolo, 🍷 1991 (ha 1,57 🍾 9.300 🄷 *Pk.* F)

DOC:

★★ Barbera d'Alba Bricco Boschis Vigna del Cuculo, 🍷 1996 (ha 1,86 🍾 12.000 🄷 *Pk.* C) 1996 (G.B.) 86

★ Dolcetto d'Alba Bricco Boschis Vigna Melera, 🍷 1996 (ha 1,59 🍾 10.000 🄽 🄷 *Pk.* C) 1996 (G.B.) 87

Cantina **Gigi Rosso**
Plz. 12060, Strada Alba-Barolo 20; Tel. 0173/262369; Fax 262224.

Gründungsjahr: 1979. *Inhaber:* Gigi Rosso. *Kundenbetreuung:* Mia und Maurizio Rosso. *Produktionsleitung:* Gigi und Claudio Rosso. *Agronom:* Claudio Rosso. *Anbaufläche in ha.:* 30. *Besuchszeiten:* Montag bis Freitag, von 8 bis 12 Uhr und von 14 bis 18 Uhr. *Degustation:* in einer Probierstube.

DOCG:

♣ Barbaresco Vigneto Viglino, 🍷 1995 (ha 1,4 🍾 9.000 🄷 *Pk.* D)

♣ Barolo Sorì dell'Ulivo, 🍷 1993 (ha 1 🍾 6.000 🄷 *Pk.* E)

DOC:

♣ Dolcetto di Diano d'Alba Moncolombetto, 🍷 1997 (ha 5 🍾 28.000 🄽 *Pk.* B)

♣ Dolcetto di Diano d'Alba Vigna Vecchia del Pinnacolo, 🍷 1997 (ha 1 🍾 4.200 🄽 *Pk.* B)

Azienda Agricola **Mascarello Giuseppe e Figlio**
Plz. 12060, strada del Grosso 1; Tel. 0173/792126; Fax 792124.

Gründungsjahr: 1881. *Inhaber:* Mauro Mascarello. *Kundenbetreuung:* der Inhaber mit Ehefrau Maria Teresa. *Produktionsleitung:* der Inhaber, auch landwirtschaftlicher Leiter. *Anbaufläche in ha.:*

15. *Besuchszeiten:* nach telefonischer Vereinbarung. *Degustation:* in einer Probierstube.

DOCG:

★★ Barolo Bricco, 🍷 1993 (H *Pk.* E)
★★★ Barolo Monprivato, 🍷 1993 (H *Pk.* F)
★ Barolo Villero, 🍷 1993 (H *Pk.* E)

DOC:

★ Barbera d'Alba Codana, 🍷 1995 (H *Pk.* D)
★★★ Dolcetto d'Alba Bricco, 🍷 1996 (H *Pk.* C)
★ Dolcetto d'Alba Santo Stefano, 🍷 1996 (N *Pk.* C)
★ Langhe Nebbiolo, 🍷 1995 (H *Pk.* D)
★ Nebbiolo d'Alba San Rocco, 🍷 1996 (H *Pk.* C)

Azienda Agricola Fratelli **Monchiero**

Plz. 12060, via Alba Monforte 58; Tel. 0173/62820; Fax 62820.

Gründungsjahr: 1955. *Inhaber:* Familie Monchiero. *Kundenbetreuung:* Vittorio Monchiero. *Produktionsleitung:* Vittorio Monchiero, auch landwirtschaftlicher Leiter. *Besuchszeiten:* täglich, nach Vereinbarung. *Degustation:* in einer Probierstube mit Platz für 15 Personen.

DOCG:

★★ Barolo, 🍷 1993 (H *Pk.* D)
★★ Barolo Le Rocche, 🍷 1993; Riserva 1990 (H *Pk.* D)
★★ Barolo Montanello, 🍷 1993; Riserva 1990 (H *Pk.* D)

DOC:

★ Barbera d'Alba, 🍷 1996 (H *Pk.* B)
★ Dolcetto d'Alba, 🍷 1997 (N *Pk.* A)

Azienda Vitivinicola **Scavino Paolo**

Plz. 12060, via Alba-Barolo 33; Tel. 0173/62850; Fax 62850.

Gründungsjahr: 1921. *Inhaber:* Enrico Scavino. *Kundenbetreuung:* der Inhaber. *Produktionsleitung:* der Inhaber. *Besuchszeiten:* täglich, nach Vereinbarung. *Degustation:* in einer kleinen Taverne.

DOCG:

★★ Barolo, 🍷 1993 (H B *Pk.* E)
★★★ Barolo Bric del Fiasc, 🍷 1993 (H B *Pk.* F)
★★★ Barolo Cannubi, 🍷 1993 (H B *Pk.* F)
★★ Barolo Riserva Rocche dell'Annunziata, 🍷 1993 (H B *Pk.* F) 1993 (D.T.) 86

DOC:

★★★ Barbera d'Alba Carati, 🍷 1993 und 1994 (B *Pk.* E)
★★ Dolcetto d'Alba Vigneto del Fiasc, 🍷 1997 (N H *Pk.* B⊙) 1997 (D.T.) 85

Cantina **Terre del Barolo**

Plz. 12060, strada Alba Barolo 5; Tel. 0173/262053; Fax 262749.

Gründungsjahr: 1958. *Inhaber:* Matteo Bosco (Vorstand). *Kundenbetreuung:* Francesco Mastrocola, der Verantwortliche für Öffentlichkeitsarbeit. *Produktionsleitung:* Beppe Veglio. *Agronom:* Ezio Boasso. *Anbaufläche in ha.:* 700. *Besuchszeiten:* Montag bis Samstag, von 8 bis 12 Uhr und von 14 bis 18 Uhr. März bis Dezember auch Sonntag von 9 bis 12 Uhr. *Degustation:* in einer Probierstube.

DOCG:

★ Barolo Baudana, 🍷 1990 und 1993 (H *Pk.* F)
★ Barolo Castello, 🍷 1990 und 1993 (H *Pk.* E)
♣ Barolo Castiglione Falletto, 🍷 1994 (H *Pk.* D) 1994 (D.T.) 86
★ Barolo Codana, 🍷 1990 und 1993 (H *Pk.* E)
★ Barolo Monvigliero, 🍷 1990 und 1993 (H *Pk.* E)
★★ Barolo Rocche, 🍷 1990 und 1993 (H *Pk.* F)

DOC:

★★ Barbera d'Alba Sorì della Roncaglia, 🍷 1996 (N *Pk.* B)
★★ Barbera d'Alba Valdisera, 🍷 1996 (H *Pk.* B)
★ Diano d'Alba Cascinotto, 🍷 1997 (N *Pk.* B ⦾) 1997 (G.B.) 85
★ Diano d'Alba Sorì del Montagrillo, 🍷 1997 (N *Pk.* B)

Cantina **Vietti**

Plz. 12060, piazza Vittorio Veneto 5; Tel. 0173/62825; Fax 62941.

Gründungsjahr: 1900. *Inhaber:* Alfredo Currado, Luciana Vietti, Mario Cordero und Luca Currado. *Kundenbetreuung:* Luciana Vietti und Mario Cordero. *Produktionsleitung:* Alfredo Currado und Sohn Luca. *Agronom:* Paolo Ruaro. *Anbaufläche in ha.:* 20,8. *Besuchszeiten:* Montag bis Freitag, nach Vereinbarung. *Degustation:* in einer Probierstube mit Platz für 6-8 Personen.

DOCG:

★★ Barbaresco Masseria, 🍷 1995 (ha 0,78 ▮ 2.950 H B *Pk.* F) 1995 (D.T.) 87
★★ Barolo Brunate, 🍷 1993 (ha 0,6 ▮ 3.700 H B *Pk.* F)
★★ Barolo Castiglione, 🍷 1993 (ha 3,5 ▮ 10.500 H *Pk.* E)
★★ Barolo Lazzarito, 🍷 1993 (ha 1 ▮ 4.170 H B *Pk.* F)
★★★ Barolo Riserva Villero, 🍷 1993 (ha 0,59 ▮ 1.900 H B *Pk.* F)
★★★ Barolo Rocche, 🍷 1993 (ha 1,35 ▮ 6.300 H *Pk.* F)

DOC:

★★ Barbera d'Alba Scarrone Vigna Vecchia, 🍷 1996 (ha 0,5 ▮ 1.800 B *Pk.* D) 1996 (D.T.) 89
★★ Dolcetto d'Alba Lazzarito, 🍷 1996 (H *Pk.* C)

★ Dolcetto d'Alba Tre Vigne, 🍷 1997 (N *Pk.* B)

♣ Roero Arneis, 🍷 1997
(ha 2,5 🍾 16.000 N *Pk.* C) 1997 (D.T.) 85

Besonderes: Von diesem Hersteller sind eher die Barolo bekannt, aber auch der Barbaresco Masseria ist in den guten Jahrgängen ein sehr bedeutender Wein. (D.T.)

CASTIGLIONE TINELLA (Cuneo)

Nächste Autobahnausfahrt: Asti est (A21).

Azienda Agricola **Caudrina**

Plz. 12053, strada Brosia 20; Tel. 0141/855126; Fax 855008.

Gründungsjahr: 1945. *Inhaber:* Romano Dogliotti. *Kundenbetreuung:* Romano und Bruna Dogliotti. *Produktionsleitung:* Giuliano Noè. *Agronom:* Romano Dogliotti. *Anbaufläche in ha.:* 17. *Besuchszeiten:* nach Vereinbarung, während der Geschäftszeiten. *Degustation:* in einer Probierstube im Wohnhaus.

DOCG:

★★ Asti La Selvatica, 🍷 der letzte (N *Pk.* C) 1997 (D.T.) 87

★★★ Moscato d'Asti La Caudrina, 🍷 der letzte
(N *Pk.* C) 1997 (D.T.) 85

○ Moscato d'Asti La Galeisa, 🍷 der letzte
(N *Pk.* C) 1997 (D.T.) 86

Azienda Agricola **Icardi**

Plz. 12053, via Balbi 30; Tel. 0141/855159; Fax 855159.

Gründungsjahr: 1914. *Inhaber:* Pierino Icardi. *Kundenbetreuung:* Claudio Icardi und Ehefrau Ornella. *Produktionsleitung:* der Inhaber. *Agronom:* Franco Aimasso mit dem Inhaber. *Anbaufläche in ha.:* 35. *Besuchszeiten:* nur nach Vereinbarung. *Degustation:* in einer Probierstube neben dem Weinkeller.

DOCG:

★★ Moscato d'Asti La Rosa Selvatica, 🍷 der letzte
(ha 10 🍾 90.000 N *Pk.* B⊙) 1997 (D.T.) 86

DOC:

★ Barbera d'Alba Surì di Mù, 🍷 1996 (ha 3 🍾 20.000 B *Pk.* D)

Tafelwein:

★ Chardonnay Surissara, 🍷 1997 (ha 3,5 🍾 25.000 N B *Pk.* D)

Azienda Agricola **La Morandina**

Plz. 12053, strada Morandini 11; Tel. 0141/855261; Fax 853153.

Gründungsjahr: 1985. *Inhaber:* Corrado Morando. *Kundenbetreuung:* Giulio Morando. *Produktionsleitung:* Giulio Morando. *Besuchszeiten:* täglich (am besten Samstag und Sonntag), nach telefonischer Vereinbarung. *Degustation:* in einem kleinen Weinkeller aus dem Jahre 1890, in dem alte Winzerwerkzeuge ausgestellt werden.

DOCG:

★ Moscato d'Asti, 🍷 der letzte (N *Pk.* B ⊙) 1997 (G.B.) 86

DOC:

♣ Barbera d'Asti Zucchetto, 🍷 1996 (N H *Pk.* C) 1996 (D.T.) 85

Tafelwein:

★★ Varmat, 🍷 1996 (B *Pk.* C) Barbera

Azienda Agricola **Perrone Elio**

Plz. 12053, via San Martino 2; Tel. 0141/855132; Fax 855132.

Gründungsjahr: 1989. *Inhaber:* Stefano Perrone. *Kundenbetreuung:* der Inhaber. *Produktionsleitung:* Piero Ballario. *Agronom:* Paolo Morando. *Anbaufläche in ha.:* 6,4. *Besuchszeiten:* täglich, nach Vereinbarung. *Degustation:* im Weinkeller.

DOCG:

★★ Moscato d'Asti Clarté, 🍷 der letzte (N *Pk.* B)
★★★ Moscato d'Asti Sourgal, 🍷 der letzte (N *Pk.* B)

Azienda Agricola **Saracco**

Plz. 12053, via Circonvallazione 6; Tel. 0141/855113; Fax 855360.

Inhaber: Giovanni Saracco. *Kundenbetreuung:* Paolo und Roberto Saracco. *Produktionsleitung:* Paolo und Roberto Saracco. *Besuchszeiten:* täglich, nach Vereinbarung. *Degustation:* in einer Probierstube.

DOCG:

★★★ Moscato d'Asti, 🍷 der letzte (N *Pk.* B)
★★★ Moscato d'Asti d'Autunno, 🍷 der letzte (N *Pk.* B)

Tafelwein:

★ Bianch del Luv, 🍷 1996 (B *Pk.* C) Chardonnay
★★ Prasuè, 🍷 der letzte (N *Pk.* B) Chardonnay

CERRO TANARO (Asti)

Nächste Autobahnausfahrt: Asti est oder Felizzano (A21).

Carnevale Giorgio

Plz. 14030, via Trombetta 157; Tel. 0141/409115; Fax 409036.

Gründungsjahr: 1890. *Inhaber:* Giorgio und Alessandro Carnevale. *Kundenbetreuung:* die Inhaber. *Produktionsleitung:* Pierluigi Poggio und die Inhaber. *Besuchszeiten:* täglich, nach Vereinbarung. *Degustation:* in einer Probierstube mit Platz für 8 Personen.

DOCG:

★ Brachetto d'Acqui, der letzte (16.000 N *Pk.* C)

★★ Moscato d'Asti Sorì, der letzte (4.000 N *Pk.* C) 1997 (D.T.) 85

DOC:

★★ Barbera d'Asti Il Crottino, 1996 (16.000 H B *Pk.* C)

★ Grignolino d'Asti della Rocchetta, der letzte (2.4000 N *Pk.* B)

COCCONATO D'ASTI (Asti)

Nächste Autobahnausfahrt: Asti est (A21).

Azienda Vitivinicola **Bava**

Plz. 14023, via Monferrato 2; Tel. 0141/907083; Fax 907085.

Gründungsjahr: 1911. *Inhaber:* Familie Bava. *Kundenbetreuung:* die Inhaber. *Produktionsleitung:* Giulio und Paolo Bava unter Beratung von Donato Lanati. *Agronom:* Paolo Bava. *Besuchszeiten:* während der Geschäftszeiten; an Sonn- und Feiertagen nur nach Vereinbarung. *Degustation:* in einer Probierstube im Reifekeller.

DOCG:

★ Moscato d'Asti Bass Tuba, der letzte (N *Pk.* C)

DOC:

★★ Barbera d'Asti Arbest, 1995 und 1996 (H B *Pk.* C) 1995 (G.B.) 86 + 1996 (D.T.) 85

★★ Barbera d'Asti Superiore Stradivario, 1995 (B *Pk.* E) 1995 (G.B.) 88

★★ Monferrato Bianco Alteserre, 1997 (30.000 B *Pk.* D)

COSTIGLIOLE D'ASTI (Asti)

Nächste Autobahnausfahrt: Asti est (A21)

Poderi **Bertelli**

Plz. 14055, frazione San Carlo 38;
Tel. 0141/966137; Fax 02/58316166.

Gründungsjahr: 1975. *Inhaber:* Professor Aldo Bertelli und sein Sohn Dr. Alberto Bertelli. *Produktionsleitung:* Aldo Bertelli. *Besuchszeiten:* das Weingut ist nicht für den Publikumsverkehr geöffnet.

DOC:

★★★ Barbera d'Asti Giarone, 🍷 1995 (B *Pk.* E)
★★ Barbera d'Asti Montetusa, 🍷 1995 (B *Pk.* E)
★★ Barbera d'Asti San Antonio Vielles Vignes, 🍷 1994 (B *Pk.* E)
★★ Monferrato Bianco Montetusa, 🍷 der letzte (N *Pk.* D) 1997 (D.T.) 93
★★★ Piemonte Chardonnay Giarone, 🍷 1996 (B *Pk.* D) 1996 (D.T.) 92

Tafelwein:

★★ Cabernet Sauvignon I Fossaretti, 🍷 1995 (B *Pk.* E)
★★ Plissè, 🍷 1997 (B *Pk.* E) 🍇 Traminer Aromatico 1997 (D.T.) 87
★★ St. Marsan Bianco, 🍷 1996 (B *Pk.* D) 🍇 Roussanne und Marsanne
★ St. Marsan Rosso, 🍷 1995 (B *Pk.* D) 🍇 Syrah

Cascina Castlèt

Plz. 14055, strada Castelletto 6; Tel. 0141/966651; Fax 961492.

Inhaber: Maria Borio. *Kundenbetreuung:* die Inhaberin und Ada Borio. *Produktionsleitung:* Armando Cordero und Giorgio Gozzellino. *Agronom:* Giorgio Gozzellino. *Anbaufläche in ha.:* 13. *Besuchszeiten:* nach telefonischer Vereinbarung. *Degustation:* in einer Probierstube.

DOCG:

★★ Moscato d'Asti, 🍷 der letzte (🍾 25.000 N *Pk.* B)

DOC:

★★ Barbera d'Asti Passum, 🍷 1996 (ha 3,4 🍾 15.000 H B *Pk.* D) 🍇 teilweise getrocknete Reben
★★ Barbera d'Asti Policalpo, 🍷 1996 (ha 2 🍾 10.000 B *Pk.* D)
★ Barbera del Monferrato Goj, 🍷 der letzte (ha 1,4 🍾 10.000 N *Pk.* B)
★ Piemonte Moscato Passito Aviè, 🍷 1996 (ha 0,5 🍾 3.000 N *Pk.* E)

Azienda Agricola **Negri Marco**
Plz. 14056, frazione Boglietto, località Piazzo 14;
Tel. 0141/968596; Fax 968596.

Gründungsjahr: 1992. *Inhaber:* Marco Negri. *Kundenbetreuung:* der Inhaber. *Produktionsleitung:* Donato Lanati. *Besuchszeiten:* nach telefonischer Vereinbarung. *Degustation:* in einer Probierstube.

DOCG:
★★ Moscato d'Asti, 🍷 der letzte (N *Pk.* C) 1997 (D.T.) 87

DOC:
♣ Barbera d'Asti, 🍷 1996 (B *Pk.* C) 1996 (D.T.) 86

CUCCARO MONFERRATO (Alessandria)

Nächste Autobahnausfahrt: Alessandria ovest oder Felizzano (A21).

Azienda Agricola **Liedholm**
Plz. 15040, Villa Boemia 4; Tel. 0131/771916; Fax 771916.

Gründungsjahr: 1981. *Inhaber:* Carlo Liedholm. *Kundenbetreuung:* der Inhaber. *Produktionsleitung:* Donato Lanati. *Besuchszeiten:* Montag bis Freitag, von 8.30 bis 12.30 Uhr und von 14 bis 18 Uhr. *Degustation:* in einer Probierstube neben dem Weinkeller.

DOC:
★ Barbera d'Asti, 🍷 1996 (N *Pk.* B)

Tafelwein:
★ Bianco della Boemia, 🍷 der letzte (N B *Pk.* B)
🍇 Cortese und Pinot Bianco zu gleichen Teilen
★★ Rosso della Boemia, 🍷 1996 (B *Pk.* E) 🍇 Barbera (50%), Cabernet Sauvignon (35%) und Pinot Nero (15%)

DIANO D'ALBA (Cuneo)

Nächste Autobahnausfahrt: Asti est (A21) oder Marene (A6).

Azienda Agricola **Alario**
Plz. 12055, via Santa Croce 23; Tel. 0173/231808; Fax 231808.

Gründungsjahr: 1987. *Inhaber:* Claudio Alario. *Kundenbetreuung:* Claudio Alario. *Produktionsleitung:* der Inhaber. *Besuchszeiten:* nur nach telefonischer Voranmeldung. *Degustation:* in einer Probierstube.

DOC:
★★ Barbera d'Alba Valletta, 🍷 1996 (B *Pk.* C) 1996 (D.T.) 90

★ Dolcetto di Diano d'Alba Montegrillo, 🍷 1997 ([N] *Pk.* B⊙) — 1997 (D.T.) 85

★★ Dolcetto di Diano d'Alba Vigneto Costa Fiore, 🍷 1997 ([N] *Pk.* B⊙) — 1997 (D.T.) 88

★★ Nebbiolo d'Alba Vigneto Cascinotto, 🍷 1996 ([B] *Pk.* C) — 1996 (D.T.) 89

Azienda Agricola **Bricco Maiolica**

Plz. 12055, via Bolangino 7; Tel. 0173/612049; Fax 612549.

Gründungsjahr: 1928. *Inhaber:* Angelo Accomo. *Kundenbetreuung:* Beppe Accomo. *Produktionsleitung:* Valter Veglia. *Agronom:* Beppe Accomo. *Anbaufläche in ha.:* 20. *Besuchszeiten:* täglich, nach Vereinbarung. *Degustation:* in einer rustikalen Probierstube mit Platz für circa 15 Personen.

DOC:

★ Barbera d'Alba Vigna Vigia, 🍷 1996 (ha 1,2 ▮ 5.500 [B] *Pk.* C)

★★ Dolcetto di Diano d'Alba Sorì Bricco Maiolica, 🍷 1997 (ha 2 ▮ 10.500 [B] *Pk.* B⊙) — 1997 (G.B.) 85

★ Nebbiolo d'Alba Il Cumot, 🍷 1996 (ha 1 ▮ 6.000 [B] *Pk.* C)

DOGLIANI (Cuneo)

Nächste Autobahnausfahrt: Asti est (A21) oder Carrù (A6).

Hinweis: Die Qualität des Dolcetto di Dogliani ist parallel zur professionelleren Vorgehensweise seiner Produzenten in den letzten Jahren gestiegen, so daß 1997 das durchschnittliche Niveau sehr hoch ist, weit über dem von Dolcetto d'Alba. Unter den neuen Weinen haben mir die folgenden am besten gefallen: der Dolcetto di Dogliani Surì (87) von Aldo Marenco, Tel. 0173/721090, und der Dolcetto di Dogliani Vigna Combe 1997 (85) von La Fusina von Enrico und Luigi Abbona, Tel. 0173/70488. (D.T.)

Abbona Celso e Sergio

Plz. 12063, frazione Santa Lucia 36; Tel. 0173/70668; Fax 361380.

Gründungsjahr: 1924. *Inhaber:* Sergio Abbona. *Kundenbetreuung:* der Inhaber. *Produktionsleitung:* der Inhaber. *Besuchszeiten:* täglich. *Degustation:* im Weinkeller.

DOC:

★ Dolcetto di Dogliani Ca' Neuva, 🍷 1997 ([N] *Pk.* B)

Azienda Agricola **Abbona Marziano e Enrico**
Plz. 12063, via Torino 242; Tel. 0173/70484; Fax 721317.

Gründungsjahr: 1970. *Inhaber:* Marziano Abbona. *Kundenbetreuung:* der Inhaber. *Produktionsleitung:* der Inhaber, auch landwirtschaftlicher Leiter. *Besuchszeiten:* täglich, nach Vereinbarung.

DOCG:
★ Barolo, 🍷 1993 (H *Pk.* D)

DOC:
★ Dolcetto di Dogliani Papà Celso, 🍷 1997 (N *Pk.* B)
♣ Dolcetto di Dogliani Vigna Dariolo, 🍷 1997 (ha 5 🍾 30.000 N *Pk.* B ⊙) 1997 (D.T.) 89

Azienda Agricola **Boschis Francesco**
Plz. 12063, frazione San Martino di Pianezzo 57;
Tel. 0173/70574; Fax 70106.

Gründungsjahr: 1968. *Inhaber:* Francesco und Mario Boschis. *Kundenbetreuung:* Mario Boschis. *Agronom:* der Inhaber. *Besuchszeiten:* täglich, nach Vereinbarung. *Degustation:* im Weinkeller oder in einer kleinen Probierstube.

DOC:
★★ Dolcetto di Dogliani Sorì San Martino, 🍷 1997 (N H *Pk.* B ⊙) 1997 (D.T.) 87
★★ Dolcetto di Dogliani Vigna dei Prey, 🍷 1997 (N H *Pk.* B ⊙) 1997 (D.T.) 88

Chionetti Quinto
Plz. 12063, frazione San Luigi 44; Tel. 0173/71179; Fax 71179.

Gründungsjahr: 1900. *Inhaber:* Quinto Chionetti. *Kundenbetreuung:* der Inhaber. *Produktionsleitung:* der Inhaber. *Agronom:* Quinto Chionetti. *Besuchszeiten:* während der Geschäftszeiten. *Degustation:* in einer kleinen Taverne neben dem Weinkeller.

DOC:
○ Dolcetto di Dogliani Briccolero, 🍷 1996 (N *Pk.* B ⊙) 1996 (D.T.) 88
★★ Dolcetto di Dogliani San Luigi, 🍷 1996 (N *Pk.* B)

Azienda Agricola **Del Tufo Antonio**
Plz. 12063, via Madonna delle Grazie 33; Tel. 0173/70692; Fax 70692.

Gründungsjahr: 1968. *Inhaber:* Antonio Del Tufo. *Kundenbetreuung:* Bruno Del Tufo. *Produktionsleitung:* Bruno Del Tufo. *Be-*

suchszeiten: täglich, nach Vereinbarung. *Degustation:* in einer Probierstube.

DOC:

★ Dolcetto di Dogliani, 🍷 1997 (N *Pk.* B)
★★ Dolcetto di Dogliani Vigna Spina, 🍷 1997 (N *Pk.* B)

Azienda Agricola **Devalle**
Plz. 12063, via Pian del Troglio 31; Tel. 0173/71186.

Gründungsjahr: 1890. *Inhaber:* Mario Devalle. *Kundenbetreuung:* der Inhaber. *Produktionsleitung:* der Inhaber. *Anbaufläche in ha.:* 6. *Besuchszeiten:* Samstag und Sonntag nach Vereinbarung. *Degustation:* in einer Probierstube.

DOC:

★★ Dolcetto di Dogliani Bric Sur Pian, 🍷 1997 (🍾 10.000 N *Pk.* B)

Azienda Agricola Poderi **Einaudi Luigi**
Plz. 12063, cascina Tecc, borgata Gombe 32;
Tel. 0173/70191; Fax 742017.

Gründungsjahr: 1897. *Inhaber:* Paola und Roberta Einaudi. *Kundenbetreuung:* Paola Einaudi und Giorgio Ruffo. *Produktionsleitung:* Lorenzo Raimondi unter Beratung von Giorgio Marone und Beppe Caviola. *Agronom:* Lorenzo Raimondi mit der Beratung von Gian Piero Romana und Federico Curtaz. *Anbaufläche in ha.:* 29. *Besuchszeiten:* nach telefonischer Vereinbarung. *Degustation:* in einer Probierstube.

DOCG:

★★ Barolo, 🍷 1994 (ha 4,1 🍾 13.000 H *Pk.* F) 1994 (D.T.) 85
♣ Barolo Cannubi, 🍷 1994 (ha 2,56 🍾 11.000 B *Pk.* F) 1994 (G.B.) 86

DOC:

★ Dolcetto di Dogliani, 🍷 1996 und 1997 (ha 13,14 🍾 58.000 N H *Pk.* B) 1996 (G.B.) 85 + 1997 (D.T.) 85
★★ Dolcetto di Dogliani I Filari, 🍷 1996 und 1997 (ha 13,14 🍾 4.000 N H *Pk.* D) 1996 (G.B.) 88 + 1997 (D.T.) 89
★★ Dolcetto di Dogliani Vigna Tecc, 🍷 1996 und 1997 (ha 4,41 🍾 22.000 N H *Pk.* C) 1996 (G.B.) 86 + 1997 (D.T.) 88
♣ Langhe Nebbiolo, 🍷 1997 (ha 4,1 🍾 9.000 H *Pk.* B⊙) 1997 (D.T.) 86
♣ Piemonte Barbera, 🍷 1997 (ha 1,36 🍾 7.000 H B *Pk.* B⊙) 1997 (D.T.) 86

Tafelwein:

★ Vigna Meira, 🍷 der letzte (ha 1,52 🍾 4.300 🅱 *Pk.* C)
🍇 Tocai und Pinot Grigio

Poderi **La Collina**

Plz. 12063, via D. Alighieri 42; Tel. 0173/70155; Fax 77402.

Gründungsjahr: 1979. *Inhaber:* Piergiorgio Marengo. *Kundenbetreuung:* Piergiorgio und Annamaria Marengo. *Produktionsleitung:* Walter Bonetti. *Agronom:* Herr Comino. *Anbaufläche in ha.:* 10. *Besuchszeiten:* täglich, nach Vereinbarung. *Degustation:* in einer Probierstube mit Platz für 20/25 Personen.

DOC:

♣ Dolcetto di Dogliani Pian Marie, 🍷 1997 (ha 2,5 🍾 15.000 🅽 *Pk.* B ⊙) — 1997 (G.B.) 86

♣ Langhe Rosso Primo Assolo, 🍷 1995 (ha 1 🍾 7.000 🅱 *Pk.* D) — 1995 (G.B.) 87

Azienda Agricola Fratelli **Pecchenino**

Plz. 12063, Borgata Valdibà 41; Tel. 0173/70686; Fax 70686.

Gründungsjahr: Anfang des 20. Jahrhunderts. *Inhaber:* Gebrüder Pecchenino. *Kundenbetreuung:* Orlando Pecchenino. *Produktionsleitung:* Orlando Pecchenino. *Agronom:* Attilio Pecchenino. *Anbaufläche in ha.:* 25. *Besuchszeiten:* während der Geschäftszeiten; am besten mit Voranmeldung. *Degustation:* in einer Probierstube.

DOC:

★★ Dolcetto di Dogliani Pizabò, 🍷 1997 (🍾 10.000 🅽 *Pk.* B)

★★ Dolcetto di Dogliani Sirì d'Yermu, 🍷 1997 (🍾 28.000 🅽 🅱 *Pk.* C) — 1997 (D.T.) 89

♣ Dolcetto di Dogliani Superiore Bricco Botti, 🍷 1996 (🍾 6.000 🅱 *Pk.* D) — 1996 (D.T.) 86

★ Langhe Rosso La Castella, 🍷 1996 (🍾 28.000 🅱 *Pk.* D)

Azienda Agricola **Ribote – Fratelli Porro**

Plz. 12063, via Valdiberti 24; Tel. 0173/70371; Fax 70371.

Gründungsjahr: 1985. *Inhaber:* Bruno und Claudio Porro. *Kundenbetreuung:* der Inhaber. *Produktionsleitung:* Giuseppe Caviola. *Agronom:* Herr Corino. *Anbaufläche in ha.:* 10. *Besuchszeiten:* nach Vereinbarung. *Degustation:* in einer Probierstube.

DOC:

♣ Dolcetto di Dogliani Ribote, 🍷 1996 (ha 3 🍾 16.000 🅷 *Pk.* B ⊙) — 1996 (G.B.) 86

Azienda Agricola **Romana Carlo**
Plz. 12063, frazione Gombe 16, località Barroeri;
Tel. 0173/76315; Fax 76821.

Inhaber: Carlo Romana. *Kundenbetreuung:* der Inhaber. *Produktionsleitung:* der Inhaber, auch landwirtschaftlicher Leiter. *Anbaufläche in ha.:* 6. *Besuchszeiten:* täglich. *Degustation:* im Weinkeller.

DOC:

★★ Dolcetto di Dogliani Vigna Bric dij Nor, 🍷 1997 (ha 1 🍾 4.000 ☐ *Pk.* B ⊙) 1997 (G.B.) 88

★ Dolcetto di Dogliani Vigna Suri Vinsant, 🍷 1997 (ha 2 🍾 10.000 ☐ *Pk.* A ⊙) 1997 (G.B.) 85

Azienda Agricola **San Fereolo**
Plz. 12063, borgata Valdibà 58/59; Tel. 0173/742075; Fax 742075.

Gründungsjahr: 1993. *Inhaber:* Nicoletta Bocca und Francesco Stralla. *Kundenbetreuung:* die Inhaber. *Produktionsleitung:* Nicoletta Bocca. *Agronom:* Francesco Stralla. *Besuchszeiten:* nach telefonischer Vereinbarung. *Degustation:* in einer Probierstube.

DOC:

★★ Dolcetto di Dogliani San Fereolo, 🍷 1996 (☐ *Pk.* B)

★ Langhe Rosso, 🍷 1996 (☐ *Pk.* B) 🍇 Barbera

San Romano
Plz. 12063, borgata Giachelli 8; Tel. 0173/76289; Fax 76289.

Gründungsjahr: 1995. *Inhaber:* Bruno Chionetti. *Kundenbetreuung:* der Inhaber. *Produktionsleitung:* der Inhaber, auch landwirtschaftlicher Leiter, unter Beratung von Beppe Caviola. *Anbaufläche in ha.:* 3,5. *Besuchszeiten:* täglich, nach Vereinbarung. *Degustation:* in einer Probierstube im alten Teil des Bauernhauses.

DOC:

★ Dolcetto di Dogliani, 🍷 1996 (ha 1,5 🍾 10.000 ☐ *Pk.* B)

★★ Dolcetto di Dogliani Cornole Vigna del Pilone, 🍷 1997 (ha 2 🍾 11.500 ☐ *Pk.* B ⊙) 1997 (D.T.) 89

♣ Dolcetto di Dogliani Madonna delle Grazie, 🍷 1997 (ha 1 🍾 10.000 ☐ *Pk.* B ⊙) 1997 (D.T.) 86

FARA NOVARESE (Novara)

Nächste Autobahnausfahrt: Agognate (A4) oder Ghemme (A26).

Dessilani Luigi & Figlio

Plz. 28073, via C. Battisti 21; Tel. 0321/829252; Fax 829805.

Gründungsjahr: 1892. *Inhaber:* Enzio Lucca. *Kundenbetreuung:* der Inhaber. *Produktionsleitung:* der Inhaber, auch landwirtschaftlicher Leiter. *Besuchszeiten:* täglich, nach Vereinbarung. *Degustation:* im kleinen Weinkeller.

DOCG:

★ Ghemme Riserva, 🍷 1993 (H *Pk.* C)

DOC:

★ Fara Caramino, 🍷 1993 (H *Pk.* C)

FARIGLIANO (Cuneo)

Nächste Autobahnausfahrt: Carrù (A6).

Hinweis: Der Dolcetto di Dogliani 1997 (87) von Eraldo und Secondino Revelli (Tel. 0172/797154) war sehr überzeugend. (D.T.)

Azienda Agricola **Gillardi**

Plz. 12060, Cascina Corsaletto; Tel. 0173/76306; Fax 76813.

Gründungsjahr: 1980. *Inhaber:* Giovan Battista Gillardi. *Kundenbetreuung:* der Inhaber. *Produktionsleitung:* Giacolino Gillardi. *Agronom:* P. Luigi Marenco. *Anbaufläche in ha.:* 6. *Besuchszeiten:* während der Geschäftszeiten; am besten mit Voranmeldung. *Degustation:* in einer Probierstube.

DOC:

★ Dolcetto di Dogliani Vigneto Cursalet, 🍷 1996 (N *Pk.* B ⊙) 1996 (D.T.) 89

★★ Dolcetto di Dogliani Vigneto Maestra, 🍷 1997 (N *Pk.* B ⊙) 1997 (D.T.) 87

Azienda Agricola **Uria Giovanni**

Plz. 12060, regione Genè 65; Tel. 0173/76307.

Gründungsjahr: 1965. *Inhaber:* Giovanni Uria. *Kundenbetreuung:* Carlo Borra. *Produktionsleitung:* der Inhaber. *Agronom:* Giovanni Uria. *Besuchszeiten:* täglich, nach telefonischer Vereinbarung. *Degustation:* im Weinkeller.

DOC:

★ Dolcetto di Dogliani Giudarena, 🍷 1997 (N *Pk.* B)

FRASSINELLO MONFERRATO (Alessandria)

Nächste Autobahnausfahrt: Casale sud (A26).

Azienda Agricola **Castello di Lignano**

Plz. 15035, Regione Lignano; Tel. 0142/334511; Fax 563610.

Inhaber: Familie Gaiero. *Kundenbetreuung:* Giuseppe Gaiero. *Produktionsleitung:* Francesco Ferrero. *Agronom:* A. Pansecchi. *Anbaufläche in ha.:* 10. *Besuchszeiten:* täglich, nach telefonischer Vereinbarung. *Degustation:* im großen Probiersaal mit Platz für 50 Personen oder in einem kleinen Saal im mittelalterlichen Turm des Schlosses.

DOC:

★ Barbera d'Asti Vigna Stramba, 🍷 1996 (ha 3,5 🍾 6.500 B *Pk.* C)

★ Barbera del Monferrato, 🍷 der letzte (ha 3 🍾 8.500 N *Pk.* B)

★ Grignolino del Monferrato Casalese Vigna Tufara, 🍷 der letzte (ha 4 🍾 15.000 N *Pk.* B)

GATTINARA (Vercelli)

Nächste Autobahnausfahrt: Romagnano-Ghemme (A26).

Azienda Agricola **Antoniolo**

Plz. 13045, corso Valsesia 277; Tel. 0163/833612; Fax 826112.

Gründungsjahr: 1949. *Inhaber:* Rosanna Antoniolo. *Kundenbetreuung:* die Inhaberin mit Sohn Alberto. *Produktionsleitung:* die Inhaberin. *Agronom:* Alberto Antoniolo. *Besuchszeiten:* täglich, nach Voranmeldung. *Degustation:* in einer kleinen Önothek.

DOCG:

★★ Gattinara Vigneto Castelle, 🍷 1993 (B *Pk.* E)

★★ Gattinara Vigneto Osso San Grato, 🍷 1993 (H *Pk.* E)

★★ Gattinara Vigneto San Francesco, 🍷 1993 (H *Pk.* E)

Azienda Vitivinicola **Nervi**

Plz. 13045, corso Vercelli 117; Tel. 0163/833228; Fax 833228.

Gründungsjahr: 1920. *Inhaber:* Familie Bocciolone. *Kundenbetreuung:* Carla Ferrero und Giorgio Aliata. *Besuchszeiten:* Montag bis Freitag, von 8 bis 12 Uhr und von 14 bis 18 Uhr; am besten mit Voranmeldung. *Degustation:* in einer mit dem Weinkeller verbundenen Probierstube.

DOCG:

★★ Gattinara Vigneto Molsino, 🍷 1993 (H B *Pk.* D)

Tafelwein:

★ Amore, 🍷 1997 (H *Pk.* B) 🍇 Nebbiolo und Cabernet

Azienda Agricola **Travaglini Giancarlo**

Plz. 13045, strada delle Vigne 36; Tel. 0163/833588; Fax 826482.

Gründungsjahr: 1959. *Inhaber:* Giancarlo Travaglini und seine Familie. *Kundenbetreuung:* der Inhaber und seine Töchter. *Produktionsleitung:* Giuliano Noè. *Agronom:* Giancarlo Travaglini. *Anbaufläche in ha.:* 35. *Besuchszeiten:* täglich, nach Vereinbarung. *Degustation:* im kleinen Weinkeller.

DOCG:

★★ Gattinara, 🍷 1993 (🍾 120.000 H B *Pk.* C)
★★ Gattinara Riserva, 🍷 1993 (🍾 10.000 H B *Pk.* D)

GAVI (Alessandria)

Nächste Autobahnausfahrt: Novi Ligure (A7) oder Serravalle (A7).

Azienda Agricola **Bergaglio Nicola**

Plz. 15066, frazione Rovereto, località Pedaggeri 59;
Tel. 0143/682195; Fax 682195.

Gründungsjahr: 1970. *Inhaber:* Nicola Bergaglio. *Kundenbetreuung:* Gianluigi Bergaglio. *Produktionsleitung:* Gianluigi Bergaglio. *Anbaufläche in ha.:* 10. *Besuchszeiten:* täglich, nach telefonischer Vereinbarung. *Degustation:* im Weinkeller.

DOC:

★★ Gavi Minaia, 🍷 der letzte
(ha 4 🍾 20.000 N *Pk.* B⊙) 1997 (G.B.) 85

Azienda Agricola **Broglia Gian Piero**

Plz. 15066, località Lomellina 14; Tel. 0143/743267; Fax 78707.

Gründungsjahr: 1972. *Inhaber:* Gian Piero Broglia. *Kundenbetreuung:* der Inhaber. *Produktionsleitung:* Donato Lanati. *Agronom:* Lorenzo Castelli. *Besuchszeiten:* Montag bis Freitag, nach Vereinbarung. *Degustation:* in einer Probierstube.

DOC:

★★ Gavi Bruno Broglia, 🍷 der letzte (N *Pk.* D)
★★ Gavi Vigna Fasciola, 🍷 1996 (B *Pk.* C)
★ Gavi Villa Broglia, 🍷 der letzte (N *Pk.* C) 1997 (D.T.) 86

Azienda Agricola **Ca' da Meo**

Plz. 15066, località Ca' da Meo, via Pratolungo 163;
Tel. 0143/667923; Fax 667929.

Gründungsjahr: 1986. *Inhaber:* Maurizio Vilona. *Kundenbetreuung:* der Inhaber oder Alessandra Gavoglio. *Produktionsleitung:*

Giuseppe Bassi. *Besuchszeiten:* Montag bis Freitag, von 9 bis 13 Uhr und von 15 bis 19 Uhr. *Degustation:* in einer Probierstube.

DOC:

★ Gavi, 🍷 der letzte (N *Pk.* B)

Tafelwein:

★ Bricco della Croce, 🍷 1997 (N *Pk.* A) Dolcetto

Azienda Vitivinicola **Castellari Bergaglio**

Plz. 15066, frazione Rovereto 136; Tel. 0143/644000; Fax 644900.

Gründungsjahr: 1970. *Inhaber:* Wanda Castellari. *Kundenbetreuung:* die Inhaberin und Marco Bergaglio. *Produktionsleitung:* Giancarlo Scaglione. *Agronom:* Nicola Agramante. *Anbaufläche in ha.:* 10. *Besuchszeiten:* Montag bis Samstag, von 8 bis 12 Uhr und von 14 bis 18 Uhr. *Degustation:* im Weinkeller.

DOC:

★ Gavi, 🍷 der letzte (ha 7 🍾 50.000 N *Pk.* B)

★ Gavi di Rovereto, 🍷 der letzte (ha 2 🍾 7.000 N *Pk.* C) 1997 (D.T.) 85

Azienda Agricola **Gemme Fausto**

Plz. 15066, frazione Rovereto, località Gemmi 38;
Tel. 0143/682158; Fax 75519.

Gründungsjahr: 1968. *Inhaber:* Fausto Gemme. *Kundenbetreuung:* der Inhaber. *Produktionsleitung:* Roberto Vezza. *Besuchszeiten:* täglich, nach telefonischer Vereinbarung. *Degustation:* in einer Probierstube.

DOC:

★ Gavi La Merlina, 🍷 der letzte (N *Pk.* B)

Tenuta **La Giustiniana**

Plz. 15066, frazione Rovereto 5; Tel. 0143/682132; Fax 682085.

Inhaber: Familie Lombardini. *Kundenbetreuung:* Enrico Tomalino. *Produktionsleitung:* Lucio Tomalino. *Agronom:* Enrico Tomalino. *Besuchszeiten:* von 8 bis 20 Uhr; an Sonn- und Feiertagen nur nach Vereinbarung. *Degustation:* in einer kleinen Probierstube im Wachturm des alten Benediktinerklosters.

DOC:

★★ Gavi Vignaclara, 🍷 1996 (B *Pk.* C)

★ Gavi Vigneti Centurionetta, 🍷 der letzte (N *Pk.* C)

★ Gavi Vigneti Lugarara, 🍷 der letzte (N *Pk.* B)

★ Gavi Vigneti Montessora, 🍷 der letzte (N *Pk.* C)

Azienda Vitivinicola **La Scolca**

Plz. 15066, frazione Rovereto; Tel. 0143/682176; Fax 682197.

Gründungsjahr: 1919. *Inhaber:* Giorgio Soldati. *Kundenbetreuung:* der Inhaber. *Produktionsleitung:* Giorgio Soldati, auch landwirtschaftlicher Leiter. *Besuchszeiten:* Montag bis Freitag, nur nach telefonischer Vereinbarung. *Degustation:* in einer Probierstube.

DOC:

★ Gavi di Gavi La Scolca, 🍷 der letzte (N *Pk.* D)

★★ Gavi Spumante Brut Soldati La Scolca, 🍷 der letzte (N *Pk.* D)

★ Gavi Spumante Pas Dosé Soldati La Scolca, 🍷 der letzte (N *Pk.* D)

★ Gavi Villa Scolca, 🍷 der letzte (N *Pk.* C)

Tafelwein:

★ Spumante Brut Soldati La Scolca, 🍷 der letzte (N *Pk.* D)
🍇 Cortese

Azienda Vitivinicola **San Bartolomeo**

Plz. 15066, Cascina San Bartolomeo 26;
Tel. 0143/643180; Fax 643180.

Gründungsjahr: 1916. *Inhaber:* Quintino Bergaglio. *Kundenbetreuung:* Teresina Carrea. *Produktionsleitung:* Fulvio Bergaglio. *Anbaufläche in ha.:* 7. *Besuchszeiten:* täglich, nach telefonischer Voranmeldung. *Degustation:* in einer Probierstube.

DOC:

♣ Gavi di Gavi Cappello del Diavolo, 🍷 1997
(ha 0,7 🍾 4.000 B *Pk.* C) 1997 (G.B.) 85

Tenuta **Santa Seraffa**

Plz. 15066, località Colombare; Tel. 0143/643600; Fax 642996.

Gründungsjahr: 1984. *Kundenbetreuung:* Dr. Rusca oder Herr Serra. *Produktionsleitung:* Giancarlo Scaglione. *Besuchszeiten:* nach telefonischer Vereinbarung. *Degustation:* in einer Probierstube im Firmengebäude.

DOC:

★ Gavi, 🍷 der letzte (N *Pk.* B)

IGT:

♣ Cà di Maggio, 🍷 1995 (B *Pk.* B ⊙)
🍇 Chardonnay und Cortese 1995 (D.T.) 85

Azienda Agricola **Villa Sparina**
Plz. 15066, frazione Monterotondo 56;
Tel. 0143/634880; Fax 634895.

Gründungsjahr: 1982. *Inhaber:* Mario Moccagatta. *Kundenbetreuung:* der Inhaber. *Produktionsleitung:* der Inhaber. *Agronom:* Federico Curtaz. *Besuchszeiten:* täglich, nach Vereinbarung. *Degustation:* in einer großen rustikalen Taverne mit 100 Sitzplätzen.

DOC:
★ Gavi, 🍷 der letzte (N *Pk.* B)
★★ Gavi La Villa, 🍷 der letzte (N *Pk.* C)
★ Gavi Spumante Villa Sparina Brut Millesimato, 🍷 1993 (N *Pk.* D) 🍇 Cortese

Tafelwein:
★★ Müller-Thurgau, 🍷 der letzte (N *Pk.* B)

GHEMME (Novara)
Nächste Autobahnausfahrt: Ghemme Romagnano (A26).

Antichi Vigneti di **Cantalupo**
Plz. 28074, via Michelangelo Buonarroti 5;
Tel. 0163/840041; Fax 841595.

Gründungsjahr: 1977. *Inhaber:* Familie Arlunno. *Kundenbetreuung:* Alberto Arlunno und Giulio Arlunno. *Produktionsleitung:* Donato Lanati. *Besuchszeiten:* täglich. *Degustation:* in einer Probierstube neben dem Weinkeller.

DOCG:
★★ Ghemme Collis Breclemae, 🍷 1990 und 1993 (H *Pk.* D)
★★ Ghemme Collis Carellae, 🍷 1990 und 1993 (H *Pk.* D)
★★ Ghemme Signore di Bayard, 🍷 1990 und 1993 (B *Pk.* E)

Tafelwein:
★ Primigenia, 🍷 der letzte (N *Pk.* B) 🍇 Uva Rara, Vespolina und Nebbiolo

GOVONE (Cuneo)
Nächste Autobahnausfahrt: Asti est (A21).

Azienda Agricola **Cantamessa Maria**
Plz. 12040, via San Pietro 22/a; Tel. 0173/58551; Fax 58551.

Gründungsjahr: Ende des 19. Jahrhunderts. *Inhaber:* Maria Cantamessa. *Kundenbetreuung:* Osvaldo Cantamessa. *Produktionsleitung:* Gianfranco Cordero. *Agronom:* Fulvio Grasso. *Anbaufläche in ha.:* 5. *Besuchszeiten:* täglich, nur nach telefonischer Vereinbarung. *Degustation:* in einer kleinen Taverne.

DOC:

★ Barbera d'Alba Collerosso, 🍷 1996 (ha 1 🍾 5.500 B *Pk.* B ⊙) 1996 (G.B.) 86

Tafelwein:

★ Rosso del Colle, 🍷 1997 (ha 0,5 🍾 3.000 H *Pk.* A) 🍇 Barbera und Bonarda

GRINZANE CAVOUR (Cuneo)

Nächste Autobahnausfahrt: Asti est (A21).

Cantina **Le Ginestre**

Plz. 12060, via Grinzane 15; Tel. 0173/262910; Fax 262267.

Gründungsjahr: 1974. *Inhaber:* Familie Audasso. *Kundenbetreuung:* der Inhaber mit Ehefrau Giulia und Tochter Barbara. *Produktionsleitung:* Gian Luca Audasso. *Agronom:* Carlo Arnulfo. *Besuchszeiten:* täglich. *Degustation:* im Weinkeller.

DOCG:

★★ Barolo, 🍷 1993 (H *Pk.* E)

DOC:

★ Barbera d'Alba Bricco Tampirì, 🍷 1996 (B *Pk.* B)

★★ Dolcetto d'Alba Madonna Como, 🍷 1996 (N *Pk.* B)

INCISA SCAPACCINO (Asti)

Nächste Autobahnausfahrt: Alessandria est oder Felizzano (A21).

Antiche Cantine **Brema Cascina Croce**

Plz. 14045, via Pozzo Magna 9; Tel. 0141/74019; Fax 74019.

Gründungsjahr: 1887. *Inhaber:* Ermanno und Alessandra Brema. *Kundenbetreuung:* Ermanno Brema. *Produktionsleitung:* Piergiorgio Berta. *Agronom:* Ermanno Brema. *Anbaufläche in ha.:* 11,45. *Besuchszeiten:* täglich, nach Vereinbarung. *Degustation:* in einer kleinen Taverne.

DOC:

★ Barbera d'Asti Le Cascine, 🍷 1995 (ha 3,4 🍾 12.000 B *Pk.* C)

★★ Barbera d'Asti Vigna Donato, 🍷 1996 (ha 1,5 🍾 5.000 H *Pk.* B)

★ Barbera del Monferrato Vigna Castagnei, 🍷 1997 (ha 2,1 🍾 10.000 H *Pk.* B)

ISOLA D'ASTI (Asti)

Nächste Autobahnausfahrt: Asti est (A21).

Vigneti **Brichet**

Plz. 14057, frazione Repergo, via Castellazzo 53;
Tel. 0141/958684; Fax 958436.

Gründungsjahr: 1977. *Inhaber:* Familie Massasso. *Kundenbetreuung:* Beppe und Mirella Massasso. *Produktionsleitung:* Alessandro Tartaglino. *Agronom:* Beppe Massasso. *Anbaufläche in ha.:* 7. *Besuchszeiten:* täglich, nach telefonischer Vereinbarung. *Degustation:* in einer kleinen Taverne im Weinkeller.

DOC:

★ Barbera d'Asti Il Brichet Opera Prima, 🍷 der letzte (H *Pk.* A)

★★ Barbera d'Asti Vigneto La Dama, 🍷 1995 (B *Pk.* C)

★★ Grignolino d'Asti Non Ti Scordar di Me, 🍷 der letzte (N *Pk.* B)

IVREA (Torino)

Nächste Autobahnausfahrt: Ivrea (A5).

Azienda Vitivinicola **Ferrando**

Plz. 10015, corso Cavour 9; Tel. 0125/641176; Fax 0165/641176.

Gründungsjahr: 1890. *Inhaber:* Luigi Ferrando. *Kundenbetreuung:* der Inhaber. *Produktionsleitung:* der Inhaber. *Agronom:* Roberto Ferrando. *Anbaufläche in ha.:* 7. *Besuchszeiten:* Montag bis Freitag, nach Vereinbarung. *Degustation:* im Weinkeller.

DOC:

★ Carema, 🍷 1993 (ha 0,5 H *Pk.* D)

★★ Carema Riserva Etichetta Nera, 🍷 1990; 1995 im Kommen (B *Pk.* F)

★ Erbaluce di Caluso Vigneto Cariola, 🍷 der letzte (ha 1 🍾 5.000 N B *Pk.* C)

Tafelwein:

★★ Solativo, 🍷 1996 (ha 1 🍾 1.800 N B *Pk.* E)
🍇 Erbaluce Spätlese 1996 (G.B.) 87

LA MORRA (Cuneo)

Nächste Autobahnausfahrt: Asti est (A21) oder Marene (A6).

Hinweis: Der Barolo 1994 (86) von Cascina Ballarin (Tel. 0173/50365) ist gut gemacht und besitzt eine für seinen Jahrgang ungewöhnliche Struktur. (D.T.)

Accomasso Lorenzo

Plz. 12064, frazione Annunziata, borgata Pozzo 34; Tel. 0173/50843.

Gründungsjahr: 1958. *Inhaber:* Lorenzo Accomasso. *Kundenbetreuung:* der Inhaber und seine Schwester Elena. *Produktionsleitung:* der Inhaber. *Besuchszeiten:* täglich, nach telefonischer Vereinbarung. *Degustation:* in einer Probierstube.

DOCG:

★ Barolo Vigneto Rocche, 🍷 1993 (🅷 *Pk.* D)

★★ Barolo Vigneto Rocchette, 🍷 1993 (🅷 *Pk.* D)

DOC:

★ Dolcetto d'Alba Rocchettevino La Pria, 🍷 1997 (🅷 *Pk.* B)

Tafelwein:

★ Barbera Vigne Pozzo, 🍷 1995 (🅷 *Pk.* B)

Alessandria Crissante

Plz. 12064, borgata Roggeri di Santa Maria 43;
Tel. 0173/50834; Fax 50834.

Gründungsjahr: 1958. *Inhaber:* Crissante Alessandria. *Kundenbetreuung:* Michele und Roberto Alessandria. *Produktionsleitung:* Michele und Roberto Alessandria, beide auch landwirtschaftliche Leiter. *Anbaufläche in ha.:* 4. *Besuchszeiten:* täglich, nach telefonischer Voranmeldung. *Degustation:* in einer Probierstube.

DOCG:

★ Barolo Otin Capalot, 🍷 1993 (ha 0,5 🍾 3.000 🅷 🅱 *Pk.* D)

★ Barolo Vigna dei Roggeri, 🍷 1994 (ha 0,8 🍾 4.000 🅱 *Pk.* E) — 1994 (D.T.) 87

DOC:

★★ Dolcetto d'Alba Pian delle Masche, 🍷 1997 (ha 0,8 🍾 5.000 🅽 *Pk.* B)

Tafelwein:

★★ Rugé, 🍷 1995 (ha 0,25 🍾 1.200 🅱 *Pk.* D) 🍇 Barbera

Azienda Agricola **Altare Elio**

Plz. 12064, frazione Annunziata 51; Tel. 0173/50835; Fax 50835.

Gründungsjahr: 1948. *Inhaber:* Elio Altare. *Kundenbetreuung:* der Inhaber mit Ehefrau Lucia. *Produktionsleitung:* der Inhaber. *Besuchszeiten:* nach telefonischer Vereinbarung, täglich. *Degustation:* in einer Probierstube.

DOCG:

★★ Barolo, 🍷 1993 (H B *Pk.* E)
★★★ Barolo Vigneto Arborina, 🍷 1993 (H B *Pk.* F)

DOC:

★★ Dolcetto d'Alba, 🍷 1997 (H B *Pk.* B)
★★★ Langhe Arborina, 🍷 1996 (B *Pk.* F)
Nebbiolo 1996 (D.T.) 91
★★ Langhe La Villa, 🍷 1996 (B *Pk.* F)
Barbera und Nebbiolo 1996 (D.T.) 90
★★★ Langhe Larigi, 🍷 1996 (B *Pk.* F) Barbera 1996 (D.T.) 89

Batasiolo

Plz. 12064, frazione Annunziata 87; Tel. 0173/50130; Fax 509258.

Gründungsjahr: 1958. *Kundenbetreuung:* Giorgio Lavagna. *Produktionsleitung:* Giorgio Lavagna. *Agronom:* Fabrizio Bo. *Anbaufläche in ha.:* 104. *Besuchszeiten:* täglich, nach telefonischer Vereinbarung. *Degustation:* in einem großen Saal mit Platz für circa 100 Personen.

DOCG:

★★ Barolo Bofani, 🍷 1993
(ha 7,9 🍾 13.000 H *Pk.* E) 1993 (G.B.) 85
★★ Barolo Boscareto, 🍷 1993
(ha 32,2 🍾 13.000 H *Pk.* E) 1993 (G.B.) 85
★★ Barolo La Corda della Briccolina, 🍷 1993
(ha 1,63 🍾 9.700 B *Pk.* F) 1993 (G.B.) 87

DOC:

★ Barbera d'Alba Sovrana, 🍷 1996 (🍾 36.000 B *Pk.* B)
★ Dolcetto d'Alba Bricco Vergne, 🍷 1997
(ha 12,5 🍾 26.000 N *Pk.* B)

Azienda Agricola **Boglietti Enzo**

Plz. 12064, via Roma 37; Tel. 0173/50330.

Inhaber: Enzo Boglietti. *Kundenbetreuung:* der Inhaber. *Produktionsleitung:* der Inhaber. *Besuchszeiten:* nach telefonischer Vereinbarung. *Degustation:* in einer Probierstube.

DOCG:

★★ Barolo Brunate, 🍷 1993 (H B *Pk.* E)

★ Barolo Vigna Case Nere, 🍷 1993 (B *Pk.* E)

DOC:

★ Barbera d'Alba, 🍷 1997 (N B *Pk.* C)

★★ Barbera d'Alba Vigna dei Romani, 🍷 1996 (B *Pk.* C) 1996 (D.T.) 90

★ Dolcetto d'Alba, 🍷 1997 (N *Pk.* B)

★★ Dolcetto d'Alba Fossati, 🍷 1997 (N *Pk.* B)

★ Dolcetto d'Alba Tiglieri, 🍷 1997 (N *Pk.* B⊙) 1997 (D.T.) 86

Tafelwein:

★★ Buio, 🍷 1996 (B *Pk.* C) Nebbiolo und Barbera 1996 (D.T.) 91

Azienda Agricola **Bovio**

Plz. 12064, borgata Ciotto 63; Tel. 0173/50190; Fax 50604.

Gründungsjahr: 1975. *Inhaber:* Gianfranco Bovio. *Kundenbetreuung:* Walter Porasso. *Produktionsleitung:* Giuseppe Caviola. *Anbaufläche in ha.:* 5. *Besuchszeiten:* Montag bis Freitag während der Geschäftszeiten. *Degustation:* in einer Probierstube.

DOCG:

★★ Barolo Vigna Arborina, 🍷 1993 (ha 1 3.000 B *Pk.* E)

★★ Barolo Vigna Gattera, 🍷 1993 (ha 1,5 5.000 H *Pk.* E)

DOC:

★ Barbera d'Alba Il Ciotto, 🍷 1997 (ha 1 4.000 N *Pk.* B)

★ Barbera d'Alba Vigneto Regia Veja, 🍷 1994 (ha 0,5 1.800 B *Pk.* C)

★★ Dolcetto d'Alba Vigneto Dabbene dell'Annunziata, 🍷 1997 (ha 1 8.000 N *Pk.* B)

Cantina **Ciabot Berton**

Plz. 12064, frazione Santa Maria 1; Tel. 0173/50217; Fax 50217.

Gründungsjahr: 1960. *Inhaber:* Luigi Oberto. *Kundenbetreuung:* Paola Oberto. *Produktionsleitung:* Marco Oberto. *Anbaufläche in ha.:* 9. *Besuchszeiten:* täglich, nach telefonischer Vereinbarung. *Degustation:* in einer mit alten Möbeln eingerichteten Probierstube am Eingang des Weinkellers.

DOCG:

★★ Barolo, 🍷 1993 (ha 6 10.000 H *Pk.* D)

★ Barolo Roggeri, 🍷 1993 (ha 1 4.000 B *Pk.* E)

DOC:

★★ Barbera d'Alba Bricco San Biagio, 🍷 1996 (ha 0,5 🍾 3.000 [B] *Pk.* C) — 1996 (D.T.) 86

★ Dolcetto d'Alba, 🍷 1997 (ha 1,5 🍾 6.000 [N] [B] *Pk.* B ⊙) — 1997 (D.T.) 86

Azienda Agricola **Corino Giovanni**

Plz. 12064, frazione Annunziata 24; Tel. 0173/50219; Fax 50219.

Gründungsjahr: 1980. *Inhaber:* Giovanni Corino. *Kundenbetreuung:* Giovanni, Giuliano und Renato Corino. *Anbaufläche in ha.:* 15. *Besuchszeiten:* während der Geschäftszeiten. *Degustation:* in einer Probierstube im Weinkeller oder im Wohnhaus.

DOCG:

★★ Barolo Rocche dell'Annunziata, 🍷 1993 und 1994 (🍾 4.000 [B] *Pk.* E)

★★★ Barolo Vigna Giachini, 🍷 1993 (🍾 10.000 [B] *Pk.* E)

DOC:

★ Barbera d'Alba, 🍷 1997 (🍾 8.000 [N] [B] *Pk.* B)

★★★ Barbera d'Alba Vigna Pozzo, 🍷 1996 (🍾 3.500 [B] *Pk.* E) — 1996 (D.T.) 90

★★ Dolcetto d'Alba, 🍷 1997 (🍾 10.000 [N] *Pk.* B)

Azienda Agricola **Dosio Vigneti**

Plz. 12064, località Serradenari 16; Tel. 0173/50677; Fax 50321.

Gründungsjahr: 1974. *Inhaber:* Beppe Dosio. *Kundenbetreuung:* der Inhaber. *Produktionsleitung:* der Inhaber. *Agronom:* Giorgio Vaira. *Anbaufläche in ha.:* 8. *Besuchszeiten:* von 8.30 bis 12.30 Uhr und von 14 bis 18 Uhr; Samstag und Sonntag durchgehend geöffnet. *Degustation:* in einem großen Probiersaal.

DOCG:

★★ Barolo Vigna Fossati, 🍷 1993 (ha 1,6 🍾 6.000 [H] *Pk.* E)

DOC:

★ Dolcetto d'Alba Vigna Nassone, 🍷 1997 (ha 1,2 🍾 3.000 [H] *Pk.* B)

★ Dolcetto d'Alba Vigna Serradenari, 🍷 1997 (ha 5 🍾 20.000 [N] *Pk.* B)

Tafelwein:

★ Barilà, 🍷 1996 (🍾 1.000 [B] *Pk.* D) 🍇 Chardonnay

★ Momenti, 🍷 1996 (🍾 4.000 [B] *Pk.* D) 🍇 Barbera (55%) und Nebbiolo (45%)

Gianni **Gagliardo**

Plz. 12064, borgata Serra dei Turchi 88, frazione Santa Maria; Tel. 0173/50829; Fax 509230.

Gründungsjahr: 1974. *Inhaber:* Gianni Gagliardo. *Kundenbetreuung:* Stefano Gagliardo. *Produktionsleitung:* Daniele Benevello und Stefano Gagliardo. *Agronom:* Daniele Benevello und Stefano Gagliardo. *Besuchszeiten:* Degustationen sind täglich außer Mittwoch möglich, Kellereibesuche nur nach Vereinbarung. *Degustation:* in einer öffentlichen Weinschenke mit Platz für 40 Personen.

DOCG:

★ Barolo, 🍷 1993 (H *Pk.* E)
★★ Barolo Preve, 🍷 1993 (B *Pk.* F)

DOC:

★★ Barbera d'Alba La Matta, 🍷 1995 (B *Pk.* C)
★ Dolcetto d'Alba Paulin, 🍷 1997 (N *Pk.* C)

Tafelwein:

★★ Batié, 🍷 1994 (B *Pk.* D) 🍇 Nebbiolo

Azienda Agricola **Grasso Silvio**

Plz. 12064, cascina Luciani 112; Tel. 0173/50322; Fax 50322.

Gründungsjahr: 1927. *Inhaber:* Alessio Grasso. *Kundenbetreuung:* der Inhaber. *Produktionsleitung:* der Inhaber. *Besuchszeiten:* täglich, nach Vereinbarung. *Degustation:* in einer Probierstube.

DOCG:

★★ Barolo Bricco Luciani, 🍷 1993 (B *Pk.* E)
★★ Barolo Ciabot Manzoni, 🍷 1994 (B *Pk.* E) 1994 (D.T.) 87

DOC:

♣ Barbera d'Alba, 🍷 1997 (N H *Pk.* B⊙) 1997 (D.T.) 86
★★ Barbera d'Alba Vigna Fontanile, 🍷 1996 (B *Pk.* D) 1996 (D.T.) 87
★ Dolcetto d'Alba, 🍷 1997 (N *Pk.* B)

Gromis

Plz. 12064, via del Laghetto 1; Tel. 0173/50137; Fax 509463.

Gründungsjahr: 1964. *Inhaber:* Angelo Gaja. *Produktionsleitung:* Diego Paschina. *Besuchszeiten:* das Weingut ist nicht für den Privatverkehr geöffnet.

DOCG:

★★★ Barolo Conteisa Cerequio, 🍷 1993 (H *Pk.* F)

Azienda Agricola Poderi **Marcarini**

Plz. 12064, piazza Martiri 2; Tel. 0173/50222; Fax 509355.

Gründungsjahr: Ende der 50er Jahre. *Inhaber:* Anna Marcarini. *Kundenbetreuung:* Luisa und Manuel Marchetti. *Produktionsleitung:* Luisa Marchetti, auch landwirtschaftliche Leiterin. *Besuchszeiten:* nach telefonischer Vereinbarung. *Degustation:* im Weinkeller.

DOCG:

★★ Barolo Brunate, 🍷 1993 (ha 4,5 🍾 24.000 H *Pk.* E)
★★ Barolo La Serra, 🍷 1993 (ha 3,5 🍾 8.700 H *Pk.* E)

DOC:

★★ Dolcetto d'Alba Boschi di Berri, 🍷 1997 (ha 0,3 🍾 1.800 N *Pk.* D)
★ Dolcetto d'Alba Fontanazza, 🍷 1997 (ha 4 N *Pk.* C)

Azienda Agricola **Marengo Mario**

Plz. 12064, via XX Settembre 32; Tel. 0173/50127; Fax 50127.

Gründungsjahr: 1889. *Inhaber:* Mario Marengo. *Kundenbetreuung:* der Inhaber. *Produktionsleitung:* Giuseppe Caviola. *Besuchszeiten:* während der Geschäftszeiten. *Degustation:* im Weinkeller.

DOCG:

★★ Barolo Brunate, 🍷 1993 (ha 2 🍾 6.000 B *Pk.* E)

DOC:

★ Dolcetto d'Alba, 🍷 1997 (ha 0,3 🍾 2.000 N H *Pk.* B)

Azienda Agricola **Molino Mauro**

Plz. 12064, frazione Annunziata 111; Tel. 0173/50814; Fax 50814.

Gründungsjahr: 1982. *Inhaber:* Mauro Molino. *Kundenbetreuung:* der Inhaber. *Produktionsleitung:* der Inhaber. *Besuchszeiten:* täglich, nach Voranmeldung. *Degustation:* in einer Probierstube.

DOCG:

★★ Barolo Vigna Conca, 🍷 1993 (B *Pk.* E)

DOC:

♣ Barbera d'Alba, 🍷 1996 (ha 0,7 🍾 3.600 B *Pk.* D) — 1996 (D.T.) 88
★ Dolcetto d'Alba, 🍷 1997 (N *Pk.* B)
★ Langhe Chardonnay Livrot, 🍷 1996 (B *Pk.* D) — 1996 (D.T.) 86

Tafelwein:

★★ Acanzio, 🍷 1995 (B *Pk.* E) 🍇 Barbera und Nebbiolo — 1995 (D.T.) 88

Azienda Agricola **Monfalletto**

Plz. 12064, frazione Annunziata 67; Tel. 0173/50344; Fax 509235.

Gründungsjahr: 1981. *Inhaber:* Giovanni und Enrico Cordero di Montezemolo. *Kundenbetreuung:* die Inhaber. *Produktionsleitung:* die Inhaber. *Agronom:* Bruno Roggero. *Besuchszeiten:* Montag bis Freitag, nur nach Vereinbarung. *Degustation:* in einer Probierstube neben dem Bürogebäude.

DOCG:

★★ Barolo Monfalletto, 🍷 1993 (H B *Pk.* E)
★★ Barolo Vigna Enrico VI di Castiglione Falletto, 🍷 1993 (H B *Pk.* E)

DOC:

★★ Barbera d'Alba, 🍷 1996 (H B *Pk.* C)
★ Dolcetto d'Alba, 🍷 1997 (N *Pk.* B)
★ Langhe Chardonnay Elioro, 🍷 der letzte (N B *Pk.* C)
★ Langhe Rosso, 🍷 1996 (B *Pk.* D) 🍇 Pinot Nero

Azienda Agricola **Oberto Andrea**

Plz. 12064, via G. Marconi 25; Tel. 0173/509262; Fax 509262.

Gründungsjahr: 1976. *Inhaber:* Andrea Oberto. *Kundenbetreuung:* Fabio Oberto. *Produktionsleitung:* Andrea Oberto. *Anbaufläche in ha.:* 8,2. *Besuchszeiten:* während der Geschäftszeiten, am besten mit Voranmeldung. *Degustation:* in einer Probierstube.

DOCG:

★★ Barolo Rocche, 🍷 1993 und 1994 (🍾 4.500 H B *Pk.* E) — 1994 (G.B./D.T.) 85

DOC:

★ Barbera d'Alba Boiolo, 🍷 1997 (🍾 5.000 H *Pk.* B)
★★ Barbera d'Alba Giada, 🍷 1996 (🍾 5.800 B *Pk.* D) — 1996 (D.T.) 88
★ Dolcetto d'Alba San Francesco, 🍷 1997 (🍾 5.000 N *Pk.* B⊙) — 1997 (D.T.) 85
★ Dolcetto d'Alba Vantrino Albarella, 🍷 1997 (🍾 8.200 N *Pk.* B)
♣ Langhe Rosso, 🍷 1996 (ha 0,8 🍾 9.200 B *Pk.* E) — 1996 (D.T.) 89

Poderi e Cantine Fratelli **Oddero**

Plz. 12064, frazione Santa Maria 28; Tel. 0173/50618; Fax 509377.

Gründungsjahr: 1878. *Inhaber:* Luigi und Giacomo Oddero sowie Mariavittoria und Mariacristina. *Kundenbetreuung:* Gabriella Rosso. *Produktionsleitung:* Luigi Oddero mit der technischen Beratung von Donato Lanati. *Agronom:* Luigi Oddero. *Besuchszeiten:* Montag bis Freitag, von 9 bis 12 Uhr und von 15 bis 18 Uhr, am besten mit Voranmeldung. *Degustation:* in einer Probierstube im Weinkeller.

DOCG:

★ Barbaresco, 🍷 1995 (H B *Pk.* D) 1995 (G.B.) 86
★★ Barolo Mondoca di Bussia, 🍷 1993 (H B *Pk.* E)
★★ Barolo Rocche di Castiglione, 🍷 1993 (H B *Pk.* E)
★★ Barolo Vigna Rionda, 🍷 1993 (H B *Pk.* E)

DOC:

★★ Barbera d'Alba, 🍷 1996 (H B *Pk.* B)
★ Dolcetto d'Alba, 🍷 1997 (H B *Pk.* B)
♣ Langhe Chardonnay Collaretto, 🍷 1997 (B *Pk.* B ⊙) 1997 (G.B.) 85
★ Langhe Rosso Furestè, 🍷 1996 (H B *Pk.* B)

Renato Ratti – Antiche Cantine dell'Abbazia dell'Annunziata

Plz. 12064, frazione Annunziata 7; Tel. 0173/50185; Fax 509373.

Gründungsjahr: 1965. *Inhaber:* Pietro Ratti und Massimo Martinelli. *Kundenbetreuung:* die Inhaber. *Produktionsleitung:* die Inhaber. *Besuchszeiten:* Montag bis Freitag, von 9 bis 12 Uhr und von 14.30 bis 17.30 Uhr; Samstag und Sonntag nur nach Vereinbarung. *Degustation:* in einer Probierstube.

DOCG:

★★ Barolo Conca di Marcenasco, 🍷 1993 (H *Pk.* F)
★★ Barolo Marcenasco, 🍷 1993 (H *Pk.* E)
★★ Barolo Rocche di Marcenasco, 🍷 1993 (H *Pk.* F)

DOC:

★★ Barbera d'Alba, 🍷 1996 (B *Pk.* B)
★★ Dolcetto d'Alba Campetto Colombè, 🍷 1997 (N *Pk.* B)
★★ Nebbiolo d'Alba Ochetti di Monteu, 🍷 1996 (N H *Pk.* B)

Tafelwein:

★ Cabernet I Cedri, 🍷 1996 (B *Pk.* C)
★★ Villa Pattono, 🍷 1996 (B *Pk.* C) 🍇 Barbera (80%), Freisa (15%) und Uvalino (5%)

Azienda Agricola **Rocche Costamagna**

Plz. 12064, via Vittorio Emanuele 12; Tel. 0173/509225; Fax 509283.

Gründungsjahr: 1971. *Inhaber:* Claudia Ferraresi und Alessandro Locatelli. *Kundenbetreuung:* Giorgio und Alessandro Locatelli. *Produktionsleitung:* Piero Ballario. *Agronom:* Piero Ballario. *Besuchszeiten:* nach telefonischer Vereinbarung. *Degustation:* im Cà dj Amis, einer kleiner Probierstube oberhalb des Weinkellers.

DOCG:

★★ Barolo Rocche dell'Annunziata, 🍷 1993 (H B *Pk.* D)

★★ Barolo Vigna Francesco, 🍷 1993 (B *Pk.* E)

DOC:

★★ Barbera d'Alba Annunziata, 🍷 1995 (B *Pk.* C) 1995 (D.T.) 87

★ Dolcetto d'Alba, 🍷 1997 (N *Pk.* B ⊙) 1997 (D.T.) 85

★ Langhe Rosso Rocche delle Rocche, 🍷 1995 (B *Pk.* C)
Nebbiolo (70%) und Barbera (30%)

Azienda Vitivinicola **Settimo Aurelio**

Plz. 12064, frazione Annunziata 30; Tel. 0173/50803; Fax 509318.

Gründungsjahr: 1960. *Inhaber:* Aurelio Settimo. *Kundenbetreuung:* Tiziana Settimo. *Produktionsleitung:* der Inhaber. *Agronom:* Aurelio Settimo. *Besuchszeiten:* während der Geschäftszeiten; an Sonn- und Feiertagen nur nach Vereinbarung. *Degustation:* in einer Probierstube mit Platz für 40 Personen.

DOCG:

★★ Barolo Vigneti Rocche, 🍷 1993 (H *Pk.* F)

DOC:

★ Dolcetto d'Alba, 🍷 1997 (N *Pk.* C)

Azienda Agricola **Stroppiana Oreste**

Plz. 12064, via S. Giacomo 6, frazione Rivalta; Tel. 0173/509419.

Gründungsjahr: 1970. *Inhaber:* Dario Stroppiana. *Kundenbetreuung:* Dario Stroppiana. *Produktionsleitung:* der Inhaber, auch landwirtschaftlicher Leiter. *Anbaufläche in ha.:* 1,5. *Besuchszeiten:* täglich, nach telefonischer Vereinbarung. *Degustation:* in einer rustikalen Taverne.

DOCG:

★★ Barolo San Giacomo, 🍷 1993 (H *Pk.* E)

DOC:

★ Dolcetto d'Alba, 🍷 1997 (N *Pk.* B)

Azienda Agricola **Viberti Eraldo**

Plz. 12064, frazione Santa Maria, borgata Tetti 53;
Tel. 0173/50308; Fax 50308.

Gründungsjahr: 1986. *Inhaber:* Eraldo Viberti. *Kundenbetreuung:* der Inhaber. *Produktionsleitung:* der Inhaber. *Besuchszeiten:* täglich, nach telefonischer Vereinbarung. *Degustation:* in einer Probierstube im alten Weinkeller.

DOCG:

★★ Barolo, 🍷 1993 (H B *Pk.* E)

DOC:

★★ Barbera d'Alba Vigna Clara, 🍷 1995 (B *Pk.* C)
★★ Dolcetto d'Alba, 🍷 1997 (N *Pk.* B)

Cantina **Voerzio Gianni**

Plz. 12064, strada Loreto 1; Tel. 0173/509194; Fax 509194.

Gründungsjahr: 1980. *Inhaber:* Gianni Voerzio. *Kundenbetreuung:* der Inhaber. *Produktionsleitung:* der Inhaber. *Agronom:* Gianni Voerzio. *Anbaufläche in ha.:* 12. *Besuchszeiten:* täglich, nach telefonischer Vereinbarung. *Degustation:* in einer kleinen Taverne.

DOCG:

★★ Barolo La Serra, 🍷 1993 (H B *Pk.* E)
★★ Moscato d'Asti Vignasergente, 🍷 der letzte (N *Pk.* B)

DOC:

★★ Barbera d'Alba Ciabot della Luna, 🍷 1996 (B *Pk.* C) 1996 (D.T.) 86
★★ Dolcetto d'Alba Rochettevino, 🍷 1997 (N *Pk.* B)
★★ Langhe Rosso Serrapiù, 🍷 1996 (B *Pk.* D) 1996 (D.T.) 86

Azienda Agricola **Voerzio Roberto**

Plz. 12064, località Cerreto 1; Tel. 0173/509196; Fax 509196.

Gründungsjahr: 1980. *Inhaber:* Roberto Voerzio. *Kundenbetreuung:* der Inhaber. *Produktionsleitung:* der Inhaber. *Besuchszeiten:* Montag bis Freitag, von 8 bis 12 Uhr und von 14 bis 20 Uhr; an Sonn- und Feiertagen nur nach Vereinbarung. *Degustation:* in einer kleinen Taverne.

DOCG:

★★ Barolo Brunate, 🍷 1993 (H B *Pk.* F)
★★★ Barolo Cerequio, 🍷 1993 und 1994 (H B *Pk.* F) 1994 (D.T.) 85
★★ Barolo La Serra, 🍷 1993 und 1994 (H B *Pk.* F) 1994 (D.T.) 88

DOC:

★★ Dolcetto d'Alba Priavino, 🍷 1997 (H *Pk.* B⊙) 1997 (D.T.) 86

Tafelwein:

★★ Chardonnay Fossati e Roscaleto, 🍷 der letzte (B *Pk.* D)
★★★ Vignaserra, 🍷 1996 (B *Pk.* E) 🍇 Nebbiolo (90%) und Cabernet Sauvignon (10%) 1996 (D.T.) 91

Besonderes: Mit dem Vignaserra fängt die Vermarktung der hervorragenden 96er Weine Roberto Voerzios an. Noch in der Verfeinerung befinden sich ein ausgezeichneter Barolo Cerequio und der Barbera Vigna Pozzo, der neue Qualitäts- und Preismaßstäbe für den Barbera d'Alba setzen wird. (D.T.)

LERMA (Alessandria)

Nächste Autobahnausfahrt: Ovada (A7).

Abbazia di Vallechiara

Plz. 15070, cascina Albarola; Tel. 0143/877618; Fax 877618.

Gründungsjahr: 1988. *Inhaber:* Francesca Romana Rivelli. *Kundenbetreuung:* Elisabetta Currado. *Produktionsleitung:* Elisabetta Currado. *Besuchszeiten:* Montag bis Samstag, nach telefonischer Voranmeldung. *Degustation:* in einer Probierstube.

DOC:

★★ Dolcetto di Ovada, 🍷 1996 (N H *Pk.* B)

Tafelwein:

★★ Due Donne, 🍷 1995 (H *Pk.* C) 🍇 Barbera und Dolcetto

★★ Torre Albarola, 🍷 1995 (B *Pk.* D) 🍇 Barbera, Dolcetto und Lancillotta

LESSONA (Biella)

Nächste Autobahnausfahrt: Carisio (A4).

Aziende Agricole **Sella**

Plz. 13060, via IV Novembre 110; Tel. 015/99455; Fax 99455.

Gründungsjahr: 1933. *Inhaber:* Familie Sella. *Kundenbetreuung:* die Inhaber. *Produktionsleitung:* Giancarlo Scaglione. *Besuchszeiten:* Montag bis Freitag, von 8 bis 12 Uhr und von 13.30 bis 17.30 Uhr. *Degustation:* im Weinkeller.

DOC:

★★ Bramaterra, 🍷 1993 und 1994 (H *Pk.* D)

★★ Lessona, 🍷 1993 und 1994 (H *Pk.* D)

Tafelwein:

★ Orbello, 🍷 1996 (H B *Pk.* B) 🍇 Barbera, Cabernet Franc, Cabernet Sauvignon, Freisa und Nebbiolo

★ Piccone, 🍷 1997 (N *Pk.* B) 🍇 Barbera, Freisa und Vespolina

LOAZZOLO (Asti)

Nächste Autobahnausfahrt: Alessandria sud.

Azienda Agricola **Forteto della Luja**

Plz. 14050, regione Bricco, borgata Rosso;
Tel. 0144/87197; Fax 0141/831596.

Gründungsjahr: 1826. *Inhaber:* Giancarlo Scaglione. *Kundenbetreuung:* der Inhaber, Sohn Gianni oder Tochter Silvia. *Produktionsleitung:* der Inhaber. *Agronom:* Giovanni Scaglione. *Anbaufläche in ha.:* 6. *Besuchszeiten:* täglich, nach Voranmeldung. *Degustation:* in einer Probierstube im Wohnhaus.

DOCG:

★★ Moscato d'Asti Piasa San Maurizio, 🍷 der letzte
(ha 1,5 🍾 14.000 N *Pk.* B⊙) 1997 (G.B.) 87

DOC:

★★★ Loazzolo Vendemmia Tardiva Forteto della Luja,
🍷 1995 (ha 1 🍾 5.000 à 0.375 B *Pk.* E) 1995 (G.B.) 92

★★ Monferrato Rosso Le Grive, 🍷 1996
(ha 2 🍾 20.000 N B *Pk.* C) 1996 (G.B.) 88

★ Piemonte Brachetto Forteto Pian dei Sogni,
🍷 1996 (ha 0,5 🍾 2.600 à 0.375 B *Pk.* E) 1996 (G.B.) 86

MANGO (Cuneo)

Nächste Autobahnausfahrt: Asti est (A21).

Azienda Agricola **Cascina Fonda**

Plz. 12056, località Cascina Fonda 45; Tel. 0173/677156; Fax 677156.

Gründungsjahr: 1988. *Inhaber:* Marco und Massimo Barbero. *Kundenbetreuung:* die Inhaber. *Produktionsleitung:* Massimo Barbero. *Agronom:* Marco Barbero. *Anbaufläche in ha.:* 8,5. *Besuchszeiten:* Samstag nachmittags und Sonntag; an den übrigen Tagen nur nach telefonischer Vereinbarung. *Degustation:* im Weinkeller.

DOCG:

★★ Asti Spumante, 🍷 der letzte
(ha 1,5 🍾 14.000 N *Pk.* C) 1997 (D.T.) 89

★★ Moscato d'Asti, 🍷 der letzte
(ha 6 🍾 60.000 N *Pk.* C) 1997 (D.T.) 89

DOC:

♣ Dolcetto d'Alba Vigna Brusalino, 🍷 1997
(ha 0,6 🍾 5.400 N *Pk.* C) 1997 (G.B.) 85

Azienda Agricola **Cascina Pian d'Or**
Plz. 12056, frazione Bosi 15/Bis; Tel. 0141/89440; Fax 0173/89682.

Gründungsjahr: 1987. *Inhaber:* Valter Barbero. *Kundenbetreuung:* Patrizia und Valter Barbero. *Produktionsleitung:* Valter Barbero, auch landwirtschaftlicher Leiter. *Anbaufläche in ha.:* 10. *Besuchszeiten:* täglich, nach Vereinbarung. *Degustation:* im Weinkeller.

DOCG:

★★ Asti Spumante Acini, 🍷 der letzte (N *Pk.* D)

★★ Moscato d'Asti Bricco Riella, 🍷 der letzte (N *Pk.* D) 1997 (G.B./D.T.) 85

Azienda Agricola **Degiorgis**
Plz. 12056, via Circonvallazione 3; Tel. 0141/89107; Fax 89107.

Gründungsjahr: 1985. *Inhaber:* Sergio Degiorgis. *Kundenbetreuung:* Sergio Degiorgis. *Produktionsleitung:* der Inhaber, auch landwirtschaftlicher Leiter. *Besuchszeiten:* täglich, nach Vereinbarung. *Degustation:* im Weinkeller.

DOCG:

★ Moscato d'Asti, 🍷 der letzte (N *Pk.* B)

DOC:

★ Dolcetto d'Alba Bricco Peso, 🍷 1997 (N *Pk.* B)

MOMBARUZZO (Asti)

Nächste Autobahnausfahrt: Alessandria sud (A6).

Azienda Agricola **Cascina Monreale**
Plz. 14046, via Cordara 70; Tel. 0141/77326; Fax 02/4694966.

Gründungsjahr: 1980. *Inhaber:* Stefania Cannata. *Kundenbetreuung:* Herr Giorgio. *Produktionsleitung:* Giuliano Noè. *Anbaufläche in ha.:* 7. *Besuchszeiten:* nur nach Vereinbarung. *Degustation:* im Weinkeller.

DOC:

★ Barbera d'Asti, 🍷 1996 (ha 0,8 🍾 8.000 B *Pk.* B)

Tenute **Neirano**
Plz. 14046, frazione Casalotto, via San Michele 39;
Tel. 0141/739382; Fax 739374.

Gründungsjahr: 1983. *Inhaber:* Paolo und Antonio Sperone. *Kundenbetreuung:* Natale Pesenti. *Produktionsleitung:* Giuliano Noé und Antonio Sperone. *Agronom:* Natale Pesenti. *Besuchszeiten:* nur nach Vereinbarung. *Degustation:* in einer Probierstube.

DOC:

★ Barbera d'Asti Superiore Vigna Le Croci, 🍷 1996 (B *Pk.* E) — 1996 (D.T.) 85

★ Barbera del Monferrato, 🍷 der letzte (N *Pk.* B)

★ Grignolino d'Asti, 🍷 der letzte (N *Pk.* B)

♣ Monferrato Rosso Tindaro, 🍷 1996 (ha 1 ı 5.000 B *Pk.* D) — 1996 (D.T.) 87

★ Piemonte Chardonnay Vigna Le Croci, 🍷 1996 (N B *Pk.* C)

MOMBERCELLI (Asti)

Nächste Autobahnausfahrt: Asti est (A21).

Spertino Luigi

Plz. 14047, strada Lea 505; Tel. 0141/959098.

Gründungsjahr: 1978. *Inhaber:* Luigi Spertino. *Kundenbetreuung:* der Inhaber und sein Sohn. *Produktionsleitung:* Mauro Spertino, auch landwirtschaftlicher Leiter. *Anbaufläche in ha.:* 2. *Besuchszeiten:* täglich, nach telefonischer Vereinbarung. *Degustation:* in einer Probierstube.

DOC:

★ Grignolino d'Asti, 🍷 der letzte (H *Pk.* B)

★★ Grignolino d'Asti Vendemmiatardiva, 🍷 der letzte (H *Pk.* B ⊙) — 1997 (G.B.) 85

MONCALVO (Asti)

Nächste Autobahnausfahrt: Asti est (A21).

Cascina **Orsolina**

Plz. 14036, Strada Caminata 28; Tel. 0141/917277; Fax 917277.

Gründungsjahr: 1991. *Inhaber:* Michele Denegri. *Kundenbetreuung:* Carlo Balcet und Gianni Rossi. *Produktionsleitung:* Donato Lanati. *Agronom:* Gianni Rossi. *Anbaufläche in ha.:* 11,5. *Besuchszeiten:* täglich, auch Samstag und Sonntag. *Degustation:* in einer Probierstube.

DOC:

♣ Barbera d'Asti Bricco dei Cappuccini, 🍷 1997 (ha 2 ı 9.000 H B *Pk.* D) — 1997 (D.T.) 87

★ Monferrato Rosso, 🍷 1997 (ha 0,4 ı 3.000 B *Pk.* D)

MONFORTE D'ALBA (Cuneo)

Nächste Autobahnausfahrt: Asti est (A21).

Hinweis: Daß Bussia einer der besten Crus des Barolo ist, zeigt sich nicht zuletzt daran, daß er auch in schwierigen Jahrgängen gute Weine hervorbringt, wie z.B. den Barolo Bussia 1994 (86) von Cascina Gagliassi (Tel. 0173/787147). Von der gleichen Firma habe ich einen Freisa gekostet, der fest, trocken, elegant und fein ist: der Langhe Freisa 1996. (D.T.)

Azienda Agricola **Alessandria Gianfranco**

Plz. 12065, località Manzoni 12; Tel. 0173/78576.

Gründungsjahr: 1991. *Inhaber:* Gianfranco Alessandria. *Kundenbetreuung:* der Inhaber. *Produktionsleitung:* der Inhaber. *Besuchszeiten:* nach telefonischer Vereinbarung. *Degustation:* in einer Probierstube.

DOCG:

★★ Barolo, 🍷 1993 und 1994 (B *Pk.* E) — 1994 (G.B.) 85

DOC:

★ Barbera d'Alba, 🍷 1997 (N B *Pk.* B ⊙) — 1997 (D.T.) 86

★★ Barbera d'Alba Vittoria, 🍷 1996 (B *Pk.* D) — 1996 (D.T.) 90

★ Dolcetto d'Alba, 🍷 1997 (N *Pk.* B)

Azienda Agricola **Anselma Renato**

Plz. 12065, località San Giuseppe 38; Tel. 0173/787217; Fax 787217.

Gründungsjahr: 1976. *Inhaber:* Renato Anselma. *Kundenbetreuung:* der Inhaber. *Produktionsleitung:* der Inhaber. *Anbaufläche in ha.:* 42. *Besuchszeiten:* wegen Durchführung von Renovierungsarbeiten ist eine Besichtigung zur Zeit nicht möglich. *Degustation:* im Weinkeller.

DOCG:

♣ Barolo, 🍷 1993 (H B *Pk.* E) — 1993 (D.T.) 85

Azienda Agricola **Bussia Soprana**

Plz. 12065, località Bussia 81; Tel. 039/305182; Fax 305182.

Gründungsjahr: 1992. *Inhaber:* Silvano Casiraghi und Guido Rossi. *Kundenbetreuung:* die Inhaber. *Produktionsleitung:* Roberto Macaluso. *Agronom:* Lelio Cavallo. *Anbaufläche in ha.:* 16. *Besuchszeiten:* nach telefonischer Vereinbarung.

DOCG:

★★ Barolo Bussia Soprana, 🍷 1993 (B *Pk.* E)

★ Barolo Vigna Colonnello, 🍷 1993 (B *Pk.* E)

DOC:

★ Barbera d'Alba Vin del Ross, 🍷 1996 (B *Pk.* D)
★ Dolcetto d'Alba, 🍷 1997 (N *Pk.* B)

Azienda Agricola **Ciabot del Preve**

Plz. 12065, via Castelletto 9; Tel. 0173/78114; Fax 78114.

Gründungsjahr: 1930. *Inhaber:* Giovanni Manzone. *Kundenbetreuung:* der Inhaber. *Produktionsleitung:* der Inhaber. *Besuchszeiten:* täglich, nach Vereinbarung. *Degustation:* in einer Probierstube.

DOCG:

★★ Barolo Le Gramolere, 🍷 1994; Riserva 1993
(H B *Pk.* E) 1994 (D.T.) 87 + Riserva 1993 (D.T.) 89

DOC:

★★ Barbera d'Alba La Serra, 🍷 1995 (B *Pk.* C)
★★ Dolcetto d'Alba La Serra, 🍷 1997 (N *Pk.* B)

Tafelwein:

★★ Bricco Serra, 🍷 1995 (B *Pk.* C)
🍇 Rossese Bianco 1995 (D.T.) 88

Azienda Agricola **Clerico Domenico**

Plz. 12065, località Manzoni-Cucchi 67; Tel. 0173/78171; Fax 78171.

Gründungsjahr: 1976. *Inhaber:* Domenico Clerico. *Kundenbetreuung:* der Inhaber mit Ehefrau Giuliana. *Produktionsleitung:* der Inhaber. *Anbaufläche in ha.:* 15. *Besuchszeiten:* nach Vereinbarung, während der Geschäftszeiten. *Degustation:* in einer Probierstube neben dem Weinkeller.

DOCG:

★★★ Barolo Ciabot Mentin Ginestra, 🍷 1993
(ha 2,8 🍾 10.000 B *Pk.* E)
★★ Barolo Pajana, 🍷 1993 und 1994
(ha 1,75 🍾 4.500 B *Pk.* E) 1994 (G.B.) 86

DOC:

★ Barbera d'Alba, 🍷 1996
(ha 2,7 🍾 15.000 H *Pk.* B ⊙) 1996 (D.T.) 85
★★ Dolcetto d'Alba, 🍷 1997 (ha 3 🍾 20.000 H *Pk.* B)
★★★ Langhe Arte, 🍷 1996 (ha 2 🍾 11.000 B *Pk.* E)
🍇 Nebbiolo (90%) und Barbera (10%) 1996 (D.T.) 88

Azienda Agricola **Conterno – Fantino**

Plz. 12065, località Bricco Bastia, via Ginestra 1;
Tel. 0173/78204; Fax 787326.

Gründungsjahr: 1982. *Inhaber:* Guido Fantino, Diego und Claudio Conterno. *Kundenbetreuung:* die Inhaber. *Produktionsleitung:* die Inhaber, auch landwirtschaftliche Leiter. *Besuchszeiten:* nach Vereinbarung, täglich, von 8 bis 20 Uhr. *Degustation:* in einer Probierstube.

DOCG:

★★★ Barolo Sorì Ginestra, 🍷 1993 und 1994 (H B *Pk.* E) 1994 (D.T.) 87
★★ Barolo Vigna del Gris, 🍷 1993 (H B *Pk.* E)

DOC:

★★ Barbera d'Alba Vignota, 🍷 1996 (H B *Pk.* C)
★★ Dolcetto d'Alba Bricco Bastia, 🍷 1997 (N *Pk.* B)
★★ Langhe Chardonnay Bastia, 🍷 1997 (B *Pk.* E) 1997 (D.T.) 88
★★★ Langhe Rosso Monprà, 🍷 1996 (B *Pk.* E) 🍇 Nebbiolo, Barbera und Cabernet Sauvignon 1996 (D.T.) 91

Poderi **Conterno Aldo**

Plz. 12065, località Bussia 48; Tel. 0173/78150; Fax 787240.

Gründungsjahr: 1969. *Inhaber:* Aldo Conterno. *Kundenbetreuung:* der Inhaber und die Söhne Franco Stefano und Giacomo. *Produktionsleitung:* Franco und Stefano Conterno. *Agronom:* Aldo und Stefano Conterno. *Anbaufläche in ha.:* 25. *Besuchszeiten:* nach Vereinbarung, Montag bis Samstagmittag. *Degustation:* in einer Probierstube mit Platz für 12 Personen.

DOCG:

○ Barolo Bricco Bussia Vigna Cicala, 🍷 1993 (H *Pk.* F)
★★★ Barolo Bricco Bussia Vigna Colonnello, 🍷 1993 (H *Pk.* F)
★★ Barolo Bussia Soprana, 🍷 1993 und 1994 (H *Pk.* F) 1994 (D.T.) 87
★★★ Barolo Granbussia, 🍷 1990 (H *Pk.* F)
♣ Barolo Romirasco, 🍷 1993 (H *Pk.* F) 1993 (D.T.) 88

DOC:

★★★ Barbera d'Alba Conca Tre Pile, 🍷 1996 (B *Pk.* D) 1996 (D.T.) 90
★★ Dolcetto d'Alba Bussia Soprana, 🍷 1997 (N *Pk.* B ⊙) 1997 (D.T.) 85
★★★ Langhe Chardonnay Bussiador, 🍷 1996 (B *Pk.* E) 1996 (D.T.) 91
★★ Langhe Chardonnay Printanié, 🍷 1997 (N *Pk.* C) 1997 (D.T.) 89

★★ Langhe Freisa La Bussianella, 🍷 der letzte (N Pk. B)
★★★ Langhe Nebbiolo Il Favot, 🍷 1996 (B Pk. E) 1996 (D.T.) 90

Azienda Vitivinicola **Conterno Giacomo**
Plz. 12065, località Ornati 2; Tel. 0173/78221; Fax 787190.

Gründungsjahr: 1770. *Inhaber:* Giovanni Conterno. *Kundenbetreuung:* der Inhaber. *Produktionsleitung:* der Inhaber. *Anbaufläche in ha.:* 13,75. *Besuchszeiten:* während der Geschäftszeiten, nach Vereinbarung. *Degustation:* in einer Probierstube.

DOCG:
★★★ Barolo Cascina Francia di Serralunga, 🍷 1993 und 1994 (ha 3,7 🍾 20.000 H Pk. F) 1994 (D.T.) 90
○ Barolo Riserva Monfortino, 🍷 1990 und 1993 im Kommen (ha 2 H Pk. F)

DOC:
★★ Barbera d'Alba Cascina Francia, 🍷 1997 (ha 3,22 🍾 20.000 H Pk. C) 1997 (D.T.) 88
★★★ Dolcetto d'Alba Cascina Francia, 🍷 1997 (ha 4 🍾 30.000 H Pk. C) 1997 (D.T.) 89

Azienda Agricola **Conterno Paolo**
Plz. 12065, via Ginestra 34; Tel. 0173/78415; Fax 78415.

Gründungsjahr: 1954. *Inhaber:* Paolo Conterno. *Kundenbetreuung:* der Inhaber. *Produktionsleitung:* der Inhaber, auch landwirtschaftlicher Leiter. *Besuchszeiten:* täglich, nach Voranmeldung. *Degustation:* in einem Saal aus dem Jahre 1886, mit Originalfresken und Dekor.

DOCG:
★★ Barolo Ginestra, 🍷 1993 und 1994 (H Pk. F) 1994 (D.T.) 86

DOC:
★★ Barbera d'Alba Ginestra, 🍷 1996 (H Pk. C)
★ Dolcetto d'Alba Ginestra, 🍷 1997 (N Pk. C)

Azienda Agricola **Fantino Alessandro e Gian Natale**
Plz. 12065, via G. Silvano 18; Tel. 0173/78253; Fax 78253.

Gründungsjahr: 1988. *Inhaber:* Alessandro und Gian Natale Fantino. *Kundenbetreuung:* die Inhaber. *Produktionsleitung:* Alessandro Fantino. *Agronom:* Gebrüder Fantino. *Anbaufläche in ha.:* 7. *Besuchszeiten:* täglich, nach Voranmeldung. *Degustation:* in einer Probierstube.

DOCG:

♣ Barolo Vigna dei Dardi, 🍷 1993 (ha 2 🍾 4.000 H B *Pk.* C) — 1993 (G.B.) 86

Tafelwein:

★ Nebbiolo Passito Vigna dei Dardi, 🍷 1995 (H *Pk.* E)

Azienda Agricola **Fenocchio Giacomo**

Plz. 12065, località Bussia Sottana 66; Tel. 0173/78311; Fax 787218.

Gründungsjahr: 1974. *Inhaber:* Familie Fenocchio. *Kundenbetreuung:* Albino und Claudio Fenocchio. *Produktionsleitung:* Albino und Claudio Fenocchio. *Agronom:* Albino Fenocchio. *Anbaufläche in ha.:* 9. *Besuchszeiten:* täglich, nach telefonischer Vereinbarung. *Degustation:* in einer Probierstube.

DOCG:

★★ Barolo Bussia Sottana, 🍷 1993 (ha 3 🍾 17.000 H *Pk.* D)
★★ Barolo Cannubi, 🍷 1993 (ha 0,8 🍾 5.000 H *Pk.* D)

DOC:

★★ Barbera d'Alba Superiore, 🍷 1996 (ha 0,6 🍾 4.000 H *Pk.* B)
★ Dolcetto d'Alba, 🍷 1997 (ha 2 🍾 15.000 N *Pk.* B)

Azienda Agricola **Fenocchio Riccardo**

Plz. 12065, località Bussia, Pianpolvere Soprano 32;
Tel. 0173/78335; Fax 78606.

Gründungsjahr: 1920. *Inhaber:* Familie Fenocchio. *Kundenbetreuung:* Gabriella und Margherita Fenocchio. *Besuchszeiten:* täglich, nach telefonischer Vereinbarung. *Degustation:* in einer Probierstube neben dem Weinkeller.

DOCG:

★★ Barolo Pianpolvere Soprano, 🍷 1991 und 1994 im Kommen (H *Pk.* F)

DOC:

★★ Barbera d'Alba Pianpolvere Soprano, 🍷 1995 (H *Pk.* C)
★★ Dolcetto d'Alba Pianpolvere Soprano, 🍷 1996 (N H *Pk.* B)

Azienda Vitivinicola **Ghisolfi Attilio**

Plz. 12065, frazione Bussia 27; Tel. 0173/78345; Fax 78345.

Gründungsjahr: 1988. *Inhaber:* Gianmarco Ghisolfi. *Kundenbetreuung:* der Inhaber. *Produktionsleitung:* der Inhaber. *Besuchszeiten:* täglich, nach telefonischer Vereinbarung. *Degustation:* in einer Probierstube.

DOCG:

★★ Barolo Bricco Visette, 🍷 1994 (H *Pk.* D) 1994 (D.T.) 85

DOC:

★★ Barbera d'Alba, 🍷 1995 und 1996 (B *Pk.* B) 1995 (D.T.) 85 + 1996 (D.T.) 87
★ Dolcetto d'Alba, 🍷 1997 (N *Pk.* B)
Langhe Rosso Carlin, 🍷 1996 (B *Pk.* C) 1996 (D.T.) 90

Azienda Agricola **Grasso Elio**

Plz. 12065, località Ginestra 40; Tel. 0173/78491; Fax 789907.

Gründungsjahr: 1927. *Inhaber:* Elio Grasso. *Kundenbetreuung:* der Inhaber. *Produktionsleitung:* der Inhaber unter Beratung von Piero Ballario. *Agronom:* Elio und Gianluca Grasso. *Anbaufläche in ha.:* 14. *Besuchszeiten:* nur nach Vereinbarung. *Degustation:* in einer kleinen Taverne.

DOCG:

★★ Barolo Gavarini Vigna Chiniera, 🍷 1993 (H *Pk.* E)
★★ Barolo Ginestra Vigna Casa Matè, 🍷 1993 (H *Pk.* E)

DOC:

★★ Barbera d'Alba Vigna Martina, 🍷 1996 (B *Pk.* C) 1996 (D.T.) 86
★ Dolcetto d'Alba Gavarini Vigna dei Grassi, 🍷 1997 (N *Pk.* B)
★ Langhe Chardonnay Educato, 🍷 1997 (B *Pk.* C) 1997 (D.T.) 87

Azienda Agricola **Parusso Armando**

Plz. 12065, località Bussia 55; Tel. 0173/78257; Fax 787276.

Gründungsjahr: 1974. *Inhaber:* Marco und Tiziana Parusso. *Kundenbetreuung:* die Inhaber. *Produktionsleitung:* Marco Parusso, auch landwirtschaftlicher Leiter. *Anbaufläche in ha.:* 10. *Besuchszeiten:* täglich, nach telefonischer Vereinbarung. *Degustation:* in einer Taverne.

DOCG:

★★ Barolo Bussia Vigna Munie, 🍷 1993 (ha 1 🍾 5.000 H B *Pk.* F)
★★ Barolo Bussia Vigna Rocche, 🍷 1993 und 1994 (ha 1,23 🍾 4.000 H B *Pk.* F) 1994 (G.B.) 85
★★ Barolo Mariondino, 🍷 1990 (ha 1,22 🍾 5.000 H B *Pk.* F)

DOC:

★★ Barbera d'Alba Ornati, 🍷 1997 (ha 1,5 🍾 11.000 B *Pk.* C)
★★ Dolcetto d'Alba, 🍷 1997 (ha 2,65 🍾 20.000 N H *Pk.* C)

★★ Langhe Bianco Bricco Rovella, 🍷 1997
(ha 1,2 🍾 7.000 B *Pk.* E) 🍇 Sauvignon
★★ Langhe Rosso Bricco Rovella, 🍷 1996
(ha 1,5 🍾 7.000 B *Pk.* E)
🍇 Nebbiolo und Barbera 1996 (D.T.) 86

Azienda Agricola **Pira**

Plz. 12065, località San Sebastiano 59; Tel. 0173/78538; Fax 78538.

Gründungsjahr: 1959. *Kundenbetreuung:* Gianmatteo Pira. *Produktionsleitung:* Attilio Pagli. *Agronom:* Federico Curtaz. *Besuchszeiten:* täglich, nach Vereinbarung. *Degustation:* in einer freundlichen Önothek.

DOC:
★★ Barbera d'Alba Vendemmia Tardiva, 🍷 1995 (B *Pk.* C)
★★ Barbera d'Alba Vigna Fornaci, 🍷 1995 (H *Pk.* B)
★★ Dolcetto d'Alba Vigna Fornaci, 🍷 1997
(N *Pk.* B ⊙) 1997 (D.T.) 86
★ Dolcetto di Dogliani Vigna Bricco dei Botti, 🍷 1997
(N *Pk.* B)
★ Dolcetto di Dogliani Vigna Landes, 🍷 1997
(N *Pk.* B ⊙) 1997 (D.T.) 85
★★ Piemonte Barbera Bricco Botti, 🍷 1995 (B *Pk.* C)

Azienda Agricola **Pira Giorgio**

Plz. 12065, via Cavour 35, località Perno;
Tel. 0173/78413; Fax 78413.

Gründungsjahr: Anfang des 20. Jahrhunderts. *Inhaber:* Giorgio Pira. *Kundenbetreuung:* der Inhaber mit Sohn Davide. *Produktionsleitung:* der Inhaber. *Agronom:* Davide Pira. *Anbaufläche in ha.:* 6. *Besuchszeiten:* täglich, nach telefonischer Vereinbarung. *Degustation:* in einer Probierstube neben dem Weinkeller.

DOCG:
♣ Barolo, 🍷 1993 (ha 2,5 🍾 10.000 H *Pk.* E) 1993 (G.B.) 87

Principiano Ferdinando

Plz. 12065, via Alba 19; Tel. 0173/787158; Fax 787158.

Inhaber: Americo Principiano. *Kundenbetreuung:* Ferdinando Principiano. *Produktionsleitung:* Ferdinando Principiano. *Agronom:* Americo Principiano. *Anbaufläche in ha.:* 9. *Besuchszeiten:* täglich, nach telefonischer Vereinbarung. *Degustation:* in einer kleinen Taverne.

DOCG:

★★ Barolo Boscareto, 🍷 1993 (B *Pk.* E)

DOC:

Barbera d'Alba La Romualda, 🍷 1996 (B *Pk.* D) — 1996 (D.T.) 90

★★ Barbera d'Alba Pian Romualdo, 🍷 1995 und 1996 im Kommen (B *Pk.* D) — 1995 (D.T.) 88

★★ Dolcetto d'Alba Sant'Anna, 🍷 1997 (N *Pk.* B ⊙) — 1997 (D.T.) 85

Podere **Rocche dei Manzoni**

Plz. 12065, località Manzoni Soprani 3; Tel. 0173/78421; Fax 787161.

Gründungsjahr: 1974. *Inhaber:* Valentino Migliorini. *Kundenbetreuung:* Iolanda Salomoni Migliorini. *Produktionsleitung:* Giuseppe Albertino. *Besuchszeiten:* nach telefonischer Vereinbarung. *Degustation:* in einer Probierstube im kleinen Turm mit Platz für 8-10 Personen.

DOCG:

★★ Barolo Vigna Big, 🍷 1993 (H *Pk.* E)

★★★ Barolo Vigna d'la Roul, 🍷 1993 (H *Pk.* E)

DOC:

★ Dolcetto d'Alba Vigna Matinera, 🍷 1997 (N *Pk.* B)

Tafelwein:

★★ Bricco Manzoni, 🍷 1995 (B *Pk.* D) Nebbiolo (80%) und Barbera (20%)

★ L'Angelica Chardonnay, 🍷 1996 (B *Pk.* C)

★ Pinònero di Valentino, 🍷 1995 (B *Pk.* E) Pinot Nero

Vini **Seghesio**

Plz. 12065, via Circonvallazione 2; Tel. 0173/78269; Fax 78202.

Gründungsjahr: 1968. *Inhaber:* Renzo Seghesio. *Kundenbetreuung:* der Inhaber und seine Familie. *Produktionsleitung:* Renzo Seghesio. *Besuchszeiten:* täglich, am besten nachmittags. *Degustation:* in einer im Stil des 17. Jahrhunderts eingerichteten Probierstube im Weinkeller.

DOCG:

★★ Barolo, 🍷 1993 (H *Pk.* D)

DOC:

★ Barbera d'Alba, 🍷 1996 (N H *Pk.* B)

★ Dolcetto d'Alba, 🍷 1997 (N *Pk.* B)

Tafelwein:

★★ Ars Vivendi, 🍷 1995 (B *Pk.* C) 🍇 Barbera

★ Ruri, 🍷 1995 (N H *Pk.* C) 🍇 Nebbiolo

Azienda Agricola **Seghesio Aldo e Riccardo**
Plz. 12065, frazione Castelletto 19; Tel. 0173/78108; Fax 78513.

Gründungsjahr: 1988. *Inhaber:* Aldo und Riccardo Seghesio. *Kundenbetreuung:* die Inhaber. *Produktionsleitung:* die Inhaber. *Anbaufläche in ha.:* 7,5. *Besuchszeiten:* täglich, nach telefonischer Vereinbarung. *Degustation:* im Weinkeller.

DOCG:

★★ Barolo Vigneto La Villa, 🍷 1993 (ha 3,5 🍾 15.000 H B *Pk.* E)

DOC:

★★ Barbera d'Alba, 🍷 1997 (ha 1,5 🍾 8.000 N *Pk.* B)

★★ Barbera d'Alba Vigneto della Chiesa, 🍷 1996 (ha 0,5 🍾 3.000 B *Pk.* D)

★★ Dolcetto d'Alba Vigneto della Chiesa, 🍷 1997 (ha 2 🍾 10.000 N *Pk.* B)

MONLEALE (Alessandria)

Nächste Autobahnausfahrt: Tortona (A7).

Vigneti **Massa**
Plz. 15059, piazza Capsoni 10; Tel. 0131/80302; Fax 80302.

Gründungsjahr: 1879. *Inhaber:* Familie Massa. *Kundenbetreuung:* Walter Massa. *Besuchszeiten:* nach telefonischer Vereinbarung. *Degustation:* im Weinkeller.

DOC:

★ Barbera Colli Tortonesi Monleale, 🍷 1996 (B *Pk.* C)

★★ Piemonte Barbera Bigolla, 🍷 1996 (B *Pk.* D)

Tafelwein:

★ Vecchia Cerreta, 🍷 1996 (B *Pk.* D) 🍇 Barbera (50%), Nebbiolo (30%), Cabernet Sauvignon (10%) und Freisa (10%)

MONTA' D'ALBA (Cuneo)
Nächste Autobahnausfahrt: Asti est (A21).

Azienda Agricola **Almondo Giovanni**
Plz. 12030, via San Rocco 26; Tel. 0173/975256; Fax 975256.

Inhaber: Giovanni und Domenico Almondo. *Kundenbetreuung:* Domenico und Antonella Aloi Almondo. *Produktionsleitung:* Domenico Almondo, auch landwirtschaftlicher Leiter. *Besuchszeiten:* täglich, nach telefonischer Vereinbarung. *Degustation:* in einer Probierstube.

DOC:

★★ Roero Arneis Bricco delle Ciliegie, 🍷 der letzte (N B *Pk.* C) — 1997 (D.T.) 86
★★ Roero Arneis Burigot, 🍷 der letzte (N *Pk.* B)
★★ Roero Bric Valdiana, 🍷 1996 (B *Pk.* C) — 1996 (D.T.) 89

MONTEGROSSO (Asti)
Nächste Autobahnausfahrt: Asti est (A21).

Hinweis: Wir haben sehr bemerkenswerte Kostproben vom 'Ndre 1995 und vom Barbera d'Asti Vigneto Monterosso 1995 der Cantine del Castello Feudale gemacht.

Azienda Agricola **Bianco Pasquale**
Plz. 14048, via Gorra 3; Tel. 0141/956163; Fax 956163.

Gründungsjahr: 1910. *Inhaber:* Franco und Roberto Bianco. *Kundenbetreuung:* die Inhaber. *Produktionsleitung:* die Inhaber. *Agronom:* Piero Roseo. *Anbaufläche in ha.:* 12. *Besuchszeiten:* täglich, nach telefonischer Vereinbarung. *Degustation:* in einer kleinen Taverne.

DOC:

♣ Barbera d'Asti Superiore Vigna del Casot, 🍷 1996 (ha 0,35 🍾 2.000 B *Pk.* B ⊙) — 1996 (G.B.) 85

MONTELUPO ALBESE (Cuneo)
Nächste Autobahnausfahrt: Asti est (A21).

Azienda Agricola **Ca' Viola**
Plz. 12050, via Langa 17; Tel. 0173/617570; Fax 617570.

Gründungsjahr: 1991. *Inhaber:* Giuseppe Caviola. *Kundenbetreuung:* der Inhaber. *Produktionsleitung:* der Inhaber. *Agronom:* Maurizio Anselmo. *Besuchszeiten:* nur nach Vereinbarung. *Degustation:* es wird ein Probierraum eingerichtet.

DOC:

★★ Dolcetto d'Alba, 🍷 1997 ([N] *Pk.* B)

★★★ Dolcetto d'Alba Barturot, 🍷 1997
([N] *Pk.* B ⊙) 1997 (D.T.) 88

Tafelwein:

★★ Bric du Luv, 🍷 1996 ([B] *Pk.* E) 🍇 Barbera 1996 (D.T.) 88

★ Rangone, 🍷 1996 ([B] *Pk.* E) 🍇 Pinot Nero

Besonderes: Beppe Caviola entwickelt sich langsam zu einem der talentiertesten Önologen des Piemont. Trotz seiner vielen Betätigungsfelder vernachlässigt er aber seine eigenen Weine nicht: sein Dolcetto und sein Barbera rangieren auf einem beachtlichen Niveau. (D.T.)

MONTEU ROERO (Cuneo)

Nächste Autobahnausfahrt: Asti ovest (A21).

Azienda Agricola **Negro Angelo & Figli**

Plz. 12040, frazione Sant'Anna 1, cascina Riveri;
Tel. 0173/90252; Fax 90712.

Gründungsjahr: 1678. *Inhaber:* Giovanni Negro. *Kundenbetreuung:* der Inhaber und Marisa Gatti. *Produktionsleitung:* Gianfranco Cordero. *Agronom:* Gabriele Negro. *Anbaufläche in ha.:* 43. *Besuchszeiten:* täglich, mit Voranmeldung, von 8 bis 12 Uhr und von 14 bis 18 Uhr. *Degustation:* in einer Probierstube.

DOC:

★★ Barbera d'Alba Bric Bertu, 🍷 1996
(ha 2,3 ▮ 11000 [B] *Pk.* C) 1996 (G.B.) 88

♣ Piemonte Bonarda Bric Millon, 🍷 1996
(ha 2 ▮ 9.000 [B] *Pk.* B ⊙) 1996 (G.B.) 85

★ Roero Arneis, 🍷 der letzte (ha 9,5 ▮ 8.0000 [N] *Pk.* B)

★★ Roero Arneis Perdaudin, 🍷 der letzte
(ha 2,8 ▮ 20.000 [N] *Pk.* C) 1997 (D.T.) 85

★ Roero Prachiosso, 🍷 1996
(ha 2,9 ▮ 20.000 [H] *Pk.* C) 1996 (D.T.) 86

Tafelwein:

♣ Perdaudin Passito, 🍷 der letzte (ha 2,8 ▮ 4.000 [B] *Pk.* E)
🍇 Arneis o.J. (G.B.) 87

MORIONDO (Torino)

Nächste Autobahnausfahrt: Villanova (A21).

Le Aziende Agricole di **Terre da Vino**

Plz. 10020, via Roma 50; Tel. 011/9927070; Fax 9872391.

Gründungsjahr: 1980. *Inhaber:* Piero Quadrumolo (Geschäftsführer). *Kundenbetreuung:* das Büropersonal. *Produktionsleitung:* Bruno Cordero. *Besuchszeiten:* nach Vereinbarung. *Degustation:* in einer Probierstube.

DOCG:

★ Barolo Paesi Tuoi, 🍷 1993 (H *Pk.* E)
♣ Barolo Poderi Parussi, 🍷 1993 (ha 1,5 🍾 9.000 H B *Pk.* E) 1993 (G.B.) 85

DOC:

★★ Barbera d'Asti La Luna e i Falò, 🍷 1995 (B *Pk.* C)
★ Dolcetto di Ovada Tenuta Magnona, 🍷 1997 (N *Pk.* A)
♣ Piemonte Chardonnay Tenuta Magnona, 🍷 1995 (ha 2,5 🍾 18.000 B *Pk.* B ⊙) 1995 (G.B.) 87

MORSASCO (Alessandria)

Nächste Autobahnausfahrt: Ovada (A26).

Azienda Agricola **La Guardia**

Plz. 15010, Villa Delfini; Tel. 0144/73076; Fax 73234.

Gründungsjahr: 1961. *Inhaber:* Franco Priarone. *Kundenbetreuung:* die Kinder des Inhabers: Bruna, Graziella, Giorgino und Ottavio. *Produktionsleitung:* Agostino Berruti. *Agronom:* Maurizio Soave. *Anbaufläche in ha.:* 35. *Besuchszeiten:* von 8 bis 12 Uhr und von 14 bis 19 Uhr. *Degustation:* in einer rustikalen Probierstube.

DOC:

★★ Barbera del Monferrato La Vigna di Dante, 🍷 1996 (ha 1,65 🍾 10.500 B *Pk.* C)
★ Dolcetto di Ovada Bricco Lencina, 🍷 1997 (ha 0,7 🍾 3.500 N H *Pk.* B)
★★ Dolcetto di Ovada Superiore Bricco Riccardo, 🍷 1996 (ha 1,07 🍾 6.800 N H *Pk.* C)
★★ Dolcetto di Ovada Superiore Il Gamondino, 🍷 1996 (ha 2,8 🍾 15.000 N H *Pk.* C)
★★ Dolcetto di Ovada Villa Delfini, 🍷 1996 (ha 0,7 🍾 3.000 B *Pk.* C)

Tafelwein:

★ Chardonnay Villa Delfini, 🍷 1996 (ha 1 🍾 5.000 B *Pk.* D)

NÈIVE (Cuneo)

Nächste Autobahnausfahrt: Asti est (A21).

Hinweis: Gallina besitzt eine bedeutende Lage unter den Crus von Neive und der Barbaresco 1995 scheint in dieser Gegend besonders gut gelungen zu sein. Unter denen, die einen nachhaltigen Eindruck hinterlassen haben, befindet sich der Barbaresco Gallina 1995 von San Michele (87), Tel. 0173/67232. (D.T.)

Azienda Agricola **Busso Piero**

Plz. 12057, frazione Albesani 8; Tel. 0173/67156; Fax 67156.

Gründungsjahr: 1973. *Inhaber:* Piero Busso. *Kundenbetreuung:* der Inhaber. *Produktionsleitung:* der Inhaber, auch landwirtschaftlicher Leiter. *Besuchszeiten:* täglich. *Degustation:* in einer Probierstube im Weinkeller.

DOCG:

★★ Barbaresco Vigna Borgese, 🍷 1995 (H *Pk.* E) 1995 (D.T.) 86

DOC:

★ Barbera d'Alba Vigna Majano, 🍷 1996 (B *Pk.* C) 1996 (D.T.) 85

★ Dolcetto d'Alba Vigna Majano, 🍷 1997 (N H *Pk.* B)

★ Langhe Bianco, 🍷 1997 (B *Pk.* C)
Chardonnay (70%) und Sauvignon (30%)

★ Langhe Nebbiolo, 🍷 1996 (H B *Pk.* C)

Cantina del Glicine

Plz. 12057, via Giulio Cesare 1; Tel. 0173/67215; Fax 677505.

Gründungsjahr: 1978. *Inhaber:* Adriana Marzi und Roberto Bruno. *Kundenbetreuung:* die Inhaber. *Produktionsleitung:* Roberto Bruno, auch landwirtschaftlicher Leiter. *Besuchszeiten:* täglich, nach telefonischer Vereinbarung. *Degustation:* in einer Probierstube im Wohnhaus.

DOCG:

★★ Barbaresco Marcorino, 🍷 1995 (ha 0,67 🍾 3.600 B *Pk.* E)

★★ Barbaresco Vigneto Curà, 🍷 1995 (ha 1,5 🍾 10.000 H *Pk.* E) 1995 (G.B.) 86

DOC:

★ Barbera d'Alba Marcorino, 🍷 1996 (ha 0,45 🍾 4.200 B *Pk.* C)

★★ Dolcetto d'Alba, 🍷 1997 (ha 1,2 🍾 11.200 N *Pk.* C)

Azienda Agricola **Castello di Neive**

Plz. 12057, via Castelborgo 1; Tel. 0173/67171; Fax 677515.

Gründungsjahr: 1964. *Inhaber:* Italo, Giulio, Anna und Piera Stupino. *Kundenbetreuung:* die Inhaber. *Produktionsleitung:* Giancarlo Scaglione. *Agronom:* die Inhaber. *Anbaufläche in ha.:* 25. *Besuchszeiten:* Samstag und Sonntag mittags, an den übrigen Wochentagen nachmittags, nach Vereinbarung. *Degustation:* in der Gallerie im Schloß.

DOCG:

★ Barbaresco Santo Stefano, 🍷 1995
(ha 7,87 🍾 36.000 H *Pk.* F)

DOC:

♣ Barbera d'Alba Mattarello, 🍷 1996
(ha 0,35 🍾 3.000 B *Pk.* D) 1996 (D.T.) 88

★★ Barbera d'Alba Santo Stefano, 🍷 1996
(ha 0,7 🍾 6.000 H *Pk.* B)

★★ Dolcetto d'Alba Basarin, 🍷 1997 (ha 0,9 🍾 7.000 N *Pk.* C)

Azienda Agricola Fratelli **Cigliuti**

Plz. 12057, via Serraboella 17; Tel. 0173/677185; Fax 677185.

Gründungsjahr: 1964. *Inhaber:* Renato Cigliuti. *Kundenbetreuung:* der Inhaber, Ehefrau Dina und Tochter Claudia. *Produktionsleitung:* der Inhaber, auch landwirtschaftlicher Leiter. *Anbaufläche in ha.:* 6. *Besuchszeiten:* täglich, nach Vereinbarung. *Degustation:* in einer kleinen Taverne.

DOCG:

★★★ Barbaresco Serraboella, 🍷 1995
(ha 2 🍾 6.800 H *Pk.* E) 1995 (D.T.) 85

DOC:

★★ Barbera d'Alba Serraboella, 🍷 1997
(ha 1 🍾 8.200 B *Pk.* D) 1997 (D.T.) 89

★★ Dolcetto d'Alba Serraboella, 🍷 1997
(ha 1,5 🍾 6.500 N H *Pk.* C)

★★★ Langhe Rosso Briccoserra, 🍷 1996 (🍾 4.000 B *Pk.* E)
🍇 Barbera und Nebbiolo zu gleichen Teilen 1996 (D.T.) 88

Fontanabianca

Plz. 12057, via Bordini 15; Tel. 0173/67195; Fax 67195.

Gründungsjahr: 1969. *Inhaber:* Aldo Pola und Bruno Ferro. *Kundenbetreuung:* Aldo Pola. *Produktionsleitung:* Aldo Pola und Beppe Caviola. *Anbaufläche in ha.:* 10. *Besuchszeiten:* täglich, nach Vereinbarung. *Degustation:* im Weinkeller.

DOCG:

★ Barbaresco Sory Bordini, 1995
(ha 2 6.800 B *Pk.* E) 1995 (D.T.) 85

DOC:

★ Barbera d'Alba, 1996
(ha 1 4.000 N B *Pk.* C) 1996 (D.T.) 86

★ Dolcetto d'Alba Vigneto Bordini, 1997
(ha 3,5 12.000 N *Pk.* B)

♣ Langhe Nebbiolo, 1997
(ha 0,5 3.500 N B *Pk.* C) 1997 (D.T.) 87

Azienda Agricola **Gastaldi**

Plz. 12057, borgata Albesani 20; Tel. 0173/677400; Fax 441028.

Gründungsjahr: 1987. *Inhaber:* Bernardino Gastaldi. *Kundenbetreuung:* der Inhaber. *Produktionsleitung:* der Inhaber. *Besuchszeiten:* während der Geschäftszeiten, nach telefonischer Vereinbarung. *Degustation:* in einer Probierstube.

DOC:

★★ Dolcetto d'Alba Moriolo, 1997 (N *Pk.* B)

Tafelwein:

★★ Bianco Gastaldi, 1996 (N *Pk.* D)
Sauvignon und Chardonnay

★★ Chardonnay, 1996 (N *Pk.* D)

★★ Rosso Gastaldi, 1993 (N *Pk.* F) Nebbiolo

Casa Vinicola Fratelli **Giacosa**

Plz. 12057, via XX Settembre 64; Tel. 0173/67013; Fax 67662.

Gründungsjahr: 1969. *Inhaber:* Valerio und Silverio Giacosa. *Kundenbetreuung:* die Inhaber. *Produktionsleitung:* Roberto Macaluso. *Agronom:* Roberto Macaluso. *Anbaufläche in ha.:* 12. *Besuchszeiten:* täglich, von 9 bis 12 Uhr und von 14 bis 18.30 Uhr, nach telefonischer Voranmeldung. *Degustation:* in einer kleinen Taverne im Weinkeller.

DOCG:

★★ Barbaresco Rio Sordo, 1995 (B *Pk.* D) 1995 (D.T.) 87

★★ Barolo Bussia, 1993 und 1994 (H B *Pk.* E)

DOC:

★★ Barbera d'Alba Maria Gioana, 1996 (B *Pk.* C)

★★ Dolcetto d'Alba, 1996 (N *Pk.* B)

★ Langhe Chardonnay Cà Lunga, 1996 (B *Pk.* C)

♣ Langhe Rosso Accordo, 1996 (3.000 B *Pk.* D)
Barbera, Nebbiolo und Pinot Nero 1996 (G.B.) 89

Casa Vinicola **Giacosa Bruno**

Plz. 12057, via XX Settembre 52; Tel. 0173/67027; Fax 677477.

Gründungsjahr: 1900. *Inhaber:* Bruno Giacosa. *Kundenbetreuung:* der Inhaber und seine Töchter. *Produktionsleitung:* der Inhaber und Dante Scaglione. *Agronom:* Dante Scaglione. *Anbaufläche in ha.:* 15. *Besuchszeiten:* nach telefonischer Vereinbarung, außer Samstag und Sonntag. *Degustation:* in einer Probierstube.

DOCG:

♣ Barbaresco, 🍷 1995 (ha 1,5 🍾 8.800 H *Pk.* F) — 1995 (G.B./D.T.) 88
★★★ Barbaresco Gallina di Neive, 🍷 1993 und 1995 (ha 1 🍾 6.160 H *Pk.* F) — 1995 (D.T.) 90
○ Barbaresco Santo Stefano di Neive, 🍷 1993 und 1995 (ha 3 🍾 8.240 H *Pk.* F) — 1995 (D.T.) 92
★★★ Barolo Collina Rionda di Serralunga, 🍷 1993 (🍾 10.000 H *Pk.* F)
★★★ Barolo Falletto di Serralunga, 🍷 1993 (H *Pk.* F)
★★ Barolo Villero di Castiglione Falletto, 🍷 1993 (H *Pk.* F)
★ Moscato d'Asti Falletto, 🍷 der letzte (ha 0,5 🍾 5.000 N *Pk.* B ⊙) — 1997 (G.B./D.T.) 87

DOC:

★★ Dolcetto d'Alba Falletto di Serralunga, 🍷 1997 (N *Pk.* C)
♣ Nebbiolo d'Alba Valmaggiore, 🍷 1996 (🍾 14.400 H *Pk.* C) — 1996 (D.T.) 87
★★ Roero Arneis, 🍷 der letzte (🍾 120.000 N *Pk.* C) — 1997 (D.T.) 85

Tafelwein:

★★★ Bruno Giacosa Extra Brut, 🍷 1994 (🍾 30.000 N *Pk.* E) Pinot Nero

Azienda Agricola **Paitin**

Plz. 12057, via Serra Boella 20; Tel. 0173/67343; Fax 677732.

Gründungsjahr: 1893. *Inhaber:* Secondo Pasquero-Elia. *Kundenbetreuung:* Silvano und Giovanni Pasquero-Elia. *Produktionsleitung:* Giuseppe Caviola. *Agronom:* Secondo Pasquero-Elia. *Besuchszeiten:* täglich, mit Voranmeldung, von 8 bis 12 Uhr und von 14 bis 19 Uhr. *Degustation:* in einem großen Probiersaal.

DOCG:

★★ Barbaresco Sorì Paitin, 🍷 1995 (H B *Pk.* E)

DOC:

★★ Barbera d'Alba Serra Boella, 🍷 1996 (B *Pk.* C)
★★ Dolcetto d'Alba Sorì Paitin, 🍷 1996 (N *Pk.* B)

Tafelwein:

★ Campolive, 🍷 der letzte (B *Pk.* C)
Sauvignon und Chardonnay

★★ Paitin, 🍷 1996 (B *Pk.* D)
Nebbiolo (70%) und Barbera (30%)

Cantina del **Parroco di Neive**

Plz. 12057, piazza Negro 7; Tel. 0173/67008.

Gründungsjahr: 1961. *Inhaber:* Don Giuseppe Cogno. *Kundenbetreuung:* der Inhaber und sein Bruder Achille Cogno. *Produktionsleitung:* Achille Cogno. *Agronom:* Achille Cogno und Albino Morando. *Besuchszeiten:* mit Voranmeldung, täglich, von 8 bis 19 Uhr. *Degustation:* im Weinkeller.

DOCG:

★★ Barbaresco Gallina, 🍷 1995 (H *Pk.* C) 1995 (D.T.) 87

DOC:

★★ Barbera d'Alba Gallina, 🍷 1995 (B *Pk.* B)

★ Dolcetto d'Alba Basarin, 🍷 1997 (N *Pk.* B)

Azienda Agricola **Prinsi**

Plz. 12057, via Gaia 5; Tel. 0173/67192; Fax 67192.

Gründungsjahr: 1958. *Inhaber:* Franco Lequio. *Kundenbetreuung:* der Inhaber und Sohn Daniele. *Produktionsleitung:* der Inhaber. *Agronom:* Albino Morando. *Anbaufläche in ha.:* 8,5. *Besuchszeiten:* täglich, nach telefonischer Vereinbarung. *Degustation:* in einer Probierstube im Weinkeller.

DOCG:

★★ Barbaresco Prinsi, 🍷 1995 (ha 0,5 🍾 3.950 H *Pk.* E)

DOC:

★ Dolcetto d'Alba San Cristoforo, 🍷 1996
(ha 2,2 🍾 4.550 H *Pk.* B)

Azienda Agricola **Punset**

Plz. 12057, frazione Moretta 42; Tel. 0173/67072; Fax 677423.

Gründungsjahr: 1964. *Inhaber:* Marina und Renzo Marcarino. *Kundenbetreuung:* Marina Marcarino. *Produktionsleitung:* Piero Ballario. *Agronom:* Gianni Forte. *Anbaufläche in ha.:* 30. *Besuchszeiten:* täglich; Samstag und Sonntag am besten mit Voranmeldung. *Degustation:* in einer Probierstube.

DOCG:

★ Barbaresco, 🍷 1995 (H *Pk.* D)

★ Barbaresco Campo Quadro, 🍷 1995
(ha 1,04 🍾 4.500 H *Pk.* E)

DOC:

★★ Barbera d'Alba Superiore Vigneto Zocco, 🍷 1996
(ha 0,6 🍾 2.200 B *Pk.* D)

★ Dolcetto d'Alba, 🍷 1997 (N *Pk.* B)

Rivetti Dante

Plz. 12057, località Bricco di Neive 12; Tel. 0173/67125; Fax 677706.

Inhaber: Dante Rivetti. *Kundenbetreuung:* Familie Rivetti. *Produktionsleitung:* Donato Lanati. *Agronom:* Ivan Rivetti. *Anbaufläche in ha.:* 46. *Besuchszeiten:* täglich, mit Voranmeldung. *Degustation:* im Firmengebäude.

DOCG:

★★ Barbaresco Bricco de Neveis, 🍷 1989 und 1990
(ha 5,5 🍾 32.600 H B *Pk.* F) 1995 (D.T.) 87

★★ Moscato d'Asti Riveto, 🍷 der letzte
(ha 11 🍾 89.500 N *Pk.* B ⊙) 1997 (D.T.) 86

DOC:

♣ Barbera d'Alba, 🍷 1997
(ha 6 🍾 53.500 H B *Pk.* D) 1997 (D.T.) 85

Azienda Agricola **Sottimano**

Plz. 12057, località Cottà 21; Tel. 0173/635186; Fax 635186.

Gründungsjahr: 1975. *Inhaber:* Maggiore Sottimano. *Kundenbetreuung:* der Inhaber und Sohn Andrea. *Produktionsleitung:* der Inhaber. *Anbaufläche in ha.:* 11. *Besuchszeiten:* täglich, während der Geschäftszeiten, nach telefonischer Voranmeldung. *Degustation:* in einer Probierstube im Weinkeller.

DOCG:

♣ Barbaresco Cottà Vigna Brichet, 🍷 1995
(ha 0,9 🍾 5.000 H B *Pk.* E) 1995 (D.T.) 88

DOC:

★ Dolcetto d'Alba Cottà, 🍷 1996 (ha 0,7 🍾 4.000 N *Pk.* B)

Besonderes: Der Barbaresco Cottà 1995 zeigt große Ausgeglichenheit und aromatische Eleganz. (D.T.)

NEVIGLIE (Cuneo)

Nächste Autobahnausfahrt: Asti est (A21).

Azienda Agricola **Bera Fratelli**

Plz. 12050, Cascina Palazzo 12; Tel. 0173/630194; Fax 630394.

Gründungsjahr: 1978. *Inhaber:* Sisto, Valter und Attilio Bera. *Kundenbetreuung:* Valter Bera. *Produktionsleitung:* Valter Bera. *Agronom:* Sisto und Attilio Bera mit der Beratung von Federico Curtaz und Giampiero Romana. *Anbaufläche in ha.:* 17. *Besuchszeiten:* während der Geschäftszeiten; mit telefonischer Voranmeldung. *Degustation:* im Weinkeller.

DOCG:

- ★ Asti Spumante, 🍷 der letzte (ha 3 🍾 20.000 [N] *Pk.* B ⊙) — 1997 (D.T.) 86
- ★ Moscato d'Asti, 🍷 der letzte (ha 8 🍾 55.000 [N] *Pk.* B)
- ★★ Moscato d'Asti Su Reimond, 🍷 der letzte (ha 1,4 🍾 8.000 [N] *Pk.* B ⊙) — 1997 (G.B.) 87

DOC:

- ★★ Barbera d'Alba Sassisto, 🍷 1995 (ha 0,6 🍾 3.000 [B] *Pk.* D) — 1995 (G.B.) 89
- ♣ Langhe Nebbiolo, 🍷 1995 (ha 0,3 🍾 1.600 [B] *Pk.* D) — 1995 (G.B.) 86

NIZZA MONFERRATO (Asti)

Nächste Autobahnausfahrt: Alessandria sud.

Azienda Agricola **La Barbatella**

Plz. 14049, strada Annunziata 55; Tel. 0141/701434; Fax 721550.

Gründungsjahr: 1983. *Inhaber:* Emiliana Martini Sonvico. *Kundenbetreuung:* Angelo Sonvico. *Produktionsleitung:* Giuliano Noè. *Agronom:* Piero Roseo. *Besuchszeiten:* nach telefonischer Vereinbarung. *Degustation:* in einer kleinen Taverne neben dem Weinkeller.

DOC:

- ★★ Barbera d'Asti Superiore Vigna dell'Angelo, 🍷 1996 (🍾 4.000 [B] *Pk.* E) — 1996 (D.T.) 87

Tafelwein:

- ★★★ La Vigna di Sonvico, 🍷 1996 (🍾 5.000 [B] *Pk.* F) 🍇 Barbera und Cabernet Sauvignon — 1996 (D.T.) 91

Cantina **Sant'Evasio**

Plz. 14049, strada San Nicolao 88; Tel. 0141/726259; Fax 726259.

Inhaber: Pier Franco Lacqua. *Kundenbetreuung:* der Inhaber. *Produktionsleitung:* Giancarlo Scaglione. *Agronom:* Pier Franco Lacqua. *Besuchszeiten:* nach telefonischer Vereinbarung. *Degustation:* in einer Probierstube.

DOCG:

★ Barolo, 🍷 1993 (H *Pk.* D)

DOC:

★★ Barbera d'Asti Rosìgnolo, 🍷 1995 (B *Pk.* C)

Antica Casa Vinicola **Scarpa**

Plz. 14049, via Montegrappa 6; Tel. 0141/721331; Fax 702872.

Gründungsjahr: 1850. *Inhaber:* Mario Pesce Scarpa. *Kundenbetreuung:* die Enkel des Inhabers: Mario und Carlo Castino. *Produktionsleitung:* Carlo Castino. *Agronom:* Carlo Castino. *Anbaufläche in ha.:* 50. *Besuchszeiten:* täglich, von 9 bis 18 Uhr; am besten mit Voranmeldung. *Degustation:* in einer mit Eichenfässern eingerichteten Probierstube. Im Rahmen der Degustation werden hausgemachte gastronomische Spezialitäten gereicht.

DOCG:

★★ Barbaresco Tettineive, 🍷 1989 und 1990 (H *Pk.* F)
★★ Barolo Tettimorra, 🍷 1989 und 1990 (H *Pk.* F)

DOC:

★★ Barbera d'Asti Bricchi di Castelrocchero, 🍷 1995 im Kommen (H *Pk.* E)
★★ Barbera d'Asti La Bogliona, 🍷 1990, 1993 im Kommen (H *Pk.* F)

Tafelwein:

★★ Brachetto La Selva di Moirano, 🍷 1993, 1995 im Kommen (N *Pk.* F)
★★ Freisa La Selva di Moirano, 🍷 1991, 1993 im Kommen (N *Pk.* D)
★★ Rouchet Briccorosa, 🍷 1993, 1995 im Kommen (N *Pk.* F)

Scrimaglio Franco & Mario

Plz. 14049, via Alessandria 67; Tel. 0141/721385; Fax 726500.

Gründungsjahr: 1945. *Inhaber:* Familie Scrimaglio. *Kundenbetreuung:* Piergiorgio Scrimaglio. *Produktionsleitung:* Vincenzo Munì. *Agronom:* Francesco Scrimaglio. *Besuchszeiten:* Montag bis Freitag, nach Vereinbarung. *Degustation:* im Empfangssaal.

DOC:

★★ Barbera d'Asti Crutin, 🍷 1996 (B *Pk.* D) 1996 (D.T.) 86

NOVELLO (Cuneo)

Nächste Autobahnausfahrt: Asti est (A21).

Azienda Agricola **Cogno Elvio**

Plz. 12060, località Ravera 2; Tel. 0173/731405; Fax 731405.

Gründungsjahr: 1990. *Inhaber:* Elvio Cogno. *Kundenbetreuung:* der Inhaber und seine Familie. *Produktionsleitung:* Valter Fissore und Elvio Cogno. *Agronom:* Valter Fissore und die landwirtschaftlichen Techniker vom Coldiretti. *Besuchszeiten:* täglich, nach Vereinbarung. *Degustation:* in einer Probierstube.

DOCG:

★★ Barolo Ravera, 🍷 1993 (ha 3,88 ▮ 14.000 🅷 *Pk.* E)

DOC:

★ Barbera d'Alba Bricco del Merlo, 🍷 1996 (ha 1,52 ▮ 8.000 🅱 *Pk.* D)

★ Dolcetto d'Alba Vigna del Mandorlo, 🍷 1997 (ha 2,5 ▮ 14.000 🅽 *Pk.* B)

★ Langhe Rosso Montegrilli, 🍷 1996 (▮ 2.700 🅱 *Pk.* D)

NOVI LIGURE (Alessandria)

Nächste Autobahnausfahrt: Novi Ligure (A7).

Azienda Agricola **Battistina**

Plz. 15067, via Gavi 128; Tel. 0143/71390; Fax 71390.

Gründungsjahr: 1980. *Inhaber:* Giuseppe Terragno und Ubaldo Aicardi. *Kundenbetreuung:* die Inhaber oder Giancarlo Parodi. *Besuchszeiten:* Montag bis Freitag, von 8 bis 12 Uhr und von 14 bis 18 Uhr. *Degustation:* in einer kleinen Taverne neben dem Weinkeller.

DOC:

★ Gavi Battistina, 🍷 der letzte (🅽 *Pk.* B)

★★ Gavi Bricco Battistina, 🍷 1996 (🅱 *Pk.* C)

Cascina degli Ulivi

Plz. 15067, strada Mazzola 14; Tel. 0143/744598; Fax 744598.

Gründungsjahr: 1978. *Inhaber:* Stefano Bellotti. *Kundenbetreuung:* der Inhaber. *Produktionsleitung:* der Inhaber, auch landwirtschaftlicher Leiter. *Anbaufläche in ha.:* 11. *Besuchszeiten:* täglich, nach telefonischer Vereinbarung. *Degustation:* in einer Probierstube.

DOC:

★ Gavi, 🍷 der letzte (ha 3 ▮ 25.000 🅽 *Pk.* B)

- ★ Gavi Filagnotti, 🍷 der letzte (ha 2,5 🍾 12.000 H *Pk.* B)
- ★ Gavi Montemarino, 🍷 der letzte (ha 0,5 🍾 2.500 H *Pk.* C)
- ★ Monferrato Dolcetto Nibiò, 🍷 1996 (ha 1,4 🍾 4.000 H *Pk.* B)
- ★ Piemonte Barbera Mounbè, 🍷 1996 (ha 1 🍾 5.000 H *Pk.* B)

Tenuta **La Marchesa**

Plz. 15067, via Gavi 87; Tel. 0143/743362; Fax 744083.

Gründungsjahr: 1981. *Inhaber:* Familie Giulini. *Kundenbetreuung:* Tiziano Pelanda. *Produktionsleitung:* Tiziano Pelanda, auch landwirtschaftlicher Leiter. *Besuchszeiten:* nach telefonischer Vereinbarung, auch unter 02/6552941. *Degustation:* im großen Probiersaal.

DOC:

- ★ Gavi La Marchesa Etichetta Bianca, 🍷 der letzte (N *Pk.* B)
- ★ Gavi La Marchesa Etichetta Nera, 🍷 der letzte (N B *Pk.* B)

OVADA (Alessandria)

Nächste Autobahnausfahrt: Ovada (A26).

Azienda **Rossi Contini Annalysa**

Plz. 15076, strada San Lorenzo 20;
Tel. 0143/822530; Fax 02/66988190.

Gründungsjahr: 1989. *Inhaber:* Annalysa Rossi Contini. *Kundenbetreuung:* die Inhaberin. *Besuchszeiten:* täglich, nach telefonischer Vereinbarung.

DOC:

- ★★ Dolcetto di Ovada Vigneto Ninan, 🍷 1996 (B *Pk.* B)

OZZANO MONFERRATO (Alessandria)

Nächste Autobahnausfahrt: Casale sud (A26).

Cantine **Valpane**

Plz. 15039, Cascina Valpane 10/1; Tel. 0142/486713; Fax 486713.

Inhaber: Gebrüder Arditi. *Kundenbetreuung:* Piero Arditi. *Produktionsleitung:* Claudio Gori. *Agronom:* Andrea Paoletti. *Anbaufläche in ha.:* 5. *Besuchszeiten:* täglich, nach Vereinbarung. *Degustation:* in einer Probierstube.

DOC:

- ★★ Barbera del Monferrato, 🍷 1997 (🍾 10.600 N *Pk.* B)
- ★★ Barbera del Monferrato Valpane, 🍷 1995 und 1997 (🍾 2.600 B *Pk.* C) 1995 (D.T.) 87 + 1997 (D.T.) 86

PESSIONE DI CHIERI (Torino)

Nächste Autobahnausfahrt: Torino (A4).

Martini & Rossi

Plz. 10020, piazza Luigi Rossi 1; Tel. 011/94191; Fax 9419324.

Gründungsjahr: 1863. *Inhaber:* Gruppo Bacardi-Martini. *Kundenbetreuung:* Cristina Fanciotto und Laura Ferrari. *Produktionsleitung:* Antonio Marocco. *Besuchszeiten:* Dienstag bis Freitag, von 14 bis 17 Uhr; Samstag und Sonntag von 9 bis 12 Uhr von 14 bis 17 Uhr. *Degustation:* in großen Empfangssälen im Museo Martini.

Tafelwein:

★ Spumante Brut Riserva Montelera Millesimato, 🍷 1994 (N *Pk.* E) Pinot Nero

PIVERONE (Torino)

Nächste Autobahnausfahrt: Santhià (A4) oder Albaino (A5).

Cantina Sociale Cooperativa della **Serra**

Plz. 10010, via Strada Nuova 12; Tel. 0125/72166; Fax 727565.

Gründungsjahr: 1953. *Kundenbetreuung:* Gian Luca Fabrello. *Produktionsleitung:* Giorgio Barbero. *Anbaufläche in ha.:* 115. *Besuchszeiten:* Montag bis Samstag von 8.30 bis 12 Uhr und von 14.30 bis 18 Uhr. *Degustation:* in einer Probierstube.

DOC:

♣ Erbaluce di Caluso, 🍷 1997 (ha 25 200.000 N *Pk.* A ⊙) 1997 (G.B.) 85

PRIOCCA D'ALBA (Cuneo)

Nächste Autobahnausfahrt: Asti ovest (A21).

Cascina **Val del Prete**

Plz. 12040, strada Santuario 2; Tel. 0173/616534; Fax 616534.

Gründungsjahr: 1977. *Inhaber:* Bartolomeo Roagna. *Kundenbetreuung:* Mario Roagna. *Produktionsleitung:* Gianfranco Cordero. *Agronom:* Michelangelo Pasquero. *Anbaufläche in ha.:* 8. *Besuchszeiten:* täglich, nach Vereinbarung. *Degustation:* im alten Weinkeller des Bauernhauses aus dem 18. Jahrhundert.

DOC:

♣ Nebbiolo d'Alba Superiore Vigna di Lino, 🍷 1996 (ha 1,5 4.500 B *Pk.* D) 1996 (G.B.) 88

QUARGNENTO (Alessandria)

Nächste Autobahnausfahrt: Alessandria ovest oder Felizzano (A21).

Azienda Agricola **Colle Manora**

Plz. 15044, via Bozzole 4; Tel. 0131/219252; Fax 219252.

Gründungsjahr: 1985. *Inhaber:* Familie Keusseoglou. *Kundenbetreuung:* die Inhaber. *Produktionsleitung:* Donato Lanati. *Besuchszeiten:* täglich, nach telefonischer Vereinbarung. *Degustation:* in einer Probierstube im Wohnhaus.

DOC:

★ Barbera del Monferrato Pais, 🍷 der letzte (N B *Pk.* B)

Tafelwein:

★★ Manora Collezione, 🍷 1996 (B *Pk.* D) 🍇 Barbera und in kleinen Mengen Cabernet Sauvignon

★★ Mimosa Collezione, 🍷 der letzte (N *Pk.* C) 🍇 Sauvignon

★ Mimosa Diane, 🍷 der letzte (N B *Pk.* C) 🍇 Chardonnay und Sauvignon

★★★ Palo Alto, 🍷 1996 (B *Pk.* E) 🍇 Pinot Nero, Merlot, Cabernet Sauvignon und Barbera 1996 (D.T.) 88

ROÀSIO SANTA MARIA (Vercelli)

Nächste Autobahnausfahrt: Romagnano-Ghemme (A6).

Azienda Agricola **Perazzi Luigi**

Plz. 13060, località Orbello, via D'Azeglio 30; Tel. 0163/860034.

Gründungsjahr: 1700. *Inhaber:* Luigi Perazzi. *Kundenbetreuung:* der Inhaber. *Produktionsleitung:* Enrico Fileppo. *Agronom:* der Inhaber. *Besuchszeiten:* nach telefonischer Vereinbarung. *Degustation:* in einer rustikalen Probierstube.

DOC:

★ Bramaterra, 🍷 1993 (H *Pk.* B)

Tafelwein:

★ Gemmaiolo, 🍷 1997 (N H *Pk.* B) 🍇 Nebbiolo, Bonarda, Croatina und Vespolina

★★ Sassaia, 🍷 der letzte (B *Pk.* C) 🍇 Nebbiolo, Bonarda, Croatina und Vespolina

ROCCAGRIMALDA (Alessandria)

Nächste Autobahnausfahrt: Ovada (A26).

Ratto Giuseppe – Cascina Scarsi
Plz. 15078, località San Lorenzo; Tel. 0143/831888.

Gründungsjahr: 1935. *Inhaber:* Giuseppe (Pino) Ratto. *Kundenbetreuung:* der Inhaber. *Produktionsleitung:* der Inhaber, auch landwirtschaftlicher Leiter. *Besuchszeiten:* täglich, nach Vereinbarung. *Degustation:* im Weinkeller oder in einer Probierstube im Wohnhaus.

DOC:

★★ Dolcetto di Ovada Gli Scarsi, 🍷 1996 (B *Pk.* B)

★★ Dolcetto di Ovada Le Olive, 🍷 1997 (B *Pk.* B)

ROCCHETTA TANARO (Asti)

Nächste Autobahnausfahrt: Asti est (A21).

Azienda **Braida di Giacomo Bologna**
Plz. 14030, via Roma 94; Tel. 0141/644113; Fax 644584.

Gründungsjahr: 1961. *Inhaber:* Anna Bologna. *Kundenbetreuung:* die Inhaberin, Tochter Raffaella und Sohn Beppe. *Produktionsleitung:* Raffaella Bologna und Roberto Morosinotto. *Agronom:* Giuseppe Bologna. *Anbaufläche in ha.:* 31,5. *Besuchszeiten:* nach Vereinbarung, Montag bis Freitag. *Degustation:* in einer Taverne.

DOCG:

★★ Moscato d'Asti Vigna Senza Nome, 🍷 der letzte
(ha 4,1 🍾 33.000 N *Pk.* B ⊙) 1997 (D.T.) 85

DOC:

★★★ Barbera d'Asti Ai Suma, 🍷 1996
(ha 2,5 🍾 12.000 B *Pk.* F) 1996 (D.T.) 89

★★★ Barbera d'Asti Bricco della Bigotta, 🍷 1995
(ha 2,5 🍾 15.000 B *Pk.* F) 1995 (D.T.) 88

○ Barbera d'Asti Superiore Bricco dell'Uccellone, 🍷 1995
(ha 5,2 🍾 30.000 B *Pk.* F)

★★ Barbera del Monferrato Vivace La Monella, 🍷 der letzte
(🍾 110.000 N *Pk.* B)

★ Grignolino d'Asti, 🍷 der letzte (🍾 33.000 N *Pk.* B)

★ Monferrato Rosso Il Bacialé, 🍷 1997
(ha 4,5 🍾 30.000 B *Pk.* C) 1997 (D.T.) 86

Cantine dei Marchesi **Incisa della Rocchetta**

Plz. 14030, La Corte Chiusa; Tel. 0141/644647; Fax 644942.

Gründungsjahr: 1992. *Inhaber:* Barbara Incisa della Rocchetta. *Kundenbetreuung:* die Inhaberin. *Produktionsleitung:* Donato Lanati, auch landwirtschaftlicher Leiter. *Anbaufläche in ha.:* 6,5. *Besuchszeiten:* Samstag und Sonntag von 10 bis 12.30 Uhr und von 15.30 bis 18 Uhr; an den übrigen Wochentagen nach Vereinbarung. *Degustation:* in einer Probierstube.

DOC:

♣ Barbera d'Asti Sant'Emiliano, 🍷 1997
(ha 1,6 ▮8.000 H B *Pk.* D) 1997 (D.T.) 87

RODELLO (Cuneo)

Nächste Autobahnausfahrt: Marene (A6).

Azienda Agricola **Giribaldi Mario**

Plz. 12050, Cascina Massolino, via Rittano 6;
Tel. 0173/441020; Fax 363710.

Gründungsjahr: 1980. *Inhaber:* Mario Giribaldi. *Kundenbetreuung:* der Inhaber. *Produktionsleitung:* Enzo Moiso. *Agronom:* Mario Giribaldi. *Besuchszeiten:* während der Geschäftszeiten. *Degustation:* im Weinkeller.

DOC:

★ Dolcetto d'Alba Vigna 'ntra Vigna, 🍷 1997 (N *Pk.* B)
★ Dolcetto d'Alba Vigna Casassa, 🍷 1997 (N *Pk.* B)

Azienda Agricola Fratelli **Mossio**

Plz. 12050, cascina Caramelli, via Montà 12;
Tel. 0173/617149; Fax 617149.

Gründungsjahr: 1968. *Inhaber:* Gebrüder Mossio. *Kundenbetreuung:* Remo und Valerio Mossio. *Produktionsleitung:* Remo und Valerio Mossio. *Anbaufläche in ha.:* 6,8. *Besuchszeiten:* täglich, nach Vereinbarung. *Degustation:* in einer Probierstube im Weinkeller aus dem 17. Jahrhundert.

DOC:

★ Dolcetto d'Alba Bricco Caramelli, 🍷 1997
(ha 1,2 ▮5.600 N *Pk.* B ⊙) 1997 (G.B.) 85

ROSIGNANO MONFERRATO (Alessandria)

Nächste Autobahnausfahrt: Casale Monferrato Sud (A26).

Azienda Agricola Visconti **Cassinis Ravizza**

Plz. 15030, cascina Madonna delle Grazie 5;
Tel. 0142/488054; Fax 488054.

Gründungsjahr: 1992. *Inhaber:* Carlo Cassinis Diego Visconti und Domenico Ravizza. *Kundenbetreuung:* die Inhaber. *Produktionsleitung:* Domenico Ravizza. *Besuchszeiten:* vorzugsweise Samstag und Sonntag, am besten mit Voranmeldung. *Degustation:* in einer Probierstube.

DOC:

★ Barbera del Monferrato Cantico della Crosia, 🍷 1996 (N B *Pk.* C)

★ Grignolino del Monferrato Casalese, 🍷 der letzte (N *Pk.* B)

Tafelwein:

★★ Rubello di Salabue, 🍷 1996 (H B *Pk.* B)
Barbera, Nebbiolo und Cabernet Sauvignon

SAN DESIDERIO D'ASTI (Asti)

Nächste Autobahnausfahrt: Asti est (A21).

Azienda Vitivinicola **Rabezzana Renato**

Plz. 14031, via Rabezzana 7; Tel. 0141/928517; Fax 011/5174809.

Gründungsjahr: 1876. *Inhaber:* Renato Rabezzana. *Kundenbetreuung:* Renato und Carlo Rabezzana. *Besuchszeiten:* nach telefonischer Vereinbarung unter 011/543070. *Degustation:* auf dem Gutshof oder in der Önothek in Turin.

DOC:

★ Barbera d'Asti Il Bricco, 🍷 1996 (H B *Pk.* B)

★ Grignolino d'Asti, 🍷 der letzte (N *Pk.* B)

SAN GIORGIO CANAVESE (Torino)

Nächste Autobahnausfahrt: San Giorgio Canavese (A5).

Azienda Vitivinicola **Orsolani**

Plz. 10090, via Michele Chiesa 12; Tel. 0124/32386; Fax 32386.

Gründungsjahr: 1894. *Inhaber:* Gian Francesco Orsolani. *Kundenbetreuung:* Gian Luigi Orsolani. *Produktionsleitung:* der Inhaber unter Beratung von Donato Lanati. *Anbaufläche in ha.:* 15. *Besuchszeiten:* Montag bis Freitag, nach telefonischer Vereinbarung. *Degustation:* in einer Probierstube.

DOC:

★≈ Caluso Passito La Rustìa, 🍷 1993 (🍾 1.600 B *Pk.* E) — 1993 (G.B.) 90

★★ Erbaluce di Caluso La Rustìa, 🍷 der letzte (N *Pk.* B ⊙) — 1997 (G.B.) 87

♣ Erbaluce di Caluso Vignot Sant'Antonio, 🍷 1996 (ha 1,06 🍾 4.900 N B *Pk.* C) — 1996 (G.B.) 85

SAN MARTINO ALFIERI (Asti)

Nächste Autobahnausfahrt: Asti est (A21).

Hinweis: Als charaktervoll und mit einer gut dosierten Holzspur präsentiert sich der Barbera d'Asti La Romilda 1996 (87) der Cascina L'Arbiola, Tel. 0141/856194, wo Domenico Terzano, beraten von Giuliano Noè, in Weinbergen und Kellern zweifellos gute Arbeit leistet. (D.T.)

Azienda Agricola **Marchesi Alfieri**

Plz. 14010, Castello Alfieri; Tel. 0141/976288; Fax 976288.

Gründungsjahr: 1983. *Inhaber:* Emanuela, Antonella und Giovanna San Martino di San Germano. *Kundenbetreuung:* die Inhaberinnen. *Produktionsleitung:* Giancarlo Scaglione. *Besuchszeiten:* nach telefonischer Vereinbarung. *Degustation:* in einem kleinen Saal aus dem 19. Jahrhundert neben dem Weinkeller.

DOC:

★★ Barbera d'Asti Alfiera, 🍷 1994 und 1995 (B *Pk.* D) — 1994 (D.T.) 87 + 1995 (D.T.) 85

★★ Barbera d'Asti La Tota, 🍷 1996 (N B *Pk.* C)

★★ Monferrato Rosso San Germano, 🍷 1995 (B *Pk.* E)

🍇 Pinot Nero

SAN MARZANO OLIVETO (Asti)

Nächste Autobahnausfahrt: Asti (A21) oder Alessandria sud (A26).

Azienda Agricola Vigne Uniche di **Boffa Alfiero**

Plz. 14050, regione Leiso 50; Tel. 0141/856115; Fax 856601.

Gründungsjahr: 1878. *Inhaber:* Alfiero Boffa und die Söhne Rossano und Simone. *Kundenbetreuung:* der Inhaber und Sohn Rossano. *Produktionsleitung:* Rossano Boffa, auch landwirtschaftlicher Leiter. *Anbaufläche in ha.:* 25. *Besuchszeiten:* täglich, nach telefonischer Vereinbarung. *Degustation:* in einer kleinen Taverne.

DOC:

★★ Barbera d'Asti Collina della Vedova, 🍷 1995 (ha 1,5 🍾 7.000 B *Pk.* D) 1995 (G.B.) 86

★★ Barbera d'Asti Vigna Cua Longa, 🍷 1996 (ha 0,85 🍾 4.000 H *Pk.* C)

★★ Barbera d'Asti Vigna More, 🍷 1996 (ha 0,9 🍾 5.000 H *Pk.* C)

★ Barbera d'Asti Vigna Muntrivé, 🍷 1996 (ha 1,3 🍾 5.500 H *Pk.* C) 1996 (G.B.) 85

Tafelwein:

♣ Velo di Maya, 🍷 1996 (ha 0,45 🍾 2.000 B *Pk.* E) 🍇 Barbera und andere Reben 1996 (G.B.) 89

Besonderes: Die Kostprobe im Keller des Barbera d'Asti Testimonium 1996, der sich noch in der Verfeinerung auf der Flasche befindet, war sehr interessant. Der Wein wird erst im Herbst 2000 auf den Markt kommen. (G.B.)

SANTA VITTORIA D'ALBA (Cuneo)

Nächste Autobahnausfahrt: Asti est (A21) oder Marene (A6).

Antiche Cantine **Cinzano**

Plz. 12069, Strada Statale 231, n. 63; Tel. 0172/477111; Fax 478238.

Gründungsjahr: 1757. *Kundenbetreuung:* Silvia Garattini. *Produktionsleitung:* Carlo Casavecchia. *Besuchszeiten:* nach telefonischer Vereinbarung. *Degustation:* im Weinkeller.

Tafelwein:

★ Cinzano Spumante Pas Dosé, 🍷 1993 (N *Pk.* D) 🍇 Pinot Nero

Azienda Agricola Fratelli **Rabino**

Plz. 12069, via Rolfi 5; Tel. 0172/478045; Fax 479119.

Gründungsjahr: 1907. *Inhaber:* Andrea und Tommaso Rabino. *Kundenbetreuung:* Andrea Rabino. *Produktionsleitung:* Andrea Rabino, auch landwirtschaftliche Leiterin. *Anbaufläche in ha.:* 24. *Besuchszeiten:* täglich, während der Geschäftszeiten. *Degustation:* in einer Probierstube neben dem Weinkeller.

DOC:

★ Roero, 🍷 der letzte (ha 2,35 🍾 12.000 H *Pk.* B)

★ Roero Arneis, 🍷 der letzte (ha 4,5 🍾 35.000 N *Pk.* B)

SANTO STEFANO BELBO (Cuneo)

Nächste Autobahnausfahrt: Marene (A6).

Azienda Agricola **Amerio Agostino – Cascina Carbonere**

Plz. 12058, località Bauda 4; Tel. 0141/840416; Fax 840416.

Gründungsjahr: 1985. *Inhaber:* Agostino Amerio. *Kundenbetreuung:* der Inhaber. *Produktionsleitung:* Luciano Amerio. *Besuchszeiten:* täglich, nach telefonischer Vereinbarung. *Degustation:* in einer Probierstube im Wohnhaus.

DOCG:

★ Moscato d'Asti Bricco Carbonere, 🍷 der letzte (🄽 *Pk.* B)

♣ Moscato d'Asti La Casa in Collina, 🍷 der letzte (🄽 *Pk.* B ⊙) 1997 (D.T.) 87

Azienda Vitivinicola **Ca' d'Gal**

Plz. 12058, frazione Valdivilla, via Strada Vecchia 108; Tel. 0141/847103.

Gründungsjahr: 1969. *Inhaber:* Alessandro Boido und Riccardo Papa. *Kundenbetreuung:* die Inhaber. *Produktionsleitung:* Giancarlo Scaglione. *Besuchszeiten:* täglich, nach telefonischer Vereinbarung. *Degustation:* in einer Probierstube mit Platz für 45 Personen oder in der angeschlossenen Önothek.

DOCG:

★ Moscato d'Asti, 🍷 der letzte (🄽 *Pk.* B)

★ Moscato d'Asti Vigna Vecchia, 🍷 der letzte (🄽 *Pk.* B)

Tafelwein:

★ Langhe Chardonnay, 🍷 der letzte (🄽 *Pk.* B)

Azienda Agricola **Ca' del Re**

Plz. 12058, località Valdivilla 31; Tel. 0141/847123.

Inhaber: Mario Perrone. *Kundenbetreuung:* der Inhaber. *Produktionsleitung:* der Inhaber, auch landwirtschaftlicher Leiter. *Besuchszeiten:* nach telefonischer Vereinbarung. *Degustation:* in einer Probierstube.

DOCG:

★ Moscato d'Asti Cà del Re, 🍷 der letzte (🄽 *Pk.* B)

Azienda Agricola **Gallina Giacinto**

Plz. 12058, località San Maurizio 6; Tel. 0141/844293; Fax 843537.

Inhaber: Giacinto Gallina. *Kundenbetreuung:* Anna Forno. *Produktionsleitung:* Angelo Torielli. *Besuchszeiten:* täglich, nach telefonischer Vereinbarung. *Degustation:* in einer Probierstube mit Platz für 50 Personen.

DOCG:

★ Moscato d'Asti, 🍷 der letzte (🄽 *Pk.* B)

★★ Moscato d'Asti Farfarello, 🍷 der letzte (🄽 *Pk.* B)

Azienda Agricola **Gallina Pierino**

Plz. 12058, località San Maurizio 7; Tel. 0141/844855; Fax 844855.

Inhaber: Pierino Gallina. *Kundenbetreuung:* Mauro und Pierino Gallina. *Produktionsleitung:* Angelo Torielli. *Besuchszeiten:* täglich, nach telefonischer Vereinbarung. *Degustation:* in einer Probierstube.

DOCG:

★★ Moscato d'Asti, 🍷 der letzte (🄽 *Pk.* B)

Azienda Agricola **Gatti Piero**

Plz. 12058, località Moncucco 28; Tel. 0141/840918; Fax 840918.

Gründungsjahr: 1988. *Inhaber:* Piero Gatti. *Kundenbetreuung:* der Inhaber mit Ehefrau Rita. *Produktionsleitung:* Sergio Stella. *Agronom:* Piero Gatti. *Besuchszeiten:* täglich, nach telefonischer Vereinbarung. *Degustation:* in einer Probierstube im Wohnhaus.

DOC:

★★ Piemonte Moscato Vigneto Moncucco, 🍷 der letzte
(ha 3,2 🍾 30.000 🄽 *Pk.* B)

Azienda Agricola **Grimaldi Sergio**

Plz. 12058, località San Grato 7; Tel. 0141/840341.

Inhaber: Sergio Grimaldi. *Kundenbetreuung:* der Inhaber mit Ehefrau Angela. *Produktionsleitung:* Giuliano Noè. *Besuchszeiten:* täglich, nach telefonischer Vereinbarung. *Degustation:* in einer Probierstube im Wohnhaus.

DOCG:

★ Moscato d'Asti Cà du Sindic, 🍷 der letzte (🄽 *Pk.* B)

Tenuta **Il Falchetto**

Plz. 12058, frazione Ciombi, via Valletinella 16;
Tel. 0141/840344; Fax 843520.

Gründungsjahr: 1940. *Inhaber:* Giorgio, Fabrizio, Roberto, Adriano, Chiara und Cinzia Forno. *Kundenbetreuung:* Giorgio und Chiara Forno. *Produktionsleitung:* Adriano Forno und Gianfranco Cordero. *Agronom:* Roberto Forno. *Besuchszeiten:* nach telefonischer Vereinbarung. *Degustation:* in einer kleinen Taverne.

DOCG:

★★ Moscato d'Asti Tenuta del Fant, 🍷 der letzte (N *Pk.* B ⊙) 1997 (D.T.) 88

Azienda Agricola **Marino Beppe**

Plz. 12058, via della Stazione 23; Tel. 0141/840677; Fax 843416.

Gründungsjahr: 1989. *Inhaber:* Beppe und Rosalba Marino. *Kundenbetreuung:* die Inhaber. *Produktionsleitung:* Giancarlo Scaglione und Giuliano Noè. *Besuchszeiten:* täglich, nur nach Vereinbarung. *Degustation:* in einer Probierstube im Wohnhaus.

DOCG:

★ Moscato d'Asti, 🍷 der letzte (N *Pk.* B)

★★ Moscato d'Asti Muray, 🍷 der letzte (N *Pk.* B ⊙) 1997 (D.T.) 85

I Vignaioli di **Santo Stefano**

Plz. 12058, frazione Marini 13; Tel. 0141/840419; Fax 840419.

Gründungsjahr: 1976. *Inhaber:* Bruno und Marcello Ceretto, Sergio Santi, Vittorio Bocchino, Carlo Monte, Gianpiero und Andrea Scavino, Marina Bertolo. *Kundenbetreuung:* Sergio Santi und Gianpiero Scavino. *Produktionsleitung:* Donato Lanati. *Agronom:* Sergio Santi. *Anbaufläche in ha.:* 30. *Besuchszeiten:* nach Vereinbarung, während der Geschäftszeiten. *Degustation:* in einer Probierstube.

DOCG:

★ Asti Spumante, 🍷 der letzte (🍾 20.000 N *Pk.* C) 1997 (D.T.) 86

★★ Moscato d'Asti, 🍷 der letzte (🍾 150.000 N *Pk.* C) 1997 (D.T.) 87

DOC:

★★ Piemonte Moscato Passito "Il", 🍷 1996 (🍾 3.000 B *Pk.* E)

SERRALUNGA D'ALBA (Cuneo)

Nächste Autobahnausfahrt: Asti est.

Hinweis: Serralunga d'Alba ist eine gesegnete Region für Weine mit Struktur und Haltbarkeit. Dieses Jahr haben wir Kostproben folgender guter Weine gemacht: des Dolcetto d'Alba 1997 (88) und des Barolo Marenco 1993 (87) von Luigi Pira (Tel. 0173/613106); des Dolcetto d'Alba Sorì Baudana (86) von Luigi Baudana (Tel. 0173/613354) und des Barbera d'Alba Vigna Santa Caterina 1997 (86) von Guido Porro (Tel. 0173/613306). (D.T.)

Azienda agricola **Boasso Franco**

Plz. 12050, Borgata Gabutti 3/A; Tel. 0173/613165; Fax 613165.

Inhaber: Franco Boasso. *Kundenbetreuung:* der Inhaber. *Agronom:* Franco Boasso. *Besuchszeiten:* nach telefonischer Vereinbarung. *Degustation:* in einer Probierstube

DOCG:

★★ Barolo Gabutti, 🍷 1993 und 1994 (ha 2 🍾 10.000 🅷 *Pk.* E)

DOC:

♣ Barbera d'Alba, 🍷 1997
(ha 1 🍾 5.000 🅷 *Pk.* B ⊙) 1997 (D.T.) 87

★ Dolcetto d'Alba, 🍷 1997 (ha 2 🍾 10.000 🅷 *Pk.* B)

Vini **Cappellano**

Plz. 12050, via Alba 13; Tel. 0173/613103; Fax 613103.

Gründungsjahr: 1870. *Inhaber:* Teobaldo und Roberto Cappellano. *Kundenbetreuung:* Teobaldo Cappellano. *Produktionsleitung:* Teobaldo Cappellano. *Besuchszeiten:* täglich, mit Voranmeldung. *Degustation:* in einer Probierstube.

DOCG:

★★ Barolo Otin Fiorin Gabutti, 🍷 1993 und 1994 (🅷 🅱 *Pk.* E)

DOC:

★★ Dolcetto d'Alba, 🍷 1997 (🅽 🅱 *Pk.* B)

Eredi di **Ferrero Virginia**

Plz. 12050, frazione Baudana, località San Rocco 71;
Tel. 0173/613283; Fax 613283.

Gründungsjahr: 1976. *Inhaber:* Familie Ferrero-Cioja. *Kundenbetreuung:* Giuseppina Lenzi Ferrero, Mariangela Ferrero Cioja und Antonio Paolo Cioja. *Produktionsleitung:* Piero Ballario. *Besuchszeiten:* nach telefonischer Vereinbarung. *Degustation:* in einem großen Probiersaal.

DOCG:

★★ Barolo San Rocco, 🍷 1993 (🅷 *Pk.* D)

Cantine **Fontanafredda**

Plz. 12050, via Alba 15; Tel. 0173/613161; Fax 613451.

Gründungsjahr: 1878. *Inhaber:* Giovanni Minetti (Geschäftsführer). *Kundenbetreuung:* Stefania Passone. *Produktionsleitung:* Livio Testa. *Agronom:* Renzo Rattazzo. *Anbaufläche in ha.:* 68. *Besuchszeiten:* nach Vereinbarung werden Führungen organisiert. *Degustation:* in einer Probierstube im Weinkeller.

DOCG:

★★ Barolo Serralunga, 🍷 1993 und 1994 (🍾80.000 H *Pk.* E)
♣ Barolo Vigna Galarey, 🍷 1994 (ha 12 🍾42.000 H B *Pk.* E)
★★★ Barolo Vigna La Delizia, 🍷 1993 (ha 2,8 🍾12.000 H *Pk.* F)
★★ Barolo Vigna La Rosa, 🍷 1993 (ha 9,41 🍾25.000 H *Pk.* F)
★★ Barolo Vigna La Villa, 🍷 1993 (ha 3,19 🍾13.000 H *Pk.* F)
★★ Barolo Vigna Lazzarito, 🍷 1993 (ha 4,72 🍾15.000 H *Pk.* F)

DOC:

★ Barbera d'Alba Raimonda, 🍷 1996 (🍾40.000 H B *Pk.* B)
★ Diano d'Alba La Lepre, 🍷 1997 (ha 2,55 🍾17.600 N *Pk.* B)

Tafelwein:

★★ Gatinera Brut Methode Fontanafredda, 🍷 1989 (ha 4 🍾12.500 N *Pk.* D) 🍇 Pinot Nero

Azienda Agricola **Germano Ettore**

Plz. 12050, località Cerreta 1; Tel. 0173/613528; Fax 613528.

Gründungsjahr: 1975. *Inhaber:* Sergio Germano. *Kundenbetreuung:* Ettore und Sergio Germano. *Produktionsleitung:* der Inhaber, auch landwirtschaftlicher Leiter. *Anbaufläche in ha.:* 5,5. *Besuchszeiten:* täglich, nach telefonischer Vereinbarung. *Degustation:* in einer Probierstube.

DOCG:

★★ Barolo, 🍷 1993 (ha 0,6 🍾3.000 B *Pk.* D)
★ Barolo Cerretta, 🍷 1993 und 1994 (ha 0,7 🍾4.000 B *Pk.* E) — 1994 (D.T.) 89

DOC:

★ Dolcetto d'Alba Lorenzino, 🍷 1997 (ha 0,6 🍾5.000 N *Pk.* B ⊙) — 1997 (D.T.) 85
★★ Dolcetto d'Alba Pra di Po, 🍷 1997 (ha 0,5 🍾3.000 N *Pk.* C) — 1997 (D.T.) 87
★★ Langhe Rosso Balau, 🍷 1996 (ha 0,4 🍾3.000 B *Pk.* C) 🍇 Dolcetto und Barbera — 1996 (D.T.) 87

Azienda Vitivinicola **Giudice Sergio**
Plz. 12050, piazza Umberto 15; Tel. 0173/613286; Fax 613286.

Gründungsjahr: In den 20er Jahren. *Inhaber:* Sergio Giudice. *Kundenbetreuung:* Alberto Giudice. *Produktionsleitung:* Alberto Giudice. *Besuchszeiten:* Freitag nachmittags bis Sonntag, nach telefonischer Vereinbarung. *Degustation:* in einer Probierstube.

DOCG:

★★ Barolo, 🍷 1993 (H *Pk.* D)

DOC:

★ Dolcetto d'Alba, 🍷 1997 (N H *Pk.* B)

Azienda Agricola **Rosso Giovanni**
Plz. 12050, via Foglio 18; Tel. 0173/613142; Fax 362638.

Gründungsjahr: 1960. *Inhaber:* Davide Rosso. *Kundenbetreuung:* Ester Canale Rosso. *Produktionsleitung:* der Inhaber. *Agronom:* Giovanni Rosso. *Anbaufläche in ha.:* 4,5. *Besuchszeiten:* täglich, nach Vereinbarung. *Degustation:* in einer Probierstube.

DOCG:

♣ Barolo Cerretta, 🍷 1994 (ha 0,57 ℹ 2.000 H *Pk.* E)

DOC:

♣ Dolcetto d'Alba La Serra, 🍷 1997
(ha 0,25 ℹ 1.100 N *Pk.* B ⊙) 1997 (G.B./D.T.) 86

Azienda Agricola **Schiavenza**
Plz. 12050, via Mazzini 4; Tel. 0173/613115; Fax 613130.

Gründungsjahr: 1960. *Inhaber:* Luciano Pira und Maura Alessandria. *Kundenbetreuung:* die Inhaber. *Agronom:* Luciano Pira. *Besuchszeiten:* täglich. *Degustation:* im Weinkeller.

DOC:

★ Dolcetto d'Alba Sorì, 🍷 1997 (N *Pk.* B)

Azienda Agricola **Vigna Rionda**
Plz. 12050, piazza Cappellano 8; Tel. 0173/613138; Fax 613138.

Gründungsjahr: 1896. *Inhaber:* Giuseppe Massolino. *Kundenbetreuung:* Giovanni und Renato Massolino. *Produktionsleitung:* Franco und Roberto Massolino. *Agronom:* Giovanni, Renato und Roberto Massolino. *Anbaufläche in ha.:* 16. *Besuchszeiten:* täglich, nach telefonischer Vereinbarung. *Degustation:* in einer Probierstube.

DOCG:

★★ Barolo Parafada, 🍷 1993 (ha 1,5 🍾 9.000 N H B *Pk.* F)

★★★ Barolo Vigna Rionda, 🍷 1993 (ha 2,4 🍾 14.500 N H *Pk.* F)

★★ Barolo Vigneto Margherìa, 🍷 1993
(ha 1,5 🍾 9.000 N H *Pk.* F)

DOC:

★★ Barbera d'Alba Vigneto Margherìa, 🍷 1996
(ha 0,8 🍾 6.500 N H *Pk.* B)

★★ Dolcetto d'Alba Vigneto Barilot, 🍷 1997
(ha 1 🍾 7.500 N H *Pk.* B)

SERRALUNGA DI CREA (Alessandria)

Nächste Autobahnausfahrt: Casale Monferrato (A12).

Tenuta **La Tenaglia**

Plz. 15020, via Santuario di Crea 6; Tel. 0142/940252; Fax 940546.

Gründungsjahr: 1600. *Inhaber:* Delfina Quattrocolo. *Kundenbetreuung:* die Inhaberin. *Anbaufläche in ha.:* 14. *Besuchszeiten:* täglich, nach telefonischer Vereinbarung. *Degustation:* in einer Probierstube.

DOC:

★ Barbera d'Asti Bricco di Crea, 🍷 1997 (N *Pk.* B)

★★★ Barbera d'Asti Emozioni, 🍷 1996 (B *Pk.* F) 1996 (G.B.) 92

★★ Barbera d'Asti Giorgio Tenaglia, 🍷 1996
(N H *Pk.* D) 1996 (G.B.) 88

★★ Grignolino del Monferrato Casalese, 🍷 der letzte (N *Pk.* B)

★ Piemonte Chardonnay, 🍷 der letzte
(N B *Pk.* C) 1997 (D.T.) 89

★★ Piemonte Chardonnay Oltre, 🍷 1996
(B *Pk.* F) 1996 (D.T.) 91

Tafelwein:

★★ Paradiso, 🍷 1996 (B *Pk.* E) 🍇 Syrah 1996 (G.B.) 91

Besonderes: Wenn alle Winzer im Monferrato mit dem Eifer und der Professionalität von Delfina Quattrocolo arbeiten würden, könnte man darauf wetten, daß diese geschichtsträchtige Ecke Piemonts einen gewichtigeren Ruf hätte, als er ihr heute zukommt. (D.T.)

SIZZANO (Novara)

Nächste Autobahnausfahrt: Agognate (A4) oder Romagnano Sesia (A26).

Azienda Agricola **Bianchi Giuseppe**

Plz. 28070, via Roma 37; Tel. 0321/820382; Fax 820382.

Gründungsjahr: 1785. *Inhaber:* Eva Bianchi. *Kundenbetreuung:* die Inhaberin mit Sohn Paolo. *Produktionsleitung:* Donato Lanati. *Agronom:* Paolo Tealdi und Cesare Pedrana. *Anbaufläche in ha.:* 18. *Besuchszeiten:* Montag bis Freitag, von 8.30 bis 12.30 Uhr und von 14 bis 18 Uhr; Samstag nur mittags. *Degustation:* im Weinkeller.

DOCG:

★★ Gattinara Valferana, 🍷 1993 (ha 2,2 🍾 12.000 H *Pk.* E) — 1993 (G.B.) 87

★★ Ghemme, 🍷 1993 (ha 1,5 🍾 8.000 H *Pk.* C) — 1993 (G.B.) 85

DOC:

★ Colline Novaresi Bianco, 🍷 der letzte (ha 3,1 🍾 19.000 N *Pk.* B)

♣ Colline Novaresi Rosso Vigneto Valfré, 🍷 1995 (ha 1,3 🍾 5.000 B *Pk.* C) — 1995 (G.B.) 85

★★ Sizzano, 🍷 1993 (ha 3,5 🍾 22.000 H *Pk.* C)

STREVI (Alessandria)

Nächste Autobahnausfahrt: Ovada (A26) oder Alessandria sud (A21).

Vini **Banfi Strevi**

Plz. 15019, via Vittorio Veneto 22; Tel. 0144/363485; Fax 363777.

Gründungsjahr: 1979. *Kundenbetreuung:* Paola Leprato. *Produktionsleitung:* Silvano Marchetti. *Agronom:* A. Marruchi. *Besuchszeiten:* Montag bis Freitag, nach Vereinbarung. *Degustation:* in einer Önothek.

DOCG:

★ Brachetto d'Acqui Vigneto della Rosa, 🍷 der letzte (N *Pk.* C)

★ Moscato d'Asti, 🍷 der letzte (N *Pk.* B)

DOC:

★ Dolcetto d'Acqui Argusto, 🍷 1995 (B *Pk.* C)

★ Gavi Vigna Regale, 🍷 1995 (N *Pk.* C)

Azienda Agricola **Contero**
Plz. 15019, regione Contero 22; Tel. 0143/682132; Fax 682085.

Inhaber: Umberto Lombardini. *Kundenbetreuung:* Enrico Tomalino. *Produktionsleitung:* Lucio Tomalino. *Agronom:* Enrico Tomalino. *Besuchszeiten:* nur nach Vereinbarung. *Degustation:* im Weinkeller.

DOCG:
- ★ Brachetto d'Acqui, 🍷 der letzte (N *Pk.* C)
- ★ Moscato d'Asti, 🍷 der letzte (N *Pk.* B)

Casa Vinicola **Marenco**
Plz. 15019, piazza Vittorio Emanuele 10;
Tel. 0144/363133; Fax 363909.

Gründungsjahr: 1920. *Inhaber:* Giuseppe Marenco. *Kundenbetreuung:* Michela Marenco und Giovanni Costa. *Produktionsleitung:* Patrizia Marenco unter Beratung von Donato Lanati. *Agronom:* Federico Curtaz. *Anbaufläche in ha.:* 65. *Besuchszeiten:* täglich, nach Voranmeldung. *Degustation:* in einer Probierstube.

DOCG:
- ★★ Brachetto d'Acqui Pineto, 🍷 der letzte (🍾 25.000 N *Pk.* C)
- ★★ Moscato d'Asti Scrapona, 🍷 der letzte (🍾 15.000 N *Pk.* C) 1997 (D.T.) 86

DOC:
- ★★ Dolcetto d'Acqui Marchesa, 🍷 1997 (N *Pk.* B)

SUNO (Novara)
Nächste Autobahnausfahrt: Borgomanero (A26).

Azienda Agricola **Brigatti**
Plz. 28019, via Olmi 29; Tel. 0322/85037; Fax 85037.

Gründungsjahr: 1959. *Inhaber:* Luciano Brigatti. *Kundenbetreuung:* Luciano und Francesco Brigatti. *Produktionsleitung:* Francesco Brigatti. *Agronom:* Francesco Brigatti. *Anbaufläche in ha.:* 6. *Besuchszeiten:* täglich, nach Vereinbarung. *Degustation:* in einer Probierstube im Weinkeller.

DOC:
- ★ Colline Novaresi Bonarda, 🍷 1995 (ha 0,4 🍾 3.000 H *Pk.* B)
- ★ Colline Novaresi Rosso Möt Ziflon, 🍷 1995 (ha 1 🍾 6.000 H B *Pk.* C)
- ★ Colline Novaresi Vespolina, 🍷 1996 (ha 0,3 🍾 2.000 H *Pk.* B)

TASSAROLO (Alessandria)

Nächste Autobahnausfahrt: Novi Ligure (A7).

Azienda Agricola **Castello di Tassarolo**

Plz. 15060, località Alborina 1; Tel. 0143/342248; Fax 342248.

Inhaber: Marchese Paolo Spinola. *Kundenbetreuung:* der Inhaber. *Produktionsleitung:* Agostino Berruti. *Anbaufläche in ha.:* 20. *Besuchszeiten:* täglich, nach Vereinbarung. *Degustation:* in einer kleinen Taverne.

DOC:

★ Gavi Castello di Tassarolo, der letzte (50.000 *Pk.* B)

★ Gavi Castello di Tassarolo Vigneto Alborina, 1996 (15.000 *Pk.* D)

Tenuta **San Pietro**

Plz. 15060, località San Pietro 2; Tel. 0143/342125; Fax 342120.

Gründungsjahr: 1970. *Inhaber:* Maria Rosa Gazzaniga. *Kundenbetreuung:* die Inhaberin mit Sohn Carlo. *Produktionsleitung:* Giovanni Scaglione. *Agronom:* Francesco De Micheli. *Anbaufläche in ha.:* 15. *Besuchszeiten:* Montag bis Freitag, nach Vereinbarung. *Degustation:* in einer freundlichen Taverne.

DOC:

★★ Gavi San Pietro, der letzte (ha 11 50.000 *Pk.* B)

★ Gavi San Pietro Bricco del Mandorlo, der letzte (ha 2 10.000 *Pk.* C)

★★ Gavi San Pietro Vigneto La Gorrina, der letzte (ha 2 10.000 *Pk.* C)

TORINO (Torino)

Nächste Autobahnausfahrt: Torino (A21 oder A26).

Martinetti Franco M.

Plz. 10123, via San Francesco da Paola 18;
Tel. 011/8395937; Fax 8106598.

Inhaber: Franco Martinetti. *Kundenbetreuung:* der Inhaber. *Produktionsleitung:* Giancarlo Scaglione und Giuliano Noè. *Besuchszeiten:* Montag bis Freitag, nach Vereinbarung *Degustation:* im Weinkeller.

DOC:

♣ Barbera d'Asti Bric dei Banditi, 1997 (*Pk.* B) 1997 (D.T.) 86

★★ Barbera d'Asti Superiore Montruc, 🍷 1996 (B Pk. E) 1996 (D.T.) 89
★★ Gavi Minaia, 🍷 1996 (B Pk. D)
★★ Monferrato Rosso Sulbric, 🍷 1996 (B Pk. E) 1996 (D.T.) 91

Besonderes: Der Montruc und der Sulbric sind wie erwartet ausgezeichnet, aber die echte diesjährige Überraschung ist der Bricco dei Banditi, der ein bemerkenswertes Preis-Leistungsverhältnis besitzt. (D.T.)

TREISO (Cuneo)

Nächste Autobahnausfahrt: Asti est (A21).

Azienda Agricola **Abrigo Orlando**

Plz. 12050, frazione Cappelletto; Tel. 0173/630232; Fax 56120.

Inhaber: Orlando Abrigo. *Kundenbetreuung:* Giovanni Abrigo. *Produktionsleitung:* Giovanni Abrigo. *Besuchszeiten:* nach telefonischer Vereinbarung. *Degustation:* im Weinkeller.

DOCG:

★★ Barbaresco Pajoré, 🍷 1995 (H B Pk. E)
♣ Barbaresco Vigna Montersino, 🍷 1995 (ha 2,2 🍾 10.000 N B Pk. E) 1995 (D.T.) 86
★ Barbaresco Vigna Rongallo, 🍷 1995 (H B Pk. E)

DOC:

★ Barbera d'Alba Vigna Campo della Fontana, 🍷 1996 (H B Pk. B)
★ Dolcetto d'Alba Vigna dell'Erto, 🍷 1997 (N H Pk. B)

Tafelwein:

★ Rocca del Borneto, 🍷 1996 (B Pk. C) 🍇 Chardonnay

Azienda Agricola **Ca' del Baio**

Plz. 12050, via Ferrere 33; Tel. 0173/638219; Fax 638219.

Gründungsjahr: 1880. *Inhaber:* Giulio Grasso. *Kundenbetreuung:* Giulio Grasso. *Besuchszeiten:* täglich, nach Vereinbarung. *Degustation:* in einer Probierstube.

DOCG:

★★ Barbaresco Asili, 🍷 1995 (H B Pk. C) 1995 (D.T.) 88

DOC:

★ Dolcetto d'Alba Allodole, 🍷 1997 (N Pk. B)

Azienda Agricola **Grasso Fratelli s.s.**

Plz. 12050, località Valgrande, via Giacosa 1/B;
Tel. 0173/638194; Fax 638194.

Gründungsjahr: 1960. *Inhaber:* Gebrüder Grasso. *Kundenbetreuung:* die Inhaber. *Produktionsleitung:* Gianfranco Cordero. *Agronom:* die Inhaber. *Anbaufläche in ha.:* 11. *Besuchszeiten:* täglich, nach telefonischer Vereinbarung. *Degustation:* in einer Probierstube.

DOCG:

★ Barbaresco Sorì Valgrande, 🍷 1995 ([H] [B] *Pk.* D)
★ Moscato d'Asti, 🍷 der letzte ([N] *Pk.* B)

DOC:

★ Barbera d'Alba, 🍷 1996 ([B] *Pk.* C)

Eredi **Lodali**

Plz. 12050, viale Rimembranza 5; Tel. 0173/638109; Fax 638109.

Gründungsjahr: 1938. *Inhaber:* Maria Ghione. *Kundenbetreuung:* die Inhaberin und Walter Lodali. *Agronom:* die Inhaberin. *Besuchszeiten:* täglich, nach Voranmeldung. *Degustation:* in einer Probierstube im Weinkeller.

DOCG:

★★ Barbaresco Vigneto Rocche dei 7 Fratelli, 🍷 1995 ([H] *Pk.* E)
★ Barolo Vigneto Bric Sant'Ambrogio, 🍷 1993 ([H] *Pk.* E)

DOC:

★ Barbera d'Alba Bric Sant'Ambrogio, 🍷 1996 ([H] *Pk.* B)
★ Dolcetto d'Alba Vigneto Bric Sant'Ambrogio, 🍷 1997 ([H] *Pk.* B)

Viticoltore **Nada Fiorenzo**

Plz. 12050, località Rombone; Tel. 0173/638254; Fax 280522.

Gründungsjahr: 1980. *Inhaber:* Fiorenzo Nada. *Kundenbetreuung:* Bruno Nada. *Produktionsleitung:* Bruno Nada und Giuseppe Caviola. *Agronom:* Bruno Nada. *Besuchszeiten:* mit Voranmeldung, täglich nachmittags. *Degustation:* in einer Probierstube im Lagerraum.

DOCG:

★★★ Barbaresco, 🍷 1995 ([H] *Pk.* E)

DOC:

★★ Dolcetto d'Alba, 🍷 1997 ([N] *Pk.* B)

Tafelwein:

★★ Seifile, 🍷 1996 ([B] *Pk.* E) 🍇 Barbera (80%) und Nebbiolo (20%) 1996 (D.T.) 89

Azienda Agricola Vitivinicola **Pelissero**

Plz. 12050, borgata Ferrere 19; Tel. 0173/638136; Fax 638136.

Gründungsjahr: 1960. *Inhaber:* Giorgio und Luigi Pelissero. *Kundenbetreuung:* Giorgio Pelissero. *Produktionsleitung:* Giorgio Pelissero, auch landwirtschaftlicher Leiter. *Anbaufläche in ha.:* 15. *Besuchszeiten:* täglich, nach telefonischer Vereinbarung. *Degustation:* in einer Taverne.

DOCG:

★★ Barbaresco Vanotu, 🍷 1995 (B *Pk.* F)

DOC:

♣ Barbera d'Alba Casot, 🍷 1997 (B *Pk.* E) 1997 (D.T.) 87
★★ Barbera d'Alba Piani, 🍷 1997 (H B *Pk.* C) 1997 (D.T.) 86
★★ Dolcetto d'Alba Augenta, 🍷 1997 (H *Pk.* C) 1997 (D.T.) 87
★★ Dolcetto d'Alba Munfrina, 🍷 1997 (N *Pk.* C) 1997 (D.T.) 85
★ Langhe Nebbiolo, 🍷 1997 (H B *Pk.* D) 1997 (D.T.) 87

Cantina Vignaioli **Pertinace Elvio**

Plz. 12050, località Pertinace 2; Tel. 0173/442238; Fax 442238.

Gründungsjahr: 1973. *Kundenbetreuung:* Cesare Barbero. *Produktionsleitung:* Roberto Giacone und Cesare Barbero. *Agronom:* Bruno Flori. *Besuchszeiten:* Montag bis Freitag, von 8 bis 12 Uhr und von 14 bis 18 Uhr; Samstag und Sonntag nach Vereinbarung. *Degustation:* in einer Probierstube im Weinkeller.

DOCG:

★★ Barbaresco Vigneto Castellizzano, 🍷 1995 (H B *Pk.* E)
★★ Barbaresco Vigneto Marcarini, 🍷 1995 (H B *Pk.* E)
★★ Barbaresco Vigneto Nervo, 🍷 1995 (H B *Pk.* E)

DOC:

★ Dolcetto d'Alba Vigneto Castellizzano, 🍷 1997 (N *Pk.* B)
★ Dolcetto d'Alba Vigneto Nervo, 🍷 1997 (N *Pk.* B)

Azienda Vitivinicola **Villa Ile**

Plz. 12050, via Rizzi 18; Tel. 0173/362333; Fax 362333.

Gründungsjahr: 1988. *Inhaber:* Ileana Corradini. *Kundenbetreuung:* die Inhaberin. *Produktionsleitung:* Piero Ballario. *Agronom:* Ileana Corradini. *Besuchszeiten:* täglich, nach telefonischer Vereinbarung. *Degustation:* in einem großen Saal.

DOCG:

★ Barbaresco, 🍷 1995 (H *Pk.* C) 1995 (D.T.) 85

DOC:

★ Dolcetto d'Alba, 🍷 1997 (N *Pk.* B)

★ Langhe Bianco, 🍷 der letzte (N *Pk.* B) 🍇 Sauvignon

Tafelwein:

★ Garassino, 🍷 1995 (B *Pk.* C) 🍇 Barbera

TREVILLE (Alessandria)

Nächste Autobahnausfahrt: Casale Monferrato (A26).

Pavese Livio

Plz. 15030, regione Bettola; Tel. 0142/487215; Fax 487045.

Gründungsjahr: 1961. *Inhaber:* Livio Pavese. *Kundenbetreuung:* der Inhaber mit Tochter Maria Giulia. *Produktionsleitung:* Mario Ronco. *Agronom:* Giancarlo Cavagnolo. *Anbaufläche in ha.:* 21. *Besuchszeiten:* mit Voranmeldung, täglich. *Degustation:* in einer Probierstube.

DOC:

★★ Barbera d'Asti Superiore Podere Sant'Antonio, 🍷 1996 (ha 2 🍾 16.000 H B *Pk.* B)

★ Grignolino del Monferrato Casalese Podere Sant'Antonio, 🍷 der letzte (ha 1,5 🍾 12.000 N *Pk.* B)

★★ Monferrato Rosso Montarucco, 🍷 1995 (ha 0,8 🍾 3.000 H B *Pk.* C) 🍇 Barbera (60%) und Cabernet Sauvignon (40%) 1995 (G.B.) 88

TREZZO TINELLA (Cuneo)

Nächste Autobahnausfahrt: Asti est (A21) oder Marene (A6).

Azienda Agricola **Serra dei Fiori**

Plz. 12050, via dei Fiori; Tel. 0141/644113; Fax 644584.

Gründungsjahr: 1990. *Inhaber:* Familien Bologna und Giacosa. *Kundenbetreuung:* Giuseppe Bologna und Roberto Morosinotto. *Produktionsleitung:* Roberto Macaluso und Roberto Morosinotto. *Besuchszeiten:* nach telefonischer Vereinbarung. *Degustation:* bei den Firmen Braida und/oder den Gebrüdern Giacosa.

DOC:

★★ Dolcetto d'Alba Serra dei Fiori, 🍷 1997 (N *Pk.* B)

Tafelwein:

★★ Asso di Fiori, 🍷 1996 (B *Pk.* C) 🍇 Chardonnay 1996 (D.T.) 89

★ I Fiori, 🍷 der letzte (N *Pk.* B) 🍇 Chardonnay, Riesling Renano und andere autochthone Reben

Besonderes: Dieser Chardonnay ist der Beweis eines stetigen qualitativen Aufstiegs. (D.T.)

VERDUNO (Cuneo)

Nächste Autobahnausfahrt: Asti est (A21) oder Marene (A6).

Azienda Agricola Fratelli **Alessandria**

Plz. 12060, via Valfrè 59; Tel. 0172/470113; Fax 470113.

Gründungsjahr: 1900. *Inhaber:* Gian Battista Alessandria. *Kundenbetreuung:* der Inhaber. *Produktionsleitung:* der Inhaber, auch landwirtschaftlicher Leiter. *Besuchszeiten:* täglich, nach Voranmeldung. *Degustation:* in einer kleinen Taverne.

DOCG:

★ Barolo Monvigliero, 🍷 1993 (H *Pk.* D)

DOC:

★ Barbera d'Alba, 🍷 1996 (B *Pk.* B)
★ Dolcetto d'Alba, 🍷 1997 (H *Pk.* B)
★ Verduno Pelaverga, 🍷 der letzte (N *Pk.* B)

Azienda Vitivinicola **Bel Colle**

Plz. 12060, borgata Castagni 56; Tel. 0172/470196; Fax 470196.

Gründungsjahr: 1979. *Inhaber:* Franco Palmino, Carlo Pontiglione und Giuseppe Priola. *Kundenbetreuung:* Paolo Torchio und Paolo Toppino. *Produktionsleitung:* Paolo Torchio. *Agronom:* Carlo Arnulfo. *Besuchszeiten:* während der Geschäftszeiten, nach telefonischer Vereinbarung. *Degustation:* in einer Probierstube.

DOCG:

★★ Barolo, 🍷 1993 (🍾 6.500 H *Pk.* D)

DOC:

★★ Barbera d'Alba Le Masche, 🍷 1995 (🍾 9.000 B *Pk.* C)
★★ Dolcetto d'Alba Borgo Castagni, 🍷 1997 (🍾 10.000 N *Pk.* B)
★ Langhe Chardonnay Masche, 🍷 der letzte (🍾 13.000 N B *Pk.* B)
★★ Roero, 🍷 1997 (🍾 10.000 N H *Pk.* B)
★ Roero Arneis, 🍷 der letzte (🍾 20.000 N *Pk.* B)
★ Verduno Pelaverga Le Masche, 🍷 1995 (🍾 6.000 N B *Pk.* C)

Azienda Vitivinicola Commendator **Burlotto G.B.**

Plz. 12060, via Vittorio Emanuele 28; Tel. 0172/470122; Fax 470322.

Gründungsjahr: 1850. *Inhaber:* Marina Burlotto. *Kundenbetreuung:* die Inhaberin. *Produktionsleitung:* Giuseppe und Fabio Alessandria. *Agronom:* Giuseppe und Fabio Alessandria. *Besuchszeiten:* mit Voranmeldung, täglich, von 9 bis 13 Uhr und von 15 bis 19 Uhr. *Degustation:* in einer Probierstube/Önothek.

DOCG:

★ Barolo, 🍷 1993 (H *Pk.* D)
★★ Barolo Monvigliero, 🍷 1993 (H *Pk.* F)

DOC:

★ Dolcetto d'Alba Neirane, 🍷 1997 (H *Pk.* B)
★★ Verduno Pelaverga, 🍷 der letzte (N H *Pk.* C)

Castello di Verduno

Plz. 12060, via Umberto I 9; Tel. 0172/470284; Fax 470298.

Gründungsjahr: 1967. *Inhaber:* Gabriella Burlotto und Franco Bianco. *Kundenbetreuung:* Gabriella Burlotto. *Produktionsleitung:* Giorgio Barbero. *Agronom:* Franco Bianco. *Besuchszeiten:* täglich, nach telefonischer Vereinbarung. *Degustation:* in einem Saal des dem Schloß angeschlossenen Restaurants.

DOCG:

★ Barbaresco Rabajà, 🍷 1995 (H *Pk.* D)
★★ Barolo Massara, 🍷 1993 (H *Pk.* E)
★ Barolo Monvigliero, 🍷 1993 (H *Pk.* E)

DOC:

★ Barbera d'Alba Bricco del Cuculo, 🍷 1996 (H *Pk.* C)
★ Dolcetto d'Alba Campot, 🍷 1997 (N *Pk.* B)
★★ Verduno Pelaverga Massara, 🍷 der letzte (N H *Pk.* C)

VIGNALE MONFERRATO (Alessandria)

Nächste Autobahnausfahrt: Felizzano oder Casale sud.

Azienda Agricola **Bricco Mondalino**

Plz. 15049, località Bricco Mondalino;
Tel. 0142/933204; Fax 933421.

Gründungsjahr: 1973. *Inhaber:* Mauro Gaudio. *Kundenbetreuung:* der Inhaber. *Produktionsleitung:* der Inhaber, auch landwirtschaftlicher Leiter. *Anbaufläche in ha.:* 13. *Besuchszeiten:* während der Geschäftszeiten, am besten mit Voranmeldung. *Degustation:* in einer kleinen Taverne neben dem Weinkeller.

DOC:

★★ Barbera d'Asti Il Bergantino, 🍷 1996 (ha 3 🍾 10.000 H B *Pk.* C)
★ Barbera del Monferrato Superiore, 🍷 1996 (H *Pk.* B)
★★ Grignolino del Monferrato Casalese Bricco Mondalino, 🍷 der letzte (ha 1 🍾 4.000 H *Pk.* B)

Azienda Agricola **Colonna**

Plz. 15049, Ca' Accatino 1, frazione San Lorenzo;
Tel. 0142/933239; Fax 933239.

Gründungsjahr: 1987. *Inhaber:* Familie Colonna. *Kundenbetreuung:* Alessandra Colonna. *Produktionsleitung:* Donato Lanati. *Agronom:* Alessandra Colonna. *Anbaufläche in ha.:* 9. *Besuchszeiten:* täglich, nach Vereinbarung. *Degustation:* in einer Probierstube mit Platz für 20-30 Personen.

DOC:

★★ Monferrato Rosso Colonna Mondone, 🍷 1995 und 1996 (🍾 7.000 B *Pk.* D) 1995 (G.B.) 85 + 1996 (D.T.) 87

Azienda Agricola **Il Mongetto**

Plz. 15049, regione Mongetto 10; Tel. 0142/933469; Fax 933469.

Gründungsjahr: 1978. *Inhaber:* Carlo und Roberto Santopietro. *Kundenbetreuung:* Carlo Santopietro. *Produktionsleitung:* Marco Redoglia. *Besuchszeiten:* täglich, nach Vereinbarung. *Degustation:* in einem Saal oberhalb des Weinkellers.

DOC:

★★★ Barbera d'Asti Vigneto Guera, 🍷 1994 und 1995 (ha 2 🍾 5.000 B *Pk.* C)

★ Barbera del Monferrato, 🍷 der letzte (ha 3,5 🍾 10.000 H *Pk.* B)

★ Grignolino del Monferrato Casalese Vigneto Rudifrà, 🍷 der letzte (ha 3 🍾 10.000 N *Pk.* B)

Azienda Agricola **Nuova Cappelletta**

Plz. 15049, Cà Cappelletta 9; Tel. 0142/933135; Fax 933550.

Gründungsjahr: 1968. *Inhaber:* Familie Uslenghi. *Kundenbetreuung:* Adele Fracchia Uslenghi und Sohn Alessandro. *Produktionsleitung:* Massimo Marengo. *Agronom:* Maurizio Venezia. *Anbaufläche in ha.:* 36. *Besuchszeiten:* Montag bis Freitag während der Geschäftszeiten; Samstag und Sonntag nach Vereinbarung. *Degustation:* im Weinkeller.

DOC:

★ Barbera del Monferrato, 🍷 der letzte (ha 4,6 🍾 30.000 N *Pk.* B)

★★ Barbera del Monferrato Vigneto Minola, 🍷 1996 (ha 1,4 🍾 11.000 N B *Pk.* B)

★ Grignolino del Monferrato Casalese, 🍷 der letzte (ha 13 🍾 70.000 N *Pk.* B)

VINCHIO (Asti)

Nächste Autobahnausfahrt: Asti est (A21) oder Alessandria sud (A26).

Cantina Sociale di **Vinchio e Vaglio Serra**

Plz. 14040, strada Provinciale, regione San Pancrazio; Tel. 0141/950138; Fax 950391.

Gründungsjahr: 1959. *Inhaber:* eine Winzergenossenschaft mit 216 Mitgliedern. *Kundenbetreuung:* Ernestino Laiolo. *Produktionsleitung:* Giuliano Noè. *Agronom:* Piero Roseo. *Besuchszeiten:* Montag bis Freitag, nach telefonischer Vereinbarung. *Degustation:* eine Probierstube wird eingerichtet.

DOC:

★★ Barbera d'Asti Superiore Vigne Vecchie, 🍷 1996 (B *Pk.* D) — 1996 (D.T.) 89

Stilvoll nächtigen in Bella Italia...

So wird der Italien-Urlaub noch schöner: Ein topaktueller Überblick über reizvolle kleine Hotels und Pensionen, die eingehend geprüft wurden und hier ausführlich beschrieben sind. Dabei sind die tatsächlichen Wünsche der Reisenden berücksichtigt und zahlreiche nützliche Informationen beigegeben.

238 Seiten, Broschur
DM 28,-/öS 204,-/sFr 26,-
ISBN 3-453-15624-2

HEYNE

ALGHERO (Sassari)

Tenute **Sella & Mosca**

Plz. 07041, località I Piani; Tel. 079/997700; Fax 951279.

Gründungsjahr: 1899. *Inhaber:* Gianni Marzagalli (Geschäftsführer). *Kundenbetreuung:* Rosa Polo und Giovanni Ortu. *Produktionsleitung:* Mario Consorte, auch Geschäftsführer. *Agronom:* Stefano Biscaro. *Anbaufläche in ha.:* 475. *Besuchszeiten:* Montag bis Freitag während der Geschäftszeiten. *Degustation:* in einer Taverne mit Platz für 20 Personen.

DOC:

★★ Alghero Anghelu Ruju Riserva, 🍷 1987 (ha 15 🍾 20.000 H *Pk.* D) 🍇 getrocknete Cannonau

★★ Alghero Marchese di Villamarina, 🍷 1992 (ha 26 🍾 40.000 B *Pk.* F) 🍇 Cabernet Sauvignon

★★ Alghero Monteluce, 🍷 1990 (ha 7 🍾 19.000 B *Pk.* E) 🍇 getrocknete Nasco

★★ Alghero Tanca Farrà, 🍷 1992 (ha 30 🍾 80.000 H B *Pk.* C) 🍇 Cannonau und Cabernet Sauvignon zu gleichen Teilen

★★ Alghero Torbato Terre Bianche, 🍷 der letzte (ha 41 🍾 250.000 N *Pk.* B)

★ Cannonau di Sardegna Riserva, 🍷 1994 (H *Pk.* B)

★ Vermentino di Sardegna La Cala, 🍷 der letzte (ha 60 🍾 400.000 N *Pk.* B)

ARZACHENA (Sassari)

Tenute di **Capichera**

Plz. 07021, località Capichera; Tel. 0789/80612; Fax 80612.

Gründungsjahr: 1980. *Inhaber:* Mario und Fabrizio Ragnedda. *Kundenbetreuung:* Giovannella Ragnedda. *Produktionsleitung:* die Inhaber unter Beratung von Attilio Pagli. *Agronom:* die Inhaber unter Beratung von Federico Curtaz. *Besuchszeiten:* nur nach Vereinbarung. *Degustation:* in einer kleinen Taverne.

DOCG:

★★ Vermentino di Gallura Capichera, 🍷 der letzte (N H B *Pk.* D) — 1997 (D.T.) 89

★★★ Vermentino di Gallura Vendemmia Tardiva, 🍷 1997 (N H B *Pk.* E) — 1997 (D.T.) 91

★★ Vermentino di Gallura Vigna 'Ngena, 🍷 der letzte (N *Pk.* C) — 1997 (D.T.) 87

Tafelwein:

♣ Assajè, 🍷 1997 (N *Pk.* D) 🍇 Carignano — 1997 (D.T.) 87

Besonderes: Dieser Hersteller hat den Beweis erbracht, daß der Vermentino di Gallura einer der besten Weißweine Italiens ist. Seine Serie ist dieses Jahr auf einem unbestreitbar hohen qualitativen Niveau. Der Vendemmia Tardiva sticht besonders hervor. Er wurde zum ersten Mal in Holzfässern gekeltert und zählt zu den besten Weißweinen Süditaliens, die aus einer autochthonen Rebsorte hergestellt werden. (D.T.)

CABRAS (Oristano)

Azienda Vinicola **Contini Attilio**

Plz. 09072, via Genova 48; Tel. 0783/290806; Fax 290182.

Gründungsjahr: 1898. *Inhaber:* Familie Contini. *Kundenbetreuung:* Antonio und Paolo Contini. *Produktionsleitung:* Antonio Contini, auch landwirtschaftlicher Leiter. *Anbaufläche in ha.:* 60. *Besuchszeiten:* täglich (außer Sonntag), nach telefonischer Vereinbarung. *Degustation:* in einer kleinen Taverne im Reifekeller.

DOC:

★★ Vernaccia di Oristano Antico Gregori, der letzte (3.000 *Pk.* E)

★★ Vernaccia di Oristano Riserva, 1988 (ha 10 60.000 *Pk.* B)

★★ Vernaccia di Oristano Riserva Speciale, 1971 (ha 2 3.000 *Pk.* E)

IGT:

★ Elibaria, der letzte (ha 3 5.000 *Pk.* B) Vernaccia

★ Karmis, 1995 (ha 3 10.000 *Pk.* B) Vernaccia

★ Nieddera Rosso, 1995 (ha 5 15.000 *Pk.* B) Nieddera und zu kleinen Teilen Cannonau und Carignano

Tafelwein:

★ Arethusa, der letzte (ha 3 20.000 *Pk.* A) Vernaccia und Vermentino

FLORINAS (Sassari)

Tenute **Soletta**

Plz. 07030, via Sassari 77; Tel. 079/438160; Fax 438160.

Gründungsjahr: 1996. *Inhaber:* Umberto Soletta. *Kundenbetreuung:* Pina Soletta. *Produktionsleitung:* der Inhaber, auch landwirtschaftlicher Leiter. *Anbaufläche in ha.:* 15. *Besuchszeiten:* nur nach Vereinbarung. *Degustation:* in einer Probierstube.

DOC:

★ Cannonau di Sardegna Riserva, 🍷 1993 (ha 1 🍾 6600 N H B *Pk.* C)

★ Vermentino di Sardegna Prestizu, 🍷 1997 (ha 5 🍾 40.000 N *Pk.* B)

★ Vermentino di Sardegna Soletta, 🍷 1996 (ha 0,5 🍾 6.600 B *Pk.* B)

Tafelwein:

★ Dolce Valle, 🍷 1996 (ha 1 🍾 8.000 N *Pk.* C) 🍇 Moscato

JERZU (Nuoro)

Società Cooperativa Vitivinicola di **Jerzu**

Plz. 08044, via Umberto I 1; Tel. 0782/70028; Fax 71105.

Gründungsjahr: 1959. *Kundenbetreuung:* Fausto Mascia. *Produktionsleitung:* Fausto Mascia. *Besuchszeiten:* Montag bis Freitag, von 8 bis 12 Uhr und von 14 bis 17 Uhr. *Degustation:* in einer Probierstube im Weinkeller.

DOC:

★ Cannonau di Sardegna Riserva, 🍷 1994 (H *Pk.* B)

MONTI (Sassari)

Cantina Sociale del **Vermentino**

Plz. 07020, via San Paolo 2; Tel. 0789/44012; Fax 449128.

Gründungsjahr: 1956. *Inhaber:* Winzergenossenschaft. *Kundenbetreuung:* Gianni Sanna. *Produktionsleitung:* Alberto Raccanelli. *Besuchszeiten:* Montag bis Freitag, von 8 bis 12 Uhr und von 14.30 bis 18 Uhr; Samstag nur mittags. *Degustation:* im Weinkeller.

DOCG:

★ Vermentino di Gallura Aghiloia, 🍷 der letzte (ha 20 🍾 70.000 N *Pk.* A)

★★ Vermentino di Gallura Funtanaliras, 🍷 der letzte (ha 80 🍾 350.000 N *Pk.* B)

♣ Vermentino di Gallura Passito Aldiola, 🍷 1996 (ha 5 🍾 5.500 N H *Pk.* B ⊙) 1996 (G.B.) 85

★ Vermentino di Gallura S'Eleme, 🍷 der letzte (ha 90 🍾 550.000 N *Pk.* A)

IGT:

★ Abbaìa Rosso dei Colli del Limbara, 🍷 der letzte (ha 40 🍾 170.000 N *Pk.* A) 🍇 Cannonau, Monica, Cariccaggiola

NUORO (Nuoro)

Giuseppe **Gabbas**

Plz. 08100, via Trieste 65; Tel. 0784/31351; Fax 31351.

Gründungsjahr: 1974. *Inhaber:* Giuseppe Gabbas. *Kundenbetreuung:* der Inhaber. *Produktionsleitung:* Claudio Gori. *Anbaufläche in ha.:* 12. *Besuchszeiten:* nur nach Vereinbarung.

DOC:

♣ Cannonau di Sardegna Lillovè, 🍷 1997 (ha 9 🍾 19.000 🄽 *Pk.* B ⊙) — 1997 (D.T.) 85

IGT:

♣ Dule Rosso della Barbagia, 🍷 1997 (ha 3 🍾 12.000 🄽 *Pk.* C) 🍇 Cannonau, Sangiovese, Cabernet und Montepulciano — 1997 (D.T.) 87

Besonderes: Dieser neue Hersteller produziert sehr gute Weine mit vernünftigem Preis-Leistungsverhältnis, und ein großartiger Wein auf der Grundlage von Sangiovese, Cannonau, Montepulciano und Cabernet befindet sich in der Verfeinerung. (D.T.)

SANTADI (Cagliari)

Azienda Agricola Fattoria **Mauritania**

Plz. 09010, frazione Barrua; Tel. 070/401465; Fax 401465.

Gründungsjahr: 1974. *Inhaber:* Michelangelo Fodde. *Kundenbetreuung:* der Inhaber. *Produktionsleitung:* Marcello Serra. *Agronom:* Michelangelo Fodde. *Anbaufläche in ha.:* 25. *Besuchszeiten:* Dienstag, Donnerstag und Samstag, von 8.30 bis 12.30 Uhr. *Degustation:* in einer Probierstube im Ristorante Mauritania in Santadi.

DOC:

★ Vermentino di Sardegna Le Dune, 🍷 der letzte (ha 7,5 🍾 28.000 🄽 *Pk.* B)

★ Vermentino di Sardegna Le Grotte, 🍷 der letzte (ha 7,5 🍾 18.000 🄽 *Pk.* B)

IGT:

★ Antas, 🍷 1996 und 1997 (ha 9,5 🍾 25.000 🄽 🄷 *Pk.* B) 🍇 Carignano (85%), Cabernet Sauvignon und Sangiovese (15%)

Cantina Sociale **Santadi**

Plz. 09010, via Su Pranu 12; Tel. 0781/950127; Fax 950012.

Gründungsjahr: 1960. *Inhaber:* Antonello Pilloni (Vorstand). *Kundenbetreuung:* Raffaele Cani. *Produktionsleitung:* Piero Cella. *Anbaufläche in ha.:* 500. *Besuchszeiten:* während der Geschäftszeiten; an Sonn- und Feiertagen nur nach Vereinbarung. *Degustation:* in einer Probierstube.

DOC:

♣ Carignano del Sulcis Grotta Rossa, 🍷 1996 (🍾 200.000 N *Pk.* A ⊙) — 1996 (D.T.) 88

★★★ Carignano del Sulcis Riserva Rocca Rubia, 🍷 1994 (🍾 150.000 B *Pk.* C) — 1994 (D.T.) 90

★ Monica di Sardegna Antigua, 🍷 1996 (🍾 100.000 N *Pk.* A ⊙) — 1996 (D.T.) 87

★★ Vermentino di Sardegna Cala Silente, 🍷 der letzte (🍾 30.000 N *Pk.* B ⊙) — 1997 (D.T.) 86

IGT:

★★ Araja, 🍷 1995 (🍾 40.000 N *Pk.* B ⊙) Carignano und Sangiovese — 1995 (D.T.) 89

★★★ Terre Brune, 🍷 1993 und 1995 (🍾 60.000 B *Pk.* E) Carignano und Bovaleddu — 1995 (D.T.) 92

Besonderes: Diese Winzergenossenschaft kann eine beneidenswerte Serie von Produkten großer Klasse vorweisen. Viele Genossenschaften aus dem Norden könnten in diesem Teil des Barbagia sehr viel lernen. An der Spitze der Produktion, die keine minderwertige Weine enthält, befinden sich zwei absolut einzigartige Weine, der Rocca Rubia 1994 und der Terre Brune 1995. Auch der Carignano del Sulcis Grotta Rossa und der neue Monica Antigua wären der ganze Stolz so mancher Produzenten. (D.T.)

SENORBI' (Cagliari)

Cantina **Trexenta**

Plz. 09040, viale Piemonte 28; Tel. 070/9808863; Fax 9808113.

Gründungsjahr: 1956. *Inhaber:* eine Winzergenossenschaft mit 250 Mitgliedern. *Kundenbetreuung:* Ennio Pasci. *Produktionsleitung:* Paolo Porcu. *Besuchszeiten:* Montag bis Freitag, von 8 bis 13 Uhr. *Degustation:* in einer Probierstube.

DOC:

★ Cannonau di Sardegna, 🍷 1994 (🍾 30.000 H *Pk.* B)

★ Monica di Sardegna, 🍷 der letzte (🍾 50.000 N *Pk.* A)

★ Nuragus di Cagliari, 🍷 der letzte (🍾 100.000 N *Pk.* A)

Tafelwein:

★ Le Vigne del Sole, 🍷 der letzte (🍾 20.000 N *Pk.* A)
🍇 Nuragus, Vermentino und Chardonnay

★★ Tanca Su Conti, 🍷 1995 (🍾 5.000 B *Pk.* D)
🍇 Montepulciano und Carignano

SERDIANA (Cagliari)

Cantine **Argiolas**

Plz. 09040, via Roma 56–58; Tel. 070/740606; Fax 743264.

Inhaber: Antonio Argiolas. *Kundenbetreuung:* Giuliano Pau. *Produktionsleitung:* Mariano Murru. *Besuchszeiten:* nach telefonischer Vereinbarung. *Degustation:* in einer Probierstube.

DOC:

★★ Cannonau di Sardegna Costera, 🍷 1996 (H B *Pk.* B ⊙) — 1996 (D.T.) 88

♣ Monica di Sardegna Perdera, 🍷 1996 (ha 30 🍾 280.000 H *Pk.* A ⊙) — 1996 (D.T.) 86

★★ Vermentino di Sardegna Costamolino, 🍷 der letzte (N *Pk.* B ⊙) — 1997 (D.T.) 85

Tafelwein:

★★ Angialis, 🍷 1995 (N B *Pk.* F) 🍇 Nasco di Cagliari und Malvasia di Cagliari

★ Argiolas, 🍷 1997 (N *Pk.* B ⊙) 🍇 Vermentino, Chardonnay und Sauvignon — 1997 (D.T.) 86

★★★ Turriga, 🍷 1992 und 1993 (B *Pk.* E)
🍇 Cannonau, Carignano, Bovale, Sangiovese und Malvasia Nera — 1993 (D.T.) 90

Besonderes: Der Turriga 1993 führt die schöne, 1990 begonnene Serie weiter und festigt seinen Platz als einer der bedeutendsten Rotweine des Südens. Der Costera 1996, der wegen seines hohen Niveaus bestimmt nicht mehr als «Basis»-Cannonau des Hauses bezeichnet werden kann, hat sich sehr verbessert. (D.T.)

USINI (Sassari)

Azienda Vitivinicola **Cherchi Giovanni Maria**

Plz. 07049, via Ossi 18/20; Tel. 079/380273; Fax 380273.

Gründungsjahr: 1980. *Inhaber:* Giovanni Maria Cherchi. *Kundenbetreuung:* der Inhaber. *Produktionsleitung:* der Inhaber, auch landwirtschaftlicher Leiter. *Anbaufläche in ha.:* 20. *Besuchszeiten:*

täglich, nach Vereinbarung. *Degustation:* im Weinkeller oder in einer Probierstube im Wohnhaus.

DOC:

★★ Alghero Cagnulari, 🍷 der letzte (ha 2,5 🍾 12.000 H *Pk.* B)

★★ Vermentino di Sardegna Cherchi, 🍷 der letzte (🍾 60.000 N *Pk.* B)

★★ Vermentino di Sardegna Tuvaoes, 🍷 der letzte (🍾 50.000 N *Pk.* C) 1997 (G.B.) 85

IGT:

★ Luzzana Isola dei Nuraghi Rosso, 🍷 1997 (🍾 5.000 H B *Pk.* D) 🍇 Cagnulari und Cannonau zu gleichen Teilen

Die Symbole und ihre Bedeutung:

★	guter Wein
★★	sehr guter Wein
★★★	hervorragender Wein
○	wird nur an sehr, sehr wenige Weine vergeben, die einen absoluten Qualitätsanspruch erfüllen
♣	ein guter, sehr guter oder hervorragender Wein, der neu in diesen Führer aufgenommen wurde
★≈	ein hervorragender Wein, der neu in diesen Führer aufgenommen wurde und bei der Verkostung auf Anhieb mindestens 90 Punkte erhielt
🍷	empfohlene Jahrgänge eines Weines
ha 3,5	Anbaufläche in Hektar, auf der ein bestimmter Wein erzeugt wird
🍾	Anzahl der vom genannten Wein ausgebauten Flaschen
o.J.	ohne Angabe des Jahrgangs (Verkostung)
Pk.	Preiskategorie (A–F)
⊙	besonders gutes Preis/Leistungs-Verhältnis
🍇	Basisrebsorten, wenn möglich mit verwendetem Prozentsatz

ACATE (Ragusa)
Nächste Autobahnausfahrt: Catania (A19).

Hinweis: Mauro Sebaste, Tel. 0173/262148, ein Kriegsveteran, dessen bekanntes Cru in Serralunga ein Prapò ist. Das Jahr 1994 hat einen guten Barolo hervorgebracht (87). (D.T.)

Cantina **Valle dell'Acate**
Plz. 97011, contrada Bidini; Tel. 0932/874166; Fax 875114.

Gründungsjahr: 1981. *Inhaber:* Familien Jacono Ricca und Ferreri dell'Anguilla. *Kundenbetreuung:* Gaetana Jacono. *Produktionsleitung:* Giuseppe Romano. *Agronom:* Alberto Panont. *Anbaufläche in ha.:* 120. *Besuchszeiten:* nur nach Vereinbarung. *Degustation:* in einer Probierstube.

DOC:

★ Cerasuolo di Vittoria, 🍷 1996 (🍾 26.000 N B *Pk.* B)

IGT:

★ Frappato, 🍷 der letzte (🍾 13.000 N *Pk.* B ◉) 1997 (G.B.) 86

♣ Milaro Bianco, 🍷 1997 (🍾 26.000 N *Pk.* A ◉)

🍇 Inzolia 1997 (G.B.) 85

CAMPOREALE (Palermo)
Nächste Autobahnausfahrt: Alcamo (A29).

Tenuta **Rapitalà Adelkam**
Plz. 90043, contrada Rapitalà; Tel. 0924/36115; Fax 091/322996.

Gründungsjahr: 1977. *Inhaber:* Graf Hugues de la Gatinais. *Kundenbetreuung:* der Inhaber oder der Kellermeister. *Produktionsleitung:* Luigi Lo Guzzo. *Besuchszeiten:* mit Voranmeldung, Montag bis Freitag. *Degustation:* in einer Probierstube mit alten Winzerwerkzeugen.

DOC:

★ Alcamo Rapitalà, 🍷 der letzte (N *Pk.* B)

★★ Alcamo Rapitalà Riserva, 🍷 1996 (B *Pk.* C)

CASTELBUONO (Palermo)
Nächste Autobahnausfahrt: Cefalù (A20).

Abbazia **Santa Anastasia**
Plz. 90013, contrada Santa Anastasia; Tel. 0921/671959; Fax 671959.

Gründungsjahr: 1981. *Inhaber:* Geschäftsführer Francesco Lena. *Kundenbetreuung:* Gianfranco Lena. *Produktionsleitung:* Giacomo

Tachis. *Agronom:* Vincenzo Melia. *Anbaufläche in ha.:* 30. *Besuchszeiten:* Montag bis Freitag, von 10 bis 15 Uhr; Samstag von 10 bis 13 Uhr. *Degustation:* im Baglio der Abtei.

IGT:

★ Litra, 🍷 1996 (16.000 B *Pk.* C)
Cabernet Sauvignon und Nero d'Avola 1996 (G.B.) 90

★★ Passomaggio, 🍷 1996 (60.000 H *Pk.* B ⊙)
Nero d'Avola (70%) und Merlot (30%) 1996 (D.T.) 86

★ Santa Anastasia Rosso, 🍷 1997 (100.000 N *Pk.* A)
Nero d'Avola

★ Zurrica, 🍷 1997 (30.000 N *Pk.* B) Inzolia (60%) und Chardonnay (40%)

Besonderes: Der Litra 1996, den wir bereits letztes Jahr angekündigt hatten, hat sein Versprechen gehalten und ist dabei, ein Herausforderer für viel berühmtere Weine aus der ganzen Welt zu werden. (D.T.)

CASTELDACCIA (Palermo)

Nächste Autobahnausfahrt: Casteldaccia (A19).

Casa Vinicola **Duca di Salaparuta**

Plz. 90014, via Nazionale, S.S. 113; Tel. 091/945111; Fax 953227.

Gründungsjahr: 1824. *Inhaber:* Gaetano Zangara (Geschäftsführer). *Kundenbetreuung:* Frau Asturi. *Agronom:* Antonio Gioia. *Besuchszeiten:* Montag bis Freitag, während der Geschäftszeiten. *Degustation:* in einem großen Empfangssaal.

Tafelwein:

★★ Bianca di Valguarnera, 🍷 1995 (B *Pk.* E)
Inzolia 1995 (D.T.) 87

★★ D'Agala del Corvo, 🍷 1995 (N B *Pk.* C)
Nero d'Avola, Perricone und Frappato 1995 (D.T.) 86

★★★ Duca Enrico, 🍷 1992 und 1993 (H B *Pk.* F)
Nero d'Avola 1993 (D.T.) 89

Besonderes: Es ist eine eindeutige Verbesserung des Bianca di Valguarnera und des D'Agala del Corvo festzustellen, letzterer begegnet uns mit einem neuen Schnitt, der die Persönlichkeit der Sorte Nero d'Avola unterstreicht. (D.T.)

COMISO (Ragusa)

Nächste Autobahnausfahrt: Catania sud (A19).

Azienda Vitivinicola **Avide**

Plz. 97013, contrada Mendolilla, S.P. 7 km 0;
Tel. 0932/967456; Fax 967456.

Gründungsjahr: 1982. *Inhaber:* Notar Giovanni Demostene. *Kundenbetreuung:* Carmelo Antoci und Dr. Giovanni Calcaterra. *Produktionsleitung:* Giovanni Rizzo. *Agronom:* Salvatore Greco. *Besuchszeiten:* Montag bis Freitag, von 8.30 bis 17 Uhr; Samstag von 8.30 bis 12 Uhr. *Degustation:* in einer Probierstube.

DOC:

★ Cerasuolo di Vittoria Barocco, 🍷 1994 (🍾 10.000 B *Pk.* C)

★ Cerasuolo di Vittoria Etichetta Nera, 🍷 1996 (🍾 40.000 N *Pk.* B)

Tafelwein:

★ Vigne d'Oro, 🍷 1996 (🍾 10.000 B *Pk.* C) 🍇 Inzolia

LICATA (Agrigento)

Nächste Autobahnausfahrt: Caltanissetta (A19).

Azienda Agricola **Milazzo Giuseppe**

Plz. 92023, strada Statale 123 km 12+700, località Campobello;
Tel. 0922/878207; Fax 879796.

Inhaber: Giuseppe Milazzo. *Kundenbetreuung:* der Inhaber. *Produktionsleitung:* Cesare Ferrari. *Agronom:* Pierluigi Donna. *Anbaufläche in ha.:* 32. *Besuchszeiten:* täglich, nach Vereinbarung. *Degustation:* in einer Probierstube mit Platz für 20 Personen.

IGT:

♣ Terre della Baronia Rosso, 🍷 1994 (ha 5 🍾 32.000 N B *Pk.* C) 🍇 Nero d'Avola, Nerello Cappuccio und Barbera 1994 (G.B.) 85

MARSALA (Trapani)

Nächste Autobahnausfahrt: Mazara del Vallo oder Birgi (A29).

Azienda Agricola **De Bartoli Marco**

Plz. 91025, contrada Fornara–Samperi 292;
Tel. 0923/962093; Fax 962910.

Gründungsjahr: 1980. *Inhaber:* Marco De Bartoli. *Kundenbetreuung:* der Inhaber. *Produktionsleitung:* der Inhaber. *Besuchszeiten:*

täglich, nach telefonischer Vereinbarung. *Degustation:* im Weinkeller.

DOC:

★★ Marsala Superiore Riserva 20 anni Solera, 🍷 der letzte (H *Pk.* E)

★★ Moscato Passito di Pantelleria Bukkuram, 🍷 1995 (B *Pk.* E) 1996 (D.T.) 85

Tafelwein:

♣ Pietra Nera, 🍷 1996 (N *Pk.* C) 🍇 Zibibbo 1996 (G.B.) 85

★★ Vecchio Samperi Riserva 30 anni Solera, 🍷 der letzte (H *Pk.* E) o.J. (D.T.) 88

★★ Vigna La Miccia, 🍷 der letzte (B *Pk.* D) 🍇 Grillo und Inzolia o.J. (D.T.) 88

Tenuta di **Donnafugata**

Plz. 91025, via Sebastiano Lipari 18; Tel. 0923/999555; Fax 721130.

Gründungsjahr: 1983. *Inhaber:* Familie Rallo. *Kundenbetreuung:* Finella Ammoscato. *Produktionsleitung:* Vincenzo Bambina und Antonino Tranchida. *Agronom:* Vincenzo Bambina. *Anbaufläche in ha.:* 100. *Besuchszeiten:* täglich, nach Voranmeldung. *Degustation:* in einer Probierstube.

DOC:

★ Contessa Entellina Bianco Vigna di Gabri, 🍷 der letzte (N *Pk.* C)

★ Contessa Entellina Rosso Tancredi, 🍷 1995 (B *Pk.* C)

★★ Marsala Superiore Riserva Ambra Secco Opera Unica, 🍷 der letzte (H *Pk.* E)

★ Moscato Passito di Pantelleria Ben Ryé, 🍷 1995 (N *Pk.* E)

Vinicola Italiana S.A.V.I. **Florio**

Plz. 91025, via Vincenzo Florio 1; Tel. 0923/781111; Fax 982380.

Gründungsjahr: 1833. *Inhaber:* Ilva di Saronno. *Kundenbetreuung:* Salvatore Parisi. *Produktionsleitung:* Marco Rabino. *Besuchszeiten:* nach Vereinbarung. *Degustation:* in einer Probierstube.

DOC:

★ Marsala Superiore Riserva Semisecco Ambra Targa 1840, 🍷 1989 (🍾 30.000 H B *Pk.* D)

★ Marsala Superiore Secco Ambra Vecchioflorio, 🍷 1994 (🍾 800.000 H *Pk.* B)

★★ Marsala Vergine Oro Baglio Florio, 🍷 1986 (🍾 12.000 H B *Pk.* F) 1986 (G.B.) 88

★★ Marsala Vergine Oro Terre Arse, 🍷 1987 (🍾 30.000 H B *Pk.* E) 1987 (G.B.) 87

Tafelwein:

★★ Morsi di Luce, 🍷 1995 (🍾 30.000 B *Pk.* E) 🍇 Moscato 1995 (G.B.) 86

MESSINA (Messina)

Nächste Autobahnausfahrt: Tremestieri - Messina sud.

Cantine **Colosi**

Plz. 98152, via Militare Ritiro 23; Tel. 090/53852; Fax 47553.

Gründungsjahr: 1987. *Inhaber:* Piero Colosi. *Kundenbetreuung:* Lidia Labate. *Produktionsleitung:* der Inhaber unter Mithilfe seines Vaters Pietro Salvatore Colosi. *Agronom:* Piero Colosi. *Besuchszeiten:* Montag bis Freitag. *Degustation:* im Weinkeller.

DOC:

★ Malvasia delle Lipari Naturale, 🍷 1995 (N *Pk.* E)

★★ Malvasia delle Lipari Passito di Salina, 🍷 1996 (N *Pk.* E) 1996 (D.T.) 90

Tafelwein:

★ Salina Bianco, 🍷 der letzte (N *Pk.* B) 🍇 Inzolia und Catarratto

★ Salina Rosso, 🍷 der letzte (H *Pk.* B) 🍇 Nerello Mascalese

Azienda Agricola **Palari**

Plz. 98137, frazione Santo Stefano Briga, contrada Barna; Tel. 090/694281; Fax 694281.

Gründungsjahr: 1990. *Inhaber:* Salvatore Geraci. *Kundenbetreuung:* der Inhaber. *Produktionsleitung:* Donato Lanati. *Agronom:* Giampiero Geraci. *Anbaufläche in ha.:* 5,5. *Besuchszeiten:* nur nach Vereinbarung. *Degustation:* im großen Saal der Villa aus dem 18. Jahrhundert.

DOC:

★★ Faro Palari, 🍷 1994 und 1995 (🍾 5.000 B *Pk.* E)

IGT:

♣ Rosso del Soprano, 🍷 1995 (🍾 6.500 N B *Pk.* D) 🍇 Nerello Mascalese, Cappuccio, Nocera, Tignolino und Jacchè

MILO (Catania)

Nächste Autobahnausfahrt: Giarre oder Acireale (A18).

Azienda Vitivinicola **Barone di Villagrande**

Plz. 95010, via del Bosco Milo 25; Tel. 095/7082175; Fax 7894339.

Gründungsjahr: 1727. *Inhaber:* Carlo Nicolosi Asmundo. *Kundenbetreuung:* der Inhaber. *Produktionsleitung:* der Inhaber. *Besuchszeiten:* nach telefonischer Vereinbarung. *Degustation:* in einer Probierstube.

DOC:

★ Etna Bianco Superiore, 🍷 der letzte (N *Pk.* B)
★ Etna Rosso, 🍷 1995 (H *Pk.* B)

MONREALE (Palermo)

Nächste Autobahnausfahrt: Palermo (A19).

Azienda Agricola **Spadafora**

Plz. 90046, contrada Virzì; Tel. 091/514952; Fax 6703360.

Gründungsjahr: 1991. *Inhaber:* Francesco Spadafora. *Kundenbetreuung:* der Inhaber. *Produktionsleitung:* Luca D'Attoma. *Agronom:* Salvatore Di Maggio. *Anbaufläche in ha.:* 80. *Besuchszeiten:* nach telefonischer Vereinbarung. *Degustation:* in einer Probierstube im Firmengebäude.

IGT:

★ Don Pietro Bianco, 🍷 der letzte (ha 3 ı 20.000 N B *Pk.* B)
Inzolia und Chardonnay
★★ Don Pietro Rosso, 🍷 1996 (ha 6 ı 45.000 N H *Pk.* C)
Nero d'Avola, Cabernet Sauvignon und Merlot
★ Vigna Virzì Rosso, 🍷 1997 (ha 3,5 ı 22.000 N *Pk.* B)
Nero d'Avola und Syrah

PALERMO (Palermo)

Nächste Autobahnausfahrt: Palermo (A19).

MID Produzione

Plz. 90142, via Denti di Piraino Ammiraglio 9;
Tel. 091/6396111; Fax 6396237.

Gründungsjahr: 1996. *Produktionsleitung:* F. Di Giovanna. *Besuchszeiten:* nach Vereinbarung.

Tafelwein:

★★ Zibibbo di Sicilia Garighe, 🍷 der letzte (N *Pk.* B ⊙)
Zibibbo 1997 (D.T.) 87

PANTELLERIA (Trapani)

Nächste Autobahnausfahrt: Trapani oder Palermo (A29); Fähre nach Pantelleria.

Azienda Agricola **Murana Salvatore**

Plz. 91017, contrada Kamma 276; Tel. 0923/915231.

Inhaber: Salvatore Murana. *Kundenbetreuung:* der Inhaber. *Produktionsleitung:* Antonio D'Aietti. *Besuchszeiten:* täglich, nach telefonischer Vereinbarung. *Degustation:* im Weinkeller.

DOC:

★★ Moscato di Pantelleria Mueggen, 🍷 1997 (N *Pk.* D) 1997 (D.T.) 86

★★ Moscato Passito di Pantelleria Khamma, 🍷 1994 und 1996 (H B *Pk.* E) 1994 (D.T.) 89 + 1996 (D.T.) 88

★★★ Moscato Passito di Pantelleria Martingana, 🍷 1992 und 1993 (B *Pk.* E)

Cooperativa **Nuova Agricoltura**

Plz. 91017, via Napoli 22; Tel. 0923/915712; Fax 915712.

Gründungsjahr: 1986. *Kundenbetreuung:* Salvatore D'Amico. *Produktionsleitung:* Gaspare Vinci. *Besuchszeiten:* Montag bis Freitag, von 9 bis 12 Uhr und von 14 bis 18 Uhr.

DOC:

★★ Moscato Passito di Pantelleria, 🍷 1995 und 1996 (N *Pk.* D)

SALINA (Messina)

Nächste Autobahnausfahrt: Milazzo (A20), dann die Fähre zu den Äolischen Inseln.

Hauner Carlo

Plz. 98050, Lingua di Salina, Isole Eolie;
Tel. 090/9843141; Fax 9222665.

Gründungsjahr: 1979. *Inhaber:* Erben Carlo Hauner. *Kundenbetreuung:* die Inhaber. *Produktionsleitung:* die Inhaber. *Agronom:* Giona Hauner. *Besuchszeiten:* täglich, nach Voranmeldung. *Degustation:* in einer Probierstube.

DOC:

★★ Malvasia delle Lipari Passita, 🍷 1997 (N *Pk.* E) 1997 (D.T.) 87

Tafelwein:

★ Salina Bianco, 🍷 der letzte (N *Pk.* B) 🍇 Catarratto

SAMBUCA DI SICILIA (Agrigento)

Nächste Autobahnausfahrt: Castelvetrano (A29).

Cantina **Monte Olimpo**

Plz. 92017, via F.lli Cervi 10; Tel. 0925/942552; Fax 942552.

Gründungsjahr: 1992. *Inhaber:* Giovanni, Giorgio und Francesca Maggio. *Kundenbetreuung:* die Inhaber. *Produktionsleitung:* Giorgio Maggio. *Anbaufläche in ha.:* 20. *Besuchszeiten:* nach telefonischer Vereinbarung.

Tafelwein:

♣ Monte Olimpo Rosso, 🍷 1996 (ha 3 🍾 18.000 N H *Pk.* C)
Nero d'Avola und Cabernet Sauvignon 1996 (G.B.) 85

Azienda Agricola **Planeta**

Plz. 92017, Ulmo e Maroccoli; Tel. 0925/80009; Fax 80009.

Gründungsjahr: 1994. *Inhaber:* Chiara, Francesca und Alessio Planeta. *Kundenbetreuung:* die Inhaber. *Produktionsleitung:* Carlo Corino. *Besuchszeiten:* nach Vereinbarung.

Tafelwein:

★ Alastro, 🍷 1996 (N B *Pk.* C) Grecanico (50%), Cataratto (40%) und Chardonnay (10%) 1996 (D.T.) 86
★ Cabernet Sauvignon, 🍷 1995 (B *Pk.* D)
★★ Chardonnay, 🍷 1997 (B *Pk.* D) 1997 (D.T.) 89
★ La Segreta Bianco, 🍷 der letzte (N *Pk.* B) Grecanico (60%), Cataratto (30%) und Chardonnay (10%)
★★ La Segreta Rosso, 🍷 1997 (N *Pk.* B ⊙)
Nero d'Avola (45%), Merlot (45%) und Cabernet Sauvignon (10%) 1997 (D.T.) 86
★★ Merlot, 🍷 1995 (B *Pk.* D)

Besonderes: Der Chardonnay 1996 ist, wie schon in den letzten Jahren, einer der besten Weißweine Süditaliens. Der Merlot, der 1995 hervorragend war, wird 1996 nicht hergestellt, aber 1997 werden wir einen vielversprechenden Cabernet Sauvignon und einen neuen Wein auf der Grundlage von Nero d'Avola und Syrah erleben. (D.T.)

SAN CIPIRELLO (Palermo)

Nächste Autobahnausfahrt: Partinico (A29).

Terre di Ginestra

Plz. 90040, contrada Piano Piraino; Tel. 091/8576767; Fax 8576041.

Gründungsjahr: 1988. *Inhaber:* Giuseppe und Maurizio Micciché. *Kundenbetreuung:* Maurizio Micciché. *Produktionsleitung:* Pino

Oddo. *Agronom:* Gaetano Maccarrone. *Besuchszeiten:* Montag bis Freitag, nach Vereinbarung. *Degustation:* im Weinkeller.

IGT:

★ Pelavet di Ginestra Bianco, 🍷 der letzte (🄽 *Pk.* C)
🍇 Chardonnay, Viognier und Cataratto

★★ Pelavet di Ginestra Rosso I, 🍷 1995 (🄽 *Pk.* C)
🍇 Nero d'Avola, Merlot und Syrah

★ Pelavet di Ginestra Rosso II, 🍷 1995 (🄽 *Pk.* C)
🍇 Nero d'Avola, Cabernet Sauvignon und Syrah

★★ Terre di Ginestra Bianco, 🍷 der letzte (🄽 *Pk.* A)
🍇 Catarratto

★ Terre di Ginestra Rosso, 🍷 1996 (🄷 *Pk.* B)
🍇 Sangiovese und Nero d'Avola

VALLELUNGA PRATAMENO (Caltanissetta)

Nächste Autobahnausfahrt: Resuttano (A19).

Tasca d'Almerita

Plz. 93010, località Regaleali; Tel. 0921/542522; Fax 542783.

Gründungsjahr: 1962. *Inhaber:* Graf Tasca d'Almerita spa. *Kundenbetreuung:* Marquise Anna Tasca Lanza. *Produktionsleitung:* Giuseppe Cavaleri und Luigi Guzzo. *Agronom:* Vincenzo Curcio und Giuseppe Lucche. *Anbaufläche in ha.:* 310. *Besuchszeiten:* Montag bis Freitag, nach Vereinbarung. *Degustation:* in einer Probierstube im Weinkeller.

IGT:

★★★ Cabernet Sauvignon, 🍷 1994 und 1995
(🍾 50.000 🄱 *Pk.* E) 1995 (D.T.) 92

★★★ Chardonnay, 🍷 1995 und 1996
(🍾 39.000 🄱 *Pk.* E) 1996 (D.T.) 88

★★ Nozze d'Oro, 🍷 der letzte (🍾 100.000 🄽 *Pk.* C)
🍇 Inzolia und Varietà Tasca

★ Regaleali Bianco, 🍷 der letzte (🍾 1.150.000 🄽 *Pk.* B)
🍇 Varietà Tasca, Inzolia und Catarratto

★ Regaleali Rosso, 🍷 1995 und 1996 (🍾 450.000 🄷 *Pk.* B ⊙)
🍇 Nero d'Avola und Perricone 1996 (D.T.) 86

Tafelwein:

★★★ Rosso del Conte, 🍷 1994 und 1995 (🍾 33.000 🄱 *Pk.* D)
🍇 Nero d'Avola und Perricone 1995 (D.T.) 90

★★ Spumante Almerita Brut Millesimato, 🍷 1995
(🍾 16.000 🄽 *Pk.* E) 🍇 Chardonnay

Besonderes: Der Rosso del Conte 1996 wird nicht produziert, der Hersteller kann sich aber mit den wie immer ausgezeichneten Ergebnissen des Cabernet und des Rosso del Conte 1995 trösten. (D.T.)

VIAGRANDE (Catania)

Nächste Autobahnausfahrt: Acireale (A18).

Azienda Vinicola **Benanti**

Plz. 95029, via Garibaldi 475; Tel. 095/7893438; Fax 7893436.

Gründungsjahr: 1992. *Inhaber:* Giuseppe Benanti. *Kundenbetreuung:* der Inhaber. *Produktionsleitung:* Salvatore Foti, auch landwirtschaftlicher Leiter, und Marco Monchiero. *Anbaufläche in ha.:* 17. *Besuchszeiten:* nach telefonischer Vereinbarung. *Degustation:* im Weinkeller.

DOC:

★ Etna Bianco Superiore Pietramarina, 🍷 der letzte (ha 2 🍾 10.000 N *Pk.* C)

★★ Etna Rosso Rovittello, 🍷 1995 (ha 2,2 🍾 10.000 B *Pk.* D) — 1995 (D.T.) 87

♣ Passito di Pantelleria Coste di Mueggen, 🍷 1994 (🍾 2.000 N *Pk.* E) — 1994 (G.B.) 85

Tafelwein:

♣ Edélmio, 🍷 1996 (ha 0,8 🍾 4.000 N B *Pk.* D) 🍇 Carricante und Chardonnay — 1996 (D.T.) 87

♣ Lamorémio, 🍷 1995 (ha 1 🍾 6.500 B *Pk.* D) 🍇 Nerello Mascalese, Nero d'Avola und Cabernet Sauvignon — 1995 (D.T.) 88

VITTORIA (Ragusa)

Nächste Autobahnausfahrt: Catania sud (A19).

Azienda Agricola **COS**

Plz. 97019, piazza del Popolo 34; Tel. 0932/864042; Fax 869700.

Gründungsjahr: 1978. *Inhaber:* Giambattista Cilia und Giusto Occhipinti. *Kundenbetreuung:* Giusto Occhipinti. *Produktionsleitung:* Elisabetta Foradori, auch landwirtschaftlicher Leiter. *Anbaufläche in ha.:* 20. *Besuchszeiten:* täglich, nach telefonischer Vereinbarung. *Degustation:* in einer Probierstube.

DOC:

★★ Cerasuolo di Vittoria, 🍷 1996 (ha 7 🍾 35.000 H B *Pk.* C)

♣ Cerasuolo di Vittoria Sciri, 🍷 1995 (ha 4 🍾 7.500 B *Pk.* E) — 1995 (D.T.) 87

Tafelwein:

★★ Le Vigne di COS Bianco, 🍷 1997 (ha 2 🍾 6.500 B *Pk.* D) 🍇 Chardonnay — 1997 (D.T.) 85

★★ Le Vigne di COS Rosso, 🍷 1995 (ha 2 🍾 6.500 B *Pk.* D)
Cabernet Sauvignon (70%) und Merlot (30%) 1995 (D.T.) 89

★ Ramingallo, 🍷 der letzte (ha 4 🍾 18.000 N B *Pk.* B)
Anzonica

Besonderes: Der Cabernet Le Vigne di COS 1995 ist sehr schön, die Überraschung ist jedoch der Sciri 1995, ein Nero d'Avola auf einem Niveau, das in diesem Haus bisher noch nicht erreicht wurde. Giusto Occhipinti hat zusammen mit Elisabetta Foradori ein Projekt in Angriff genommen, das zu einer deutlichen Verbesserung der Weine dieser Rebsorte führen soll. (D.T.)

Diese fünf Symbole sind neu im Veronelli:

🍷	empfohlene Jahrgänge eines Weines
ha 3,5	Anbaufläche in Hektar, auf der ein bestimmter Wein erzeugt wird
🍾	Anzahl der vom genannten Wein ausgebauten Flaschen
★	ein hervorragender Wein, der neu in diesen Führer aufgenommen wurde und bei der Verkostung auf Anhieb mindestens 90 Punkte erhielt
⊙	besonders gutes Preis/Leistungs-Verhältnis

Die spezifische Art des Ausbaus der Weine wird im Buch durch folgende drei Symbole kenntlich gemacht:

N für Weine, die sofort für eine mehr oder weniger kurze Zeit in Tanks aus Stahl, Glaskeramik oder – seltener – Fiberglas ausgebaut werden.

H für Weine, die für einen längeren Zeitraum in Holzfässern (normalerweise Eichenholz) mit mittlerem bis großem Fassungsvermögen (auch über 500 Liter) ausgebaut werden.

B für Weine, die in Eichen-Barriques (225 Liter) oder generell in Holzfässern ausgebaut werden (Pièce, Tonneau usw.), deren Fassungsvermögen nicht größer als 600 Liter ist.

ANDRIANO [ANDRIAN] (Bolzano)

Nächste Autobahnausfahrt: Bolzano sud (A22).

Cantina Produttori **Andriano**

Plz. 39010, via della Chiesa 2; Tel. 0471/510137; Fax 510227.

Gründungsjahr: 1893. *Inhaber:* Winzergenossenschaft mit Vorsitzendem Konrad Matha. *Kundenbetreuung:* der Vorsitzende. *Produktionsleitung:* Albert Sinn. *Agronom:* der Vorsitzende. *Anbaufläche in ha.:* 145. *Besuchszeiten:* Montag bis Freitag, nach Vereinbarung. *Degustation:* in einer Probierstube mit Platz für 40 Personen.

DOC:

- ★ Alto Adige Chardonnay Tor di Lupo, 🍷 1995 (ha 1 🍾 7.500 B *Pk.* D)
- ★★ Alto Adige Lagrein Dunkel Tor di Lupo, 🍷 1995 (ha 1 🍾 8.000 B *Pk.* D) 1995 (D.T.) 87
- ★ Alto Adige Terlano Pinot Bianco Classico, 🍷 der letzte (🍾 18.000 N *Pk.* B)
- ★ Alto Adige Terlano Sauvignon Classico, 🍷 der letzte (ha 3 🍾 22.000 N *Pk.* B)
- ★ Alto Adige Terlano Sauvignon Preciosa, 🍷 der letzte (ha 1 🍾 4.500 N *Pk.* C)

APPIANO [EPPAN] (Bolzano)

Nächste Autobahnausfahrt: Bolzano sud (A22).

Viticoltori **Alto Adige**

Plz. 39057, via Circonvallazione 17; Tel. 0471/660060; Fax 663631.

Gründungsjahr: 1979. *Kundenbetreuung:* Herr Andergassen. *Produktionsleitung:* Rudolf Gantioler. *Besuchszeiten:* Montag bis Freitag, nur nach Vereinbarung. *Degustation:* in einer Probierstube.

DOC:

- ★ Alto Adige Chardonnay Zobelhof, 🍷 der letzte (ha 2 🍾 15.000 N *Pk.* B)
- ★ Alto Adige Gewürztraminer Schlosshof Barone Felix Longo, 🍷 der letzte (ha 3 🍾 20.000 N *Pk.* C)
- ★ Alto Adige Pinot Grigio Unterebnerhof, 🍷 der letzte (N *Pk.* B)
- ♣ Alto Adige Terlano Sauvignon Classico, 🍷 1997 (🍾 4.000 N *Pk.* C) 1997 (G.B.) 88

Cantina Vini e Spumanti **Kössler**

Plz. 39050, località San Paolo 15; Tel. 0471/662182; Fax 663641.

Gründungsjahr: 1870. *Inhaber:* Rosmarie Kössler und Johann Ebner. *Kundenbetreuung:* die Inhaber. *Produktionsleitung:* Johann Ebner. *Agronom:* Franz Wenter. *Besuchszeiten:* Montag bis Freitag, nach telefonischer Vereinbarung. *Degustation:* in einer rustikalen Probierstube.

DOC:

★★ Alto Adige Chardonnay Kössler-Ebner, 🍷 1996 ([B] *Pk.* C)
★ Alto Adige Gewürztraminer Johannisbrunnen, 🍷 der letzte ([N] *Pk.* B)
★ Alto Adige Lagrein Dunkel Kössler-Ebner, 🍷 1996 ([B] *Pk.* D) 1996 (G.B.) 86
★ Alto Adige Pinot Grigio Kössler-Ebner, 🍷 der letzte ([N] [B] *Pk.* B)
★ Alto Adige Pinot Nero Kössler-Ebner, 🍷 1995 ([B] *Pk.* C)
★ Alto Adige Spumante Praeclarus Brut, 🍷 der letzte ([N] *Pk.* D) o.J. (G.B.) 88
★★ Alto Adige Spumante Praeclarus Noblesse, 🍷 1990 ([N] *Pk.* E)

Produttore **Niedrist Ignaz**

Plz. 39050, Cornaiano, via Ronco 5; Tel. 0471/664494; Fax 660494.

Gründungsjahr: 1989. *Inhaber:* Ignaz Niedrist. *Kundenbetreuung:* der Inhaber. *Produktionsleitung:* der Inhaber. *Agronom:* Ignaz Niedrist. *Besuchszeiten:* Montag bis Freitag, während der Geschäftszeiten, am besten mit Voranmeldung. *Degustation:* in einer Probierstube.

DOC:

★★ Alto Adige Lagrein Gries Berger-Gei, 🍷 1997 ([B] *Pk.* B ⊙) 1997 (D.T.) 89
★★ Alto Adige Pinot Nero, 🍷 1995 ([B] *Pk.* D)
★★ Alto Adige Riesling Runc, 🍷 der letzte ([H] *Pk.* B ⊙) 1997 (D.T.) 88
★★ Alto Adige Terlano Pinot Bianco, 🍷 der letzte ([H] *Pk.* B ⊙) 1997 (D.T.) 86
★★ Alto Adige Terlano Sauvignon, 🍷 der letzte ([N] [H] *Pk.* B)

Cantina Produttori **San Michele Appiano**

Plz. 39057, via Circonvallazione 17/19;
Tel. 0471/664466; Fax 660764.

Gründungsjahr: 1907. *Kundenbetreuung:* Hans Terzer und Gunther Neumair. *Produktionsleitung:* Hans Terzer. *Anbaufläche in ha.:* 300. *Besuchszeiten:* Montag bis Freitag, von 7.30 bis 12 Uhr und von 13.30 bis 18 Uhr; Freitag nachmittags und Samstag nach telefonischer Vereinbarung. *Degustation:* in einer Taverne.

DOC:

- ♣ Alto Adige Cabernet Sanct Valentin, 🍷 1995 (ı 9.000 B *Pk.* F) — 1995 (G.B.) 89
- ★★★ Alto Adige Chardonnay Sanct Valentin, 🍷 1996 (ı 20.000 B *Pk.* E) — 1996 (G.B.) 89
- ★★ Alto Adige Gewürztraminer Sanct Valentin, 🍷 1997 (ı 12.000 N *Pk.* E) — 1997 (D.T.) 87
- ★★ Alto Adige Pinot Bianco Schulthauser, 🍷 1997 (ı 80.000 N B *Pk.* C)
- ★★★ Alto Adige Pinot Grigio Sanct Valentin, 🍷 1996 (ı 15.000 B *Pk.* E) — 1996 (G.B./D.T.) 87
- ★★ Alto Adige Pinot Nero Riserva, 🍷 1995 (ı 12.000 H B *Pk.* C)
- ♣ Alto Adige Pinot Nero Sanct Valentin, 🍷 1995 (ı 10.000 B *Pk.* F) — 1995 (D.T.) 88
- ★★ Alto Adige Riesling Montiggl, 🍷 der letzte (ı 7.000 N *Pk.* C)
- ★★ Alto Adige Sauvignon Sanct Valentin, 🍷 1997 (ı 14.000 N *Pk.* E) — 1997 (G.B.) 89

Tafelwein:

- ♣ Comtess Sanct Valentin, 🍷 1997 (ı 5.000 N *Pk.* E) 🍇 Gewürztraminer, Riesling und Sauvignon, überreif — 1997 (G.B.) 88

Produttori **San Paolo**

Plz. 39050, via Castel Guardia 21, località San Paolo;
Tel. 0471/662183; Fax 662530.

Gründungsjahr: 1907. *Inhaber:* Cantina Sociale San Paolo scarl. *Produktionsleitung:* Valentin Spitaler und Gunther Warasin. *Besuchszeiten:* Montag bis Donnerstag, von 8 bis 12 Uhr und von 14 bis 18 Uhr; Freitag von 8 bis 12 Uhr. *Degustation:* in einem Probierraum mit Platz für circa 100 Personen.

DOC:

- ★ Alto Adige Lagrein Gries Riserva Exclusiv, 🍷 1995 (H B *Pk.* C)
- ★ Alto Adige Merlot Di Vinus, 🍷 1995 (N B *Pk.* D)
- ♣ Alto Adige Pinot Bianco, 🍷 1997 (N B *Pk.* C) — 1997 (D.T.) 86
- ★ Alto Adige Pinot Grigio Egg Leitn Exclusiv, 🍷 der letzte (N B *Pk.* B)

Tenuta **Stroblhof**

Plz. 39057, via Pigano 23; Tel. 0471/662250; Fax 663644.

Gründungsjahr: 1965. *Inhaber:* Rosy Hanni. *Kundenbetreuung:* Andreas Nicolussi-Leck. *Produktionsleitung:* Hans Terzer. *Agronom:* Andreas Nicolussi-Leck. *Anbaufläche in ha.:* 3. *Besuchszeiten:* nur nach Vereinbarung. *Degustation:* in der Önothek nebenan, die über 200 italienische und ausländische Erzeugnisse zu bieten hat.

DOC:

★ Alto Adige Gewürztraminer, 🍷 der letzte (ha 0,3 🍾 1.200 N *Pk.* C)

♣ Alto Adige Pinot Bianco Strahler, 🍷 1997 (ha 1 🍾 4.500 N B *Pk.* C) — 1997 (D.T.) 85

BOLZANO [BOZEN] (Bolzano)

Nächste Autobahnausfahrt: Bolzano sud oder nord (A22).

Hinweis: Die Cantina Vini H. Lun (Tel. 0471/976583) hat einen guten Alto Adige Lagrein Riserva Albertus 1995 (87/100) produziert. Besonders interessant ist auch der Alto Adige Cabernet 1995 (88/100) von R. Malojer Gummerhof (Tel. 0471/972885). (G.B.)

Gojer Franz

Plz. 39100, frazione Santa Maddalena, via Rivellone 1;
Tel. 0471/978775; Fax 978775.

Gründungsjahr: 1970. *Inhaber:* Franz Gojer. *Kundenbetreuung:* der Inhaber. *Produktionsleitung:* der Inhaber. *Agronom:* Franz Gojer. *Anbaufläche in ha.:* 3,5. *Besuchszeiten:* nach telefonischer Vereinbarung. *Degustation:* im Weinkeller.

DOC:

★★ Alto Adige Lagrein Dunkel Riserva Glögglhof, 🍷 1996 (ha 0,4 🍾 2.700 B *Pk.* D) — 1996 (G.B.) 87

★ Alto Adige Santa Maddalena Classico, 🍷 der letzte (ha 1,5 🍾 15.000 N H *Pk.* B)

★★ Alto Adige Santa Maddalena Classico Rondell, 🍷 der letzte (ha 0,5 🍾 5.000 H *Pk.* B)

Cantina Produttori **Gries**

Plz. 39100, località Gries, piazza Gries 2;
Tel. 0471/270909; Fax 289110.

Gründungsjahr: 1908. *Inhaber:* Michael Bradlwarter (Vorstand). *Kundenbetreuung:* Ulrich Ambach und Hermann Giovanazzi. *Produktionsleitung:* Ulrich Ambach. *Agronom:* Mathias Gasser. *Anbau-*

fläche in ha.: 200. *Besuchszeiten:* nur nach Vereinbarung. *Degustation:* in einer großen Probierstube.

DOC:

★★ Alto Adige Lagrein Dunkel Riserva Collection Barone Carl Eyrl, 🍷 1995 (ha 2 🍾 16.000 H *Pk.* C)

★★ Alto Adige Lagrein Dunkel Riserva Prestige, 🍷 1995 und 1996 (🍾 11.800 B *Pk.* E) 1995 (G.B.) 88 + 1996 (D.T.) 86

Alto Adige Merlot Riserva Collection Conte Otto Huyn, 🍷 1996 (ha 1,3 🍾 12.000 H *Pk.* C) 1996 (G.B.) 91

★ Alto Adige Merlot Riserva Siebeneich Prestige, 🍷 1995 (🍾 2.800 B *Pk.* C)

★ Alto Adige Santa Maddalena Maso Trögler, 🍷 der letzte (ha 2 🍾 10.500 H *Pk.* B)

Tafelwein:

★ Mauritius, 🍷 1995 (🍾 5.750 B *Pk.* E) Lagrein und Merlot

Mayr Thomas & Söhne

Plz. 39100, via Mendola 56; Tel. 0471/281030.

Gründungsjahr: 1882. *Inhaber:* Luigi und Hubert Thomas Mayr. *Kundenbetreuung:* Thomas Mayr junior. *Produktionsleitung:* Thomas Mayr junior. *Besuchszeiten:* Samstag, von 8 bis 12.30 Uhr. *Degustation:* in einer Probierstube.

DOC:

★ Alto Adige Lagrein Dunkel Selezione, 🍷 1996 (B *Pk.* C) 1996 (G.B.) 86

Tafelwein:

★ Creazione Rosa, 🍷 1995 (N *Pk.* E) Moscato Rosa

Mumelter Georg Griesbauerhof

Plz. 39100, via Rencio 66; Tel. 0471/973090; Fax 973090.

Gründungsjahr: 1978. *Inhaber:* Georg Mumelter. *Kundenbetreuung:* der Inhaber. *Produktionsleitung:* der Inhaber. *Anbaufläche in ha.:* 3. *Besuchszeiten:* nur nach Vereinbarung. *Degustation:* im Weinkeller.

DOC:

♣ Alto Adige Lagrein, 🍷 1996 (ha 0,3 🍾 1.000 H *Pk.* B ⊙) 1996 (D.T.) 86

♣ Alto Adige Pinot Grigio, 🍷 1997 (ha 0,2 🍾 400 N B *Pk.* C) 1997 (D.T.) 88

♣ Alto Adige Pinot Grigio, 🍷 1997 (ha 0,2 🍾 600 N *Pk.* B ⊙) 1997 (D.T.) 87

Cantina Convento **Muri-Gries**
Plz. 39100, piazza Gries 21; Tel. 0471/282287; Fax 273448.

Gründungsjahr: 1845. *Inhaber:* Convento Muri-Gries. *Kundenbetreuung:* Christian Werth. *Produktionsleitung:* Christian Werth. *Agronom:* Walter Bernard. *Besuchszeiten:* Montag bis Freitag, von 8 bis 12 Uhr und von 14 bis 18 Uhr. *Degustation:* in einer Probierstube.

DOC:

★ Alto Adige Cabernet Riserva, 🍷 1995 (B *Pk.* E)
★ Alto Adige Lagrein Dunkel Gries, 🍷 1997 (H *Pk.* B)
★★ Alto Adige Lagrein Dunkel Riserva Abtei, 🍷 1995 und 1996 (B *Pk.* E) 1995 (D.T.) 86 + 1996 (G.B.) 89
★ Alto Adige Moscato Rosa Abtei, 🍷 1996 (H *Pk.* F) 1996 (G.B.) 86

Azienda Agricola **Plattner Waldgries**
Plz. 39100, frazione Santa Giustina 2; Tel. 0471/973245; Fax 973245.

Gründungsjahr: 1930. *Inhaber:* Heinrich Plattner-Waldgries. *Kundenbetreuung:* der Inhaber mit Sohn Christian. *Produktionsleitung:* Christian Plattner, auch landwirtschaftlicher Leiter. *Anbaufläche in ha.:* 5. *Besuchszeiten:* Montag bis Freitag, nach telefonischer Vereinbarung. *Degustation:* in einer charakteristischen Tiroler Stube oder im neuen Weinkeller.

DOC:

♣ Alto Adige Cabernet Sauvignon Waldgries, 🍷 1995 (ha 0,1 🍾 900 N B *Pk.* E) 1995 (G.B.) 88
★★ Alto Adige Lagrein Dunkel Riserva Waldgries, 🍷 1996 (ha 0,5 🍾 4.000 B *Pk.* D) 1996 (D.T.) 87
★ Alto Adige Moscato Rosa Waldgries, 🍷 1997 (ha 0,25 🍾 1.500 à 0,375 N *Pk.* E) 1997 (D.T.) 87
★★ Alto Adige Pinot Grigio Waldgries, 🍷 der letzte (ha 0,3 🍾 2.000 N B *Pk.* C)
★ Alto Adige Pinot Nero Waldgries, 🍷 1996 (ha 0,1 🍾 900 N B *Pk.* D)
★★ Alto Adige Santa Maddalena Classico Waldgries, 🍷 der letzte (ha 3,5 🍾 40.000 N H *Pk.* B ⊙) 1997 (D.T.) 86
♣ Alto Adige Terlano Pinot Bianco Waldgries, 🍷 1997 (ha 0,5 🍾 5.000 N *Pk.* B ⊙) 1997 (G.B.) 85

Cantina Vitivinicola **Rottensteiner Hans**
Plz. 39100, via Sarentino 1/A; Tel. 0471/282015; Fax 282015.

Gründungsjahr: 1956. *Inhaber:* Anton Rottensteiner. *Kundenbetreuung:* Anton Rottensteiner. *Produktionsleitung:* der Inhaber.

Anbaufläche in ha.: 83. *Besuchszeiten:* Montag bis Freitag, von 8 bis 12 Uhr und von 14 bis 18 Uhr; Samstag nur mittags. *Degustation:* in einer Probierstube.

DOC:

★ Alto Adige Cabernet Riserva Select, 🍷 1995 (ha 1,2 🍾 9.000 B *Pk.* C)
★ Alto Adige Chardonnay, 🍷 der letzte (ha 2,5 🍾 20.000 N *Pk.* B)
♣ Alto Adige Gewürztraminer, 🍷 1997 (H *Pk.* B ⊙) 1997 (D.T.) 86
★★ Alto Adige Lagrein Dunkel Grieser Riserva Select, 🍷 1995 (ha 1,8 🍾 15.000 B *Pk.* C) 1995 (D.T.) 87
★ Alto Adige Pinot Bianco, 🍷 1997 (ha 3,6 🍾 32.000 N *Pk.* B)
★★ Alto Adige Santa Maddalena Premstallerhof, 🍷 der letzte (ha 4,5 🍾 30.000 H *Pk.* B)

Rottensteiner Heinrich

Plz. 39100, via Santa Maddalena di Sotto 35; Tel. 0471/973549.

Gründungsjahr: 1920. *Inhaber:* Heinrich Rottensteiner. *Kundenbetreuung:* der Inhaber. *Produktionsleitung:* der Inhaber mit Sohn Thomas, beide auch landwirtschaftliche Leiter. *Anbaufläche in ha.:* 3,5. *Besuchszeiten:* nach telefonischer Vereinbarung. *Degustation:* im Weinkeller.

DOC:

★★ Alto Adige Lagrein Obermoser Grafenleiten, 🍷 1996 (ha 0,3 🍾 2.500 H *Pk.* C) 1996 (D.T.) 87
★ Alto Adige Santa Maddalena Classico Obermoser, 🍷 der letzte (ha 2 🍾 25.000 H *Pk.* B)

Cantina Produttori **Santa Maddalena**

Plz. 39100, via Brennero 15; Tel. 0471/972944; Fax 981624.

Gründungsjahr: 1930. *Kundenbetreuung:* Klaus Sparer. *Produktionsleitung:* Stefan Filippi. *Anbaufläche in ha.:* 130. *Besuchszeiten:* mit Voranmeldung, Montag bis Freitag. *Degustation:* in einer rustikalen Probierstube.

DOC:

★★ Alto Adige Cabernet Mumelterhof, 🍷 1996 (B *Pk.* E) 1996 (D.T.) 88
★ Alto Adige Chardonnay Kleinstein, 🍷 der letzte (N B *Pk.* C)
★★ Alto Adige Lagrein Dunkel Perlhof, 🍷 1996 (H *Pk.* C)
★★ Alto Adige Lagrein Dunkel Taberhof, 🍷 1996 (B *Pk.* E) 1996 (G.B.) 89

★★ Alto Adige Santa Maddalena Classico Huck am Bach, 🍷 der letzte (H Pk. C)

★★ Alto Adige Santa Maddalena Classico Stieler, 🍷 der letzte (H Pk. B)

★ Alto Adige Sauvignon Mockhof, 🍷 der letzte (N Pk. C)

Weinkellerei **Schmid Anton Oberrautner**

Plz. 39100, via M. Pacher 3; Tel. 0471/281440; Fax 281440.

Gründungsjahr: 1898. *Inhaber:* Andreas Schmid. *Kundenbetreuung:* Andreas und Florian Schmid. *Produktionsleitung:* Florian Schmid. *Agronom:* Andreas Schmid. *Besuchszeiten:* täglich, nach Vereinbarung. *Degustation:* im dazugehörigen Laden.

DOC:

★ Alto Adige Lagrein Grieser Riserva, 🍷 1995 (H B Pk. D)

Tenuta **Schwarhof – Loacker**

Plz. 39100, Santa Giustina 3; Tel. 0471/365125; Fax 365313.

Gründungsjahr: 1978. *Inhaber:* Rainer Loacker. *Kundenbetreuung:* Rainer und Christine Loacker. *Produktionsleitung:* der Inhaber mit Hayo Loacker und Georg Spitaler. *Agronom:* Rainer Loacker. *Besuchszeiten:* Montag bis Samstag, von 9 bis 12 Uhr und von 14 bis 18 Uhr. *Degustation:* in einer Probierstube.

DOC:

★ Alto Adige Cabernet Kastlet, 🍷 1996 (B Pk. E) — 1996 (G.B.) 88

♣ Alto Adige Chardonnay Ateyon, 🍷 1997 (🍾 2.200 H B Pk. C) — 1997 (G.B./D.T.) 86

★ Alto Adige Sauvignon Tasnim, 🍷 1997 (N Pk. C)

Kandlerhof **Spornberger Martin**

Plz. 39100, Santa Maddalena di Sotto 30;
Tel. 0471/973033; Fax 973033.

Gründungsjahr: 1275. *Inhaber:* Martin Spornberger. *Kundenbetreuung:* der Inhaber. *Produktionsleitung:* der Inhaber, auch landwirtschaftlicher Leiter. *Anbaufläche in ha.:* 1,9. *Besuchszeiten:* täglich, nach Vereinbarung. *Degustation:* in einer Probierstube.

DOC:

♣ Alto Adige Santa Maddalena Kandlerhof, 🍷 1997 (ha 1,5 🍾 18.500 H Pk. B ⊙) — 1997 (D.T.) 86

Azienda Agricola **Thurnhof**

Plz. 39100, via Castel Flavon 7; Tel. 0471/288460; Fax 288460.

Gründungsjahr: 1985. *Inhaber:* Hans Berger. *Kundenbetreuung:* der Inhaber oder sein Sohn Andreas. *Produktionsleitung:* Andreas Berger, auch landwirtschaftlicher Leiter. *Anbaufläche in ha.:* 2,3. *Besuchszeiten:* täglich, mit Voranmeldung, außer Samstag nachmittags und Sonntag. *Degustation:* in einer charakteristischen Tiroler Stube.

DOC:

★ Alto Adige Cabernet Sauvignon Riserva Weinegg, 🍷 1995 (ha 0,2 🍾 2.400 B *Pk.* E)

★ Alto Adige Lagrein Dunkel, 🍷 1996 (ha 0,2 🍾 1.000 B *Pk.* C)

★ Alto Adige Moscato Giallo, 🍷 der letzte (ha 0,2 🍾 1.300 N *Pk.* B)

★ Alto Adige Santa Maddalena, 🍷 der letzte (ha 0,7 🍾 5.000 N H *Pk.* B)

Tafelwein:

★★ Passaurum, 🍷 1995 (ha 0,1 🍾 500 N *Pk.* E) 🍇 Moscato Giallo, Chenin Blanc und Riesling mit Edelfäule 1995 (G.B.) 85

BRESSANONE [BRIXEN] (Bolzano)

Nächste Autobahnausfahrt: Bressanone sud (A22).

Azienda Agricola **Kuenhof – Peter Pliger**

Plz. 39042, località Mara 110; Tel. 0472/850546; Fax 850546.

Gründungsjahr: 1990. *Inhaber:* Peter Pliger. *Kundenbetreuung:* der Inhaber. *Produktionsleitung:* der Inhaber, auch landwirtschaftlicher Leiter. *Anbaufläche in ha.:* 4. *Besuchszeiten:* täglich, nach telefonischer Vereinbarung. *Degustation:* im Weinkeller.

DOC:

★★ Alto Adige Valle Isarco Gewürztraminer, 🍷 1997 (🍾 2.700 H *Pk.* C)

★★ Alto Adige Valle Isarco Sylvaner, 🍷 der letzte (🍾 7.800 N H *Pk.* C)

★ Alto Adige Valle Isarco Veltliner, 🍷 der letzte (🍾 3.500 H *Pk.* C) 1996 (G.B.) 87

Tafelwein:

★ Kaiton, 🍷 der letzte (🍾 1.600 N *Pk.* C) 🍇 Riesling

BRONZOLO [BRANZOLL] (Bolzano)

Nächste Autobahnausfahrt: Egna-Ora oder Bolzano sud (A22).

Azienda Agricola **Soini Quinto & Figli**

Plz. 39051, via Nazionale 12; Tel. 0471/967044; Fax 967705.

Gründungsjahr: 1975. *Inhaber:* Gebrüder Soini. *Kundenbetreuung:* die Inhaber. *Produktionsleitung:* Giuseppe Soini, auch landwirtschaftlicher Leiter. *Anbaufläche in ha.:* 2,951. *Besuchszeiten:* täglich, nach Vereinbarung. *Degustation:* in einer Probierstube.

DOC:

★ Alto Adige Chardonnay, 🍷 1997 (ha 0,52 🍾 5.400 N *Pk.* B)
★ Alto Adige Moscato Rosa, 🍷 1997 (ha 0,08 🍾 960 à 0.50 N *Pk.* D)

CALDARO [KALTERN] (Bolzano)

Nächste Autobahnausfahrt: Egna-Ora oder Bolzano sud (A22).

Hinweis: Der Alto Adige Moscato Giallo 1997 (85/100) von Tenuta Manincor Graf Enzenberg (Tel. 0471/960230) hat sich als intensiv, aromatisch und mit deutlich fruchtiger Note erwiesen. (G.B.)

Viticoltori **Caldaro**

Plz. 39052, via delle Cantine 12; Tel. 0471/963124; Fax 964454.

Gründungsjahr: 1992. *Inhaber:* Winzergenossenschaft. *Kundenbetreuung:* Helmuth Zozin. *Produktionsleitung:* Helmuth Zozin. *Anbaufläche in ha.:* 280. *Besuchszeiten:* Montag bis Samstag, von 9 bis 12 Uhr und von 14 bis 19 Uhr. *Degustation:* in einer Probierstube.

DOC:

★★ Alto Adige Cabernet Riserva Campaner, 🍷 1995 (ha 3 🍾 25.000 B *Pk.* C) — 1995 (D.T.) 85
★★★ Alto Adige Cabernet Sauvignon Riserva, 🍷 1995 (ha 1,5 🍾 9.000 B *Pk.* E) — 1995 (D.T.) 88
★★ Alto Adige Chardonnay Waldleith, 🍷 der letzte (ha 3 🍾 20.000 N B *Pk.* C)
★★ Alto Adige Gewürztraminer Campaner, 🍷 der letzte (ha 1 🍾 7.000 N *Pk.* C) — 1997 (D.T.) 89
★ Alto Adige Pinot Bianco Vial, 🍷 der letzte (ha 2 🍾 12.000 N *Pk.* C) — 1997 (D.T.) 87
★★ Alto Adige Pinot Nero Riserva, 🍷 1994 und 1995 (ha 2 🍾 9.000 B *Pk.* E)

Tafelwein:

★★ Serenade Passito, 🍷 1994 (ha 0,7 🍾 2.000 à 0.375 B *Pk.* E) 🍇 Moscato Giallo — 1994 (D.T.) 90

Cantina Sociale **Erste & Neue**

Plz. 39052, via delle Cantine 5/10; Tel. 0471/963122; Fax 964368.

Gründungsjahr: 1900. *Inhaber:* Hansjörg Wirth Anderlan (Vorstand). *Kundenbetreuung:* Gerhard Passini. *Produktionsleitung:* Peter Thuile. *Anbaufläche in ha.:* 310. *Besuchszeiten:* Montag bis Freitag, nach telefonischer Vereinbarung. *Degustation:* in einer rustikalen Probierstube mit Platz für zwölf Personen.

DOC:

★ Alto Adige Cabernet Puntay, 🍷 1995 (B *Pk.* C)
★★ Alto Adige Chardonnay Puntay, 🍷 1996 (B *Pk.* C)
★★ Alto Adige Gewürztraminer Puntay, 🍷 1997 (N *Pk.* C) — 1997 (G.B.) 87
★ Alto Adige Lago di Caldaro Scelto Puntay, 🍷 1997 (H *Pk.* B)
★★ Alto Adige Moscato Rosa, 🍷 1995 (N *Pk.* E)
★ Alto Adige Pinot Bianco Puntay, 🍷 der letzte (N *Pk.* B)
★ Alto Adige Pinot Bianco Stern, 🍷 1996 (N *Pk.* B)

Azienda Vitivinicola **Schloss Sallegg**

Plz. 39052, vicolo di Sotto 15; Tel. 0471/963132; Fax 964730.

Gründungsjahr: 1930. *Inhaber:* Graf Eberhard Kuenburg. *Kundenbetreuung:* Graf Georg Kuenburg. *Produktionsleitung:* Graf Georg Kuenburg. *Anbaufläche in ha.:* 25. *Besuchszeiten:* täglich, außer Samstag, von 9 bis 12 Uhr und von 13.30 bis 17.30 Uhr. *Degustation:* im Weinkeller.

DOC:

♣ Alto Adige Cabernet, 🍷 1995 (ha 1,5 🍾 7.500 H *Pk.* B ⊙) — 1995 (G.B.) 86
★ Alto Adige Gewürztraminer, 🍷 der letzte (ha 1 🍾 5.000 N *Pk.* B ⊙) — 1997 (G.B.) 85
★ Alto Adige Merlot Riserva, 🍷 1995 (ha 2 H *Pk.* D) — 1995 (D.T.) 87
★★ Alto Adige Moscato Rosa, 🍷 1995 (H *Pk.* F) — 1995 (D.T.) 90
★ Alto Adige Terlano Pinot Bianco, 🍷 der letzte (ha 1 🍾 5.000 N *Pk.* B ⊙) — 1997 (D.T.) 86

Besonderes: Den ersten großartigen rosa Muskateller meines Lebens, den Graf Kuenberg, habe ich 1973 zusammen mit Giorgio Pinchiorri und seinem damaligen Sommelier Enzo Marcheselli getrunken. Ich war mir damals nicht sicher, ob ich jemals wieder einen derartigen Wein auf einem solchen Niveau probieren würde, aber der 1995er Graf zeigt sich als würdiger Nachfahre. (D.T.)

CARDANO (Bolzano)

Nächste Autobahnausfahrt: Bolzano nord (A22).

Erbhof Unterganzner **Mayr Josephus**

Plz. 39053, via Campiglio 15; Tel. 0471/365582; Fax 365582.

Gründungsjahr: 1629. *Inhaber:* Josephus Mayr. *Kundenbetreuung:* Barbara und Josephus Mayr. *Produktionsleitung:* der Inhaber, auch landwirtschaftlicher Leiter. *Anbaufläche in ha.:* 6. *Besuchszeiten:* täglich, nach Vereinbarung. *Degustation:* in einer Probierstube.

DOC:

♣ Alto Adige Cabernet Sauvignon, 🍷 1995
(ha 4,9 🍾 3.000 B *Pk.* E) 1995 (D.T.) 87 + 1996 (G.B.) 88

♣ Alto Adige Lagrein Riserva, 🍷 1995
(ha 4,9 🍾 3.000 H B *Pk.* D) 1995 (D.T.) 89

♣ Alto Adige Santa Maddalena, 🍷 1997
(ha 1,1 🍾 3.000 N H *Pk.* C) 1997 (D.T.) 88

Besonderes: Josephus Mayr ist ein triumphaler Eintritt in den Weinführer gelungen: alle vier gekosteten Weine waren makellos. Dieser junge Winzer wird sich mit Sicherheit einen guten Ruf verdienen. (D.T.)

CASTELBELLO [KASTELBELL] (Bolzano)

Nächste Autobahnausfahrt: Bolzano sud (A22).

Tenuta **Unterortl**

Plz. 39020, Juval 1b; Tel. 0473/667580; Fax 668238.

Gründungsjahr: 1990. *Inhaber:* Reinhold Messner. *Kundenbetreuung:* Martin und Gisela Aurich. *Produktionsleitung:* Martin Aurich. *Besuchszeiten:* Montag bis Samstag, von 8 bis 20 Uhr. *Degustation:* in einer Probierstube.

DOC:

★★ Alto Adige Valle Venosta Pinot Nero Castel Juval,
🍷 1996 (N B *Pk.* D) 1996 (D.T.) 87

★★ Alto Adige Valle Venosta Riesling Castel Juval,
🍷 1997 (N *Pk.* C) 1997 (D.T.) 86

Besonderes: Die guten Erträge der Weinberge im letzten Jahr und die Geschicklichkeit des Önologen Martin Aurich wurden von den diesjährigen Weinen bestätigt. (D.T.)

CERMES [TSCHERMS] (Bolzano)

Nächste Autobahnausfahrt: Bolzano sud (A22).

Tenuta **Kränzl Graf Pfeil**

Plz. 39010, via Palade 1; Tel. 0473/564549; Fax 564549.

Gründungsjahr: 1981. *Inhaber:* Franz Pfeil. *Kundenbetreuung:* der Inhaber. *Produktionsleitung:* der Inhaber, auch landwirtschaftlicher Leiter. *Anbaufläche in ha.:* 5. *Besuchszeiten:* nach telefonischer Vereinbarung. *Degustation:* in einer Probierstube.

DOC:

★ Alto Adige Pinot Bianco, 🍷 1997 (🍾 3.000 [H] [B] *Pk.* D)
★ Alto Adige Pinot Nero, 🍷 1996 ([B] *Pk.* D)

CHIUSA [KLAUSEN] (Bolzano)

Nächste Autobahnausfahrt: Chiusa (A22).

Cantina Produttori **Valle Isarco**

Plz. 39043, Coste 50; Tel. 0472/847553; Fax 847521.

Gründungsjahr: 1961. *Inhaber:* Alois Kerschbaumer (Vorstand). *Kundenbetreuung:* Claudia Perbellini. *Produktionsleitung:* Thomas Dorfmann. *Anbaufläche in ha.:* 135. *Besuchszeiten:* Montag bis Freitag, von 8 bis 12 Uhr und von 14 bis 18 Uhr; Samstag von 8 bis 12 Uhr. *Degustation:* in einer Probierstube mit Ausschank und Direktverkauf.

DOC:

★ Alto Adige Valle Isarco Gewürztraminer Aristos, 🍷 der letzte (ha 0,5 🍾 2.700 [N] *Pk.* C)
★ Alto Adige Valle Isarco Müller-Thurgau Aristos, 🍷 der letzte (ha 1,5 🍾 7.300 [N] *Pk.* C)
★ Alto Adige Valle Isarco Sylvaner Aristos, 🍷 der letzte (ha 1,6 🍾 7.200 [N] [B] *Pk.* C)
★ Alto Adige Valle Isarco Veltliner, 🍷 der letzte (ha 6 🍾 60.000 [N] *Pk.* B)

CORNAIANO (Bolzano)

Nächste Autobahnausfahrt: Bolzano sud (A22).

Hinweis: Der Alto Adige Gewürztraminer 1997 (86) der Cantina Vini Josef Brigl (Tel. 0471/662419) hat sich als sehr interessant herausgestellt. Vom selben Hersteller stammt auch ein sehr guter Alto Adige Pinot Nero 1995. (G.B.)

Cantina Produttori **Colterenzio**

Plz. 39050, strada del Vino 8; Tel. 0471/664246; Fax 660633.

Gründungsjahr: 1960. *Kundenbetreuung:* Luis Raifer und Andrea Carpi. *Produktionsleitung:* Michael Wassler unter Beratung von Donato Lanati. *Agronom:* Herr Arginelli. *Anbaufläche in ha.:* 360. *Besuchszeiten:* Montag bis Freitag, nach telefonischer Vereinbarung. *Degustation:* in einer Probierstube.

DOC:

★★★ Alto Adige Cabernet Sauvignon Lafoa, 🍷 1995
(ha 0,9 🍾 5.000 [B] *Pk.* F) 1995 (D.T.) 91

★★★ Alto Adige Cabernet-Merlot Cornelius, 🍷 1995
(ha 8 🍾 15.000 [B] *Pk.* F) 1995 (G.B.) 88

★★ Alto Adige Chardonnay Cornell, 🍷 1996
(ha 3 🍾 12.000 [B] *Pk.* E) 1996 (D.T.) 89

★★ Alto Adige Gewürztraminer Cornell, 🍷 1997
(ha 0,8 🍾 4.700 [N] *Pk.* E) 1997 (D.T.) 90

♣ Alto Adige Lagrein Cornell, 🍷 1997
(ha 2 🍾 10.000 [B] *Pk.* E) 1995 (D.T.) 89

★★ Alto Adige Merlot Siebeneich, 🍷 1995
(ha 6 🍾 20.000 [H] [B] *Pk.* E) 1995 (D.T.) 85

★★ Alto Adige Pinot Bianco Weisshaus, 🍷 der letzte
(ha 5 🍾 38.000 [N] [H] *Pk.* C) 1997 (D.T.) 87

★★ Alto Adige Pinot Nero Cornell Schwarzhaus, 🍷 1995
(ha 3 🍾 12.000 [B] *Pk.* E) 1995 (D.T.) 88

★★ Alto Adige Sauvignon Lafoa, 🍷 1997
(ha 1 🍾 7.000 [N] [H] [B] *Pk.* E) 1997 (D.T.) 89

IGT:

★ Cornelius Bianco Mitterberg, 🍷 1995 und 1996
(ha 4 🍾 15.000 [B] *Pk.* E) 🍇 Pinot Bianco, Pinot Grigio und Chardonnay 1995 (D.T.) 90 + 1996 (G.B.) 87

Cantina Produttori **Cornaiano**

Plz. 39050, via San Martino 24; Tel. 0471/662403; Fax 662654.

Gründungsjahr: 1923. *Inhaber:* Hartmuth Spitaler (Vorstand). *Kundenbetreuung:* Gebhard Eisenstecken. *Produktionsleitung:* Gebhard Eisenstecken. *Anbaufläche in ha.:* 230. *Besuchszeiten:* Montag bis Samstagmittag, nach Vereinbarung. *Degustation:* in einer Probierstube.

DOC:

♣ Alto Adige Cabernet Sauvignon Riserva, 🍷 1996
(ha 2 🍾 8.000 [H] *Pk.* E) 1996 (G.B.) 87

★ Alto Adige Chardonnay Vinum, 🍷 der letzte
(ha 10 🍾 15.000 [N] [H] *Pk.* B)

♣ Alto Adige Gewürztraminer Optimum, 🍷 1997
(ha 3 🍾 4.500 N *Pk.* D) 1997 (G.B.) 85

★★ Alto Adige Pinot Bianco Premium Plattenriegel,
🍷 der letzte (ha 2 🍾 10.000 N H *Pk.* B⊙) 1997 (G.B.) 85

Cantina **Martini & Sohn**

Plz. 39050, via Lamm 28; Tel. 0471/663156; Fax 660668.

Gründungsjahr: 1979. *Inhaber:* Gabriel Martini. *Kundenbetreuung:* der Inhaber. *Produktionsleitung:* der Inhaber. *Anbaufläche in ha.:* 25. *Besuchszeiten:* Montag bis Freitag, von 8 bis 12 Uhr und von 14 bis 18 Uhr. *Degustation:* in einer Probierstube mit Platz für zehn Personen.

DOC:

♣ Alto Adige Cabernet, 🍷 1995
(🍾 7.000 H *Pk.* B⊙) 1995 (G.B.) 88

★ Alto Adige Cabernet-Lagrein Palladium Coldirus, 🍷 1995
(🍾 5.000 H B *Pk.* B)

♣ Alto Adige Chardonnay Palladium, 🍷 1997
(🍾 5.500 N H *Pk.* B⊙) 1997 (G.B.) 86

★ Alto Adige Lagrein Dunkel Gries Rueslhof, 🍷 1996
(🍾 8.000 H *Pk.* B)

★ Alto Adige Lagrein Dunkel Maturum, 🍷 1997
(🍾 4.000 B *Pk.* D) 1997 (D.T.) 86

★ Alto Adige Pinot Bianco Lamm, 🍷 der letzte
(🍾 14.000 N *Pk.* B)

Azienda Vitivinicola **Niedermayr Josef**

Plz. 39050, via Casa di Gesù 15; Tel. 0471/662451; Fax 662538.

Gründungsjahr: 1852. *Inhaber:* Josef Niedermayr. *Kundenbetreuung:* Oswald Tschigg. *Produktionsleitung:* Lorenz Martini. *Anbaufläche in ha.:* 75. *Besuchszeiten:* Montag bis Samstag, von 8 bis 18 Uhr. *Degustation:* in drei Sälen mit Platz für 70 Personen.

DOC:

★ Alto Adige Cabernet Riserva, 🍷 1995
(ha 2 🍾 7.000 B *Pk.* E) 1995 (G.B.) 87

★★ Alto Adige Lagrein Dunkel Gries Riserva, 🍷 1995
(ha 2 🍾 1.000 B *Pk.* E) 1995 (G.B.) 88

★ Alto Adige Pinot Nero Riserva, 🍷 1995
(ha 1,5 🍾 7.000 B *Pk.* E) 1995 (G.B.) 89

★ Alto Adige Sauvignon Naun, 🍷 1997 (B *Pk.* D)

Tafelwein:

★★ Aureus, 🍷 1996 (ha 3 🍾 2.500 N *Pk.* F) Sauvignon (50%), Chardonnay (40%) und Pinot Bianco (10%), beide getrocknet 1996 (D.T.) 92

★ Euforius, 🍷 1995 (B *Pk.* D) Lagrein, Cabernet und Merlot

CORTACCIA [KURTATSCH] (Bolzano)

Nächste Autobahnausfahrt: Egna-Ora (A22).

Azienda Agricola **Baron Widmann**

Plz. 39040, Im Feld 1; Tel. 0471/880092; Fax 880468.

Gründungsjahr: 1824. *Inhaber:* Georg Baron Widmann. *Kundenbetreuung:* Andreas Baron Widmann. *Produktionsleitung:* Andreas Baron Widmann, auch landwirtschaftlicher Leiter. *Besuchszeiten:* nach telefonischer Vereinbarung. *Degustation:* in einer Probierstube mit Platz für sechs Personen.

DOC:

♣ Alto Adige Cabernet Rot, 🍷 1996 (🍾 4.000 H B *Pk.* C) 1996 (G.B.) 89

♣ Alto Adige Cabernet-Merlot, 🍷 1996 (🍾 8.000 B *Pk.* D) 1996 (G.B.) 88

♣ Alto Adige Gewürztraminer, 🍷 1996 (N *Pk.* C) 1996 (D.T.) 86

★★ Alto Adige Pinot Bianco, 🍷 der letzte (🍾 6.000 H *Pk.* C) 1997 (G.B.) 86

★★ Alto Adige Sauvignon, 🍷 der letzte (🍾 3.000 N *Pk.* C) 1997 (G.B.) 88

★ Alto Adige Schiava, 🍷 der letzte (🍾 9.000 H *Pk.* B)

Tafelwein:

★ Rot, 🍷 1996 (🍾 4.000 B *Pk.* C) Syrah (80%), Merlot und Cabernet (20%)

Cantina Produttori **Cortaccia**

Plz. 39040, strada del Vino 23; Tel. 0471/880115; Fax 880099.

Gründungsjahr: 1900. *Kundenbetreuung:* Arnold Terzer (Vorstand). *Produktionsleitung:* Othmar Donà. *Agronom:* Arnold Terzer und Othmar Donà. *Besuchszeiten:* Montag bis Freitag, von 8 bis 12 Uhr und von 13.30 bis 18 Uhr. *Degustation:* in einer Probierstube.

DOC:

★★★ Alto Adige Cabernet Freienfeld, 🍷 1995 (B *Pk.* F) 1995 (D.T.) 90

★★ Alto Adige Cabernet Kirchhügel, 🍷 1996 (B *Pk.* D) 1996 (D.T.) 86

★ Alto Adige Chardonnay Eberle Hof, 🍷 1996 (B *Pk.* E) 1996 (G.B./D.T.) 86
★ Alto Adige Lagrein Forhof, 🍷 1995 (B *Pk.* D) 1995 (G.B.) 87
★ Alto Adige Merlot Brenntal, 🍷 1995 und 1996 (B *Pk.* F) 1996 (G.B.) 90
★★ Alto Adige Pinot Nero Vorhof, 🍷 1995 (B *Pk.* D)

Cantina **Tiefenbrunner – Castello Turmhof**

Plz. 39040, via Castello 4; Tel. 0471/880122; Fax 880433.

Gründungsjahr: 1848. *Inhaber:* Herbert Tiefenbrunner. *Kundenbetreuung:* Christof, Sohn des Inhabers. *Produktionsleitung:* Herbert und Christof Tiefenbrunner. *Agronom:* Max Terzer. *Anbaufläche in ha.:* 62. *Besuchszeiten:* nach telefonischer Vereinbarung. Ostern bis 15. November von 10 bis 21 Uhr; außer Sonntag. *Degustation:* in einer Probierstube.

DOC:

★★ Alto Adige Cabernet Sauvignon Linticlarus, 🍷 1995 (B *Pk.* D) 1995 (G.B.) 85
★★ Alto Adige Chardonnay Castel Turmhof, 🍷 der letzte (N B *Pk.* C)
★★ Alto Adige Chardonnay Linticlarus, 🍷 1996 (B *Pk.* D) 1996 (G.B.) 87
★★ Alto Adige Gewürztraminer Castel Turmhof, 🍷 der letzte (N H *Pk.* C)
★★ Alto Adige Lagrein Castel Turmhof, 🍷 1996 (H B *Pk.* C)
★★ Alto Adige Pinot Grigio, 🍷 der letzte (N *Pk.* B)
★ Alto Adige Pinot Nero Riserva Linticlarus, 🍷 1995 (H B *Pk.* D) 1995 (G.B.) 88
★ Alto Adige Sauvignon Kirchleiten, 🍷 der letzte (N *Pk.* C)

Tafelwein:

★★ Feldmarschall von Fenner, 🍷 der letzte (N *Pk.* D)
🍇 Müller-Thurgau
★ Linticlarus Cuvée, 🍷 1996 (H B *Pk.* D)
🍇 Lagrein, Cabernet Sauvignon und Merlot

CORTINA [KURTINIG] (Bolzano)

Nächste Autobahnausfahrt: Egna-Ora (A22).

Cantina Spumanti **Maffei Giorgio**

Plz. 39040, via del Doss 7; Tel. 0471/817707; Fax 817707.

Gründungsjahr: 1987. *Inhaber:* Giorgio Maffei. *Kundenbetreuung:* der Inhaber. *Produktionsleitung:* der Inhaber. *Anbaufläche in ha.:* 2. *Besuchszeiten:* nur nach Vereinbarung.

Tafelwein:

♣ Brut Maffei, 🍷 der letzte (ha 2 🍾 15.000 N *Pk.* C)
Chardonnay o.J. (D.T.) 87

Cantina Vini **Zemmer Peter**
Plz. 39040, strada del Vino 24; Tel. 0471/817143; Fax 817743.

Gründungsjahr: 1928. *Inhaber:* Helmut Cucco-Zemmer. *Kundenbetreuung:* der Inhaber. *Besuchszeiten:* nach Vereinbarung. *Degustation:* in einer Probierstube.

DOC:

♣ Alto Adige Chardonnay, 🍷 1996 (B *Pk.* C) 1996 (G.B.) 86

♣ Alto Adige Pinot Grigio, 🍷 1997
(ha 5 🍾 55.000 N *Pk.* B⊙) 1997 (D.T.) 85

EGNA [NEUMARKT] (Bolzano)
Nächste Autobahnausfahrt: Egna-Ora (A22).

Dipoli Peter
Plz. 39055, via Friedrich Ortler, località Villa;
Tel. 0471/954227; Fax 819552.

Inhaber: Peter Dipoli. *Kundenbetreuung:* der Inhaber. *Produktionsleitung:* der Inhaber, auch landwirtschaftlicher Leiter. *Anbaufläche in ha.:* 2,7. *Besuchszeiten:* nach telefonischer Vereinbarung. *Degustation:* im Weinkeller.

DOC:

★★ Alto Adige Merlot-Cabernet Sauvignon Iugum,
🍷 1996 (ha 1,1 🍾 8.000 B *Pk.* F) 1996 (D.T.) 87

★★ Alto Adige Sauvignon Voglar, 🍷 1997
(ha 1,6 🍾 14.000 N *Pk.* D) 1997 (D.T.) 90

Besonderes: Die Weinberge von Peter Dipoli befinden sich im Südwesten der Region, einer Bordeaux-Gegend. Letztes Jahr hat er einen ausgezeichneten Merlot/Cabernet, dieses Jahr einen außergewöhnlichen Sauvignon produziert. (D.T.)

MAGRE' [MARGREID] (Bolzano)

Nächste Autobahnausfahrt: San Michele all'Adige (A22) oder Egna-Ora.

Casòn Hirschprunn

Plz. 39040, piazza Santa Gertrude 5; Tel. 0471/809590; Fax 809591.

Inhaber: Alois Lageder. *Kundenbetreuung:* Wendelgard von Dellemann, Urs Vetter und Giovanni Nencini. *Produktionsleitung:* Luis von Dellemann. *Agronom:* Alois Lageder. *Anbaufläche in ha.:* 31. *Besuchszeiten:* Montag bis Freitag, nach Vereinbarung. *Degustation:* in einer Probierstube.

IGT:

★★ Casòn Hirschprunn Mitterberg, 🍷 1995 (ha 17 B *Pk.* F) Merlot, Cabernet Sauvignon, Cabernet Franc, Lagrein, Petit Verdot, Syrah 1995 (G.B./D.T.) 89

★★ Contest Hirschprunn Mitterberg, 🍷 1995 (ha 15 B *Pk.* F) Pinot Grigio, Chardonnay, Sauvignon, Riesling, Viognier, Rousanne, Marsanne und andere Reben 1995 (D.T.) 88

★★ Corolle Hirschprunn Mitterberg, 🍷 1995 und 1996 (ha 17 B *Pk.* E) Merlot, Lagrein, Cabernet Sauvignon und Cabernet Franc 1995 (G.B.) 90 + 1996 (D.T.) 87

★★ Etelle Hirschprunn Mitterberg, 🍷 1996 (ha 15 N B *Pk.* E) Pinot Grigio (50%), Chardonnay (35%), Sauvignon (10%) und Riesling Renano (5%) 1996 (G.B.) 89

Azienda Vitivinicola **Lageder Alois**

Plz. 39040, Tenuta Löwengang; Tel. 0471/809500; Fax 809550.

Gründungsjahr: 1855. *Inhaber:* Alois Lageder. *Kundenbetreuung:* Wendelgard von Dellemann, Schwester des Inhabers, Urs Vetter und Giovanni Nencini. *Produktionsleitung:* Luis von Dellemann. *Agronom:* Alois Lageder. *Anbaufläche in ha.:* 166. *Besuchszeiten:* Montag bis Freitag, nur nach Vereinbarung. *Degustation:* in einer Probierstube.

DOC:

★★ Alto Adige Cabernet Löwengang, 🍷 1994 (ha 2 B *Pk.* F) 1994 (G.B./D.T.) 87

★ Alto Adige Cabernet Riserva, 🍷 1995 (ha 10 H *Pk.* D) 1995 (D.T.) 86

★★★ Alto Adige Cabernet Sauvignon Cor Römigberg, 🍷 1994 (ha 3,5 11.000 B *Pk.* F) 1994 (G.B.) 90

★ Alto Adige Chardonnay Buchholz, 🍷 1996 (ha 8 N B *Pk.* D)

★★ Alto Adige Chardonnay Löwengang, 🍷 1995 (ha 4,5 B *Pk.* F) 1995 (G.B./D.T.) 89

♣ Alto Adige Gewürztraminer Am Sand, 🍷 1995 (ha 0,8 🍾 3.100 N H *Pk.* E) 1995 (D.T.) 87

♣ Alto Adige Lagrein Lindenburg, 🍷 1996 (ha 1 🍾 8.000 B *Pk.* F) 1996 (D.T.) 88

★ Alto Adige Moscato Giallo Vogelmeier, 🍷 1996 (ha 1,2 N *Pk.* D) 1996 (D.T.) 86

★★ Alto Adige Pinot Bianco Haberlerhof, 🍷 der letzte (ha 2 H B *Pk.* E)

★★ Alto Adige Pinot Grigio Benefizium Porer, 🍷 der letzte (ha 4,5 H B *Pk.* E) 1996 (G.B.) 85

★★ Alto Adige Pinot Nero Riserva Mazon, 🍷 1995 (ha 3 B *Pk.* E) 1995 (D.T.) 87

★★ Alto Adige Terlano Sauvignon Lehenhof, 🍷 der letzte (H *Pk.* E)

★★ Alto Adige Terlano Tannhammer, 🍷 1996 (ha 4,5 B *Pk.* F) 1996 (D.T.) 88

IGT:

★★ Dornach Mitterberg, 🍷 1996 (ha 3,5 H B *Pk.* E) 🍇 Chardonnay, Pinot Bianco und Pinot Grigio 1996 (D.T.) 88

Besonderes: Die Beständigkeit der Qualität der diesjährigen Serie ist beeindruckend. Alois Lageder möchte zwar das Angebot eingrenzen, aber das ist schwierig, wenn man viele gute Weine auf Lager hat. Dieses Problem hätten viele seiner Kollegen gerne. (D.T.)

MARLENGO [MARLING] (Bolzano)

Nächste Autobahnausfahrt: Bolzano sud (A22).

Hinweis: Die Kostprobe des Alto Adige Pinot Bianco Popphof 1997 (85) von Andreas Menz (Tel. 0473/447180) war sehr interessant. (G.B.)

Cantina Produttori **Burggräfler**

Plz. 39020, via Palade 64; Tel. 0473/447137; Fax 445216.

Gründungsjahr: 1901. *Inhaber:* Winzergenossenschaft. *Kundenbetreuung:* Karl Prunner. *Produktionsleitung:* Hansjörg Donà. *Agronom:* Centro di Consulenza per la Viticoltura. *Besuchszeiten:* nach telefonischer Vereinbarung. *Degustation:* in einer Probierstube.

DOC:

★★ Alto Adige Lagrein Cabernet MerVin, 🍷 1996 (B *Pk.* D) 1996 (G.B.) 90

★ Alto Adige Pinot Bianco Guggenberg, 🍷 der letzte (N B *Pk.* C)

★★ Alto Adige Pinot Nero Tiefenthalerhof, 🍷 1995 (B *Pk.* D) 1995 (D.T.) 85 + 1996 (G.B.) 86

Tafelwein:

★★ MerVin Süss, 🍷 1995 (B *Pk.* E)
getrocknete Pinot Bianco 1995 (G.B./D.T.) 85

MELTINA [MÖLTEN] (Bolzano)

Nächste Autobahnausfahrt: Bolzano sud (A22).

Cantina **Vivaldi-Arunda**

Plz. 39010, via Civile 53; Tel. 0471/668033; Fax 668229.

Gründungsjahr: 1979. *Inhaber:* Josef und Marianna Reiterer. *Kundenbetreuung:* die Inhaber. *Produktionsleitung:* Josef Reiterer. *Besuchszeiten:* Montag bis Freitag, von 8 bis 12 Uhr und von 14 bis 18 Uhr; Samstag von 8 bis 10 Uhr. *Degustation:* in einer kleinen rustikalen Probierstube mit Platz für 30 Personen.

DOC:

★★ Alto Adige Spumante Cuvée Marianne, 🍷 1993 (🍾 5.000 N B *Pk.* E)

★ Alto Adige Spumante Vivaldi Brut, 🍷 1995 (🍾 40.000 N *Pk.* D)

★ Alto Adige Spumante Vivaldi Extra Brut, 🍷 1995 (🍾 12.000 N *Pk.* D)

★★ Alto Adige Spumante Vivaldi Extra Brut Riserva, 🍷 1993 (🍾 4.000 N *Pk.* E) 1993 (G.B./D.T.) 86

MERANO [MERAN] (Bolzano)

Nächste Autobahnausfahrt: Bolzano sud (A22).

Cantina Produttori **Merano**

Plz. 39012, via San Marco 11; Tel. 0473/235544; Fax 211188.

Gründungsjahr: 1952. *Inhaber:* eine Genossenschaft mit 192 Mitgliedern. *Kundenbetreuung:* Stefan Kapfinger. *Produktionsleitung:* Stefan Kapfinger. *Besuchszeiten:* nach telefonischer Vereinbarung. *Degustation:* in einer Probierstube.

DOC:

♣ Alto Adige Cabernet Riserva Graf Von Meran, 🍷 1995 (B *Pk.* E) 1995 (G.B.) 86

★★ Alto Adige Cabernet-Merlot Graf Von Meran, 🍷 1995 (🍾 3.500 B *Pk.* E) 1995 (G.B.) 87

★≈ Alto Adige Chardonnay Graf Von Meran, 🍷 1996 (🍾 2.200 B *Pk.* D) 1996 (G.B.) 90

★★ Alto Adige Gewürztraminer Graf Von Meran, 🍷 der letzte (🍾 2.000 N *Pk.* D)

Tafelwein:

♣ Sissi, 🍷 1995 (N *Pk.* F) Moscato Giallo 1995 (G.B.) 89

MONTAGNA [MONTAN] (Bolzano)

Nächste Autobahnausfahrt: Egna-Ora (A22).

Azienda Agricola **Haas Franz**

Plz. 39040, via Villa 5–6; Tel. 0471/812280; Fax 820283.

Inhaber: Franziskus Haas. *Kundenbetreuung:* Franziskus Haas jr. *Produktionsleitung:* Franziskus Haas jr. *Besuchszeiten:* Montag bis Samstag, von 9 bis 12 Uhr und von 13.30 bis 18 Uhr. *Degustation:* in einer gut eingerichteten Probierstube mit Platz für 15 Personen.

DOC:

♣ Alto Adige Lagrein Dunkel, 🍷 1996 (B *Pk.* C) 1996 (D.T.) 88
★★ Alto Adige Merlot Schweizer, 🍷 1995 (B *Pk.* D)
★★ Alto Adige Moscato Rosa Schweizer, 🍷 1996 (N B *Pk.* E)
★ Alto Adige Pinot Bianco, 🍷 der letzte (N H *Pk.* B ⊙) 1997 (D.T.) 85
★ Alto Adige Pinot Grigio, 🍷 der letzte (N H *Pk.* B)
★★ Alto Adige Pinot Nero Schweizer, 🍷 1995 (B *Pk.* D)
★ Alto Adige Traminer Aromatico, 🍷 der letzte (H *Pk.* C)

Tafelwein:

★ Manna, 🍷 1996 (N B *Pk.* D) Chardonnay, Traminer Aromatico, Sauvignon und Riesling 1996 (D.T.) 87

Besonderes: Franz Haas, bisher als Hersteller von Pinot Nero und Chardonnay bekannt, beweist nun seine Qualität als Winzer mit sehr guten Weinen aus anderen Rebsorten, unter anderem mit den für seine Region typischen aromatischen Sorten. Der Manna hat sich dieses Jahr zum zweiten Mal hintereinander als gut gelungen erwiesen. (D.T.)

NALLES [NALS] (Bolzano)

Nächste Autobahnausfahrt: Bolzano sud.

Castello Schwanburg

Plz. 39010, via Schwanburg 16; Tel. 0471/678622; Fax 678430.

Gründungsjahr: 1556. *Inhaber:* Erben Rodolfo Carli. *Produktionsleitung:* Rudolph Dieter. *Agronom:* Rudolph Dieter. *Anbaufläche in ha.:* 27. *Besuchszeiten:* nach telefonischer Vereinbarung. *Degustation:* in einer Probierstube.

DOC:

★★ Alto Adige Cabernet Sauvignon Castel Schwanburg, 🍷 1995 (B *Pk.* F)

★ Alto Adige Cabernet Sauvignon Riserva, 🍷 1995 (H B *Pk.* D)

♣ Alto Adige Moscato Rosa Castel Schwanburg, 🍷 1997 (3.400 à 0,375 N *Pk.* F) 1997 (G.B.) 85

★ Alto Adige Riesling, 🍷 1997 (N *Pk.* C) 1997 (G.B.) 85

Cantina Produttori **Nalles – Magré Niclara**

Plz. 39010, via Heilingenberg 2; Tel. 0471/678626; Fax 678945.

Gründungsjahr: 1932. *Kundenbetreuung:* Martin Pichler. *Produktionsleitung:* Gerhard Kofler. *Agronom:* Paul Geier. *Anbaufläche in ha.:* 150. *Besuchszeiten:* Montag bis Freitag, von 8 bis 12 Uhr und von 14 bis 18 Uhr. *Degustation:* in einer rustikalen Probierstube.

DOC:

♣ Alto Adige Cabernet Sauvignon Anticus Baron Salvadori, 🍷 1995 (5.000 B *Pk.* D) 1995 (D.T.) 85

★ Alto Adige Terlano Sauvignon Mantele, 🍷 1997 (ha 0,8 7.000 N *Pk.* B ⊙) 1997 (G.B.) 86

NATURNO [NATURNS] (Bolzano)

Nächste Autobahnausfahrt: Bolzano sud (A22).

Azienda Vinicola **Falkenstein**

Plz. 39025, via Castello 15; Tel. 0473/666054; Fax 666054.

Gründungsjahr: 1990. *Inhaber:* Franz Pratzner. *Kundenbetreuung:* der Inhaber. *Produktionsleitung:* der Inhaber, auch landwirtschaftlicher Leiter. *Besuchszeiten:* nach Vereinbarung. *Degustation:* in einer Probierstube.

DOC:

★ Alto Adige Valle Venosta Gewürztraminer, 🍷 1996 (N *Pk.* C) 1996 (D.T.) 87

♣ Alto Adige Valle Venosta Pinot Bianco, 🍷 1997 (N *Pk.* C) 1997 (D.T.) 86

Tafelwein:

♣ Falkensteiner, 🍷 1997 (N *Pk.* C) Sauvignon 1997 (G.B.) 85

ORA [AUER] (Bolzano)

Nächste Autobahnausfahrt: Egna-Ora (A22).

Podere Provinciale **Laimburg**

Plz. 39040, Vadena, via Laimburg 6; Tel. 0471/969700; Fax 969799.

Gründungsjahr: 1960. *Inhaber:* die Provinz Bozen. *Kundenbetreuung:* Andreas Oberkofler. *Produktionsleitung:* Klaus Platter und Urban Piccolruaz. *Anbaufläche in ha.:* 36. *Besuchszeiten:* nach Vereinbarung, Montag bis Freitag. *Degustation:* in einer Probierstube.

DOC:

★ Alto Adige Cabernet Riserva, 🍷 1995 (ha 1,5 🍾 7.000 B *Pk.* E) 1995 (G.B.) 87
★★ Alto Adige Gewürztraminer, 🍷 der letzte (ha 2 🍾 10.000 N *Pk.* D)
★ Alto Adige Pinot Nero, 🍷 1996 (ha 1,5 🍾 8.000 H B *Pk.* D)
★★ Alto Adige Sauvignon, 🍷 der letzte (ha 2,5 🍾 10.000 N *Pk.* C)

Azienda Vitivinicola **Waldthaler Clemens**

Plz. 39040, via Del Rio 4; Tel. 0471/810182.

Inhaber: Clemens Waldthaler. *Kundenbetreuung:* der Inhaber. *Produktionsleitung:* der Inhaber. *Besuchszeiten:* nach Vereinbarung. *Degustation:* in einer Probierstube.

DOC:

★ Alto Adige Cabernet, 🍷 1995 (B *Pk.* C)
★ Alto Adige Merlot, 🍷 1995 (B *Pk.* C)

SALORNO [SALURN] (Bolzano)

Nächste Autobahnausfahrt: San Michele all'Adige (A22).

Azienda Agricola **Haderburg**

Plz. 39040, località Pochi 31 – Buchholz;
Tel. 0471/889097; Fax 889097.

Gründungsjahr: 1977. *Inhaber:* Alois Ochsenreiter. *Kundenbetreuung:* der Inhaber. *Produktionsleitung:* der Inhaber, auch landwirtschaftlicher Leiter. *Anbaufläche in ha.:* 8. *Besuchszeiten:* Montag bis Freitag, von 8 bis 12 Uhr und von 14 bis 18 Uhr; an Sonn- und Feiertagen nur nach Vereinbarung. *Degustation:* in einer Probierstube.

DOC:

★★ Alto Adige Chardonnay Stainhauser, 🍷 der letzte (🍾 14.000 N B *Pk.* C) 1997 (G.B.) 85

★★ Alto Adige Gewürztraminer Blaspichl, 🍷 der letzte (🍾 3.500 N *Pk.* C) 1997 (D.T.) 87
★★ Alto Adige Pinot Nero Hausmannhof, 🍷 1995 (🍾 2.800 B *Pk.* E)
★★ Alto Adige Pinot Nero Stainhauser, 🍷 1996 (🍾 13.000 H B *Pk.* C)
★★ Alto Adige Sauvignon Hausmannhof, 🍷 1996 (🍾 1.400 B *Pk.* D)
★ Alto Adige Sauvignon Stainhauser, 🍷 der letzte (🍾 4.000 N *Pk.* C)
★★ Alto Adige Spumante Haderburg Pas Dosé Millesimato, 🍷 1993 (🍾 10.000 N B *Pk.* E)

TERLANO [TERLAN] (Bolzano)

Nächste Autobahnausfahrt: Bolzano sud (A22).

Cantina Produttori **Terlano**

Plz. 39018, via Silberleiten 7; Tel. 0471/257135; Fax 256224.

Gründungsjahr: 1893. *Inhaber:* eine Genossenschaft mit mehreren Mitgliedern. *Kundenbetreuung:* Klaus Gasser und Walter Eisendle. *Produktionsleitung:* Hartmann Donà. *Anbaufläche in ha.:* 140. *Besuchszeiten:* nach Vereinbarung, Montag bis Freitag. *Degustation:* in einer Taverne.

DOC:

★★ Alto Adige Lagrein Dunkel Porphyr, 🍷 1995 (🍾 5.000 B *Pk.* E) 1995 (G.B.) 90
★★ Alto Adige Terlano Nova Domus, 🍷 1996 (🍾 7.000 B *Pk.* E) 1996 (D.T.) 86
★★ Alto Adige Terlano Pinot Bianco Vorberg, 🍷 1996 (🍾 25.000 H *Pk.* C)
★≈ Alto Adige Terlano Sauvignon Quarz, 🍷 1996 (🍾 8.000 N B *Pk.* E) 1996 (G.B.) 92

TERMENO [TRAMIN] (Bolzano)

Nächste Autobahnausfahrt: Egna-Ora (A22).

Vigneti **Hofstätter**

Plz. 39040, piazza Municipio 5; Tel. 0471/860161; Fax 860789.

Gründungsjahr: 1907. *Inhaber:* Familie Foradori. *Kundenbetreuung:* Paolo und Martin Foradori. *Produktionsleitung:* Paolo und Martin Foradori mit Franz Oberhofer und Martin Lemayr. *Agronom:* Hansjörg Weis. *Anbaufläche in ha.:* 45. *Besuchszeiten:* Montag bis

Freitag, von 8.30 bis 12 Uhr und von 14.30 bis 18 Uhr; Samstag von 9 bis 12 Uhr (außer im Winter).

DOC:

★★ Alto Adige Chardonnay, 🍷 der letzte (N *Pk.* C)
★★ Alto Adige Gewürztraminer Kolbenhof, 🍷 der letzte (N H *Pk.* D) 1997 (D.T.) 89
♣ Alto Adige Lagrein Steinrafler, 🍷 1995 (H *Pk.* C) 1995 (D.T.) 89
★★ Alto Adige Pinot Bianco Barthenau, 🍷 der letzte (N *Pk.* C) 1997 (D.T.) 86
★★★ Alto Adige Pinot Nero Barthenau Vigna Sant'Urbano, 🍷 1995 (H B *Pk.* F) 1995 (D.T.) 92
★★ Alto Adige Pinot Nero Riserva, 🍷 1995 (H B *Pk.* D) 1995 (G.B./D.T.) 87
★★ Alto Adige Sauvignon, 🍷 der letzte (N *Pk.* C)

Tafelwein:

★★ Yngram Rosso, 🍷 1995 (H B *Pk.* F) Cabernet Sauvignon (80%), Petit Verdot, Merlot, Malbec und Syrah (20%) 1995 (D.T.) 90

Cantina Produttori **Termeno**

Plz. 39040, strada del Vino 122; Tel. 0471/860126; Fax 860828.

Gründungsjahr: 1898. *Kundenbetreuung:* Wilhelm Sturz. *Produktionsleitung:* Wilhelm Sturz. *Besuchszeiten:* Montag bis Samstag, von 8 bis 12 Uhr und von 14 bis 18 Uhr. *Degustation:* in drei Probierstuben, die insgesamt Platz für 250 Personen bieten.

DOC:

♣ Alto Adige Cabernet Riserva, 🍷 1995 (2.800 B *Pk.* F) 1995 (G.B.) 88
★ Alto Adige Gewürztraminer Nussbaumerhof, 🍷 der letzte (14.000 N *Pk.* C) 1997 (G.B.) 87
♣ Alto Adige Lagrein Urbanhof, 🍷 1996 (5.500 N B *Pk.* D) 1996 (G.B.) 87
★ Alto Adige Pinot Grigio Unterebnerhof, 🍷 der letzte (5.500 N *Pk.* C) 1997 (D.T.) 86
★ Alto Adige Pinot Nero Schiesstandhof, 🍷 1996 (5.500 H B *Pk.* D) 1996 (G.B.) 90
★ Alto Adige Sauvignon, 🍷 der letzte (N *Pk.* B)

Walch Elena – Castel Ringberg e Kastelaz

Plz. 39040, via A. Hofer 1; Tel. 0471/860172; Fax 860781.

Gründungsjahr: 1988. *Inhaber:* Elena Walch. *Kundenbetreuung:* die Inhaberin. *Produktionsleitung:* Gianfranco Faustin. *Agronom:*

Albert Weifner. *Anbaufläche in ha.:* 17. *Besuchszeiten:* täglich, nach telefonischer Vereinbarung. *Degustation:* in einem ehemaligen Jesuitenkloster.

DOC:

★★ Alto Adige Cabernet Sauvignon Riserva Castel Ringberg, 🍷 1995 (ha 2,4 🍾 6.500 B *Pk.* F)

♣ Alto Adige Chardonnay Cardellino, 🍷 1997 (ha 3 🍾 25.000 N *Pk.* D) 1997 (G.B.) 86

★ Alto Adige Gewürztraminer Kastelaz, 🍷 1997 (ha 1,5 🍾 8.000 N *Pk.* D)

★ Alto Adige Lago di Caldaro Classico Superiore Castel Ringberg, 🍷 der letzte (H *Pk.* C)

★ Alto Adige Moscato Rosa Kastelaz, 🍷 1995 (N *Pk.* E)

★★ Alto Adige Pinot Grigio Castel Ringberg, 🍷 1997 (N H *Pk.* C) 1997 (D.T.) 85

★ Alto Adige Sauvignon Castel Ringberg, 🍷 der letzte (ha 1,8 🍾 16.000 N B *Pk.* D) 1997 (G.B.) 88

Tafelwein:

★ Gewürztraminer Passito, 🍷 1994 (N *Pk.* E)

VARNA [VAHRN] (Bolzano)

Nächste Autobahnausfahrt: Bressanone (A22).

Cantina dell' **Abbazia di Novacella**

Plz. 39040, via Abbazia 1; Tel. 0472/836189; Fax 837305.

Gründungsjahr: 1142. *Inhaber:* Augustinerkonvent. *Kundenbetreuung:* Urban von Klebelsberg. *Produktionsleitung:* Celestino Lucin. *Anbaufläche in ha.:* 15. *Besuchszeiten:* mit Voranmeldung, Montag bis Freitag. *Degustation:* im Stiftskeller.

DOC:

★ Alto Adige Lagrein Dunkel, 🍷 der letzte (N H B *Pk.* C)

★★ Alto Adige Valle Isarco Gewürztraminer, 🍷 der letzte (N *Pk.* C) 1997 (D.T.) 88

★ Alto Adige Valle Isarco Kerner, 🍷 der letzte (N *Pk.* C)

★ Alto Adige Valle Isarco Müller-Thurgau, 🍷 der letzte (N *Pk.* B)

♣ Alto Adige Valle Isarco Sauvignon, 🍷 der letzte (N *Pk.* C) 1997 (D.T.) 86

★ Alto Adige Valle Isarco Sylvaner, 🍷 der letzte (N *Pk.* B ⊙) 1997 (D.T.) 86

Besonderes: Celestino Lucin hat sich gut in dieser geschichtsträchtigen Kellerei eingelebt und die ersten Kostproben seiner Erzeugnisse fielen sehr positiv aus. (D.T.)

ANTELLA (Firenze)

Nächste Autobahnausfahrt: Firenze sud (A1).

Azienda Agricola **Castel Ruggero**

Plz. 50011, via di Castel Ruggero 33; Tel. 055/6499237; Fax 6499237.

Gründungsjahr: 1921. *Inhaber:* Niccolò D'Afflitto. *Kundenbetreuung:* der Inhaber. *Produktionsleitung:* der Inhaber. *Besuchszeiten:* nach telefonischer Vereinbarung. *Degustation:* im Weinkeller.

DOCG:

★★ Chianti Classico, 🍷 1996 (H B *Pk.* B)

★★ Chianti Classico Riserva, 🍷 1995 (H B *Pk.* C)

BAGNO A RIPOLI (Firenze)

Nächste Autobahnausfahrt: Firenze sud (A1).

Azienda Agricola di **Petreto**

Plz. 50012, frazione Candeli, via di Rosano 196/a;
Tel. 055/6519021; Fax 698022.

Gründungsjahr: 1884. *Inhaber:* Alessandro Fonseca. *Kundenbetreuung:* Giovanni Fonseca. *Produktionsleitung:* Niccolò D'Afflitto. *Agronom:* Alessandro Fonseca. *Anbaufläche in ha.:* 15. *Besuchszeiten:* nach Vereinbarung, Montag bis Samstag. *Degustation:* in einer Probierstube im Turm aus dem 14. Jahrhundert.

DOCG:

★ Chianti Colli Fiorentini, 🍷 1997 (ha 8,5 🍾 20.000 H *Pk.* A)

Tafelwein:

★ Podere Bocciolé, 🍷 1995 (ha 1,5 🍾 2.000 B *Pk.* D)
🍇 Sangiovese

★★ Pourriture Noble, 🍷 1997 (ha 2,5 🍾 5.000 N B *Pk.* E)
🍇 Sauvignon und Semillon mit Edelfäule

BARBERINO VAL D'ELSA (Firenze)

Nächste Autobahnausfahrt: Firenze Certosa (A1).

Hinweis: Der Chianti Classico 1995 (85) und der Chianti Classico Riserva 1994 (87) von Pier Maria Pasolini dall'Onda, (Tel. 055/8075019) sind gut gelunge. Beide stammen aus der schönen Lage Sicelle in Castellina in Chianti. (D.T.)

Azienda Agricola **Casa Emma**
Plz. 50021, località Cortine; Tel. 055/8072859; Fax 0571/667707.

Gründungsjahr: 1972. *Inhaber:* Familie Bucalossi. *Kundenbetreuung:* die Inhaber. *Produktionsleitung:* Niccolò D'Afflitto. *Anbaufläche in ha.:* 13. *Besuchszeiten:* täglich. *Degustation:* in einer Probierstube.

DOCG:

★★ Chianti Classico, 🍷 1996 (52.000 H *Pk.* B ⊙) 1996 (D.T.) 87

★★ Chianti Classico Riserva, 🍷 1995 (6.800 H *Pk.* D) 1995 (D.T.) 88

Tafelwein:

★★ Soloio, 🍷 1993 und 1994 (2.000 B *Pk.* E) Merlot

Azienda Agricola **Casa Sola**
Plz. 50021, via Cortine 2; Tel. 055/8075028; Fax 8059194.

Inhaber: Giuseppe Gambaro. *Kundenbetreuung:* der Inhaber und Kellermeister Tullio. *Produktionsleitung:* Giorgio Marone. *Agronom:* Giuseppe Gambaro. *Besuchszeiten:* nach telefonischer Vereinbarung. *Degustation:* in einer Probierstube.

DOCG:

★ Chianti Classico, 🍷 1995 (H *Pk.* B ⊙) 1995 (D.T.) 86

★★ Chianti Classico Riserva, 🍷 1993 und 1994 (H *Pk.* C)

Tafelwein:

♣ Montarsiccio, 🍷 1994 (ha 1,5 4.000 B *Pk.* E) Cabernet Sauvignon, Merlot und Sangiovese 1994 (D.T.) 89

Azienda Agricola **Castello della Paneretta**
Plz. 50021, strada della Paneretta 35;
Tel. 055/8059003; Fax 8059024.

Gründungsjahr: 1985. *Inhaber:* Maria Carla Musso. *Kundenbetreuung:* Stefano Miniati und Manuela Benelli. *Produktionsleitung:* Attilio Pagli. *Agronom:* Stefano Miniati. *Besuchszeiten:* nach Vereinbarung. *Degustation:* in einer Probierstube.

DOCG:

★★ Chianti Classico, 🍷 1996 (H *Pk.* B ⊙) 1996 (D.T.) 85

★★★ Chianti Classico Riserva, 🍷 1995 (H *Pk.* D) 1995 (D.T.) 86

♣ Chianti Classico Riserva Vigneto Torre a Destra, 🍷 1995 (N H B *Pk.* D) 1995 (D.T.) 88

IGT:

★≈ Quattrocentenario Toscana, 🍷 1995 (N B *Pk.* E)
🍇 Sangiovese 1995 (D.T.) 91

★★ Terrine Toscana, 🍷 1995 (B *Pk.* E)
🍇 Sangiovese und Canaiolo 1995 (D.T.) 91

Azienda Agricola **I Balzini**

Plz. 50021, località Pastine 19; Tel. 055/8075503; Fax 7323852.

Gründungsjahr: 1981. *Inhaber:* Vincenzo D'Isanto und Walter Filiputti. *Kundenbetreuung:* Vincenzo D'Isanto. *Produktionsleitung:* Giulio Gambelli und Andrea Mazzoni. *Agronom:* Walter Filiputti. *Anbaufläche in ha.:* 2. *Besuchszeiten:* nach Vereinbarung. *Degustation:* in einer Probierstube.

IGT:

★★ I Balzini, 🍷 1995 (B *Pk.* E)
🍇 Sangiovese, Cabernet Franc und Cabernet Sauvignon

Azienda Agricola **Il Vivaio**

Plz. 50021, via di Petrognano 37; Tel. 055/8075182; Fax 8075409.

Gründungsjahr: 1958. *Inhaber:* Sonia Checcucci Latini und Massimo Checcucci. *Kundenbetreuung:* Massimo Checcucci. *Produktionsleitung:* Giorgio Marone. *Anbaufläche in ha.:* 30. *Besuchszeiten:* Montag bis Samstag, nach Vereinbarung. *Degustation:* in einer Probierstube.

DOCG:

♣ Chianti, 🍷 1997 (ha 10 🍾 70.000 N *Pk.* A ⊙) 1997 (D.T.) 86

Tafelwein:

♣ San Donnino, 🍷 1994 und 1995
(ha 4 🍾 30.000 B *Pk.* B) 🍇 Cabernet, Merlot
und Sangiovese 1994 (D.T.) 87 + 1995 (D.T.) 88

♣ Semifonte, 🍷 1994 und 1995
(ha 3,5 🍾 25.000 B *Pk.* D) 🍇 Merlot, Cabernet Sauvignon
und Sangiovese 1994 (D.T.) 88 + 1995 (D.T.) 89

Fattoria **Isole e Olena**

Plz. 50021, località Isole, via Olena; Tel. 055/8072763; Fax 8072236.

Gründungsjahr: 1971. *Inhaber:* Familie De Marchi. *Kundenbetreuung:* Paolo De Marchi. *Produktionsleitung:* Paolo De Marchi. *Besuchszeiten:* Montag bis Freitag, von 8 bis 12 Uhr und von 14 bis 18 Uhr; an Sonn- und Feiertagen nur nach Vereinbarung. *Degustation:* in einer Probierstube im Wohnhaus.

DOCG:

★★★ Chianti Classico, 🍷 1996 (H *Pk.* C) 1996 (D.T.) 87

Tafelwein:

★★★ Cabernet Sauvignon Collezione De Marchi, 🍷 1995 und 1996 (B *Pk.* E) 1996 (D.T.) 88

○ Cepparello, 🍷 1995 und 1996 (B *Pk.* E) 🍇 Sangiovese 1996 (D.T.) 90

★★ Chardonnay Collezione De Marchi, 🍷 1996 (B *Pk.* D) 1996 (D.T.) 89

★★★ L'Eremo, 🍷 1995 und 1996 (B *Pk.* E) 🍇 Syrah

★★★ Vin Santo, 🍷 1993 (B *Pk.* E) 1993 (D.T.) 90

Fattoria **Le Filigare**

Plz. 50021, località San Donato in Poggio, via Sicella 37; Tel. 055/8072796; Fax 755766.

Gründungsjahr: 1980. *Inhaber:* Del Conte srl. *Kundenbetreuung:* Carlo Burchi. *Produktionsleitung:* Dr. Luciano Bandini. *Agronom:* Dr. Aretini. *Besuchszeiten:* nach telefonischer Vereinbarung unter 0335/5752617. *Degustation:* in einer Probierstube.

DOCG:

★★ Chianti Classico, 🍷 1996 (🍾 18.900 H *Pk.* C)

★★ Chianti Classico Riserva, 🍷 1995 (🍾 6.000 H *Pk.* E)

Tafelwein:

★★ Podere Le Rocce, 🍷 1995 (🍾 5.000 B *Pk.* F) 🍇 Cabernet Sauvignon (35%) und Sangiovese (65%) 1995 (D.T.) 86

Castello di **Monsanto**

Plz. 50021, via Monsanto 8; Tel. 055/8059000; Fax 8059049.

Inhaber: Fabrizio Bianchi. *Kundenbetreuung:* Laura Bianchi. *Besuchszeiten:* nach telefonischer Vereinbarung. *Degustation:* in einer Probierstube.

DOCG:

★★ Chianti Classico, 🍷 1995 (H *Pk.* B)

★★★ Chianti Classico Riserva il Poggio, 🍷 1993 (H *Pk.* E)

Tafelwein:

★★★ Fabrizio Bianchi, 🍷 1995 (B *Pk.* E) 🍇 Sangiovese

★★ Fabrizio Bianchi Chardonnay, 🍷 1996 (B *Pk.* C)

★★ Nemo, 🍷 1995 (B *Pk.* E) 1995 (D.T.) 89

★★ Tinscvil, 🍷 1995 (B *Pk.* C) 🍇 Sangiovese (75%) und Cabernet Sauvignon (25%) 1995 (D.T.) 87

BOLGHERI (Livorno)

Nächste Autobahnausfahrt: Rosignano (A12).

Azienda Agricola **Le Macchiole**

Plz. 57020, via Bolgherese 189/A; Tel. 0565/766092; Fax 763240.

Gründungsjahr: 1981. *Inhaber:* Eugenio Campolmi. *Kundenbetreuung:* Cinzia und Eugenio Campolmi. *Produktionsleitung:* Luca D'Attoma. *Agronom:* Eugenio Campolmi. *Besuchszeiten:* täglich, nach Vereinbarung. *Degustation:* im Weinkeller.

DOC:

★★★ Bolgheri Rosso Superiore Paléo Rosso, 1995 (10.000 B *Pk.* F) — 1995 (D.T.) 91

IGT:

★★ Messorio, 1995 (500 B *Pk.* F) Merlot — 1995 (D.T.) 88

★★ Paléo Bianco, 1997 (2.500 B *Pk.* E) Sauvignon (70%), Chardonnay (20%) und Vermentino (10%) — 1997 (D.T.) 89

★★ Rosso Vigneto Le Contessine, 1997 (15.000 N *Pk.* C) Sangiovese (90%) und Cabernet Sauvignon (10%) — 1997 (D.T.) 88

★ Scrio, 1995 (500 B *Pk.* F) Syrah — 1995 (D.T.) 90

Tenuta dell' **Ornellaia**

Plz. 57020, via Bolgherese 191; Tel. 0565/762140; Fax 762144.

Gründungsjahr: 1981. *Inhaber:* Marquis Lodovico Antinori. *Kundenbetreuung:* Paolo Baldini. *Produktionsleitung:* Tibor G'al. *Agronom:* Andrea Paoletti. *Anbaufläche in ha.:* 62. *Besuchszeiten:* nach telefonischer Vereinbarung. *Degustation:* in einer Probierstube.

Tafelwein:

★★ Le Volte, 1996 (H B *Pk.* B) Sangiovese (50%), Cabernet Sauvignon (45%) und Merlot (5%)

★★★ Masseto, 1993 und 1995 (B *Pk.* F) Merlot — 1995 (D.T.) 90

★★★ Ornellaia, 1994 und 1995 (B *Pk.* F) Cabernet Sauvignon (75%), Merlot (20%) und Cabernet Franc (5%) — 1995 (G.B.) 92

★★ Poggio alle Gazze, 1997 (N *Pk.* D) Sauvignon — 1997 (D.T.) 86

Tenuta **San Guido**

Plz. 57020, località Capanne 27; Tel. 0565/762003; Fax 762017.

Gründungsjahr: 1968. *Inhaber:* Marquis Nicolò Incisa della Rocchetta. *Kundenbetreuung:* Marcello Vannozzi. *Produktionsleitung:* Giacomo Tachis. *Agronom:* Alessandro Petri. *Anbaufläche in ha.:* 52. *Besuchszeiten:* nach telefonischer Vereinbarung. *Degustation:* in einer Probierstube.

DOC:

★★★ Bolgheri Sassicaia, 🍷 1995 (B *Pk.* F) Cabernet Sauvignon (85%) und Cabernet Franc (15%) 1995 (G.B.) 89

Besonderes: Nach einigen Jahren der Unsicherheit beginnt der Sassicaia wieder an das Niveau heranzureichen, das seinen Namen weltweit berühmt gemacht hat. Die Jahrgänge 1996 und 1997 tragen wiederum verdientermaßen das Prädikat «sixième grand cru du Médoc». (D.T.)

BUCINE (Arezzo)

Nächste Autobahnausfahrt: Valdarno (A1).

Fattoria **Villa La Selva**

Plz. 52021, località Montebenichi; Tel. 055/998203; Fax 998181.

Gründungsjahr: 1958. *Inhaber:* Sergio Carpini. *Kundenbetreuung:* Stefania Della Scala Gambini. *Produktionsleitung:* Vittorio Fiore. *Agronom:* Stefano Chioccioli. *Besuchszeiten:* täglich, nach Voranmeldung. *Degustation:* in einer kleinen Taverne neben dem Weinkeller.

DOCG:

★ Chianti Riserva, 🍷 1995 (B *Pk.* E)

Tafelwein:

★★ Fiore di Luna, 🍷 1993 und 1994 (B *Pk.* F) Trebbiano del Chianti (60%), Malvasia del Chianti (20%) und andere Rebsorten (20%)

★★ Selvamaggio, 🍷 1993 und 1994 (B *Pk.* D) Cabernet Sauvignon (70%) und Sangiovese (30%)

CALDANA (Grosseto)

Nächste Autobahnausfahrt: Rosignano (A12).

Azienda **Montebelli**

Plz. 58020, località Molinetto; Tel. 0566/887100; Fax 81439.

Gründungsjahr: 1990. *Kundenbetreuung:* Carla, Lorenzo und Alessandro Tosi. *Produktionsleitung:* Claudio Gori. *Agronom:* Livio Tosi. *Anbaufläche in ha.:* 11. *Besuchszeiten:* täglich, nach Vereinbarung. *Degustation:* in einer Probierstube.

DOC:

★★ Monteregio di Massa Marittima Rosso Fabula Riserva, 1994 und 1995 (ha 5 12.000 B *Pk.* D) 1995 (D.T.) 85

CALENZANO (Firenze)

Nächste Autobahnausfahrt: Calenzano (A1).

Tenuta di **San Donato – Marchesi Pancrazi**

Plz. 50041, viale dei Cipressi 8; Tel. 055/8879457; Fax 8879457.

Gründungsjahr: 1965. *Inhaber:* Cristina und Vittorio Pancrazi. *Kundenbetreuung:* die Inhaber. *Produktionsleitung:* Niccolò D'Afflitto. *Agronom:* Paolo Mocali. *Anbaufläche in ha.:* 12. *Besuchszeiten:* nach Vereinbarung. *Degustation:* in einer Probierstube bei der Ölmühle.

IGT:

★★ San Donato Rosso, 1997 (ha 12 20.000 H *Pk.* A)
Pinot Nero, Gamay und Sangiovese

CAPANNORI (Lucca)

Nächste Autobahnausfahrt: Lucca (A11).

Fattoria **Colle Verde**

Plz. 55012, frazione Matraia, località Castello;
Tel. 0583/402262; Fax 402313.

Gründungsjahr: 1988. *Inhaber:* Francesca Pardini und Piero Tartagni. *Kundenbetreuung:* Francesca Pardini. *Produktionsleitung:* Donato Lanati. *Agronom:* Norman Rosi. *Anbaufläche in ha.:* 6. *Besuchszeiten:* Montag bis Freitag; Sonntag nur nach Vereinbarung. *Degustation:* in einer Probierstube.

DOC:

★★★ Colline Lucchesi Rosso Brania delle Ghiandaie, 1995 (H B *Pk.* D) 1995 (D.T.) 88

Tafelwein:

★★ Brania del Cancello Bianco, 🍷 1996 (B *Pk.* D)
Trebbiano und Chardonnay zu gleichen Teilen

Besonderes: Der professionell betriebene Weinbau und das Pflichtbewußtsein des Inhabers dieses Unternehmens ist dem guten Ruf der Hügel um Lucca sehr dienlich. (D.T.)

CAPRAIA E LIMITE (Prato)

Nächste Autobahnausfahrt: Firenze nord (A1).

Tenuta **Cantagallo**

Plz. 500, via Valicarda 35; Tel. 0574/574323; Fax 574323.

Inhaber: Enrico Pierazzuoli. *Kundenbetreuung:* der Inhaber. *Produktionsleitung:* Stefano Chioccioli, auch landwirtschaftlicher Leiter. *Besuchszeiten:* nach telefonischer Vereinbarung.

DOCG:

★★ Chianti Montalbano Riserva, 🍷 1995 (B *Pk.* B)

Tafelwein:

★★ Carleto, 🍷 1997 (N B *Pk.* C) Riesling Renano
★★ Gioveto, 🍷 1996 (H B *Pk.* C) Sangiovese
★ Millarium, 🍷 1992 (B) Trebbiano und Malvasia

CARMIGNANO (Firenze)

Nächste Autobahnausfahrt: Prato est.

Fattoria **Ambra**

Plz. 50042, via Lombarda 85; Tel. 055/486488; Fax 486488.

Gründungsjahr: 1955. *Inhaber:* Ludovica Romei Rigoli. *Kundenbetreuung:* die Inhaberin. *Produktionsleitung:* Giuseppe Rigoli. *Agronom:* Giuseppe Rigoli. *Anbaufläche in ha.:* 15. *Besuchszeiten:* täglich, nach Vereinbarung. *Degustation:* im Weinkeller.

DOCG:

♣ Carmignano Riserva Elzana, 🍷 1995
(ha 1,2 🍾 4.500 B *Pk.* D) 1995 (D.T.) 89
★★★ Carmignano Riserva Le Vigne Alte Montalbiolo,
🍷 1995 (ha 1,2 🍾 4.500 B *Pk.* D) 1995 (D.T.) 88
★ Carmignano Santa Cristina in Pilli, 🍷 1996
(ha 5 🍾 18.000 H B *Pk.* C)

Tenuta di **Capezzana**

Plz. 50040, località Seano, via di Capezzana 100;
Tel. 055/8706005; Fax 8706673.

Gründungsjahr: 9. Jahrhundert. *Inhaber:* Familie Contini Bonacossi. *Kundenbetreuung:* Benedetta und Beatrice Contini Bonacossi. *Produktionsleitung:* Alberto Bramini. *Agronom:* Filippo Contini Bonacossi. *Besuchszeiten:* mit Voranmeldung, Montag bis Freitag. *Degustation:* in einer Probierstube.

DOCG:

★★★ Carmignano Riserva Villa di Capezzana, 🍷 1995 (H *Pk.* E) — 1995 (D.T.) 90

★ Carmignano Villa di Capezzana, 🍷 1996 (H *Pk.* D) — 1996 (D.T.) 85

★★★ Carmignano Villa di Trefiano, 🍷 1996 (H *Pk.* E) — 1996 (D.T.) 88

DOC:

★ Barco Reale, 🍷 der letzte (H *Pk.* B)

★ Carmignano Rosato Vin Ruspo, 🍷 der letzte (N *Pk.* B)

★★ Carmignano Vin Santo Riserva, 🍷 1991 (B *Pk.* F) — 1991 (D.T.) 87

Tafelwein:

★★★ Ghiaie della Furba, 🍷 1994 und 1995 (B *Pk.* E) 🍇 Cabernet Sauvignon, Cabernet Franc und Merlot zu gleichen Teilen

Le Farnete

Plz. 50042, via Macia 144, località Corneana;
Tel. 0574/574323; Fax 574323.

Gründungsjahr: 1990. *Inhaber:* Enrico Pierazzuoli. *Kundenbetreuung:* der Inhaber. *Produktionsleitung:* Stefano Chioccioli. *Agronom:* Enrico Pierazzuoli und Stefano Chioccioli. *Besuchszeiten:* nach Vereinbarung.

DOCG:

♣ Carmignano, 🍷 1995 (B *Pk.* C) — 1995 (D.T.) 88

★★ Carmignano Riserva, 🍷 1994 (B *Pk.* E) — 1994 (D.T.) 88

Besonderes: Hier hat man es wieder mit einem jungen Winzer zu tun, dessen Weine von Mal zu Mal immer besser werden und der dadurch auch das qualitative Niveau des Gebiets Carmignano fördert. (D.T.)

CASTAGNETO CARDUCCI (Livorno)

Nächste Autobahnausfahrt: Rosignano (A12), dann die Superstrada Richtung Grosseto.

Podere **Grattamacco**

Plz. 57022, località Grattamacco; Tel. 0565/763840; Fax 763217.

Gründungsjahr: 1977. *Inhaber:* Piermario Meletti Cavallari. *Kundenbetreuung:* der Inhaber oder Ehefrau Paola. *Produktionsleitung:* der Inhaber unter Beratung von Maurizio Castelli. *Anbaufläche in ha.:* 9. *Besuchszeiten:* nach telefonischer Vereinbarung, Montag bis Freitag. *Degustation:* im Weinkeller.

DOC:

★ Bolgheri Bianco Grattamacco, 🍷 der letzte (ha 1,5 🍾 6.700 N B *Pk.* C) 🍇 Vermentino (50%), Trebbiano (25%) und Sauvignon (25%)

★★★ Bolgheri Rosso Superiore Grattamacco, 🍷 1995 (ha 4 🍾 16.500 B *Pk.* F) 🍇 Cabernet Sauvignon (50%), Merlot (25%) und Sangiovese (25%) 1995 (D.T.) 87

Azienda Agricola **Satta Michele**

Plz. 57022, località Vigna al Cavaliere 61;
Tel. 0565/763894; Fax 763894.

Gründungsjahr: 1984. *Inhaber:* Michele Satta. *Kundenbetreuung:* der Inhaber. *Produktionsleitung:* Attilio Pagli. *Agronom:* Michele Satta. *Besuchszeiten:* nach telefonischer Vereinbarung. *Degustation:* im Weinkeller oder in einer Probierstube im Wohnhaus.

DOC:

★★ Bolgheri Rosso Piastraia, 🍷 1995 und 1996 (B *Pk.* C) 1995 (G.B.) 86 + 1996 (D.T.) 88

★★ Bolgheri Vermentino La Costa di Giulia, 🍷 der letzte (N *Pk.* B)

Tafelwein:

★★ Vigna al Cavaliere, 🍷 1996 (B *Pk.* D) 🍇 Sangiovese 1996 (D.T.) 87

Besonderes: In Erwartung der hervorragenden, sich noch in der Verfeinerung befindenden 1997er kann man die eleganten und gut gemachten 1996er genießen, die den Besitzer dieses Weingutes für alle Anstrengungen, vor allem in den Weinbergen, entschädigen dürften. (D.T.)

CASTELLINA IN CHIANTI (Siena)

Nächste Autobahnausfahrt: Firenze Certosa.

Hinweis: Hier, im Herzen des Hoch-Chianti, sind zwei vielversprechende Firmen dabei, an Bedeutung zu gewinnen. Sowohl der Chianti Classico 1997 als auch der Riserva 1997 von Collelungo (Tel. 0577/740489) und von Casale dello Sparviero (Tel. 0577/743062) haben uns beeindruckt – man merkte, daß hier echte Profis am Werk waren. Empfehlenswert sind ferner der Chianti Classico Riserva 1995 (88) der Fattoria Concadoro (Tel. 0577/741285) und der Tramonti (85) von Kyle Wolfe (Tel. 0577/741205). (D.T.)

Tenuta di **Bibbiano**

Plz. 53011, via Bibbiano 76; Tel. 0577/743065; Fax 055/743202.

Gründungsjahr: 1865. *Inhaber:* Alfredo Marrocchesi. *Kundenbetreuung:* Tommaso und Federico Marrocchesi. *Produktionsleitung:* Giulio Gambelli. *Anbaufläche in ha.:* 27. *Besuchszeiten:* nach Voranmeldung. *Degustation:* im Weinkeller.

DOCG:

♣ Chianti Classico Montornello, 🍷 1995 (ha 13 ı 35.000 [N] [H] *Pk.* C) — 1995 (D.T.) 87

★★ Chianti Classico Riserva Vigna del Capannino, 🍷 1994 (ha 4,5 ı 25.000 [N] [H] [B] *Pk.* D)

Brancaia

Plz. 53011, località Poppi; Tel. 0577/743109; Fax 743109.

Gründungsjahr: 1980. *Inhaber:* Bruno und Brigitte Wlamer. *Kundenbetreuung:* Alessandro Di Tardo. *Produktionsleitung:* Carlo Ferrini. *Agronom:* Alessandro Di Tardo.

Tafelwein:

★★ Brancaia, 🍷 1996 ([B] *Pk.* E) — 1996 (D.T.) 89

Azienda Agricola **Buondonno – Casavecchia alla Piazza**

Plz. 53011, località Casavecchia alla Piazza 37;
Tel. 0577/749754; Fax 749754.

Gründungsjahr: 1989. *Inhaber:* Gabriele Buondonno. *Kundenbetreuung:* der Inhaber. *Produktionsleitung:* Fabrizio Tomas und Gabriele Buondonno, auch landwirtschaftlicher Leiter. *Anbaufläche in ha.:* 6. *Besuchszeiten:* Montag bis Freitag, von 9 bis 18 Uhr. *Degustation:* in einer Probierstube.

DOCG:

♣ Chianti Classico, 🍷 1996 (ha 3,5 ı 16.000 [H] [B] *Pk.* C) — 1996 (D.T.) 86

★★ Chianti Classico Riserva, 🍷 1995 (ha 1 ı 4.000 [H] [B] *Pk.* D)

Casina di Cornia

Plz. 53011, località Casina di Cornia; Tel. 0577/743052; Fax 743059.

Gründungsjahr: 1980. *Inhaber:* Antoine Luginbuhl. *Kundenbetreuung:* Antoine Luginbuhl. *Produktionsleitung:* der Inhaber, auch landwirtschaftlicher Leiter. *Anbaufläche in ha.:* 6. *Besuchszeiten:* während der Geschäftszeiten.

DOCG:

★ Chianti Classico, 🍷 1996 (H *Pk.* B)

★★ Chianti Classico Riserva, 🍷 1993 (H *Pk.* D)

Tafelwein:

★★ L'Amaranto, 🍷 1995 und 1996 (H *Pk.* D)
🍇 Cabernet Sauvignon

Poderi **Castellare di Castellina**

Plz. 53011, località Castellare; Tel. 0577/740490; Fax 742814.

Gründungsjahr: 1977. *Inhaber:* Paolo Panerai, Geschäftsführer der Gesellschaft Nettuno srl. *Kundenbetreuung:* Annalisa, Ehefrau des Inhabers. *Produktionsleitung:* Maurizio Castelli, auch landwirtschaftlicher Leiter, und Alessandro Cellai. *Anbaufläche in ha.:* 22. *Besuchszeiten:* Montag bis Samstag, nach telefonischer Vereinbarung. *Degustation:* in einer Probierstube im Weinkeller.

DOCG:

★★ Chianti Classico, 🍷 1996 (N B *Pk.* C)

♣ Chianti Classico Riserva, 🍷 1995 (B *Pk.* D)

★ Chianti Classico Riserva Vigna Poggiale, 🍷 1995
(B *Pk.* D) 1995 (D.T.) 88

IGT:

★★ Canonico di Castellare Colli della Toscana Centrale, 🍷 1995
(B *Pk.* C) 🍇 Chardonnay

Tafelwein:

★★ Coniale di Castellare, 🍷 1994 (B *Pk.* E)
🍇 Cabernet Sauvignon 1994 (D.T.) 87

★★ I Sodi di San Niccolò, 🍷 1991 und 1993 (B *Pk.* E)
🍇 Sangiovese (90%) und Malvasia Nera (10%)

Castello di Fonterutoli

Plz. 53011, località Fonterutoli; Tel. 0577/740476; Fax 741070.

Gründungsjahr: 1435. *Inhaber:* Marchesi Mazzei srl. *Kundenbetreuung:* Francesco und Filippo Mazzei. *Produktionsleitung:* Carlo Ferrini. *Agronom:* Romano Ceccarelli. *Anbaufläche in ha.:* 62. *Besuchszeiten:* nach telefonischer Vereinbarung, Montag bis Freitag. *Degustation:* in einer Probierstube im Bauernhaus.

DOCG:

★★★ Chianti Classico Fonterutoli, 🍷 1996
(ha 30 🍾 180.000 H B *Pk.* D) 1996 (D.T.) 87

★★★ Chianti Classico Riserva Castello di Fonterutoli,
🍷 1995 (ha 17,5 🍾 105.000 B *Pk.* F) 1995 (D.T.) 91

IGT:

★★★ Siepi, 🍷 1995 und 1996 (ha 4 🍾 26.000 B *Pk.* F)
Sangiovese und Merlot zu gleichen Teilen 1996 (D.T.) 88

Castello La Leccia

Plz. 53011, località La Leccia; Tel. 0577/743148; Fax 743148.

Gründungsjahr: 1920. *Inhaber:* Castello La Leccia srl. *Kundenbetreuung:* Francesco Daddi. *Produktionsleitung:* Franco Bernabei. *Anbaufläche in ha.:* 18,7. *Besuchszeiten:* nach telefonischer Vereinbarung.

DOCG:

★★ Chianti Classico, 🍷 1995 (B *Pk.* C)

Casa Vinicola Luigi **Cecchi & Figli**

Plz. 53011, località Casina dei Ponti 16;
Tel. 0577/743024; Fax 743057.

Gründungsjahr: 1893. *Inhaber:* Luigi Cecchi. *Kundenbetreuung:* Andrea Cecchi. *Produktionsleitung:* Giorgio Baldi und Francesco Bidasio. *Besuchszeiten:* nach Vereinbarung, Montag bis Freitag. *Degustation:* in einer Probierstube.

DOCG:

★★ Chianti Classico Messer Pietro di Teuzzo, 🍷 1996 (H *Pk.* B)

★ Chianti Classico Riserva Villa Cerna, 🍷 1995 (H *Pk.* C)

Tafelwein:

★★ Spargolo Capitolare di Cardisco, 🍷 1995 (B *Pk.* D)
Sangiovese 1995 (D.T.) 86

♣ Vigneto La Gavina, 🍷 1995 (B *Pk.* D)
Cabernet 1995 (D.T.) 86

Gagliole

Plz. 53011, località Gagliole 42; Tel. 0577/740369; Fax 740875.

Gründungsjahr: 1990. *Kundenbetreuung:* Martina und Ciro Mazzoli. *Produktionsleitung:* Luca D'Attoma. *Agronom:* Ciro Mazzoli. *Besuchszeiten:* täglich, von 8 bis 17 Uhr. *Degustation:* in einer Probierstube.

Tafelwein:

★★ Gagliole Rosso, 🍷 1996 (B *Pk.* E) Sangiovese (90%) und Cabernet Sauvignon (10%) 1996 (D.T.) 89

Godé II

Plz. 53011, località Godenano; Tel. 0571/668733; Fax 668733.

Gründungsjahr: 1988. *Inhaber:* Adriana Minutella. *Kundenbetreuung:* die Inhaberin. *Produktionsleitung:* die Inhaberin, unter Beratung von Luca D'Attoma. *Agronom:* die Inhaberin. *Anbaufläche in ha.:* 6,5. *Besuchszeiten:* nach Vereinbarung. *Degustation:* die Probierstube wird renoviert.

DOCG:

★★ Chianti Classico Riserva Godé, 🍷 1995
(ha 1,7 ▮ 4.500 N B *Pk.* D) 1995 (D.T.) 86

Tenuta di **Lilliano**

Plz. 53011, località Lilliano; Tel. 0577/743070; Fax 743036.

Gründungsjahr: 1920. *Inhaber:* Giulio und Pietro Ruspoli. *Kundenbetreuung:* Francesca Rossi. *Produktionsleitung:* Giulio Gambelli. *Agronom:* Carlo Nesterini. *Anbaufläche in ha.:* 50. *Besuchszeiten:* nach telefonischer Vereinbarung. *Degustation:* im Weinkeller.

DOCG:

★★ Chianti Classico, 🍷 1996 (▮ 19.0000 H *Pk.* B)

★★ Chianti Classico Riserva, 🍷 1995
(▮ 20.000 H *Pk.* D) 1995 (G.B.) 88

IGT:

★★★ Anagallis Colli della Toscana Centrale, 🍷 1995
(▮ 2.000 B *Pk.* D)
🍇 Sangiovese und Colorino 1995 (G.B.) 89

➳ Vignacatena Colli della Toscana Centrale, 🍷 1995
(▮ 3.000 B *Pk.* E) 🍇 Merlot 1995 (G.B.) 90

Fattoria **Nittardi**

Plz. 53011, località Nittardi; Tel. 0577/740269; Fax 740269.

Gründungsjahr: 1983. *Inhaber:* Stefania Canali und Peter Femfert. *Kundenbetreuung:* Stefano Contini. *Produktionsleitung:* Carlo Ferrini, auch landwirtschaftlicher Leiter. *Besuchszeiten:* Montag bis Freitag, nach Vereinbarung. *Degustation:* im Weinkeller.

DOCG:

★★ Chianti Classico Casanuova di Nittardi, 🍷 1996
(N H *Pk.* B ◉) 1996 (D.T.) 85

★★★ Chianti Classico Riserva Nittardi, 🍷 1995
(H B *Pk.* E) 1995 (D.T.) 89

Rocca delle Macìe
Plz. 53011, località Le Macie; Tel. 0577/7321; Fax 743150.

Gründungsjahr: 1973. *Inhaber:* Italo Zingarelli (Vorstand) und Sergio Zingarelli (Geschäftsführer). *Kundenbetreuung:* Lauretta Pianigiani und Marco Mucciarelli. *Produktionsleitung:* Luca Francioni. *Agronom:* Alessandro Cellai. *Anbaufläche in ha.:* 300. *Besuchszeiten:* nach telefonischer Vereinbarung. *Degustation:* in einer Probierstube in der mittelalterlichen Burg.

DOCG:
♣ Chianti Classico Riserva, 🍷 1995 (ha 50 🍾 250.000 H *Pk.* D) 1995 (G.B.) 85
★★ Chianti Classico Riserva di Fizzano, 🍷 1995 (ha 14 🍾 77.800 H *Pk.* D) 1995 (G.B.) 88

IGT:
★★ Roccato Toscana, 🍷 1995 (ha 8 🍾 40.000 B *Pk.* E) 🍇 Sangiovese und Cabernet Sauvignon zu gleichen Teilen 1995 (D.T.) 89

Tafelwein:
★★ Ser Gioveto, 🍷 1995 (ha 8 🍾 40.000 B *Pk.* D) 🍇 Sangiovese 1995 (D.T.) 87

Azienda Agricola **Rodano**
Plz. 53011, località Rodano 99; Tel. 0577/743107; Fax 743107.

Gründungsjahr: 1960. *Inhaber:* Vittorio Pozzesi. *Kundenbetreuung:* Alberto Pozzesi. *Produktionsleitung:* Enrico Pozzesi. *Besuchszeiten:* täglich, von 10 bis 12 Uhr und von 15 bis 17 Uhr. *Degustation:* im Weinkeller.

DOCG:
★ Chianti Classico, 🍷 1996 (H *Pk.* C)
★★ Chianti Classico Riserva Viacosta, 🍷 1995 (H B *Pk.* C)

Tafelwein:
★★ Monna Claudia, 🍷 1995 (B *Pk.* D) 🍇 Sangiovese und in kleinen Mengen Colorino 1995 (D.T.) 85

Azienda Agricola **San Fabiano Calcinaia**
Plz. 53011, località Cellole; Tel. 0577/979232; Fax 979455.

Gründungsjahr: 1984. *Inhaber:* Guido Serio. *Kundenbetreuung:* Rosalba Baldanzi. *Produktionsleitung:* Carlo Ferrini. *Agronom:* Rocco Giorgio. *Anbaufläche in ha.:* 32. *Besuchszeiten:* Montag bis Freitag, vorzugsweise nach Vereinbarung. *Degustation:* in einer Probierstube.

DOCG:

★★ Chianti Classico, 🍷 1996 (🍾 90.000 H *Pk.* C) 1996 (D.T.) 85

★★ Chianti Classico Riserva Cellole, 🍷 1995 (🍾 29.000 H B *Pk.* D) 1995 (D.T.) 86

IGT:

★★ Cerviolo Rosso, 🍷 1996 (🍾 18.000 B *Pk.* D) 🍇 Sangiovese, Cabernet Sauvignon und Merlot 1996 (D.T.) 90

Fattoria **San Leonino**

Plz. 53011, località I Cipressi; Tel. 0577/743108; Fax 743140.

Gründungsjahr: 1988. *Inhaber:* Tenimenti Angelini. *Kundenbetreuung:* Marco Mazzarrini. *Produktionsleitung:* Fabrizio Ciufoli und Francesca Banelli. *Agronom:* Marco Mazzarrini. *Besuchszeiten:* täglich, nach Vereinbarung. *Degustation:* in einer Probierstube.

DOCG:

★ Chianti Classico, 🍷 1996 (H *Pk.* B)

★★ Chianti Classico Riserva Monsenese, 🍷 1995 (B *Pk.* D) 1995 (D.T.) 87

CASTELLINA MARITTIMA (Livorno)

Nächste Autobahnausfahrt: Rosignano (A12).

Tenuta del Terriccio

Plz. 56040, via Bagnoli, località Le Badie;
Tel. 050/699709; Fax 699789.

Inhaber: Gian Annibale Rossi di Medelana und Serrafini Ferri. *Kundenbetreuung:* Penny Murray. *Produktionsleitung:* Carlo Ferrini. *Agronom:* Vittorio Ballini. *Besuchszeiten:* nach telefonischer Vereinbarung. *Degustation:* in einer Probierstube.

Tafelwein:

★★★ Lupicaia, 🍷 1995 und 1996 (B *Pk.* F) 🍇 Cabernet Sauvignon und Merlot 1996 (D.T.) 91

★ Rondinaia, 🍷 der letzte (N *Pk.* C) 🍇 Sauvignon

★★ Tassinaia, 🍷 1995 und 1996 (B *Pk.* D) 🍇 Cabernet, Sauvignon, Merlot und Sangiovese 1996 (D.T.) 89

CASTELNUOVO BERARDENGA (Siena)

Nächste Autobahnausfahrt: Firenze Certosa oder Valdichiana.

Fattoria **Carpineta Fontalpino**

Plz. 53019, località Carpineto-Montaperti;
Tel. 0577/283228; Fax 283228.

Gründungsjahr: 1968. *Inhaber:* Gioia und Filippo Cresti. *Kundenbetreuung:* Gioia Cresti. *Produktionsleitung:* Gioia Cresti, auch landwirtschaftlicher Leiter. *Anbaufläche in ha.:* 10. *Besuchszeiten:* täglich, nach Vereinbarung.

DOCG:

★★ Chianti Colli Senesi Gioia, 🍷 1995 und 1996 (ha 5 🍾 15.000 B *Pk.* B ⊙) 1995 (D.T.) 85

Azienda Agricola **Castell'in Villa**

Plz. 53019, località Castell'in Villa; Tel. 0577/359074; Fax 359222.

Inhaber: Prinzessin Coralia Pignatelli. *Produktionsleitung:* Giacomo Tachis. *Agronom:* Ruggero Mazzini. *Besuchszeiten:* nach telefonischer Vereinbarung. *Degustation:* in einer Probierstube.

DOCG:

★★ Chianti Classico, 🍷 1995 (H *Pk.* B ⊙) 1995 (D.T.) 85
★★★ Chianti Classico Riserva, 🍷 1993 (H *Pk.* E)

Tafelwein:

★★★ Santa Croce, 🍷 1990 im Kommen (B *Pk.* E) 🍇 Sangiovese
★★ Vin Santo, 🍷 der letzte (B *Pk.* D)

Castello di Bossi

Plz. 53010, località Bossi in Chianti; Tel. 0577/359330; Fax 359048.

Gründungsjahr: 1923. *Inhaber:* Fertiflora Spa. *Kundenbetreuung:* Franco Benvenuti. *Produktionsleitung:* Andrea Mazzoni. *Agronom:* Franco Benvenuti. *Besuchszeiten:* nach telefonischer Vereinbarung. *Degustation:* in einer Probierstube.

DOCG:

★ Chianti Classico, 🍷 1996 (H *Pk.* B)
★★ Chianti Classico Riserva, 🍷 1995 (H *Pk.* C)
★★ Chianti Classico Riserva Berardo, 🍷 1995 (B *Pk.* D) 1995 (D.T.) 90

Tafelwein:

★★ Corbaia, 🍷 1994 und 1995 (B *Pk.* E) 🍇 Sangiovese (70%) und Cabernet Sauvignon (30%) 1995 (D.T.) 91

Fattoria di **Felsina**

Plz. 53019, strada Chiantigiana 484; Tel. 0577/355117; Fax 355651.

Gründungsjahr: 1966. *Inhaber:* Giuseppe Poggiali. *Kundenbetreuung:* Giuseppe Mazzocolin. *Produktionsleitung:* Franco Bernabei. *Besuchszeiten:* Montag bis Freitag, nach Vereinbarung. *Degustation:* in einer Önothek im alten Bauernhaus.

DOCG:

★★★ Chianti Classico Berardenga, 🍷 1996 (ha 50,31 🍾 223.600 H B *Pk.* C) 1996 (G.B./D.T.) 85

★★★ Chianti Classico Riserva Berardenga, 🍷 1994 und 1995 (ha 8,09 🍾 46.600 B *Pk.* D) 1995 (G.B.) 91

★★★ Chianti Classico Riserva Rancia, 🍷 1994 und 1995 (ha 6,25 🍾 30.000 B *Pk.* E) 1995 (G.B.) 89

IGT:

○ Fontalloro Toscana, 🍷 1994 und 1995 (ha 6,18 🍾 32.000 B *Pk.* E) 🍇 Sangiovese 1995 (D.T.) 93

★★ I Sistri Toscana, 🍷 1996 (ha 8,76 🍾 28.800 B *Pk.* C) 🍇 Chardonnay 1996 (D.T.) 86

Tafelwein:

★★★ Maestro Raro, 🍷 1993 (ha 1,73 🍾 6.600 B *Pk.* E) 🍇 Cabernet Sauvignon 1993 (D.T.) 90

★★ Pepestrino, 🍷 der letzte (N B *Pk.* B) 🍇 Trebbiano, Sauvignon und Chardonnay

★★★ Vin Santo, 🍷 1988 und 1990 (B *Pk.* F) 🍇 Malvasia

Podere **Le Boncie**

Plz. 53019, Podere Le Boncie; Tel. 0577/359383; Fax 359383.

Gründungsjahr: 1990. *Inhaber:* Giovanna Morganti. *Kundenbetreuung:* die Inhaberin. *Produktionsleitung:* die Inhaberin, auch landwirtschaftlicher Leiter. *Anbaufläche in ha.:* 3. *Besuchszeiten:* nur nach Vereinbarung. *Degustation:* im Weinkeller.

DOCG:

♣ Chianti Classico Le Trame, 🍷 1995 und 1996 (ha 3,5 🍾 13.500 H *Pk.* D) 1995 (G.B./D.T.) 89 + 1996 (D.T.) 87

Azienda Agricola **Pacina**

Plz. 53019, località Pacina; Tel. 0577/355044; Fax 355044.

Gründungsjahr: 1987. *Inhaber:* Giovanna Tiezzi. *Kundenbetreuung:* Giovanna Tiezzi. *Produktionsleitung:* Giovanna Morganti und Fabrizio Tomas. *Agronom:* Stefano Borsa. *Anbaufläche in ha.:* 8,5.

Besuchszeiten: nach Vereinbarung. *Degustation:* in einer Probierstube.

DOCG:

♣ Chianti Colli Senesi, 🍷 1995 (🍾 15.000 B *Pk.* C) — 1995 (G.B.) 85

Fattoria di **Petroio**

Plz. 53010, località Quercegrossa, via Mocenni 7;
Tel. 0577/328045; Fax 06/6796463.

Gründungsjahr: 1906. *Inhaber:* Gian Luigi Lenzi. *Kundenbetreuung:* Pamela Mangini Lenzi. *Produktionsleitung:* Carlo Ferrini, auch landwirtschaftlicher Leiter. *Anbaufläche in ha.:* 13. *Besuchszeiten:* nach telefonischer Vereinbarung. *Degustation:* im Weinkeller.

DOCG:

★★ Chianti Classico, 🍷 1996 (ha 13 🍾 45.000 H *Pk.* B ⊙) — 1996 (G.B./D.T.) 85

★★ Chianti Classico Riserva, 🍷 1995 (ha 13 🍾 13.000 H *Pk.* D) — 1995 (D.T.) 88

Agricola **Poggio Bonelli**

Plz. 53019, località Poggio Bonelli; Tel. 0577/355382; Fax 355382.

Gründungsjahr: 1981. *Inhaber:* Sergio und Daniela Salvioni. *Kundenbetreuung:* Daniela Salvioni. *Produktionsleitung:* Stefano Chioccioli. *Agronom:* Stefano Chioccioli. *Besuchszeiten:* mit Voranmeldung, Montag bis Freitag während der Geschäftszeiten. *Degustation:* in einer Probierstube.

DOCG:

★★ Chianti Classico, 🍷 1995 (H *Pk.* B ⊙) — 1995 (D.T.) 86

★★ Chianti Classico Riserva, 🍷 1994 (H B *Pk.* C) — 1994 (D.T.) 88

Tafelwein:

★★★ Tramonto d'Oca, 🍷 1995 (B *Pk.* D) 🍇 Sangiovese — 1995 (D.T.) 90

♣ Vin Santo, 🍷 1990 (ha 1 🍾 900 B *Pk.* E) 🍇 Malvasia und Trebbiano — 1990 (D.T.) 88

Agricola **San Felice**

Plz. 53010, frazione San Gusmè, località San Felice;
Tel. 0577/359087; Fax 359223.

Gründungsjahr: 1924. *Inhaber:* Riunione Adriatica di Sicurtà. Geschäftsführer Giovanni Battista Gorio. *Kundenbetreuung:* Roberta Martini. *Produktionsleitung:* Leonardo Bellaccini. *Agronom:* Carlo

Salvinelli. *Anbaufläche in ha.:* 200. *Besuchszeiten:* nach Vereinbarung, Montag bis Freitag. *Degustation:* in einer Probierstube.

DOCG:

★★ Brunello di Montalcino Campogiovanni, 🍷 1993 (ha 10 🍾 65.000 H *Pk.* F) 1993 (D.T.) 87

★★ Brunello di Montalcino Riserva Vigna del Quercione, 🍷 1990 (ha 2 🍾 6.000 H B *Pk.* F)

★★ Chianti Classico Riserva Il Grigio, 🍷 1995 (ha 70 🍾 300.000 H *Pk.* D)

★★ Chianti Classico Riserva Poggio Rosso, 🍷 1995 (ha 7 🍾 40.000 B *Pk.* E) 1995 (D.T.) 90

Tafelwein:

★★ Vigorello, 🍷 1995 (ha 10 🍾 60.000 B *Pk.* E) 🍇 Sangiovese (70%) und Cabernet Sauvignon (30%) 1995 (D.T.) 88

CERRETO GUIDI (Firenze)

Nächste Autobahnausfahrt: Altopascio (A11).

Tenuta **Cerro del Masso**

Plz. 50050, via Torribina 83/A; Tel. 0571/55300; Fax 55784.

Gründungsjahr: 1968. *Inhaber:* Carlo Antonini. *Kundenbetreuung:* Alberto Antonini. *Besuchszeiten:* nur nach Vereinbarung. *Degustation:* im Weinkeller.

DOCG:

★★ Chianti Cerro del Masso, 🍷 1997 (N *Pk.* A)

CHIUSI (Siena)

Nächste Autobahnausfahrt: Chiusi-Chianciano (A1).

Azienda Agricola **Colle Santa Mustiola**

Plz. 53043, via delle Torri 86/A; Tel. 0578/63462; Fax 63462.

Gründungsjahr: 1992. *Inhaber:* Fabio Cenni. *Kundenbetreuung:* der Inhaber. *Produktionsleitung:* Attilio Pagli. *Agronom:* der Inhaber. *Besuchszeiten:* nach telefonischer Vereinbarung. *Degustation:* im Weinkeller.

Tafelwein:

★★ Poggio ai Chiari, 🍷 1996 (H *Pk.* E) 🍇 Sangiovese 1996 (D.T.) 88

Azienda Agricola **San Gregorio**
Plz. 53043, frazione Querce al Pino, via San Gregorio;
Tel. 0578/20116.

Gründungsjahr: 1956. *Inhaber:* Pierangela Lucioli Rinaldini. *Kundenbetreuung:* die Inhaberin. *Produktionsleitung:* Attilio Pagli. *Besuchszeiten:* Samstag, von 9 bis 12 Uhr und von 15 bis 19 Uhr, nach telefonischer Vereinbarung. *Degustation:* im ehemaligen Getreidespeicher neben dem Weinkeller.

DOCG:

★ Chianti dei Colli Senesi, 🍷 1997 (N *Pk.* A)

COLLE VAL D'ELSA (Siena)
Nächste Autobahnausfahrt: Firenze Certosa (A1), dann die Superstrada Firenze–Siena.

Il Podere **San Luigi**
Plz. 53034, località Mugnano 59; Tel. 0577/959724; Fax 959724.

Gründungsjahr: 1986. *Inhaber:* John Morace. *Kundenbetreuung:* Antonio Virga. *Produktionsleitung:* Paolo Caciorgna. *Agronom:* Antonio Virga und Paolo Caciorgna. *Besuchszeiten:* Montag bis Freitag, von 9 bis 18 Uhr; Samstag nur nach Vereinbarung. *Degustation:* im Wohnhaus.

DOCG:

★ Chianti Colli Senesi San Luigi, 🍷 1997 (N *Pk.* A)

Tafelwein:

★★ San Luigi, 🍷 1995 (B *Pk.* B ⊙) 🍇 Sangiovese (90%) und Colorino (10%) 1995 (G.B.) 87

★★ Vigna Casanova, 🍷 1995 (B *Pk.* B)
🍇 Cabernet Sauvignon und Sangiovese zu gleichen Teilen

CORTONA (Arezzo)
Nächste Autobahnausfahrt: Valdichiana (A1).

Tenimenti **D'Alessandro Luigi**
Plz. 52042, località Camucia, via Manzano 15;
Tel. 0575/618667; Fax 618411.

Gründungsjahr: 1973. *Inhaber:* Familie D'Alessandro. *Kundenbetreuung:* Silvano Acquarelli und die Gebrüder D'Alessandro. *Produktionsleitung:* Federico Staderini. *Anbaufläche in ha.:* 32. *Besuchszeiten:* Montag bis Freitag, nach Vereinbarung. *Degustation:* in einer Probierstube auf dem Gutshof.

IGT:

★★ Il Vescovo di Manzano, 🍷 der letzte (ha 3 🍾 15.500 N *Pk.* C)
Gamay 1997 (D.T.) 86

★ Le Terrazze, 🍷 der letzte (ha 5 🍾 23.000 N *Pk.* C)
Sauvignon, Grechetto und Chenin Blanc

★★ Podere Fontarca Toscana, 🍷 1997 (ha 5 🍾 19.000 B *Pk.* D)
Chardonnay und Viognier 1997 (G.B.) 85

★★★ Podere Il Bosco, 🍷 1995 und 1996 (ha 5 🍾 23.000 B *Pk.* F)
Syrah 1996 (G.B./D.T.) 90

♣ Podere Migliara, 🍷 1996 (ha 0,8 🍾 4.000 B *Pk.* F)
Sangiovese 1996 (G.B./D.T.) 88

Besonderes: Der Podere del Bosco 1992 war der erste international bekannte, südlich der Toskana entstandene Syrah. Nach den Jahrgängen 1995 und 1996 kann man nun seine hohe Stellung unter den italienischen Syrah als gesichert betrachten. (D.T.)

EMPOLI (Firenze)

Nächste Autobahnausfahrt: Superstrada Firenze–Pisa–Empoli, Ausfahrt Empoli est.

Azienda Agraria Fratelli **Bini**

Plz. 50053, piazza Guido Guerra 53; Tel. 0571/74285; Fax 74285.

Gründungsjahr: 1810. *Inhaber:* Familie Bini. *Kundenbetreuung:* Elena Bini Moriani und Alessandro Matteoli. *Produktionsleitung:* Andrea Mazzoni. *Agronom:* Alessandro Matteoli. *Besuchszeiten:* nach telefonischer Vereinbarung. *Degustation:* die Probierstube wird renoviert.

DOCG:

★ Chianti, 🍷 1997 (N *Pk.* A)

Tafelwein:

★★ Gheppio, 🍷 1996 (B *Pk.* C)
Sangiovese und Nebbiolo 1996 (D.T.) 88

FAUGLIA (Pisa)

Nächste Autobahnausfahrt: Superstrada Firenze–Pisa, Ausfahrt Cascina, oder Superstrada Livorno–Firenze, Ausfahrt Lavoria.

Giusti & Zanza Vigneti

via dei Puntoni 9; Tel. 0585/44354; Fax 489912.

Gründungsjahr: 1986. *Inhaber:* Familien Giusti und Zanza. *Kundenbetreuung:* Fabio Zanza. *Produktionsleitung:* Stefano Chioccioli, auch landwirtschaftlicher Leiter. *Anbaufläche in ha.:* 8,5. *Besuchszeiten:* nach Vereinbarung.

IGT:

★ Dulcamara, 🍷 1996 (ha 0,5 🍾 3.000 B *Pk.* D)
Cabernet Sauvignon 1996 (D.T.) 92

Fattoria **Uccelliera**

Plz. 56043, via Pontita 26; Tel. 050/662747; Fax 662663.

Gründungsjahr: 1960. *Inhaber:* Maria Elena Poggianti Bulleri. *Kundenbetreuung:* Caterina und Tiziana Bulleri. *Produktionsleitung:* Stefano Chioccioli. *Agronom:* Ernesto Battaglia und Stefano Chioccioli. *Anbaufläche in ha.:* 12. *Besuchszeiten:* Montag bis Freitag, von 10 bis 13 Uhr und von 15 bis 18 Uhr; Samstag nur nach Vereinbarung. *Degustation:* in einem großen Saal.

DOCG:

★ Chianti, 🍷 1996 (🍾 30.000 N B *Pk.* B ⊙) 1996 (D.T.) 85

IGT:

★★ Castellaccio Toscana Bianco, 🍷 1996 (🍾 3.500 B *Pk.* D)
Chardonnay 1996 (D.T.) 88

★★★ Castellaccio Toscana Rosso, 🍷 1996 (🍾 10.000 B *Pk.* E)
Sangiovese (60%) und
Cabernet Sauvignon (40%) 1996 (D.T.) 90

Besonderes: Dieser Hersteller ist dabei, ein ganzes Stück Küste der Toskana nördlich der Maremma aufzuwerten. Dieser Landstrich unterscheidet sich jedoch, sowohl was die Boden- als auch die Klimaeigenschaften betrifft, sehr von anderen Gebieten der Provinz Pisa. Der Castellaccio Bianco erreicht die gewohnt gute Qualität und der Castellaccio Rosso übertrifft den Jahrgang 1995. (D.T.)

FIRENZE (Firenze)

Nächste Autobahnausfahrt: Firenze sud oder Incisa.

Marchesi **Antinori**

Plz. 50123, piazza degli Antinori 3; Tel. 055/23595; Fax 2359877.

Gründungsjahr: 1385. *Inhaber:* Piero Antinori. *Kundenbetreuung:* Bette Ann Bierwirth. *Produktionsleitung:* Renzo Cotarella und Maurizio Angeletti. *Agronom:* Claudio Pontremolesi. *Besuchszeiten:* nur nach telefonischer Vereinbarung. *Degustation:* in einer Probierstube.

DOCG:

★★ Chianti Classico Peppoli, 🍷 1996 (H *Pk.* C)

★★ Chianti Classico Riserva Badia a Passignano, 🍷 1994 und 1995 (B *Pk.* D) 1995 (D.T.) 90

★★★ Chianti Classico Riserva Tenute Marchese Antinori, 🍷 1995 (B *Pk.* D) 1995 (D.T.) 88

DOC:

★ Bolgheri Rosato Scalabrone, 🍷 der letzte (N *Pk.* B ⊙) 1997 (D.T.) 85

★★★ Bolgheri Rosso Superiore Guado al Tasso, 🍷 1994 und 1995 (B *Pk.* F) 1995 (G.B./D.T.) 92

Tafelwein:

★ Marchese Antinori Nature, 🍷 der letzte (N *Pk.* D) 🍇 Chardonnay und Pinot Nero

★ Santa Cristina, 🍷 1997 (N H *Pk.* B) 🍇 Sangiovese und Merlot

○ Solaia, 🍷 1994 und 1995 (B *Pk.* F) 🍇 Cabernet Sauvignon, Sangiovese und Cabernet Franc 1995 (D.T.) 94

★★★ Tignanello, 🍷 1994 und 1995 (B *Pk.* F) 🍇 Sangiovese und Cabernet Sauvignon 1995 (D.T.) 92

Compagnia del Vino

Plz. 50123, via Strozzi 2; Tel. 055/291424; Fax 291314.

Inhaber: Giancarlo Notari. *Produktionsleitung:* Saverio Notari. *Besuchszeiten:* das Weingut ist nicht für den Publikumsverkehr geöffnet.

DOC:

♣ Prosecco di Valdobbiadene Extra Dry Col dei Salici, 🍷 der letzte (🍾 150.000 N *Pk.* C) 1997 (D.T.) 85

Azienda Agricola **Fermignano**

Plz. 50136, via di Varlungo 8/g; Tel. 055/8077253; Fax 8070101.

Gründungsjahr: 1986. *Inhaber:* Andrea Sestini. *Kundenbetreuung:* der Inhaber. *Produktionsleitung:* Andrea Mazzoni. *Agronom:* Andrea Sestini. *Besuchszeiten:* nur nach Vereinbarung.

DOCG:

★ Chianti Classico Frimaio, 🍷 1996 (H *Pk.* B)

★★ Chianti Classico Riserva Frimaio, 🍷 1995 (H *Pk.* C) 1995 (D.T.) 89

Tafelwein:

★★ La Sassaia, 🍷 1995 (B *Pk.* D) 🍇 Sangiovese (60%), Cabernet Sauvignon (30%) und Pinot Nero (10%) 1995 (D.T.) 90

Marchesi de' **Frescobaldi**

Plz. 50125, via Santo Spirito 11; Tel. 055/27141; Fax 280205.

Gründungsjahr: 12. Jahrhundert. *Inhaber:* Marchesi de' Frescobaldi. *Kundenbetreuung:* Cristina Rinaldi. *Produktionsleitung:* Niccolò D'Afflitto und Carlo Corino. *Agronom:* Lamberto Frescobaldi. *Anbaufläche in ha.:* 750. *Besuchszeiten:* Montag bis Freitag, nach Vereinbarung. *Degustation:* auf jedem Gutshof ist eine Probierstube.

DOCG:

★★★ Chianti Rufina Montesodi, 🍷 1996 (ha 20 🍾 30.000 B *Pk.* E) — 1996 (D.T.) 89

★★ Chianti Rufina Riserva Castello di Nipozzano, 🍷 1995 (ha 184 🍾 750.000 H *Pk.* C) — 1995 (D.T.) 88

DOC:

★ Pomino Bianco, 🍷 1997 (ha 57 🍾 300.000 N *Pk.* B ⊙) — 1997 (D.T.) 88

★★ Pomino Bianco Il Benefizio, 🍷 1996 (ha 23 🍾 80.000 B *Pk.* D) — 1996 (D.T.) 90

★★ Pomino Rosso, 🍷 1995 (ha 25 🍾 200.000 B *Pk.* D) — 1995 (D.T.) 89

IGT:

★★ Mormoreto Capitolare di Biturica, 🍷 1995 (ha 19 🍾 50.000 B *Pk.* F) 🍇 Cabernet Sauvignon und Cabernet Franc — 1995 (G.B.) 89

Besonderes: Eine ganze Serie von Spitzenweinen aus verschiedensten Rebsorten ist als eindeutiges Zeichen von Professionalität und Engagement auf höchstem Niveau zu werten. Erwähnenswert ist insbesondere die neue Individualisierung der Weine von Pomino, eines geschichtsträchtigen Weinguts der Toskana, dessen eigentümliche Bodeneigenschaften sich nun im unverwechselbaren Charakter der Weine widerspiegeln. (D.T.)

FUCECCHIO (Firenze)

Nächste Autobahnausfahrt: Altopascio (A11).

Fattoria **Montellori**

Plz. 50054, via Pistoiese 5; Tel. 0571/260641; Fax 242625.

Gründungsjahr: Anfang des 20. Jahrhunderts. *Inhaber:* Giuseppe Nieri. *Kundenbetreuung:* Alessandro Nieri. *Produktionsleitung:* Niccolò D'Afflitto, auch landwirtschaftlicher Leiter. *Anbaufläche in ha.:* 60. *Besuchszeiten:* mit Voranmeldung, Montag bis Freitag, von 8 bis 12 Uhr und von 15 bis 18 Uhr. *Degustation:* in einer Probierstube.

FUCECCHIO

DOCG:

★ Chianti Vigne del Moro, 🍷 1995 (🍾 50.000 N H B *Pk.* B)

DOC:

♣ Bianco dell'Empolese Vin Santo, 🍷 1994 (ha 5 🍾 10.000 à 0,375 B *Pk.* E) 1994 (G.B.) 85

IGT:

★★ Castelrapiti Rosso Toscana, 🍷 1993 und 1994 (ha 7 🍾 20.000 B *Pk.* D) 🍇 Sangiovese (80%) und Cabernet Sauvignon (20%)

★★ Salamartano Rosso Toscana, 🍷 1995 (ha 3 🍾 6.000 B *Pk.* E) 🍇 Cabernet Sauvignon und Merlot zu gleichen Teilen 1995 (G.B.) 85

★ Sauvignon Sant'Amato Toscana, 🍷 der letzte (ha 1,5 🍾 7.000 N *Pk.* B⊙) 1997 (G.B.) 85

Tafelwein:

★★ Bonfiglio, 🍷 der letzte (ha 2 🍾 7.000 N B *Pk.* C) 🍇 Viognier

★★ Castelrapiti Bianco, 🍷 1995 (ha 5 🍾 5.000 B *Pk.* C) 🍇 Chardonnay

★ Montellori Brut, 🍷 der letzte (ha 4 🍾 10.000 N *Pk.* C) 🍇 Chardonnay

GAIOLE IN CHIANTI (Siena)

Nächste Autobahnausfahrt: Valdarno oder Valdichiana (A1).

Agricoltori del Chianti Geografico

Plz. 53013, via Mulinaccio 10; Tel. 0577/749489; Fax 749223.

Gründungsjahr: 1961. *Kundenbetreuung:* Fioravante Cappelli. *Produktionsleitung:* Vittorio Fiore. *Agronom:* Giacomo Fanetti. *Anbaufläche in ha.:* 700. *Besuchszeiten:* nach Voranmeldung, Montag bis Samstagmittag. *Degustation:* im Büro.

DOCG:

★★ Chianti Classico Contessa di Radda, 🍷 1996 (🍾 70.000 H *Pk.* B)

★★ Chianti Classico Riserva Montegiachi, 🍷 1995 (🍾 50.000 H *Pk.* C)

IGT:

★★ Vigneti del Geografico Capitolare di Biturica, 🍷 1995 und 1996 (🍾 13.000 B *Pk.* D) 🍇 Cabernet Sauvignon (80%) und Sangiovese (20%) 1996 (G.B.) 86

Badia a Coltibuono
Plz. 53013, località Badia a Coltibuono;
Tel. 0577/749498; Fax 749235.

Gründungsjahr: 1057. *Inhaber:* Piero Stucchi Prinetti. Geschäftsführer Roberto Stucchi Prinetti. *Kundenbetreuung:* Emanuela Stucchi Prinetti. *Produktionsleitung:* Roberto Stucchi Prinetti, auch landwirtschaftlicher Leiter, und Maurizio Castelli. *Besuchszeiten:* Montag bis Samstag, nach telefonischer Vereinbarung, nur für Gruppen, gegen Bezahlung. *Degustation:* in einer Probierstube.

DOCG:

★★ Chianti Classico, 🍷 1996 (H *Pk.* C) — 1996 (D.T.) 87
★★ Chianti Classico Riserva, 🍷 1995 (H *Pk.* E) — 1995 (D.T.) 89
♣ Chianti Classico RS, 🍷 1996 (H B *Pk.* C) — 1996 (D.T.) 86

DOC:

★ Val d'Arbia Vin Santo, 🍷 1991 (B *Pk.* D) — 1991 (G.B.) 85

IGT:

★★ Sella del Boscone Toscana, 🍷 1996 (B *Pk.* D) Chardonnay — 1996 (D.T.) 86

Tafelwein:

★★★ Sangioveto, 🍷 1994 und 1995 (B *Pk.* F) Sangiovese — 1995 (D.T.) 90

Azienda Agricola **Capannelle**
Plz. 53013, località Capannelle; Tel. 0577/749691; Fax 749121.

Gründungsjahr: 1975. *Inhaber:* Raffaele Rossetti, James B. Sherwood und Söhne. *Kundenbetreuung:* Simone Monciatti. *Produktionsleitung:* Andrea Mazzoni und Simone Monciatti. *Anbaufläche in ha.:* 5,2. *Besuchszeiten:* mit Voranmeldung, während der Geschäftszeiten. *Degustation:* in einer Probierstube mit Platz für 15 bis 20 Personen.

IGT:

★★ Capannelle Chardonnay, 🍷 1996 (ha 2 🍾 4.500 B *Pk.* E) — 1996 (D.T.) 88
★★ Capannelle Riserva, 🍷 1994 (ha 3,2 🍾 12.000 H *Pk.* F) Sangiovese — 1994 (D.T.) 89
★★★ Capannelle Rosso Barrique, 🍷 1995 (🍾 4.000 B *Pk.* F) Sangiovese — 1995 (D.T.) 92

Tafelwein:

★★★ 50 & 50, 🍷 1993 (B *Pk.* F) Merlot und Sangiovese
♣ Capannelle 2000, 🍷 o.J. (ha 5 🍾 11.000 Magnum B *Pk.* F) Sangiovese (80%) und Cabernet (20%)

Castello di Ama
Plz. 53010, frazione Lecchi in Chianti, località Ama;
Tel. 0577/746031; Fax 746117.

Gründungsjahr: 1976. *Inhaber:* Lorenza Sebasti. *Kundenbetreuung:* Fabrizio Nencioni und Marco Pallanti. *Produktionsleitung:* Marco Pallanti, auch landwirtschaftlicher Leiter. *Besuchszeiten:* nach telefonischer Vereinbarung, Montag bis Freitag. *Degustation:* in einer Taverne im alten renovierten Weinkeller.

DOCG:

★★ Chianti Classico Castello di Ama, 🍷 1996 (B *Pk.* C) 1996 (D.T.) 87

★★★ Chianti Classico Castello di Ama Vigneto Bellavista, 🍷 1995 (B *Pk.* F) 1995 (D.T.) 91

★★★ Chianti Classico Castello di Ama Vigneto La Casuccia, 🍷 1995 (B *Pk.* F) 1995 (D.T.) 92

Tafelwein:

★★ Castello di Ama Vigna Al Poggio, 🍷 1996 (B *Pk.* D) Chardonnay

★★ Castello di Ama Vigna Il Chiuso, 🍷 1995 (B *Pk.* E) Pinot Nero 1995 (D.T.) 90

○ Castello di Ama Vigna L'Apparita, 🍷 1995 (B *Pk.* F) Merlot 1995 (D.T.) 90

Azienda Agricola **Castello di San Polo in Rosso**
Plz. 53013, località San Polo in Rosso; Tel. 0577/746045; Fax 746153.

Gründungsjahr: 1973. *Inhaber:* Katrin Woeste. *Kundenbetreuung:* Stefan Giesen und Peter Volkmer. *Produktionsleitung:* Maurizio Castelli. *Besuchszeiten:* nach telefonischer Vereinbarung. *Degustation:* in einer alten Taverne mit Gewölbedecken aus der römischen Zeit.

DOCG:

★★ Chianti Classico Riserva, 🍷 1993 und 1994 (H *Pk.* D)

Tafelwein:

★★ Cetinaia, 🍷 1990; 1994 im Kommen (H B *Pk.* E) Sangiovese

★ Le Coccole, 🍷 der letzte (N *Pk.* C) Sauvignon (hauptsächlich) und Semillon

Azienda Agricola **Montiverdi**
Plz. 53013, località Montiverdi; Tel. 0577/749305; Fax 02/58101703.

Gründungsjahr: 1977. *Inhaber:* Nicola Longo. *Kundenbetreuung:* Attilio Longo. *Produktionsleitung:* Stefano Chioccioli, auch landwirtschaftlicher Leiter. *Besuchszeiten:* nur nach Vereinbarung. *Degustation:* in einer Probierstube.

DOCG:

- ★ Chianti Classico, 🍷 1996 ([H] *Pk.* B)
- ★★ Chianti Classico Riserva, 🍷 1995 ([H] *Pk.* B)
- ★★ Chianti Classico Vigneto Carpinaia, 🍷 1995 ([H] [B] *Pk.* C)

Tafelwein:

- ♣ Calesco, 🍷 1995 ([B] *Pk.* D) 🍇 Sangiovese, Cabernet und Merlot — 1995 (D.T.) 88
- ★★ Vigneto Le Borranine, 🍷 1995 ([B] *Pk.* D) 🍇 Cabernet Sauvignon — 1995 (D.T.) 88

Barone **Ricasoli – Castello di Brolio**

Plz. 53103, località Cantine del Castello di Brolio;
Tel. 0577/7301; Fax 730225.

Gründungsjahr: 1141. *Inhaber:* Familie Ricasoli. *Kundenbetreuung:* Barbara Manganelli. *Produktionsleitung:* Carlo Ferrini, auch landwirtschaftlicher Leiter. *Anbaufläche in ha.:* 230. *Besuchszeiten:* nach telefonischer Vereinbarung.

DOCG:

- ★ Chianti Classico Barone Ricasoli San Ripolo, 🍷 1996 ([H] *Pk.* B)
- ★★ Chianti Classico Brolio, 🍷 1996 ([H] *Pk.* B ◉) — 1996 (D.T.) 87
- ★★ Chianti Classico Riserva Brolio, 🍷 1995 ([H] [B] *Pk.* C) — 1995 (D.T.) 91
- ★★ Chianti Classico Riserva Rocca Guicciarda, 🍷 1995 ([H] [B] *Pk.* C) — 1995 (D.T.) 88

IGT:

- ★★★ Casalferro, 🍷 1993 und 1994 ([B] *Pk.* D) 🍇 Sangiovese — 1993 (D.T.) 93
- ★ Ricasoli Formulae, 🍷 1996 ([N] [H] *Pk.* B) 🍇 Sangiovese
- ★★ Torricella, 🍷 1996 ([B] *Pk.* C) 🍇 Chardonnay — 1996 (D.T.) 90

Azienda Agricola **Riecine**

Plz. 53013, località Riecine; Tel. 0577/749527; Fax 749098.

Gründungsjahr: 1972. *Inhaber:* Gary Baumann und Sean O'Callaghan. *Kundenbetreuung:* die Inhaber. *Produktionsleitung:* Sean O'Callaghan und Carlo Ferrini. *Agronom:* Sean O'Callaghan. *Besuchszeiten:* Montag bis Freitag, nach Vereinbarung. *Degustation:* im Weinkeller oder in einer Probierstube im Wohnhaus.

DOCG:

- ★★ Chianti Classico, 🍷 1996 ([H] *Pk.* C) — 1996 (D.T.) 86

★★★ Chianti Classico Riserva, 1995
(H B *Pk.* D) 1995 (D.T.) 88

Tafelwein:

★★★ La Gioia di Riecine, 1995 (B *Pk.* E)
Sangiovese 1995 (D.T.) 92

Azienda Agricola **Rietine**

Plz. 53013, località Rietine 27; Tel. 0577/738482; Fax 738482.

Gründungsjahr: 1972. *Inhaber:* Gaffuri-Lazarides. *Kundenbetreuung:* Galina und Mario Gaffuri-Lazarides. *Produktionsleitung:* Andrea Mazzoni. *Agronom:* Mario Gaffuri. *Anbaufläche in ha.:* 13. *Besuchszeiten:* nach telefonischer Vereinbarung. *Degustation:* in einer Probierstube mit Platz für 30 Personen.

DOCG:

★ Chianti Classico, 1996 (ha 8 40.000 N H *Pk.* A)
♣ Chianti Classico Riserva, 1994
(ha 0,8 6.000 H *Pk.* D) 1994 (D.T.) 88

Tafelwein:

★★ Tiziano, 1994 (ha 3 4.500 N B *Pk.* D) Merlot

Azienda Agricola **Rocca di Castagnoli**

Plz. 53010, località Castagnoli; Tel. 0577/731004; Fax 731050.

Gründungsjahr: 1982. *Inhaber:* Calogero Calì. *Kundenbetreuung:* Maurizio Vannoni. *Produktionsleitung:* Andrea Mazzoni und Maurizio Alongi. *Agronom:* Bruno Olmastroni. *Anbaufläche in ha.:* 132,6. *Besuchszeiten:* nach telefonischer Vereinbarung. *Degustation:* in einer Probierstube in der wunderschönen mittelalterlichen Burg.

DOCG:

★ Chianti Classico, 1996 (120.000 H *Pk.* B)
★★ Chianti Classico Riserva Capraia, 1995
(15.000 H B *Pk.* C) 1995 (D.T.) 87
★★ Chianti Classico Riserva Poggio a'Frati, 1995
(22.000 H *Pk.* C) 1995 (D.T.) 85

IGT:

★ Molino delle Balze Toscana, 1995 (8000 B *Pk.* C)
Chardonnay
★★ Stielle Toscana, 1995 (15.000 B *Pk.* E) Sangiovese
(70%) und Cabernet Sauvignon (30%) 1995 (D.T.) 87

Tafelwein:

★★★ Buriano, 1993 und 1995 (5.000 B *Pk.* E)
Cabernet Sauvignon 1995 (D.T.) 87

Rocca di Montegrossi
Plz. 53010, località Monti in Chianti; Tel. 0577/747267; Fax 747157.

Gründungsjahr: 1981. *Inhaber:* Elisabetta Ricasoli Balbi Valier Firidolfi. *Kundenbetreuung:* Marco Ricasoli. *Produktionsleitung:* Giulio Gambelli und Attilio Pagli. *Agronom:* Marco Ricasoli. *Anbaufläche in ha.:* 15,3. *Besuchszeiten:* Montag bis Freitag, nach Vereinbarung. *Degustation:* in einer Probierstube.

DOCG:

★★ Chianti Classico, 🍷 1996 (ha 3,5 🍾 13.600 H *Pk.* B)

★★ Chianti Classico Riserva San Marcellino, 🍷 1995 (ha 7 🍾 17.000 H *Pk.* C) 1995 (D.T.) 89

Tafelwein:

★★ Geremia, 🍷 1995 (ha 1,5 🍾 3.900 B *Pk.* E) 🍇 Sangiovese

Fattoria **San Giusto a Rentennano**
Plz. 53013, località San Giusto 20; Tel. 0577/747121; Fax 747109.

Gründungsjahr: 1905. *Inhaber:* Gebrüder Martini di Cigala. *Kundenbetreuung:* Francesco, Luca und Elisabetta Martini di Cigala. *Produktionsleitung:* Francesco Martini di Cigala. *Agronom:* Luca Martini di Cigala. *Anbaufläche in ha.:* 27,28. *Besuchszeiten:* nach Vereinbarung, Montag bis Samstag. *Degustation:* in einer Probierstube.

DOCG:

★★★ Chianti Classico, 🍷 1996 (ha 16,3 🍾 32.000 H *Pk.* C) 1996 (D.T.) 86

★★★ Chianti Classico Riserva, 🍷 1995 (ha 4 🍾 6.500 H B *Pk.* D) 1995 (D.T.) 90

Tafelwein:

★★ La Ricolma, 🍷 1995 (ha 0,4 🍾 300 B *Pk.* E) 🍇 Merlot 1995 (D.T.) 88

○ Percarlo, 🍷 1995 (ha 5 🍾 13.000 B *Pk.* E) 🍇 Sangiovese 1995 (D.T.) 94

★★★ Vin Santo Toscano, 🍷 1991 (ha 1,5 🍾 2.200 à 0,50 B *Pk.* F) 🍇 Malvasia (90%) und Trebbiano (10%) 1991 (D.T.) 87

Tomas & Giesen
Plz. 53010, località San Marcellino 9; Tel. 0577/747224; Fax 747224.

Gründungsjahr: 1995. *Inhaber:* Fabrizio Tomas und Stefan Giesen. *Kundenbetreuung:* die Inhaber. *Produktionsleitung:* die Inhaber, auch landwirtschaftliche Leiter. *Anbaufläche in ha.:* 2,5. *Besuchszeiten:* nach Vereinbarung.

IGT:

♣ Tric a Ballac Irpinia, 🍷 1997 (ha 2,5 🍾 10.000 N *Pk.* B ⊙) 🍇 Fiano — 1997 (D.T.) 87

Fattoria **Valtellina**

Plz. 53013, località Rietine; Tel. 0577/731005; Fax 731083.

Gründungsjahr: 1977. *Inhaber:* Christoph Schneider. *Kundenbetreuung:* der Inhaber mit Andreas Stössel. *Produktionsleitung:* Vittorio Fiore und Andreas Stössel. *Besuchszeiten:* nach Vereinbarung. *Degustation:* im Weinkeller oder in einer Probierstube der Villa.

DOCG:

★★ Chianti Classico, 🍷 1996 (H *Pk.* C) — 1996 (D.T.) 86

★★★ Chianti Classico Riserva, 🍷 1995 (H B *Pk.* D) — 1995 (D.T.) 88

Tafelwein:

★★★ Convivio, 🍷 1995 (B *Pk.* E) 🍇 Sangiovese (75%) und Cabernet Sauvignon (25%) — 1995 (D.T.) 91

Azienda Agricola **Vertine**

Plz. 53013, località Casanova della Cappella;
Tel. 0577/749474; Fax 243564.

Gründungsjahr: 1977. *Inhaber:* Aldina Noli. *Produktionsleitung:* Andrea Mazzoni, auch landwirtschaftlicher Leiter. *Anbaufläche in ha.:* 8,7. *Besuchszeiten:* nach Vereinbarung. *Degustation:* in einer Probierstube.

DOCG:

♣ Chianti Classico Riserva, 🍷 1993 (ha 3,7 🍾 12.000 H *Pk.* C) — 1993 (D.T.) 89

Besonderes: Es handelt sich hier um einen Bereich des Gebiets Gaiole, in dem sich bisher kein Hersteller profiliert hat. Die Weinberge haben jedoch gute Lagen und der hier produzierte Riserva ist sehr überzeugend. (D.T.)

GREVE IN CHIANTI (Firenze)

Nächste Autobahnausfahrt: Firenze Certosa.

Casa Vinicola **Carpineto**

Plz. 50020, Lucolena, frazione Dudda 17/b;
Tel. 055/8549062; Fax 8549001.

Gründungsjahr: 1967. *Inhaber:* Giovanni Carlo Sacchet und Antonio Mario Zaccheo. *Kundenbetreuung:* Luigina Coluccini. *Produk-*

tionsleitung: Luca Martelli. *Agronom:* Giuseppe Coluccini. *Besuchszeiten:* nur nach telefonischer Vereinbarung. *Degustation:* in einer Probierstube.

DOCG:

★ Chianti Classico, 🍷 1996 (H *Pk.* C)

★★ Chianti Classico Riserva, 🍷 1995 (H B *Pk.* C) 1995 (D.T.) 88

♣ Vino Nobile di Montepulciano, 🍷 1994 (H B *Pk.* D) 1994 (D.T.) 89

Tafelwein:

★★ Farnito Cabernet Sauvignon, 🍷 1995 (B *Pk.* D) 1995 (D.T.) 88

★ Farnito Chardonnay, 🍷 1996 (B *Pk.* C)

Castello di Querceto

Plz. 50020, Lucolena, frazione Dudda 61;
Tel. 055/8549064; Fax 8549063.

Gründungsjahr: 1897. *Inhaber:* Alessandro François. *Kundenbetreuung:* der Inhaber. *Produktionsleitung:* Giovanni Cappelli und Alessandro François. *Agronom:* Giovanni Cappelli. *Anbaufläche in ha.:* 55. *Besuchszeiten:* während der Geschäftszeiten; um den Inhaber anzutreffen wird eine Voranmeldung empfohlen. *Degustation:* in einer Probierstube.

DOCG:

★★ Chianti Classico Castello di Querceto, 🍷 1995 (🍾 200.000 H *Pk.* C) 1995 (D.T.) 85

★★ Chianti Classico Riserva Il Picchio, 🍷 1993 (ha 3,8 🍾 16.000 B *Pk.* E) 1993 (D.T.) 87

IGT:

★★ Cignale, 🍷 1994 (ha 3 🍾 10.000 B *Pk.* F) 🍇 Cabernet Sauvignon (90%) und Merlot (10%) 1994 (D.T.) 87

★★ Il Querciolaia, 🍷 1993 (ha 4 🍾 17.000 B *Pk.* E) 🍇 Sangiovese (65%) und Cabernet Sauvignon (35%) 1993 (D.T.) 86

★★★ La Corte, 🍷 1994 (ha 4 🍾 18.000 B *Pk.* E) 🍇 Sangiovese 1994 (D.T.) 90

Fattoria **Castello di Verrazzano**

Plz. 50022, località Castello di Verrazzano;
Tel. 055/854243; Fax 854241.

Gründungsjahr: 1920. *Inhaber:* Luigi Cappellini. *Kundenbetreuung:* Alberto Napoleone. *Produktionsleitung:* Marco Chellini. *Agro-*

nom: Marco Chellini. *Besuchszeiten:* Montag bis Freitag, von 11 bis 17 Uhr; für Gruppen mit über acht Personen nur nach Vereinbarung. *Degustation:* in einem großen Probiersaal mit Platz für 50 Personen.

DOCG:

★ Chianti Classico, 🍷 1996 (H *Pk.* B)

★★ Chianti Classico Riserva, 🍷 1995 (H B *Pk.* C)

Tafelwein:

★★ Bottiglia Particolare, 🍷 1995 (B *Pk.* E)
🍇 Sangiovese (85%) und Cabernet (15%) 1995 (D.T.) 85

★★ Sassello, 🍷 1995 (B *Pk.* E) 🍇 Sangiovese 1995 (D.T.) 86

★ Vin Santo Toscano, 🍷 1991 (B *Pk.* E)
🍇 Trebbiano (80%) und Malvasia (20%)

La Torraccia di Presura

Plz. 50027, via della Montagnola 130; Tel. 055/8588656; Fax 489997.

Inhaber: Torraccia di Presura srl, Geschäftsführer Paolo Osti. *Kundenbetreuung:* Giovanni Cappelli und Paolo Osti. *Produktionsleitung:* Giovanni Cappelli, auch landwirtschaftlicher Leiter. *Besuchszeiten:* nach telefonischer Vereinbarung. *Degustation:* in einer Probierstube.

DOCG:

★ Chianti Classico Il Tarrocco, 🍷 1996
(ha 3 ❙ 9.600 H B *Pk.* C)

★ Chianti Classico Il Tarrocco Riserva, 🍷 1995
(ha 2,5 ❙ 8.000 B *Pk.* C)

Azienda Agricola Tenuta **Montecalvi**

Plz. 50022, via Citille 85; Tel. 055/8544665; Fax 8544665.

Gründungsjahr: 1989. *Inhaber:* Bernadette Doyle. *Kundenbetreuung:* Jacqueline Bolli. *Produktionsleitung:* Stefano Chioccioli, auch landwirtschaftlicher Leiter. *Anbaufläche in ha.:* 3,5. *Besuchszeiten:* täglich, nach telefonischer Vereinbarung. *Degustation:* im Weinkeller.

IGT:

★★ Rosso dell'Alta Valle della Greve Montecalvi, 🍷 1995 und 1996 (❙ 10.500 B *Pk.* F) 🍇 Sangiovese (95%), Merlot, Syrah und Cabernet Sauvignon (5%). 1995 (G.B.) 88

Fattoria di **Nozzole**

Plz. 50022, via Nozzole 12, passo dei Pecorai;
Tel. 055/858018; Fax 858018.

Gründungsjahr: 1972. *Inhaber:* Familie Folonari. *Kundenbetreuung:* Beppe d'Andrea und Kathrin Brunath. *Produktionsleitung:* Mauro Orsoni. *Anbaufläche in ha.:* 97,5. *Besuchszeiten:* Montag bis Freitag, nach Vereinbarung. *Degustation:* im großen Saal der Villa.

DOCG:

★ Chianti Classico Nozzole, 1996 (70.000 H *Pk.* C)

★★ Chianti Classico Riserva La Forra, 1995 (20.000 H B *Pk.* D) 1995 (D.T.) 87

IGT:

★★★ Il Pareto di Toscana, 1995 (ha 10,5 20.000 B *Pk.* F) Cabernet Sauvignon 1995 (D.T.) 88

★ Le Bruniche Chardonnay di Toscana, der letzte (20.000 N *Pk.* C) Chardonnay

Azienda Agricola **Poggio Scalette**

Plz. 50022, località Ruffoli, via Barbiano 7;
Tel. 055/8546108; Fax 8547960.

Gründungsjahr: 1992. *Inhaber:* Adriana Assjé Di Marcorà-Fiore. *Kundenbetreuung:* Jurij Fiore. *Produktionsleitung:* Vittorio Fiore. *Agronom:* Jurij Fiore. *Anbaufläche in ha.:* 11,5. *Besuchszeiten:* nach telefonischer Vereinbarung. *Degustation:* in einer Probierstube.

IGT:

★★★ Il Carbonaione Alta Valle della Greve, 1995 und 1996 (ha 8 35.000 B *Pk.* F) Sangiovese 1996 (D.T.) 89

Agricola **Querciabella**

Plz. 50022, località Ruffoli, via Santa Lucia Barbiano 12/17;
Tel. 055/853834; Fax 8544657.

Gründungsjahr: 1974. *Inhaber:* Giuseppe Castiglioni. *Kundenbetreuung:* Guido De Santi und Dales D'Alessandro. *Produktionsleitung:* Guido De Santi und Mario Cortevesio. *Agronom:* Guido De Santi. *Anbaufläche in ha.:* 25. *Besuchszeiten:* nach telefonischer Vereinbarung.

DOCG:

★★★ Chianti Classico, 1996 (ha 12 80.000 H B *Pk.* B⊙) 1996 (D.T.) 88

★★★ Chianti Classico Riserva, 1995
(ha 3 20.000 H B Pk. D) 1995 (D.T.) 89

Tafelwein:

★★★ Batàr, 1996 (ha 3 15.000 B Pk. E) Pinot Bianco (50%) und Chardonnay (50%) 1996 (D.T.) 88

○ Camartina, 1994 (ha 5 24.000 B Pk. E) Sangiovese (75-80%) und Cabernet (20-25%) 1994 (D.T.) 89

Azienda Agricola **Savignola Paolina**

Plz. 50022, via Petriolo 58; Tel. 055/853139; Fax 853139.

Gründungsjahr: 1896. *Inhaber:* Carlo und Ludovica Fabbri. *Kundenbetreuung:* die Inhaber. *Produktionsleitung:* Carlo Fiore. *Anbaufläche in ha.:* 3,45. *Besuchszeiten:* nach Vereinbarung. *Degustation:* in einer Probierstube in der ehemaligen Ölmühle.

DOCG:

★★ Chianti Classico Riserva, 1995
(5.000 N H B Pk. E) 1995 (D.T.) 85

Azienda Agricola **Terreno**

Plz. 50022, via Citille 4; Tel. 055/854001; Fax 8544828.

Gründungsjahr: 1975. *Inhaber:* Mats und Brigitta Ruhne. *Kundenbetreuung:* Sabrina Socci. *Produktionsleitung:* Franco Bernabei. *Agronom:* Matteo Testai. *Anbaufläche in ha.:* 18. *Besuchszeiten:* täglich, von 10 bis 12 Uhr und von 15 bis 18 Uhr. *Degustation:* in einem Saal mit Platz für 10-15 Personen.

DOCG:

♣ Chianti Classico, 1996
(ha 18 90.000 H Pk. B ⊙) 1996 (D.T.) 86

♣ Chianti Classico Riserva, 1995
(ha 8,5 45.000 B Pk. C) 1995 (D.T.) 89

Azienda Agricola **Vecchie Terre di Montefili**

Plz. 50022, via S. Cresci 47; Tel. 055/853739; Fax 8544684.

Gründungsjahr: 1980. *Inhaber:* Roccaldo Acuti. *Kundenbetreuung:* Maria Acuti. *Produktionsleitung:* Vittorio Fiore. *Agronom:* Remigio Bordini. *Anbaufläche in ha.:* 10,5. *Besuchszeiten:* nach Vereinbarung. *Degustation:* in einer klimatisierten Taverne.

DOCG:

★★★ Chianti Classico, 1996 (30.000 H Pk. C) 1996 (G.B.) 88

IGT:

★★★ Anfiteatro Colli della Toscana Centrale, 🍷 1995 (🍾 10.000 B *Pk.* E) 🍇 Sangiovese 1995 (D.T.) 89

★★★ Bruno di Rocca Colli della Toscana Centrale, 🍷 1995 (🍾 10.000 B *Pk.* F) 🍇 Cabernet Sauvignon (55%) und Sangiovese (45%) 1995 (G.B.) 91

★★ Vigna Regis, 🍷 1996 (🍾 2.500 B *Pk.* E) 🍇 Chardonnay (80%), Sauvignon (15%) und Traminer (5%)

Castello **Vicchiomaggio**

Plz. 50022, via Vicchiomaggio 4; Tel. 055/854079; Fax 853911.

Gründungsjahr: 1956. *Inhaber:* John Matta. *Kundenbetreuung:* das Büropersonal. *Produktionsleitung:* John Matta unter Beratung von Giorgio Marone. *Agronom:* Pier Paolo Brandani. *Anbaufläche in ha.:* 27. *Besuchszeiten:* täglich, nach Vereinbarung. *Degustation:* in der Taverne San Jacopo, täglich von 8 bis 20 Uhr geöffnet.

DOCG:

★★ Chianti Classico Riserva La Prima, 🍷 1995 (ha 3 🍾 12.000 H B *Pk.* E) 1995 (D.T.) 86

★★ Chianti Classico Riserva Petri, 🍷 1995 (ha 12 🍾 60.000 H B *Pk.* D)

★ Chianti Classico San Jacopo, 🍷 1996 (ha 3 🍾 18.000 H *Pk.* C)

Tafelwein:

★ Ripa delle Mandorle, 🍷 1995 (ha 5 🍾 40.000 H B *Pk.* C) 🍇 Sangiovese (85%) und Cabernet Sauvignon (15%)

★★ Ripa delle More, 🍷 1995 (ha 4 🍾 15.000 B *Pk.* E) 🍇 Sangiovese 1995 (D.T.) 87

Villa **Vignamaggio**

Plz. 50022, via Petriolo 5; Tel. 055/853007; Fax 8544468.

Gründungsjahr: 1987. *Inhaber:* Gianni Nunziante. *Kundenbetreuung:* der Inhaber oder Carla Bani. *Produktionsleitung:* Franco Bernabei. *Agronom:* Francesco Naldi. *Anbaufläche in ha.:* 30. *Besuchszeiten:* Montag bis Freitag, nach Vereinbarung. *Degustation:* in einer Probierstube.

DOCG:

★★ Chianti Classico Riserva Monna Lisa, 🍷 1995 (H B *Pk.* E) 1995 (D.T.) 88

★★ Chianti Classico Vignamaggio, 🍷 1996 (H *Pk.* C)

Tafelwein:

★★★ Gherardino, 🍷 1995 (B *Pk.* F) 🍇 Sangiovese (90%) und Cabernet Franc (10%) 1995 (D.T.) 89

♣ Obsession, 🍷 1996 (B *Pk.* E)
Cabernet und Merlot 1996 (D.T.) 88
★★ Vignamaggio, 🍷 1995 (B *Pk.* F)
Cabernet Franc 1995 (D.T.) 89

Fattoria **Viticcio**

Plz. 50022, via S. Cresci 12/A; Tel. 055/854210; Fax 8544866.

Gründungsjahr: 1967. *Inhaber:* Alessandro Landini. *Kundenbetreuung:* der Inhaber. *Produktionsleitung:* Gabriella Tani und Vittorio Fiore. *Agronom:* Alessandro Landini. *Anbaufläche in ha.:* 35. *Besuchszeiten:* täglich, nach Vereinbarung. *Degustation:* in einer Probierstube.

DOCG:

★ Chianti Classico, 🍷 1996 (120.000 H B *Pk.* B)
★★ Chianti Classico Riserva, 🍷 1995
(25.000 B *Pk.* C) 1995 (D.T.) 87

IGT:

★★ Monile, 🍷 1995 (9.000 B *Pk.* E)
Cabernet Sauvignon (70%), Sangiovese und andere rote Reben (30%) 1995 (D.T.) 87
★★ Prunaio, 🍷 1995 (18.000 B *Pk.* E)
Sangiovese 1995 (D.T.) 88

GROSSETO (Grosseto)

Nächste Autobahnausfahrt: Rosignano (A12).

Belguardo

Plz. 58100, località Montebottigli, VIII Zona;
Tel. 0577/740476; Fax 741070.

Gründungsjahr: 1977. *Inhaber:* Filippo und Francesco Mazzei. *Kundenbetreuung:* Romano Ceccarelli. *Produktionsleitung:* Carlo Ferrini. *Agronom:* Romano Ceccarelli und Carlo Ferrini. *Anbaufläche in ha.:* 29. *Besuchszeiten:* nach Vereinbarung.

DOC:

♣ Morellino di Scansano Belguardo, 🍷 1997
(ha 14 60.000 B *Pk.* C) 1997 (D.T.) 87

Besonderes: Die erste Produktion des Betriebs von Filippo und Francesco Mazzei war erfolgreich. Mit diesem Betrieb startet Carlo Ferrini sein Engagement im Süden der Maremma. (D.T.)

IMPRUNETA (Firenze)

Nächste Autobahnausfahrt: Firenze Certosa (A1).

Azienda Agricola **Lanciola II**

Plz. 50023, via Imprunetana 210; Tel. 055/208324; Fax 208063.

Gründungsjahr: 1975. *Inhaber:* Carla Ercoli Guarnieri. *Kundenbetreuung:* Daniela Maestrini. *Produktionsleitung:* Franco Bernabei. *Besuchszeiten:* nach telefonischer Vereinbarung. *Degustation:* in einer großen, gut ausgestatteten Probierstube.

DOCG:

★★ Chianti Classico Riserva Le Masse di Greve, 1995 (H *Pk.* C) — 1995 (D.T.) 86

Tafelwein:

★★ Terricci, 1995 (B *Pk.* D)
Sangiovese und Cabernet Sauvignon — 1995 (D.T.) 88

Viticoltore **Marchi Massimo – Fattoria La Querce**

Plz. 50023, via Imprunetana per Tavarnuzze 41;
Tel. 055/2011380; Fax 2011380.

Gründungsjahr: 1964. *Inhaber:* Massimo Marchi. *Kundenbetreuung:* Marco Ferretti. *Produktionsleitung:* Marco Ferretti unter der Aufsicht von Giovanni Cappelli. *Agronom:* Marco Ferretti. *Anbaufläche in ha.:* 7,60. *Besuchszeiten:* täglich, von 9 bis 12 Uhr und von 14 bis 18 Uhr. *Degustation:* in einer Probierstube.

IGT:

★★ La Querce Selezione Speciale Toscana, 1995 (ha 5 1.200 H B *Pk.* C)
Sangiovese (90%), Canaiolo und Colorino (10%)

MAGLIANO IN TOSCANA (Grosseto)

Nächste Autobahnausfahrt: Rosignano (A12), dann die Superstrada Richtung Grosseto.

Fattoria **Le Pupille**

Plz. 58051, località Pereta; Tel. 0564/505129; Fax 505129.

Gründungsjahr: 1978. *Inhaber:* Elisabetta Geppetti. *Kundenbetreuung:* die Inhaberin. *Produktionsleitung:* Riccardo Cotarella. *Agronom:* Norman Rosi. *Besuchszeiten:* während der Geschäftszeiten; Samstag und Sonntag nach Vereinbarung. *Degustation:* in einem kleinen Keller im Herrenhaus.

DOC:

★ Morellino di Scansano, 🍷 1997
(ha 20 🍾 70.000 N B *Pk.* B ⊙) 1997 (D.T.) 88

★★ Morellino di Scansano Riserva, 🍷 1995
(ha 10 🍾 30.000 N B *Pk.* C)

IGT:

♣ Solalto, 🍷 1996 (ha 4 🍾 8.500 N *Pk.* D)
🍇 Sauvignon und Traminer 1996 (D.T.) 89

Tafelwein:

★★ Saffredi, 🍷 1995 (ha 5 🍾 12.000 B *Pk.* E)
🍇 Cabernet Sauvignon und Merlot 1995 (D.T.) 86

Azienda Agraria **Mantellassi**

Plz. 58051, località Banditaccia 26; Tel. 0564/592037; Fax 592037.

Gründungsjahr: 1958. *Inhaber:* Ezio Mantellassi. *Kundenbetreuung:* der Inhaber und Sohn Giuseppe. *Produktionsleitung:* Marco Stefanini. *Besuchszeiten:* Montag bis Freitag, während der Geschäftszeiten. *Degustation:* in einer Probierstube mit offenem Kamin.

DOC:

★ Morellino di Scansano Le Sentinelle, 🍷 1997 (H *Pk.* C)

★★ Morellino di Scansano Riserva, 🍷 1994 (H *Pk.* B)

Tafelwein:

★★ Querciolaia, 🍷 1994 (B *Pk.* B) 🍇 Sangiovese und Alicante

MANCIANO (Grosseto)

Nächste Autobahnausfahrt: Rosignano (A12), dann die Superstrada Richtung Grosseto.

Azienda Agricola **La Stellata**

Plz. 58014, via Fornacina 18; Tel. 0564/620190; Fax 620190.

Gründungsjahr: 1983. *Inhaber:* Clara Divizia. *Kundenbetreuung:* die Inhaberin und Manlio Giorni. *Produktionsleitung:* Massimo Albanese. *Agronom:* Manlio Giorni. *Anbaufläche in ha.:* 5. *Besuchszeiten:* mit Voranmeldung, Freitag und Samstagnachmittag. *Degustation:* im Weinkeller.

DOC:

★ Bianco di Pitigliano Lunaia, 🍷 der letzte
(ha 3 🍾 12.000 N B *Pk.* B)

Tafelwein:

★ Lunaia Rosso, 🍷 der letzte (ha 2 🍾 6.000 N *Pk.* B)
🍇 Sangiovese, Ciliegiolo und Montepulciano

MARLIA (Lucca)

Nächste Autobahnausfahrt: Capannori (A11).

Azienda Agricola **La Badiola**

Plz. 55010, via del Parco, località San Pancrazio;
Tel. 0583/309633; Fax 309633.

Gründungsjahr: 1986. *Inhaber:* Franco Butori. *Kundenbetreuung:* Giorgio Rugani. *Produktionsleitung:* Stefano Chioccioli, auch landwirtschaftlicher Leiter. *Anbaufläche in ha.:* 9. *Besuchszeiten:* Montag bis Samstag. *Degustation:* in einer Probierstube.

DOC:

♣ Colline Lucchesi Rosso, 🍷 1997
(ha 4 ⫾ 25.000 H *Pk.* B ⊙) 1997 (D.T.) 87

IGT:

♣ Stoppielle, 🍷 1997 (ha 2 ⫾ 7.000 N *Pk.* B ⊙)
🍇 Chardonnay und Pinot Bianco 1997 (D.T.) 87

♣ Vigna Flora, 🍷 1996 (ha 1,5 ⫾ 1.000 H *Pk.* C)
🍇 Cabernet und Merlot 1996 (D.T.) 89

Besonderes: La Badiola, was in den letzten zwei Ausgaben nur als Hinweis im Weinführer vertreten war, bekommt nun mit drei sehr überzeugend gemachten Weinen von guter Zusammensetzung einen vollwertigen Platz. (D.T.)

MASSA CARRARA (Massa Carrara)

Nächste Autobahnausfahrt: Massa (A12).

Podere **Scurtarola**

Plz. 54100, località Massa, via dell'Uva 3;
Tel. 0585/833523; Fax 830896.

Gründungsjahr: 1898. *Inhaber:* Pier Paolo Lorieri. *Kundenbetreuung:* der Inhaber. *Produktionsleitung:* Andrea Mazzoni. *Agronom:* Pier Paolo Lorieri. *Anbaufläche in ha.:* 5. *Besuchszeiten:* täglich, nach Vereinbarung. *Degustation:* in einem großen Saal mit Blick auf die Weinberge und das Meer.

DOC:

★ Candia dei Colli Apuani Secco, 🍷 der letzte
(ha 2 ⫾ 5.000 H *Pk.* B ⊙) 1997 (D.T.) 86

IGT:

★★ Vermentino Nero Toscana, 🍷 1996 (ha 0,3 ⫾ 1.700 B *Pk.* D)

★ Vermentino Toscana, 🍷 1997 (ha 0,25 ⫾ 1.500 B *Pk.* D)

MASSA MARITTIMA (Grosseto)

Nächste Autobahnausfahrt: Rosignano (A12), dann die Superstrada Richtung Grosseto.

Fattoria **Coliberto**

Plz. 58024, località Valpiana; Tel. 0566/919039; Fax 919039.

Gründungsjahr: 1975. *Inhaber:* Teresa Ferretti-Reggianini. *Kundenbetreuung:* die Inhaberin. *Produktionsleitung:* Luca D'Attoma. *Agronom:* Claudia Reggianini. *Anbaufläche in ha.:* 6. *Besuchszeiten:* nach Vereinbarung, Montag bis Freitag. *Degustation:* im Weinkeller.

DOC:

★ Monteregio di Massa Marittima Rosso, 🍷 1995 (B *Pk.* B)

Azienda Agricola **Massa Vecchia**

Plz. 58024, Podere Fornace 11 – Zona Rocche;
Tel. 0566/915522; Fax 915522.

Gründungsjahr: 1987. *Inhaber:* Fabrizio Niccolaini. *Kundenbetreuung:* der Inhaber und Patrizia Bartolini. *Produktionsleitung:* Fabrizio Niccolaini, auch landwirtschaftlicher Leiter. *Anbaufläche in ha.:* 5. *Besuchszeiten:* täglich, nach Vereinbarung. *Degustation:* im Weinkeller in Massa Vecchia.

IGT:

★ La Fonte di Pietrarsa Maremma Toscana, 🍷 1994 und 1995 (B *Pk.* D) 🍇 Cabernet Sauvignon — 1994 (G.B.) 85

★ Le Veglie di Neri Maremma Toscana, 🍷 1992 (B *Pk.* D) 🍇 Aleatico

★★ Terziere Maremma Toscana, 🍷 1995 und 1996 (B *Pk.* D) 🍇 Alicante

Moris Farms

Plz. 58024, località Curanuova; Tel. 0566/919135; Fax 919380.

Gründungsjahr: 1971. *Inhaber:* Familie Moris. *Kundenbetreuung:* Adolfo Parentini und Caterina Moris. *Produktionsleitung:* Attilio Pagli. *Agronom:* Andrea Paoletti. *Anbaufläche in ha.:* 76. *Besuchszeiten:* täglich, nach Voranmeldung. *Degustation:* in einer Probierstube in den restaurierten ehemaligen Lagerräumen des Gutshofs.

DOC:

★ Monteregio di Massa Marittima Roccolo, 🍷 1997 (ha 2 🍾 10.000 N *Pk.* A)

★★ Morellino di Scansano, 🍷 1997 (ha 18 🍾 110.000 N *Pk.* B ⊙) — 1997 (D.T.) 89

★★★ Morellino di Scansano Riserva, 🍷 1995 (ha 17 🍾 40.000 H B *Pk.* C)

Tafelwein:

★★★ Avvoltore, 🍷 1995 (ha 10 🍾 25.000 B *Pk.* D)
🍇 Sangiovese (75%) und Cabernet Sauvignon (25%)

MERCATALE VAL DI PESA (Firenze)

Nächste Autobahnausfahrt: Firenze Certosa (A1).

Produttori Associati **Castelli del Grevepesa**

Plz. 50024, via Grevigiana 34, località Ponte di Gabbiano; Tel. 055/821911; Fax 8217920.

Gründungsjahr: 1965. *Inhaber:* eine Genossenschaft von Herstellern. *Kundenbetreuung:* Luigi D'Agnolo. *Produktionsleitung:* Gianni Giaretta und Stefano Mosele. *Agronom:* Paolo Catarzi. *Anbaufläche in ha.:* 850. *Besuchszeiten:* Montag bis Freitag, am besten nach Vereinbarung. *Degustation:* in einer professionellen Probierstube des tausendjährigen Pfarrhauses in Sant'Angiolo Vico l'Abate.

DOCG:

★★ Chianti Classico Clemente VII, 🍷 1995 (H B *Pk.* B ⊙) 1995 (G.B.) 86
★ Chianti Classico Lamole, 🍷 1994 (H *Pk.* D)
★ Chianti Classico Panzano, 🍷 1994 (H *Pk.* E) 1994 (D.T.) 85
★ Chianti Classico Riserva Castelgreve, 🍷 1995 (H *Pk.* B ⊙) 1995 (D.T.) 86
★ Chianti Classico Sant'Angiolo Vico L'Abate, 🍷 1994 (H *Pk.* E)
★★ Chianti Classico Vigna Elisa, 🍷 1994 (H *Pk.* E) 1994 (D.T.) 87

IGT:

♣ Gualdo al Luco, 🍷 1994 (B *Pk.* D)
🍇 Sangiovese und Cabernet Sauvignon 1994 (D.T.) 87

Castello Il Palagio

Plz. 50024, via Campoli 130/4; Tel. 055/821630; Fax 8218157.

Gründungsjahr: 1910. *Inhaber:* Marchesi Goretti Miniati. *Kundenbetreuung:* Simone Coppi. *Produktionsleitung:* Simone Coppi. *Agronom:* Mario Coppi. *Anbaufläche in ha.:* 25. *Besuchszeiten:* täglich, von 9 bis 13 Uhr und von 14 bis 18.30 Uhr. *Degustation:* in einer Probierstube des Bauernhauses oder im großen Empfangssaal des Castello mit Platz für 200 Personen.

DOCG:

★ Chianti Classico, 🍷 1995 (ha 5,5 🍾 30.000 N H *Pk.* C)

IGT:

★★ Curtifreda, 🍷 1994 (ha 1,2 🍾 3.000 B *Pk.* E)
🍇 Cabernet Sauvignon

Azienda Agricola **Solatione**

Plz. 50024, via Campoli 31; Tel. 055/821082; Fax 8218113.

Gründungsjahr: 1970. *Inhaber:* Erben Giovanni Giachi. *Kundenbetreuung:* Renato Giachi. *Produktionsleitung:* Attilio Pagli. *Agronom:* Francesco Scarselli. *Besuchszeiten:* nach Vereinbarung. *Degustation:* in einer Probierstube.

DOCG:

♣ Chianti Classico, 🍷 1996 (H *Pk.* C) 1996 (D.T.) 85

★★ Chianti Classico Riserva Solatione, 🍷 1995 (H *Pk.* C) 1995 (D.T.) 87

MERCATALE VALDARNO (Arezzo)

Nächste Autobahnausfahrt: Valdarno (A1).

Hinweis: Der Merlot 1996 (86) der Fattoria Rendola (Tel. 055/9707491) ist gut gelungen. Das im Ort befindliche, ausgezeichnete Restaurant macht einen eventuellen Besuch noch angenehmer. (D.T.)

Podere **Il Carnasciale**

Plz. 52020, frazione San Leolino 82; Tel. 055/9911142; Fax 992957.

Gründungsjahr: 1988. *Inhaber:* Bettina Rogosky. *Kundenbetreuung:* Philip Rogosky. *Produktionsleitung:* Vittorio Fiore. *Agronom:* Remigio Bordini. *Besuchszeiten:* nach telefonischer Vereinbarung. *Degustation:* in einer Probierstube.

Tafelwein:

★★★ Il Caberlot di Carnasciale, 🍷 1994 und 1995 im Kommen (B *Pk.* F) 🍇 Caberlot (ein Biotypus von Cabernet Franc) 1994 (D.T.) 90

Tenuta di **Petrolo**

Plz. 52020, località Galatrona; Tel. 055/9911322; Fax 992749.

Gründungsjahr: 1947. *Inhaber:* Lucia Bazzocchi Sanjust und Co. *Kundenbetreuung:* Claudio Palchetti; Lucia und Luca Sanjust, beide Geschäftsführer, und Sebastiano Rosa, Verkaufsleiter. *Produktionsleitung:* Giulio Gambelli. *Agronom:* Claudio Palchetti. *Anbaufläche in ha.:* 31. *Besuchszeiten:* nur nach Vereinbarung. *Degustation:* in einer Probierstube im Weinkeller.

IGT:

★★ Galatrona Toscana, 🍷 1995 (🍾 2.000 B *Pk.* E) 🍇 Merlot 1995 (D.T.) 92

♣ Terre di Galatrona Toscana, 🍷 1996 (🍾 50.000 H *Pk.* B ⊙)
Sangiovese (70%)
und Merlot (30%) 1996 (G.B./D.T.) 86

★★★ Torrione Toscana, 🍷 1995 (🍾 10.000 B *Pk.* D)
Sangiovese 1995 (D.T.) 90

MONTALCINO (Siena)

Nächste Autobahnausfahrt: Val di Chiana (A1).

Hinweis: Die große internationale Nachfrage nach Weinen aus Montalcino hat in den letzten zehn Jahren zu einer Steigerung der Produktqualität und einer Erhöhung der Zahl seriöser, engagierter Hersteller geführt. Unter den guten Kostproben dieses Jahres stachen besonders folgende Weine hervor: der Brunello di Montalcino 1993 (87) von Pietroso, Tel. 0577/848573; der Brunello di Montalcino 1993 (87) von Marchesato degli Aleramici, Tel. 0577/816056; der Brunello di Montalcino 1993 (88) und der Sant'Antimo Cabernet Sauvignon 1996 (86) von Castello di Camigliano, Tel. 0577/844068; der Brunello di Montalcino 1993 (87) der Cantina di Montalcino, der lokalen Winzergenossenschaft, Tel. 0577/848704, sowie der Rosso di Montalcino 1997 (89) von Tenuta Oliveto, Tel. 0577/835542, und der Brunello di Montalcino 1993 (88) von Podere I Verbi, Tel. 0577/848223 oder 06/5650612. (D.T.)

Azienda Agricola **Altesino**

Plz. 53028, frazione Torrenieri, località Altesino;
Tel. 0577/806208; Fax 806131.

Gründungsjahr: 1970. *Kundenbetreuung:* Laura De Masi. *Produktionsleitung:* Pietro Rivella. *Agronom:* Mirando Pellegrini. *Besuchszeiten:* täglich, nach Vereinbarung. *Degustation:* im großen Probiersaal des Palazzo Altesi.

DOCG:

★★ Brunello di Montalcino, 🍷 1993 (H *Pk.* E)

★★★ Brunello di Montalcino Montosoli, 🍷 1993
(H *Pk.* F) 1993 (D.T.) 86

DOC:

★★ Rosso di Montalcino, 🍷 1996 (H *Pk.* C)

Tafelwein:

★★★ Alte d'Altesi, 🍷 1995 und 1996 (B *Pk.* E) Sangiovese
(70%) und Cabernet Sauvignon (30%) 1996 (D.T.) 86

★★ Borgo d'Altesi, 🍷 1995 und 1996 (B *Pk.* E)
Cabernet Sauvignon 1996 (D.T.) 87

★★ Palazzo Altesi, 🍷 1995 und 1996 (B *Pk.* E)
Sangiovese 1996 (D.T.) 85

★ Quarto d'Altesi, 🍷 1995 (B Pk. E) 🍇 Merlot
★★ Vin Santo, 🍷 1990 (B Pk. F) 🍇 Trebbiano und in kleinen Mengen Malvasia

Azienda Agricola **Argiano**

Plz. 53020, frazione Sant'Angelo in Colle;
Tel. 0577/864037; Fax 864210.

Gründungsjahr: 1920. *Inhaber:* Gräfin Noemi Marone Cinzano. *Kundenbetreuung:* Sebastiano Rosa. *Produktionsleitung:* Giacomo Tachis. *Besuchszeiten:* Montag bis Freitag, nach Vereinbarung. *Degustation:* im Weinkeller unterhalb der Villa aus dem 16. Jahrhundert.

DOCG:

★★ Brunello di Montalcino, 🍷 1993 (H B Pk. E) 1993 (D.T.) 90

DOC:

★★ Rosso di Montalcino, 🍷 1996 (H Pk. B)

Tafelwein:

★ Solengo, 🍷 1995 und 1996 (B Pk. E) 🍇 Sangiovese, Cabernet, Merlot und Syrah 1996 (D.T.) 91

Banfi

Plz. 53020, località Sant'Angelo Scalo; Tel. 0577/840111; Fax 840444.

Gründungsjahr: 1977. *Inhaber:* Ezio Rivella (Geschäftsführer). *Kundenbetreuung:* Elizabeth Koenig. *Produktionsleitung:* Pablo Harri. *Agronom:* Maurizio Marmugi. *Anbaufläche in ha.:* 800. *Besuchszeiten:* Montag bis Freitag, nach Vereinbarung. *Degustation:* in einer Probierstube.

DOCG:

★★ Brunello di Montalcino, 🍷 1993 (ha 120 🍾 600.000 H Pk. F)
★★ Brunello di Montalcino Riserva Poggio all'Oro, 🍷 1990 und 1993 im Kommen (ha 24 🍾 35.000 H B Pk. F)

DOC:

★ Moscadello di Montalcino B, 🍷 1996 (ha 12 🍾 25.000 N B Pk. E)
★★ Sant'Antimo Chardonnay Fontanelle, 🍷 1996 (ha 15 🍾 100.000 B Pk. D)
★★ Sant'Antimo Sauvignon Serena, 🍷 1996 (ha 7 🍾 20.000 B Pk. D)

IGT:

★ Belnero, 🍷 1995 (ha 8 🍾 30.000 B Pk. E) 🍇 Pinot Nero
★ Colvecchio, 🍷 1995 (ha 7 🍾 30.000 B Pk. E) 🍇 Syrah
★★ Mandrielle, 🍷 1995 (ha 20 🍾 80.000 B Pk. D) 🍇 Merlot

Tafelwein:

★★ Excelsus, 🍷 1993 und 1995 im Kommen (ha 12 🍾 40.000 B *Pk.* F) 🍇 Cabernet Sauvignon (60%) und Merlot (40%)

★★ Summus, 🍷 1993 und 1995 im Kommen (ha 24 🍾 90.000 B *Pk.* E) 🍇 Sangiovese (45%), Cabernet Sauvignon (40%) und Syrah (15%)

★★ Tavernelle Cabernet Sauvignon, 🍷 1995 (ha 30 🍾 120.000 B *Pk.* D)

Fattoria dei **Barbi**

Plz. 53024, località Podernovi; Tel. 0577/848277; Fax 849356.

Gründungsjahr: 16. Jahrhundert. *Inhaber:* Francesca Colombini Cinelli. *Kundenbetreuung:* Raffaella Guidi Federzoni und Laura Pogutz. *Produktionsleitung:* Luigino Casagrande. *Agronom:* Carlo Ferrini. *Anbaufläche in ha.:* 86. *Besuchszeiten:* täglich, von 10 bis 13 Uhr und von 15 bis 18 Uhr; Samstag und Sonntag von 14.30 bis 18 Uhr. *Degustation:* in einer Taverne mit großem Kamin, deren Tisch aus einer ehemaligen Krippe gefertigt wurde.

DOCG:

★★ Brunello di Montalcino, 🍷 1993, Riserva 1991 und 1993 im Kommen (ha 24,8 🍾 180.000 H *Pk.* E) 1993 (D.T.) 87

★★ Brunello di Montalcino Riserva Vigna del Fiore, 🍷 1993 im Kommen (ha 2,14 🍾 13.300 H *Pk.* F)

DOC:

★ Rosso di Montalcino, 🍷 1996 (ha 5 🍾 36.000 N *Pk.* B)

IGT:

♣ Brigante dei Barbi Toscana, 🍷 1995 (ha 5,5 🍾 46.000 H B *Pk.* D) 🍇 Sangiovese und Merlot 1995 (D.T.) 86

★ Brusco dei Barbi Toscana, 🍷 1996 und 1997 (ha 44 🍾 380.000 H *Pk.* B ⊙) 🍇 Sangiovese, Canaiolo, Trebbiano und Malvasia 1996 (D.T.) 85

Biondi Santi Jacopo

Plz. 53024, via Panfilo dell'oca 3; Tel. 0577/847121; Fax 847131.

Inhaber: Jacopo Biondi Santi. *Kundenbetreuung:* der Inhaber. *Produktionsleitung:* Vittorio Fiore und Jacopo Biondi Santi. *Besuchszeiten:* Montag bis Freitag, während der Geschäftszeiten, mit Voranmeldung. *Degustation:* im Weinkeller.

IGT:

♣ Lavischio Toscana, 🍷 1995 (B *Pk.* B ⊙)
Merlot 1995 (D.T.) 87

★★ Sassoalloro Toscana, 🍷 1995 (B *Pk.* D)
Sangiovese 1995 (D.T.) 85

Tafelwein:

★★ Schidione, 🍷 1994 (B *Pk.* F) Cabernet Sauvignon (40%), Sangiovese (40%) und Merlot (20%) 1994 (D.T.) 87

Azienda Agricola **Canalicchio di Sopra**

Plz. 53024, località Canalicchio di Sopra;
Tel. 0577/848316; Fax 848316.

Gründungsjahr: 1962. *Inhaber:* Primo Pacenti und Pier Luigi Ripaccioli. *Kundenbetreuung:* die Inhaber. *Produktionsleitung:* die Inhaber unter Beratung von Paolo Vagaggini. *Agronom:* die Inhaber. *Besuchszeiten:* nach telefonischer Vereinbarung. *Degustation:* in einer Probierstube.

DOCG:

★★ Brunello di Montalcino, 🍷 1993 (H *Pk.* E)

DOC:

★ Rosso di Montalcino, 🍷 1996 (H *Pk.* B)

Azienda Agricola **Canalicchio di Sotto**

Plz. 53024, podere Canalicchio di Sotto 8;
Tel. 0577/848476; Fax 848476.

Inhaber: Maurizio Lambardi. *Kundenbetreuung:* der Inhaber. *Besuchszeiten:* nach telefonischer Vereinbarung. *Degustation:* in einer Probierstube.

DOCG:

★★★ Brunello di Montalcino, 🍷 1993 (H *Pk.* D) 1993 (D.T.) 91

DOC:

★★ Rosso di Montalcino, 🍷 1996 (H *Pk.* B ⊙) 1996 (D.T.) 87

Azienda Agricola **Capanna**

Plz. 53024, località Capanna 333; Tel. 0577/848298; Fax 848298.

Gründungsjahr: 1957. *Inhaber:* Benito Cencioni und Söhne. *Kundenbetreuung:* Benito und Patrizio Cencioni. *Produktionsleitung:* Paolo Vagaggini. *Agronom:* Francesco und Patrizio Cencioni. *Anbaufläche in ha.:* 14. *Besuchszeiten:* während der Geschäftszeiten. *Degustation:* in einer Probierstube.

DOCG:

★★ Brunello di Montalcino, 🍷 1993 (ha 4 🍾 15.650 ▣ *Pk.* E) 1993 (D.T.) 87

★★ Brunello di Montalcino Riserva, 🍷 1991 und 1993 im Kommen (ha 2 🍾 9.000 ▣ *Pk.* F)

DOC:

★ Rosso di Montalcino, 🍷 1996 (ha 4 🍾 30.000 ▣ *Pk.* C)

Tenuta **Caparzo**

Plz. 53024, strada Provinciale del Brunello, km 1.700, località Caparzo; Tel. 0577/848390; Fax 849377.

Gründungsjahr: 1968. *Kundenbetreuung:* Nuccio Turone und Massimo Bracalente. *Produktionsleitung:* Vittorio Fiore. *Agronom:* Francesco Pancaro. *Anbaufläche in ha.:* 41. *Besuchszeiten:* Montag bis Freitag, nach telefonischer Vereinbarung. *Degustation:* im Weinkeller.

DOCG:

★★ Brunello di Montalcino, 🍷 1993 (🍾 84.000 ▣ *Pk.* E) 1993 (G.B.) 89

★★ Brunello di Montalcino Riserva, 🍷 1993 im Kommen (▣ *Pk.* E)

★★★ Brunello di Montalcino Vigna La Casa, 🍷 1993 (🍾 24.000 ▣ ▣ *Pk.* F) 1993 (G.B.) 91

DOC:

★ Rosso di Montalcino, 🍷 1996 (🍾 120.000 ▣ *Pk.* C)

★★ Rosso di Montalcino Vigna La Caduta, 🍷 1995 (🍾 30.000 ▣ *Pk.* D) 1995 (G.B.) 86

IGT:

★★ Cà del Pazzo Rosso Toscano, 🍷 1994 (🍾 34.000 ▣ *Pk.* D) 🍇 Sangiovese und Cabernet Sauvignon zu gleichen Teilen 1994 (G.B.) 88

★★ Le Grance, 🍷 1996 (🍾 16.000 ▣ *Pk.* C) 🍇 Chardonnay (75%), Sauvignon und Traminer (25%) 1996 (G.B./D.T.) 87

Azienda Agricola **Casanova di Neri**

Plz. 53028, località Torrenieri, podere Casanova; Tel. 0577/834455; Fax 834455.

Inhaber: Giacomo Neri. *Kundenbetreuung:* der Inhaber. *Produktionsleitung:* Giacomo Neri und Carlo Ferrini, auch landwirtschaftlicher Leiter. *Besuchszeiten:* Montag bis Freitag, von 9 bis 19 Uhr; an Sonn- und Feiertagen nur nach Vereinbarung. *Degustation:* in einer Taverne.

DOCG:

★★ Brunello di Montalcino, 🍷 1993
(ha 15,7 🍾 37.600 H B *Pk.* E) 1993 (D.T.) 87

★★ Brunello di Montalcino Riserva Cerretalto, 🍷 1993 im Kommen (ha 3,75 🍾 6.000 H B *Pk.* F)

♣ Brunello di Montalcino Tenuta Nuova, 🍷 1993
(🍾 23.000 B *Pk.* F) 1993 (D.T.) 89

DOC:

★ Rosso di Montalcino, 🍷 1996 (H B *Pk.* B)

Azienda Agricola **Case Basse**

Plz. 53024, Villa Santa Restituta; Tel. 02/461544; Fax 48195341.

Gründungsjahr: 1972. *Inhaber:* Gianfranco Soldera. *Kundenbetreuung:* der Inhaber. *Produktionsleitung:* Sommelier Giulio Gambelli. *Agronom:* Gianfranco Soldera. *Anbaufläche in ha.:* 6,2. *Besuchszeiten:* nach telefonischer Vereinbarung. *Degustation:* im Weinkeller.

DOCG:

★★★ Brunello di Montalcino, 🍷 1993 (🍾 17.000 H *Pk.* F)

○ Brunello di Montalcino Riserva, 🍷 1991 und 1993 im Kommen (🍾 11.000 H *Pk.* F)

Tenuta di **Castelgiocondo**

Plz. 53024, località Castelgiocondo; Tel. 0577/848492; Fax 849138.

Inhaber: Marchesi de' Frescobaldi. *Kundenbetreuung:* Simone Fabbri und Tiziana Frescobaldi (055/2381400). *Produktionsleitung:* Niccolò D'Afflitto und Luciano Boarino. *Besuchszeiten:* Montag bis Freitag, nach telefonischer Vereinbarung. *Degustation:* in einer Probierstube.

DOCG:

★★ Brunello di Montalcino, 🍷 1993 (H *Pk.* D) 1993 (D.T.) 88

★★ Brunello di Montalcino Riserva, 🍷 1993 im Kommen (H B *Pk.* E)

DOC:

★ Rosso di Montalcino Campo ai Sassi, 🍷 1996 (H *Pk.* B)

Tafelwein:

★★★ Lamaione, 🍷 1995 (B *Pk.* D) 🍇 Merlot 1995 (G.B./D.T.) 92

Azienda Agricola **Castello Romitorio**

Plz. 53024, località Romitorio 279; Tel. 0577/897220; Fax 897026.

Gründungsjahr: 1989. *Inhaber:* Alessandro Chia. *Kundenbetreuung:* Carlo Vittori. *Produktionsleitung:* Carlo Vittori unter Mithilfe von Paolo Vagaggini. *Agronom:* Carlo Vittori. *Anbaufläche in ha.:* 14. *Besuchszeiten:* nach Vereinbarung. *Degustation:* im Schloß.

DOCG:

♣ Brunello di Montalcino, 🍷 1993
(ha 5 🍾 17.000 🄽 *Pk.* E) 1993 (D.T.) 85

IGT:

♣ Romito del Romitorio Toscana, 🍷 1996
(ha 3 🍾 5.000 🄱 *Pk.* C) 🍇 Sangiovese und
Cabernet Sauvignon 1996 (D.T.) 86

Azienda Agricola **Cerbaiona**

Plz. 53024, località Cerbaiona; Tel. 0577/848660; Fax 848660.

Inhaber: Diego Molinari. *Kundenbetreuung:* der Inhaber. *Produktionsleitung:* der Inhaber. *Besuchszeiten:* täglich, nach Vereinbarung. *Degustation:* in einer Probierstube im Wohnhaus.

DOCG:

○ Brunello di Montalcino, 🍷 1993 (🄷 *Pk.* F) 1993 (D.T.) 89

Tafelwein:

★★ Cerbaiona, 🍷 1996 (🄷 *Pk.* C) 🍇 Sangiovese 1996 (D.T.) 87

Podere **Cerrino**

Plz. 53024, località Cerrino I; Tel. 0577/848187; Fax 848187.

Gründungsjahr: 1988. *Inhaber:* Enzo und Maria Vittoria Tiezzi. *Kundenbetreuung:* Enzo Tiezzi. *Produktionsleitung:* Enzo Tiezzi. *Anbaufläche in ha.:* 3. *Besuchszeiten:* nach telefonischer Vereinbarung. *Degustation:* in einer Probierstube.

DOCG:

★★ Brunello di Montalcino, 🍷 1993 (🄷 *Pk.* E) 1993 (G.B.) 87

DOC:

★★ Rosso di Montalcino, 🍷 1996 (🄷 *Pk.* C)

Azienda Agricola **Ciacci Piccolomini d'Aragona**

Plz. 53020, frazione Castelnuovo dell'Abate, via Borgo di Mezzo; Tel. 0577/835616; Fax 835785.

Gründungsjahr: 1983. *Inhaber:* Giuseppe Bianchini. *Kundenbetreuung:* der Inhaber. *Agronom:* Giuseppe und Paolo Bianchini. *Be-*

suchszeiten: Montag bis Freitag, nach telefonischer Vereinbarung. *Degustation:* in einer Probierstube im Firmensitz, der sich in einem ehemaligen bischöflichen Palast aus dem 16. Jahrhundert befindet.

DOCG:

★★★ Brunello di Montalcino Vigna di Pianrosso, 🍷 1993 (H *Pk.* F) 1993 (D.T.) 89

DOC:

★★ Rosso di Montalcino Vigna della Fonte, 🍷 1996 (H B *Pk.* C)

Tafelwein:

★★ Ateo, 🍷 1995 und 1996 (H B *Pk.* C) Sangiovese (90%) und Cabernet Sauvignon (10%) 1996 (D.T.) 86

Tenuta **Col d'Orcia**

Plz. 53020, frazione Sant'Angelo in Colle;
Tel. 0577/808001; Fax 844018.

Gründungsjahr: 1973. *Inhaber:* Francesco Marone Cinzano. *Kundenbetreuung:* Mario Olivero und Giuliano Dragoni. *Produktionsleitung:* Mario Olivero unter Beratung von Maurizio Castelli. *Agronom:* Giuliano Dragoni. *Anbaufläche in ha.:* 108. *Besuchszeiten:* Montag bis Freitag, von 9 bis 12.30 Uhr und von 14.30 bis 18 Uhr. *Degustation:* in einer Probierstube mit Platz für acht Personen.

DOCG:

★★ Brunello di Montalcino, 🍷 1992 und 1993 (ha 28 155.000 H *Pk.* E) 1993 (G.B./D.T.) 88

★★★ Brunello di Montalcino Riserva, 🍷 1991 (ha 3 17.000 H *Pk.* F)

★★★ Brunello di Montalcino Riserva Poggio al Vento, 🍷 1993 im Kommen (ha 5,5 29.000 H *Pk.* F)

DOC:

★★ Moscadello di Montalcino Pascena, 🍷 1993 (ha 3,2 8.000 à 0,375 B *Pk.* F) 1993 (D.T.) 91

★★ Rosso di Montalcino, 🍷 1996 (ha 49 305.000 H *Pk.* B⊙) 1996 (G.B.) 86

IGT:

★★ Ghiaie Bianche Toscana, 🍷 1996 (ha 3,3 6.300 B *Pk.* D) Chardonnay 1996 (D.T.) 86

★ Rosso degli Spezieri Toscana, 🍷 1997 (ha 6 50.000 N *Pk.* B⊙) Sangiovese, Canaiolo, Ciliegiolo und Mammolo 1997 (G.B./D.T.) 85

Tafelwein:

★★★ Olmaia, 🍷 1993 und 1994 (ha 4,4 8.100 B *Pk.* E) Cabernet Sauvignon 1994 (G.B./D.T.) 90

Tenuta di **Collosorbo**

Plz. 53020, via Villa Sesta 25, frazione Castelnuovo dell'Abate;
Tel. 0577/835534; Fax 835534.

Gründungsjahr: 1990. *Inhaber:* Giovanna Ciacci. *Kundenbetreuung:* Giancarlo Sutera Sardo. *Produktionsleitung:* Roberto Cipresso. *Agronom:* Folco Bencini. *Anbaufläche in ha.:* 10. *Besuchszeiten:* Montag bis Freitag, von 9 bis 12.30 Uhr und von 14.30 bis 18.30 Uhr; Samstag und Sonntag nach Vereinbarung. *Degustation:* in einer Probierstube.

DOCG:

♣ Brunello di Montalcino, 🍷 1993
(ha 10 🍾 18.000 H *Pk.* E) — 1993 (G.B./D.T.) 85

DOC:

♣ Rosso di Montalcino, 🍷 1996
(ha 5 🍾 9.000 N H *Pk.* C) — 1996 (G.B.) 88

Cantina **Costanti**

Plz. 53024, località Colle al Matrichese;
Tel. 0577/848195; Fax 849349.

Gründungsjahr: 1960. *Inhaber:* Andrea Costanti. *Kundenbetreuung:* der Inhaber. *Produktionsleitung:* Vittorio Fiore. *Besuchszeiten:* nur nach Vereinbarung. *Degustation:* in einer Probierstube.

DOCG:

★★ Brunello di Montalcino, 🍷 1993 (H *Pk.* E) — 1993 (D.T.) 85

★★★ Brunello di Montalcino Riserva, 🍷 1991 und 1993 im Kommen (H *Pk.* F)

DOC:

★★ Rosso di Montalcino, 🍷 1996 (B *Pk.* C)

Tafelwein:

★★ Vermiglio, 🍷 1993 (H B *Pk.* D)
🍇 Sangiovese — 1993 (D.T.) 86

Azienda Agricola **Due Portine – Gorelli**

Plz. 53024, via Cialdini 53; Tel. 0577/848098; Fax 848098.

Gründungsjahr: 1977. *Inhaber:* Giancarlo Gorelli. *Kundenbetreuung:* Giuseppe Gorelli. *Produktionsleitung:* der Inhaber, auch landwirtschaftlicher Leiter. *Anbaufläche in ha.:* 1. *Besuchszeiten:* nach telefonischer Vereinbarung. *Degustation:* im Weinkeller.

DOCG:

★★ Brunello di Montalcino, 🍷 1993
(🍾 6.200 H B *Pk.* E) — 1993 (D.T.) 89

DOC:

★★ Rosso di Montalcino, 🍷 1996 (🍾 7.300 🅷 🅱 *Pk.* C) 1996 (D.T.) 85

Tenuta **Friggiali**

Plz. 53024, località Friggiali; Tel. 0577/849358; Fax 849314.

Gründungsjahr: 1983. *Inhaber:* Familie Peluso Centolani. *Kundenbetreuung:* Olga Peluso Centolani. *Produktionsleitung:* Paolo Vagaggini. *Besuchszeiten:* täglich, nach telefonischer Vereinbarung. *Degustation:* im mit alten originalen Möbeln eingerichteten Bauernhaus.

DOCG:

★ Brunello di Montalcino, 🍷 1993 (🅷 *Pk.* E)

★★ Brunello di Montalcino Riserva, 🍷 1991 und 1993 im Kommen (🅷 *Pk.* E)

DOC:

★ Rosso di Montalcino Selezione Argento, 🍷 1996 (🅷 *Pk.* B)

Tafelwein:

★ Pietrafocaia, 🍷 1993 (🅷 *Pk.* C) 🍇 Sangiovese

Azienda Agricola Eredi **Fuligni**

Plz. 53024, via Soccorso Saloni 33; Tel. 0577/848039; Fax 848710.

Gründungsjahr: 1920. *Inhaber:* Erben Fuligni. *Kundenbetreuung:* Maria Flora Fuligni. *Produktionsleitung:* Paolo Vagaggini. *Agronom:* Maria Flora Fuligni. *Anbaufläche in ha.:* 6. *Besuchszeiten:* nach telefonischer Vereinbarung. *Degustation:* in einer Probierstube im Weinkeller aus dem 15. Jahrhundert.

DOCG:

○ Brunello di Montalcino Riserva Vigneti dei Cottimelli, 🍷 1993 im Kommen (🅷 *Pk.* E)

★★★ Brunello di Montalcino Vigneti dei Cottimelli, 🍷 1993 (🍾 18.000 🅷 *Pk.* E) 1993 (D.T.) 89

DOC:

★★ Rosso di Montalcino Ginestreto, 🍷 1996 (🍾 10.000 🅷 🅱 *Pk.* C)

Tenuta **Greppo Biondi-Santi**

Plz. 53024, località Greppo; Tel. 0577/848087; Fax 849396.

Gründungsjahr: 1826. *Inhaber:* Franco Biondi-Santi. *Produktionsleitung:* der Inhaber. *Agronom:* der Inhaber. *Besuchszeiten:* Montag bis Freitag, nach Vereinbarung. *Degustation:* im Weinkeller.

DOCG:

★★ Brunello di Montalcino, 🍷 1993 (🅷 *Pk.* F)

★★ Brunello di Montalcino Riserva, 🍷 1990 und 1993 im Kommen (🅷 *Pk.* F)

DOC:

★ Rosso di Montalcino, 🍷 1996 (🅷 *Pk.* D)

Azienda Agricola **Il Greppone Mazzi**

Plz. 53024, località Greppone; Tel. 055/83605; Fax 8313677.

Gründungsjahr: 1979. *Inhaber:* Tenimenti Ruffino. *Kundenbetreuung:* Beppe D'Andrea und Kathrin Brunat. *Produktionsleitung:* Mauro Orsoni. *Agronom:* Maurizio Bogoni. *Anbaufläche in ha.:* 9,5. *Besuchszeiten:* nach Vereinbarung. *Degustation:* in einer Probierstube.

DOCG:

★★ Brunello di Montalcino, 🍷 1993 (ha 9,5 🍾 45.000 🅷 *Pk.* E) 1993 (D.T.) 88

Azienda Agricola **Il Marroneto**

Plz. 53024, località Madonna delle Grazie;
Tel. 0577/45340; Fax 44221.

Gründungsjahr: 1980. *Inhaber:* Maddalena Mori. *Kundenbetreuung:* Andrea und Alessandro Mori. *Produktionsleitung:* Mario Cortevesio. *Besuchszeiten:* nach telefonischer Vereinbarung. *Degustation:* in einem großen Saal im Weinkeller.

DOCG:

★★ Brunello di Montalcino Il Marroneto, 🍷 1993 (🅷 *Pk.* E)

★★ Brunello di Montalcino Riserva, 🍷 1990 und 1993 im Kommen (🅷 *Pk.* E)

Azienda Agricola **Il Paradiso di Manfredi**

Plz. 53024, località Il Canalicchio, Paradiso 305; Tel. 0577/848478.

Gründungsjahr: 1985. *Inhaber:* Fortunata und Rosella Martini. *Kundenbetreuung:* Florio Guerrini oder Fortunata Martini (erreichbar auch unter 0577/318256). *Produktionsleitung:* Paolo Vagaggini. *Besuchszeiten:* nur nach Vereinbarung. *Degustation:* im Weinkeller.

DOCG:

★★ Brunello di Montalcino, 🍷 1993 (🅷 *Pk.* E)

DOC:

★ Rosso di Montalcino, 🍷 1996 (🅷 *Pk.* B)

Azienda Agricola **Il Poggiolo**
Plz. 53024, località Il Poggiolo 259; Tel. 0577/848412; Fax 808047.

Gründungsjahr: 1971. *Inhaber:* Erben Roberto Cosimi. *Kundenbetreuung:* Rodolfo Cosimi. *Produktionsleitung:* Rodolfo Cosimi. *Agronom:* Rodolfo Tavaroli. *Besuchszeiten:* nach telefonischer Vereinbarung. *Degustation:* in einer Probierstube.

DOCG:

★ Brunello di Montalcino Il Poggiolo, 🍷 1993 (H *Pk.* F)
★★ Brunello di Montalcino Riserva Sassello, 🍷 1991 und 1993 im Kommen (H B *Pk.* F)

DOC:

★ Rosso di Montalcino Il Poggiolo, 🍷 1996 (H *Pk.* C)
★★ Rosso di Montalcino Sassello, 🍷 1996 (H B *Pk.* C)

Tenuta **Il Poggione**
Plz. 53020, frazione Sant'Angelo in Colle;
Tel. 0577/864029; Fax 864165.

Gründungsjahr: 1890. *Inhaber:* Clemente und Leopoldo Franceschi. *Kundenbetreuung:* Fabrizio Bindocci. *Produktionsleitung:* Pierluigi Talenti und Fabrizio Bindocci. *Agronom:* Fabrizio Bindocci. *Anbaufläche in ha.:* 85,7. *Besuchszeiten:* nach telefonischer Vereinbarung. *Degustation:* in einer Probierstube.

DOCG:

★★ Brunello di Montalcino, 🍷 1993 (H *Pk.* E) 1993 (D.T.) 89
★★★ Brunello di Montalcino Riserva, 🍷 1990 und 1993 im Kommen (H *Pk.* F)

DOC:

★★ Rosso di Montalcino, 🍷 1996 (H *Pk.* C)

Tafelwein:

★ San Leopoldo, 🍷 1996 (H *Pk.* D)
Cabernet Sauvignon und Sangiovese 1996 (G.B.) 85

Azienda Agricola **La Campana**
Plz. 53024, via Monti 13; Tel. 0577/847178; Fax 847178.

Gründungsjahr: 1984. *Inhaber:* Peris Mignarri. *Kundenbetreuung:* Rino Giannetti. *Produktionsleitung:* Attilio Pagli. *Besuchszeiten:* nach telefonischer Vereinbarung. *Degustation:* in einer Probierstube.

DOCG:

★★ Brunello di Montalcino, 🍷 1993 (H *Pk.* D)

★★ Brunello di Montalcino Riserva, 🍷 1990 und 1993 im Kommen (H *Pk.* E)

DOC:

★★ Rosso di Montalcino, 🍷 1996 (H *Pk.* C)

Azienda Agricola **La Cerbaiola**

Plz. 53024, piazza Cavour 20; Tel. 0577/848499; Fax 848499.

Gründungsjahr: 1985. *Inhaber:* Giulio Salvioni. *Kundenbetreuung:* der Inhaber. *Produktionsleitung:* Attilio Pagli. *Agronom:* Giulio Salvioni. *Besuchszeiten:* täglich, nach telefonischer Vereinbarung. *Degustation:* in einer Probierstube.

DOCG:

★★★ Brunello di Montalcino, 🍷 1992 und 1993 (H *Pk.* F) 1993 (D.T.) 89

DOC:

★★ Rosso di Montalcino, 🍷 1996 (H *Pk.* D) 1996 (D.T.) 86

Fattoria **La Fiorita**

Plz. 53024, via Piaggia della Porta 3, località Castelnuovo dell'Abate; Tel. 0577/835511; Fax 835521.

Gründungsjahr: 1992. *Inhaber:* Roberto Cipresso. *Kundenbetreuung:* der Inhaber. *Produktionsleitung:* der Inhaber, auch landwirtschaftlicher Leiter. *Anbaufläche in ha.:* 5. *Besuchszeiten:* nach Vereinbarung. *Degustation:* im Weinkeller.

DOCG:

♣ Brunello di Montalcino, 🍷 1993 (ha 0,5 🍾 2.000 H *Pk.* F) 1993 (D.T.) 87

Tafelwein:

♣ La Quadratura del Cerchio, 🍷 1997 (🍾 50.000 N B *Pk.* C) 🍇 Primitivo und Sangiovese 1997 (D.T.) 86

Podere **La Fortuna**

Plz. 53024, Podere La Fortuna 83; Tel. 0577/848308; Fax 848308.

Gründungsjahr: 1907. *Inhaber:* Gioberto Zannoni und Felicetta Ricciardiello. *Kundenbetreuung:* die Inhaber. *Produktionsleitung:* Paolo Vagaggini. *Agronom:* der Inhaber. *Anbaufläche in ha.:* 7. *Besuchszeiten:* täglich, nach Vereinbarung. *Degustation:* in einer Probierstube.

DOCG:

♣ Brunello di Montalcino, 🍷 1993 (ha 2 🍾 10.000 N H *Pk.* E) — 1993 (D.T.) 88

DOC:

♣ Rosso di Montalcino, 🍷 1996 (ha 1,5 🍾 10.000 N B *Pk.* C) — 1996 (D.T.) 87

Tenuta **La Fuga**

Plz. 53024, località La Fuga; Tel. 0577/816039; Fax 816039.

Inhaber: Gabriella Cristofolini. *Kundenbetreuung:* die Inhaberin. *Produktionsleitung:* Attilio Pagli. *Anbaufläche in ha.:* 6,5. *Besuchszeiten:* Samstag und Sonntag, von 10 bis 18 Uhr.

DOCG:

♣ Brunello di Montalcino, 🍷 1993 (ha 6,5 🍾 15.000 H B *Pk.* F) — 1993 (D.T.) 89

Fattoria **La Gerla**

Plz. 53024, località Canalicchio; Tel. 0577/848599; Fax 849465.

Gründungsjahr: 1978. *Inhaber:* Sergio Rossi. *Kundenbetreuung:* der Inhaber. *Produktionsleitung:* Vittorio Fiore. *Agronom:* Sergio Rossi. *Besuchszeiten:* nach telefonischer Vereinbarung. *Degustation:* in einer Probierstube.

DOCG:

★★ Brunello di Montalcino, 🍷 1993 (H *Pk.* E) — 1993 (G.B.) 90

★★ Brunello di Montalcino Riserva, 🍷 1991 und 1993 im Kommen (H B *Pk.* E)

DOC:

★ Rosso di Montalcino, 🍷 1996 (N *Pk.* B ⊙) — 1996 (G.B.) 86

Tafelwein:

★★ Birba, 🍷 1995 (B *Pk.* D) 🍇 Sangiovese — 1995 (D.T.) 86

Tenuta **La Poderina – Saiagricola**

Plz. 53020, frazione Castelnuovo Abate, località Poderina; Tel. 0577/835737; Fax 835737.

Gründungsjahr: 1980. *Inhaber:* S.A.I. spa (Società Assicuratrice Industriale). *Kundenbetreuung:* Tiziana Mazzetti. *Produktionsleitung:* Lorenzo Landi. *Agronom:* Franco Fierli. *Anbaufläche in ha.:* 20. *Besuchszeiten:* nach telefonischer Vereinbarung. *Degustation:* in einer Probierstube.

DOCG:

★★ Brunello di Montalcino, 🍷 1993
(ha 9 🍾 40.000 🅷 *Pk.* F) 1993 (G.B.) 89

DOC:

♣ Rosso di Montalcino, 🍷 1996
(ha 4 🍾 20.000 🅷 *Pk.* D) 1996 (G.B.) 85

Azienda Agricola **La Torre**

Plz. 53020, frazione Sesta, località la Torre;
Tel. 06/8083258; Fax 8083258.

Gründungsjahr: 1976. *Inhaber:* Luigi Anania. *Kundenbetreuung:* der Inhaber. *Produktionsleitung:* der Inhaber. *Besuchszeiten:* nach telefonischer Vereinbarung. *Degustation:* in einer Probierstube.

DOCG:

★★ Brunello di Montalcino, 🍷 1993 (🅷 *Pk.* D) 1993 (D.T.) 87
★★★ Brunello di Montalcino Riserva, 🍷 1991 und 1993 im Kommen (🅷 *Pk.* E)

DOC:

★★ Rosso di Montalcino, 🍷 1996 (🅷 *Pk.* B ⊙) 1996 (D.T.) 85

Fattoria **Lisini**

Plz. 53020, frazione Sant'Angelo in Colle;
Tel. 0577/844040; Fax 844219.

Gründungsjahr: 1500. *Inhaber:* Geschwister Lisini (Elina ist Geschäftsführerin). *Kundenbetreuung:* Lorenzo Lisini-Baldi. *Produktionsleitung:* Franco Bernabei. *Agronom:* Filippo Paoletti. *Anbaufläche in ha.:* 11,5. *Besuchszeiten:* Montag bis Samstag, von 8 bis 17 Uhr. *Degustation:* in einer Probierstube im alten Podere Casanova neben der Kellerei.

DOCG:

★★★ Brunello di Montalcino, 🍷 1993
(🍾 35.000 🅷 *Pk.* F) 1993 (D.T.) 90
★★★ Brunello di Montalcino Ugolaia, 🍷 1991 und 1993
(ha 1,5 🍾 8.000 🅷 🅱 *Pk.* F) 1993 (D.T.) 91

DOC:

★★ Rosso di Montalcino, 🍷 1996
(🍾 30.000 🅷 *Pk.* C) 1996 (D.T.) 85

Luce

Plz. 53024, frazione Geografica A 369; Tel. 055/27141; Fax 280205.

Gründungsjahr: 1995. *Inhaber:* Familien Frescobaldi und Mondavi. *Kundenbetreuung:* Gabriella Orlando. *Produktionsleitung:* Tim Mondavi, Lamberto Frescobaldi und Niccolò d'Afflitto. *Besuchszeiten:* Montag bis Freitag, nach Vereinbarung.

IGT:

★★★ Luce, 🍷 1994 und 1995 (🍾 90.000 B *Pk.* F)
Sangiovese und Merlot 1995 (G.B.) 94

★ Lucente, 🍷 1995 und 1996 (🍾 120.000 B *Pk.* F)
Sangiovese und Merlot 1995 (G.B.) 90 + 1996 (D.T.) 89

Azienda Agricola **Mastrojanni**

Plz. 53020, frazione Castelnuovo dell'Abate, Podere Loreto;
Tel. 0577/835681; Fax 835505.

Gründungsjahr: 1978. *Inhaber:* Gabriele Mastrojanni. *Kundenbetreuung:* Antonio Mastrojanni und Andrea Machetti. *Produktionsleitung:* Maurizio Castelli. *Agronom:* Andrea Machetti. *Besuchszeiten:* nach telefonischer Vereinbarung. *Degustation:* in einer Probierstube.

DOCG:

★★ Brunello di Montalcino, 🍷 1993 (ha 11 H *Pk.* E)

★★ Brunello di Montalcino Riserva, 🍷 1990 und 1993 im Kommen (H *Pk.* F)

★★ Brunello di Montalcino Schiena d'Asino, 🍷 1991 und 1993 im Kommen (ha 1 H *Pk.* F)

DOC:

★★ Rosso di Montalcino, 🍷 1996
(ha 1,8 H *Pk.* B ⊙) 1996 (D.T.) 85

Tafelwein:

★★ San Pio, 🍷 1995 (ha 4 H *Pk.* C) Sangiovese (75%) und Cabernet Sauvignon (25%) 1995 (D.T.) 86

Azienda **Mocali**

Plz. 53024, Tel. 0577/849485; Fax 849485.

Inhaber: Tiziano Ciacci. *Kundenbetreuung:* der Inhaber. *Produktionsleitung:* Vittorio Fiore. *Anbaufläche in ha.:* 6. *Besuchszeiten:* Montag bis Freitag, von 8 bis 18 Uhr; an Sonn- und Feiertagen nach Vereinbarung. *Degustation:* in einer Probierstube.

DOCG:

★ Brunello di Montalcino, 🍷 1993
(ha 2,9 🍾 10.000 H *Pk.* E) 1993 (D.T.) 90

Tenute **Nardi Silvio**
Plz. 53024, Casale del Bosco; Tel. 0577/808269; Fax 808269.

Gründungsjahr: 1951. *Inhaber:* eine Gruppe von drei Betrieben. Emilia Nardi ist Geschäftsführerin. *Kundenbetreuung:* Emilia Nardi. *Produktionsleitung:* Paolo Vagaggini. *Agronom:* Fabrizio Sopperi. *Besuchszeiten:* Samstag, Sonntag und Montag nur nach Vereinbarung; an den übrigen Wochentagen von 9 bis 17.30 Uhr. *Degustation:* in einer Probierstube.

DOCG:

★ Brunello di Montalcino, 🍷 1993 (ha 43 🍾 150.000 H B *Pk.* E) 1993 (D.T.) 88

★★ Brunello di Montalcino Riserva, 🍷 1990 und 1993 im Kommen (ha 7 🍾 10.000 H *Pk.* F)

DOC:

★ Rosso di Montalcino, 🍷 1996 (ha 43 🍾 50.000 H B *Pk.* B ⊙) 1996 (D.T.) 88

Azienda Agricola **Pacenti Franco e Rosildo**
Plz. 53024, località Canalicchio di Sopra 6;
Tel. 0577/849277; Fax 849277.

Gründungsjahr: 1987. *Inhaber:* Franco und Rosildo Pacenti. *Kundenbetreuung:* Franco Pacenti. *Produktionsleitung:* Paolo Vagaggini. *Agronom:* Franco Pacenti. *Besuchszeiten:* täglich, nach Vereinbarung. *Degustation:* in einer kleinen Probierstube.

DOCG:

★★★ Brunello di Montalcino, 🍷 1993 (H *Pk.* E) 1993 (D.T.) 86

DOC:

★★ Rosso di Montalcino, 🍷 1996 (H *Pk.* C) 1996 (D.T.) 85

Vigneti **Pacenti Siro**
Plz. 53024, podere Pelagrilli; Tel. 0577/848662; Fax 848662.

Gründungsjahr: 1971. *Inhaber:* Giancarlo Pacenti. *Kundenbetreuung:* der Inhaber. *Produktionsleitung:* Paolo Vagaggini. *Besuchszeiten:* täglich, nach telefonischer Vereinbarung. *Degustation:* in einer Probierstube.

DOCG:

★★★ Brunello di Montalcino, 🍷 1993 (H B *Pk.* E) 1993 (D.T.) 89

★★★ Brunello di Montalcino Riserva, 🍷 1990 und 1993 im Kommen (H B *Pk.* F)

DOC:

★★ Rosso di Montalcino, 🍷 1996 (H B *Pk.* B ⊙) 1996 (D.T.) 86

Azienda Agricola **Pieve Santa Restituta**
Plz. 53024, località Chiesa di Santa Restituta;
Tel. 0577/848610; Fax 849309.

Gründungsjahr: 1972. *Inhaber:* Roberto Bellini und Lucia Giordano. *Kundenbetreuung:* nach telefonischer Vereinbarung mit Frau Ilaria. *Produktionsleitung:* Guido Rivella. *Agronom:* Fabrizio Moltard. *Besuchszeiten:* nach Vereinbarung.

DOCG:

★★ Brunello di Montalcino Rennina, 🍷 1993
(ha 11 🍾 22.000 ▣ *Pk.* F) 1993 (D.T.) 87

★★★ Brunello di Montalcino Sugarille, 🍷 1993
(ha 4 🍾 12.000 ▣ *Pk.* F) 1993 (D.T.) 91

Tafelwein:

★★ Promis, 🍷 1994 und 1995 im Kommen
(ha 4,5 🍾 18.000 ▣ *Pk.* E)
🍇 Sangiovese (90%) und Cabernet Sauvignon (10%)

Poggio Antico
Plz. 53024, località I Poggi; Tel. 0577/848044; Fax 848044.

Gründungsjahr: 1976. *Inhaber:* Familie Gloder. *Kundenbetreuung:* Paola Gloder. *Produktionsleitung:* Massimo Albanese. *Agronom:* Massimo Albanese und Claudio Ferretti. *Besuchszeiten:* Samstag und Sonntag, nur nach Vereinbarung. *Degustation:* in einer Probierstube neben dem Weinkeller (Degustation muß bezahlt werden).

DOCG:

★★ Brunello di Montalcino, 🍷 1993 (▣ *Pk.* E) 1993 (D.T.) 87

★★★ Brunello di Montalcino Riserva, 🍷 1990 und 1993 im Kommen (▣ *Pk.* F)

DOC:

★ Rosso di Montalcino, 🍷 1996 (▣ *Pk.* C) 1996 (D.T.) 86

Tafelwein:

★★ Altero, 🍷 1993 (▣ *Pk.* E) 🍇 Sangiovese 1993 (D.T.) 88

Fattoria **Poggio di Sotto – Palmucci**
Plz. 53020, Castelnuovo dell'Abate; Tel. 0577/835502; Fax 835502.

Gründungsjahr: 1990. *Inhaber:* Piero Palmucci. *Kundenbetreuung:* der Inhaber. *Produktionsleitung:* Giulio Gambelli. *Agronom:* die landwirtschaftlichen Techniker der Mailänder Universität. *Anbaufläche in ha.:* 6,5. *Besuchszeiten:* nach telefonischer Vereinbarung. *Degustation:* in einer Probierstube.

DOCG:

★★ Brunello di Montalcino, 🍷 1993 (ha 4 ▣ *Pk.* F)

DOC:

★★ Rosso di Montalcino, 🍷 1994 (ha 4 ⊞ *Pk.* D)

Azienda Agricola **Poggio Salvi**

Plz. 53024, località Poggio Salvi; Tel. 0577/848486; Fax 849141.

Gründungsjahr: 1980. *Inhaber:* Pierluigi Tagliabue. *Kundenbetreuung:* Jacopo Biondi Santi. *Produktionsleitung:* Vittorio Fiore und Jacopo Biondi Santi. *Besuchszeiten:* nach telefonischer Vereinbarung. *Degustation:* im Weinkeller.

DOCG:

★★ Brunello di Montalcino, 🍷 1993 (⊞ *Pk.* E) 1993 (D.T.) 89

DOC:

♣ Moscadello di Montalcino Aurico, 🍷 1996 (B *Pk.* E) 1996 (D.T.) 87

★ Rosso di Montalcino, 🍷 1996 (⊞ *Pk.* C) 1996 (D.T.) 85

Azienda Agricola **Rasa – La Serena**

Plz. 53024, Podere Rasa; Tel. 0577/848659; Fax 848659.

Gründungsjahr: 1988. *Inhaber:* Andrea Mantengoli. *Kundenbetreuung:* der Inhaber. *Produktionsleitung:* Attilio Pagli. *Agronom:* Lucio Maruotti. *Anbaufläche in ha.:* 4. *Besuchszeiten:* nach Vereinbarung. *Degustation:* im Weinkeller.

DOCG:

♣ Brunello di Montalcino, 🍷 1993 (ha 2 🍾 5.500 ⊞ *Pk.* E) 1993 (D.T.) 89

DOC:

♣ Sant'Antimo Rosso, 🍷 1996 (ha 2 🍾 5.500 ⊞ *Pk.* C) 1996 (D.T.) 86

Azienda **Rasina**

Plz. 53024, località Rasina 132; Tel. 0577/848536; Fax 848536.

Inhaber: Marco Mantengoli. *Kundenbetreuung:* der Inhaber. *Produktionsleitung:* Attilio Pagli. *Agronom:* Lucio Maruotti. *Anbaufläche in ha.:* 4,1. *Besuchszeiten:* täglich, nach Vereinbarung. *Degustation:* in einer Probierstube.

DOCG:

♣ Brunello di Montalcino, 🍷 1993 (ha 1,1 🍾 5.200 ⊞ *Pk.* E) 1993 (D.T.) 88

DOC:

♣ Rosso di Montalcino, 🍷 1996 (ha 1,5 🍾 9.000 ⊞ *Pk.* B ⊙) 1996 (D.T.) 85

Azienda Agricola **San Filippo – Fanti**
Plz. 53020, frazione Castelnuovo Abate, via Borgo di Mezzo 16; Tel. 0577/835628; Fax 835523.

Inhaber: Baldassarre Filippo Fanti. *Kundenbetreuung:* der Inhaber. *Produktionsleitung:* Attilio Pagli. *Besuchszeiten:* täglich, nach telefonischer Vereinbarung. *Degustation:* in einer Probierstube.

DOCG:

★★ Brunello di Montalcino, 🍷 1991 und 1993 (ha 6,18 🍾 11.000 ▣ *Pk.* E)

DOC:

★★ Rosso di Montalcino, 🍷 1996 (ha 1,5 🍾 20.000 ▣ *Pk.* B)

Azienda Agricola **Sassetti Livio – Pertimali**
Plz. 53024, località Pertimali; Tel. 0577/848721; Fax 848721.

Gründungsjahr: 1967. *Inhaber:* Livio Sassetti. *Kundenbetreuung:* der Inhaber. *Produktionsleitung:* Pietro Rivella. *Agronom:* Luciano und Lorenzo Sassetti. *Anbaufläche in ha.:* 9. *Besuchszeiten:* mit Voranmeldung, täglich, von 8 bis 20 Uhr. *Degustation:* im Weinkeller.

DOCG:

★★ Brunello di Montalcino, 🍷 1993 (▣ *Pk.* F)

★★ Brunello di Montalcino Riserva, 🍷 1990 und 1993 im Kommen (▣ *Pk.* F)

DOC:

★ Rosso di Montalcino, 🍷 1996 (▣ *Pk.* C)

IGT:

★★ Vigna dei Fili di Seta, 🍷 1995 (▣ *Pk.* D) 🍇 Sangiovese und Cabernet

Azienda Agricola **Sassetti Vasco**
Plz. 53020, frazione Castelnuovo dell'Abate, via Bassomondo 1; Tel. 0577/835619.

Gründungsjahr: 1973. *Inhaber:* Vasco Sassetti. *Kundenbetreuung:* Vasco und Giovanna Sassetti. *Produktionsleitung:* Claudio Gori. *Besuchszeiten:* täglich, nach Vereinbarung. *Degustation:* in einer Probierstube.

DOCG:

★★ Brunello di Montalcino, 🍷 1995 (▣ *Pk.* D) 1993 (D.T.) 88

★★ Brunello di Montalcino Riserva, 🍷 1990 und 1993 im Kommen (▣ *Pk.* E)

DOC:

★★ Rosso di Montalcino, 🍷 1995 und 1996 (H B *Pk.* B ⦿) 1996 (D.T.) 86

Azienda Agricola **Scopetone**

Plz. 53024, località Scopetone; Tel. 0577/848713.

Inhaber: Angela Corioni und Federico Abbarchi. *Kundenbetreuung:* die Inhaber. *Produktionsleitung:* Attilio Pagli. *Besuchszeiten:* nach telefonischer Vereinbarung. *Degustation:* im Weinkeller.

DOCG:

★★★ Brunello di Montalcino, 🍷 1992 und 1993 (H *Pk.* F) 1993 (D.T.) 88

★★★ Brunello di Montalcino Riserva, 🍷 1990 und 1993 im Kommen (H *Pk.* F)

DOC:

★★ Rosso di Montalcino, 🍷 1996 (H *Pk.* C) 1996 (D.T.) 86

Azienda Agricola **Talenti**

Plz. 53020, frazione Sant'Angelo in Colle, località Pian di Conte; Tel. 0577/844043; Fax 844043.

Gründungsjahr: 1981. *Inhaber:* Pierluigi Talenti. *Kundenbetreuung:* der Inhaber. *Produktionsleitung:* der Inhaber, auch landwirtschaftlicher Leiter. *Anbaufläche in ha.:* 11,25. *Besuchszeiten:* nach Vereinbarung. *Degustation:* in einer Probierstube.

DOCG:

★★ Brunello di Montalcino, 🍷 1992 und 1993 (H *Pk.* E) 1993 (D.T.) 87

★★★ Brunello di Montalcino Riserva, 🍷 1990 und 1993 im Kommen (H *Pk.* F)

DOC:

★★ Rosso di Montalcino, 🍷 1996 (H *Pk.* C) 1996 (D.T.) 86

Tafelwein:

★★ Talenti, 🍷 1997 (H *Pk.* D)
🍇 Sangiovese, Syrah, Colorino, Canaiolo 1997 (G.B.) 88

Tenuta di Sesta

Plz. 53024, località Sesta 25; Tel. 0577/835612; Fax 835535.

Gründungsjahr: 16. Jahrhundert. *Inhaber:* Giovanni Ciacci. *Kundenbetreuung:* Suvad Besic. *Produktionsleitung:* Paolo Vagaggini. *Agronom:* Folco Bencini. *Anbaufläche in ha.:* 15. *Besuchszeiten:* nach telefonischer Vereinbarung.

DOCG:

★★ Brunello di Montalcino, 🍷 1993
(ha 9,3 🍾 19.500 🅗 *Pk.* E) 1993 (D.T.) 89

★★ Brunello di Montalcino Riserva, 🍷 1991 und 1993 im Kommen (🅗 *Pk.* F)

DOC:

★★ Rosso di Montalcino, 🍷 1996
(ha 1 🍾 7.000 🅗 *Pk.* C) 1996 (D.T.) 85

Azienda **Uccelliera**

Plz. 53020, via Borgo di Mezzo, località Castelnuovo dell'Abate; Tel. 0577/835729; Fax 835729.

Gründungsjahr: 1986. *Inhaber:* Andrea Cortonesi. *Kundenbetreuung:* der Inhaber. *Produktionsleitung:* Paolo Vagaggini. *Anbaufläche in ha.:* 2,7. *Besuchszeiten:* nach telefonischer Vereinbarung. *Degustation:* im Weinkeller.

DOCG:

♣ Brunello di Montalcino, 🍷 1993
(🍾 5.300 🅗 *Pk.* F) 1993 (D.T.) 88

Val di Suga

Plz. 53024, località Val di Cava; Tel. 0577/848701; Fax 849316.

Gründungsjahr: 1973. *Inhaber:* Tenimenti Angelini. *Kundenbetreuung:* Mario Calzolari. *Produktionsleitung:* Fabrizio Ciufoli. *Agronom:* Mario Calzolari. *Besuchszeiten:* täglich, nach Vereinbarung. *Degustation:* in einer Probierstube.

DOCG:

★★ Brunello di Montalcino, 🍷 1993 (🅗 *Pk.* E)

★★ Brunello di Montalcino Riserva, 🍷 1991 und 1993 im Kommen (🅗 *Pk.* E)

★★ Brunello di Montalcino Vigna del Lago, 🍷 1993
(🅑 *Pk.* F) 1993 (D.T.) 88

★★ Brunello di Montalcino Vigna Spuntali, 🍷 1990 und 1993 im Kommen (🅑 *Pk.* F)

DOC:

★ Rosso di Montalcino, 🍷 1996 (🅗 *Pk.* B)

Tenuta **Valdicava**

Plz. 53024, frazione Valdicava; Tel. 0577/848261; Fax 848008.

Gründungsjahr: 1983. *Inhaber:* Vincenzo Abbruzzese. *Kundenbetreuung:* der Inhaber. *Produktionsleitung:* Attilio Pagli. *Agronom:*

Andrea Paoletti. *Anbaufläche in ha.:* 9,45. *Besuchszeiten:* täglich, nach telefonischer Vereinbarung. *Degustation:* in einer Probierstube.

DOCG:

★★ Brunello di Montalcino, 🍷 1993 (🍾 20.000 ◫ *Pk.* F) 1993 (D.T.) 88

★★★ Brunello di Montalcino Riserva Madonna del Piano, 🍷 1990 und 1993 im Kommen (ha 2,5 🍾 8.500 ◫ *Pk.* F)

DOC:

★★ Rosso di Montalcino, 🍷 1996 (🍾 20.000 ◫ ◫ *Pk.* B⊙) 1996 (D.T.) 87

Azienda Agricola **Verbena**

Plz. 53024, località Verbena; Tel. 0577/848432; Fax 848432.

Gründungsjahr: 1997. *Inhaber:* Clara Brigidi und Assunta Pacucci. *Kundenbetreuung:* die Inhaberinnen. *Produktionsleitung:* Attilio Pagli. *Agronom:* Manuela Sani. *Anbaufläche in ha.:* 5. *Besuchszeiten:* nach Vereinbarung. *Degustation:* in einer Probierstube.

DOCG:

♣ Brunello di Montalcino, 🍷 1993 (ha 2 🍾 5.500 ◫ *Pk.* E) 1993 (D.T.) 86

Villa Le Prata

Plz. 53024, località Leprata; Tel. 0577/848325; Fax 848325.

Gründungsjahr: 1989. *Inhaber:* Maria Luce Papini Losappio. *Kundenbetreuung:* Benedetta Losappio. *Produktionsleitung:* Roberto Cipresso. *Anbaufläche in ha.:* 1. *Besuchszeiten:* nach Vereinbarung. *Degustation:* in einer Probierstube.

DOCG:

♣ Brunello di Montalcino, 🍷 1993 (ha 1 🍾 2.500 ◫ ◫ *Pk.* E) 1993 (D.T.) 88

DOC:

♣ Rosso di Montalcino, 🍷 1996 (ha 1 🍾 2.500 ◫ ◫ *Pk.* C) 1996 (D.T.) 87

Besonderes: In Montalcino mangelt es nicht an Herstellern guter Weine, es ist jedoch immer eine Freude, einen neu Hinzugekommenen begrüßen zu können. (D.T.)

MONTECARLO (Lucca)

Nächste Autobahnausfahrt: Altopascio (A11).

Hinweis: Bei der Kostprobe erwies sich der Montecarlo Vigna La Salita von Leopoldo Franceschi als sehr interessant.

Fattoria del **Buonamico**

Plz. 55015, località Cercatoia, via Provinciale di Montecarlo 43; Tel. 0583/22038; Fax 229528.

Gründungsjahr: 1964. *Inhaber:* Fattoria del Buonamico srl. *Kundenbetreuung:* Vasco Grassi und Andrea Bandoni. *Produktionsleitung:* Stefano Chioccioli, auch landwirtschaftlicher Leiter. *Anbaufläche in ha.:* 24. *Besuchszeiten:* Montag bis Freitag, von 8.30 bis 12.30 Uhr und von 14 bis 19 Uhr; Samstag nachmittags und Sonntag nur nach Vereinbarung. *Degustation:* im Weinkeller.

DOC:

★ Montecarlo Bianco, 🍷 der letzte (🍾 64.000 N *Pk.* B)

★ Montecarlo Rosso, 🍷 der letzte (🍾 22.000 N H *Pk.* B)

Tafelwein:

♣ Cercatoja Rosso, 🍷 1995 (🍾 4.000 N B *Pk.* E) 🍇 Sangiovese, Cabernet Sauvignon, Syrah und Merlot 1995 (D.T.) 87

★★ Il Fortino, 🍷 1995 (🍾 600 N B *Pk.* F) 🍇 Syrah

★★ Vasario, 🍷 1996 (🍾 3.000 B *Pk.* D) 🍇 Pinot Bianco, Sauvignon und Semillon 1996 (D.T.) 88

Viticoltore **Carmignani G. Fuso**

Plz. 55015, località Cercatoia, via della Tinaia 7; Tel. 0583/22381.

Inhaber: Lorenzo Carmignani. *Kundenbetreuung:* Gino Fuso Carmignani. *Besuchszeiten:* täglich, nach Voranmeldung. *Degustation:* in einer Probierstube.

DOC:

★★ Montecarlo Bianco Pietrachiara, 🍷 der letzte (B *Pk.* B)

★★ Montecarlo Rosso Sassonero, 🍷 1997 (B *Pk.* B)

Tafelwein:

★★ For Duke Virmiglio, 🍷 1996 (B *Pk.* E) 🍇 Syrah (70%) und Sangiovese (30%) 1996 (D.T.) 91

★★ Vin Santo Le Notti Rosse del Capo Diavolo, 🍷 der letzte (B *Pk.* F) 🍇 Trebbiano und Malvasia

Montechiari
Plz. 55015, Tel. 0583/22189; Fax 22189.

Gründungsjahr: 1979. *Inhaber:* Moreno Panattoni und Catherine Pirmez. *Kundenbetreuung:* Luca Nesi. *Produktionsleitung:* Stefano Chioccioli, auch landwirtschaftlicher Leiter. *Besuchszeiten:* Montag bis Freitag, nach Vereinbarung. *Degustation:* in einer Probierstube.

DOC:

★ Montecarlo Rosso, 🍷 1996 (H *Pk.* C)

IGT:

★★ Montechiari Cabernet, 🍷 1996 (B *Pk.* E) 1996 (D.T.) 90
★★ Montechiari Chardonnay, 🍷 1996 (B *Pk.* D) 1996 (D.T.) 87
★★ Montechiari Pinot Nero, 🍷 1996 (B *Pk.* E) 1996 (D.T.) 88
★★ Montechiari Rosso, 🍷 1996 (B *Pk.* E) 1996 (D.T.) 87

Azienda Agricola **Wandanna**
Plz. 55015, via Don Minzoni 38, località San Salvatore;
Tel. 0583/228989; Fax 22029.

Gründungsjahr: 1938. *Inhaber:* Giovanna Silvestri. *Kundenbetreuung:* Laura und Ivaldo Fantozzi. *Produktionsleitung:* Stefano Chioccioli, auch landwirtschaftlicher Leiter. *Anbaufläche in ha.:* 30. *Besuchszeiten:* täglich, nach Vereinbarung. *Degustation:* in einer Probierstube.

DOC:

♣ Montecarlo Bianco Terre de' Cascinieri, 🍷 1997
(ha 0,8 🍾 3.300 B *Pk.* D) 1997 (D.T.) 88

MONTECATINI VAL DI CECINA (Pisa)
Nächste Autobahnausfahrt: Pisa sud (A12).

Fattoria **Sorbaiano**
Plz. 56040, località Sorbaiano; Tel. 0588/30243; Fax 0577/43226.

Gründungsjahr: 1959. *Inhaber:* Marisa Salvadori. *Kundenbetreuung:* Albano Dani. *Produktionsleitung:* Vittorio Fiore. *Agronom:* Grazia Picciolini. *Besuchszeiten:* täglich, nach Vereinbarung. *Degustation:* in einer Probierstube.

DOC:

★ Montescudaio Bianco Lucestraia, 🍷 1996 (B *Pk.* B)
★★ Montescudaio Rosso delle Miniere, 🍷 1995
(B *Pk.* D) 1995 (D.T.) 86

MONTEFOLLONICO (Siena)

Nächste Autobahnausfahrt: Valdichiana (A1).

Innocenti Vittorio

Plz. 53040, via Landucci 10/12; Tel. 0577/669537.

Inhaber: Vittorio Innocenti. *Kundenbetreuung:* der Inhaber. *Produktionsleitung:* der Inhaber, auch landwirtschaftlicher Leiter. *Besuchszeiten:* nach telefonischer Vereinbarung. *Degustation:* in einer Probierstube.

DOCG:

★ Vino Nobile di Montepulciano, 🍷 1995 (H *Pk.* B)

★★ Vino Nobile di Montepulciano Riserva, 🍷 1993 (H *Pk.* B)

Tafelwein:

★★ Acerone, 🍷 1995 (B *Pk.* D)

MONTELUPO FIORENTINO (Firenze)

Nächste Autobahnausfahrt: Firenze Signa (A1).

Fattoria di **Petrognano**

Plz. 50056, via Bottinaccio 116; Tel. 0571/542001; Fax 035/787278.

Gründungsjahr: 1963. *Inhaber:* Emanuele Pellegrini. *Kundenbetreuung:* Pietro Pellegrini. *Produktionsleitung:* Pietro Pellegrini. *Agronom:* Fulvio Galgani. *Besuchszeiten:* täglich, nach Vereinbarung unter 035/781010. *Degustation:* in einer Probierstube in der Villa.

DOCG:

★ Chianti Vignasanta, 🍷 1996 (N B *Pk.* B)

Tafelwein:

★ Petrognano Chardonnay, 🍷 der letzte (N *Pk.* B)

Fattoria di **Sammontana**

Plz. 50056, località Sammontana; Tel. 0571/542003; Fax 542003.

Gründungsjahr: 1884. *Inhaber:* Andrea und Michele Dzieduszycki. *Kundenbetreuung:* Valesco Palloni. *Produktionsleitung:* Guido Antoniazzi. *Agronom:* Valesco Palloni. *Anbaufläche in ha.:* 30. *Besuchszeiten:* Montag bis Freitag, nach Vereinbarung. *Degustation:* in einer Probierstube.

DOCG:

★ Chianti, 🍷 1997 (ha 24 🍾 130.000 H *Pk.* A)

IGT:

★ Vigna del Maestro Colli della Toscana Centrale, 1994 (ha 2 5.000 *Pk.* B) Sangiovese (60%) und Cabernet Sauvignon (40%)

Tenuta **San Vito in Fior di Selva**
Plz. 50056, località Camaioni; Tel. 0571/51411; Fax 0574/51045.

Gründungsjahr: 1965. *Inhaber:* Roberto Drighi. *Kundenbetreuung:* Laura Drighi. *Produktionsleitung:* Fabrizio Tomas. *Agronom:* Sergio Lo Jacono. *Anbaufläche in ha.:* 38. *Besuchszeiten:* nach telefonischer Vereinbarung. *Degustation:* in einer Taverne.

DOCG:

★ Chianti dei Colli Fiorentini, 1997 (ha 20 130.000 *Pk.* B)

IGT:

★ Fior di Selva, 1995 (ha 2 13.000 *Pk.* C) Sangiovese und Cabernet

MONTEMURLO (Prato)

Nächste Autobahnausfahrt: Prato ovest (A1).

Azienda Agricola Marchesi **Pancrazi – Tenuta di Bagnolo**
Plz. 50045, località Bagnolo, via Montalese 168;
Tel. 0574/652439; Fax 652157.

Gründungsjahr: 1965. *Inhaber:* Cristina und Vittorio Pancrazi. *Kundenbetreuung:* die Inhaber. *Produktionsleitung:* Niccolò D'Afflitto. *Agronom:* Paolo Mocali. *Anbaufläche in ha.:* 5. *Besuchszeiten:* nur nach Vereinbarung. *Degustation:* in einer Probierstube in der Villa aus dem 18. Jahrhundert.

IGT:

★★★ Villa di Bagnolo Pinot Nero Rosso Toscano, 1995 und 1996 (ha 5 14.000 *Pk.* D) 1996 (G.B./D.T.) 90

MONTEPULCIANO (Siena)

Nächste Autobahnausfahrt: Valdichiana oder Chiusi.

Cantine **Avignonesi**
Plz. 53045, via di Gracciano nel Corso 91;
Tel. 0578/757872; Fax 757847.

Gründungsjahr: 1978. *Inhaber:* Gebrüder Falvo. *Kundenbetreuung:* Lorenzo Scian. *Produktionsleitung:* Ettore Falvo und Paolo

Trappolini. *Agronom:* Andrea Paoletti. *Anbaufläche in ha.:* 201. *Besuchszeiten:* nach telefonischer Vereinbarung. *Degustation:* in einer Probierstube bei der Tenuta Capezzine.

DOCG:

★★ Vino Nobile di Montepulciano, 1995 ([H] *Pk.* C)
★★★ Vino Nobile di Montepulciano Riserva, 1994 ([H] [B] *Pk.* D)
★★★ Vino Nobile di Montepulciano Riserva Grandi Annate, 1993 ([H] [B] *Pk.* E)

DOC:

★ Rosso di Montepulciano, 1997 ([N] [H] *Pk.* B)

Tafelwein:

★★ Avignonesi Rosso, 1996 ([B] *Pk.* B) 🍇 Prugnolo, Cabernet Sauvignon und Merlot
★★ Grifi, 1995 ([B] *Pk.* E) 🍇 Prugnolo und Cabernet Sauvignon zu gleichen Teilen
★★ Il Marzocco, 1996 ([B] *Pk.* D) 🍇 Chardonnay
★★ Il Vignola, 1995 ([B] *Pk.* D) 🍇 Sauvignon
★★ Merlot Toro Desiderio, 1995 ([B] *Pk.* E)
★★★ Pinot Nero Valcapraia, 1995 ([B] *Pk.* D)
★ Vendemmia Tardiva, 1993 ([B] *Pk.* D) 🍇 Chardonnay und Sauvignon
★★★ Vin Santo, 1988 und 1989 ([B] *Pk.* F) 🍇 Grechetto und kleine Mengen Trebbiano und Malvasia
○ Vin Santo Occhio di Pernice, 1985, 1986 und 1987 ([B] *Pk.* F) 🍇 Prugnolo

Poderi **Boscarelli**

Plz. 53045, località Cervognano, via di Montenero 28;
Tel. 0578/767277; Fax 767277.

Gründungsjahr: 1964. *Inhaber:* Paola De Ferrari. *Kundenbetreuung:* die Inhaberin und Sohn Luca. *Produktionsleitung:* Maurizio Castelli. *Besuchszeiten:* nach telefonischer Vereinbarung. *Degustation:* in einer Probierstube im Wohnhaus.

DOCG:

★★ Vino Nobile di Montepulciano, 1995 ([H] *Pk.* B)
★★ Vino Nobile di Montepulciano Vigna del Nocio, 1995 ([H] *Pk.* E) 1995 (D.T.) 89

DOC:

★ Rosso di Montepulciano, 1996 ([N] [H] *Pk.* B)

Tafelwein:

★★★ Boscarelli, 1995 ([B] *Pk.* E) 🍇 Sangiovese 1995 (D.T.) 90

Azienda Agricola **Canneto**

Plz. 53045, via dei Canneti 14; Tel. 0578/757737; Fax 757737.

Gründungsjahr: 1970. *Kundenbetreuung:* Marco Paoloni. *Produktionsleitung:* Carlo Ferrini. *Agronom:* Ottorino De Angelis. *Anbaufläche in ha.:* 20. *Besuchszeiten:* nach telefonischer Vereinbarung. *Degustation:* in einer Probierstube.

DOCG:

★★ Vino Nobile di Montepulciano, 🍷 1995
(ha 13,5 🍾 60.000 H B *Pk.* C)

Azienda Agricola **Casale**

Plz. 53040, via Nottola 9; Tel. 0578/738257; Fax 738257.

Gründungsjahr: 1900. *Inhaber:* Aldimaro Daviddi. *Kundenbetreuung:* der Inhaber. *Produktionsleitung:* Roberto Bruchi. *Agronom:* der Inhaber. *Anbaufläche in ha.:* 13. *Besuchszeiten:* nach Vereinbarung.

DOCG:

♣ Vino Nobile di Montepulciano, 🍷 1995
(ha 6 🍾 50.000 H *Pk.* C) 1995 (D.T.) 89

Azienda Agricola **Contucci**

Plz. 53045, via del Teatro 1; Tel. 0578/757006; Fax 757006.

Gründungsjahr: zweite Hälfte des 17. Jahrhunderts. *Inhaber:* Gebrüder Contucci. *Kundenbetreuung:* Alamanno Contucci. *Agronom:* Gian Stefano Contucci. *Anbaufläche in ha.:* 19,5. *Besuchszeiten:* täglich, nach Voranmeldung. *Degustation:* in einer Probierstube im Weinkeller.

DOCG:

★ Vino Nobile di Montepulciano, 🍷 1995
(H *Pk.* C) 1995 (D.T.) 85

★★ Vino Nobile di Montepulciano Pietra Rossa,
🍷 1995 (H *Pk.* D) 1995 (D.T.) 86

DOC:

★ Rosso di Montepulciano, 🍷 1996 (H *Pk.* B)

Azienda Agricola **Dei**

Plz. 53045, via di Martiena 35; Tel. 0578/716878; Fax 0577/758680.

Gründungsjahr: 1985. *Inhaber:* Familie Dei. *Kundenbetreuung:* Caterina Dei. *Produktionsleitung:* Niccolò D'Afflitto. *Agronom:* Niccolò D'Afflitto und Carlo Cristel. *Anbaufläche in ha.:* 37. *Besuchs-*

zeiten: nach telefonischer Vereinbarung. *Degustation:* in einer Probierstube.

DOCG:

★★ Vino Nobile di Montepulciano, 🍷 1995 (🍾 50.000 H *Pk.* E) 1995 (D.T.) 86

★★ Vino Nobile di Montepulciano Riserva, 🍷 1993 und 1995 im Kommen (🍾 6.000 H *Pk.* E)

IGT:

★★ Sancta Catharina, 🍷 1995 (H B *Pk.* E) 🍇 Prugnolo, Cabernet Sauvignon, Syrah und Petit Verdot 1995 (D.T.) 87

Casa Vinicola **Fassati**

Plz. 53040, località Gracciano, via di Graccianello 3/A;
Tel. 0578/708708; Fax 708705.

Gründungsjahr: 1913. *Kundenbetreuung:* Stefano Zucchegna (erreichbar auch unter 06/4741041). *Produktionsleitung:* Dino Porfiri unter Beratung von Franco Bernabei. *Agronom:* Antonio Verdolini. *Besuchszeiten:* nach telefonischer Vereinbarung. *Degustation:* in einer Probierstube im Weinkeller.

DOCG:

★★ Vino Nobile di Montepulciano Pasiteo, 🍷 1994 und 1995 (H B *Pk.* C) 1994 (D.T.) 87 + 1995 (D.T.) 90

★★★ Vino Nobile di Montepulciano Riserva Salarco, 🍷 1993 und 1994 (H B *Pk.* D) 1993 (D.T.) 89

DOC:

★ Rosso di Montepulciano Selciaia, 🍷 1996 (H *Pk.* B)

Tafelwein:

★ Torre al Fante, 🍷 1993 und 1994 (B *Pk.* D) 🍇 Sangiovese 1993 (D.T.) 90 + 1994 (D.T.) 90

Fattoria del Cerro – Saiagricola

Plz. 53040, via Grazianella 5, località Acquaviva;
Tel. 0578/767722; Fax 768040.

Gründungsjahr: 1978. *Inhaber:* S.A.I. spa (Società Assicuratrice Industriale). *Kundenbetreuung:* Tiziana Mazzetti. *Produktionsleitung:* Lorenzo Landi. *Agronom:* Franco Fierli. *Anbaufläche in ha.:* 156. *Besuchszeiten:* nach telefonischer Vereinbarung. *Degustation:* in einer Probierstube.

DOCG:

★★ Vino Nobile di Montepulciano, 🍷 1995 (ha 84 🍾 300.000 H *Pk.* D) 1995 (D.T.) 89

★★ Vino Nobile di Montepulciano Antica Chiusina, 🍷 1993 und 1995 im Kommen (H B *Pk.* D)

★★ Vino Nobile di Montepulciano Riserva, 🍷 1993 und 1995 im Kommen (H *Pk.* D)

DOC:

★ Rosso di Montepulciano, 🍷 1997 (ha 24 ▮ 110.000 N H *Pk.* B ⊙) 1997 (G.B.) 87

Tenuta di **Gracciano – Della Seta**

Plz. 53040, località Gracciano, via Umbria 59/61;
Tel. 055/212312; Fax 2396930.

Gründungsjahr: 1910. *Inhaber:* Piera Mazzucchelli Della Seta. *Kundenbetreuung:* die Inhaberin. *Produktionsleitung:* Giuseppe Rigoli. *Besuchszeiten:* mit Voranmeldung, während der Geschäftszeiten; Samstag nur mittags. *Degustation:* im Weinkeller.

DOCG:

★★ Vino Nobile di Montepulciano, 🍷 1995 (H *Pk.* C) 1995 (D.T.) 85

♣ Vino Nobile di Montepulciano Vigneto Rovisci, 🍷 1995 (B *Pk.* D) 1995 (D.T.) 86

Podere **Il Conventino**

Plz. 53045, via di Bossona 20; Tel. 0578/716437; Fax 716437.

Inhaber: Ursula Müller. *Kundenbetreuung:* die Inhaberin. *Produktionsleitung:* Paolo Vagaggini. *Besuchszeiten:* nach telefonischer Vereinbarung. *Degustation:* in einer Probierstube.

DOCG:

★★ Vino Nobile di Montepulciano, 🍷 1995 (H *Pk.* C)

★★ Vino Nobile di Montepulciano Riserva, 🍷 1993 und 1995 im Kommen (H *Pk.* C)

DOC:

★ Rosso di Montepulciano, 🍷 1996 (N H *Pk.* B)

Podere **Il Macchione**

Plz. 53045, località Caggiole, via Provinciale 12;
Tel. 0578/758595; Fax 758595.

Gründungsjahr: 1991. *Inhaber:* Agr. Francavilla srl. *Kundenbetreuung:* Robert Kengelbacher. *Produktionsleitung:* Paolo Vagaggini. *Agronom:* Robert Kengelbacher. *Besuchszeiten:* nach telefonischer Vereinbarung. *Degustation:* in einer Probierstube im Weinkeller.

DOCG:

★★ Vino Nobile di Montepulciano, 🍷 1995 (H B *Pk.* C) 1995 (D.T.) 86

★★★ Vino Nobile di Montepulciano Riserva Le Caggiole, 🍷 1993 und 1995 im Kommen (H B *Pk.* D)

Azienda Agricola **La Braccesca**

Plz. 53040, frazione Gracciano; Tel. 055/2359849; Fax 2359884.

Gründungsjahr: 1385. *Inhaber:* Piero Antinori. *Kundenbetreuung:* Beth Ann Bierwirth. *Produktionsleitung:* Maurizio Angeletti. *Agronom:* Claudio Pontremolesi. *Anbaufläche in ha.:* 120. *Besuchszeiten:* nach telefonischer Vereinbarung. *Degustation:* in einer Probierstube.

DOCG:

★★ Vino Nobile di Montepulciano, 🍷 1995 (H B *Pk.* C) 1995 (D.T.) 91

DOC:

★★ Rosso di Montepulciano Sabazio, 🍷 1997 (N H *Pk.* B⊙) 1997 (D.T.) 86

IGT:

♣ Merlot Toscana, 🍷 1996 (ha 8 B *Pk.* E) 1996 (D.T.) 89

Azienda Agricola **La Casella**

Plz. 53040, frazione Gracciano, via della Ciarliana 29;
Tel. 0578/716283; Fax 716283.

Gründungsjahr: 1970. *Inhaber:* Gruppo San Giorgio. *Kundenbetreuung:* Maddalena Mazzeschi. *Produktionsleitung:* Massimo Albanese. *Besuchszeiten:* täglich, nur nach Vereinbarung. *Degustation:* in einer Probierstube.

DOCG:

★★ Vino Nobile di Montepulciano Riserva, 🍷 1995 (H *Pk.* C)

Fattoria **Le Casalte**

Plz. 53045, via del Termine 2, Sant'Albino;
Tel. 0578/799138; Fax 06/9306988.

Gründungsjahr: 1975. *Inhaber:* Paola Silvestri Barioffi. *Kundenbetreuung:* Chiara Barioffi und der Kellermeister. *Produktionsleitung:* Roberto Cipresso. *Agronom:* Guido Barioffi. *Besuchszeiten:* während der Geschäftszeiten; Samstag und Sonntag ist auch die Inhaberin anwesend. *Degustation:* im Weinkeller.

DOCG:

★★ Vino Nobile di Montepulciano, 🍷 1995 (H *Pk.* D) 1995 (D.T.) 87

★★★ Vino Nobile di Montepulciano Riserva, 🍷 1993 und 1995 im Kommen (H *Pk.* D)

DOC:

★ Rosso di Montepulciano, 🍷 1996 (H *Pk.* C)

Azienda Agricola **Lombardo**

Plz. 53040, via Umbria 12, località Gracciano; Tel. 0578/708321; Fax 708321.

Gründungsjahr: 1972. *Inhaber:* Francesco und Giacinto Lombardo. *Kundenbetreuung:* Francesco Lombardo. *Produktionsleitung:* Daniele Ruiti. *Agronom:* Giacinto Lombardo. *Besuchszeiten:* täglich, außer Sonntag, von 9.30 bis 12.30 Uhr und von 15 bis 19 Uhr; Besuche der Kellerei nur mit Voranmeldung. *Degustation:* in einer Probierstube.

DOCG:

★★ Vino Nobile di Montepulciano, 🍷 1995 (N H *Pk.* C)

Azienda **Nottola**

Plz. 53045, S.S. 326, Gracciano 15; Tel. 0577/684711; Fax 687623.

Gründungsjahr: 1990. *Inhaber:* Giuliano Giomarelli. *Kundenbetreuung:* Raffaele Sannino. *Produktionsleitung:* Riccardo Cotarella. *Anbaufläche in ha.:* 12. *Besuchszeiten:* nur nach Vereinbarung. *Degustation:* in einer Probierstube.

DOCG:

♣ Vino Nobile di Montepulciano, 🍷 1995 (B *Pk.* E) 1995 (D.T.) 90

★ Vino Nobile di Montepulciano Vigna Fattore, 🍷 1995 (ha 2 🍾 8.000 H B *Pk.* E) 1995 (D.T.) 92

Fattoria di **Palazzo Vecchio**

Plz. 53040, località Valiano; Tel. 0578/724226.

Gründungsjahr: 1989. *Inhaber:* Marco Sbernadori und Maria Alessandra Zorzi. *Kundenbetreuung:* die Inhaber und Giuliano Giuliani. *Produktionsleitung:* Luca D'Attoma. *Agronom:* Giuliano Giuliani. *Anbaufläche in ha.:* 22. *Besuchszeiten:* nach Vereinbarung. *Degustation:* in einer Probierstube.

DOCG:

♣ Vino Nobile di Montepulciano, 🍷 1995 (ha 6 🍾 35.000 🅗 *Pk.* C) 1995 (D.T.) 86

DOC:

♣ Rosso di Montepulciano, 🍷 1997 (ha 1 🍾 2.000 🅗 *Pk.* B ⊙) 1997 (D.T.) 87

Fattoria di **Paterno**

Plz. 53045, località Sant'Albino, via di Fontelellera;
Tel. 0578/798174; Fax 06/8074482.

Gründungsjahr: 1974. *Inhaber:* Aldo Fresa. *Produktionsleitung:* Luca D'Attoma. *Besuchszeiten:* Montag und Freitag, nach telefonischer Vereinbarung. *Degustation:* in einer Probierstube.

DOCG:

★★ Vino Nobile di Montepulciano Riserva, 🍷 1993 und 1995 im Kommen (🅗 *Pk.* B)

Azienda Agricola **Poliziano**

Plz. 53040, frazione Gracciano, via Fontago;
Tel. 0578/738171; Fax 738171.

Gründungsjahr: 1968. *Inhaber:* Federico Carletti. *Kundenbetreuung:* der Inhaber. *Produktionsleitung:* Carlo Ferrini. *Agronom:* Federico Carletti. *Besuchszeiten:* Montag bis Freitag, von 9 bis 12 Uhr und von 14 bis 18 Uhr; Samstag und Sonntag nach Vereinbarung. *Degustation:* in einer Probierstube/Önothek.

DOCG:

★★ Vino Nobile di Montepulciano, 🍷 1995 (🅗 *Pk.* C) 1995 (D.T.) 87

○ Vino Nobile di Montepulciano Vigna Asinone, 🍷 1995 (🅗 🅑 *Pk.* E) 1995 (D.T.) 92

DOC:

★ Rosso di Montepulciano, 🍷 1997 (🅝 *Pk.* A ⊙) 1997 (D.T.) 86

Tafelwein:

★★ Elegia, 🍷 1995 (🅑 *Pk.* C) 🍇 Sangiovese 1995 (D.T.) 88

★★ Le Stanze del Poliziano, 🍷 1995 (🅑 *Pk.* E) 🍇 Cabernet Sauvignon und Merlot 1995 (D.T.) 89

Azienda Agricola **Romeo**

Plz. 53045, via di Totona 29; Tel. 0578/757127; Fax 708599.

Gründungsjahr: 1982. *Inhaber:* Massimo Romeo. *Kundenbetreuung:* der Inhaber. *Produktionsleitung:* Pietro Rivella. *Agronom:*

Massimo Romeo. *Anbaufläche in ha.:* 4,5. *Besuchszeiten:* nach telefonischer Vereinbarung. *Degustation:* in einer Probierstube im Weinkeller.

DOCG:

★★ Vino Nobile di Montepulciano, 🍷 1995 (H B *Pk.* C)

★★ Vino Nobile di Montepulciano Riserva, 🍷 1993 und 1995 im Kommen (H B *Pk.* C)

DOC:

★ Rosso di Montepulciano, 🍷 1996 und 1997 (N H *Pk.* B)

Tafelwein:

★★ Lipitiresco, 🍷 1996 (B *Pk.* F) 🍇 Prugnolo und in kleinen Mengen Mammolo

Azienda Agricola **Salcheto**

Plz. 53045, frazione Sant'Albino, via di Villa Bianca 15;
Tel. 0578/799031; Fax 799031.

Gründungsjahr: 1988. *Inhaber:* Cecilia Naldoni und Fabrizio Piccin. *Kundenbetreuung:* die Inhaber. *Produktionsleitung:* Paolo Vagaggini. *Agronom:* Fabrizio Piccin. *Anbaufläche in ha.:* 8,5. *Besuchszeiten:* nach telefonischer Vereinbarung. *Degustation:* im Wohnhaus.

DOCG:

★ Vino Nobile di Montepulciano, 🍷 1995 (ha 2,5 🍾 9.000 H *Pk.* C) — 1995 (D.T.) 86

★★ Vino Nobile di Montepulciano Riserva, 🍷 1993 und 1995 im Kommen (ha 2,5 🍾 3.000 H *Pk.* D)

DOC:

♣ Rosso di Montepulciano, 🍷 1997 (ha 1,3 🍾 9.000 H B *Pk.* B⊙) — 1997 (D.T.) 85

Terre Bindella – Tenuta Vallocaia

Plz. 53040, via delle Tre Berte 10/A; Tel. 0578/767777; Fax 767255.

Gründungsjahr: 1985. *Inhaber:* Rudi Bindella. *Kundenbetreuung:* Tiziana Calin. *Produktionsleitung:* Vittorio Fiore. *Agronom:* Matteo Mazzamurro. *Besuchszeiten:* nach telefonischer Vereinbarung. *Degustation:* in einer Probierstube mit Platz für 35 Personen.

DOCG:

★★ Vino Nobile di Montepulciano, 🍷 1995 (H *Pk.* C)

★★ Vino Nobile di Montepulciano Riserva, 🍷 1993 und 1995 im Kommen (H B *Pk.* D)

IGT:

★★ Vallocaia Toscana, 🍷 1995 (B *Pk.* E)
🍇 Prugnolo (85%), Cabernet (15%)

Tenuta **Trerose**

Plz. 53040, frazione Valiano, via della Stella 3;
Tel. 0578/724018; Fax 724103.

Gründungsjahr: 1985. *Inhaber:* Tenimenti Angelini. *Kundenbetreuung:* Michele Merlo. *Produktionsleitung:* Fabrizio Ciufoli. *Agronom:* Michele Merlo. *Besuchszeiten:* täglich; Samstag und Sonntag nur nach Vereinbarung. *Degustation:* in einer Probierstube.

DOCG:

★★ Vino Nobile di Montepulciano La Villa, 🍷 1995 (H B *Pk.* C)
★★ Vino Nobile di Montepulciano Riserva, 🍷 1993 und 1995 im Kommen (H *Pk.* C)
★★ Vino Nobile di Montepulciano Simposio, 🍷 1995 (B *Pk.* E)

Tafelwein:

★ Liuto, 🍷 1996 (B *Pk.* C) 🍇 Viognier

Tenuta **Valdipiatta**

Plz. 53040, località Gracciano, via della Ciarliana 25/A;
Tel. 0578/757930; Fax 717037.

Gründungsjahr: 1973. *Inhaber:* Giulio Caporali. *Kundenbetreuung:* der Inhaber. *Produktionsleitung:* Paolo Vagaggini. *Agronom:* Laura Bernini. *Anbaufläche in ha.:* 15,5. *Besuchszeiten:* nach telefonischer Vereinbarung. *Degustation:* im Reifekeller.

DOCG:

★★ Vino Nobile di Montepulciano, 🍷 1995
(ha 10 🍾 40.000 H *Pk.* C) 1995 (D.T.) 90
★★★ Vino Nobile di Montepulciano Riserva, 🍷 1993 und 1995 im Kommen (ha 4 🍾 20.000 H B *Pk.* D)

DOC:

★ Rosso di Montepulciano, 🍷 1996 und 1997
(🍾 12.000 N B *Pk.* B)

IGT:

★★ Trefonti Toscana, 🍷 1994 und 1995 (ha 1 🍾 4.000 B *Pk.* D)
🍇 Cabernet Sauvignon (40%), Prugnolo (40%) und Canaiolo dal Raspo Rosso (20%) 1995 (G.B.) 89

Vecchia Cantina di Montepulciano

Plz. 53045, via Provinciale 7; Tel. 0578/716092; Fax 716051.

Gründungsjahr: 1937. *Inhaber:* Winzergenossenschaft. *Kundenbetreuung:* Giorgio Carratelli. *Produktionsleitung:* Valerio Coltellini. *Agronom:* Carlo Regi. *Besuchszeiten:* täglich, von 8 bis 12 Uhr und von 14 bis 18 Uhr. *Degustation:* in einer Probierstube in Cantina del Redi.

DOCG:

♣ Vino Nobile di Montepulciano Briareo, 🍷 1995 (B *Pk.* E) — 1995 (D.T.) 89

★★ Vino Nobile di Montepulciano Riserva, 🍷 1993 und 1994 (N H B *Pk.* C) — 1994 (D.T.) 87

Tafelwein:

♣ Vin Santo, 🍷 1990 (B *Pk.* F) — 1990 (D.T.) 85

Azienda Agraria **Villa Sant'Anna**

Plz. 53040, Villa Sant'Anna, Abbadia di Montepulciano;
Tel. 0578/708017; Fax 708226.

Gründungsjahr: 1800. *Inhaber:* Simona Ruggeri Fabroni. *Kundenbetreuung:* Simona, Margherita und Anna Fabroni. *Produktionsleitung:* Andrea Mazzoni. *Agronom:* Simona Fabroni. *Anbaufläche in ha.:* 8. *Besuchszeiten:* nach telefonischer Vereinbarung. *Degustation:* in einer Probierstube im ehemaligen Getreidespeicher.

DOCG:

★ Chianti Colli Senesi, 🍷 1996 (🍾 20.000 H *Pk.* B⊙) — 1996 (D.T.) 86

★★ Vino Nobile di Montepulciano, 🍷 1995 (🍾 14.000 H *Pk.* C) — 1995 (D.T.) 88

Tafelwein:

★★ Vigna Il Vallone, 🍷 1995 (🍾 7.000 B *Pk.* E)
🍇 Prugnolo (70%) und Cabernet Sauvignon (30%)

★ Vin Santo Toscano, 🍷 1990 (🍾 300 B *Pk.* F)

Besonderes: Nicht viele der Chianti Colli Senesi erreichen das Niveau des Weins von Simona und Anna Fabroni. (D.T.)

MONTERIGGIONI (Siena)

Nächste Autobahnausfahrt: Monteriggioni (Superstrada Firenze–Siena).

Azienda Agricola **Il Poggiolo**

Plz. 53035, località Poggiolo, Villa 85; Tel. 0577/59074; Fax 59074.

Gründungsjahr: 1974. *Inhaber:* Federico Bonfio. *Kundenbetreuung:* Francesco Bonfio. *Produktionsleitung:* Francesco Bonfio unter Beratung von Giorgio Grai. *Besuchszeiten:* nach telefonischer Vereinbarung. *Degustation:* in einer Probierstube.

DOCG:

- ★ Chianti Riserva Il Poggiolo, 🍷 1995 (🄷 *Pk.* C)
- ★ Chianti Riserva Le Portine, 🍷 1995 (🄷 *Pk.* C)

MONTEROTONDO MARITTIMO (Grosseto)

Nächste Autobahnausfahrt: Rosignano (A12), dann die Superstrada Richtung Grosseto.

Podere **Serraiola**

Plz. 58020, località Frassine; Tel. 0566/910026; Fax 910026.

Gründungsjahr: 1970. *Inhaber:* Fiorella und Ezio Lenzi. *Kundenbetreuung:* die Inhaberin. *Produktionsleitung:* Luca D'Attoma. *Agronom:* Ezio Lenzi. *Anbaufläche in ha.:* 8,42. *Besuchszeiten:* Montag bis Freitag; an Sonn- und Feiertagen nur nach Vereinbarung. *Degustation:* in einer Probierstube.

DOC:

- ★ Monteregio di Massa Marittima Bianco Violina, 🍷 der letzte (ha 2 ▮ 8.000 🄽 *Pk.* B)
- ★ Monteregio di Massa Marittima Rosso Lentisco, 🍷 1996 (ha 4 ▮ 10.000 🄽 *Pk.* B)

MONTESCUDAIO (Pisa)

Nächste Autobahnausfahrt: Rosignano (A12).

Fattoria **Poggio Gagliardo**

Plz. 56040, località Poggio Gagliardo; Tel. 0586/630661; Fax 685960.

Gründungsjahr: 1968. *Inhaber:* Valter Surbone. *Kundenbetreuung:* Fabrizio Filippi. *Produktionsleitung:* Giovanni Bailo. *Agronom:* Dr. Chiappi. *Anbaufläche in ha.:* 48. *Besuchszeiten:* täglich, außer Sonntag. *Degustation:* in einer Probierstube mit Platz für 40 Personen.

DOC:

★ Montescudaio Rosso Malemacchie, 🍷 1995 (ha 6 🍾 16.000 H *Pk.* C)

★★ Montescudaio Rosso Rovo, 🍷 1995 (ha 5 🍾 15.000 B *Pk.* D) 1995 (D.T.) 87

MONTESPERTOLI (Firenze)

Nächste Autobahnausfahrt: Firenze Signa (A1).

Fattoria **Le Calvane**

Plz. 50025, frazione Montagnana, via Castiglioni 1–3–5; Tel. 0571/671073; Fax 671073.

Gründungsjahr: 1982. *Inhaber:* Daisy Polli Weber. *Kundenbetreuung:* Ermanno Morlacchetti. *Produktionsleitung:* Vittorio Fiore. *Agronom:* Ermanno Morlacchetti. *Anbaufläche in ha.:* 15. *Besuchszeiten:* Montag bis Freitag, von 8 bis 12 Uhr und von 13.30 bis 17.30 Uhr. *Degustation:* in einer Probierstube im Weinkeller.

DOCG:

★ Chianti dei Colli Fiorentini Il Quercione, 🍷 1996 (🍾 13.000 N *Pk.* B)

IGT:

★★ Borro del Boscone Colli della Toscana Centrale, 🍷 1995 (🍾 4.000 B *Pk.* D) 🍇 Cabernet Sauvignon 1995 (G.B.) 86

★ Collecimoli Colli della Toscana Centrale, 🍷 1996 (🍾 3.600 B *Pk.* B ⊙) 🍇 Chardonnay (60%), Sauvignon (20%) und Traminer (20%) 1996 (G.B.) 85

Tafelwein:

★ Zipolo d'Oro, 🍷 der letzte (B *Pk.* D) 🍇 Chardonnay, Trebbiano und Malvasia, alle getrocknet

MONTI IN CHIANTI (Siena)

Nächste Autobahnausfahrt: San Giovanni Valdarno (A1).

Castello di Cacchiano

Plz. 53010, località Cacchiano; Tel. 0577/747018; Fax 055/747157.

Gründungsjahr: 1974. *Inhaber:* Giovanni Ricasoli Firidolfi. *Kundenbetreuung:* der Inhaber. *Produktionsleitung:* Federico Staderini. *Agronom:* Raffaello Biagi. *Anbaufläche in ha.:* 27. *Besuchszeiten:* nach telefonischer Vereinbarung und mindestens einer Woche Voranmeldung. *Degustation:* in Probierstuben aus dem 10. Jahrhundert.

DOCG:

★★ Chianti Classico, 🍷 1996 (🍾 58.900 H B *Pk.* C) 1996 (D.T.) 85
★★★ Chianti Classico Riserva Millennio, 🍷 1995 (🍾 58.500 H B *Pk.* E) 1995 (D.T.) 87

Tafelwein:

★★★ R.F. Vigneto Selice, 🍷 1995 (🍾 15.300 B *Pk.* F) 🍇 Sangiovese (80%) und Merlot (20%) 1995 (D.T.) 85
★★ Vin Santo, 🍷 1992 (🍾 1.700 à 0,375 B *Pk.* E) 🍇 Malvasia

Podere **Il Palazzino**

Plz. 53010, località Monti; Tel. 0577/747008; Fax 747148.

Gründungsjahr: 1972. *Inhaber:* Alessandro und Andrea Sderci. *Kundenbetreuung:* die Inhaber. *Produktionsleitung:* Alexander Trolf. *Agronom:* Alessandro und Andrea Sderci. *Besuchszeiten:* nach telefonischer Vereinbarung. *Degustation:* im Weinkeller.

DOCG:

★★ Chianti Classico, 🍷 1996 (H B *Pk.* C) 1996 (D.T.) 88
★★★ Chianti Classico Riserva Grosso Sanese, 🍷 1995 (B *Pk.* E) 1995 (D.T.) 91

Besonderes: Ob Alessandro Sderci seine Kollegen in der Bank der Monte dei Paschi di Siena als Finanzexperte gut berät, kann ich nicht sagen. Sicher ist jedoch, daß sein Chianti Classico, der absolut beste des Jahrgang 1996, vielen Winzern der Umgebung als beispielhaft gilt. Auch der Grosso Sanese 1995 erweist sich als ein hochkarätiger Wein. (D.T.)

MONTIGNOSO (Massa Carrara)

Nächste Autobahnausfahrt: Massa Carrara (A11).

La Caloma

Plz. 54038, località Zamparina; Tel. 0585/309074; Fax 348110.

Gründungsjahr: 1985. *Inhaber:* Cesare Canavesio. *Kundenbetreuung:* der Inhaber. *Produktionsleitung:* Claudio Gori. *Agronom:* der Inhaber. *Anbaufläche in ha.:* 5. *Besuchszeiten:* täglich, nach Vereinbarung. *Degustation:* in einer Probierstube.

DOC:

★ Candia dei Colli Apuani Calomino Bianco, 🍷 der letzte (ha 1,5 🍾 3.500 N *Pk.* C) 🍇 Vermentino

MONTOPOLI VAL D'ARNO (Pisa)

Nächste Autobahnausfahrt: Livorno (A12) oder Firenze Signa (A1).

Fattoria **Varràmista**

Plz. 56020, via Ricavo 31; Tel. 0571/468121; Fax 467024.

Gründungsjahr: 1939. *Inhaber:* Giancarlo Carleschi (Geschäftsführer). *Kundenbetreuung:* Andrea Barbuti. *Produktionsleitung:* Federico Staderini. *Agronom:* Giovanni Carleschi. *Besuchszeiten:* nach telefonischer Vereinbarung. *Degustation:* im Weinkeller

IGT:

★★★ Varràmista Toscana, 1995 und 1996 (B *Pk.* D)
Syrah (95%) und Merlot (5%) 1996 (G.B.) 93

Besonderes: Der Varràmista 1996 festigt seinen Platz unter den hochwertigsten Syrah Italiens. (G.B.)

MORRONA (Pisa)

Nächste Autobahnausfahrt: Ponsacco-Pontedera an der Superstrada Firenze–Pisa

Hinweis: Aus dem Keller der Firma Sorelle Palazzi, Tel. 0587/654003, stammt ein süßer, gut gemachter Vin Santo 1992 (88). (D.T.)

Badia di Morrona

Plz. 56030, località La Badia; Tel. 0587/658505; Fax 655127.

Inhaber: Grafen Gaslini Alberti. *Kundenbetreuung:* Corrado Dalpiaz. *Produktionsleitung:* Corrado Dalpiaz. *Besuchszeiten:* nach telefonischer Vereinbarung. *Degustation:* in einer Probierstube.

DOCG:

★ Chianti I Sodi del Paretaio, 1997 (ha 34 50.000 N *Pk.* B)

DOC:

★★ Colli dell'Etruria Centrale Rosso Vignalta, 1994
(ha 0,6 7.000 B *Pk.* E)

IGT:

★★ N'Antia Toscana, 1995 (ha 3,5 8.500 B *Pk.* D)
Sangiovese (60%) und
Cabernet Sauvignon (40%) 1995 (D.T.) 87

MURLO (Siena)

Nächste Autobahnausfahrt: Firenze Certosa (A1).

Agricola **Campriano**

Plz. 53016, località Campriano; Tel. 0577/814232; Fax 281937.

Gründungsjahr: 1994. *Inhaber:* Achille Neri und Söhne. *Kundenbetreuung:* Ranuccio Neri. *Produktionsleitung:* Ranuccio Neri , auch landwirtschaftlicher Leiter. *Besuchszeiten:* täglich, nach Vereinbarung. *Degustation:* im Wohnhaus.

DOCG:

★ Chianti Colli Senesi Campriano, 🍷 1997 (N *Pk.* B)

ORBETELLO (Grosseto)

Nächste Autobahnausfahrt: Rosignano (A12) oder Civitavecchia (A11).

Tenuta **La Parrina**

Plz. 58015, località La Parrina; Tel. 0564/862636; Fax 862636.

Gründungsjahr: 1943. *Inhaber:* Franca Spinola. *Kundenbetreuung:* Isaldo Ferrarese. *Produktionsleitung:* Franco Bernabei. *Agronom:* Isaldo Ferrarese. *Anbaufläche in ha.:* 62. *Besuchszeiten:* nach telefonischer Vereinbarung. *Degustation:* in einer Probierstube.

DOC:

★ Parrina Bianco Podere Tinaro, 🍷 der letzte (N B *Pk.* B)
★★ Parrina Rosso Riserva, 🍷 1995 (H B *Pk.* C) 1995 (D.T.) 86

Azienda Agricola **Rascioni e Cecconello**

Plz. 58015, frazione Fonteblanda, località Poggio Sugherino; Tel. 0564/885642.

Gründungsjahr: 1977. *Inhaber:* Vinicia Rascioni und Paolo Cecconello. *Kundenbetreuung:* Vinicia Rascioni mit den Töchtern Stefania und Sabrina. *Produktionsleitung:* Attilio Pagli. *Agronom:* Paolino Cecconello. *Besuchszeiten:* täglich, nur nach Vereinbarung. *Degustation:* in einer Probierstube im Wohnhaus.

Tafelwein:

★★★ Poggio Capitana, 🍷 1994 (H *Pk.* C)
Sangiovese 1994 (D.T.) 90
★★★ Poggio Ciliegio, 🍷 1995 und 1996 (B *Pk.* C)
Ciliegiolo 1996 (D.T.) 87

Besonderes: 1994 war ein großartiger Jahrgang in dieser Ecke der Maremma. Nach dem einzigartigen Poggio Ciliegio kommt nun der Poggio Capitana 1994 auf den Markt, der beste, den Paolo Cecconello und Vinicia Rascioni jemals produziert haben. (D.T.)

PALAIA (Pisa)

Nächste Autobahnausfahrt: Pisa nord (A12).

Azienda Agricola **San Gervasio**

Plz. 56036, località San Gervasio; Tel. 0587/483360; Fax 484361.

Gründungsjahr: 1963. *Inhaber:* Familie Tommasini. *Kundenbetreuung:* Luca Tommasini. *Produktionsleitung:* Luca D'Attoma. *Anbaufläche in ha.:* 15. *Besuchszeiten:* nach Vereinbarung. *Degustation:* im Weinkeller.

IGT:

♣ A Sirio, 1996 (ha 4 10.000 B *Pk.* E)
Sangiovese und Cabernet Sauvignon — 1996 (D.T.) 89

♣ Marna, 1997 (ha 2 8.000 N B *Pk.* C)
Vermentino, Chardonnay und Sauvignon — 1997 (D.T.) 87

♣ Ostro Rosato, 1997 (ha 8 8.000 N *Pk.* B ⊙)
Sangiovese — 1997 (D.T.) 85

Besonderes: Dieser bereits im letzten Jahr im Guide erwähnte Betrieb kann schon seinen dritten guten Wein vorweisen. (D.T.)

PANZANO (Firenze)

Nächste Autobahnausfahrt: Firenze Certosa.

Hinweis: Der Chianti Classico Riserva 1994 (87) und 1995 (88) von Reggine ist den Inhabern Mario Tini und Daniela Papini, Tel. 055/852196, sehr gut gelungen. (D.T.)

Carobbio

Plz. 50022, via San Martino in Cecione 26;
Tel. 055/852136; Fax 031/890488.

Gründungsjahr: 1974. *Inhaber:* Carlo Novarese. *Kundenbetreuung:* Monica Pierleoni. *Produktionsleitung:* Gabriella Tani. *Agronom:* Remigio Bordini. *Anbaufläche in ha.:* 10. *Besuchszeiten:* nur nach Vereinbarung. *Degustation:* in einer Probierstube.

DOCG:

★★ Chianti Classico, 1996 (H B *Pk.* C)

★★ Chianti Classico Riserva, 1995 (B *Pk.* D) — 1995 (D.T.) 87

Tafelwein:

★★ Leone del Carobbio, 🍷 1995 (🍾 7.000 B *Pk.* E)
Sangiovese

★★ Pietraforte del Carobbio, 🍷 1995 (🍾 7.000 B *Pk.* E)
Cabernet Sauvignon 1995 (D.T.) 91

Fattoria **Casaloste**

Plz. 50020, via Montagliari 32; Tel. 055/852725; Fax 8560807.

Gründungsjahr: 1993. *Inhaber:* Giovanni Battista und Emilia d'Orsi. *Kundenbetreuung:* die Inhaber. *Produktionsleitung:* Giovanni Battista d'Orsi unter Beratung von Gabriella Tani. *Agronom:* Giovanni Battista d'Orsi. *Anbaufläche in ha.:* 6,7. *Besuchszeiten:* nach Vereinbarung. *Degustation:* in einer Probierstube mit Platz für acht Personen.

DOCG:

★ Chianti Classico, 🍷 1996 (🍾 25.000 H B *Pk.* C)

★★ Chianti Classico Riserva, 🍷 1995
(🍾 7.000 H B *Pk.* E) 1995 (D.T.) 88

★≈ Chianti Classico Riserva Don Vincenzo, 🍷 1995
(🍾 4.000 H B *Pk.* F) 1995 (D.T.) 90

Azienda Agricola **Castello dei Rampolla**

Plz. 50020, via S. Lucia in Faulle; Tel. 055/852001; Fax 852533.

Gründungsjahr: 1965. *Inhaber:* Familie Di Napoli Rampolla. *Kundenbetreuung:* Luca und Maurizia Di Napoli Rampolla. *Produktionsleitung:* Giacomo Tachis. *Agronom:* Luca und Maurizia Di Napoli Rampolla. *Besuchszeiten:* nach telefonischer Vereinbarung. *Degustation:* in einer Probierstube im Wohnhaus.

DOCG:

★★ Chianti Classico, 🍷 1996 (H B *Pk.* C) 1996 (D.T.) 85

★★ Chianti Classico Riserva, 🍷 1995
(H B *Pk.* D) 1995 (D.T.) 89

Tafelwein:

★≈ La Vigna di Alceo, 🍷 1996 (B *Pk.* F)
Cabernet Sauvignon 1996 (D.T.) 94

★★★ Sammarco, 🍷 1995 (B *Pk.* F) Cabernet Sauvignon
und in kleinen Mengen Sangiovese 1995 (D.T.) 92

Azienda Agricola **Cennatoio**

Plz. 50020, via San Leolino 35; Tel. 055/8963230; Fax 8963488.

Gründungsjahr: 1969. *Inhaber:* Leandro Alessi. *Kundenbetreuung:* Emiliano Alessi und Ilde Agnelli. *Produktionsleitung:* Gabriella Tani. *Agronom:* Luca Socci. *Anbaufläche in ha.:* 10,3. *Besuchszeiten:* Montag bis Freitag, von 8 bis 17 Uhr; an Sonn- und Feiertagen nur nach Vereinbarung. *Degustation:* in einer Probierstube mit Direktverkauf.

DOCG:

★★ Chianti Classico, 🍷 1996 (ha 8,3 🍾 31.000 [H] *Pk.* C) 1996 (D.T.) 85

★★ Chianti Classico Riserva O'Leandro, 🍷 1995 (🍾 8.000 [H] [B] *Pk.* E)

IGT:

★★★ Etrusco Toscana, 🍷 1995 (🍾 12.000 [B] *Pk.* F) 🍇 Sangiovese 1995 (D.T.) 87

★ Liuto Toscana, 🍷 1996 (🍾 2.000 [B] *Pk.* E) 🍇 Chardonnay

★ Mammolo Toscana, 🍷 1995 (🍾 3.000 [B] *Pk.* F) 🍇 Merlot (75%) und Sangiovese (25%)

★★★ Rosso Fiorentino Toscana, 🍷 1995 (🍾 4.000 [B] *Pk.* F) 🍇 Cabernet Sauvignon 1995 (D.T.) 88

Fontodi

Plz. 50020, via San Leolino 89; Tel. 055/852005; Fax 852537.

Gründungsjahr: 1968. *Inhaber:* Domiziano und Dino Manetti. *Kundenbetreuung:* Giovanna Manetti. *Produktionsleitung:* Franco Bernabei. *Agronom:* Giovanni Manetti. *Anbaufläche in ha.:* 61. *Besuchszeiten:* Montag bis Freitag, nach Vereinbarung. *Degustation:* im großen Saal der Villa.

DOCG:

★★★ Chianti Classico, 🍷 1996 ([H] *Pk.* D) 1996 (D.T.) 87

★★★ Chianti Classico Riserva, 🍷 1995 ([H] [B] *Pk.* E) 1995 (D.T.) 87

★★★ Chianti Classico Riserva Vigna del Sorbo, 🍷 1995 ([B] *Pk.* F) 1995 (D.T.) 91

IGT:

○ Flaccianello della Pieve Colli della Toscana Centrale, 🍷 1995 ([B] *Pk.* F) 🍇 Sangiovese 1995 (D.T.) 91

★★ Meriggio Colli della Toscana Centrale, 🍷 der letzte ([B] *Pk.* D) 🍇 Pinot Bianco 1997 (D.T.) 88

★★★ Pinot Nero Case Via Colli della Toscana Centrale, 🍷 1996 ([B] *Pk.* E) 1996 (D.T.) 88

★★ Syrah Case Via Colli della Toscana Centrale, 🍷 1995 ([B] *Pk.* F) 1995 (D.T.) 90

Azienda Agricola **La Massa**
Plz. 50020, via Case Sparse 9; Tel. 055/852701; Fax 852701.

Gründungsjahr: 1992. *Inhaber:* Giampaolo Motta. *Kundenbetreuung:* der Inhaber. *Produktionsleitung:* Carlo Ferrini. *Agronom:* Carlo Ferrini. *Anbaufläche in ha.:* 22. *Besuchszeiten:* nach telefonischer Vereinbarung. *Degustation:* in einer Probierstube.

DOCG:

★★★ Chianti Classico, 🍷 1996 (ha 22 🍾 55.000 H B *Pk.* C) 1996 (D.T.) 86

★★★ Chianti Classico Giorgio Primo, 🍷 1996 (🍾 28.000 B *Pk.* E) 1996 (D.T.) 90

Fattoria **Le Bocce**
Plz. 50020, via Case Sparse 77; Tel. 055/852153; Fax 852232.

Gründungsjahr: 1969. *Inhaber:* Giancarlo Farina. *Kundenbetreuung:* Simone Campatelli. *Produktionsleitung:* Simone Campatelli unter Beratung von Vittorio Fiore. *Agronom:* Simone Campatelli. *Anbaufläche in ha.:* 35. *Besuchszeiten:* täglich, nach telefonischer Vereinbarung. *Degustation:* in einer Probierstube.

DOCG:

★ Chianti Classico, 🍷 1996 (ha 25 🍾 180.000 H *Pk.* C) 1996 (D.T.) 86

★ Chianti Classico Riserva, 🍷 1995 (ha 7 🍾 50.000 H *Pk.* D)

Tafelwein:

★ Vigna Avara, 🍷 1996 (ha 1 🍾 9.500 B *Pk.* C) 🍇 Chardonnay

★★ Vigna del Paladino, 🍷 1995 (ha 2 🍾 18.000 B *Pk.* D) 🍇 Sangiovese

Podere **Le Cinciole**
Plz. 50020, via Case Sparse 83; Tel. 055/852636; Fax 852636.

Inhaber: Valeria Viganò und Luca Orsini. *Kundenbetreuung:* die Inhaber. *Produktionsleitung:* Massimo Albanese. *Agronom:* Massimo Albanese. *Besuchszeiten:* nach telefonischer Vereinbarung. *Degustation:* im Weinkeller.

DOCG:

★★ Chianti Classico, 🍷 1996 (H *Pk.* B ⊙) 1996 (D.T.) 86

★★ Chianti Classico Vigneto Valle del Pozzo, 🍷 1995 (B *Pk.* D) 1995 (D.T.) 89

Fattoria **Le Fonti**

Plz. 50020, via Le Fonti; Tel. 055/852194; Fax 852517.

Gründungsjahr: 1978. *Inhaber:* Conrad Schmitt. *Kundenbetreuung:* der Inhaber. *Produktionsleitung:* Stefano Chioccioli. *Besuchszeiten:* nur nach Vereinbarung. *Degustation:* in einer Probierstube.

DOCG:

★★ Chianti Classico Riserva, 🍷 1995 (B *Pk.* C) 1995 (D.T.) 90

IGT:

★★ Fontissimo, 🍷 1995 (B *Pk.* E) Sangiovese (75%) und Cabernet Sauvignon (25%) 1995 (D.T.) 88

Azienda Agricola **Le Masse di San Leolino**

Plz. 50020, Pieve di San Leolino; Tel. 055/852144; Fax 852144.

Gründungsjahr: 1980. *Inhaber:* Norman Bain. *Kundenbetreuung:* der Inhaber. *Produktionsleitung:* Franco Bernabei. *Besuchszeiten:* Montag bis Freitag, nach Vereinbarung. *Degustation:* in einer Probierstube im Wohnhaus.

DOCG:

★★ Chianti Classico, 🍷 1996 (H *Pk.* B)

★★ Chianti Classico Riserva, 🍷 1994 und 1995 (H *Pk.* C) 1994 (D.T.) 87 + 1995 (D.T.) 88

Monte Bernardi

Plz. 50020, via Chiantigiana; Tel. 055/852400; Fax 852355.

Gründungsjahr: 1992. *Inhaber:* Stak und Sharon Aivaliotis. *Kundenbetreuung:* Stak Aivaliotis. *Produktionsleitung:* Giorgio Marone. *Agronom:* Valerio Barbieri. *Besuchszeiten:* nach Vereinbarung. *Degustation:* in einer Probierstube.

DOCG:

★ Chianti Classico, 🍷 1996 (H *Pk.* C)

Tafelwein:

♣ Sa'etta, 🍷 1995 (🍾 5.000 B *Pk.* F) Sangiovese 1995 (D.T.) 88

Tenuta di **Vignole**

Plz. 50020, via Case Sparse 12; Tel. 0574/592025; Fax 571298.

Gründungsjahr: 1970. *Inhaber:* Mario und Pietro Nistri. *Kundenbetreuung:* die Inhaber. *Produktionsleitung:* Giorgio Marone. *Besuchszeiten:* nur nach Vereinbarung. *Degustation:* im großen Saal des Herrenhauses.

DOCG:

★ Chianti Classico, 🍷 1996 (H *Pk.* B)
★★ Chianti Classico Riserva, 🍷 1995 (H B *Pk.* C) 1995 (D.T.) 88

Fattoria **Villa Cafaggio**

Plz. 50020, via San Martino in Cecione 5;
Tel. 055/8549094; Fax 8549096.

Gründungsjahr: 1967. *Inhaber:* Basilica Cafaggio srl. *Kundenbetreuung:* Stefano Farkas. *Produktionsleitung:* Stefano Farkas. *Besuchszeiten:* nach telefonischer Vereinbarung. *Degustation:* im Weinkeller.

DOCG:

★★ Chianti Classico, 🍷 1996 (H *Pk.* B ⊙) 1996 (D.T.) 86
★★ Chianti Classico Riserva, 🍷 1994 und 1995 (B *Pk.* D) 1994 (D.T.) 87 + 1995 (D.T.) 89
★★ Chianti Classico Riserva Solatio Basilica, 🍷 1994 (B *Pk.* E)

Tafelwein:

★★★ Cortaccio, 🍷 1995 (B *Pk.* E) Cabernet Sauvignon (90%) und Sangiovese (10%) 1995 (D.T.) 91
★★★ San Martino, 🍷 1995 (B *Pk.* E) Sangiovese (90%) und Cabernet Sauvignon (10%) 1995 (D.T.) 91

Besonderes: Ich weiß nicht, ob Stefano Farkas an regelmäßig wiederkehrende Ereignisse glaubt, aber es ist eine Tatsache, daß das Jahr 1995 das 25jährige Jubiläum des Chianti Classico Riserva 1971 ist, eines Weins, der deutlich vor Augen geführt hat, daß die Conca d'Oro eine der bedeutendsten Untergebiete des ganzen Chianti Classico ist. Dieser besondere Jahrgang wurde auf die bestmögliche Art gefeiert, nämlich mit der Herstellung zweier Weine, die, was die Sorten Sangiovese und Cabernet Sauvignon betrifft, von beispielhaft hoher Qualität sind. (D.T.)

PECCIOLI (Pisa)

Nächste Autobahnausfahrt: Pisa nord (A12) oder Altopascio (A11).

Tenuta di **Ghizzano**

Plz. 56037, via della Chiesa 1; Tel. 0587/630096; Fax 630162.

Inhaber: Pierfrancesco Venerosi Pesciolini. *Kundenbetreuung:* Carla, Ginevra und Lisa Venerosi Pesciolini. *Produktionsleitung:* Luca D'Attoma, auch landwirtschaftlicher Leiter. *Anbaufläche in ha.:* 12. *Besuchszeiten:* Montag bis Samstag, nach Vereinbarung. *Degustation:* in einer Probierstube im Weinkeller.

DOCG:

★ Chianti Tenuta di Ghizzano, 🍷 1997 (🍾 3.000 N H *Pk.* B)

IGT:

★≈ Nambrot, 🍷 1996 (ha 1 🍾 2.000 B *Pk.* E)
🍇 Merlot 1996 (D.T.) 90

★★ Veneroso, 🍷 1995 (🍾 15.000 B *Pk.* D) 🍇 Sangiovese (40%), Cabernet (45%) und Merlot (15%) 1995 (D.T.) 89

Tafelwein:

♣ San Germano Vin Santo, 🍷 1994 (🍾 2.000 à 0.500 B *Pk.* D)
🍇 Malvasia, Colombana und roten Reben 1994 (D.T.) 88

Besonderes: Der Nambrot trägt den Namen des Gründers des Hauses, der angeblich schon zur Zeit der Karolinger nach Italien kam. Der Wein hat zum Glück nicht über tausend Jahre gebraucht, um eine gewisse Bedeutung zu erlangen, sondern erweist sich im Gegenteil schon bei seinem Debüt als ein sehr schönes Produkt. (D.T.)

PELAGO (Firenze)

Nächste Autobahnausfahrt: Firenze sud (A1).

Azienda Agricola **Travignoli**

Plz. 50060, via Travignoli 78; Tel. 055/8361098; Fax 8361098.

Gründungsjahr: 1400. *Inhaber:* Giampiero Busi. *Kundenbetreuung:* Giovanni Busi. *Agronom:* Giovanni Busi. *Anbaufläche in ha.:* 55. *Besuchszeiten:* nur nach Vereinbarung. *Degustation:* in einer großen Probierstube.

DOCG:

★ Chianti Rufina, 🍷 1997 (N *Pk.* B ⊙) 1997 (D.T.) 86

★★ Chianti Rufina Riserva, 🍷 1995 (H *Pk.* C)

IGT:

★★ Tegolaia Rosso dei Colli della Toscana Centrale,
🍷 1996 (B *Pk.* D)
🍇 Sangiovese und Cabernet Sauvignon 1996 (G.B./D.T.) 88

PIEVE AL BAGNORO (Arezzo)

Nächste Autobahnausfahrt: Arezzo (A1).

Villa Cilnia

Plz. 52040, località Montoncello 27; Tel. 0575/365017; Fax 365639.

Gründungsjahr: 1968. *Inhaber:* Maria Segala. *Kundenbetreuung:* Fabrizio Giusti. *Produktionsleitung:* Franco Bernabei. *Agronom:* Francesco Naldi. *Anbaufläche in ha.:* 25. *Besuchszeiten:* täglich, nach Voranmeldung. *Degustation:* in einer Probierstube.

PIEVE AL BAGNORO

DOCG:

★ Chianti Colli Aretini, 🍷 1996
(🍾 60.000 N B *Pk.* B ⊙) 1996 (G.B.) 85

★★ Chianti Colli Aretini Riserva, 🍷 1994 und 1995
(🍾 20.000 B *Pk.* C) 1994 (G.B.) 86 + 1995 (D.T.) 87

IGT:

★★ Mecenate Colli della Toscana Centrale, 🍷 1995
(🍾 10.000 B *Pk.* D)
🍇 Chardonnay und Sauvignon 1995 (D.T.) 89

★★ Vocato Colli della Toscana Centrale, 🍷 1994 und 1995
(🍾 15.000 B *Pk.* C)
🍇 Sangiovese und Cabernet Sauvignon 1995 (D.T.) 88

Besonderes: Dieser vor einigen Jahren «abgerutschte» Betrieb ist dabei, dank des Engagements des Inhabers und von Franco Bernabei einen schnellen Wiederaufstieg zu bewerkstelligen. (D.T.)

PIOMBINO (Livorno)

Nächste Autobahnausfahrt: Rosignano (A12) oder Civitavecchia (A11).

Hinweis: Piombino, das eher für seine Stahlindustrie bekannt ist, wird demnächst wegen des hiesigen Cabernet berühmt werden. Der Jahrgang 1997 von Annamaria Toni (Tel. 0565/30380) ist ein Wein, der in der Gegend auf sich aufmerksam machen wird. (D.T.)

Azienda Agricola **San Giusto**

Plz. 57025, località Salivoli 16; Tel. 0565/41198; Fax 41198.

Gründungsjahr: um 1900. *Inhaber:* Pierluigi Bonti. *Kundenbetreuung:* der Inhaber mit Ehefrau Stefania Garbini. *Produktionsleitung:* Paolo Benassi. *Agronom:* Dr. Ercolani. *Besuchszeiten:* Besuche sind erst nach Abschluß der Renovierungsarbeiten wieder möglich. *Degustation:* ein Probierraum wird eingerichtet.

Tafelwein:

★ Rosso degli Appiani, 🍷 1990 und 1992 (B *Pk.* C)
🍇 Sangiovese und Montepulciano

POGGIBONSI (Siena)

Nächste Autobahnausfahrt: Firenze Certosa (A1), dann Superstrada Firenze–Siena.

Fattoria **Le Fonti**

Plz. 53036, località San Giorgio Le Fonti;
Tel. 0577/935690; Fax 935690.

Gründungsjahr: 1956. *Inhaber:* Gebrüder Imberti. *Kundenbetreuung:* Lorenzo Bernini. *Produktionsleitung:* Paolo Caciorgna. *Agronom:* Lorenzo Bernini. *Anbaufläche in ha.:* 15. *Besuchszeiten:* nach Vereinbarung. *Degustation:* in einer Probierstube.

DOCG:

♣ Chianti Classico, 🍷 1996 (🍾 40.000 N *Pk.* C) 1996 (D.T.) 86
♣ Chianti Classico Riserva, 🍷 1995 (🍾 3.000 B *Pk.* E) 1995 (D.T.) 88

IGT:

Vito Arturo Toscana, 🍷 1995 (ha 3 🍾 4.000 B *Pk.* E) Sangiovese 1995 (D.T.) 91

Melini

Plz. 53036, frazione Gaggiano; Tel. 0577/989001.

Kundenbetreuung: Lucia Migliorini. *Produktionsleitung:* Nunzio Capurso. *Besuchszeiten:* nach telefonischer Vereinbarung.

DOCG:

★★ Chianti Classico Isassi, 🍷 1996 (H *Pk.* A)
★★ Chianti Classico Riserva Vigneti La Selvanella, 🍷 1995 (H *Pk.* B)

POGGIO A CAIANO (Prato)

Azienda Agricola **La Piaggia**

Plz. 59016, via Cegoli 47; Tel. 055/8705401; Fax 8705833.

Gründungsjahr: 1986. *Inhaber:* Mauro Vannucci. *Kundenbetreuung:* der Inhaber. *Produktionsleitung:* Alberto Antonini. *Agronom:* Emanuele Orsi. *Anbaufläche in ha.:* 5. *Besuchszeiten:* Montag bis Freitag, nach Vereinbarung. *Degustation:* in einer Probierstube.

DOCG:

♣ Carmignano Riserva, 🍷 1995 (ha 5 🍾 20.000 B *Pk.* D) 1995 (D.T.) 88

Besonderes: Der Carmignano war bisher durch die Tatsache charakterisiert, daß seine große Berufung unter einem Mangel an Produzenten litt. Glücklicherweise ändert sich das langsam und neue Unternehmer werden hier tätig. Dieser Produzent ist einer, der in Zukunft auf sich aufmerksam machen wird. (D.T.)

PONTASSIEVE (Firenze)

Nächste Autobahnausfahrt: Firenze sud (A1).

Hinweis: Die Fattoria Lavacchio, Tel. 055/8317472, befindet sich auf einstmals etruskischem Gebiet, wo gute Weine hergestellt werden: unter anderem der Il Cortigiano 1996 (88), ein sehr gut gemachter Verschnitt von Cabernet, Merlot und Sangiovese. (D.T.)

Tenimenti **Ruffino**

Plz. 50065, via Aretina 42/44; Tel. 055/83605; Fax 8313677.

Gründungsjahr: 1877. *Inhaber:* Familie Folonari. *Kundenbetreuung:* Kathrin Brunath und Giuseppe D'Andrea. *Produktionsleitung:* Mauro Orsoni. *Agronom:* Maurizio Bogoni. *Anbaufläche in ha.:* 640. *Besuchszeiten:* nach telefonischer Vereinbarung. *Degustation:* in einem großen Probiersaal der Villen in Passo dei Pecorai, Santedame und Zano.

DOCG:

★ Chianti Classico Aziano, 🍷 1996 (ha 50 🍾 400.000 H *Pk.* B)

♣ Chianti Classico Riserva, 🍷 1995
(🍾 400.000 H *Pk.* C) 1995 (D.T.) 87

★★ Chianti Classico Riserva Ducale Oro, 🍷 1995
(ha 80 🍾 350.000 H B *Pk.* C) 1995 (D.T.) 89

★★ Chianti Classico Santedame, 🍷 1996
(ha 56 🍾 150.000 H *Pk.* C)

★★ Vino Nobile di Montepulciano Lodola Nuova, 🍷 1995
(ha 41 🍾 200.000 H *Pk.* C)

Tafelwein:

★★ Cabreo Il Borgo, 🍷 1995 (ha 19 🍾 95.000 B *Pk.* E)
🍇 Sangiovese (70%) und
Cabernet Sauvignon (30%) 1995 (D.T.) 90

★★ Cabreo La Pietra, 🍷 1996 (ha 25 🍾 75.000 B *Pk.* E)
🍇 Chardonnay 1996 (D.T.) 90

★★ Libaio, 🍷 der letzte (ha 50 🍾 300.000 N *Pk.* A)
🍇 Chardonnay (85%) und Pinot Grigio (15%)

★★ Nero del Tondo, 🍷 1995 (ha 11 🍾 16.000 B *Pk.* E)
🍇 Pinot Nero 1995 (D.T.) 88

★★ Romitorio, 🍷 1995 (ha 6 🍾 9.000 B *Pk.* C)
🍇 Colorino und Prugnolo 1995 (D.T.) 91

Esportazione Vinicola Toscana **Spalletti**
Plz. 50065, via Aretina 42/44; Tel. 055/83605; Fax 8313677.

Gründungsjahr: 1936. *Inhaber:* Tenimenti Ruffino. *Kundenbetreuung:* Beppe D'Andrea und Kathrin Brunat. *Produktionsleitung:* Mauro Orsoni. *Agronom:* Maurizio Bogoni. *Anbaufläche in ha.:* 22. *Besuchszeiten:* nach Vereinbarung.

DOCG:

♣ Chianti Rufina Riserva Poggio Reale, 🍷 1994
(ha 16 🍾 45.000 [N] [H] *Pk.* C) 1994 (D.T.) 85

Tenuta di Bossi
Plz. 50065, via dello Stracchino 32; Tel. 055/8317830; Fax 8364008.

Gründungsjahr: 16. Jahrhundert. *Inhaber:* Marquis Bonaccorso Gondi. *Kundenbetreuung:* Bernardo, Sohn des Inhabers. *Produktionsleitung:* Carlo Corino. *Agronom:* Bernardo Gondi. *Besuchszeiten:* nach telefonischer Vereinbarung. *Degustation:* in einer Probierstube oberhalb des Weinkellers.

DOCG:

★★ Chianti Rufina Riserva Villa di Bossi, 🍷 1995
([H] [B] *Pk.* B ⊙) 1995 (D.T.) 87

DOC:

★★ Colli dell'Etruria Centrale Vin Santo, 🍷 1993
([B] *Pk.* D) 1993 (D.T.) 88

Tafelwein:

★★ Mazzaferrata, 🍷 1994 ([H] [B] *Pk.* C) 🍇 Cabernet Sauvignon und Sangiovese zu gleichen Teilen 1994 (D.T.) 88

PONTE DEL GIGLIO (Lucca)

Nächste Autobahnausfahrt: Lucca (A11).

Azienda Agricola **Moretti Daniele – Le Murelle**
Plz. 55060, località Cappella, via per Camaiore, traversa V;
Tel. 0583/394487; Fax 395800.

Gründungsjahr: 1929. *Inhaber:* Giovan Pio Moretti. *Kundenbetreuung:* der Inhaber. *Produktionsleitung:* Maurizio Castelli. *Anbaufläche in ha.:* 5. *Besuchszeiten:* täglich, nach Vereinbarung. *Degustation:* in einer Probierstube.

Tafelwein:

★★ Chardonnay Le Murelle, 🍷 1997
(ha 2 🍾 9.000 [N] [B] *Pk.* B ⊙) 1997 (D.T.) 86

★ Sauvignon Le Murelle, 🍷 der letzte (ha 2 🍾 9.000 [N] *Pk.* B)

PORTOFERRAIO (Livorno)

Azienda Agricola **La Chiusa**

Plz. 57037, località Magazzini 93; Tel. 0565/933046; Fax 933046.

Gründungsjahr: 1971. *Inhaber:* Giuliana Foresi. *Kundenbetreuung:* die Inhaberin. *Produktionsleitung:* Graziana Grassini. *Agronom:* Stefano Piemontesi. *Anbaufläche in ha.:* 8. *Besuchszeiten:* Montag bis Freitag, von 9 bis 12 Uhr und von 15 bis 16 Uhr (im Sommer von 17 bis 19 Uhr). *Degustation:* in einer rustikalen Probierstube.

DOC:

♣ Elba Aleatico, 🍷 1997 (🍾 1.500 N H *Pk.* F) 1997 (G.B.) 86

PRATO (Prato)

Nächste Autobahnausfahrt: Prato (A1).

Azienda Agricola **Matroneo**

Plz. 59100, via F.lli Miniati 20; Tel. 0574/574323; Fax 574323.

Gründungsjahr: 1991. *Inhaber:* Enrico Pierazzuoli. *Kundenbetreuung:* der Inhaber. *Produktionsleitung:* Stefano Chioccioli. *Anbaufläche in ha.:* 2. *Besuchszeiten:* nach Vereinbarung.

DOC:

♣ Chianti Classico Riserva, 🍷 1995 (H *Pk.* C) 1995 (D.T.) 87

RADDA IN CHIANTI (Siena)

Nächste Autobahnausfahrt: Valdarno (A1) oder San Donato an der Superstrada Firenze–Siena.

Podere **Capaccia**

Plz. 53017, località Capaccia; Tel. 0574/582426; Fax 582428.

Gründungsjahr: 1975. *Inhaber:* Giampaolo Pacini. *Kundenbetreuung:* Chiara Pacini. *Produktionsleitung:* Vittorio Fiore. *Agronom:* Elio Brogi. *Anbaufläche in ha.:* 3,12. *Besuchszeiten:* der Inhaber ist Samstag und Sonntag anwesend, ansonsten kümmert sich der Kellermeister Elio Brogi um die Besucher; Voranmeldung empfohlen. *Degustation:* in Probierstuben mit Platz für 15 bis 40 Personen.

DOCG:

★★ Chianti Classico Riserva, 🍷 1995 (🍾 3.000 H *Pk.* E)

Tafelwein:

★★ Querciagrande, 🍷 1995 (🍾 12.000 B *Pk.* F)
🍇 Sangiovese 1995 (D.T.) 89

★ Spera di Sole, 🍷 1990 (🍾 1.000 B *Pk.* E)
🍇 Trebbiano und Malvasia, beide getrocknet

Castello di Albola

Plz. 53017, via Pian d'Albola 31; Tel. 0577/738019; Fax 738019.

Inhaber: Familie Zonin. *Kundenbetreuung:* das Büropersonal. *Produktionsleitung:* Filippo Pedroni unter der Aufsicht von Franco Giacosa. *Besuchszeiten:* Montag bis Samstag, während der Geschäftszeiten; am besten mit Voranmeldung. *Degustation:* auf dem Gutshof oder im Laden.

DOCG:

♣ Chianti Classico Riserva, 🍷 1994 (H B *Pk.* D) 1994 (D.T.) 86

Tafelwein:

★★ Acciaiolo, 🍷 1995 (B *Pk.* D) Sangiovese und Cabernet Sauvignon 1995 (D.T.) 88

★ Le Fagge, 🍷 1996 (B *Pk.* C) Chardonnay

Castello di Volpaia

Plz. 53017, località Volpaia; Tel. 0577/738066; Fax 738619.

Gründungsjahr: 1966. *Inhaber:* Giovannella Stianti Mascheroni. *Kundenbetreuung:* die Inhaberin. *Produktionsleitung:* Maurizio Castelli und Gioia Cresti. *Agronom:* Stefano Borsa. *Anbaufläche in ha.:* 41. *Besuchszeiten:* täglich, nach telefonischer Vereinbarung. *Degustation:* in einer Probierstube.

DOCG:

★★ Chianti Classico, 🍷 1996 (100.000 H *Pk.* C)

★★ Chianti Classico Riserva, 🍷 1995 (50.000 H *Pk.* D)

IGT:

★★ Balifico Toscana, 🍷 1995 (21.000 B *Pk.* E) Sangiovese und in kleinen Mengen Cabernet Sauvignon und Cabernet Franc

★★ Coltassala Toscana, 🍷 1995 (21.000 B *Pk.* E) Sangiovese und in kleinen Mengen Mammolo

★★ Torniello Toscana, 🍷 1996 (6.500 B *Pk.* D) Sauvignon und in kleinen Mengen Semillon

Azienda Agricola **Livernano**

Plz. 53017, località Livernano; Tel. 0577/738353; Fax 738259.

Gründungsjahr: 1990. *Inhaber:* Marco Montanari. *Kundenbetreuung:* der Inhaber oder Kaspar Hegglin. *Produktionsleitung:* Stefano Chioccioli. *Agronom:* Remigio Bordini. *Anbaufläche in ha.:* 5,5. *Besuchszeiten:* nach Vereinbarung. *Degustation:* im Weinkeller, der Önothek.

IGT:

♣ Anima, 🍷 1996 (ha 0,6 🍾 1.350 B *Pk.* E)
🍇 Chardonnay, Sauvignon und Traminer 1996 (D.T.) 87

♣ Nardina, 🍷 1995 (ha 1,85 🍾 900 B *Pk.* E) 🍇 Merlot, Cabernet Sauvignon und Cabernet Franc 1995 (D.T.) 89

♣ Purosangue, 🍷 1996 (ha 2 🍾 3.000 B *Pk.* E)
🍇 Sangiovese 1996 (D.T.) 88

Azienda Agraria **Montevertine**

Plz. 53017, località Montevertine; Tel. 0577/738009; Fax 738265.

Gründungsjahr: 1967. *Inhaber:* Sergio Manetti. *Kundenbetreuung:* der Inhaber mit Sohn Martino und Klaus Johan Reimitz. *Produktionsleitung:* Sommelier Giulio Gambelli. *Agronom:* Bruno Bini. *Anbaufläche in ha.:* 11. *Besuchszeiten:* mit Voranmeldung, Montag bis Freitag, von 8 bis 12 Uhr und von 13 bis 17 Uhr. *Degustation:* in einer sehr gut ausgestatteten Probierstube.

Tafelwein:

★★ Bianco di Montevertine, 🍷 der letzte (N *Pk.* B)
🍇 Trebbiano und Malvasia

★★★ Il Sodaccio, 🍷 1995 (H *Pk.* E)
🍇 Sangiovese (90%) und Canaiolo (10%) 1995 (D.T.) 86

○ Le Pergole Torte, 🍷 1994 und 1995 (H B *Pk.* F)
🍇 Sangiovese 1995 (D.T.) 91

★★ Montevertine, 🍷 1995 (H *Pk.* D)
🍇 Sangiovese (85%) und Canaiolo (15%)

★★★ Montevertine Riserva, 🍷 1995 (H *Pk.* E)
🍇 Sangiovese (85%) und Canaiolo (15%) 1995 (D.T.) 88

★ Pian del Ciampolo, 🍷 1996 (H *Pk.* C)
🍇 Sangiovese (85%) und Canaiolo (15%)

Azienda Agricola **Poggerino**

Plz. 53017, via Poggerino 6; Tel. 0577/738232; Fax 738051.

Gründungsjahr: 1980. *Inhaber:* Maria Floriana Ginori Conti. *Kundenbetreuung:* die Inhaberin mit Piero und Benedetta Lanza. *Produktionsleitung:* Piero Lanza. *Besuchszeiten:* täglich, nach Vereinbarung. *Degustation:* im großen Saal des renovierten Bauernhauses.

DOCG:

★★ Chianti Classico, 🍷 1996 (N B *Pk.* B ⊙) 1996 (D.T.) 86

★★★ Chianti Classico Riserva Bugialla, 🍷 1995 (B *Pk.* E) 1995 (D.T.) 89

Azienda Agricola **Pruneto**
Plz. 53017, località Pruneto 37; Tel. 0577/738013; Fax 738013.

Gründungsjahr: 1960. *Inhaber:* Riccardo Lanza. *Kundenbetreuung:* der Inhaber. *Produktionsleitung:* Giovanna Morganti. *Agronom:* Riccardo Lanza. *Besuchszeiten:* täglich, von 9 bis 12 Uhr und von 15 bis 18 Uhr. *Degustation:* in einer Probierstube im Wohnhaus.

DOCG:
★★ Chianti Classico Riserva, 🍷 1993 und 1994 (H *Pk.* B)

Azienda Agricola **Terrabianca**
Plz. 53017, località San Fedele a Paterno;
Tel. 0577/738544; Fax 738623.

Gründungsjahr: 1975. *Inhaber:* Roberto Guldener. *Kundenbetreuung:* der Inhaber und Ehefrau Maja. *Produktionsleitung:* Vittorio Fiore. *Besuchszeiten:* täglich, nach Vereinbarung. *Degustation:* im neuen Weinkeller.

DOCG:
★★ Chianti Classico Riserva Vigna della Croce, 🍷 1994 (H *Pk.* C) — 1994 (D.T.) 88

IGT:
★★★ Campaccio, 🍷 1994 (B *Pk.* D) Sangiovese (70%) und Cabernet Sauvignon (30%) — 1994 (D.T.) 88
★★★ Campaccio Riserva, 🍷 1994 (B *Pk.* E) Sangiovese und Cabernet Sauvignon — 1994 (D.T.) 90
★★ Il Fior di Fino, 🍷 der letzte (B *Pk.* D) Malvasia und Trebbiano, beide getrocknet
★★ Piano del Cipresso, 🍷 1994 (B *Pk.* D) Sangiovese — 1994 (D.T.) 89
★ Piano della Cappella, 🍷 1996 (B *Pk.* C) Chardonnay — 1996 (D.T.) 88
★ Scassino, 🍷 1996 (H *Pk.* B ⊙) — 1996 (D.T.) 85

Fattoria **Vignavecchia**
Plz. 53017, Sdrucciolo di Piazza 7; Tel. 0577/738090; Fax 738551.

Gründungsjahr: 1876. *Inhaber:* Franco und Sisa Beccari. *Kundenbetreuung:* der Inhaber mit den Töchtern Orsola und Brigida. *Produktionsleitung:* Federico Staderini. *Agronom:* Franco Beccari. *Anbaufläche in ha.:* 17. *Besuchszeiten:* täglich, von 8 bis 12.30 Uhr und von 14 bis 19 Uhr; Sonntag nur nach Vereinbarung. *Degustation:* in einer Önothek mit Ausstellung und Direktverkauf oder im neuen Weinkeller in Vignavecchia.

DOCG:

★ Chianti Classico, 🍷 1996 (🍾 70.000 H *Pk.* B)

★★ Chianti Classico Riserva, 🍷 1995 (🍾 20.000 H B *Pk.* E) 1995 (D.T.) 86

IGT:

★★ Canvalle, 🍷 1995 (🍾 8.000 B *Pk.* E) 🍇 Sangiovese (30%) und Cabernet Sauvignon (70%) 1995 (D.T.) 89

★ Raddese, 🍷 1995 (🍾 4.000 H B *Pk.* E) 🍇 Sangiovese 1995 (D.T.) 87

Besonderes: Die Firma von Franco Beccari war in den zehn Jahren zwischen 1965 und 1975 die bedeutendste von Radda in Chianti. Es ist uns eine Freude, die eindeutigen qualitativen Fortschritte der letzten Jahre, die ihren neuen Aufstieg kennzeichnen, feststellen zu können. (D.T.)

ROCCALBEGNA (Grosseto)

Nächste Autobahnausfahrt: Rosignano (A12), dann Superstrada Richtung Grosseto.

Azienda Agricola **Villa Patrizia**

Plz. 58063, località Cana; Tel. 0564/982028; Fax 982140.

Gründungsjahr: 1968. *Inhaber:* Romeo Bruni. *Kundenbetreuung:* Romeo und Patrizia Bruni. *Produktionsleitung:* Luca D'Attoma, auch landwirtschaftlicher Leiter. *Anbaufläche in ha.:* 12. *Besuchszeiten:* Montag bis Freitag, nach Vereinbarung. *Degustation:* in einer Probierstube.

DOC:

♣ Morellino di Scansano, 🍷 1997 (ha 2 🍾 18.000 N *Pk.* B ⊙) 1997 (D.T.) 86

Tafelwein:

♣ Alteta, 🍷 1996 (ha 0,5 🍾 4.000 N B *Pk.* C) 🍇 Sauvignon und Chardonnay 1996 (D.T.) 86

♣ Orto di Boccio, 🍷 1995 (ha 2 🍾 12.000 N B *Pk.* C) 🍇 Sangiovese, Merlot und Cabernet 1995 (D.T.) 85

ROCCASTRADA (Grosseto)

Nächste Autobahnausfahrt: Rosignano (A12), dann Superstrada Richtung Grosseto.

Azienda Agricola **I Campetti**

Plz. 58036, frazione Ribolla, via Collacchia;
Tel. 0564/579663; Fax 579663.

Gründungsjahr: 1970. *Inhaber:* Gebrüder Falciani. *Kundenbetreuung:* Carlo Falciani (erreichbar unter 055/280273). *Produktionsleitung:* Carlo und Carla Falciani. *Agronom:* Ottavio und Ugo Falciani. *Anbaufläche in ha.:* 10. *Besuchszeiten:* täglich, von 9 bis 12 Uhr und von 15 bis 19 Uhr. *Degustation:* im Weinkeller.

DOC:

★ Monteregio di Massa Marittima Rosso Baccio, 🍷 1996 (B *Pk.* C)

★ Monteregio di Massa Marittima Rosso Castruccio, 🍷 1997 (N *Pk.* B)

IGT:

★ Almabruna Maremma Toscana, 🍷 1997 (N B *Pk.* C)
Viognier

★ L'Accesa Toscana, 🍷 der letzte (N *Pk.* B)
Malvasia di Candia

ROCCATEDERIGHI (Grosseto)

Nächste Autobahnausfahrt: Rosignano (A12), dann Superstrada Richtung Grosseto.

Azienda Agraria **Meleta**

Plz. 58028, località Meleta; Tel. 0564/567155; Fax 567146.

Gründungsjahr: 1982. *Inhaber:* Erica Suter. *Kundenbetreuung:* Erica Suter. *Produktionsleitung:* Franco Bernabei und Francesco Naldi. *Agronom:* Elvio Malossi. *Anbaufläche in ha.:* 8. *Besuchszeiten:* Montag bis Freitag, während der Geschäftszeiten; Samstag nur mittags. *Degustation:* in einer Probierstube.

IGT:

★★ Bianco della Rocca, 🍷 1996 (ha 1 ı 7.000 B *Pk.* D)
Chardonnay 1996 (D.T.) 87

★ Pietrello d'Oro, 🍷 1996 (ha 1 ı 8.000 B *Pk.* D)
Sangiovese

★★ Rosso della Rocca, 🍷 1995 (ha 1 ı 8.000 B *Pk.* E)
Cabernet Sauvignon, Merlot und Sangiovese zu gleichen Teilen 1995 (D.T.) 89

Tafelwein:

★★ Massaio, 🍷 1995 (ha 3 🍾 3.000 B *Pk.* E)
Merlot 1995 (D.T.) 88

Besonderes: Die zwei Weine im Bordeaux-Stil heben sich durch die Feinheit und die Ausprägung, die sie von den hochgelegenen Weinbergen bekommen, von der Produktion in der Maremma ab. (D.T.)

RUFINA (Firenze)

Nächste Autobahnausfahrt: Firenze sud (A1).

Hinweis: Ein guter Villa Masseto 1995 (86) aus Sangiovese und Cabernet Sauvignon ist das Ergebnis der Zusammenarbeit der Familie Scopetani mit Federico Staderini, die ihn gemeinsam hersgestellt haben. Produziert werden sie von Vi.Sco. (Tel. 055/8397886). (D.T.)

Fattoria di **Basciano**

Plz. 50068, viale Duca della Vittoria 159;
Tel. 055/8397034; Fax 8399250.

Gründungsjahr: 1927. *Inhaber:* Renzo Masi. *Kundenbetreuung:* Annarita Occhialini. *Produktionsleitung:* Paolo Masi, auch landwirtschaftlicher Leiter. *Anbaufläche in ha.:* 15. *Besuchszeiten:* Montag bis Freitag, von 8 bis 12 Uhr und von 14 bis 18 Uhr. *Degustation:* in einer Probierstube.

DOCG:

★★ Chianti Rufina Riserva, 🍷 1995
(🍾 20.000 B *Pk.* C) 1995 (D.T.) 89

IGT:

♣ Erta + China Toscana, 🍷 1996 (🍾 40.000 B *Pk.* A ⊙)
Sangiovese (50%) und
Cabernet Sauvignon (50%) 1996 (D.T.) 85

★★ I Pini Rosso dei Colli della Toscana Centrale,
🍷 1996 (🍾 20.000 B *Pk.* C) Sangiovese
und Cabernet zu gleichen Teilen 1996 (D.T.) 87

★★ Vigna Il Corto Rosso dei Colli della Toscana Centrale,
🍷 1996 (🍾 30.000 B *Pk.* C) Sangiovese (90%)
und Cabernet Sauvignon (10%) 1996 (D.T.) 88

Azienda Agricola **Cològnole**

Plz. 50068, via del Palagio 15; Tel. 055/8319870; Fax 8319605.

Gründungsjahr: 1850. *Inhaber:* Gabriella Spalletti Trivelli. *Kundenbetreuung:* Silvia Benedetti. *Produktionsleitung:* Federico Staderini. *Agronom:* Mario Coda Nunziante. *Anbaufläche in ha.:* 37. *Be-*

suchszeiten: Montag bis Freitag, während der Geschäftszeiten; Sonntag nach Vereinbarung. *Degustation:* im Weinkeller.

DOCG:

★ Chianti Rufina, 🍷 1996 (🍾 60.000 H *Pk.* B)

★★ Chianti Rufina Riserva del Don, 🍷 1995 (🍾 7.000 H *Pk.* C) 1995 (D.T.) 90

IGT:

★★ Quattro Chiacchiere, 🍷 1996 (ha 2,5 🍾 6.500 B *Pk.* B ⊙) 🍇 Chardonnay 1996 (D.T.) 88

Fattorie di **Galiga e Vetrice**

Plz. 50068, frazione Montebonello, via Trieste 30;
Tel. 055/8397008; Fax 8399041.

Gründungsjahr: 1900. *Inhaber:* Grato und Umberto Grati. *Kundenbetreuung:* Cristiana Grati. *Produktionsleitung:* Franco Bernabei. *Besuchszeiten:* täglich, nach telefonischer Vereinbarung. *Degustation:* in einer Probierstube in der Villa aus dem 13. Jahrhundert.

DOCG:

★ Chianti Rufina, 🍷 1996 (H *Pk.* A)

★ Chianti Rufina Riserva, 🍷 1995 (H *Pk.* B)

Fattoria **Selvapiana**

Plz. 50068, via Selvapiana 3; Tel. 055/8369848; Fax 8316840.

Gründungsjahr: 1827. *Inhaber:* Francesco Giuntini Antinori. *Kundenbetreuung:* der Inhaber mit Federico und Silvia Masseti. *Produktionsleitung:* Franco Bernabei. *Besuchszeiten:* täglich, nach telefonischer Vereinbarung. *Degustation:* in einem Saal der Villa.

DOCG:

★★ Chianti Rufina, 🍷 1996 (H *Pk.* B)

★★ Chianti Rufina Riserva Fornace, 🍷 1995 (H B *Pk.* C) 1995 (D.T.) 90

★★★ Chianti Rufina Riserva Vigneto Bucerchiale, 🍷 1995 (H B *Pk.* C) 1995 (D.T.) 89

DOC:

★★ Pomino Rosso, 🍷 1995 (H B *Pk.* C) 1995 (D.T.) 89

Tafelwein:

★ Vin Santo dei Colli della Toscana Centrale, 🍷 1991 (B *Pk.* E) 1991 (D.T.) 89

Besonderes: Es war kein leichter Jahrgang für Francesco Giuntini, den angesehenen und engagierten Produzenten, dafür kann er aber auf die Qualität seiner 1995er stolz sein. (D.T.)

SAN CASCIANO VAL DI PESA (Firenze)

Nächste Autobahnausfahrt: Firenze Certosa (A1).

Fattoria delle **Corti Corsini**

Plz. 50026, via San Piero di Sotto 1; Tel. 055/820123; Fax 8290089.

Gründungsjahr: 1427. *Inhaber:* Prinz Corsini. *Kundenbetreuung:* Duccio Corsini. *Produktionsleitung:* Carlo Ferrini, auch landwirtschaftlicher Leiter. *Anbaufläche in ha.:* 46. *Besuchszeiten:* Dienstag bis Samstag, nach telefonischer Vereinbarung. *Degustation:* im Bürogebäude.

DOCG:

★★ Chianti Classico Don Tommaso, 🍷 1996 (B *Pk.* D) 1996 (D.T.) 88
★ Chianti Classico Le Corti, 🍷 1996 (N H *Pk.* B)
★★ Chianti Classico Riserva Cortevecchia, 🍷 1995 (H B *Pk.* C)

Fattoria **Corzano e Paterno**

Plz. 50020, via Paterno 10; Tel. 055/8249114; Fax 8248178.

Gründungsjahr: 1972. *Inhaber:* Wendelin Gelpke. *Kundenbetreuung:* der Inhaber und Aljoscha Goldschmidt. *Produktionsleitung:* Aljoscha Goldschmidt. *Besuchszeiten:* täglich, nach telefonischer Vereinbarung. *Degustation:* in einer Probierstube.

DOCG:

★★ Chianti Riserva Terre di Corzano, 🍷 1995 (B *Pk.* C) 1995 (D.T.) 89
★★ Chianti Terre di Corzano, 🍷 1996 (H B *Pk.* B ⊙) 1996 (D.T.) 86

Tafelwein:

★★★ Il Corzano, 🍷 1995 (B *Pk.* C) 🍇 Sangiovese (60%) und Cabernet Sauvignon (40%) 1995 (D.T.) 91
★★★ Vin Santo, 🍷 1991 (B *Pk.* E) 🍇 Malvasia und Trebbiano

Tenuta Castello **Il Corno**

Plz. 50026, via Malafrasca 64; Tel. 055/8248009; Fax 8248035.

Inhaber: Antonio und Maria Teresa Frova. *Kundenbetreuung:* Antonio Frova. *Produktionsleitung:* Claudio Gori. *Besuchszeiten:* Montag bis Freitag, nach Vereinbarung. *Degustation:* in einer Probierstube.

DOCG:

★★ Chianti Colli Fiorentini San Camillo, 🍷 1997 (H *Pk.* B ⊙) 1997 (D.T.) 87

Tafelwein:

★ Foss'a Spina, 🍷 1995 (B *Pk.* C) 🍇 Sangiovese

★ Fremolino, 🍷 1996 (B *Pk.* B) 🍇 Chardonnay

Azienda Agricola **La Sala**

Plz. 50026, via Sorripa 34; Tel. 055/828111; Fax 8328466.

Gründungsjahr: 1981. *Inhaber:* Laura Baronti. *Kundenbetreuung:* der Inhaber oder Dr. Francesca Viale, die Verantwortliche für den Auslandsverkauf. *Produktionsleitung:* Marco Chellini, auch landwirtschaftlicher Leiter. *Besuchszeiten:* mit Voranmeldung, Donnerstag von 14 bis 20 Uhr und den ganzen Samstag. *Degustation:* in einer Probierstube.

DOCG:

★ Chianti Classico, 🍷 1996 (B *Pk.* B)

Tafelwein:

★★ Campo all'Albero, 🍷 1995 (B *Pk.* C) 🍇 Sangiovese (80%) und Cabernet Sauvignon (20%) 1995 (D.T.) 87

Tenuta **Le Lame**

Plz. 50026, via di Sorripa 4; Tel. 055/828092.

Inhaber: Mario und Gino Zanobini. *Kundenbetreuung:* Mario Zanobini. *Besuchszeiten:* nach telefonischer Vereinbarung.

DOCG:

★★ Chianti Classico Riserva Vigna di Sorripa, 🍷 1995 (H *Pk.* B)

Antica Fattoria Niccolò **Machiavelli**

Plz. 50026, frazione Sant'Andrea in Percussina; Tel. 0577/989001.

Inhaber: Gruppo Italiano Vini. *Kundenbetreuung:* Ursula Rutschmann. *Produktionsleitung:* Nunzio Capurso. *Besuchszeiten:* nach telefonischer Vereinbarung.

DOCG:

★★ Chianti Classico Riserva Vigna di Fontalle, 🍷 1995 (B *Pk.* B)

IGT:

♣ Principe Pinot Nero Toscana, 🍷 1995 (ha 0,76 🍾 3.400 B *Pk.* B ⊙) 1995 (G.B.) 85

Tafelwein:

♣ Podere Solatio del Tani, 🍷 1994 (B *Pk.* C) 🍇 Cabernet 1994 (D.T.) 86

★★ Ser Niccolò, 🍷 1995 (B *Pk.* B) 🍇 Cabernet Sauvignon

Azienda Agricola **Massanera**

Plz. 50026, frazione Chiesanuova, via di Faltignano 74/76;
Tel. 055/8242360; Fax 8242441.

Gründungsjahr: 1789. *Inhaber:* Carlo Cattaneo. *Kundenbetreuung:* der Inhaber. *Produktionsleitung:* Claudio Gori. *Agronom:* Carlo Cattaneo. *Anbaufläche in ha.:* 8. *Besuchszeiten:* täglich, nach Vereinbarung. *Degustation:* in einer Probierstube.

DOCG:

★ Chianti Classico Rosso di Massanera, 🍷 1996 (ha 4 🍾 23.000 N B *Pk.* B)

Tafelwein:

★★ Nobilbiondo di Massanera, 🍷 1993 (ha 2 🍾 10.000 B *Pk.* C)
🍇 Trebbiano

★★ Prelato di Massanera, 🍷 1995 (ha 2 🍾 5.000 B *Pk.* D)
🍇 Sangiovese 1995 (D.T.) 90

Azienda Agricola **Poggiopiano**

Plz. 50025, via di Pisignano 29; Tel. 055/8229629; Fax 8228256.

Gründungsjahr: 1993. *Inhaber:* Stefano Bartoli. *Kundenbetreuung:* der Inhaber. *Produktionsleitung:* Luca D'Attoma. *Anbaufläche in ha.:* 6,65. *Besuchszeiten:* nach telefonischer Vereinbarung. *Degustation:* in einer Probierstube.

DOCG:

★ Chianti Classico, 🍷 1996 (H B *Pk.* C) 1996 (G.B.) 87

IGT:

★★ Rosso di Sera Toscana, 🍷 1996 (B *Pk.* E)
🍇 Sangiovese und Colorino 1996 (G.B./D.T.) 88

Conti **Serristori**

Plz. 50026, frazione Sant'Andrea in Percussina; Tel. 055/828471.

Kundenbetreuung: Ursula Rutschmann. *Produktionsleitung:* Nunzio Capurso. *Besuchszeiten:* nach telefonischer Vereinbarung.

DOCG:

★ Chianti Classico Il Martino, 🍷 1996 (H *Pk.* B)

SAN DONATO IN POGGIO (Firenze)

Nächste Autobahnausfahrt: Firenze Certosa.

Podere **La Cappella**

Plz. 50020, via Cerbaia 10 A; Tel. 055/8072727; Fax 8072727.

Gründungsjahr: 1979. *Inhaber:* Bruno Rossini. *Kundenbetreuung:* der Inhaber. *Produktionsleitung:* Luca D'Attoma. *Agronom:* Bruno

Rossini. *Anbaufläche in ha.:* 6. *Besuchszeiten:* nach telefonischer Vereinbarung. *Degustation:* im Firmengebäude.

DOCG:

♣ Chianti Classico Riserva Querciolo, 🍷 1996 (ha 3,15 🍾 20.000 N *Pk.* C) — 1996 (D.T.) 87

Tafelwein:

♣ Cantico, 🍷 1996 (ha 1 🍾 1.500 B *Pk.* E) Merlot — 1996 (D.T.) 89

★★ Corbezzolo, 🍷 1996 (ha 1 🍾 10.000 B *Pk.* E) Sangiovese — 1996 (G.B./D.T.) 90

★ Tancredi di Rossini, 🍷 der letzte (ha 1 🍾 4.000 N *Pk.* C) Vermentino

Montecchio

Plz. 50020, via Montecchio 4; Tel. 055/8072907; Fax 8072907.

Gründungsjahr: 1973. *Inhaber:* Ivo Nuti. *Kundenbetreuung:* Antonio Sanguineti. *Produktionsleitung:* Stefano Chioccioli, auch landwirtschaftlicher Leiter. *Besuchszeiten:* täglich, nach Vereinbarung. *Degustation:* in einer Probierstube.

DOCG:

★ Chianti Classico, 🍷 1996 (H B *Pk.* B ⦿) — 1996 (D.T.) 85

★★ Chianti Classico Riserva, 🍷 1995 (H *Pk.* C) — 1995 (D.T.) 87

SAN GIMIGNANO (Siena)

Nächste Autobahnausfahrt: Firenze Certosa.

Azienda Agricola **Casale – Falchini**

Plz. 53037, via di Casale 40; Tel. 0577/941305; Fax 0574/37204.

Gründungsjahr: 1964. *Inhaber:* Riccardo Falchini. *Kundenbetreuung:* Leonardo Rettori. *Produktionsleitung:* der Inhaber, auch landwirtschaftlicher Leiter, unter Mithilfe seines Freunds Giacomo Tachis. *Anbaufläche in ha.:* 35. *Besuchszeiten:* nach telefonischer Vereinbarung. *Degustation:* in einer Probierstube.

DOCG:

★ Chianti dei Colli Senesi Titolato Colombaia, 🍷 1997 (ha 4 🍾 25.000 H B *Pk.* B)

★★ Vernaccia di San Gimignano Riserva Vigna a Solatio, 🍷 1996 (ha 4 🍾 20.000 B *Pk.* B)

★★ Vernaccia di San Gimignano Titolato Castel Selva, 🍷 der letzte (ha 6 🍾 50.000 N B *Pk.* B)

IGT:

★★★ Campora Toscana, 🍷 1994 (ha 2 🍾 9.000 B *Pk.* F)
🍇 Cabernet Sauvignon 1994 (D.T.) 90

★★ Paretaio Toscana, 🍷 1995 (ha 2 🍾 14.000 B *Pk.* C)
🍇 Sangiovese (95%) und rote Reben aus dem Chianti (5%) 1995 (D.T.) 89

★★ Vin Santo Toscano Podere Casale I Toscana, 🍷 1993 (ha 1 🍾 6.000 B *Pk.* D) 🍇 Malvasia (45%), Trebbiano (45%) und weiße Reben (10%)

Azienda Agricola **Cesani Vincenzo**

Plz. 53037, località Pancole 82/d; Tel. 0577/955084; Fax 955084.

Gründungsjahr: 1950. *Inhaber:* Vincenzo Cesani. *Kundenbetreuung:* Letizia und Marialuisa Cesani. *Agronom:* Herr Sovali. *Anbaufläche in ha.:* 8. *Besuchszeiten:* täglich, nach Vereinbarung. *Degustation:* in einer Probierstube.

DOCG:

★ Vernaccia di San Gimignano, 🍷 1997 (ha 4 🍾 34.800 N *Pk.* A)

IGT:

★ Luenzo Rosso Toscano, 🍷 1996 (ha 1 🍾 6.000 H *Pk.* C)
🍇 Sangiovese und Colorino 1996 (D.T.) 88

Fattoria **Cusona – Guicciardini Strozzi**

Plz. 53037, località Cusona 5; Tel. 0577/950028; Fax 950260.

Gründungsjahr: 994. *Inhaber:* Guicciardini Strozzi. *Kundenbetreuung:* Ivaldo Volpini. *Produktionsleitung:* Vittorio Fiore und Ivaldo Volpini. *Agronom:* Ivaldo Volpini. *Anbaufläche in ha.:* 65. *Besuchszeiten:* während der Geschäftszeiten, nach telefonischer Vereinbarung. *Degustation:* in einem repräsentativen Probierraum.

DOCG:

★ Vernaccia di San Gimignano Perlato, 🍷 1997 (🍾 12.000 N B *Pk.* C) 1997 (G.B.) 85

★★ Vernaccia di San Gimignano Riserva, 🍷 1996 (🍾 6.600 B *Pk.* B)

★ Vernaccia di San Gimignano Titolato, 🍷 der letzte (🍾 50.000 N *Pk.* B)

IGT:

★★ Sòdole Toscana, 🍷 1996 (🍾 20.000 B *Pk.* D)
🍇 Sangiovese 1996 (G.B.) 87

Azienda Agricola **Fontaleoni**

Plz. 53037, località Santa Maria 39A; Tel. 0577/950193; Fax 950193.

Gründungsjahr: 1959. *Inhaber:* Franco Troiani. *Kundenbetreuung:* der Inhaber. *Produktionsleitung:* Paolo Caciorgna. *Anbaufläche in ha.:* 14. *Besuchszeiten:* nach telefonischer Vereinbarung. *Degustation:* im Weinkeller.

DOCG:

★ Vernaccia di San Gimignano, 🍷 der letzte (ha 3 🍾 30.000 N *Pk.* B)

★★ Vernaccia di San Gimignano Vigna Casanuova, 🍷 der letzte (ha 2 🍾 12.000 N *Pk.* B ⊙) 1997 (D.T.) 87

Azienda Agricola **La Rampa di Fugnano**

Plz. 53037, località Fugnano; Tel. 0577/941655; Fax 941655.

Gründungsjahr: 1970. *Inhaber:* Gisella Traxler. *Kundenbetreuung:* die Inhaberin. *Produktionsleitung:* Paolo Caciorgna. *Agronom:* Herbert Ehrenbold. *Anbaufläche in ha.:* 9. *Besuchszeiten:* nach telefonischer Vereinbarung. *Degustation:* ein Probierraum wird eingerichtet.

DOCG:

★ Chianti dei Colli Senesi Via dei Franchi, 🍷 1997 (ha 2 🍾 10.000 N *Pk.* B)

★ Vernaccia di San Gimignano Ballata, 🍷 der letzte (ha 3 🍾 20.000 N *Pk.* B)

IGT:

★ Bombereto, 🍷 1996 (ha 2 🍾 5.000 B *Pk.* C) 🍇 Sangiovese 1996 (D.T.) 87

Tenuta **Le Calcinaie**

Plz. 53037, località Santa Lucia 36; Tel. 0577/943007; Fax 943007.

Gründungsjahr: 1985. *Inhaber:* Simone Santini. *Kundenbetreuung:* der Inhaber. *Produktionsleitung:* Andrea Mazzoni. *Agronom:* Simone Santini. *Anbaufläche in ha.:* 8. *Besuchszeiten:* nach telefonischer Vereinbarung. *Degustation:* im Wohnhaus.

DOCG:

★ Vernaccia di San Gimignano Vigna ai Sassi, 🍷 der letzte (ha 1,1 🍾 8.000 N *Pk.* B ⊙) 1997 (D.T.) 85

IGT:

★★ Teodoro, 🍷 1996 (B *Pk.* C) 🍇 Sangiovese, Cabernet und Merlot 1996 (D.T.) 88

Montenidoli

Plz. 53037, località Montenidoli; Tel. 0577/941565; Fax 942037.

Gründungsjahr: 1965. *Inhaber:* Elisabetta Fagiuoli. *Kundenbetreuung:* die Inhaberin. *Produktionsleitung:* die Inhaberin. *Agronom:* Angelica Fagiuoli. *Besuchszeiten:* nach telefonischer Vereinbarung. *Degustation:* im Wohnhaus.

DOCG:

★ Chianti dei Colli Senesi Montenidoli, 🍷 1995 (H *Pk.* B)
★★ Vernaccia di San Gimignano, 🍷 der letzte (N *Pk.* A)
★★ Vernaccia di San Gimignano di Carato, 🍷 der letzte (B *Pk.* C)
★★ Vernaccia di San Gimignano Fiore, 🍷 der letzte (N *Pk.* B)

Tafelwein:

★★ Sono Montenidoli, 🍷 1995 (N *Pk.* B)
Sangiovese und Malvasia Nera

Azienda Agricola **Panizzi**

Plz. 53037, località Santa Margherita 34;
Tel. 0577/941576; Fax 941576.

Gründungsjahr: 1979. *Inhaber:* Giovanni Panizzi. *Kundenbetreuung:* der Inhaber. *Anbaufläche in ha.:* 10. *Besuchszeiten:* täglich, nach Vereinbarung. *Degustation:* im Weinkeller.

DOCG:

★ Chianti dei Colli Senesi, 🍷 1996 (H *Pk.* B ⊙) 1996 (D.T.) 85
★★ Vernaccia di San Gimignano, 🍷 der letzte (N *Pk.* C) 1997 (G.B.) 85
★★ Vernaccia di San Gimignano Riserva, 🍷 1996 (B *Pk.* D) 1996 (G.B.) 87

IGT:

★ Ceraso, 🍷 der letzte (N *Pk.* B) Sangiovese und Canaiolo

Fattoria **Paradiso**

Plz. 53037, località Strada 21/A; Tel. 0577/941500; Fax 941500.

Gründungsjahr: 1973. *Inhaber:* Graziella Capelli Cetti. *Kundenbetreuung:* Vasco Cetti. *Produktionsleitung:* Giulio Gambelli und Paolo Caciorgna. *Agronom:* Valerio Zorzi. *Besuchszeiten:* Montag bis Freitag, von 16.30 bis 17.30 Uhr; ansonsten nach Vereinbarung. *Degustation:* in einer Probierstube im ehemaligen Heuspeicher.

DOCG:

♣ Chianti Colli Senesi, 🍷 1997 (N *Pk.* A ⊙) 1997 (D.T.) 86
♣ Vernaccia di San Gimignano, 🍷 1997 (N *Pk.* A ⊙) 1997 (D.T.) 85
★ Vernaccia di San Gimignano Biscondola, 🍷 1997 (B *Pk.* C)

IGT:

★★ Lo Cha Chardonnay Toscana, 🍷 1996 (B *Pk.* C) 1997 (D.T.) 86

♣ Paterno II Toscana, 🍷 1995 (B *Pk.* C) Sangiovese 1995 (D.T.) 85

★★ Saxa Calida Toscana, 🍷 1995 (B *Pk.* C) Merlot und Cabernet Sauvignon 1996 (D.T.) 89

Fattoria di **Pietrafitta**

Plz. 53037, località Cortennano; Tel. 0577/943200; Fax 943150.

Gründungsjahr: 1946. *Inhaber:* Società Agricola Pietrafitta srl. *Kundenbetreuung:* Pier Paolo Murri. *Produktionsleitung:* Andrea Valiani, auch landwirtschaftlicher Leiter. *Anbaufläche in ha.:* 40. *Besuchszeiten:* mit Voranmeldung, Montag bis Freitag, von 9 bis 13 Uhr und von 15 bis 17 Uhr. *Degustation:* in einer Probierstube in der Firmenvilla.

DOCG:

★ Chianti dei Colli Senesi, 🍷 1997 (70.000 H *Pk.* B)

★ Vernaccia di San Gimignano, 🍷 der letzte (100.000 N *Pk.* B)

★★ Vernaccia di San Gimignano Riserva, 🍷 der letzte (45.000 H *Pk.* B ⊙) 1996 (G.B.) 85

★ Vernaccia di San Gimignano Vigna Borghetto, 🍷 der letzte (ha 2,9 20.000 N *Pk.* C)

Azienda Agricola **Pietraserena**

Plz. 53037, località Casale 5; Tel. 0577/940083; Fax 942045.

Gründungsjahr: 1970. *Inhaber:* Bruno Arrigoni. *Kundenbetreuung:* der Inhaber. *Anbaufläche in ha.:* 32. *Besuchszeiten:* während der Geschäftszeiten; am besten mit Voranmeldung. *Degustation:* in einem großen Saal im Renaissancestil.

DOCG:

★ Chianti dei Colli Senesi Caulio, 🍷 1997 (ha 1,4 9.500 H *Pk.* C)

★★ Vernaccia di San Gimignano Vigna del Sole, 🍷 der letzte (ha 3 24.000 N *Pk.* B)

Teruzzi E. & Puthod C. **Ponte a Rondolino**

Plz. 53037, località Casale 19; Tel. 0577/940143; Fax 942016.

Gründungsjahr: 1974. *Inhaber:* Enrico Teruzzi. *Kundenbetreuung:* der Inhaber. *Produktionsleitung:* der Inhaber. *Besuchszeiten:*

Montag bis Freitag, nach Vereinbarung. *Degustation:* in einer Probierstube im Wohnhaus.

DOCG:

★ Vernaccia di San Gimignano, 🍷 der letzte (🍾 400.000 N *Pk.* B)

IGT:

★★ Carmen, 🍷 1997 (🍾 20.000 B *Pk.* C)
🍇 Sangiovese, weiß gekeltert

★★ Terre di Tufi, 🍷 1997 (🍾 300.000 B *Pk.* C)
🍇 Vernaccia, Malvasia, Trebbiano und Vermentino

Fattoria di **Tollena**

Plz. 53037, via San Giovanni 71; Tel. 0577/941569.

Gründungsjahr: 1850. *Inhaber:* Pietro Lorini. *Kundenbetreuung:* Vanna Bianchi Lorini. *Produktionsleitung:* Fabrizio Ciufoli. *Agronom:* Pietro Lorini. *Anbaufläche in ha.:* 16. *Besuchszeiten:* täglich, von 11 bis 18 Uhr. *Degustation:* in einer Probierstube im ehemaligen Kloster aus dem 13. Jahrhundert.

DOCG:

★ Vernaccia di San Gimignano, 🍷 der letzte (ha 9,11 🍾 20.000 N *Pk.* C)

Azienda Agricola Fratelli **Vagnoni**

Plz. 53037, località Pancole 82; Tel. 0577/955077; Fax 955012.

Gründungsjahr: 1955. *Inhaber:* Gebrüder Vagnoni. *Kundenbetreuung:* Luigi Vagnoni. *Agronom:* Giovanni und Luigi Vagnoni. *Anbaufläche in ha.:* 18. *Besuchszeiten:* täglich, von 9 bis 13 Uhr und von 15 bis 20 Uhr. *Degustation:* in einer kleinen Taverne.

DOCG:

★ Chianti dei Colli Senesi, 🍷 1997 (ha 6 🍾 40.000 H *Pk.* A)

★★ Vernaccia di San Gimignano I Mocali, 🍷 1996 (ha 2,5 🍾 8.000 B *Pk.* D) 1996 (G.B.) 86

IGT:

★ Sodi Lunghi Rosso Toscano, 🍷 1995 (ha 2,5 🍾 8.000 B *Pk.* D) 🍇 Sangiovese, Cabernet und Canaiolo 1995 (G.B.) 87

SAN MINIATO (Pisa)

Nächste Autobahnausfahrt: Altopascio (A11) oder Pisa aeroporto (A12), dann Superstrada Pisa–Firenze.

Fattoria di **Sassolo**

Plz. 56020, località La Serra, via Bucciano 59; Tel. 0571/460001; Fax 460001.

Gründungsjahr: 1784. *Inhaber:* Giuseppe und Guido Bianco. *Kundenbetreuung:* Guido Bianco und Rigoletto Bacchi. *Produktionsleitung:* Cesare Ferrari. *Agronom:* Rigoletto Bacchi und Guido Bianco. *Anbaufläche in ha.:* 18. *Besuchszeiten:* nach Vereinbarung, vorzugsweise am Wochenende. *Degustation:* in einer mit Fässern eingerichteten Probierstube.

DOC:

★★ Bianco Pisano di San Torpè Vin Santo, 🍷 1993 (🍾 2.500 B *Pk.* E)

★★ Bianco Pisano di San Torpè Vin Santo Fiorile, 🍷 1993 (🍾 300 B *Pk.* F) 1993 (G.B.) 85

IGT:

★ Aquabona, 🍷 1996 (🍾 5.000 H *Pk.* C)
🍇 Sangiovese (80%) und Malvasia Nera (20%)

SAN VINCENZO (Livorno)

Nächste Autobahnausfahrt: Collesalvetti (A12).

Podere **San Michele**

Plz. 57027, località Caduta 3/a; Tel. 0565/798038; Fax 798038.

Gründungsjahr: 1994. *Inhaber:* Marino Socci. *Kundenbetreuung:* Giovanna Leonelli. *Produktionsleitung:* Luca D'Attoma. *Agronom:* Tiziana Socci. *Anbaufläche in ha.:* 3. *Besuchszeiten:* nach Vereinbarung. *Degustation:* in einer Probierstube.

IGT:

♣ Allodio, 🍷 1996 (ha 2 🍾 8.000 B *Pk.* C)
🍇 Sangiovese und Cabernet Sauvignon 1996 (D.T.) 89

Besonderes: Der aus San Vincenzo stammende Allodio 1996 ist ein Wein, der, wie bereits im Jahrgang zuvor, der berühmten lokalen Gastronomie würdig ist. (D.T.)

SAN VINCENZO A TORRI (Firenze)

Nächste Autobahnausfahrt: Firenze Signa (A1).

Azienda **Uggiano**

Plz. 50020, via Empolese; Tel. 055/769087; Fax 769211.

Gründungsjahr: 1966. *Inhaber:* Giuseppe Losapio. *Kundenbetreuung:* Roberto Losapio. *Produktionsleitung:* Angelo Gatto, auch landwirtschaftlicher Leiter. *Besuchszeiten:* Mittwoch und Freitag, von 12 bis 17 Uhr. *Degustation:* in einer Probierstube.

DOCG:

★ Chianti Riserva, 🍷 1993 (H B *Pk.* D)

Tafelwein:

★ Falconeri, 🍷 1994 (H B *Pk.* D) 🍇 Cabernet Sauvignon (80%) und Sangiovese (20%)

★ Rodaro, 🍷 1993 (H B *Pk.* D) 🍇 Cabernet Sauvignon

SCANDICCI (Firenze)

Nächste Autobahnausfahrt: Firenze Certosa (A1).

Fattoria **Baggiolino**

Plz. 50018, frazione La Romola, via della Poggiona 4;
Tel. 055/768916; Fax 7309059.

Gründungsjahr: 1960. *Inhaber:* Ellen Fantoni Sellon. *Kundenbetreuung:* Andrea Poli. *Produktionsleitung:* Franco Bernabei. *Besuchszeiten:* nach telefonischer Vereinbarung. *Degustation:* in einer Probierstube.

DOCG:

♣ Chianti dei Colli Fiorentini Riserva, 🍷 1996 (H *Pk.* B ⊙) 1996 (D.T.) 87

★ Chianti dei Colli Fiorentini Titolato, 🍷 1997 (H *Pk.* A)

Tafelwein:

★★ Poggio Brandi, 🍷 1995 (B *Pk.* C) 🍇 Sangiovese (80%) und Ciliegiolo (20%) 1995 (D.T.) 90

★ Vin Santo Toscano, 🍷 1990 (B *Pk.* E) 🍇 Trebbiano und Malvasia

Besonderes: Auch diese Firma liegt nicht weit vom Gebiet des Chianti Classico entfernt. Ihre Weinberge besitzen sehr gute Lagen und der Poggio Brandi ist zweifellos ein vorzüglicher Sangiovese. (D.T.)

SCANSANO (Grosseto)

Nächste Autobahnausfahrt: Rosignano (A12), dann Superstrada Richtung Grosseto.

Banti Erik

Plz. 58054, località Fosso dei Molini; Tel. 0564/508006; Fax 508019.

Gründungsjahr: 1981. *Inhaber:* Azienda Agricola Vinoso srl. *Kundenbetreuung:* Erik Banti. *Agronom:* Settimio «Mimmo» Leoneschi. *Besuchszeiten:* nach telefonischer Vereinbarung. *Degustation:* in der nahen Önothek.

DOC:

♣ Morellino di Scansano Aquilaia, 🍷 1996 (🍾 24.000 B *Pk.* E) — 1996 (D.T.) 87

★★ Morellino di Scansano Ciabatta, 🍷 1995 und 1996 (ha 2,8 🍾 24.000 H *Pk.* F)

Cantina Cooperativa del **Morellino di Scansano**

Plz. 58054, località Saragiolo; Tel. 0564/507288; Fax 507785.

Gründungsjahr: 1972. *Kundenbetreuung:* Santino Ceccarelli. *Produktionsleitung:* Attilio Pagli und Paolo Caciorgna. *Anbaufläche in ha.:* 308. *Besuchszeiten:* Montag bis Freitag, von 9 bis 12 Uhr und von 15 bis 17 Uhr, nach Vereinbarung. *Degustation:* in einer Probierstube.

DOC:

★ Morellino di Scansano Roggiano, 🍷 1997 (🍾 150.000 N *Pk.* A ⊙) — 1997 (D.T.) 87

★ Morellino di Scansano Roggiano Riserva, 🍷 1994 (🍾 40.000 H *Pk.* B ⊙) — 1994 (D.T.) 90

♣ Morellino di Scansano Roggiano Vignabenefizio, 🍷 1997 (ha 3,5 🍾 15.000 N H *Pk.* B ⊙) — 1997 (D.T.) 88

Azienda Agraria **Sellari Franceschini**

Plz. 58054, via Marconi 65; Tel. 0564/507138; Fax 411413.

Gründungsjahr: 1877. *Kundenbetreuung:* Mario Gallori. *Besuchszeiten:* Samstag, von 18 bis 20 Uhr; ansonsten nur nach Vereinbarung. *Degustation:* im Weinkeller.

DOC:

★ Morellino di Scansano Morello, 🍷 1997 (H *Pk.* B)

Tafelwein:

★ Biondello dei Gaggioli, 🍷 der letzte (N *Pk.* A)
🍇 Procanico (65%), Malvasia (20%) und Ansonica (15%)

SERRE DI RAPOLANO (Siena)

Nächste Autobahnausfahrt: Valdichiana (A1).

Castello di **Modanella**

Plz. 53040, località Modanella; Tel. 0577/704604; Fax 704740.

Gründungsjahr: 1974. *Inhaber:* Sergio Corsi. *Kundenbetreuung:* Gabriella Cerretti. *Produktionsleitung:* Fabrizio Ciufoli. *Anbaufläche in ha.:* 21. *Besuchszeiten:* nach telefonischer Vereinbarung. *Degustation:* in einem der zwei Türme des Schlosses.

IGT:

♣ Campo d'Aia, 🍷 1995 (ha 4,12 🍾 15.000 B *Pk.* D)
Sangiovese — 1995 (G.B.) 88

♣ Le Voliere, 🍷 1995 (ha 3,3 🍾 15.000 B *Pk.* D)
Cabernet Sauvignon — 1995 (G.B.) 89

♣ Poggio L'Aiole, 🍷 1995 (ha 3,8 🍾 12.000 N *Pk.* C)
Canaiolo — 1995 (D.T.) 87

♣ Poggio Montino, 🍷 1995 (ha 1,1 🍾 4.000 B *Pk.* D)
Merlot — 1995 (G.B.) 87

SIGNA (Firenze)

Nächste Autobahnausfahrt: Firenze Signa (A1).

Azienda Agricola **Fossi**

Plz. 50058, via degli Arrighi 4; Tel. 055/8732174; Fax 8732175.

Gründungsjahr: 1988. *Inhaber:* Enrico Fossi. *Kundenbetreuung:* der Inhaber. *Produktionsleitung:* der Inhaber. *Besuchszeiten:* nach Vereinbarung.

IGT:

♣ Vigna Vento, 🍷 1995 (B *Pk.* D)
Sangiovese — 1995 (D.T.) 88

Tafelwein:

★ Piné, 🍷 1995 (B *Pk.* D) Pinot Nero

★★ Pinot Bianco Terra Bianca, 🍷 1997
(N *Pk.* B ⊙) — 1997 (D.T.) 88

★★ Portico, 🍷 1995 (B *Pk.* D) Merlot — 1995 (D.T.) 85

★ Renano, 🍷 1997 (N *Pk.* B ⊙)
Riesling Renano — 1997 (D.T.) 86

★★ Sassoforte, 🍷 1995 (B *Pk.* D)
Cabernet Sauvignon — 1995 (D.T.) 90

★ Syrah, 🍷 1995 (B *Pk.* D) — 1995 (D.T.) 91

SINALUNGA (Siena)

Nächste Autobahnausfahrt: Valdichiana (A1).

Tenuta **Farneta**

Plz. 53048, località Farneta 161; Tel. 0577/631025; Fax 631027.

Gründungsjahr: 1965. *Inhaber:* Tenuta Farneta srl. *Kundenbetreuung:* Albino Bianchi. *Produktionsleitung:* Albino Bianchi. *Besuchszeiten:* Montag bis Freitag, nach telefonischer Vereinbarung. *Degustation:* in einer Probierstube.

DOCG:

★ Chianti, 🍷 1997 (🍾 700.000 N H *Pk.* A)

IGT:

★★ Bentivoglio, 🍷 1995 (🍾 100.000 H B *Pk.* C) 🍇 Sangiovese

Tafelwein:

★★ Selezione di Bongoverno Vigneto Casaj, 🍷 1994 (🍾 16.000 B *Pk.* E) 🍇 Sangiovese

Castello di **Farnetella**

Plz. 53048, strada Siena–Bettolle km 37;
Tel. 0577/355117; Fax 355651.

Inhaber: Giuseppe Poggiali, Schwager von Giuseppe Mazzocolin. *Kundenbetreuung:* der Inhaber und Giuseppe Mazzocolin. *Produktionsleitung:* Franco Bernabei. *Besuchszeiten:* nur nach Vereinbarung, Montag bis Freitag. *Degustation:* in einer Önothek bei der Fattoria di Felsina.

DOCG:

★★ Chianti dei Colli Senesi, 🍷 1996 (ha 43 🍾 120.000 H *Pk.* B⊙) 1996 (G.B.) 85

IGT:

★★ Nero di Nubi Toscana, 🍷 1994 (ha 2,05 🍾 12.000 B *Pk.* E) 🍇 Pinot Nero 1994 (G.B./D.T.) 88

★ Poggio Granoni Toscana, 🍷 1993 (ha 6,18 🍾 3.000 B *Pk.* E) 🍇 Sangiovese, Cabernet Sauvignon und Syrah

★★ Sauvignon Toscana, 🍷 1996 (ha 3,91 🍾 6.600 N B *Pk.* C) 1996 (G.B.) 88

Besonderes: Der Nero di Nubi ist diesmal – trotz seines schönen Debüts 1992 – nicht wieder in Erscheinung getreten. Der 1994er jedoch besitzt Charakter und eine deutliche sortentypische Ausprägung. (D.T.)

SOIANA (Pisa)

Nächste Autobahnausfahrt: Pisa centro (A12).

Azienda Agricola **Moos Bruno**

Plz. 56030, via Pier Capponi 98; Tel. 0587/654180; Fax 654180.

Gründungsjahr: 1984. *Inhaber:* Bruno Moos. *Kundenbetreuung:* der Inhaber und Ehefrau Elyane. *Produktionsleitung:* der Inhaber, auch landwirtschaftlicher Leiter. *Anbaufläche in ha.:* 2,5. *Besuchszeiten:* täglich, nach telefonischer Vereinbarung. *Degustation:* in einer Probierstube.

Tafelwein:

★ Fontestina, 🍷 1995 (🍾 1.600 B *Pk.* D) Sangiovese

★★ Soianello, 🍷 der letzte (🍾 4.100 H *Pk.* B) Sangiovese (80%), Ciliegiolo und Malvasia Nera (20%)

★ Soiano, 🍷 der letzte (🍾 2.000 N *Pk.* B) Vermentino

SOVICILLE (Siena)

Nächste Autobahnausfahrt: Firenze Certosa (A1), dann Superstrada Firenze–Siena.

Azienda Agricola **Poggio Salvi**

Plz. 53018, località Poggio Salvi 251; Tel. 0577/349045; Fax 47464.

Gründungsjahr: 1970. *Inhaber:* Grazia Mari und Laura Bicchi. *Kundenbetreuung:* Roberto Bonucci. *Produktionsleitung:* Leonardo Bellancini. *Agronom:* Roberto Bonucci. *Anbaufläche in ha.:* 6. *Besuchszeiten:* an Sonn- und Feiertagen, von 9 bis 20 Uhr. *Degustation:* in einer Probierstube.

IGT:

★★ Vigna del Bosco, 🍷 1995 (B *Pk.* C) Sangiovese — 1995 (D.T.) 85

STRADA IN CHIANTI (Firenze)

Nächste Autobahnausfahrt: Firenze Certosa (A1).

La Madonnina

Plz. 50027; Tel. 055/85003; Fax 8588972.

Gründungsjahr: 1974. *Inhaber:* Casa Vinicola Triacca. *Kundenbetreuung:* Luca Triacca. *Produktionsleitung:* Vittorio Fiore. *Agronom:* Stefano Chioccioli. *Besuchszeiten:* nach Vereinbarung. *Degustation:* in einer Probierstube.

DOCG:

♣ Chianti Classico Riserva, 🍷 1995 (ha 100 🍾 300.000 N H B *Pk.* C) — 1995 (D.T.) 87

SUVERETO (Livorno)

Nächste Autobahnausfahrt: Rosignano (A12), dann Superstrada Richtung Grosseto, Ausfahrt Venturina.

Azienda Agricola **Ambrosini Lorella**

Plz. 57028, località Tabarò 96; Tel. 0565/829301; Fax 829301.

Gründungsjahr: 1955. *Inhaber:* Lorella Ambrosini. *Kundenbetreuung:* Lorella Ambrosini und Roberto Fanucci. *Produktionsleitung:* Claudio Gori. *Agronom:* Roberto Fanucci. *Anbaufläche in ha.:* 6. *Besuchszeiten:* täglich, nach Vereinbarung. *Degustation:* in einer Probierstube.

DOC:

★ Val di Cornia Bianco Suvereto Armonia, 🍷 1997 (ha 1 🍾 3.000 N *Pk.* B)

★★ Val di Cornia Rosso Suvereto Subertum, 🍷 1995 (ha 1 🍾 2.000 H *Pk.* C) — 1995 (D.T.) 86

IGT:

★★ Riflesso Antico, 🍷 1994 und 1995 (ha 1 🍾 2.000 B *Pk.* D) 🍇 Montepulciano — 1995 (D.T.) 88

Azienda Agricola **Bulichella**

Plz. 57028, località Bulichella; Tel. 0565/829892; Fax 829553.

Gründungsjahr: 1983. *Inhaber:* Irene Depoli. *Kundenbetreuung:* Sandro Arnolfi. *Produktionsleitung:* Luca D'Attoma. *Agronom:* Sandro Arnolfi. *Besuchszeiten:* täglich, nach Vereinbarung. *Degustation:* in einer Probierstube.

DOC:

★★ Val di Cornia Rosso Tuscanio, 🍷 1996 (B *Pk.* C) — 1996 (D.T.) 88

Azienda Agricola **Gualdo del Re**

Plz. 57028, località Notri 77; Tel. 0565/829888; Fax 829888.

Gründungsjahr: 1953. *Inhaber:* Nico Rossi und Maria Teresa Cabella. *Kundenbetreuung:* die Inhaber. *Produktionsleitung:* Roberto Bruchi. *Agronom:* Nico Rossi. *Besuchszeiten:* täglich, nach Vereinbarung. *Degustation:* in einer Probierstube.

DOC:

★★ Val di Cornia Rosso Riserva, 🍷 1994 und 1995 (H *Pk.* C) 1995 (D.T.) 85
★ Val di Cornia Suvereto Bianco, 🍷 der letzte (N *Pk.* A)
★ Val di Cornia Suvereto Rosso, 🍷 der letzte (H *Pk.* B)

Tafelwein:

★★ Federico Primo, 🍷 1995 (B *Pk.* C)
🍇 Cabernet Sauvignon und Merlot zu gleichen Teilen
★ Vermentino Vigna Valentina, 🍷 der letzte (N *Pk.* B)

Montepeloso

Plz. 57020, località Montepeloso; Tel. 0565/828180; Fax 828180.

Gründungsjahr: 1994. *Inhaber:* Doris Neukom und Willy Dönny. *Kundenbetreuung:* die Inhaber. *Produktionsleitung:* Luca D'Attoma, auch landwirtschaftlicher Leiter. *Besuchszeiten:* täglich, nach Vereinbarung. *Degustation:* in einer Probierstube.

DOC:

★ Val di Cornia Rosso, 🍷 1996 (H *Pk.* B)

Tafelwein:

★★ Nardo, 🍷 1996 (B *Pk.* D)
🍇 Sangiovese und Cabernet 1996 (D.T.) 89

Azienda Agricola **Tua Rita**

Plz. 57028, località Notri 81; Tel. 0565/829237; Fax 829237.

Gründungsjahr: 1992. *Inhaber:* Rita Tua. *Kundenbetreuung:* die Inhaberin und ihr Ehemann. *Produktionsleitung:* Luca D'Attoma. *Besuchszeiten:* nach telefonischer Vereinbarung. *Degustation:* im Weinkeller.

Tafelwein:

★★ Giusto di Notri, 🍷 1995 und 1996 (B *Pk.* D) 🍇 Cabernet Sauvignon (60%) und Merlot (40%) 1996 (D.T.) 87
★★ Perlato del Bosco Rosso, 🍷 1996 (B *Pk.* C)
🍇 Sangiovese 1996 (D.T.) 87
★★ Redigaffi, 🍷 1995 und 1996 (B *Pk.* E)
🍇 Merlot 1996 (D.T.) 92
★★ Sileno, 🍷 der letzte (N *Pk.* B) 🍇 Chardonnay, Gewürztraminer und Riesling Renano zu gleichen Teilen

Besonderes: Der Redigaffi hat das großartige Niveau von 1994 wieder erreicht. Auch der Sangiovese zeigt in den letzten beiden Jahrgängen beachtliche Fortschritte. (D.T.)

TAVARNELLE VAL DI PESA (Firenze)

Nächste Autobahnausfahrt: Firenze Certosa (A1).

Azienda Agricola **Il Poggiolino**

Plz. 50020, frazione Sambuca, via Chiantigiana 32;
Tel. 055/8071635; Fax 8071635.

Gründungsjahr: 1964. *Inhaber:* Carlo Pacini. *Kundenbetreuung:* Fausto Castellini. *Produktionsleitung:* Attilio Pagli. *Agronom:* Fausto Castellini. *Anbaufläche in ha.:* 8. *Besuchszeiten:* Montag bis Freitag, nach telefonischer Vereinbarung. *Degustation:* in einer gut ausgestatteten Probierstube.

DOCG:

★ Chianti Classico, 🍷 1996
(ha 6,3 🍾 11.000 H *Pk.* B ⊙) 1996 (D.T.) 85

★★ Chianti Classico Riserva, 🍷 1995
(🍾 4.600 H *Pk.* C) 1995 (D.T.) 87

Tafelwein:

★★ Le Balze del Poggiolino, 🍷 1995 im Kommen
(ha 1,49 🍾 7.000 H B *Pk.* D)
🍇 Sangiovese und in kleinen Mengen Canaiolo

Azienda Agricola **Poggio al Sole**

Plz. 50020, frazione Sambuca, località Badia a Passignano;
Tel. 055/8071504; Fax 8071504.

Gründungsjahr: 1969. *Inhaber:* Giovanni Davaz. *Kundenbetreuung:* der Inhaber. *Produktionsleitung:* der Inhaber. *Agronom:* Giovanni Davaz. *Anbaufläche in ha.:* 14. *Besuchszeiten:* täglich, nach Vereinbarung. *Degustation:* in einer ehemaligen Kapelle.

DOCG:

★★ Chianti Classico, 🍷 1996 (H *Pk.* C) 1996 (D.T.) 86

★★ Chianti Classico Riserva, 🍷 1995
(H B *Pk.* D) 1995 (D.T.) 88

★★ Chianti Classico Riserva Casasilia, 🍷 1995
(B *Pk.* E) 1995 (D.T.) 90

IGT:

★≈ Seraselva, 🍷 1995 (ha 1,5 🍾 5.000 B *Pk.* E)
🍇 Merlot und Cabernet 1995 (D.T.) 90

♣ Syrah, 🍷 1996 (ha 0,4 🍾 2.500 B *Pk.* E) 1995 (D.T.) 88

Besonderes: Giovanni Davaz ist erst Anfang der 90er Jahre zum Chianti Classico gekommen, er hat jedoch nur kurze Zeit gebraucht, um sich zurechtzufinden. Schon die Weine des Jahrgangs 1995, insbesondere der Seraselva und der Casasilia, befinden sich unter den besten Cabernet/Merlot und Sangiovese der Gegend, darüber hinaus beweist der Syrah 1996 das interessante Spektrum dieser Rebsorte in Tavernelle Val di Pesa. (D.T.)

TREQUANDA (Siena)

Nächste Autobahnausfahrt: Valdichiana (A1).

Azienda Agricola **Il Colle**

Plz. 53020, Fattoria del Colle; Tel. 0577/662108; Fax 662202.

Gründungsjahr: 1930. *Inhaber:* Fausto Cinelli. *Kundenbetreuung:* Angela und Antonella Marconi. *Produktionsleitung:* Luigino Casagrande. *Agronom:* Gianmichele Grieco. *Anbaufläche in ha.:* 19. *Besuchszeiten:* Montag bis Freitag, von 9 bis 13 Uhr und von 15 bis 18 Uhr; an Sonn- und Feiertagen von 14.30 bis 17.30 Uhr. *Degustation:* in einer Probierstube mit Platz für 70 Personen mit offenem Kamin und traditionellen Bauernmöbeln.

DOCG:

★★ Chianti Superiore, 🍷 1997 (🍾 10.000 N *Pk.* B)

VAGLIA (Firenze)

Nächste Autobahnausfahrt: Firenze nord (A1).

Azienda Agricola **Camposilio – Rustioni**

Plz. 50030, località Basciano 8; Tel. 055/696486; Fax 696459.

Inhaber: Alessandro Rustioni. *Kundenbetreuung:* Francesca La Ferla. *Produktionsleitung:* Francesco Naldi, auch landwirtschaftlicher Leiter. *Anbaufläche in ha.:* 2,5. *Besuchszeiten:* Freitag, von 10 bis 18 Uhr. *Degustation:* in einer Probierstube.

IGT:

♣ Camposilio Toscana, 🍷 1995 (ha 2,5 🍾 12.000 B *Pk.* E)
🍇 Sangiovese und Cabernet Sauvignon 1995 (D.T.) 88

VAGLIAGLI (Siena)

Nächste Autobahnausfahrt: Val di Chiana oder Firenze Certosa (A1).

Fattoria dell' **Aiola**

Plz. 53010, località l'Aiola; Tel. 0577/322615; Fax 322509.

Gründungsjahr: 1935. *Inhaber:* Maria Grazia Malagodi. *Kundenbetreuung:* die Inhaberin. *Produktionsleitung:* Niccolò D'Afflitto. *Agronom:* Pierluigi Carnasciali. *Besuchszeiten:* Montag bis Samstag, von 9 bis 13 Uhr und von 15 bis 19 Uhr. *Degustation:* in einer Önothek mit Panoramaterrasse.

DOCG:

★ Chianti Classico, 🍷 1996 (H *Pk.* B)
★★ Chianti Classico Riserva, 🍷 1995 (H *Pk.* C)

Tafelwein:

★★ Logaiolo, 🍷 1995 (H *Pk.* C)
Sangiovese und Cabernet Sauvignon
★★ Rosso del Senatore, 🍷 1995 (B *Pk.* E)
Sangiovese und Colorino

Azienda Agricola **Borgo Scopeto**

Plz. 53010, località Scopeto; Tel. 0577/356827; Fax 356736.

Gründungsjahr: 1989. *Inhaber:* Rudi Bindella. *Kundenbetreuung:* Matteo Mazzamurro. *Produktionsleitung:* Vittorio Fiore. *Agronom:* Giovanni Sordi. *Anbaufläche in ha.:* 50. *Besuchszeiten:* nach telefonischer Vereinbarung. *Degustation:* in einer Probierstube mit Platz für 30 Personen.

DOCG:

★ Chianti Classico, 🍷 1996 (ha 20 90.000 H B *Pk.* C)
★★ Chianti Classico Riserva, 🍷 1995
(ha 12 25.000 H B *Pk.* D)

DOC:

Val d'Arbia Vin Santo Dolce Sinfonia, 🍷 1993
(ha 5 2.000 B *Pk.* F) 1993 (G.B.) 90

Fattoria **Dievole**

Plz. 53010, località Vagliagli; Tel. 0577/322613; Fax 322574.

Gründungsjahr: 1987. *Inhaber:* Mario Schwenn. *Kundenbetreuung:* Andrea Anichini. *Produktionsleitung:* Paolo Vagaggini. *Besuchszeiten:* nach telefonischer Vereinbarung. *Degustation:* im Weinkeller oder in der Villa.

DOCG:

★ Chianti Classico, 🍷 1996 (H *Pk.* B ⊙) 1996 (D.T.) 86
♣ Chianti Classico Novecento, 🍷 1995
(H B *Pk.* E) 1995 (D.T.) 88
★ Chianti Classico Riserva, 🍷 1995 (H *Pk.* D)

Tafelwein:

★ Broccato, 🍷 1995 (B *Pk.* D) Sangiovese

VALGIANO (Lucca)

Nächste Autobahnausfahrt: Capannori (A11).

Tenuta di **Valgiano**

Plz. 55010, via di Valgiano 7; Tel. 0583/402271; Fax 402271.

Gründungsjahr: 1993. *Kundenbetreuung:* Lena di Collobiano. *Produktionsleitung:* Saverio Petrilli, auch landwirtschaftlicher Leiter. *Anbaufläche in ha.:* 10. *Besuchszeiten:* nach Vereinbarung.

DOC:

♣ Colline Lucchesi Giallo dei Muri, 🍷 1997
(ha 3 🍾 12.000 N B *Pk.* B ⊙) 1997 (D.T.) 85

IGT:

♣ Scasso di Cesari, 🍷 1995 (ha 2 🍾 6.000 B *Pk.* C)
🍇 Sangiovese und Merlot 1995 (D.T.) 88

VINCI (Firenze)

Nächste Autobahnausfahrt: Pistoia (A11).

Hinweis: In Vinci, das in der Vergangenheit für leichten, süffigen Chianti bekannt war, werden demnächst von der Cantina Sociale Leonardo da Vinci (Tel. 0571/902444) wertvollere Weine hergestellt: der Chianti San Zio 1996 (88) und der Santo Ippolito 1996 (86), ein Merlot/Syrah aus jungen Weinbergen. Beide haben mit Sicherheit ihre Leistungsgrenzen noch nicht erreicht. (D.T.)

Fattoria di **Faltognano**

Plz. 50059, via di Faltognano 158; Tel. 0571/76936; Fax 76936.

Inhaber: Roberto Bardzky Comparini. *Kundenbetreuung:* der Inhaber. *Produktionsleitung:* Claudio Gori. *Agronom:* Simone Pezzatini. *Anbaufläche in ha.:* 17. *Besuchszeiten:* nach Vereinbarung. *Degustation:* in einer Probierstube.

DOCG:

♣ Chianti Montalbano, 🍷 1997
(ha 14 🍾 15.000 N *Pk.* A ⊙) 1997 (D.T.) 86

Besonderes: Der Chianti Montalbano ist als ein Gebiet für einfache süffige Weine bezeichnet worden. Der Chianti dieses Herstellers jedoch wird dazu beitragen, mit diesem Gemeinplatz aufzuräumen. (D.T.)

ALA (Trento)

Nächste Autobahnausfahrt: Ala-Avio (A22).

Azienda Agricola **La Cadalora**

Plz. 38061, frazione Santa Margherita, via Trento 44;
Tel. 0464/696300; Fax 696540.

Gründungsjahr: 1982. *Inhaber:* Mario Tomasi. *Kundenbetreuung:* Rodolfo und Tiziano, die Söhne des Inhabers. *Produktionsleitung:* Tiziano Tomasi. *Agronom:* Rodolfo Tomasi. *Besuchszeiten:* täglich, nach telefonischer Vereinbarung. *Degustation:* im Ausschankraum.

Tafelwein:

★ Cabernet Sauvignon della Vallagarina, 🍷 1995 (B *Pk.* C)
★★ Chardonnay della Vallagarina Cadalora, 🍷 1996 (B *Pk.* C)
★★ Marzemino della Vallagarina, 🍷 der letzte (N *Pk.* B)
★ Pinot Bianco della Vallagarina, 🍷 der letzte (N *Pk.* B)
★ Pinot Grigio della Vallagarina Gazzi, 🍷 der letzte (N *Pk.* C)
★★ Pinot Nero della Vallagarina Vignalet, 🍷 1996 (B *Pk.* D)
★ Sauvignon Atesino Camp dei Frai, 🍷 der letzte (N *Pk.* C)

ALDENO (Trento)

Nächste Autobahnausfahrt: Trento centro oder Rovereto nord (A22).

Azienda Agricola **Spagnolli**

Plz. 38060, via Stretta 1; Tel. 0461/842578.

Gründungsjahr: 1976. *Inhaber:* Giuseppe Spagnolli. *Kundenbetreuung:* Francesco Spagnolli. *Produktionsleitung:* Francesco Spagnolli. *Besuchszeiten:* täglich, nach telefonischer Vereinbarung. *Degustation:* in einer Probierstube im Weinkeller.

DOC:

★ Trento Brut Millesimato, 🍷 1993 (N B *Pk.* D)

ARCO (Trento)

Nächste Autobahnausfahrt: Rovereto sud oder Lago di Garda nord (A22).

Azienda Agricola **Madonna delle Vittorie**

Plz. 38062, via Linfano 81; Tel. 0464/505542; Fax 505542.

Gründungsjahr: 1974. *Inhaber:* Iginio Mandelli. *Kundenbetreuung:* Matteo Santoni. *Produktionsleitung:* Luciano Lutterotti. *Agronom:* Enzo Pasini. *Anbaufläche in ha.:* 41. *Besuchszeiten:* Montag bis Samstag, von 8.30 bis 12.30 Uhr und von 15 bis 19 Uhr. *Degustation:* im Weinkeller.

DOC:

★★ Trentino Cabernet Sauvignon, 🍷 1996 (ha 3,2 🍾 31.800 H *Pk.* B)
★ Trentino Merlot, 🍷 1996 (ha 3,8 🍾 40.400 H *Pk.* B)
★ Trentino Pinot Bianco, 🍷 der letzte (ha 4,2 🍾 44.000 N *Pk.* B)
♣ Trentino Riesling, 🍷 1997 (ha 1,4 🍾 12.100 N *Pk.* B ⊙) 1997 (G.B.) 85
★★ Trentino Traminer Aromatico, 🍷 der letzte (ha 1,5 🍾 13.600 N *Pk.* B)

AVIO (Trento)

Nächste Autobahnausfahrt: Ala-Avio (A22).

Azienda Agricola **Maso Roveri**

Plz. 38063, località Maso Roveri, frazione Vò Sinistro; Tel. 0464/684395; Fax 684395.

Gründungsjahr: 1982. *Inhaber:* Antonio, Elio und Giovanni Anzelini. *Kundenbetreuung:* Antonio Anzelini. *Produktionsleitung:* Luciano Groff. *Agronom:* Antonio Anzelini. *Anbaufläche in ha.:* 9. *Besuchszeiten:* täglich, besser nachmittags. Gruppen von 20 bis 50 Besuchern nur nach Vereinbarung. *Degustation:* im Weinkeller.

DOC:

★ Trentino Cabernet, 🍷 1995 (ha 1,3 B *Pk.* B ⊙) 1995 (D.T.) 85
★ Trentino Moscato Giallo Secco, 🍷 der letzte (ha 0,5 N *Pk.* B)
★★ Trentino Pinot Bianco, 🍷 der letzte (ha 1,2 N *Pk.* A)
★ Trentino Pinot Grigio, 🍷 der letzte (ha 1 N *Pk.* B)
★ Trentino Pinot Nero, 🍷 1996 (ha 0,7 N B *Pk.* B)

Tenuta **San Leonardo**

Plz. 38060, località Borghetto; Tel. 0464/689004; Fax 689004.

Gründungsjahr: 1870. *Inhaber:* Marquis Carlo Guerrieri Gonzaga. *Kundenbetreuung:* Luigino Tinelli und Luigina Franchini. *Produktionsleitung:* Roberto Cavagna unter Beratung von Giacomo Tachis. *Agronom:* Luigino Tinelli. *Anbaufläche in ha.:* 18. *Besuchszeiten:* nach telefonischer Vereinbarung. *Degustation:* in einer alten Probierstube im Weinkeller.

DOC:

★ Trentino Cabernet, 🍷 1996 (H *Pk.* B)

★★ Trentino Merlot di San Leonardo, 🍷 1995 und 1996
(ha 6 🍾 35.000 [H] *Pk.* C) 1996 (G.B.) 85

Tafelwein:

○ San Leonardo, 🍷 1994 und 1995 (ha 11 🍾 50.000 [B] *Pk.* E)
🍇 Cabernet Sauvignon (60%), Cabernet Franc (30%) und Merlot (10%) 1994 (G.B.) 89 + 1995 (G.B.) 92

Azienda Agricola **Vallarom**

Plz. 38063, località Masi, frazione Vò Sinistro;
Tel. 0464/684297; Fax 684297.

Gründungsjahr: 1972. *Inhaber:* Erben Scienza. *Kundenbetreuung:* Danilo Scienza. *Produktionsleitung:* Attilio Scienza, auch landwirtschaftlicher Leiter. *Anbaufläche in ha.:* 6,5. *Besuchszeiten:* nach telefonischer Vereinbarung. *Degustation:* in einer Probierstube im Wohnhaus.

DOC:

♣ Trentino Bianco Campi Sarni, 🍷 1997
(ha 0,5 🍾 3.000 [N] *Pk.* B ⊙) 1997 (G.B.) 85

★★ Trentino Cabernet Sauvignon Riserva, 🍷 1994 und 1995
(ha 1 🍾 5.000 [B] *Pk.* D) 1994 (G.B.) 87 + 1995 (G.B.) 90

♣ Trentino Chardonnay, 🍷 1997
(ha 0,5 🍾 2.500 [B] *Pk.* C) 1997 (G.B.) 88

★★ Trentino Chardonnay Riserva, 🍷 1996 und 1997
(ha 1,3 🍾 7.000 [B] *Pk.* D) 1997 (D.T.) 88

♣ Trentino Marzemino, 🍷 1997
(ha 0,5 🍾 5.000 [N] *Pk.* B ⊙) 1997 (G.B.) 86

★ Trentino Pinot Bianco, 🍷 der letzte
(ha 0,4 🍾 3.000 [N] [B] *Pk.* B ⊙) 1997 (G.B.) 86

★★ Trentino Pinot Nero Riserva, 🍷 1995
(ha 1,2 🍾 6.000 [B] *Pk.* D) 1995 (G.B.) 89

Besonderes: Professor Attilio Scienza läßt sich von Professor Donato Lanati beraten: Diese Zusammenarbeit erweist sich als sehr gewinnbringend, wenn man den Chardonnay Riserva 1997 betrachtet. (D.T.)

CIVEZZANO (Trento)

Nächste Autobahnausfahrt: Trento centro (A22).

Azienda Agricola **Maso Cantanghel**

Plz. 38045, via Madonnina 33; Tel. 0461/859050; Fax 859050.

Gründungsjahr: 1983. *Inhaber:* Piero Zabini. *Kundenbetreuung:* der Inhaber. *Produktionsleitung:* Enrico Paternoster. *Besuchszei-*

ten: Montag bis Samstag, nach telefonischer Voranmeldung. *Degustation:* im Weinkeller einer ehemaligen österreichischen Festung.

DOC:

★ Trentino Bianco Forte di Mezzo, 🍷 der letzte (N *Pk.* B)
★★★ Trentino Cabernet Sauvignon Rosso di Pila, 🍷 1996 (B *Pk.* D) 1996 (D.T.) 88
★★ Trentino Chardonnay Vigna Piccola, 🍷 1997 (B *Pk.* C)
★ Trentino Merlot Tajapreda, 🍷 1996 und 1997 (N *Pk.* C) 1996 (D.T.) 86 + 1997 (D.T) 87
★★ Trentino Pinot Nero Riserva Piero Zabini, 🍷 1996 (B *Pk.* D) 1996 (D.T.) 86

Besonderes: Zwei sehr gute Weine aus dem schwierigen Jahrgang 1996 zeigen, warum Piero Zabini als einer der sorgfältigsten und fähigsten Trentiner Winzer gilt. (D.T.)

FAEDO (Trento)

Nächste Autobahnausfahrt: San Michele all'Adige (A22).

Azienda Agricola **Fontana Graziano**

Plz. 38010, via Case Sparse 9; Tel. 0461/650400; Fax 650400.

Gründungsjahr: 1989. *Inhaber:* Graziano Fontana und Geschwister. *Kundenbetreuung:* der Inhaber. *Produktionsleitung:* Francesco Polastri. *Agronom:* Graziano Fontana. *Besuchszeiten:* nach telefonischer Vereinbarung. *Degustation:* in einer Probierstube.

DOC:

★ Trentino Chardonnay, 🍷 der letzte (N *Pk.* B)
♣ Trentino Lagrein, 🍷 1996 (N B *Pk.* B ⦿) 1996 (D.T.) 86
♣ Trentino Traminer, 🍷 1997 (N *Pk.* B ⦿) 1997 (D.T.) 85

Tafelwein:

★ Sauvignon Atesino, 🍷 der letzte (N *Pk.* B ⦿) 1997 (D.T.) 86

Azienda Agricola **Pojer & Sandri**

Plz. 38010, località Molini 4–6; Tel. 0461/650342; Fax 651100.

Gründungsjahr: 1975. *Inhaber:* Fiorentino Sandri und Mario Pojer. *Kundenbetreuung:* die Inhaber. *Produktionsleitung:* Mario Pojer. *Agronom:* Fiorentino Sandri. *Besuchszeiten:* täglich (außer Sonntag), von 8 bis 12 Uhr und von 13.30 bis 19 Uhr. *Degustation:* in einer Probierstube.

DOC:

★★ Trentino Müller-Thurgau, 🍷 der letzte (N *Pk.* B)
★ Trentino Nosiola, 🍷 der letzte (N *Pk.* B)
★★ Trentino Pinot Nero Riserva, 🍷 1995 (N B *Pk.* E)

★★ Trentino Traminer Aromatico, 🍷 der letzte (N *Pk.* B)

Tafelwein:

★★★ Essenzia, 🍷 1995 und 1996 (N *Pk.* D) 🍇 Chardonnay, Sauvignon, Riesling Renano, Traminer Aromatico und Kerner mit Edelfäule 1996 (D.T.) 87

★★ Faye, 🍷 1994 und 1995 (N B *Pk.* E) 🍇 Chardonnay (95%) und Pinot Bianco (5%) 1995 (D.T.) 87

★★★ Rosso Faye, 🍷 1994 und 1995 (N B *Pk.* E) 🍇 Cabernet Sauvignon (50%), Cabernet Franc, Merlot und Lagrein (50%) 1995 (D.T.) 90

★ Sauvignon, 🍷 der letzte (N *Pk.* B)

♣ Spumante Riserva, 🍷 der letzte (N *Pk.* E) 🍇 Chardonnay und Pinot Nero o.J. (D.T.) 88

Besonderes: Der diesjährige Spumante ist voll und reichhaltig, nach Mario Pojer ein «Wein mit Bläschen», der Rosso Faye zeigt einen vielfältigen Charakter und eine in diesem Jahrgang unerwartete Struktur. (D.T.)

ISERA (Trento)

Nächste Autobahnausfahrt: Rovereto nord (A22).

Hinweis: Der Cabernet Sauvignon 1995 (87) von La Vigne (Tel. 0464/433182) zeigt sich elegant und gut strukturiert. Er stammt aus einem Gebiet, in dem die Bordeaux-Rebsorten ein breites Potential entfalten, und dieser neue Hersteller scheint durchaus in der Lage zu sein, sich dieses Faktum bestens zunutze zu machen. (D.T.)

Azienda Agricola **de Tarczal**

Plz. 38060, via G.B. Miori 4, frazione Marano;
Tel. 0464/409134; Fax 409086.

Gründungsjahr: 18. Jahrhundert. *Inhaber:* Ruggero dell'Adami de Tarczal. *Kundenbetreuung:* der Inhaber. *Produktionsleitung:* Francesco Polastri. *Agronom:* Emanuele Spagnolli. *Anbaufläche in ha.:* 18. *Besuchszeiten:* Montag bis Freitag, nach Vereinbarung. *Degustation:* in einer Probierstube.

DOC:

★ Trentino Cabernet Franc, 🍷 1996 (H B *Pk.* B)

★★ Trentino Marzemino di Isera Husar, 🍷 der letzte (N *Pk.* C) 1997 (D.T.) 86

★ Trentino Merlot, 🍷 1996 (H *Pk.* B)

★ Trentino Pinot Bianco, 🍷 der letzte (N *Pk.* B)

Tafelwein:

★★ Pragiara, 🍷 1990 (H B *Pk.* D) 🍇 Merlot, Cabernet Sauvignon und Cabernet Franc zu gleichen Teilen

Azienda Vinicola **Spagnolli Enrico**

Plz. 38060, via G.B. Rosina 4/A; Tel. 0464/409054; Fax 409054.

Gründungsjahr: 1955. *Inhaber:* Enrico Spagnolli. *Kundenbetreuung:* der Inhaber. *Produktionsleitung:* der Inhaber. *Anbaufläche in ha.:* 25. *Besuchszeiten:* Montag bis Samstag, von 8 bis 12 Uhr und von 14 bis 18.30 Uhr. *Degustation:* es wird ein Probierraum eingerichtet.

DOC:

♣ Trentino Marzemino, 🍷 1997 (60.000 N *Pk.* B ⊙) — 1997 (G.B.) 86

★★ Trentino Moscato Giallo Secco, 🍷 1997 (15.000 N *Pk.* B ⊙) — 1997 (G.B.) 86

★ Trentino Müller-Thurgau, 🍷 der letzte (17.000 N *Pk.* B)

★★ Trentino Pinot Grigio, 🍷 der letzte (7.000 N *Pk.* B)

★ Trentino Pinot Nero, 🍷 1996 (2.500 B *Pk.* D)

★★ Trentino Traminer Aromatico, 🍷 1997 (2.000 N *Pk.* D) — 1997 (G.B./D.T.) 85

IGT:

★ Sauvignon Vallagarina, 🍷 1997 (4.000 N *Pk.* B)

Tafelwein:

★★★ Tebro, 🍷 1995 (1.200 B *Pk.* D) Cabernet Franc, Cabernet Sauvignon und Merlot — 1995 (G.B.) 91

LASINO (Trento)

Nächste Autobahnausfahrt: Trento centro.

Azienda Agricola Fratelli **Pisoni**

Plz. 38070, località Pergolese-Sarche; Tel. 0461/564106; Fax 563163.

Gründungsjahr: 1600. *Inhaber:* Gebrüder Pisoni. *Kundenbetreuung:* Marco Pisoni. *Produktionsleitung:* Marco Pisoni. *Agronom:* Stefano Pisoni. *Anbaufläche in ha.:* 16. *Besuchszeiten:* täglich, von 8 bis 12 Uhr und von 14 bis 18.30 Uhr. *Degustation:* in einer kleinen Taverne.

DOC:

★ Trentino Nosiola, 🍷 der letzte (N *Pk.* B)

★ Trentino Vino Santo della Valle dei Laghi, 🍷 1990 (H *Pk.* E)

★ Trento Brut, 🍷 der letzte (N *Pk.* C)

★ Trento Extra Brut, 🍷 1990 (N *Pk.* D)

Azienda Agricola **Pravis**
Plz. 38076, via Lagolo 26; Tel. 0461/564305; Fax 564565.

Gründungsjahr: 1974. *Inhaber:* Gianni Chistè Domenico Pedrini und Mario Zambarda. *Kundenbetreuung:* Domenico Pedrini und Mario Zambarda. *Produktionsleitung:* Domenico Pedrini. *Agronom:* Gianni Chisté. *Besuchszeiten:* Montag bis Samstag, nach Vereinbarung. *Degustation:* in einer Probierstube im Weinkeller.

DOC:

★★ Trentino Cabernet Fratagranda, 🍷 1995 (ha 1,9 🍾 6.600 B *Pk.* D) 1995 (D.T.) 86

★ Trentino Müller-Thurgau San Thomà, 🍷 der letzte (ha 2,1 🍾 13.300 N *Pk.* B)

★ Trentino Nosiola Le Frate, 🍷 der letzte (ha 2,2 🍾 13.400 N *Pk.* B)

★ Trentino Pinot Grigio Polin, 🍷 der letzte (ha 1,7 🍾 6.600 N *Pk.* C)

★★ Trentino Pinot Nero Madruzzo, 🍷 1996 (ha 1,8 🍾 5.900 B *Pk.* C)

Tafelwein:

★ Syrae, 🍷 1996 (ha 1,9 🍾 6.700 B *Pk.* D) 🍇 Syrah

♣ Vin Santo Arele, 🍷 1982 (ha 1,5 🍾 890 B *Pk.* F) 🍇 Nosiola 1982 (D.T.) 87

LAVIS (Trento)

Nächste Autobahnausfahrt: Trento centro oder San Michele all'Adige (A22).

Hinweis: Emma Clauser Centofante von der Azienda Toresella Maso Rosabel (Tel.0461/870275) widmet sich ihren Weinen mit beeindruckendem Engagement. Mit über 50 Jahren hat sie sich an der önologischen Schule von San Michele all'Adige eingeschrieben und baut ihre Weinberge mit großer Sorgfalt an. Sehr gut ist ihr Cabernet Sauvignon 1996 (88), dessen dunkle Farbe und voller Körper aus einem wärmeren Jahrgang als dem 1996er zu stammen scheinen. Der Incrocio Manzoni 6.0.13 von 1997 (88) von Giuseppe Fanti (Tel. 0461/240809) besitzt ungewöhnlich viel Körper und Ausgeglichenheit und wird von zwei anderen guten Weinen des Hauses begleitet: dem Chardonnay 1997 (87) und dem Cabernet Sauvignon Portico 1995 (86). Letzterer trägt im Jahrgang 1997 Anzeichen eines möglicherweise bedeutenden Weins. (D.T.)

Azienda Vinicola **Bolognani Nilo**
Plz. 38015, via Stazione 19; Tel. 0461/246354; Fax 246240.

Gründungsjahr: 1952. *Inhaber:* Gebrüder Bolognani. *Kundenbetreuung:* Diego Bolognani oder seine Geschwister. *Produktionsleitung:* Diego Bolognani, auch landwirtschaftlicher Leiter. *Besuchszeiten:* vorzugsweise nach Vereinbarung. *Degustation:* im Weinkeller oder in einem Probierraum im Wohnhaus.

DOC:

★ Trentino Chardonnay, 🍷 der letzte (N *Pk.* B)
★★ Trentino Moscato Giallo, 🍷 der letzte (N *Pk.* B)
★ Trentino Müller-Thurgau, 🍷 der letzte (N *Pk.* B)
★ Trentino Nosiola, 🍷 der letzte (N *Pk.* B)

Azienda Agricola **Cesconi Paolo**
Plz. 38015, via G. Marconi 39; Tel. 0461/240355; Fax 240355.

Gründungsjahr: 1995. *Inhaber:* Paolo Cesconi. *Kundenbetreuung:* Alessandro, Franco, Roberto und Lorenzo Cesconi. *Produktionsleitung:* Roberto Cesconi. *Besuchszeiten:* täglich, nach Vereinbarung. *Degustation:* im Weinkeller.

DOC:

★ Trentino Chardonnay, 🍷 der letzte (N B *Pk.* B)
★★ Trentino Pinot Grigio, 🍷 der letzte (N *Pk.* B ⊙) 1997 (D.T.) 86
★ Trentino Sauvignon, 🍷 der letzte (N B *Pk.* B)
★★ Trentino Traminer Aromatico, 🍷 der letzte (N *Pk.* B ⊙) 1997 (D.T.) 88

Cantina **Lavis**
Plz. 38015, strada Statale del Brennero;
Tel. 0461/246325; Fax 240718.

Gründungsjahr: 1948. *Inhaber:* Roberto Giacomoni (Vorstandsvorsitzender). *Kundenbetreuung:* Fausto Peratoner (Geschäftsführer) und Cristina Zambanini. *Produktionsleitung:* Oreste Claus und Gianni Gasperi. *Agronom:* Corrado Aldrighetti. *Anbaufläche in ha.:* 800. *Besuchszeiten:* Montag bis Samstag, von 9 bis 12 Uhr und von 15 bis 19 Uhr. *Degustation:* in einer Önothek mit Degustationsecke.

DOC:

★★ Trentino Cabernet Sauvignon I Ritratti, 🍷 1995 und 1996 (ha 8 ▮ 80.000 B *Pk.* C) 1995 (G.B.) 87 + 1996 (D.T.) 86

★ Trentino Chardonnay I Ritratti, 🍷 1996 und 1997 (ha 3,5 🍾 35.000 N B *Pk.* C)

♣ Trentino Merlot I Ritratti, 🍷 1996 (ha 2,5 🍾 25.000 B *Pk.* B ⊙) 1996 (G.B.) 88

♣ Trentino Müller-Thurgau Maso Roncador, 🍷 1997 (ha 6 🍾 15.000 N *Pk.* B ⊙) 1997 (D.T.) 85

★★ Trentino Pinot Nero I Ritratti, 🍷 1996 (ha 2,5 🍾 25.000 B *Pk.* C) 1996 (G.B.) 88

IGT:

★★ Ritratto Atesino, 🍷 1995 (ha 3,5 🍾 35.000 B *Pk.* D) 🍇 Teroldego und Lagrein 1995 (G.B.) 90

Azienda Agricola **Maso Poli**
Plz. 38015, località Pressano, strada del Vino;
Tel. 0461/658527; Fax 658587.

Gründungsjahr: 1978. *Inhaber:* Maria Luisa Tait. *Kundenbetreuung:* Luigi Togn. *Produktionsleitung:* Goffredo Pasolli. *Anbaufläche in ha.:* 8. *Besuchszeiten:* Montag bis Freitag, nach Vereinbarung. *Degustation:* in einem Saal für Meetings und Degustationen.

DOC:

★ Sorni Bianco Maso Poli, 🍷 der letzte (ha 2 🍾 15.000 N H B *Pk.* B)

★ Trentino Pinot Nero Maso Poli, 🍷 1995 (ha 1,5 🍾 8.000 N B *Pk.* B)

Azienda Vinicola **Sebastiani Giuseppe**
Plz. 38015, via Clementi 1; Tel. 0461/246315; Fax 242340.

Gründungsjahr: 1946. *Inhaber:* Giuseppe, Roberto und Dario Sebastiani. *Kundenbetreuung:* Roberto Sebastiani. *Produktionsleitung:* Dario Sebastiani, auch landwirtschaftlicher Leiter. *Anbaufläche in ha.:* 2. *Besuchszeiten:* Montag bis Freitag, von 9 bis 12 Uhr und von 15 bis 19 Uhr. *Degustation:* in einer ortstypischen Probierstube.

DOC:

★ Teroldego Rotaliano, 🍷 1997 (🍾 15.000 N H *Pk.* B)

★★ Trentino Chardonnay Dario Sebastiani, 🍷 1996 (🍾 1.200 B *Pk.* C) 1996 (G.B.) 85

MEZZOCORONA (Trento)

Nächste Autobahnausfahrt: San Michele all'Adige (A22).

Hinweis: Bei der Kostprobe machte der Lagrein Dunkel 1997 (87) von Marco Donati (Tel. 0461/604141) einen guten Eindruck. (D.T.)

Azienda Agricola dei **Conti Martini**

Plz. 38016, via Conte Carlo Martini 17;
Tel. 0461/603932; Fax 603037.

Gründungsjahr: 1977. *Inhaber:* Giovanni Martini. *Kundenbetreuung:* Lucia Cristina Martini. *Produktionsleitung:* Giovanni Martini. *Besuchszeiten:* Montag bis Freitag, nach Vereinbarung. *Degustation:* in einer mit dem Weinkeller aus dem 16. Jahrhundert verbundenen Probierstube.

DOC:

- ★★ Teroldego Rotaliano, 🍷 1996 (H *Pk.* C)
- ★★ Teroldego Rotaliano Le Razli, 🍷 1993 (H *Pk.* E)
- ★ Trentino Chardonnay Le Fratte, 🍷 der letzte (N *Pk.* B)
- ★★ Trentino Moscato Giallo Secco, 🍷 der letzte (N *Pk.* C)
- ★ Trentino Pinot Bianco, 🍷 der letzte (N *Pk.* B)

Vinicola Fratelli **Dorigati**

Plz. 38016, via Dante 5; Tel. 0461/605313; Fax 605830.

Gründungsjahr: 1858. *Inhaber:* Franco und Carlo Dorigati. *Kundenbetreuung:* Carlo Dorigati. *Produktionsleitung:* Carlo Dorigati, auch landwirtschaftlicher Leiter. *Anbaufläche in ha.:* 19,5. *Besuchszeiten:* nach Vereinbarung, Montag bis Samstagmittag. *Degustation:* im Weinkeller.

DOC:

- ★★ Teroldego Rotaliano Diedri, 🍷 1996
  (ha 1,5 ⫾ 9.000 B *Pk.* C)
- ★ Trentino Chardonnay, 🍷 der letzte (⫾ 20.000 N *Pk.* B)
- ★ Trentino Rebo, 🍷 1996 (ha 1 ⫾ 10.000 H *Pk.* B)
  🍇 Rebo (Kreuzung aus Merlot und Marzemino)
- ★ Trento Methius Brut Riserva, 🍷 1991 (⫾ 10.000 N B *Pk.* E)

Tafelwein:

- ★ Grener, 🍷 1994 (⫾ 5.000 H *Pk.* B)
  🍇 Teroldego, Cabernet Franc und Cabernet Sauvignon

MEZZOLOMBARDO (Trento)

Nächste Autobahnausfahrt: San Michele all'Adige (A22).

Hinweis: Cipriano Fedrizzi (Tel. 0461/602328) hat mit dem sorgfältig dosierten Einsatz von kleinen Holzfässern einen sehr guten Teroldego Due Vigneti 1996 (86) hergestellt. (D.T.)

Azienda Agricola **Barone de Cles**

Plz. 38017, via Mazzini 18; Tel. 0461/602673; Fax 601081.

Gründungsjahr: 1600. *Inhaber:* Michele, Guido und Leonardo de Cles. *Kundenbetreuung:* die Inhaber. *Besuchszeiten:* täglich, von 8 bis 20 Uhr. *Degustation:* in einer Taverne in den ehemaligen Stallungen.

DOC:

★★ Teroldego Rotaliano Maso Scari, 🍷 der letzte (N H *Pk.* B)
★ Trentino Chardonnay, 🍷 der letzte (N *Pk.* B)
★ Trentino Lagrein Scuro, 🍷 der letzte (N H *Pk.* B)
★ Trentino Merlot, 🍷 1995 (N H *Pk.* B)
★ Trentino Pinot Grigio, 🍷 der letzte (N *Pk.* B)

Azienda Agricola **Foradori**

Plz. 38017, via D. Chiesa 1; Tel. 0461/601046; Fax 603447.

Gründungsjahr: 1946. *Inhaber:* Elisabetta Foradori. *Kundenbetreuung:* die Inhaberin. *Produktionsleitung:* die Inhaberin, auch landwirtschaftliche Leiterin. *Anbaufläche in ha.:* 20. *Besuchszeiten:* Montag bis Freitag, nach Vereinbarung. *Degustation:* in einer Probierstube.

DOC:

♣ Teroldego Rotaliano, 🍷 1997
(ha 10 🍾 10.0000 N H *Pk.* C) 1997 (D.T.) 85
★★ Teroldego Rotaliano Vigneto Sgarzon, 🍷 1995 und 1996
(ha 4 🍾 25.000 B *Pk.* D) 1996 (D.T.) 86

IGT:

♣ Myrto Vigneti delle Dolomiti, 🍷 1997
(ha 4 🍾 20.000 N B *Pk.* C) 🍇 Chardonnay (50%),
Pinot Bianco (25%) und Sauvignon (25%) 1997 (D.T.) 86

Tafelwein:

★★ Ailanpa, 🍷 1995 (ha 1,5 🍾 2.000 B *Pk.* D) 🍇 Syrah
★★★ Granato, 🍷 1995 und 1996 (ha 4 🍾 20.000 B *Pk.* E)
🍇 Teroldego 1996 (D.T.) 90
★★ Karanar, 🍷 1995 (ha 2 🍾 3.000 B *Pk.* D)
🍇 Cabernet Sauvignon (50%), Syrah (15%),
Petit Verdot (5%) und andere autochthone Reben (30%)

Besonderes: Der Myrto, ein neuer Weißwein des Hauses, belegt die Entscheidung, das Angebot einzugrenzen und zu festigen. Die echte Neuigkeit von Elisabetta Foradori kommt jedoch aus dem Anbau in der Provinz Ragusa, wo sie mit einer Klonenauswahl und speziellen Anbaumethoden einen absolut großartigen Nero d'Avola erzeugen möchte. (D.T.)

NOGAREDO (Trento)

Nächste Autobahnausfahrt: Trento nord (A22).

Azienda Agricola **Letrari**

Plz. 38060, località Palazzo Lodron; Tel. 0464/411093; Fax 414147.

Gründungsjahr: 1976. *Inhaber:* Lucia Letrari. *Kundenbetreuung:* Leonello und Lucia Letrari. *Produktionsleitung:* Lucia und Leonello Letrari, beide auch landwirtschaftliche Leiter. *Besuchszeiten:* während der Geschäftszeiten; an Sonn- und Feiertagen nur nach Vereinbarung. *Degustation:* in einer Probierstube im Weinkeller.

DOC:

★ Trentino Cabernet Sauvignon, 🍷 1996 (B *Pk.* C)
★ Trentino Chardonnay, 🍷 der letzte (N *Pk.* B)
★ Trentino Marzemino Selezione Letrari, 🍷 der letzte (N *Pk.* C)
★ Trentino Moscato Rosa, 🍷 1995 (N *Pk.* F)
★ Trentino Pinot Grigio, 🍷 der letzte (N *Pk.* B)
★★ Trentino Rosso Maso Lodron, 🍷 1993 (B *Pk.* B)
★ Trento Brut Riserva, 🍷 der letzte (N *Pk.* C)

ROVERE' DELLA LUNA (Trento)

Nächste Autobahnausfahrt: San Michele all'Adige (A22).

Azienda Vinicola **Gaierhof**

Plz. 38030, via 4 Novembre 51; Tel. 0461/658514; Fax 658587.

Gründungsjahr: 1976. *Inhaber:* Luigi Togni. *Kundenbetreuung:* der Inhaber. *Produktionsleitung:* Goffredo Pasolli. *Anbaufläche in ha.:* 50. *Besuchszeiten:* mit Voranmeldung, Montag bis Freitag, von 8 bis 12 Uhr und von 14 bis 18 Uhr. *Degustation:* in einer Probierstube.

DOC:

★ Trentino Moscato Giallo, 🍷 der letzte
(ha 4 🍾 4.0000 N *Pk.* B)
★ Trentino Moscato Rosa, 🍷 1995 (🍾 3.000 N *Pk.* D)
★ Trentino Pinot Grigio Roverè della Luna, 🍷 der letzte
(ha 4 🍾 40.000 N *Pk.* B)

ROVERETO (Trento)

Nächste Autobahnausfahrt: Rovereto sud oder nord.

Hinweis: Solide gemacht und von großer Vielfalt sind der Sauvignon 1997 (86), der Cabernet Sauvignon Romeo 1995 (87) und der Cabernet Sauvignon Mercuria 1994 (85) von Marco Zani in Castel Noarna, Tel. 0464/413295. Und der Keller dieses Herstellers beherbergt noch mehr gute Weine in der Verfeinerung. (D.T.)

Balter Nicola

Plz. 38068, via Vallunga II 24; Tel. 0464/430101; Fax 433234.

Gründungsjahr: 1991. *Inhaber:* Nicola Balter. *Kundenbetreuung:* der Inhaber. *Produktionsleitung:* Francesco Polastri, der zusammen mit dem Inhaber auch für die landwirtschaftliche Leitung verantwortlich ist. *Anbaufläche in ha.:* 10. *Besuchszeiten:* nach Vereinbarung. *Degustation:* in einer Probierstube.

DOC:

♣ Trentino Cabernet Sauvignon, 🍷 1995
(ha 2 ı 9.000 B *Pk.* B ⊙) — 1995 (D.T.) 87

♣ Trento Brut, 🍷 der letzte
(ha 3 ı 8.000 N B *Pk.* C) — o.J. (D.T.) 86

Azienda Agricola Conti **Bossi Fedrigotti**

Plz. 38068, via Unione 43; Tel. 0464/439250; Fax 439631.

Gründungsjahr: Ende des 17. Jahrhunderts. *Inhaber:* Grafen Bossi Fedrigotti. *Kundenbetreuung:* Rosanna Grigoletto. *Produktionsleitung:* Claudio Gius. *Anbaufläche in ha.:* 40. *Besuchszeiten:* nach Vereinbarung, Montag bis Samstagmittag. *Degustation:* in einer Probierstube.

DOC:

★ Trentino Cabernet, 🍷 1995 (ha 2 ı 19.400 H *Pk.* B)

★★ Trentino Pinot Bianco, 🍷 der letzte
(ha 1 ı 9.400 N *Pk.* B ⊙) — 1997 (G.B.) 85

♣ Trentino Pinot Grigio, 🍷 1997
(ha 1 ı 11.000 N *Pk.* B ⊙) — 1997 (D.T.) 86

Tafelwein:

★★ Conte Federico, 🍷 1992 (ha 0,9 ı 5.600 H B *Pk.* D)
Cabernet Sauvignon, Cabernet Franc und Merlot — 1992 (G.B.) 87

★ Foianeghe Bianco, 🍷 der letzte (ha 2 ı 18.000 N *Pk.* B)
Chardonnay, Pinot Bianco und Gewürztraminer

★★ Foianeghe Rosso, 🍷 1995 (ha 5 ı 41.100 H B *Pk.* B ⊙)
Merlot (60%), Cabernet Sauvignon und Cabernet Franc (40%) — 1995 (G.B.) 85

Azienda Agricola **Longariva**
Plz. 38068, località Borgo Secco, via Zandonai 6; Tel. 0464/437200.

Gründungsjahr: 1976. *Inhaber:* Marco Manica. *Kundenbetreuung:* der Inhaber. *Produktionsleitung:* der Inhaber, auch landwirtschaftlicher Leiter. *Besuchszeiten:* täglich, nur nach Vereinbarung. *Degustation:* im Weinkeller.

DOC:
- ★ Trentino Cabernet Sauvignon Riserva Marognon, 🍷 1995 (B *Pk.* D)
- ★★ Trentino Chardonnay Praistel, 🍷 1996 (B *Pk.* D)
- ★ Trentino Marzemino, 🍷 der letzte (N *Pk.* B)
- ★ Trentino Merlot Riserva Tovi, 🍷 1995 (B *Pk.* B)
- ★ Trentino Sauvignon Cascari, 🍷 der letzte (N *Pk.* C)

Tafelwein:
- ★ Graminé Vallagarina Rulander, 🍷 der letzte (N *Pk.* B) Pinot Grigio

Azienda Agricola **Simoncelli Armando**
Plz. 38068, località Navicello 7; Tel. 0464/432373; Fax 432373.

Gründungsjahr: 1977. *Inhaber:* Armando Simoncelli. *Kundenbetreuung:* der Inhaber. *Produktionsleitung:* der Inhaber, auch landwirtschaftlicher Leiter. *Anbaufläche in ha.:* 11,8. *Besuchszeiten:* nach Vereinbarung.

DOC:
- ♣ Trentino Rosso Navesel, 🍷 1995 (ha 1,5 10.500 B *Pk.* B⊙) 1995 (D.T.) 85

SAN MICHELE ALL'ADIGE (Trento)
Nächste Autobahnausfahrt: San Michele all'Adige (A22).

Endrizzi
Plz. 38010, località Masetto; Tel. 0461/650129; Fax 650043.

Gründungsjahr: 1885. *Inhaber:* Franco und Paolo Endrici. *Kundenbetreuung:* Paolo Endrici. *Produktionsleitung:* Francesco Polastri und Pierfranco Giovannini. *Agronom:* Giancarlo Tait. *Besuchszeiten:* nach telefonischer Vereinbarung. *Degustation:* in einer kleinen Taverne mit Blick auf die Weinberge.

DOC:
- ★ Teroldego Rotaliano, 🍷 1996 (H *Pk.* B)
- ★★ Trentino Cabernet Sauvignon Collezione, 🍷 1995 (B *Pk.* D)
- ★ Trentino Chardonnay Collezione, 🍷 1996 (B *Pk.* D)
- ★ Trentino Müller-Thurgau, 🍷 der letzte (N *Pk.* B)

Istituto Agrario di **San Michele all'Adige**
Plz. 38010, via Edmondo Mach 1; Tel. 0461/615111; Fax 650872.

Gründungsjahr: 1874. *Inhaber:* die Provinz Trient. *Kundenbetreuung:* Dr. Walter Eccli. *Produktionsleitung:* Carmelo Simoncelli. *Agronom:* Alessandro Dalpiaz. *Anbaufläche in ha.:* 52. *Besuchszeiten:* mit Voranmeldung, Montag bis Freitag, von 8 bis 17.30 Uhr. *Degustation:* in einer Probierstube.

DOC:

★ Trentino Moscato Rosa, 🍷 1995 (ha 1,3 🍾 2.000 N *Pk.* E)
★★ Trentino Riesling Renano Selezione, 🍷 1995 (ha 0,5 🍾 3.000 N *Pk.* C)
★★ Trentino Rosso Castel San Michele, 🍷 1995 (ha 2 🍾 18.000 B *Pk.* C)
★ Trentino Traminer Aromatico, 🍷 der letzte (ha 1 🍾 5.500 N *Pk.* B)

Azienda Agricola **Zeni**
Plz. 38010, frazione Grumo, via Stretta 2;
Tel. 0461/650456; Fax 650748.

Inhaber: Andrea und Roberto Zeni. *Kundenbetreuung:* die Inhaber. *Produktionsleitung:* die Inhaber. *Besuchszeiten:* Montag bis Freitag, von 8 bis 12 Uhr und von 14 bis 19 Uhr. *Degustation:* in einem großen Probiersaal.

DOC:

★ Teroldego Rotaliano I Pini, 🍷 1997 (N *Pk.* B ⊙) 1997 (D.T.) 86
★ Teroldego Rotaliano I Pini, 🍷 1995 (B *Pk.* D)
★ Trentino Pinot Bianco Sortì, 🍷 der letzte (B *Pk.* C)

SARCHE (Trento)

Nächste Autobahnausfahrt: Trento centro (A22).

Cantina di **Toblino**
Plz. 38070, via Ponte Oliveti 1; Tel. 0461/564168; Fax 564168.

Gründungsjahr: 1960. *Inhaber:* Giannantonio Pombeni (Geschäftsführer). *Kundenbetreuung:* Lorenzo Tomazzoli. *Produktionsleitung:* Lorenzo Tomazzoli.

DOC:

★ Trentino Vino Santo, 🍷 1990 (B *Pk.* E)

TRENTO (Trento)

Nächste Autobahnausfahrt: Trento centro (A22).

Cantina Viticoltori **Ca'vit**

Plz. 38040, località Ravina, via Del Ponte 31;
Tel. 0461/922055; Fax 912700.

Gründungsjahr: 1950. *Inhaber:* Geschäftsführer Giacinto Giacomini. *Kundenbetreuung:* das Büropersonal. *Produktionsleitung:* Renzo Forti und Anselmo Martini. *Agronom:* Francesco Iacono. *Besuchszeiten:* Montag bis Freitag, während der Geschäftszeiten. *Degustation:* in einem großen, gut eingerichteten Probierraum.

DOC:

★ Trentino Cabernet I Mastri Vernacoli, 🍷 1996 (H *Pk.* B)
★ Trentino Chardonnay Maso Toresella, 🍷 der letzte (B *Pk.* C)
★ Trentino Pinot Nero Maso San Valentino, 🍷 1995 (B *Pk.* C)
★ Trentino Rosso Quattro Vicariati, 🍷 1994 (H *Pk.* C)
★ Trento Brut Riserva Graal, 🍷 1993 (N *Pk.* D)

Tafelwein:

★ Sauvignon I Mastri Vernacoli, 🍷 1997 (N *Pk.* B)

Ferrari – Fratelli Lunelli

Plz. 38040, via Ponte di Ravina 15; Tel. 0461/972311; Fax 913008.

Gründungsjahr: 1902. *Inhaber:* Gebrüder Lunelli. *Kundenbetreuung:* Antonietta Zandomeneghi. *Produktionsleitung:* Marcello Lunelli. *Agronom:* Diego Trainotti. *Besuchszeiten:* Montag bis Freitag, um 10, 11.30, 15 und 17 Uhr. Samstag nur nach Vereinbarung. *Degustation:* in Sälen mit Plätzen für 25 Personen, Ferrari Incontri genannt.

DOC:

★ Trento Brut, 🍷 der letzte (N *Pk.* D)
★★ Trento Brut Perlé Millesimato, 🍷 1993 (N *Pk.* E)
★★★ Trento Giulio Ferrari Riserva del Fondatore, 🍷 1990 (N *Pk.* F)
★ Trento Maximum Brut, 🍷 der letzte (N *Pk.* E)

Azienda Agricola **Lunelli Mauro**

Plz. 38040, località Margon di Ravina 19;
Tel. 0461/972311; Fax 913008.

Gründungsjahr: 1984. *Inhaber:* Mauro Lunelli. *Kundenbetreuung:* Antonietta Zandomeneghi. *Produktionsleitung:* Mauro Lunelli, auch landwirtschaftlicher Leiter. *Besuchszeiten:* Montag bis Freitag, um 10, 11.30, 15 und 17 Uhr. Samstag nur nach Vereinbarung. *Degustation:* in einer Probierstube mit Platz für 50 Personen.

DOC:

★★ Trentino Chardonnay Villa Gentilotti, 🍷 1995 (B *Pk.* D) 1995 (D.T.) 87

★ Trentino Chardonnay Villa Margon, 🍷 1995 (N *Pk.* C)

Diese fünf Symbole sind neu im Veronelli:	
🍷	empfohlene Jahrgänge eines Weines
ha 3,5	Anbaufläche in Hektar, auf der ein bestimmter Wein erzeugt wird
🍾	Anzahl der vom genannten Wein ausgebauten Flaschen
★≈	ein hervorragender Wein, der neu in diesen Führer aufgenommen wurde und bei der Verkostung auf Anhieb mindestens 90 Punkte erhielt
⊙	besonders gutes Preis/Leistungs-Verhältnis

Stilvoll nächtigen in Bella Italia...

So wird der Italien-Urlaub noch schöner: Ein topaktueller Überblick über reizvolle kleine Hotels und Pensionen, die eingehend geprüft wurden und hier ausführlich beschrieben sind. Dabei sind die tatsächlichen Wünsche der Reisenden berücksichtigt und zahlreiche nützliche Informationen beigegeben.

238 Seiten, Broschur
DM 28,-/öS 204,-/sFr 26,-
ISBN 3-453-15624-2

HEYNE

AMELIA (Terni)

Nächste Autobahnausfahrt: Attigliano (A1).

Cantina **Colli Amerini**

Plz. 05022, località Formole; Tel. 0744/989721; Fax 989695.

Gründungsjahr: 1975. *Kundenbetreuung:* Mariella Sernicola. *Produktionsleitung:* Riccardo Cotarella, auch landwirtschaftlicher Leiter. *Besuchszeiten:* Montag bis Freitag, nach telefonischer Vereinbarung. *Degustation:* in einer Probierstube.

DOC:

★ Colli Amerini Malvasia La Corte, der letzte (N *Pk.* A)
★ Colli Amerini Rosso Torraccio, 1995 (B *Pk.* C)

Tafelwein:

★★ Carbio, 1995 (B *Pk.* C) Merlot
★ Grechetto dell'Umbria Villa Gioiosa, der letzte (N *Pk.* B ⊙) 1997 (D.T.) 85
★ Rocca Nerina, 1995 (B *Pk.* C) Chardonnay

BASCHI (Terni)

Nächste Autobahnausfahrt: Orvieto (A1).

Azienda Agricola **Barberani – Vallesanta**

Plz. 05023, località Cerreto, S.S. Todi–Baschi;
Tel. 0744/950113; Fax 0763/340773.

Gründungsjahr: 1960. *Inhaber:* Luigi Antonio Barberani. *Kundenbetreuung:* der Inhaber und Luigi Bianconi. *Produktionsleitung:* Maurizio Castelli, auch landwirtschaftlicher Leiter. *Anbaufläche in ha.:* 40. *Besuchszeiten:* Montag bis Freitag, von 8 bis 13 Uhr und von 14 bis 17 Uhr. *Degustation:* in einer Probierstube neben dem Weinkeller.

DOC:

★ Orvieto Classico Superiore Amabile Pulicchio, der letzte (ha 2,7 18.000 N *Pk.* B)
★ Orvieto Classico Superiore Dolce Calcaia Muffa Nobile, 1996 (ha 4,4 16.000 B *Pk.* E)
★★ Orvieto Classico Superiore Secco Castagnolo, der letzte (ha 4,7 35.000 N *Pk.* B)

IGT:

★★ Foresco Umbria, 1996 (ha 3 15.000 B *Pk.* D) Sangiovese, Cabernet Sauvignon und Cabernet Franc
★ Pomaio Umbria, der letzte (ha 1,5 10.000 N *Pk.* B) Sauvignon und Grechetto

BEVAGNA (Perugia)

Nächste Autobahnausfahrt: Orte oder Valdichiana (A1).

Azienda Agricola **Adanti**

Plz. 06031, vocabolo Arquata; Tel. 0742/360295; Fax 361270.

Gründungsjahr: 1978. *Inhaber:* Familie Adanti. *Kundenbetreuung:* Alvaro Palini, Donatella und Daniela Adanti, Desiderio Bini. *Produktionsleitung:* Alvaro Palini. *Agronom:* Mauro Monicchi. *Anbaufläche in ha.:* 19. *Besuchszeiten:* Montag bis Freitag, von 8.30 bis 12.30 Uhr und von 13.30 bis 17.30 Uhr; Samstag von 8.30 bis 12.30 Uhr. *Degustation:* in einer Probierstube im Weinkeller.

DOCG:

★ Montefalco Sagrantino, 🍷 1995 (ha 4,8 🍾 18.000 H *Pk.* D)
★ Montefalco Sagrantino Passito, 🍷 1994 (ha 4,8 🍾 19.000 H *Pk.* D)

IGT:

★ Rosso dell'Umbria, 🍷 1994 (ha 3,8 🍾 14.000 H *Pk.* E) 🍇 Cabernet Sauvignon, Barbera und Merlot

CASTEL VISCARDO (Terni)

Nächste Autobahnausfahrt: Orvieto (A1).

Vi.C.Or

Plz. 05014, località Le Prese di Monterubiaglio;
Tel. 0763/66064; Fax 66074.

Kundenbetreuung: Giuseppe Roselli. *Produktionsleitung:* Riccardo Cotarella. *Besuchszeiten:* Montag bis Freitag, nach telefonischer Vereinbarung.

DOC:

★ Orvieto Classico Le Terrazze, 🍷 der letzte (🍾 20.000 N *Pk.* A)
★ Orvieto Classico Roio, 🍷 der letzte (🍾 40.000 N *Pk.* A)
★ Orvieto Classico Salceto, 🍷 der letzte (🍾 40.000 N *Pk.* A)

IGT:

★ Campo della Casa Umbria Bianco, 🍷 der letzte (🍾 5.000 N *Pk.* A) 🍇 Grechetto
♣ L'Olmaia Umbria Rosso, 🍷 1997 (🍾 4.500 B *Pk.* B ⊙) 🍇 Cabernet, Merlot und Pinot Nero 1997 (D.T.) 88
♣ Monrubio Umbria Rosso, 🍷 1997 (🍾 40.000 N *Pk.* A ⊙) 🍇 Sangiovese und Montepulciano 1997 (D.T.) 85

Besonderes: Diese Kellerei war bisher nur für ihr Angebot an Orvieto bekannt, Riccardo Cotarella ist jedoch davon überzeugt, daß Umbrien ein Land der Rotweine sei. Er selbst stellt sehr gute her, oft in einem ausgezeichneten Preis-Leistungsverhältnis. (D.T.)

CASTIGLIONE DEL LAGO (Perugia)

Nächste Autobahnausfahrt: Val di Chiana.

Azienda Agricola Podere **Marella**

Plz. 06061, località Ferretto; Tel. 075/9659028; Fax 9659028.

Gründungsjahr: 1975. *Inhaber:* Fiammetta Inga. *Kundenbetreuung:* die Inhaberin. *Produktionsleitung:* Fabrizio Ciufoli. *Agronom:* Fiammetta Inga. *Anbaufläche in ha.:* 7,58. *Besuchszeiten:* Sonntag bis Freitag, nur nach Vereinbarung, mit Ausnahme von Ostern und den Monaten Juli, August, Dezember und Januar. *Degustation:* in einer Probierstube im Wohnhaus oder im Weinkeller.

DOC:

★ Colli del Trasimeno Bianco Podere Marella, 🍷 der letzte (ha 1 🍾 6.000 🄽 *Pk.* B)

★★ Colli del Trasimeno Rosso Podere Marella, 🍷 1995 (ha 3 🍾 10.000 🄷 *Pk.* B)

CORCIANO (Perugia)

Nächste Autobahnausfahrt: Valdichiana (A1) oder Orte (A4).

Pieve del Vescovo

Plz. 06073, via Leopardi 82; Tel. 075/6978874; Fax 6978851.

Gründungsjahr: 1980. *Inhaber:* Familien Monni und Tinarelli. *Kundenbetreuung:* Iolanda Tinarelli. *Produktionsleitung:* Riccardo Cotarella, auch landwirtschaftlicher Leiter. *Anbaufläche in ha.:* 22. *Besuchszeiten:* Montag bis Freitag; Samstag und Sonntag nur nach Vereinbarung. *Degustation:* in einer Probierstube.

DOC:

★ Colli del Trasimeno Bianco, 🍷 der letzte (🍾 30.000 🄽 *Pk.* B)

★ Colli del Trasimeno Rosso, 🍷 der letzte (🍾 30.000 🄷 *Pk.* B)

★★ Colli del Trasimeno Rosso Lucciaio, 🍷 1996 (🍾 2.0000 🄱 *Pk.* D) 1996 (D.T.) 88

Tafelwein:

★ Etesiaco, 🍷 der letzte (🍾 10.000 🄽 *Pk.* B) 🍇 Grechetto, Malvasia, Trebbiano und andere autochthone Reben

Besonderes: Man sollte meinen, es sei schwierig, so nah am Trasimenosee bedeutende Weine herzustellen, aber Iolanda Tinarelli schafft das sogar in den weniger einfachen Jahrgängen. (D.T.)

FICULLE (Terni)

Nächste Autobahnausfahrt: Fabro oder Orvieto (A1).

Tenuta **Castello della Sala**

Plz. 05016, Castello della Sala; Tel. 0763/86051; Fax 86491.

Gründungsjahr: 1385. *Inhaber:* Piero Antinori. *Produktionsleitung:* Maurizio Angeletti. *Agronom:* Claudio Pontremolesi. *Anbaufläche in ha.:* 140. *Besuchszeiten:* nach telefonischer Vereinbarung. *Degustation:* in einer Probierstube im Schloß.

DOC:

★ Orvieto Classico Campogrande, 🍷 der letzte (N *Pk.* B)

IGT:

○ Cervaro della Sala Umbria, 🍷 1996 (B *Pk.* E)
Chardonnay (80%) und Grechetto (20%) 1996 (D.T.) 90

★ Chardonnay della Sala Umbria, 🍷 der letzte (N *Pk.* B)

★★★ Pinot Nero Umbria, 🍷 1995 (B *Pk.* E) 1995 (D.T.) 88

★ Sauvignon della Sala Umbria, 🍷 der letzte (N *Pk.* B)

Tafelwein:

★★★ Muffato della Sala, 🍷 1996 (B *Pk.* E) Sauvignon (60%), Grechetto, Gewürztraminer und Riesling (40%)

Besonderes: Der Cervaro della Sala begegnet uns auf dem ausgezeichneten Niveau, das wir von ihm gewohnt sind, und der Pinot Nero ist zum ersten Mal nach dem Erfolg von 1990 in zwei aufeinander folgenden Jahren – 1992 und 1994 – gut gelungen. Die Regelmäßigkeit, mit der hier gute Weine gelingen, ist nicht einmal in Burgund höher. (D.T.)

GUALDO CATTANEO (Perugia)

Nächste Autobahnausfahrt: Valdichiana (A1).

Azienda Agricola **Colpetrone – Saiagricola**

Plz. 06035, via della Collina 4, località Madonnuccia;
Tel. 0578/767722; Fax 768040.

Gründungsjahr: 1995. *Inhaber:* Società Assicuratrice Industriale spa. *Kundenbetreuung:* Tiziana Mazzetti. *Produktionsleitung:* Franco Fierli und Lorenzo Landi. *Anbaufläche in ha.:* 18. *Besuchszeiten:* das Weingut ist zur Zeit nicht für den Publikumsverkehr geöffnet. *Degustation:* der Probierraum wird renoviert.

DOCG:

★★ Montefalco Sagrantino, 🍷 1995
(ha 2,5 15.000 H *Pk.* D) 1995 (D.T.) 89

DOC:

★ Montefalco Rosso, 🍷 1996
(ha 2,5 🍾 12.000 H *Pk.* C) 1995 (G.B.) 87

Besonderes: Endlich kommt ein neuer bedeutender Sagrantino di Montefalco auf den Markt. Es ist leicht vorherzusehen, daß diese ausgezeichnete Rebsorte, wenn erst die lokalen Winzer sie gekostet haben werden, diesem Betrieb und der ganzen Region viel Freude machen wird. (D.T.)

MONTECASTRILLI (Terni)

Nächste Autobahnausfahrt: Orte (A1).

Fattoria **Le Poggette**

Plz. 05026, località Le Poggette; Tel. 0744/940338; Fax 06/3722421.

Inhaber: Giorgio Lanzetta. *Kundenbetreuung:* Stefano Lanzetta. *Produktionsleitung:* Claudio Gori. *Agronom:* Franco Santucci. *Besuchszeiten:* nach telefonischer Vereinbarung. *Degustation:* in einer Probierstube.

DOC:

★ Colli Amerini Rosso Superiore, 🍷 1997
(N *Pk.* B⊙) 1997 (D.T.) 87

IGT:

★★ Rosso dell'Umbria, 🍷 1996 (N *Pk.* B⊙)
🍇 Montepulciano 1996 (D.T.) 88

MONTEFALCO (Perugia)

Nächste Autobahnausfahrt: Orte (A1).

Tenuta **Val di Maggio A. Caprai**

Plz. 06036, località Torre; Tel. 0742/378802; Fax 378422.

Gründungsjahr: 1971. *Inhaber:* Arnaldo Caprai. *Kundenbetreuung:* Marco Caprai. *Produktionsleitung:* Attilio Pagli. *Agronom:* Francesco Cisani. *Anbaufläche in ha.:* 80. *Besuchszeiten:* Montag bis Freitag, von 9 bis 12.30 Uhr und von 15 bis 18.30 Uhr; Samstag von 9 bis 13 Uhr. *Degustation:* in einer Probierstube.

DOCG:

★★★ Montefalco Sagrantino, 🍷 1995
(ha 10 🍾 40.000 B *Pk.* E) 1995 (D.T.) 92

★★★ Montefalco Sagrantino 25 anni, 🍷 1995
(ha 3 🍾 10.200 B *Pk.* F) 1995 (D.T.) 95

DOC:

★★ Grechetto dei Colli Martani Grecante, 🍷 der letzte (ha 4 🍾 35.000 [N] *Pk.* B)

★★★ Grechetto dei Colli Martani Grecante Vigna Belvedere, 🍷 1996 (ha 0,5 🍾 2.000 [B] *Pk.* C)

★ Montefalco Rosso, 🍷 1996 (ha 25 🍾 150.000 [H] *Pk.* B)

★★★ Montefalco Rosso Riserva, 🍷 1995 (ha 2,5 🍾 11.200 [H] *Pk.* E) 1995 (D.T.) 89

Besonderes: Der mittlerweile 25 Jahre alte Montefalco Sagrantino befindet sich auf einem Niveau, das von kaum einem anderen italienischen Rotwein übertroffen werden kann. Diese Herausforderung haben Marco Caprai und Attilio Pagli angenommen. Der Montefalco Rosso Riserva kommt bereits den besten Sangiovese Italiens nahe, was die toskanischen Vettern womöglich verstimmen wird. (D.T.)

ORVIETO (Terni)

Nächste Autobahnausfahrt: Orvieto.

Cantina **Bigi**

Plz. 05018, località Ponte Giulio; Tel. 0763/316224; Fax 316226.

Gründungsjahr: 1880. *Inhaber:* Gruppo Italiano Vini. *Kundenbetreuung:* Alberto Ceripa oder Massimo Panattoni. *Produktionsleitung:* Francesco Bardi und Massimo Panattoni. *Besuchszeiten:* nach telefonischer Vereinbarung. *Degustation:* in einer Probierstube.

DOC:

★ Est Est Est di Montefiascone Graffiti, 🍷 der letzte ([N] *Pk.* B)

★ Orvieto Classico Torricella, 🍷 der letzte ([N] *Pk.* B)

Co.Vi.O. Vini Cardeto

Plz. 05018, frazione Sferracavallo, località Cardeto;
Tel. 0763/341286; Fax 344123.

Gründungsjahr: 1949. *Inhaber:* eine Winzergenossenschaft mit 300 Mitgliedern. *Kundenbetreuung:* Riccardo Cotarella und Maurilio Chioccia. *Produktionsleitung:* Riccardo Cotarella und Maurilio Chioccia. *Anbaufläche in ha.:* 1200. *Besuchszeiten:* Montag bis Freitag, nach telefonischer Vereinbarung. *Degustation:* in einer Probierstube.

DOC:

★ Orvieto Classico Cardeto, 🍷 der letzte (🍾 400.000 [N] *Pk.* A)

★ Orvieto Classico Febeo, 🍷 der letzte (ha 4 🍾 24.000 [N] *Pk.* B)

IGT:

♣ Cardeto Rosso dell'Umbria, 🍷 1997 (ha 8 🍾 60.000 N *Pk.* A ⊙) 🍇 Sangiovese und Montepulciano 1997 (D.T.) 86

★★ Fantasie del Cardeto Umbria Rosso, 🍷 1995 (ha 4 🍾 20.000 N B *Pk.* B) 🍇 Sangiovese (90%) und Merlot (10%) 1995 (D.T.) 85 + 1996 (D.T.) 90

Azienda Agricola **Decugnano dei Barbi**

Plz. 05019, località Corbara; Tel. 0763/308255; Fax 030/308118.

Gründungsjahr: 1978. *Inhaber:* Claudio Barbi. *Kundenbetreuung:* Simone Rocchi und Alessandro Lattuada. *Produktionsleitung:* Corrado Cugnasco. *Agronom:* Alessandro Lattuada. *Anbaufläche in ha.:* 25. *Besuchszeiten:* während der Geschäftszeiten, nach telefonischer Vereinbarung. *Degustation:* in einer Probierstube im renovierten Bauernhaus.

DOC:

★★ Orvieto Classico Superiore Decugnano, 🍷 der letzte (🍾 55.000 N *Pk.* C)

IGT:

★ Decugnano Rosso Lago di Corbara, 🍷 1996 (N H *Pk.* C) 🍇 Sangiovese, Montepulciano und Canaiolo

★★ Il Decugnano Umbria Rosso, 🍷 1995 (B *Pk.* E) 🍇 Sangiovese, Montepulciano und Canaiolo 1995 (G.B.) 86

Azienda Vinicola **La Carraia**

Plz. 05018, località Tordimonte 56; Tel. 0763/304013; Fax 304048.

Gründungsjahr: 1988. *Inhaber:* Familien Gialletti und Cotarella. *Kundenbetreuung:* Mauro Gialletti. *Produktionsleitung:* Riccardo Cotarella. *Agronom:* Odoardo Gialletti. *Anbaufläche in ha.:* 91. *Besuchszeiten:* Montag bis Freitag, nach Vereinbarung. *Degustation:* im Weinkeller.

DOC:

★ Orvieto Classico Poggio Calvelli, 🍷 1997 (ha 3 🍾 8.000 B *Pk.* B)

IGT:

★★ Fobiano Umbria Rosso, 🍷 1996 (ha 6 🍾 9.000 B *Pk.* E) 🍇 Merlot (90%) und Cabernet Sauvignon (10%) 1996 (D.T.) 89

♣ Sangiovese Umbria Rosso, 🍷 1997 (ha 12 🍾 80.000 B *Pk.* B ⊙) 1997 (D.T.) 87

Tenuta **Le Velette**

Plz. 05019, località le Velette 23; Tel. 0763/29090; Fax 29114.

Gründungsjahr: 1965. *Inhaber:* Immobili Rustici e Urbani. *Kundenbetreuung:* Corrado und Cecilia Bottai. *Produktionsleitung:* Gabriella Tani. *Besuchszeiten:* nach telefonischer Vereinbarung. *Degustation:* in einer Probierstube.

DOC:

★★ Orvieto Classico Le Velette, 🍷 der letzte (N *Pk.* A)

★★ Orvieto Classico Velico, 🍷 der letzte (B *Pk.* B)

Tafelwein:

★★ Calanco, 🍷 1993 (B *Pk.* C) 🍇 Sangiovese und Cabernet

Azienda Agricola **Palazzone**

Plz. 05018, località Rocca Ripesena 68;
Tel. 0763/344921; Fax 344921.

Gründungsjahr: 1969. *Inhaber:* Giovanni und Lodovico Dubini. *Kundenbetreuung:* Giovanni Dubini. *Produktionsleitung:* Riccardo Cotarella. *Agronom:* Giovanni Dubini. *Anbaufläche in ha.:* 23. *Besuchszeiten:* täglich, nur nach Vereinbarung. *Degustation:* in einer Probierstube.

DOC:

★★ Orvieto Classico Campo del Guardiano,
🍷 1996 (ha 3 🍾 16.000 N *Pk.* C) — 1996 (D.T.) 89

★ Orvieto Classico Terre Vineate, 🍷 1997
(ha 18 🍾 45.000 N *Pk.* B ⊙) — 1997 (D.T.) 86

IGT:

★★ Armaleo Umbria, 🍷 1995 (ha 1 🍾 3.000 B *Pk.* C)
🍇 Cabernet Sauvignon

♣ Grechetto Umbria, 🍷 1997
(ha 3,5 🍾 4.000 N *Pk.* C) — 1997 (D.T.) 86

★★ Muffa Nobile Umbria, 🍷 1996 und 1997 im Kommen
(ha 1 🍾 3.000 B *Pk.* D) 🍇 Sauvignon

Besonderes: Dieses Jahr gibt es leider keinen Armaleo und keinen Muffa Nobile, da die Voraussetzungen dafür nicht gegeben waren. Da bleibt Giovanni Dubini resolut. Dafür entschädigt der Campo del Guardiano, ein Weißwein, der wie gewohnt ausgezeichnet ist. (D.T.)

PENNA IN TEVERINA (Terni)
Nächste Autobahnausfahrt: Orte (A1).

Azienda Agricola **Rio Grande**
Plz. 05028, località Montecchie; Tel. 0744/993102; Fax 06/66416501.

Gründungsjahr: 1988. *Inhaber:* Francesco Pastore. *Kundenbetreuung:* Carlo Fusi. *Produktionsleitung:* Riccardo Cotarella, auch landwirtschaftlicher Leiter. *Anbaufläche in ha.:* 12. *Besuchszeiten:* nach telefonischer Vereinbarung.

IGT:

★★ Casa Pastore, 🍷 1995 (B *Pk.* D) Cabernet Sauvignon 1995 (D.T.) 87

★ Colle delle Montecchie, 🍷 1997 (N *Pk.* C) Chardonnay

SPELLO (Perugia)
Nächste Autobahnausfahrt: Valdichiana oder Orte (A1).

Azienda Agricola Fratelli **Sportoletti**
Plz. 06038, via Lombardia 1 – Capitanloreto;
Tel. 0742/651461; Fax 651461.

Gründungsjahr: 1979. *Inhaber:* Ernesto und Remo Sportoletti. *Kundenbetreuung:* die Inhaber. *Produktionsleitung:* Riccardo Cotarella, auch landwirtschaftlicher Leiter. *Anbaufläche in ha.:* 25. *Besuchszeiten:* Montag bis Freitag, von 8 bis 12.30 Uhr und von 14 bis 19 Uhr; an Sonn- und Feiertagen von 9 bis 12.30 Uhr und von 14 bis 18 Uhr. *Degustation:* in einer Probierstube.

DOC:

★ Assisi Grechetto, 🍷 der letzte (ha 4 🍾 30.000 N *Pk.* B)

IGT:

★★ Villa Fidelia Bianco, 🍷 1996 (ha 1,5 🍾 6.800 B *Pk.* C) Chardonnay (80%) und Grechetto (20%)

Tafelwein:

★★ Villa Fidelia Rosso, 🍷 1996 (ha 2,5 🍾 6.800 B *Pk.* D) Pinot Nero (70%) und Merlot (30%) 1996 (D.T.) 87

STRONCONE (Terni)

Nächste Autobahnausfahrt: Orte (A1).

Azienda Agricola **La Palazzola**

Plz. 05039, località Vascigliano; Tel. 0744/272357.

Inhaber: Stefano Grilli. *Kundenbetreuung:* der Inhaber. *Produktionsleitung:* Riccardo Cotarella. *Besuchszeiten:* nach telefonischer Vereinbarung. *Degustation:* in einer Probierstube.

Tafelwein:

★ Bianco della Palazzola, der letzte (N *Pk.* B)
Riesling und Sauvignon

★★ Pinot Nero, 1994 und 1995 (B *Pk.* C)

★★★ Rubino, 1993, 1994 und 1995 (B *Pk.* C)
Cabernet Sauvignon und Merlot

TORGIANO (Perugia)

Nächste Autobahnausfahrt: Valdichiana oder Orte (A1).

Cantine **Lungarotti Giorgio**

Plz. 06089, via Angeloni 16; Tel. 075/9880348; Fax 9880294.

Gründungsjahr: 1962. *Inhaber:* Giorgio Lungarotti. *Kundenbetreuung:* Angelo Valentini. *Produktionsleitung:* Teresa Severini. *Agronom:* L. Raspini. *Anbaufläche in ha.:* 240. *Besuchszeiten:* mit Voranmeldung, Montag bis Freitag, von 8 bis 13 Uhr und von 15 bis 18 Uhr. *Degustation:* in einer Probierstube.

DOCG:

★★ Torgiano Rosso Riserva Rubesco Vigna Monticchio, 1988 (109.000 N H B *Pk.* D)

DOC:

★★ Torgiano Bianco Torre di Giano Il Pino, 1995 (32.000 N B *Pk.* C)

★ Torgiano Chardonnay Palazzi, 1996 (35.800 N B *Pk.* C)

IGT:

★ Cabernet Sauvignon dell'Umbria, 1992 (64.000 B *Pk.* C)

★★ Il Vessillo Rosso dell'Umbria, 1994 (13.300 B *Pk.* D)
Cabernet Sauvignon und Pinot Nero zu gleichen Teilen

★★ San Giorgio Rosso dell'Umbria, 1987 (66.500 B *Pk.* E)
Cabernet Sauvignon (50%), Sangiovese (40%) und Canaiolo (10%)

ANNONE VENETO (Venezia)

Nächste Autobahnausfahrt: S. Stino di Livenza (A4).

Azienda Agricola **Valentino Paladin – Bosco del Merlo**

Plz. 30020, via Postumia 12/14; Tel. 0422/768167; Fax 768590.

Gründungsjahr: 1962. *Inhaber:* Familie Paladin. *Kundenbetreuung:* Lucia, Roberto und Carlo Paladin. *Produktionsleitung:* Gianluigi Zaccaron. *Agronom:* Stefano Crosariol. *Anbaufläche in ha.:* 120. *Besuchszeiten:* Montag bis Freitag, von 8 bis 12 Uhr und von 14 bis 19 Uhr; Samstag von 8 bis 12 Uhr. *Degustation:* in einer Probierstube im Firmengebäude oder im Gästehaus.

Tafelwein:

- ★ Priné, 🍷 1996 (ha 2 🍾 10.000 B *Pk.* C) 🍇 Chardonnay
- ★ Ruber Capite, 🍷 1995 (ha 4 🍾 20.000 H B *Pk.* C) 🍇 Cabernet Franc (30%), Cabernet Sauvignon (20%), Malbec (20%) und Merlot (30%) — 1995 (G.B.) 85
- ★ Vigna degli Aceri, 🍷 1996 (ha 4 🍾 20.000 H B *Pk.* C) 🍇 Malbec

ARQUA PETRARCA (Padova)

Nächste Autobahnausfahrt: Monselice (A13).

Azienda Agricola **Vignalta**

Plz. 35032, via Marlunghe 7; Tel. 0429/777225; Fax 777225.

Gründungsjahr: 1985. *Inhaber:* Lucio Gomiero, Franco Zanovello und Graziano Cardin. *Kundenbetreuung:* die Inhaber. *Besuchszeiten:* täglich, außer Sonntag; besser mit Voranmeldung. *Degustation:* in einer Probierstube.

DOC:

- ★★ Colli Euganei Pinot Bianco, 🍷 der letzte (N *Pk.* B ⊙) — 1997 (D.T.) 87
- ★★ Colli Euganei Rosso, 🍷 1996 (B *Pk.* C)

Tafelwein:

- ★★ Agno Casto, 🍷 1997 (N *Pk.* B) 🍇 verschiedene weiße Reben
- ★★ Alpianae, 🍷 1993 (B *Pk.* E) 🍇 getrocknete Moscato Giallo
- ★★ Gemola, 🍷 1994 (*Pk.* C)
- ★ Il Nero, 🍷 1994 (H *Pk.* D) 🍇 Moscato Nero
- ★★ Sirio, 🍷 der letzte (N B *Pk.* B ⊙) 🍇 Moscato Giallo — 1997 (D.T.) 86

BARDOLINO (Verona)

Nächste Autobahnausfahrt: Peschiera (A4) oder Affi (A22).

Azienda Agricola **Colle dei Cipressi**

Plz. 37010, frazione Calmasino, via Tre Contrè 1;
Tel. 045/7235078; Fax 7235078.

Gründungsjahr: 1969. *Inhaber:* Bianca Delaiti Osele. *Kundenbetreuung:* das Kellerpersonal. *Agronom:* die Inhaberin. *Besuchszeiten:* Montag bis Freitag, von 9 bis 12 Uhr und von 14 bis 18 Uhr; Samstag und Sonntag nur nach Vereinbarung. *Degustation:* in einer Probierstube neben dem Weinkeller.

DOC:

★ Bardolino Classico, 🍷 der letzte (N *Pk.* A)
★★ Bardolino Classico Superiore, 🍷 1996 (N *Pk.* A)

Azienda Agricola dei Conti **Guerrieri Rizzardi**

Plz. 37011, piazza Guerrieri 1; Tel. 045/7210028; Fax 7210704.

Gründungsjahr: Ende des 18. Jahrhunderts. *Inhaber:* Grafen Guerrieri Rizzardi. *Kundenbetreuung:* das Büropersonal. *Produktionsleitung:* Cesare Curtolo. *Besuchszeiten:* Montag bis Freitag (Samstag nur mittags), nach Vereinbarung. *Degustation:* in einer Probierstube.

DOC:

★★ Amarone della Valpolicella Calcarole, 🍷 1991 (H *Pk.* D)
★★ Bardolino Classico Tacchetto, 🍷 der letzte (N *Pk.* A)
★★ Bardolino Fontis Vinae Munus, 🍷 der letzte (N *Pk.* B)
★ Soave Classico Costeggiola, 🍷 der letzte (N *Pk.* B)
★★ Valpolicella Classico Pojega, 🍷 1995 (H *Pk.* B)

Cantina Fratelli **Zeni**

Plz. 37011, via Costabella 9; Tel. 045/7210022; Fax 6212702.

Gründungsjahr: 1870. *Inhaber:* Gaetano Zeni. *Kundenbetreuung:* der Inhaber. *Produktionsleitung:* Gianpietro Zardini. *Agronom:* Gaetano Zeni. *Besuchszeiten:* Montag bis Freitag, während der Geschäftszeiten; im Sommer auch Samstag von 9 bis 12 Uhr. *Degustation:* in einem als Weinmuseum ausgestatteten ehemaligen Lagerraum.

DOC:

★★ Amarone della Valpolicella Barrique, 🍷 1994 (B *Pk.* F)
♣ Amarone della Valpolicella Classico, 🍷 1994 (H *Pk.* E) 1994 (D.T.) 85

♣ Amarone della Valpolicella Vigne Alte, 🍷 1994 (H *Pk.* F) 1994 (D.T.) 87
★ Bardolino Classico Vigne Alte, 🍷 1996 (H *Pk.* B ⊙) 1997 (D.T.) 85
★ Bardolino Marogne, 🍷 1996 (H *Pk.* C)
★ Soave Classico Vigne Alte, 🍷 der letzte (N *Pk.* B ⊙) 1997 (D.T.) 86
★★ Valpolicella Classico Vigne Alte, 🍷 1996 (H *Pk.* B)
★ Valpolicella Marogne, 🍷 1996 (H *Pk.* C)

Tafelwein:
★ Cruino, 🍷 1993 (B *Pk.* D) Corvina

BASSANO DEL GRAPPA (Vicenza)

Nächste Autobahnausfahrt: Dueville (A31).

Vigneto **Due Santi**

Plz. 36061, viale Asiago 84; Tel. 0424/502074; Fax 501904.

Gründungsjahr: 1965. *Inhaber:* Attilio Zonta. *Kundenbetreuung:* Alessio und Stefano Zonta. *Produktionsleitung:* Antonello Vidotto. *Anbaufläche in ha.:* 15. *Besuchszeiten:* täglich, nach Vereinbarung. *Degustation:* in einer Probierstube.

DOC:
♣ Breganze Cabernet, 🍷 1995 (ha 2,5 🍾 10.000 B *Pk.* D) 1995 (D.T.) 87

Besonderes: Alessio und Stefano Zonta hatten ein gutes Debüt. Jetzt bekommt Fausto Maculan in Breganze würdige Gesellschaft. (D.T.)

BREGANZE (Vicenza)

Nächste Autobahnausfahrt: Dueville (A31).

Azienda Agricola **Maculan**

Plz. 36042, via Castelletto 3; Tel. 0445/873733; Fax 300149.

Gründungsjahr: 1946. *Inhaber:* Franca und Fausto Maculan. *Kundenbetreuung:* die Inhaber. *Produktionsleitung:* Fausto Maculan. *Anbaufläche in ha.:* 25. *Besuchszeiten:* Montag bis Freitag, von 8 bis 12 Uhr und von 13.30 bis 17.30 Uhr. *Degustation:* in einer Probierstube mit Platz für 20 Personen.

DOC:
★★★ Breganze Cabernet Fratta, 🍷 1995 (ha 0,8 🍾 11.000 B *Pk.* D) 1995 (D.T.) 88
★★ Breganze Cabernet Palazzotto, 🍷 1995 (ha 0,9 🍾 11.000 B *Pk.* C)

★★★ Breganze Cabernet Sauvignon Ferrata, 🍷 1995 (ha 0,7 🍾 8.400 B *Pk.* E) 1995 (D.T.) 88
★★★ Breganze Chardonnay Ferrata, 🍷 1996 (ha 0,8 🍾 9.600 B *Pk.* E) 1996 (D.T.) 87
★★ Breganze Merlot Marchesante, 🍷 1994 (ha 1 🍾 12.000 B *Pk.* C)
★★ Breganze Sauvignon Ferrata, 🍷 der letzte (ha 0,4 🍾 3.600 N *Pk.* D) 1997 (D.T.) 85
★★★ Breganze Torcolato, 🍷 1996 (ha 1,3 🍾 16.000 B *Pk.* E) 1996 (D.T.) 91
○ Breganze Torcolato Riserva Acininobili, 🍷 1996 (🍾 1.900 B *Pk.* F) 1996 (D.T.) 93

IGT:
★★ Dindarello, 🍷 1997 (ha 3,74 🍾 44.000 N *Pk.* D) 🍇 Moscato Fior d'Arancio 1997 (D.T.) 89
★★ Prato di Canzio, 🍷 1996 (ha 0,6 🍾 4.200 B *Pk.* C) 🍇 Pinot Bianco (40%), Chardonnay (40%) und Tocai (20%)

Besonderes: Fausto Maculan, König des italienischen süßen Weins, hat abermals eine außergewöhnlich gute Serie Dessertweine produziert. (D.T.)

CELLORE D'ILLASI (Verona)

Nächste Autobahnausfahrt: Verona est (A4).

Azienda Agricola **Dal Forno Romano**

Plz. 37031, località Lodoletta 4; Tel. 045/7834923; Fax 7834923.

Gründungsjahr: 1983. *Inhaber:* Romano Dal Forno. *Kundenbetreuung:* Romano Dal Forno. *Produktionsleitung:* der Inhaber, auch landwirtschaftlicher Leiter. *Anbaufläche in ha.:* 7,5. *Besuchszeiten:* Montag bis Freitag, nur nach Vereinbarung. *Degustation:* im Weinkeller.

DOC:
○ Amarone della Valpolicella Vigneto di Monte Lodoletta, 🍷 1990 und 1991 (🍾 5.000 B *Pk.* F) 1991 (D.T.) 92
★★ Recioto della Valpolicella Vigneto di Monte Lodoletta, 🍷 1990 (🍾 3.000 B *Pk.* F) 1990 (D.T.) 93
★★★ Valpolicella Superiore Vigneto di Monte Lodoletta, 🍷 1992 und 1993 (B *Pk.* E) 1993 (D.T.) 91

Besonderes: Wenn einst die Weingeschichte Italiens der Jahre 1985 bis 1995 geschrieben wird, wird man im Kapitel über die Valpolicella lesen, daß ein Mann jeden Kompromiß ablehnte und sich unabweichlich das höchste Niveau zum Ziel setzte, da er überzeugt war, daß die Valpolicella das Potential zu großartigen Weinen hätten. Die Sonne scheint hell für Romano Dal Forno. (D.T.)

CINTO EUGANEO (Padova)

Nächste Autobahnausfahrt: Terme Euganee (A13).

Azienda Agricola **Ca' Lustra**

Plz. 35030, frazione Faedo, via San Pietro 50;
Tel. 0429/94128; Fax 0422/644111.

Gründungsjahr: 1977. *Inhaber:* Franco Zanovello. *Kundenbetreuung:* der Inhaber mit Ehefrau Rita. *Produktionsleitung:* der Inhaber. *Besuchszeiten:* täglich, außer Sonntag; besser mit Voranmeldung. *Degustation:* im Weinkeller.

DOC:

★ Colli Euganei Cabernet, 🍷 der letzte (H *Pk.* A)

★★ Colli Euganei Rosso, 🍷 der letzte (H *Pk.* B)

Tafelwein:

★★ Moscato Fior d'Arancio, 🍷 der letzte (N *Pk.* B)

COLA' DI LAZISE (Verona)

Nächste Autobahnausfahrt: Peschiera del Garda (A4).

Azienda Agricola **Le Tende**

Plz. 37010, località Le Tende 6; Tel. 045/7590748; Fax 7590748.

Gründungsjahr: 1988. *Inhaber:* Mauro Fortuna. *Kundenbetreuung:* Mauro Fortuna. *Produktionsleitung:* der Inhaber, auch landwirtschaftlicher Leiter. *Anbaufläche in ha.:* 10. *Besuchszeiten:* Montag bis Freitag. *Degustation:* in einer Probierstube.

DOC:

★ Bardolino Classico Superiore, 🍷 1996
(ha 2 ▮5.000 N *Pk.* A)

★ Bianco di Custoza Oro, 🍷 der letzte (ha 4 ▮32.000 N *Pk.* A)

Tafelwein:

★★ Cicisbeo, 🍷 1996 (ha 2 ▮2.500 N B *Pk.* C)
🍇 Cabernet Sauvignon

♣ Sorbo degli Uccellatori, 🍷 1996 (ha 0,8 ▮3.000 N *Pk.* B ⊙)
🍇 Cabernet Sauvignon, Cabernet Franc,
Merlot und Corvina 1996 (D.T.) 89

COLBERTALDO DEI VIDOR (Treviso)

Nächste Autobahnausfahrt: Dueville (A31).

Sorelle **Bronca**

Plz. 31020, via Martini 20; Tel. 0423/987201; Fax 987009.

Inhaber: die Schwestern Bronca. *Kundenbetreuung:* die Inhaberinnen. *Produktionsleitung:* Pierangelo Balcon. *Agronom:* die Inhaberinnen unter der Aufsicht des Istituto Sperimentale di Conegliano. *Anbaufläche in ha.:* 8. *Besuchszeiten:* täglich, nach Vereinbarung. *Degustation:* in einer Probierstube.

DOC:

♣ Prosecco di Valdobbiadene Extra Dry, 🍷 der letzte (ha 2,5 🍾 15.000 🅽 *Pk.* B ⊙) 1997 (G.B.) 85

CONEGLIANO (Treviso)

Nächste Autobahnausfahrt: Conegliano (A27).

Azienda Agricola **Bernardi**

Plz. 31015, frazione Ogliano, via Monte Nero 15;
Tel. 0438/789215; Fax 788120.

Gründungsjahr: 1972. *Inhaber:* Tarcisio und Guido Bernardi. *Kundenbetreuung:* Guido Bernardi. *Produktionsleitung:* Luigi Cigaia. *Agronom:* Tarcisio und Guido Bernardi. *Anbaufläche in ha.:* 12,74. *Besuchszeiten:* Montag bis Samstag, von 8 bis 20 Uhr; Sonntagmittag nur nach Vereinbarung. *Degustation:* in einer Probierstube beim Weinkeller.

DOC:

★★ Prosecco di Conegliano Spumante, 🍷 der letzte (ha 6,97 🍾 10.000 🅽 *Pk.* A)

IGT:

★ Pinot Bianco dei Colli Trevigiani, 🍷 der letzte (ha 0,93 🍾 5.000 🅽 *Pk.* A)

Carpené Malvolti

Plz. 31015, via Carpenè 1; Tel. 0438/23531; Fax 410708.

Gründungsjahr: 1868. *Inhaber:* Familie Carpené. *Kundenbetreuung:* Daniela Uberti und Lia Teo. *Produktionsleitung:* Giorgio Panciera. *Besuchszeiten:* nach telefonischer Vereinbarung. *Degustation:* in einer Probierstube.

DOC:

★ Prosecco di Conegliano Spumante, 🍷 der letzte (🅽 *Pk.* B)

Tafelwein:

★ Spumante Talento Metodo Classico Millesimato, 🍷 der letzte (🅽 *Pk.* C)

Tenuta di **Collalbrigo**

Plz. 31015, via Marsiglion 77; Tel. 0438/455229; Fax 451013.

Gründungsjahr: 1967. *Inhaber:* Familie Cosulich. *Kundenbetreuung:* Francesco Cosulich. *Produktionsleitung:* Flavio Zuliani. *Agronom:* Carlo Bressani. *Besuchszeiten:* nach telefonischer Vereinbarung. *Degustation:* im Weinmuseum in Susegana.

DOC:

★ Prosecco di Conegliano Spumante, 🍷 der letzte (N *Pk.* B)

Tafelwein:

★★ Rosso di Collalbrigo, 🍷 1994 (B *Pk.* C)
🍇 Cabernet Sauvignon (70%) und Merlot (30%)

Spumanti **Zardetto**

Plz. 31020, frazione Ogliano, via Marcorà 15/a;
Tel. 0438/208909; Fax 208928.

Gründungsjahr: 1969. *Inhaber:* Familie Zardetto. *Kundenbetreuung:* Pino und Fabio Zardetto. *Produktionsleitung:* Fabio Zardetto. *Besuchszeiten:* nach telefonischer Vereinbarung. *Degustation:* in einer Taverne in venetianischem Stil.

DOC:

★★ Prosecco di Conegliano Spumante Brut, 🍷 der letzte (🍾 320.000 N *Pk.* B)

★★ Prosecco di Valdobbiadene Superiore di Cartizze Dry, 🍷 der letzte (🍾 16.000 N *Pk.* D)

CUSTOZA (Verona)

Nächste Autobahnausfahrt: Sommacampagna (A4).

Azienda Agricola **Cavalchina**

Plz. 37060, località Cavalchina; Tel. 045/516002; Fax 516257.

Gründungsjahr: 1932. *Inhaber:* Giulietto Piona. *Kundenbetreuung:* Luciano Piona. *Produktionsleitung:* Giulietto und Luciano Piona. *Agronom:* Mario Frigo. *Anbaufläche in ha.:* 40. *Besuchszeiten:* Montag bis Samstag, von 8 bis 12 Uhr und von 14 bis 18 Uhr. *Degustation:* in einer Taverne.

DOC:

★★ Bardolino, 🍷 der letzte (N *Pk.* B)

★★ Bardolino Superiore Santa Lucia, 🍷 der letzte (N *Pk.* B)

★ Bianco di Custoza, 🍷 der letzte (N *Pk.* B)

Tafelwein:

★ La Rosa, 🍷 der letzte (N *Pk.* C)
🍇 Moscato Giallo und Rossanella, beide getrocknet

★★ Le Pergole del Sole, 🍷 1995 (B *Pk.* E)
🍇 getrocknete Müller-Thurgau

Azienda Agricola **Gorgo**

Plz. 37060, località Gorgo di Custoza; Tel. 045/516063; Fax 516063.

Gründungsjahr: 1977. *Inhaber:* Roberto Bricolo. *Kundenbetreuung:* der Inhaber. *Produktionsleitung:* Dr. Liut. *Agronom:* Dr. Rigo. *Anbaufläche in ha.:* 35. *Besuchszeiten:* Montag bis Samstag, von 9 bis 12 Uhr und von 15 bis 18 Uhr. *Degustation:* in einer Probierstube.

DOC:

★ Bardolino, 🍷 der letzte (N *Pk.* A)

★ Bardolino Chiaretto, 🍷 der letzte (N *Pk.* A)

★ Bianco di Custoza, 🍷 der letzte (N *Pk.* A)

★★ Bianco di Custoza Podere Ca' Nova, 🍷 der letzte (N *Pk.* B)

FUMANE DI VALPOLICELLA (Verona)

Nächste Autobahnausfahrt: Verona nord.

Azienda Agricola **Allegrini**

Plz. 37022, Corte Giara 7; Tel. 045/7701138; Fax 7701774.

Inhaber: Gebrüder Allegrini. *Kundenbetreuung:* Marilisa Allegrini. *Produktionsleitung:* Franco Allegrini. *Besuchszeiten:* nach Vereinbarung, Dienstag bis Freitag. *Degustation:* in einer Taverne.

DOC:

★★★ Amarone della Valpolicella, 🍷 1993
(H *Pk.* D) 1993 (D.T.) 91

★★ Recioto della Valpolicella Classico Giovanni Allegrini,
🍷 1996 (H B *Pk.* E) 1996 (D.T.) 88

★★★ Valpolicella Classico Superiore La Grola,
🍷 1995 (B *Pk.* C) 1995 (D.T.) 90

★★ Valpolicella Classico Superiore Palazzo della Torre,
🍷 1995 (H *Pk.* B ⊙) 1995 (D.T.) 89

Tafelwein:

★★★ La Poja, 🍷 1993 (B *Pk.* E) 🍇 Corvina 1993 (D.T.) 88

Azienda Agricola **Le Salette**

Plz. 37022, via Pio Brugnoli 11/c; Tel. 045/7701027; Fax 7701027.

Gründungsjahr: 1899. *Inhaber:* Franco Scamperle. *Kundenbetreuung:* der Inhaber. *Produktionsleitung:* der Inhaber. *Agronom:* Fulvio Scamperle. *Besuchszeiten:* Montag bis Samstag, von 8 bis 12 Uhr und von 14 bis 19 Uhr. *Degustation:* im Weinkeller.

DOC:

★★ Amarone della Valpolicella La Marega, 🍷 1993 (H B *Pk.* D)
★ Recioto della Valpolicella Classico Le Traversagne, 🍷 1995 (N B *Pk.* D)
★ Recioto della Valpolicella Pergole Vece, 🍷 1995 (N B *Pk.* E)
★★ Valpolicella Classico Superiore Ca' Carnocchio, 🍷 1995 (H B *Pk.* C)
★ Valpolicella Classico Superiore I Progni, 🍷 1995 (H B *Pk.* B)

Tafelwein:

★★ Cesare, 🍷 1995 (B *Pk.* E)
Malvasia und Garganega, getrocknet 1995 (G.B.) 86

GAMBELLARA (Vicenza)

Nächste Autobahnausfahrt: Montebello.

Azienda Agricola **La Biancara**

Plz. 36053, contrada Biancara 8; Tel. 0444/444244; Fax 444244.

Gründungsjahr: 1988. *Inhaber:* Angiolino Maule. *Produktionsleitung:* der Inhaber, auch landwirtschaftlicher Leiter. *Anbaufläche in ha.:* 7. *Besuchszeiten:* täglich, nach telefonischer Vereinbarung. *Degustation:* in einem Probierraum im Wohnhaus.

DOC:

★ Gambellara Superiore La Sassaia, 🍷 1996 (7.000 N *Pk.* B)
★ Recioto di Gambellara, 🍷 1995 (3.000 B *Pk.* D)

Tafelwein:

★ Pico dei Laorenti, 🍷 1995 (5.000 B *Pk.* C) Garganega

Casa Vinicola **Zonin**

Plz. 36053, via Borgolecco 9; Tel. 0444/444031; Fax 588150.

Gründungsjahr: Anfang des 20. Jahrhunderts. *Inhaber:* Familie Zonin. *Kundenbetreuung:* Franco Zuffellato. *Produktionsleitung:* Franco Giacosa. *Agronom:* Silvano Zonin. *Besuchszeiten:* Montag bis Freitag, während der Geschäftszeiten. *Degustation:* in einer Probierstube.

DOC:

★ Gambellara Classico, 🍷 der letzte (N *Pk.* B)

Tafelwein:

★★ Berengario, 🍷 1995 (B *Pk.* D)
Cabernet Sauvignon und Merlot

GARGAGNAGO DI VALPOLICELLA (Verona)

Nächste Autobahnausfahrt: Verona nord (A22).

Azienda Agricola **Ferrari Aleardo**

Plz. 37020, via Giare 15; Tel. 045/7701379; Fax 7701563.

Gründungsjahr: 1789. *Inhaber:* Aleardo Ferrari. *Kundenbetreuung:* der Inhaber und Carlo Ferrari. *Produktionsleitung:* Luigi Andreoli. *Agronom:* Aleardo Ferrari. *Anbaufläche in ha.:* 7. *Besuchszeiten:* täglich, von 8 bis 19 Uhr; an Sonn- und Feiertagen nur nach Vereinbarung. *Degustation:* in einem Probierraum im Wohnhaus.

DOC:

★★ Amarone della Valpolicella, 🍷 1994 (ha 5 4.000 H *Pk.* E) — 1994 (D.T.) 85
★★ Recioto della Valpolicella Classico, 🍷 1996 (ha 5 3.500 N *Pk.* D) — 1996 (D.T.) 87
★ Valpolicella Classico Superiore Corte Aleardo, 🍷 1995 (ha 7 12.000 H *Pk.* B ⊙) — 1995 (D.T.) 87

Agricola **Masi**

Plz. 37020, via Monteleone; Tel. 045/6800588; Fax 6800608.

Gründungsjahr: 1772. *Inhaber:* Familie Boscaini. *Kundenbetreuung:* Tiziana Ravanelli. *Produktionsleitung:* Lanfranco Paronetto und Sergio Boscaini. *Agronom:* Dario Boscaini. *Anbaufläche in ha.:* 160. *Besuchszeiten:* Montag bis Freitag, nach Vereinbarung. *Degustation:* in einer Probierstube.

DOC:

★★★ Amarone della Valpolicella Campolongo di Torbe, 🍷 1993 (H *Pk.* F) — 1993 (G.B.) 93
★★ Amarone della Valpolicella Classico, 🍷 1994 (H *Pk.* E)
★★ Amarone della Valpolicella Mazzano, 🍷 1993 (H *Pk.* F)
★★ Recioto della Valpolicella Classico Mezzanella, 🍷 1995 (H *Pk.* F)
★ Soave Classico Col Baraca, 🍷 1997 (N *Pk.* C)
★ Valpolicella Classico Superiore, 🍷 1996 (H *Pk.* B)

Tafelwein:

★★ Campofiorin, 🍷 1995 und 1996 (H *Pk.* D) Corvina, Molinara und Rondinella 1995 (G.B.) 86 + 1996 (D.T.) 86

♣ Osar, 🍷 1995 (B *Pk.* D) Oseleta und Corvina 1995 (D.T.) 87

★★ Toar, 🍷 1994 (B *Pk.* D) Corvina, Rondinella, Rossignola, Dindarella und Oseleta 1994 (G.B.) 88

Possessioni di **Serègo Alighieri**

Plz. 37020, via Stazione; Tel. 045/7703622; Fax 7703523.

Inhaber: Graf Pieralvise di Serègo Alighieri. *Kundenbetreuung:* Alessandra Boscaini. *Produktionsleitung:* Sergio Boscaini. *Besuchszeiten:* Dienstag bis Samstag, von 10 bis 18 Uhr. *Degustation:* in einer Probierstube.

DOC:

★★ Amarone della Valpolicella Vajo Armaron, 🍷 1991 (H *Pk.* F) 1991 (G.B.) 90

★★ Recioto della Valpolicella Amabile Casal dei Ronchi, 🍷 1995 (H *Pk.* F) 1995 (G.B./D.T.) 86

★★ Valpolicella Classico Superiore Serègo Alighieri, 🍷 1995 (H B *Pk.* C) 1995 (G.B.) 85

IGT:

♣ Bianco del Veneto, 🍷 1997 (N B *Pk.* C) Garganega und Sauvignon 1997 (G.B.) 85

Azienda Agricola **Villa Monteleone**

Plz. 37020; Tel. 045/7704974; Fax 6800160.

Inhaber: Anthony J. Raimondi. *Kundenbetreuung:* Lucia Raimondi. *Produktionsleitung:* Celestino Gaspari. *Agronom:* Diego Tommasi. *Anbaufläche in ha.:* 8. *Besuchszeiten:* nur nach Vereinbarung. *Degustation:* in einer Probierstube.

DOC:

★ Amarone della Valpolicella Classico, 🍷 1994 (H B *Pk.* F) 1994 (G.B.) 92

♣ Amarone della Valpolicella Classico Campo San Paolo, 🍷 1994 (ha 3 🍾 2.800 H B *Pk.* F) 1994 (G.B.) 90

♣ Recioto della Valpolicella Classico, 🍷 1995 (ha 3 🍾 2.000 à 0,500 H B *Pk.* F) 1995 (G.B.) 89

♣ Valpolicella Classico Superiore Campo San Vito, 🍷 1995 (ha 3 🍾 8.500 H B *Pk.* D) 1995 (G.B.) 89

♣ Valpolicella Classico Superiore Campo Santa Lena, 🍷 1995 (ha 4 🍾 5.000 N H B *Pk.* B ⊙) 1995 (G.B.) 88

IGT:

♣ Passito di Gargagnago Bianco Veronese, 🍷 1995 (ha 1 🍾 700 B *Pk.* F) Garganega 1995 (G.B.) 86

ILLASI (Verona)

Nächste Autobahnausfahrt: Verona est oder Soave-San Bonifacio (A4).

Azienda Agricola **Trabucchi**

Plz. 37031, località Monte Tenda 4;
Tel. 045/7833233; Fax 049/8755455.

Gründungsjahr: 1979. *Inhaber:* Giuseppe Trabucchi. *Kundenbetreuung:* Emanuele und Marco Trabucchi. *Produktionsleitung:* Lamberto Paronetto. *Agronom:* Massimo De Rossi. *Anbaufläche in ha.:* 9,42. *Besuchszeiten:* Sonntag; an den übrigen Wochentagen nur nach Vereinbarung. *Degustation:* im Weinkeller.

DOC:

★ Amarone della Valpolicella, 🍷 1995 (🍾 6.000 H B *Pk.* E)
★ Recioto della Valpolicella, 🍷 1995 (🍾 4.000 H B *Pk.* D)

MARANO DI VALPOLICELLA (Verona)

Nächste Autobahnausfahrt: Verona nord (A22).

Hinweis: Der Amarone 1994 (87) von Michele Castellani e Figli (Tel. 045/7701253) ist trotz des schwierigen Jahrgangs sehr gut gelungen. Andere Weine dieses Herstellers, der nur seine Technik noch verfeinern müßte, sind von einer großen Hochwertigkeit des Rohstoffs bestimmt. (D.T.)

Casa Vinicola **Boscaini Paolo & Figli**

Plz. 37020, via Cà de Loi 2, frazione Valgatara;
Tel. 045/6832411; Fax 6832436.

Gründungsjahr: 1978. *Inhaber:* Familie Boscaini. *Kundenbetreuung:* Dario Boscaini und Stefania Gazzani. *Produktionsleitung:* Roberto Boscaini. *Agronom:* Dario Boscaini. *Anbaufläche in ha.:* 140. *Besuchszeiten:* Montag bis Freitag, nach Vereinbarung. *Degustation:* in einer Probierstube.

DOC:

★★ Amarone della Valpolicella Classico Cà de Loi, 🍷 1993 (ha 5 🍾 17.000 H *Pk.* E)
★★ Amarone della Valpolicella Classico Vigneti di Marano, 🍷 1995 (ha 25 🍾 90.000 H *Pk.* E)
★ Lugana Lunatio, 🍷 der letzte (ha 4 🍾 25.000 N *Pk.* B)

★ Soave Classico Superiore Monteleone, 🍷 der letzte
(ha 25 🍾 200.000 N *Pk.* A)

★ Valpolicella Classico Superiore Vigneti di Marano, 🍷 1995
(ha 55 🍾 400.000 N H *Pk.* B)

Azienda Agricola **Cà La Bionda**

Plz. 37020, frazione Valgatara, località Rugolin, via dell'Artigianato 18; Tel. 045/6837097; Fax 6837097.

Gründungsjahr: 1945. *Inhaber:* Pietro Castellani. *Kundenbetreuung:* der Inhaber. *Produktionsleitung:* Luigi Andreoli. *Agronom:* der Inhaber. *Besuchszeiten:* mit Voranmeldung, Montag bis Freitag, von 9 bis 12 Uhr und von 14 bis 18 Uhr. *Degustation:* in einer Probierstube.

DOC:

★ Amarone della Valpolicella La Bionda, 🍷 1994
(ha 13 🍾 10.000 H *Pk.* D)

★★ Recioto della Valpolicella Classico La Bionda, 🍷 1995
(ha 13 🍾 5.000 H *Pk.* D)

★ Valpolicella Classico Superiore Ravazzol La Bionda, 🍷 1995
(ha 7 🍾 20.000 H *Pk.* B)

Azienda Agricola **Lonardi Giuseppe**

Plz. 37020, via delle Poste 2; Tel. 045/7755154; Fax 7755154.

Gründungsjahr: 1985. *Inhaber:* Giuseppe Lonardi. *Kundenbetreuung:* der Inhaber. *Produktionsleitung:* Roberto Ferrarini. *Agronom:* Giuseppe Lonardi. *Anbaufläche in ha.:* 7. *Besuchszeiten:* nach telefonischer Vereinbarung. *Degustation:* im Gasthaus Antica Trattoria da Bepi.

DOC:

★★ Amarone della Valpolicella Classico, 🍷 1993
(🍾 6.000 H B *Pk.* E)

♣ Recioto della Valpolicella Classico, 🍷 1996
(🍾 3.000 N H *Pk.* D) 1996 (D.T.) 85

★ Valpolicella Classico Superiore, 🍷 1995
(🍾 5.500 N H *Pk.* B)

Tafelwein:

★★ Privilegia, 🍷 1995 (🍾 2.500 B *Pk.* E)
🍇 Cabernet Franc und Corvina 1995 (G.B.) 87

Azienda Agricola **Novaia**
Plz. 37020, località Novaia 3; Tel. 045/7755129; Fax 055/7755046.

Gründungsjahr: 1973. *Inhaber:* Cesare und Gianpaolo Vaona. *Kundenbetreuung:* Gianpaolo Vaona. *Produktionsleitung:* Gianpaolo Vaona. *Besuchszeiten:* täglich, von 8 bis 12 Uhr und von 14 bis 20 Uhr.

DOC:

★ Amarone della Valpolicella Classico, 🍷 1991 (H B *Pk.* E)
★ Recioto della Valpolicella Classico, 🍷 1995 (N *Pk.* D)
★ Valpolicella Classico Superiore, 🍷 1996 (H B *Pk.* B)

MEZZANE DI SOTTO (Verona)

Nächste Autobahnausfahrt: Verona est (A4).

Hinweis: Der Recioto 1995 (88) der Villa Erbice (Tel. 045/888 0086) ist süß, bukettreich und gut gemacht. (D.T.)

Azienda Agricola **Corte Sant'Alda**
Plz. 37030, località Fioi; Tel. 045/8880006; Fax 8880477.

Gründungsjahr: 1986. *Inhaber:* Marinella Camerani. *Kundenbetreuung:* die Inhaberin. *Produktionsleitung:* Enrico Paternoster. *Agronom:* Cesare Roman. *Besuchszeiten:* nach telefonischer Vereinbarung. *Degustation:* in einer Probierstube.

DOC:

★★ Amarone della Valpolicella Mithas, 🍷 1990 (H B *Pk.* E) 1990 (D.T.) 89
★★ Valpolicella Superiore Mithas, 🍷 1995 (B *Pk.* C) 1995 (G.B./D.T.) 86

MIZZOLE (Verona)

Nächste Autobahnausfahrt: Verona est (A4).

Azienda Agricola **Baltieri**
Plz. 37030, via Oliveto 7; Tel. 045/557616; Fax 558867.

Gründungsjahr: 1980. *Inhaber:* Luciano und Andrea Baltieri. *Kundenbetreuung:* Andrea Baltieri. *Produktionsleitung:* Andrea Baltieri. *Besuchszeiten:* täglich, mit Voranmeldung.

DOC:

★ Amarone della Valpolicella Florilegio, 🍷 1994 (H B *Pk.* D)
★ Recioto della Valpolicella Florilegio, 🍷 1993 (B *Pk.* E)

Azienda **Beretta Cecilia**

Plz. 37030, via Santa Eurosia; Tel. 045/8402021; Fax 8402021.

Gründungsjahr: 1990. *Inhaber:* Familie Pasqua. *Kundenbetreuung:* Enrica Nobis. *Produktionsleitung:* Giancarlo Zanel unter Beratung von Franco Bernabei. *Agronom:* Emilio Pasqua. *Besuchszeiten:* Montag bis Freitag, nach Vereinbarung. *Degustation:* in einer Probierstube.

DOC:

★★ Amarone della Valpolicella Classico Terre di Cariano, 🍷 1993 und 1994 (B *Pk.* F) 1993 (G.B.) 86 + 1994 (D.T.) 85

★★ Valpolicella Classico Superiore Terre di Cariano, 🍷 1994 (B *Pk.* C) 1994 (G.B.) 88

★★ Valpolicella Superiore Roccolo di Mizzole, 🍷 1995 und 1996 (B *Pk.* C) 1995 (G.B.) 87 + 1996 (D.T.) 85

Tafelwein:

♣ Casa Rossa di Mizzole, 🍷 1995 (B *Pk.* C) Corvina (50%) und Merlot (50%) 1995 (G.B.) 88

MONTEBELLO VICENTINO (Vicenza)

Nächste Autobahnausfahrt: Montebello (A4).

Azienda Agricola **Cavazza**

Plz. 36054, via Selva 22; Tel. 0444/649166; Fax 440038.

Gründungsjahr: 1928. *Inhaber:* Domenico Cavazza und Brüder. *Kundenbetreuung:* Giancarlo Cavazza. *Produktionsleitung:* Giancarlo Cavazza. *Besuchszeiten:* täglich, außer Sonntag, von 8 bis 12 Uhr und von 14 bis 18 Uhr. *Degustation:* in einer Probierstube.

DOC:

★ Colli Berici Cabernet Cicogna, 🍷 1994 (ha 2,15 12.000 B *Pk.* C)

★ Colli Berici Sauvignon Capitel Santa Libera, 🍷 1997 (ha 3,1 22.000 N *Pk.* A)

MONTEFORTE D'ALPONE (Verona)

Nächste Autobahnausfahrt: Soave (A4).

Azienda Agricola **Anselmi Roberto**

Plz. 37032, via San Carlo 46; Tel. 045/7611488; Fax 7611490.

Gründungsjahr: 1981. *Inhaber:* Roberto Anselmi. *Kundenbetreuung:* der Inhaber. *Produktionsleitung:* der Inhaber, auch landwirtschaftlicher Leiter. *Anbaufläche in ha.:* 70. *Besuchszeiten:* nach

Vereinbarung, Montag bis Freitag, von 8 bis 12 Uhr und von 14 bis 17 Uhr. *Degustation:* in einer Probierstube.

DOC:

○ Recioto di Soave I Capitelli, 🍷 1996 (ha 7 🍾 12.000 B *Pk.* E) — 1996 (D.T.) 89

★★ Soave Classico Capitel Croce, 🍷 1996 (ha 2,5 🍾 15.000 B *Pk.* C) — 1997 (D.T.) 88

★★★ Soave Classico Capitel Foscarino, 🍷 1997 (ha 15 🍾 12.000 N *Pk.* C) — 1997 (D.T.) 91

★★ Soave Classico Superiore San Vincenzo, 🍷 1997 (ha 25 🍾 190.000 N *Pk.* B ⊙) — 1997 (D.T.) 86

Tafelwein:

★★ Realda, 🍷 1996 im Kommen (ha 1,5 🍾 7.600 B *Pk.* D)
🍇 Cabernet Sauvignon

Azienda Agricola **Ca' Rugate**

Plz. 37030, via Mezzavilla 12; Tel. 045/6175082; Fax 6175907.

Gründungsjahr: 1986. *Inhaber:* Amedeo und Giovanni Tessari. *Kundenbetreuung:* die Inhaber. *Produktionsleitung:* Michele Tessari. *Agronom:* Amedeo Tessari. *Anbaufläche in ha.:* 17. *Besuchszeiten:* Montag bis Freitag. *Degustation:* in einer Probierstube im Weinkeller.

DOC:

★ Soave Classico, 🍷 der letzte (🍾 130.000 N *Pk.* B)

★ Soave Classico Monte Alto, 🍷 1997 (B *Pk.* B)

★ Soave Classico Monte Fiorentine, 🍷 der letzte (🍾 30.000 N *Pk.* B)

Azienda Agricola **Gini**

Plz. 37032, via G. Matteotti 42; Tel. 045/7611908; Fax 6101610.

Gründungsjahr: 1980. *Inhaber:* Olinto, Sandro und Claudio Gini. *Kundenbetreuung:* Sandro Gini. *Produktionsleitung:* Sandro Gini. *Agronom:* Claudio Gini. *Besuchszeiten:* Montag bis Samstag, von 8 bis 12 Uhr und von 15 bis 19 Uhr. *Degustation:* in einer Probierstube.

DOC:

★★ Recioto di Soave Col Foscarin, 🍷 1993 (B *Pk.* E)

★★ Recioto di Soave Renobilis, 🍷 1993 (B *Pk.* F)

★★ Soave Classico Contrada Salvarenza Vecchie Vigne, 🍷 1997 (B *Pk.* D) — 1997 (D.T.) 88

★★ Soave Classico La Froscà, 🍷 der letzte (N *Pk.* B ⊙) — 1997 (D.T.) 89

★ Soave Classico Superiore, 🍷 der letzte (N Pk. B ⊙) 1997 (D.T.) 87

Tafelwein:

★★ Maciete Fumé, 🍷 der letzte (N B Pk. C) 🍇 Sauvignon 1997 (D.T.) 85

★★ Sorai, 🍷 1995 (B Pk. D) 🍇 Chardonnay 1995 (D.T.) 87

★★ Sorai Campo alle More, 🍷 1995 (B Pk. D) 🍇 Pinot Nero

Azienda Agricola **La Cappuccina**

Plz. 37030, via Brizio 125, località Costalunga;
Tel. 045/6175840; Fax 6175755.

Gründungsjahr: 1898. *Inhaber:* Pietro und Sisto Tessari. *Kundenbetreuung:* die Inhaber. *Produktionsleitung:* Pietro Tessari. *Agronom:* Sisto Tessari. *Anbaufläche in ha.:* 25. *Besuchszeiten:* mit Voranmeldung, täglich. *Degustation:* in einer Probierstube.

DOC:

★★ Recioto di Soave Arzimo, 🍷 1995 (B Pk. E)

★ Soave Classico, 🍷 1997 (N Pk. B ⊙) 1997 (D.T.) 85

★★ Soave Superiore Fontégo, 🍷 der letzte (N Pk. B ⊙) 1997 (D.T.) 88

♣ Soave Superiore San Brizio, 🍷 1997 (B Pk. D) 1997 (D.T.) 87

IGT:

★ Madégo, 🍷 1997 (N B Pk. C) 🍇 Cabernet Sauvignon (40%), Merlot (20%) und Cabernet Franc (20%)

Portinari Umberto

Plz. 37032, via Santo Stefano 2; Tel. 045/6175087; Fax 6175087.

Gründungsjahr: 1990. *Inhaber:* Umberto Portinari. *Kundenbetreuung:* der Inhaber. *Agronom:* der Inhaber. *Anbaufläche in ha.:* 4. *Besuchszeiten:* nach telefonischer Vereinbarung. *Degustation:* im Weinkeller.

DOC:

♣ Soave Classico Vigna Ronchetto, 🍷 1997 (🍾 14.000 N Pk. B ⊙) 1997 (G.B.) 85

★ Soave Vigna Albare, 🍷 1997 (🍾 6.000 N Pk. B)

Azienda Agricola **Pra Graziano e Sergio**

Plz. 37032, via della Fontana 31; Tel. 045/7612125; Fax 7610326.

Gründungsjahr: 1983. *Inhaber:* Graziano und Sergio Pra. *Kundenbetreuung:* Graziano Pra. *Produktionsleitung:* Graziano Pra. *Be-*

suchszeiten: Montag bis Samstag, nach telefonischer Vereinbarung. *Degustation:* im Weinkeller.

DOC:

★ Soave Classico Superiore, 🍷 1997 (N *Pk.* B ⊙) 1997 (D.T.) 85

★★ Soave Classico Vigneto Monte Grande, 🍷 1997 (N *Pk.* B ⊙) 1997 (D.T.) 86

NEGRAR (Verona)

Nächste Autobahnausfahrt: Verona nord (A22).

Casa Vinicola Cav. G.B. **Bertani**

Plz. 37020, frazione Arbizzano, località Novare;
Tel. 045/6011211; Fax 6020138.

Gründungsjahr: 1857. *Inhaber:* Familie Bertani. *Kundenbetreuung:* Monica Marogna. *Produktionsleitung:* Paolo Grigolli. *Agronom:* Giulio Grobberio. *Besuchszeiten:* Montag und Freitag, von 10 bis 12 Uhr und von 14 bis 17 Uhr. *Degustation:* in einer Probierstube im Firmengebäude oder im Weinkeller in Grezzana.

DOC:

★★ Amarone della Valpolicella, 🍷 1988 und 1990 (H *Pk.* F) 1990 (D.T.) 89

★ Bardolino Classico Superiore, 🍷 1996 (N *Pk.* B)

★ Soave Classico Superiore, 🍷 1997 (N *Pk.* B)

★ Valpolicella Classico Superiore, 🍷 1995 (H *Pk.* B ⊙) 1995 (G.B.) 85

★ Valpolicella Valpantena Bertani, 🍷 1995 (H *Pk.* B)

IGT:

★★ Catullo Rosso del Veneto, 🍷 1995 (H B *Pk.* C)
🍇 Cabernet Sauvignon und Corvina 1995 (G.B.) 86

★★ Le Lave del Veneto, 🍷 1996 (B *Pk.* C)
🍇 Garganega und Chardonnay 1995 (G.B.) 85

♣ Villa Novara, 🍷 1996 (B *Pk.* D)
🍇 Cabernet Sauvignon 1996 (D.T.) 88

Azienda Agricola **Bussola Tommaso**

Plz. 37024, via Molino Turri 30; Tel. 045/7501740; Fax 7501740.

Gründungsjahr: 1960. *Inhaber:* Tommaso Bussola. *Kundenbetreuung:* Tommaso und Daniela Bussola. *Produktionsleitung:* der Inhaber. *Agronom:* der Inhaber. *Besuchszeiten:* täglich, nach telefonischer Vereinbarung. *Degustation:* ein Probierraum wird eingerichtet.

DOC:

★★ Amarone della Valpolicella Vigneto Alto, 🍷 1993 (H B *Pk.* F)

★★ Recioto della Valpolicella, 🍷 1994 (B *Pk.* F)

Azienda Agricola **Le Ragose**

Plz. 37020, frazione Arbizzano, località Le Ragose;
Tel. 045/7513241; Fax 7513171.

Gründungsjahr: 1969. *Inhaber:* Marta Bortoletto Galli. *Kundenbetreuung:* die Familienmitglieder. *Produktionsleitung:* Arnaldo und Marco Galli. *Agronom:* Marco Galli. *Anbaufläche in ha.:* 15. *Besuchszeiten:* Montag bis Freitag, nach Vereinbarung. *Degustation:* in einer Taverne.

DOC:

★★★ Amarone della Valpolicella, 🍷 1994 (ha 12 🍾 30.000 H *Pk.* E) — 1994 (G.B.) 91

★ Recioto della Valpolicella Classico, 🍷 1995 (ha 12 🍾 2.000 N *Pk.* E)

★★ Valpolicella Classico Superiore Le Ragose, 🍷 1995 (ha 12 🍾 30.000 H *Pk.* B⊙) — 1995 (G.B.) 88

★★ Valpolicella Classico Superiore Le Sassine, 🍷 1995 (ha 2,5 🍾 10.000 H *Pk.* C) — 1995 (D.T.) 88

Tafelwein:

★★ Cabernet, 🍷 1995 (ha 2 🍾 10.000 B *Pk.* C)
🍇 Cabernet Sauvignon und in kleinen Mengen Cabernet Franc — 1995 (D.T.) 89

Azienda Agricola **Mazzi Roberto e Figli**

Plz. 37024, frazione Sanperetto, via Crosetta 8;
Tel. 045/7502072; Fax 8266150.

Gründungsjahr: 1960. *Inhaber:* Roberto Mazzi. *Kundenbetreuung:* Stefano und Antonio Mazzi. *Produktionsleitung:* Flavio Prà. *Agronom:* Stefano Mazzi. *Anbaufläche in ha.:* 6. *Besuchszeiten:* täglich, nach Vereinbarung. *Degustation:* in einer Probierstube.

DOC:

★★ Amarone della Valpolicella Vigneto Punta di Villa, 🍷 1994 (ha 2,5 🍾 6.000 H B *Pk.* F)

★★ Recioto della Valpolicella Classico Vigneto Le Calcarole, 🍷 1995 (ha 1,5 🍾 2.000 B *Pk.* E)

★★ Valpolicella Classico Superiore Vigneto Poiega, 🍷 1995 (ha 3 🍾 7.000 H B *Pk.* C)

IGT:

♣ Libero Rosso Veronese, 🍷 1995 (ha 1 🍾 2.000 H B *Pk.* D) 🍇 Cabernet, Nebbiolo und Sangiovese 1995 (G.B.) 86

Quintarelli Giuseppe

Plz. 37024, via Cerè 1; Tel. 045/7500016; Fax 7500016.

Gründungsjahr: Anfang des 20. Jahrhunderts. *Inhaber:* Giuseppe Quintarelli. *Kundenbetreuung:* der Inhaber. *Produktionsleitung:* der Inhaber. *Anbaufläche in ha.:* 12. *Besuchszeiten:* während der Geschäftszeiten, nach Vereinbarung. *Degustation:* in einer Taverne.

DOC:

★★★ Amarone della Valpolicella Monte Cà Paletta, 🍷 1991 (H *Pk.* F) 1991 (D.T.) 91

★★★ Amarone della Valpolicella Riserva Monte Cà Paletta, 🍷 1988 (H *Pk.* F)

★★ Recioto della Valpolicella Classico Monte Cà Paletta, 🍷 1988 (H *Pk.* F)

★★ Valpolicella Classico Superiore Monte Cà Paletta, 🍷 1992 (H *Pk.* D) 1992 (G.B.) 89

Tafelwein:

★★★ Alzero, 🍷 1993 (H B *Pk.* F) 🍇 Cabernet Franc (50%) und Cabernet Sauvignon (50%), beide getrocknet

★★ Amabile del Cerè, 🍷 1988 (H *Pk.* F) 🍇 Saorin, Garganega, Castelli Romani, Sauvignon und andere lokale Reben, alle getrocknet

Casa Vinicola **Sartori**

Plz. 37024, via Casette 2; Tel. 045/6020133; Fax 6020134.

Gründungsjahr: 1890. *Inhaber:* Familie Sartori. *Kundenbetreuung:* Andrea und Paolo Sartori und Daniela Cristanelli. *Produktionsleitung:* Fabrizio Nicolè. *Agronom:* Nicola Venco. *Anbaufläche in ha.:* 25. *Besuchszeiten:* Montag bis Freitag, von 8 bis 12 Uhr und von 14 bis 18 Uhr. *Degustation:* im Weinkeller.

IGT:

♣ Cent'anni Rosso Veronese, 🍷 1995 (ha 10 🍾 24.000 N H B *Pk.* D) 🍇 Corvina (40%), Rondinella (35%) und Merlot (25%) 1995 (G.B.) 87

Cantina Sociale **Valpolicella**

Plz. 37024, Cà Salgari 2; Tel. 045/7500070; Fax 7501699.

Gründungsjahr: 1933. *Inhaber:* Giuseppe Gaburro (Vorstand). *Kundenbetreuung:* Daniele Accordini. *Produktionsleitung:* Daniele Accordini. *Agronom:* Giuseppe Gardoni. *Anbaufläche in ha.:* 450. *Besuchszeiten:* Montag bis Freitag, am besten mit Voranmeldung. *Degustation:* in einer kleinen Taverne.

DOC:

- ★★ Amarone della Valpolicella Classico Domini Veneti, 🍷 1993 (H *Pk.* C) — 1993 (D.T.) 86
- ★ Bardolino Classico Domini Veneti, 🍷 der letzte (N *Pk.* A)
- ★★ Recioto della Valpolicella Vigneti di Moron Domini Veneti, 🍷 1996 (H *Pk.* C)
- ★ Soave Classico, 🍷 der letzte (N *Pk.* A)
- ★ Valpolicella Classico Superiore La Casetta di Ettore Righetti Domini Veneti, 🍷 1995 (H *Pk.* B)
- ★ Valpolicella Classico Superiore Torbe, 🍷 1995 (H *Pk.* B)

Azienda Agricola **Villa Spinosa**

Plz. 37024, località Jago; Tel. 045/7500093; Fax 7500093.

Inhaber: Familie Spinosa. *Kundenbetreuung:* Enrico Cascella Spinosa. *Anbaufläche in ha.:* 15. *Besuchszeiten:* Samstag; an den übrigen Wochentagen nur nach Voranmeldung. *Degustation:* in einer Probierstube, in der alte Winzerwerkzeuge ausgestellt sind.

DOC:

- ★★ Amarone della Valpolicella Classico, 🍷 1994 (H *Pk.* E) — 1994 (D.T.) 86
- ★★ Recioto della Valpolicella Classico, 🍷 1995 (H *Pk.* D) — 1995 (D.T.) 87
- ★★ Valpolicella Classico Superiore Vigneto Jago, 🍷 1994 (H *Pk.* B)

Azienda Agricola **Viviani**

Plz. 37024, località Mazzano, via Mazzano 8;
Tel. 045/7500286; Fax 7500286.

Gründungsjahr: 1930. *Inhaber:* Familie Viviani. *Kundenbetreuung:* Claudio Viviani. *Produktionsleitung:* Claudio Viviani. *Agronom:* Paolo und Claudio Viviani. *Anbaufläche in ha.:* 7,5. *Besuchszeiten:* nach telefonischer Vereinbarung. *Degustation:* im Weinkeller.

DOC:

- ♣ Amarone della Valpolicella Classico Amandorlato, 🍷 1993 (B *Pk.* D) — 1993 (G.B.) 87

★ Amarone della Valpolicella Classico Casa dei Bepi, 🍷 1993 (H B *Pk.* D)

★ Recioto della Valpolicella Classico La Mandrella, 🍷 1994 (H *Pk.* D)

NERVESA DELLA BATTAGLIA (Treviso)

Nächste Autobahnausfahrt: Treviso nord (A27).

Azienda Agricola **Serafini e Vidotto**

Plz. 31040, via Arditi 1; Tel. 0422/773281; Fax 0421/44314.

Gründungsjahr: 1986. *Inhaber:* Francesco Serafini und Antonello Vidotto. *Kundenbetreuung:* Francesco Serafini. *Produktionsleitung:* die Inhaber, auch landwirtschaftliche Leiter. *Anbaufläche in ha.:* 13. *Besuchszeiten:* während der Geschäftszeiten, nach telefonischer Vereinbarung. *Degustation:* in einer rustikalen Taverne.

DOC:

♣ Montello e Colli Asolani Cabernet Phigaia After the Red, 🍷 1995 (ha 3,5 ⁞ 23.000 B *Pk.* C) 1995 (D.T.) 85

★ Montello e Colli Asolani Prosecco, 🍷 der letzte (ha 2,5 ⁞ 12.000 N *Pk.* B)

Tafelwein:

★★ Pinot Nero, 🍷 1995 (ha 0,8 ⁞ 3.000 B *Pk.* E)

★★ Rosso dell'Abazia, 🍷 1995 (ha 5 ⁞ 20.000 B *Pk.* E)
Cabernet Sauvignon, Cabernet Franc und Merlot

PEDEMONTE DI VALPOLICELLA (Verona)

Nächste Autobahnausfahrt: Verona nord (A22).

Azienda Vitivinicola **Il Sestante**

Plz. 37020, via Masua 11; Tel. 045/7701437; Fax 7701063.

Gründungsjahr: 1986. *Inhaber:* Familie Tommasi. *Kundenbetreuung:* Pierangelo Tommasi. *Produktionsleitung:* Giancarlo Tommasi. *Anbaufläche in ha.:* 8. *Besuchszeiten:* Montag bis Samstag, von 8 bis 19 Uhr. *Degustation:* in einer Taverne.

DOC:

★ Amarone della Valpolicella Classico Monte Masua, 🍷 1993 (ha 3,5 ⁞ 10.000 H B *Pk.* E)

★ Valpolicella Classico Superiore I Pianeti, 🍷 1995 (ha 4,5 ⁞ 15.000 H *Pk.* B)

Azienda Agricola **Santa Sofia**
Plz. 37020, via Cà Dedé 61; Tel. 045/7701074; Fax 7703222.

Gründungsjahr: 1811. *Inhaber:* Giancarlo Begnoni. *Kundenbetreuung:* Giancarlo und Patrizia Begnoni. *Produktionsleitung:* der Inhaber. *Besuchszeiten:* Montag bis Freitag, von 9 bis 12 Uhr und von 14 bis 18 Uhr; Samstag und Sonntag nach Vereinbarung. *Degustation:* in einer Probierstube im rustikalen Teil der Villa Palladiana in Santa Sofia.

DOC:

★ Soave Classico Monte Foscarino, 🍷 der letzte (🍾 100.000 N *Pk.* A)

★ Valpolicella Classico Superiore Montegradella, 🍷 1996 (🍾 15.000 H *Pk.* B)

Tommasi Viticoltori
Plz. 37020, via Ronchetto 2; Tel. 045/7701266; Fax 7701063.

Gründungsjahr: 1902. *Inhaber:* Familie Tommasi. *Kundenbetreuung:* Pierangelo Tommasi. *Produktionsleitung:* Ezio Tommasi. *Anbaufläche in ha.:* 45. *Besuchszeiten:* Montag bis Samstag, von 8 bis 19 Uhr. *Degustation:* in einer Taverne.

DOC:

♣ Valpolicella Classico Superiore Rafael, 🍷 1995 (ha 9 🍾 60.000 H *Pk.* B ⊙) — 1995 (D.T.) 86

♣ Valpolicella Classico Superiore Ripasso, 🍷 1995 (ha 6 🍾 12.000 H *Pk.* C) — 1995 (D.T.) 87

PESCHIERA DEL GARDA (Verona)
Nächste Autobahnausfahrt: Peschiera del Garda (A4).

Zenato
Plz. 37019, via San Benedetto 8; Tel. 045/7550369; Fax 6400449.

Gründungsjahr: 1960. *Inhaber:* Sergio Zenato. *Kundenbetreuung:* Alberto und Nadia Zenato. *Produktionsleitung:* Sergio Zenato. *Besuchszeiten:* täglich, nach Vereinbarung. *Degustation:* im Weinkeller.

DOC:

★ Amarone della Valpolicella, 🍷 1991 (B *Pk.* D)

♣ Valpolicella Superiore Ripassa, 🍷 1995 (B *Pk.* C) — 1995 (G.B.) 87

PIEVE DI SOLIGO (Treviso)

Nächste Autobahnausfahrt: Conegliano Veneto (A27).

Case Bianche

Plz. 31053, via Chisini 79; Tel. 0438/841608; Fax 980110.

Gründungsjahr: 1997. *Inhaber:* Martino Zanetti. *Kundenbetreuung:* Lionello Lot. *Produktionsleitung:* Enrico Moschetta. *Agronom:* Enrico Moschetta. *Anbaufläche in ha.:* 36. *Besuchszeiten:* Montag bis Freitag, von 8 bis 18 Uhr. *Degustation:* in einer Probierstube im Bürogebäude oder im betriebseigenen Restaurant.

DOC:

★★ Colli di Conegliano Bianco Costa dei Falchi, 🍷 der letzte (ha 1,5 ▮ 10.000 N *Pk.* B)

★ Prosecco di Conegliano Spumante Extra Dry, 🍷 der letzte (ha 6 ▮ 50.000 N *Pk.* B)

Tafelwein:

★★ Wildbacher, 🍷 1994 (ha 1,5 ▮ 6.000 H *Pk.* C)

PRAMAGGIORE (Venezia)

Nächste Autobahnausfahrt: Portogruaro (A4).

Azienda **Russolo Iginio – Ronco Calaj**

Plz. 30020, via libertà 36; Tel. 0421/799087; Fax 200430.

Gründungsjahr: 1974. *Inhaber:* Iginio Russolo. *Kundenbetreuung:* der Inhaber mit Sohn Rino. *Produktionsleitung:* der Inhaber. *Anbaufläche in ha.:* 11. *Besuchszeiten:* nach telefonischer Vereinbarung, Montag bis Freitag. *Degustation:* in einer Taverne im Weinkeller mit Platz für zwölf Personen.

DOC:

★ Friuli Grave Cabernet Sauvignon Ronco Calaj, 🍷 1997 (ha 0,32 ▮ 3.000 N B *Pk.* B)

★ Friuli Grave Chardonnay Ronco Calaj, 🍷 der letzte (ha 1 ▮ 8.000 N *Pk.* B)

★ Friuli Grave Merlot Massarac, 🍷 1996 (ha 0,5 ▮ 4.500 N B *Pk.* B)

★ Friuli Grave Pinot Bianco Ronco Calaj, 🍷 der letzte (ha 0,65 ▮ 4.000 N *Pk.* B)

★★ Friuli Grave Pinot Grigio Ronco Calaj, 🍷 der letzte (ha 1,5 ▮ 13.000 N *Pk.* B)

★ Friuli Grave Refosco dal Peduncolo Rosso Ronco Calaj, 🍷 1995 und 1996 (ha 0,65 ▮ 6.000 N B *Pk.* B)

♣ Friuli Grave Sauvignon I Legni, 🍷 1996 (ha 0,3 ▮ 2.000 B *Pk.* C) 1996 (G.B.) 85

Tafelwein:

★★ Borgo di Peuma, 🍷 1995 (ha 0,6 ▮ 4.000 🄱 *Pk.* D)
🍇 Merlot und in kleinen Mengen
Cabernet und Refosco 1995 (G.B.) 86

RONCADE (Treviso)

Nächste Autobahnausfahrt: Quarto d'Altino (A27).

Azienda Agricola **Castello di Roncade**

Plz. 31056, via Roma 141; Tel. 0422/708736; Fax 840964.

Gründungsjahr: 1920. *Inhaber:* Vincenzo Ciani Bassetti. *Kundenbetreuung:* Lorella Bortolani. *Produktionsleitung:* der Inhaber. *Besuchszeiten:* Montag bis Freitag, nach Vereinbarung. *Degustation:* in einer kleinen Taverne.

DOC:

★ Piave Cabernet, 🍷 der letzte (🄷 *Pk.* B)

★ Piave Merlot, 🍷 der letzte (🄷 *Pk.* B)

Tafelwein:

★ Villa Giustinian, 🍷 1994 (🄱 *Pk.* D)

SALGAREDA (Treviso)

Nächste Autobahnausfahrt: San Donà di Piave (A4).

Cescon Ivan

Plz. 31040, località Campo di Pietra, via Arzeri 28;
Tel. 0422/744152; Fax 804076.

Gründungsjahr: 1958. *Inhaber:* Ivan Cescon. *Kundenbetreuung:* der Inhaber. *Produktionsleitung:* Giuliano Cettolin und Ivan Cescon. *Besuchszeiten:* Montag bis Freitag. *Degustation:* im Weinkeller.

DOC:

★ Piave Raboso, 🍷 1994 (🄷 🄱 *Pk.* A)

Azienda **Molon Ornella**

Plz. 31040, frazione Campodipietra, via Risorgimento 40;
Tel. 0422/804807; Fax 804807.

Gründungsjahr: 1985. *Inhaber:* Ornella Molon und Giancarlo Traverso. *Kundenbetreuung:* die Inhaber. *Produktionsleitung:* Giancarlo Traverso. *Agronom:* Giancarlo Traverso. *Besuchszeiten:* Montag bis Freitag, von 8 bis 18 Uhr, am besten mit Voranmeldung. *Degustation:* in einer Probierstube im Reifekeller.

DOC:

★ Piave Cabernet, 🍷 1994
(ha 1 🍾 5.000 H B *Pk.* C) 1994 (G.B.) 85

★ Piave Merlot, 🍷 1995
(ha 1,2 🍾 6.000 H B *Pk.* C) 1995 (G.B.) 85

IGT:

★ Vite Rossa, 🍷 1994 (ha 1 🍾 5.500 H B *Pk.* C)
🍇 Merlot, Cabernet Sauvignon und Cabernet Franc

SAN BENEDETTO DI LUGANA (Verona)

Nächste Autobahnausfahrt: Peschiera del Garda (A4).

Hinweis: Die ersten Kostproben vom Lugana 1997 (85) und vom Campo Sireso 1996 (85), einem in Barriques ausgebauten Rotwein, von Ottella (Tel. 045/7551950) waren sehr beeindruckend. (D.T.)

Azienda Agricola **Santa Cristina**

Plz. 37010, via Massoni 2; Tel. 045/7550300; Fax 6400449.

Gründungsjahr: 1960. *Inhaber:* Sergio Zenato. *Kundenbetreuung:* Alberto und Nadia Zenato. *Produktionsleitung:* Sergio Zenato. *Besuchszeiten:* täglich, nach Vereinbarung. *Degustation:* im Weinkeller.

IGT:

★ Cabernet Sauvignon del Veneto Santa Cristina Barrique,
🍷 1995 (B *Pk.* C)

Tafelwein:

★ Rigoletto, 🍷 1993 (B *Pk.* D)
🍇 getrocknete Trebbiano di Lugana

SAN BONIFACIO (Verona)

Nächste Autobahnausfahrt: Soave (A4).

Azienda Agricola **Inama**

Plz. 37047, via fratelli Mazzotto 29; Tel. 045/6101411; Fax 6101411.

Gründungsjahr: Anfang der 60er Jahre. *Inhaber:* Giuseppe Inama. *Kundenbetreuung:* Stefano Inama. *Produktionsleitung:* Giuseppe und Stefano Inama, auch landwirtschaftlicher Leiter. *Anbaufläche in ha.:* 30. *Besuchszeiten:* nach telefonischer Vereinbarung. *Degustation:* in einer Probierstube.

DOC:

★★ Soave Classico Superiore Vigneti di Foscarino,
🍷 1997 (🍾 20.000 B *Pk.* C) 1997 (D.T.) 86

★ Soave Classico Superiore Vigneto du Lot, 🍷 1997 (🍾 6.000 B *Pk.* D) — 1997 (D.T.) 88

★★ Soave Classico Superiore Vin Soave, 🍷 1997 (🍾 100.000 N B *Pk.* B)

IGT:

★★ Campo dei Tovi, 🍷 1996 (🍾 6.000 B *Pk.* D)
🍇 Chardonnay — 1996 (D.T.) 85

★★ Vulcaia Fumé, 🍷 1997 (🍾 20.000 B *Pk.* E)
🍇 Sauvignon — 1997 (D.T.) 85

Tafelwein:

★★ Vulcaia Aprés, 🍷 1996 (🍾 3.000 B *Pk.* E)
🍇 Sauvignon Spätlese

SAN FLORIANO VALPOLICELLA (Verona)

Nächste Autobahnausfahrt: Verona nord (A22).

Azienda Agricola **Brigaldara**

Plz. 37020, via Brigaldara 20; Tel. 045/7701055; Fax 6800311.

Gründungsjahr: 1980. *Inhaber:* Stefano Cesari. *Kundenbetreuung:* der Inhaber. *Produktionsleitung:* Giampaolo Zordimi. *Besuchszeiten:* Samstag und Sonntag, nach Vereinbarung. *Degustation:* in einer Probierstube.

DOC:

★★ Amarone della Valpolicella, 🍷 1993 (H *Pk.* D) — 1993 (D.T.) 88

♣ Garda Garganega, 🍷 1997 (ha 1 🍾 6.000 N *Pk.* B⊙) — 1997 (D.T.) 85

★ Recioto della Valpolicella Classico, 🍷 1995 (H *Pk.* D)

★ Valpolicella Classico Superiore Il Vegro, 🍷 1995 (H *Pk.* B)

Besonderes: Stefano Cesari stellt dem guten Amarone seiner Serie einen interessanten Garganega zur Seite. (D.T.)

SAN GERMANO DEI BERICI (Vicenza)

Nächste Autobahnausfahrt: Montebello Vicentino (A4).

Azienda Agricola **Villa dal Ferro – Lazzarini**

Plz. 36040, frazione Villa dal Ferro, via Chiesa 23;
Tel. 0444/868025; Fax 049/8759032.

Gründungsjahr: 1961. *Inhaber:* Pamela und Angiola Lazzarini. *Kundenbetreuung:* die Inhaberinnen. *Produktionsleitung:* Donato Lanati. *Agronom:* Pamela Lazzarini. *Besuchszeiten:* Montag bis Freitag, nach Vereinbarung. *Degustation:* im Weinkeller.

DOC:

★ Colli Berici Cabernet Le Rive Rosse, 🍷 1995 (H *Pk.* B ⊙) 1995 (D.T.) 87

★ Colli Berici Merlot Campo del Lago, 🍷 1995 (H *Pk.* B ⊙) 1995 (D.T.) 86

★ Colli Berici Pinot Bianco del Rocolo, 🍷 der letzte (N *Pk.* B ⊙) 1997 (D.T.) 86

Tafelwein:

★★ Busa Calcara, 🍷 der letzte (N *Pk.* B ⊙) Riesling Renano 1997 (D.T.) 85

★ Rosso del Rocolo, 🍷 1995 (H *Pk.* B ⊙) Pinot Nero 1995 (D.T.) 85

SAN MARTINO BUON ALBERGO (Verona)

Nächste Autobahnausfahrt: Verona est (A4).

Azienda Agricola **Musella**

Plz. 37036, località Monte del Drago 1;
Tel. 045/8780180; Fax 8780121.

Gründungsjahr: 1990. *Inhaber:* Emilio Pasqua. *Kundenbetreuung:* Maddalena Pasqua. *Produktionsleitung:* Giancarlo Zanel unter Beratung von Franco Bernabei. *Agronom:* Maddalena Pasqua. *Anbaufläche in ha.:* 15. *Besuchszeiten:* nach telefonischer Vereinbarung. *Degustation:* in einer Probierstube.

DOC:

★★ Valpolicella Superiore, 🍷 1995 (B *Pk.* B ⊙) 1995 (D.T.) 86

SAN PIETRO IN CARIANO (Verona)

Nächste Autobahnausfahrt: Verona nord (A22).

Azienda Agricola **Accordini Stefano**

Plz. 37029, frazione Pedemonte, via Alberto Bolla 9;
Tel. 045/7701733; Fax 7701733.

Gründungsjahr: 1950. *Inhaber:* Stefano Accordini. *Kundenbetreuung:* Tiziano Accordini. *Produktionsleitung:* Daniele Accordini. *Agronom:* Tiziano Accordini. *Besuchszeiten:* täglich, nach Vereinbarung. *Degustation:* in einer kleinen Taverne.

DOC:

★★ Amarone della Valpolicella Classico Acinatico, 🍷 1994 (🍾 3.000 H B *Pk.* D) 1994 (G.B.) 89

★★ Recioto della Valpolicella Classico Acinatico, 🍷 1996 (🍾 2.000 N *Pk.* D) 1996 (G.B./D.T.) 88

★★ Valpolicella Classico Superiore Acinatico, 🍷 1996 (🍾 10.000 N H B *Pk.* B ⊙) 1996 (G.B.) 86

Azienda Agricola **Brunelli**

Plz. 37029, via Cariano 10; Tel. 045/7701118; Fax 7702015.

Gründungsjahr: 1936. *Inhaber:* Luigi Brunelli. *Kundenbetreuung:* Luciana und Luigi Brunelli. *Produktionsleitung:* der Inhaber, auch landwirtschaftlicher Leiter. *Anbaufläche in ha.:* 10. *Besuchszeiten:* täglich (außer Sonntag), von 9 bis 12 Uhr und von 14 bis 18 Uhr. *Degustation:* in einer rustikalen Probierstube.

DOC:

★★ Amarone della Valpolicella, 🍷 1995 (ha 4 🍾 11.000 [H] *Pk.* F) — 1995 (D.T.) 88

★ Recioto della Valpolicella Classico, 🍷 1996 (ha 1 🍾 2.000 [N] *Pk.* E) — 1996 (D.T.) 86

★ Valpolicella Classico Superiore Pa' Riondo, 🍷 1996 (ha 2 🍾 8.000 [H] *Pk.* B)

IGT:

★ Carianum, 🍷 1995 (ha 0,35 🍾 4.000 [B] *Pk.* B)
🍇 Garganega und Tocai

Tafelwein:

★ Corte Cariano, 🍷 1995 (ha 4 🍾 6.000 [N] *Pk.* B)
🍇 Corvina und Terodola

Fornaser Giuseppe

Plz. 37029, via Bure Alto 1; Tel. 045/7701651; Fax 7701651.

Gründungsjahr: 1969. *Inhaber:* Giuseppe Fornaser. *Kundenbetreuung:* Massimiliano und Paolo Fornaser. *Produktionsleitung:* Fabiano Fornaser. *Agronom:* Paolo Fornaser. *Besuchszeiten:* Montag bis Freitag; an Sonn- und Feiertagen nur nach Vereinbarung. *Degustation:* in einer Probierstube im Weinkeller.

DOC:

★ Valpolicella Classico Monte Faustino Vigneto La Traversagna, 🍷 1996 ([H] *Pk.* C)

Azienda Agricola **Nicolis Angelo e Figli**

Plz. 37029, via Villa Girardi 29; Tel. 045/7701261; Fax 7701261.

Gründungsjahr: 1951. *Inhaber:* Massimo, Giancarlo und Giuseppe Nicolis. *Kundenbetreuung:* Giancarlo und Giuseppe Nicolis. *Produktionsleitung:* Giuseppe Nicolis. *Anbaufläche in ha.:* 33. *Besuchszeiten:* täglich, außer Sonntag, von 8 bis 19 Uhr. *Degustation:* in einer großen Probierstube.

DOC:

★ Amarone della Valpolicella Classico, 🍷 1993 (ha 3,5 🍾 10.000 H B *Pk.* E)

♣ Valpolicella Classico Superiore Seccal, 🍷 1995 (ha 3,8 🍾 8.000 H *Pk.* C) 1995 (G.B.) 85

Azienda Agricola Fratelli **Speri**

Plz. 37020, frazione Pedemonte, via Fontana 14;
Tel. 045/7701154; Fax 7704994.

Gründungsjahr: 1874. *Inhaber:* Gebrüder Speri. *Kundenbetreuung:* Carlo und Gian Paolo Speri. *Produktionsleitung:* Alberto Speri. *Agronom:* Marco Speri. *Anbaufläche in ha.:* 60. *Besuchszeiten:* Montag bis Freitag während der Geschäftszeiten. *Degustation:* in einer Probierstube.

DOC:

★★ Amarone della Valpolicella Vigneto Monte Sant'Urbano, 🍷 1993 (ha 9,46 🍾 40.000 H *Pk.* E) 1993 (D.T.) 87

★★ Recioto della Valpolicella Classico I Comunai, 🍷 1995 (ha 5,2 🍾 10.000 H *Pk.* E) 1995 (D.T.) 88

★ Recioto della Valpolicella La Roggia, 🍷 1994 (ha 9,75 🍾 10.000 H *Pk.* E)

★★ Valpolicella Classico Superiore La Roverina, 🍷 1996 (ha 10,4 🍾 10.0000 H *Pk.* B)

★★ Valpolicella Classico Superiore Monte Sant'Urbano, 🍷 1994 (ha 9,46 🍾 50.000 H *Pk.* C) 1994 (D.T.) 85

Agricola Fratelli **Tedeschi**

Plz. 37020, frazione Pedemonte, via Verdi 4;
Tel. 045/7701487; Fax 7704239.

Gründungsjahr: 1824. *Inhaber:* Lorenzo Tedeschi. *Kundenbetreuung:* Antonietta und Riccardo Tedeschi. *Produktionsleitung:* Riccardo Tedeschi. *Anbaufläche in ha.:* 30. *Besuchszeiten:* mit Voranmeldung, Montag bis Freitag, von 9 bis 12 Uhr und von 14 bis 18 Uhr; Samstag von 9 bis 12 Uhr. *Degustation:* im Weinkeller.

DOC:

★★ Amarone della Valpolicella Capitel Monte Olmi, 🍷 1995 (ha 2 🍾 6.000 H *Pk.* E) 1995 (D.T.) 86

★★★ Recioto della Valpolicella Capitel Monte Fontana, 🍷 1993 und 1996 (ha 2 🍾 3.000 à 0,50 H *Pk.* E) 1993 (G.B.) 87 + 1996 (D.T.) 87

★★ Valpolicella Classico Superiore Capitel dei Nicalò, 🍷 1995 (ha 7 🍾 50.000 H *Pk.* B ⊙) 1995 (D.T.) 85

★★ Valpolicella Classico Superiore Capitel San Rocco, 🍷 1995 (ha 7 🍾 50.000 H *Pk.* C) 1995 (D.T.) 87

Tafelwein:

★★ Capitel San Rocco, 🍷 1993 und 1995 (ha 1 🍾 2.000 à 0,50 N B *Pk.* E) 🍇 Garganega, Trebbiano, Castelli Romani und Saorin, getrocknet 1995 (G.B.) 85

Azienda Agricola **Villa Bellini**

Plz. 37029, località Castelrotto, via dei Froccaroli 6; Tel. 045/7725630; Fax 7725400.

Gründungsjahr: 1990. *Inhaber:* Cecilia Trucchi. *Kundenbetreuung:* die Inhaberin. *Produktionsleitung:* Luigi Andreoli. *Agronom:* Renzo Caobelli. *Besuchszeiten:* täglich, nach Vereinbarung. *Degustation:* in einer Probierstube.

DOC:

★ Amarone della Valpolicella, 🍷 1993 (H B *Pk.* E)

★ Recioto della Valpolicella Classico, 🍷 1993 (B *Pk.* D)

★ Recioto della Valpolicella Classico Amandorlato, 🍷 1993 (B *Pk.* D)

Tenuta **Villa Girardi**

Plz. 37029, via Villa Girardi; Tel. 045/7701063; Fax 7701063.

Gründungsjahr: 1875. *Inhaber:* Familie Tommasi. *Kundenbetreuung:* Franco Tommasi. *Produktionsleitung:* Giancarlo Tommasi. *Anbaufläche in ha.:* 30. *Besuchszeiten:* Montag bis Samstag, von 8 bis 19 Uhr. *Degustation:* in einer Taverne.

DOC:

★ Amarone della Valpolicella Classico, 🍷 1993 (ha 15 🍾 30.000 H B *Pk.* D) 1993 (D.T.) 87

SAN ZENO DI COLOGNO AI COLLI (Verona)

Nächste Autobahnausfahrt: Verona est (A4).

Tenuta **Sant'Antonio**

Plz. 37030, via Ceriani 23; Tel. 045/7650383; Fax 6150913.

Gründungsjahr: 1995. *Inhaber:* Armando, Paolo und Tiziano Castagnedi. *Kundenbetreuung:* die Inhaber. *Produktionsleitung:* Celestino Gaspari. *Anbaufläche in ha.:* 20. *Degustation:* im Weinkeller.

IGT:

♣ Chardonnay Vigna Capitello Veneto, 🍷 1996 (ha 3 🍾 5.500 ▣ *Pk.* B⊙) — 1996 (G.B.) 86

♣ Colori d'Autunno Passito Veneto, 🍷 1995 (ha 0,5 🍾 2.000 ▣ *Pk.* D) 🍇 Chardonnay — 1995 (G.B.) 85

SELVAZZANO DENTRO (Padova)

Nächste Autobahnausfahrt: Grisignano (A4).

Azienda Agricola **La Montecchia**

Plz. 35030, via Montecchia 16; Tel. 049/637294; Fax 8055826.

Gründungsjahr: 1100. *Inhaber:* Graf Umberto Emo Capodilista. *Kundenbetreuung:* Graf Giordano Emo Capodilista. *Produktionsleitung:* Andrea Boaretti. *Agronom:* Patrizio Gasparinetti. *Anbaufläche in ha.:* 25. *Besuchszeiten:* nach Vereinbarung. *Degustation:* in einer Probierstube.

DOC:

♣ Colli Euganei Fior d'Arancio Passito, 🍷 1995 (ha 0,3 🍾 1500 ▣ *Pk.* D) — 1995 (G.B.) 86

SOAVE (Verona)

Nächste Autobahnausfahrt: Soave (A4).

Cantina del **Castello**

Plz. 37038, Corte Pittora 5; Tel. 045/7680093; Fax 6190099.

Gründungsjahr: 1961. *Inhaber:* Arturo Stocchetti. *Kundenbetreuung:* der Inhaber und Ehefrau Silvana. *Produktionsleitung:* Arturo Stocchetti, auch landwirtschaftlicher Leiter. *Anbaufläche in ha.:* 15. *Besuchszeiten:* Montag bis Freitag, nach Vereinbarung. *Degustation:* in einer Probierstube.

DOC:

★ Recioto di Soave Cortepittora, 🍷 1996 (▣ *Pk.* D)
★ Soave Classico Monte Carnìga, 🍷 der letzte (▣ *Pk.* B)
★ Soave Classico Monte Pressoni, 🍷 der letzte (▣ *Pk.* B)

Azienda Agricola **Pieropan**

Plz. 37038, via Giulio Camuzzoni 3; Tel. 045/6190171; Fax 6190040.

Gründungsjahr: Anfang des 20. Jahrhunderts. *Inhaber:* Leonildo Pieropan. *Kundenbetreuung:* der Inhaber mit Ehefrau Teresita. *Produktionsleitung:* der Inhaber, auch landwirtschaftlicher Leiter.

Anbaufläche in ha.: 30. *Besuchszeiten:* mit Voranmeldung, Montag bis Freitag. *Degustation:* in einer Probierstube.

DOC:

★★ Recioto di Soave Le Colombare, 🍷 1995 (ha 2 🍾 10.000 H *Pk.* D)

★★ Soave Classico Superiore, 🍷 der letzte (ha 16 🍾 180.000 N *Pk.* B ⊙) 1997 (D.T.) 86

★★★ Soave Classico Vigneto Calvarino, 🍷 1997 (ha 6 🍾 40.000 N *Pk.* B ⊙) 1997 (D.T.) 89

★★★ Soave Classico Vigneto La Rocca, 🍷 1996 (ha 4 🍾 25.000 H *Pk.* C) 1996 (D.T.) 88

Tafelwein:

★★ Passito della Rocca, 🍷 1995 (ha 1 🍾 3.000 B *Pk.* E) 🍇 Sauvignon (60%), Riesling Italico (30%) und Trebbiano di Soave (10%) 1995 (D.T.) 87

♣ Santa Lucia Vendemmia Tardiva, 🍷 1995 (ha 1 🍾 3.000 B *Pk.* E) 🍇 Garganega 1995 (D.T.) 85

Azienda Agricola **Suavia**
Plz. 37038, frazione Fittà, via Centro 14;
Tel. 045/7675089; Fax 7675089.

Gründungsjahr: 1982. *Inhaber:* Giovanni Tessari. *Kundenbetreuung:* Arianna, Meri und Valentina Tessari. *Produktionsleitung:* der Inhaber. *Agronom:* der Inhaber. *Besuchszeiten:* während der Geschäftszeiten. *Degustation:* in einer Taverne.

DOC:

★ Recioto di Soave La Boccara, 🍷 1995 (B *Pk.* F)

★ Soave Classico Superiore, 🍷 der letzte (N *Pk.* B)

★★ Soave Classico Superiore Monte Carbonare, 🍷 der letzte (N *Pk.* B ⊙) 1997 (G.B.) 85

SOMMACAMPAGNA (Verona)

Nächste Autobahnausfahrt: Sommacampagna (A4).

Azienda Agricola **Le Vigne di San Pietro**
Plz. 37066, via San Pietro 23; Tel. 045/510016; Fax 8960701.

Gründungsjahr: 1981. *Inhaber:* Carlo Nerozzi. *Kundenbetreuung:* der Inhaber. *Produktionsleitung:* der Inhaber. *Agronom:* Mario Della Volta. *Anbaufläche in ha.:* 12. *Besuchszeiten:* während der Geschäftszeiten, nach telefonischer Vereinbarung. *Degustation:* in einer Probierstube im Wohnhaus oberhalb des Weinkellers.

DOC:

- ★★ Bardolino, 🍷 der letzte (N *Pk.* B)
- ★★ Bardolino Chiaretto, 🍷 der letzte (N *Pk.* B)
- ★★ Bianco di Custoza, 🍷 der letzte (N *Pk.* B)
- ♣ Bianco di Custoza San Pietro, 🍷 1996 (N B *Pk.* C) 1996 (G.B./D.T.) 85

IGT:

- ★★ I Balconi Rossi, 🍷 1995 (N B *Pk.* B) Corvina, Rondinella, Molinara und Cabernet Sauvignon
- ★★ Refolà Cabernet Sauvignon, 🍷 1994 (B *Pk.* E) 1994 (D.T.) 86

Tafelwein:

- ★★ Due Cuori, 🍷 1994 (B *Pk.* F) Moscato Giallo
- ★★ I Balconi Bianco, 🍷 1996 (N *Pk.* C) Riesling Renano

SUSEGANA (Treviso)

Nächste Autobahnausfahrt: Conegliano (A27).

Azienda Agricola Conte **Collalto**

Plz. 31058, via 24 maggio 1; Tel. 0438/738241; Fax 73538.

Gründungsjahr: 16. Jahrhundert. *Inhaber:* Manfredo Collalto (Geschäftsführer). *Kundenbetreuung:* Adriano Cenedese. *Produktionsleitung:* Adriano Cenedese. *Agronom:* Luigi Confortin. *Anbaufläche in ha.:* 111. *Besuchszeiten:* täglich, außer Samstagnachmittag, von 8 bis 12 Uhr und von 13.30 bis 17.30 Uhr. *Degustation:* in einer Probierstube.

DOC:

- ♣ Piave Cabernet Riserva, 🍷 1994 (H B *Pk.* C) 1994 (D.T.) 87
- ★ Prosecco di Conegliano Extra Dry, 🍷 der letzte (N *Pk.* B)

IGT:

- ★ Cabernet Podere Torrai Colli Trevigiani, 🍷 1994 (B *Pk.* C) 1994 (G.B.) 85
- ★ Incrocio Manzoni 2.15 Colli Trevigiani, 🍷 1996 (N *Pk.* B)
- ★ Incrocio Manzoni 6.0.13 Colli Trevigiani, 🍷 der letzte (N *Pk.* B)
- ♣ Wildbacher Colli Trevigiani, 🍷 1997 (H *Pk.* B ⊙) 1997 (D.T.) 86

Besonderes: Die neue Weinserie dieses Gutes besitzt ein bewundernswertes Preis-Leistungsverhältnis, zwei Weine davon sind sogar von unbestreitbar guter Qualität: der Cabernet Riserva und der Wildbacher. (D.T.)

TREVIGNANO (Treviso)

Nächste Autobahnausfahrt: Treviso nord (A27).

Azienda Agricola **Scarpa Afra e Tobia**

Plz. 31040, via F. Filzi 40; Tel. 0423/819449; Fax 670105.

Gründungsjahr: 1972. *Inhaber:* Afra und Tobia Scarpa. *Kundenbetreuung:* die Inhaber. *Produktionsleitung:* Giorgio Grai. *Besuchszeiten:* nach telefonischer Vereinbarung. *Degustation:* im Weinkeller.

Tafelwein:

★ Corbulino Bianco, 🍷 der letzte (H *Pk.* B) 🍇 Pinot Bianco und Chardonnay

★★ Corbulino Rosso, 🍷 1995 (H *Pk.* B) 🍇 Cabernet Sauvignon, Cabernet Franc, Merlot, Petit Verdot und Malbec

★★ Pinot Nero, 🍷 1995 (H B *Pk.* B)

VALDOBBIADENE (Treviso)

Nächste Autobahnausfahrt: Treviso nord oder Conegliano (A27).

Azienda Agricola **Bisol Desiderio e Figli**

Plz. 31049, frazione Santo Stefano, via Fol 33;
Tel. 0423/900138; Fax 900577.

Gründungsjahr: 1800. *Inhaber:* Familie Bisol. *Kundenbetreuung:* Elena Verri. *Produktionsleitung:* Eliseo Bisol. *Besuchszeiten:* Montag bis Samstagmittag, nach telefonischer Voranmeldung. *Degustation:* in einer Probierstube.

DOC:

★ Prosecco di Valdobbiadene Spumante Crede, 🍷 der letzte (N *Pk.* B)

★ Prosecco di Valdobbiadene Spumante Superiore di Cartizze Vigneto Garnei, 🍷 der letzte (N *Pk.* C)

★★ Prosecco di Valdobbiadene Tranquillo Molera, 🍷 der letzte (N *Pk.* B)

Tafelwein:

★ Spumante Riserva Brut Metodo Classico, 🍷 der letzte (N B *Pk.* D) 🍇 Pinot Bianco und Chardonnay

Spumanti **Canevel**

Plz. 31049, via Cal Piandre 25; Tel. 0423/975940; Fax 975961.

Gründungsjahr: 1979. *Inhaber:* Vorstand Mario Caramel. *Kundenbetreuung:* Roberto De Lucchi. *Produktionsleitung:* Roberto De Lucchi. *Agronom:* Gianfranco Coletti. *Anbaufläche in ha.:* 9. *Be-*

suchszeiten: Montag bis Freitag, nach Vereinbarung. *Degustation:* im Weinkeller.

DOC:

★ Prosecco di Valdobbiadene Spumante, 🍷 der letzte (🄽 *Pk.* B)

★ Prosecco di Valdobbiadene Spumante Superiore di Cartizze, 🍷 der letzte (🄽 *Pk.* C)

Cantina Vini e Spumanti **Franco Nino**

Plz. 31049, via Garibaldi 167; Tel. 0423/972051; Fax 975977.

Gründungsjahr: 1919. *Inhaber:* Primo Franco. *Kundenbetreuung:* der Inhaber. *Produktionsleitung:* Giulio Cassol. *Besuchszeiten:* während der Geschäftszeiten, nach telefonischer Vereinbarung. *Degustation:* in einer Probierstube.

DOC:

♣ Prosecco di Valdobbiadene Brut Nino Franco, 🍷 1997 (🍾 100.000 🄽 *Pk.* B⦿) 1997 (G.B.) 86

★★ Prosecco di Valdobbiadene Sassi Bianchi, 🍷 1997 (🍾 25.000 🄽 *Pk.* B⦿) 1997 (G.B.) 85

★ Prosecco di Valdobbiadene Spumante Primo Franco, 🍷 der letzte (🍾 70.000 🄽 *Pk.* C)

★★ Prosecco di Valdobbiadene Spumante Superiore di Cartizze, 🍷 der letzte (🍾 12.000 🄽 *Pk.* D)

Tafelwein:

★ Spumante Prosecco Rustico, 🍷 der letzte (🍾 400.000 🄽 *Pk.* B)

Azienda Agricola **Le Colture**

Plz. 31049, frazione Santo Stefano, via Follo 5; Tel. 0423/900192; Fax 900511.

Gründungsjahr: 1983. *Inhaber:* Cesare und Renato Ruggeri. *Kundenbetreuung:* Cesare Ruggeri. *Agronom:* die Inhaber. *Besuchszeiten:* täglich, nach telefonischer Vereinbarung.

DOC:

★ Prosecco di Valdobbiadene Spumante Funer, 🍷 der letzte (🄽 *Pk.* B)

★ Prosecco di Valdobbiadene Spumante Superiore di Cartizze, 🍷 der letzte (🄽 *Pk.* C)

★★ Prosecco di Valdobbiadene Tranquillo Masarè, 🍷 der letzte (🄽 *Pk.* B)

Ruggeri & C.
Plz. 31049, via Prà Fontana; Tel. 0423/975716; Fax 973304.

Gründungsjahr: 1950. *Inhaber:* Paolo und Giustino Bisol und Fanny Vergani Bisol. *Kundenbetreuung:* die Inhaber. *Produktionsleitung:* Fabio Roversi, auch landwirtschaftlicher Leiter. *Besuchszeiten:* Montag bis Freitag, nach telefonischer Vereinbarung. *Degustation:* in einer Probierstube.

DOC:

- ★ Prosecco di Valdobbiadene Spumante Brut, 🍷 der letzte (ha 14 ▮150.000 🅽 *Pk.* B)
- ★★ Prosecco di Valdobbiadene Spumante Dry Santo Stefano, 🍷 der letzte (ha 11 ▮120.000 🅽 *Pk.* B⊙) 1997 (G.B.) 85
- ★ Prosecco di Valdobbiadene Spumante Extra Dry, 🍷 der letzte (ha 55 ▮600.000 🅽 *Pk.* B)
- ♣ Prosecco di Valdobbiadene Spumante Extra Dry Selezione Giustino B., 🍷 der letzte (ha 1,5 ▮8.000 🅽 *Pk.* C) 1997 (G.B./D.T.) 86
- ★★ Prosecco di Valdobbiadene Spumante Superiore di Cartizze, 🍷 der letzte (ha 11 ▮12.000 🅽 *Pk.* C) 1997 (G.B.) 85

Tafelwein:

- ★ Spumante Ruggeri Chardonnay Brut, 🍷 der letzte (ha 2 ▮15.000 🅽 *Pk.* C) 🍇 Chardonnay

Besonderes: Der Prosecco Giustino B. ist zu einem Jubiläum entstanden und deshalb mit besonderer Sorgfalt hergestellt worden. An ihm zeigt sich, daß es der gut ausgewählte und gut bearbeitete Prosecco sehr weit bringen kann. (D.T.)

VALEGGIO SUL MINCIO (Verona)

Nächste Autobahnausfahrt: Peschiera del Garda (A4).

Azienda Agricola **Corte Gardoni**
Plz. 37067, località Gardoni; Tel. 045/7950382; Fax 6370270.

Gründungsjahr: 1980. *Inhaber:* Gianni Piccoli. *Kundenbetreuung:* der Inhaber. *Produktionsleitung:* der Inhaber. *Besuchszeiten:* nach Vereinbarung. *Degustation:* in einer Probierstube mit Platz für 30 Personen.

DOC:

- ★★ Bardolino Chiaretto, 🍷 der letzte (🅽 *Pk.* A)
- ★ Bardolino Le Fontane, 🍷 der letzte (🅽 *Pk.* A)
- ★ Bianco di Custoza, 🍷 der letzte (🅽 *Pk.* A)

Tafelwein:

★ Fenili, 🍷 1995 (B *Pk.* D) 🍇 Garganega (50%), Riesling, Trebbiano und andere lokale Reben (50%)

★ Rosso di Corte, 🍷 1995 (B *Pk.* C) 🍇 Cabernet Sauvignon (70%) und Merlot (30%)

VERONA (Verona)

Nächste Autobahnausfahrt: Verona est (A4).

Casa Vinicola Fratelli **Bolla**

Plz. 37122, piazza Cittadella 3; Tel. 045/8670911; Fax 8670912.

Gründungsjahr: 1883. *Inhaber:* Gebrüder Bolla. *Kundenbetreuung:* Simonetta Taccuso. *Produktionsleitung:* Elio Novello. *Agronom:* Giannantonio Marconi. *Besuchszeiten:* Montag und Donnerstag, nach telefonischer Vereinbarung. *Degustation:* in einem großen Probiersaal.

DOC:

★ Amarone della Valpolicella, 🍷 1995 (H *Pk.* E)

★ Soave Classico Tufaie – Castellaro, 🍷 der letzte (N *Pk.* B)

★★ Valpolicella Classico Superiore Le Poiane – Jago, 🍷 1995 (H *Pk.* C)

Tafelwein:

★ Creso Rosso, 🍷 1995 (H B *Pk.* E) 🍇 Cabernet Sauvignon (70%) und Corvina (30%), beide leicht getrocknet

Montresor Giacomo

Plz. 37124, via Ca' di Cozzi 16; Tel. 045/913399; Fax 8342456.

Gründungsjahr: 1890. *Inhaber:* Familie Montresor. *Kundenbetreuung:* Giorgio Montresor. *Produktionsleitung:* Giuseppe Longo. *Agronom:* Mirko Pozzobon. *Anbaufläche in ha.:* 100. *Besuchszeiten:* nach telefonischer Vereinbarung. *Degustation:* in einer großen Taverne im alten Herrenhaus aus dem 15. Jahrhundert.

DOC:

★ Amarone della Valpolicella Classico Cantina Privata del Fondatore, 🍷 1992 (H B *Pk.* E)

★ Amarone della Valpolicella Classico Capitel della Crosara, 🍷 1993 (H *Pk.* E)

♣ Recioto della Valpolicella Re Teodorico, 🍷 1995 (ha 1 🍾 5.000 N H *Pk.* E) — 1995 (G.B.) 88

★ Valpolicella Classico Capitel della Crosara, 🍷 1995 (N H B *Pk.* B)

IGT:

♣ Cabernet Sauvignon del Veneto Vigneto Campo Madonna, 🍷 1995 (ha 2 🍾 15.000 N B *Pk.* B ⊙) — 1995 (G.B.) 85

Azienda Fratelli **Pasqua**

Plz. 37030, via Belviglieri 30; Tel. 045/8402111; Fax 8402121.

Gründungsjahr: 1925. *Inhaber:* Familie Pasqua. *Kundenbetreuung:* Antonella Margoni. *Produktionsleitung:* Giancarlo Zanel. *Agronom:* Emilio Pasqua. *Besuchszeiten:* Montag bis Freitag, nach Vereinbarung. *Degustation:* in einer Probierstube.

DOC:

★★ Amarone della Valpolicella Vigneti Casterna, 🍷 1990 (H B *Pk.* F)

★★ Valpolicella Classico Superiore Vigneti Casterna, 🍷 1994 und 1995 (N H B *Pk.* C) 1995 (G.B.) 85

VO' EUGANEO (Padova)

Nächste Autobahnausfahrt: Terme Euganee (A13).

Azienda Agricola **Villa Sceriman**

Plz. 35030, via dei Colli 68; Tel. 049/9940123; Fax 9940942.

Gründungsjahr: 1965. *Inhaber:* Rodolfo Soranzo. *Kundenbetreuung:* der Inhaber. *Besuchszeiten:* täglich, außer Montag, von 10 bis 12 Uhr und von 15 bis 19 Uhr. *Degustation:* in einer Probierstube im Bauernhaus.

DOC:

★ Colli Euganei Bianco, 🍷 der letzte (N *Pk.* B)

★★ Colli Euganei Rosso Superiore, 🍷 1994 (B *Pk.* C)

VOLPAGO DEL MONTELLO (Treviso)

Nächste Autobahnausfahrt: Treviso nord (A27).

Azienda Agricola Conte **Loredan Gasparini**

Plz. 31040, frazione Venegazzù, via Martignago Alto 23;
Tel. 0423/870024; Fax 620898.

Gründungsjahr: 1950. *Inhaber:* Giancarlo Palla. *Kundenbetreuung:* Elfi Barzan. *Produktionsleitung:* Mauro Rasera, auch landwirtschaftlicher Leiter. *Anbaufläche in ha.:* 40. *Besuchszeiten:* Montag bis Freitag, von 8.30 bis 12 Uhr und von 14 bis 18 Uhr. *Degustation:* in einer Probierstube neben dem Weinkeller.

IGT:

★★ Loredan Gasparini Capo di Stato, 🍷 1995 (ha 4 16.000 H B *Pk.* E) 🍇 Cabernet Franc, Cabernet Sauvignon, Merlot und Malbec

★★ Venegazzù della Casa, 🍷 1995 (ha 11 160.000 H B *Pk.* D) 🍇 Cabernet Franc, Cabernet Sauvignon, Merlot und Malbec

ARZO

Nächste Autobahnausfahrt: Mendrisio-Stabio, in Richtung Arzo Rancate.

Agriloro

6864, Tenimento dell'Or; Tel. 091/6467403; Fax 6405455.

Inhaber: Meinrad C. Perler. *Kundenbetreuung:* der Inhaber. *Produktionsleitung:* Sacha Pelossi. *Besuchszeiten:* täglich, von 9 bis 12 Uhr und von 15 bis 18 Uhr, nach telefonischer Vereinbarung. *Anbaufläche in ha.:* 7. *Fremdsprachen:* Französisch, Englisch und Deutsch.

- ★ Tenimento dell'Or Bianco Ticinese, 1996 (2.700 N *Pk.* B) Chasselas (85%) und Chardonnay (15%)
- ★★ Tenimento dell'Or Chardonnay, 1996(2240 B *Pk.* D) — 1996 (R.L.) 85
- ★ Tenimento dell'Or Pinot Bianco, 1996 (B *Pk.* D)
- ♣ Tenimento dell'Or Pinot Grigio, 1996 (B *Pk.* D)
- ★★ Tenimento dell'Or Cabernet Sauvignon, 1995 (B *Pk.* E) — 1994 (R.L.) 88
- ★★ Tenimento dell'Or Merlot del Ticino Riserva Rosso, 1995 (B *Pk.* E) — 1995 (R.L.) 87
- ★★ Tenimento dell'Or Pinot Nero, 1996 (2.000 B *Pk.* D)
- ♣ Tenimento dell'Or Syrah, 1996 (B *Pk.* D)
- ♣ Tenimento dell'Or Sottobosco, 1996 (3.550 B *Pk.* D) Merlot (80%) und Cabernet Sauvignon (20%) — 1996 (R.L.) 86

ASCONA

Nächste Autobahnausfahrt: Bellinzona sud dann Richtung Locarno.

Chiodi

6612, via Delta 24; Tel. 091/7911682/83; Fax 7910393.

Inhaber: Fabio Arnaboldi. *Kundenbetreuung:* der Inhaber. *Produktionsleitung:* Fabio Arnaboldi in Zusammenarbeit mit Giovanni Caverzasio. *Besuchszeiten:* täglich, nach Vereinbarung. *Fremdsprachen:* Französisch, Englisch und Deutsch.

- ♣ Tre Terre, Merlot del Ticino Rosso, 1995 (B *Pk.* B)
- ★★★ Rompidée Merlot del Ticino Rosso, 1995 (B *Pk.* E) — 1995 (R.L.) 90

ARZO

Cantina **Terreni alla Maggia**

6612, via Muraccio 105; Tel. 091/7915614; Fax 7910654.

Geschäftsführer: Renato Altrocchi. *Kundenbetreuung:* Markus von Dach oder der Geschäftsführer. *Produktionsleitung:* Markus von Dach. *Besuchszeiten:* Montag bis Freitag, von 7.30 bis 12 Uhr und von 14 bis 18 Uhr, nur nach Vereinbarung. *Anbaufläche in ha.:* 10. *Fremdsprachen:* Französisch, Englisch und Deutsch.

★★ Il Castagneto Chardonnay Ticino DOC, ▼ der letzte (▮4.500 N B *Pk.* C) 1997 (R.L.) 85

★ Bianco d'Oro di Ascona Kerner Ticino DOC, ▼ der letzte (▮14.000 N *Pk.* B) Kerner

★ La Lepre, Bianco di Merlot Ticino DOC, ▼ der letzte (▮16.000 N *Pk.* B)

★ La Pernice, Rosato di Merlot Ticino DOC, ▼ der letzte (▮13.000 N *Pk.* A)

★ Castello Classico, Merlot del Ticino Rosso, ▼ 1996 (▮20.000 N *Pk.* B) 1996 (R.L.) 83

★★ Barbarossa Riserva, Merlot del Ticino Rosso, ▼ 1996 (▮15.000 N H *Pk.* B) 1996 (R.L.) 84

★★★ Il Querceto, Merlot del Ticino Rosso, ▼ 1995 (▮7.000 N B *Pk.* E) 1996 (R.L.) 90

★★ Pinot del Ticino DOC Spumante Brut, ▼ der letzte (N *Pk.* D) 1997 (R.L.) 86

BALERNA

Nächste Autobahnausfahrt: Chiasso/Balerna.

Istituto Agrario Cantonale Mezzana

6828, via San Gottardo; Tel. 091/6832121; Fax 6822621.

Inhaber: Kanton Tessin (Geschäftsführer Franco Matasci). *Kundenbetreuung:* Franco Matasci. *Produktionsleitung:* Giorgio Brazzola. *Besuchszeiten:* täglich, nur nach Vereinbarung. *Anbaufläche in ha.:* 9. *Fremdsprachen:* Französisch und Deutsch.

★ Bianco dei Colli del Mendrisiotto, ▼ der letzte (▮6.000 N *Pk.* A) Chasselas (40%), Semillon (30%) und Chardonnay (30%)

★ Bongio, Merlot del Ticino Rosso Viti, ▼ 1994 (*Pk.* B) 1994 (R.L.) 83

★ Ronco, Merlot del Ticino Rosso Viti, ▼ 1994 (▮8.000 H *Pk.* B) 1994 (R.L.) 84

★ Merlot del Ticino Rosso Viti, ▼ 1995 (▮20.000 H *Pk.* B)

Vinicola Fratelli **Corti**

6828, località Bisio/La Rana, via Sottobisio 15/a;
Tel. 091/6833703; Fax 6831785.

Inhaber: Familie Corti-Borella. *Kundenbetreuung:* Antonio und Nicola Corti. *Produktionsleitung:* Tano Crivelli und Antonio Corti. *Besuchszeiten:* nur nach Vereinbarung. *Fremdsprachen:* Französisch und Deutsch.

♣ Sauro, Bianco di Merlot Ticino DOC, 🍷 der letzte (🍾 2.700 N *Pk.* B)
★ Allegretto Rosato di Merlot Ticino DOC, 🍷 der letzte (🍾 3.500 N *Pk.* B)
★ L'Araldo, Merlot del Ticino Rosso Viti, 🍷 1996 (🍾 6.500 N *Pk.* B) 1996 (R.L.) 84
★ Selezione Levante, Merlot del Ticino Rosso Riserva, 🍷 1996 (🍾 14.000 N H *Pk.* B)
★ Amaranto Riserva Speciale, Merlot del Ticino Rosso Viti, 🍷 1996 (🍾 7.000 N *Pk.* B)

Besonderes: Dieser Hersteller keltert auch die Reben von Franco Lurati aus Morbio Superiore, die von einem zwei Hektar großen Weinberg stammen. Das Ergebnis ist ein Roter auf der Grundlage von Merlot namens Casteldoro. (R.L.)

BELLINZONA

Nächste Autobahnausfahrt: Bellinzona sud.

Chiericati Vini

6500, via Convento 10; Tel. 091/8251307; Fax 8264007.

Geschäftsführer: Angelo und Lina Cavalli. *Kundenbetreuung:* Lina und Bruna Cavalli. *Produktionsleitung:* Angelo Cavalli. *Besuchszeiten:* täglich, von 8 bis 12 Uhr und von 14 bis 17 Uhr, samstags nur von 8 bis 12 Uhr; im Juli und August samstags geschlossen; telefonische Anmeldung erwünscht. *Fremdsprachen:* Französisch und Deutsch.

★ Confessore, Bianco di Merlot Ticino DOC, 🍷 der letzte (🍾 5.500 N *Pk.* B)
★ Rosàa dal Fraa, Rosato di Merlot Ticino DOC, 🍷 der letzte (🍾 5.500 N *Pk.* B)
★★ Enoteca Convento, Merlot del Ticino Rosso, 🍷 1996 (🍾 30.000 N *Pk.* B) 1996 (R.L.) 85
★★★ Sinfonia Barrique, Merlot del Ticino Rosso, 🍷 1995 (🍾 12.000 N B *Pk.* D) 1995 (R.L.) 90

BELLINZONA

Vinicola **Carlevaro**

6500, via San Gottardo 123, località Molinazzo di Bellinzona;
Tel. 091/8291044; Fax 8291456.
Nächste Autobahnausfahrt: Bellinzona nord.

Inhaber: Gian Piero Carlevaro. *Kundenbetreuung:* der Inhaber. *Produktionsleitung:* Gian Piero Carlevaro. *Besuchszeiten:* Montag bis Freitag, von 8 bis 12 Uhr und von 14 bis 18 Uhr, nach telefonischer Voranmeldung. *Fremdsprachen:* Französisch und Deutsch.

★ Albino, Bianco di Merlot Ticino DOC, 🍷 der letzte (N *Pk.* B)
★ Fior d'Autunno, Rosato di Merlot Ticino DOC, 🍷 der letzte (N *Pk.* B) 🍇 Merlot rot gekeltert
★★ La Murata, Merlot del Ticino Rosso Viti, 🍷 1996 (N *Pk.* B)
★★★ Ampelio, Merlot del Ticino Rosso, 🍷 1995; 1996 im Kommen (N B *Pk.* D) 1995 (R.L.) 88

CADEMARIO

Nächste Autobahnausfahrt: Lugano nord/Ponte Tresa.

Cantina **Monti**

6936, località ai Ronchi; Tel. 091/9229822; Fax 9229823.

Inhaber: Sergio Monti und Kinder. *Kundenbetreuung:* Sergio und Ivo Monti. *Produktionsleitung:* Daniele Maffei. *Besuchszeiten:* nur nach Vereinbarung. *Anbaufläche in ha.:* 15. *Fremdsprachen:* Französisch, Englisch, Spanisch und Deutsch.

★★ Bianco di Cademario Malcantone, Ticino DOC, 🍷 der letzte (4.000 N B *Pk.* C) 🍇 Riesling × Sylvaner (70%), Chardonnay (20%), Pinot Grigio (10%)
★★★ Rosso dei Ronchi del Malcantone, 🍷 1996 (2.500 N B *Pk.* D) 🍇 Merlot (80%), Cabernet Sauvignon (10%) und Diolynoir (10%) 1996 (R.L.) 89
★★★ Rovere Ceppi Nobili Europei, Merlot del Ticino Rosso, 🍷 1996 (6.000 N B *Pk.* C) 1996 (R.L.) 87

CAPOLAGO

Nächste Autobahnausfahrt: Mendrisio, dann Richtung Capolago/Lugano.

Vignoteca **Vecchia Masseria**

6825, via Cantine di Sopra 2; Tel. 091/6481175; Fax 6481444.

Inhaber: Eridano Luisoni. *Kundenbetreuung:* Luca Luisoni. *Produktionsleitung:* der Inhaber. *Besuchszeiten:* nur nach Vereinbarung. *Anbaufläche in ha.:* 3. *Fremdsprachen:* Französisch, Englisch und Deutsch.

- ★ Bianco Vecchia Masseria, Ticino DOC, der letzte (2.800 N *Pk.* B) Chardonnay (50%) und Chasselas (50%)
- ★ Rosato Vecchia Masseria, Merlot del Ticino DOC, der letzte (2.900 N *Pk.* B)
- ★ Primo Subinus, Merlot del Ticino Rosso, 1995 (5.800 N H *Pk.* B)
- ★ Quinta Generazione, Merlot del Ticino Rosso Vinatura, 1994 (4.500 N *Pk.* B)
- ★★ Vecchia Masseria Cabernet del Ticino Rosso, 1995 (6.300 N *Pk.* B) Cabernet Franc (50%) und Cabernet Sauvignon (50%) 1995 (R.L.) 83
- ★ Vecchia Masseria Merlot del Ticino Rosso, 1996 (16.700 N *Pk.* B)
- ★★ Vecchia Masseria Barriques, Merlot del Ticino Rosso, 1995; (N B *Pk.* C) 1995 (R.L.) 86

CASTEL SAN PIETRO

Nächste Autobahnausfahrt: Mendrisio.

Azienda Agricola **Avra-Caspiera**

6874, località Avra; Tel. 091/6469273; Fax 6468433.

Inhaber: Vittorio Carrozza. *Kundenbetreuung:* Rubio Domingo. *Besuchszeiten:* nur nach Vereinbarung. *Anbaufläche in ha.:* 5. *Fremdsprachen:* Spanisch.

- ♣ Colle d'Avra Kerner, Bianco Ticino DOC der letzte (N *Pk.* C)
- ★ Colle d'Avra Chardonnay, Bianco Ticino DOC der letzte (B *Pk.* D)
- ★★ Colle d'Avra Merlot del Ticino Rosso, 1996 (B *Pk.* D) 1996 (R.L.) 85

CHIASSO

Nächste Autobahnausfahrt: Chiasso.

Fratelli **Valsangiacomo fu Vittore**

6830, corso San Gottardo 107; Tel. 091/6836053; Fax 6837077.

Inhaber: Familie Valsangiacomo. *Kundenbetreuung:* Umberto Valsangiacomo. *Produktionsleitung:* Cesare Valsangiacomo und Matteo Rigatti. *Besuchszeiten:* Montag bis Samstag, von 9 bis 12 Uhr und von 14 bis 18 Uhr, nur auf Voranmeldung. *Fremdsprachen:* Französisch, Englisch, Spanisch und Deutsch.

- ★★ Ronco Grande Spumante Extra Brut, 🍷 1996 (N *Pk.* C) 🍇 Merlot, weiß gekeltert 1996 (R.L.) 85
- ★ Il Mattirolo, Bianco del Mendrisiotto DOC, 🍷 der letzte (N *Pk.* B) 🍇 Chasselas (40%), Semillon (30%) und Sauvignon (30%)
- ★ L'Ammonite, Bianco di Merlot Ticino DOC, 🍷 der letzte (N *Pk.* B) 🍇 Merlot, weiß gekeltert
- ♣ Symposion, Bianco di Merlot Ticino DOC, 🍷 der letzte (N *Pk.* C)
- ★ Cagliostro, Rosato di Merlot Ticino DOC, 🍷 der letzte (N *Pk.* B)
- ★★ Cuvée Speciale, Merlot del Ticino Rosso, 🍷 1996 (H *Pk.* C) 1996 (R.L.) 85
- ★★ Don Giovanni, Merlot del Ticino Rosso, 🍷 1995 (N H *Pk.* C) 1995 (R.L.) 84
- ★ L'Ariete, Merlot del Ticino Rosso Viti, 🍷 1996 (N H *Pk.* B)
- ★ Pedrinate, Merlot del Ticino Rosso del Piccolo Ronco, 🍷 1995 (N H *Pk.* C)
- ★ Roncobello, Merlot del Ticino Rosso di Morbio Inferiore, 🍷 1995 (N H *Pk.* C)
- ★ Riserva di Bacco, Merlot del Ticino Rosso Viti, 🍷 1996 (N H *Pk.* B) 1996 (R.L.) 84
- ★★★ Rubro, Merlot del Ticino Rosso barrique, 🍷 1994 (N B *Pk.* D) 1994 (R.L.) 87

Besonderes: Die Firma Valsangiacomo (Gründungsjahr 1831) ist einer der ältesten Tessiner Weinhersteller.

COLDRERIO

Nächste Autobahnausfahrt: Mendrisio.

Tenuta Vitivinicola **Trapletti Lorenzo & Figli**

6851, via Mola 34; Tel. 091/6464508.

Inhaber: Trapletti Lorenzo. *Kundenbetreuung:* der Inhaber und seine Kinder. *Produktionsleitung:* Enrico Trapletti. *Besuchszeiten:* nur nach telefonischer Vereinbarung. *Anbaufläche in ha.:* 2. *Fremdsprachen:* Französisch und Deutsch.

- ★ Bianc da Culdrée, Bianco Ticinese DOC, 🍷 der letzte (N *Pk.* A) 🍇 Chardonnay (60%) und Chasselas (40%)

★ Campagnola, Rosato di Merlot Ticino DOC, 🍷 der letzte (N *Pk.* A)

★ Coldrerio, Merlot del Ticino Rosso, 🍷 1996 (🍾 3.000 N *Pk.* B)

CORTEGLIA

Nächste Autobahnausfahrt: Mendrisio.

Azienda Agricola **I Trii Pin**

6851; Tel. 091/6460504.

Inhaber: Mauro Ortelli. *Kundenbetreuung:* der Inhaber. *Produktionsleitung:* der Inhaber. *Besuchszeiten:* täglich, außer Sonntag, nur nach Vereinbarung. *Anbaufläche in ha.:* 0,6. *Fremdsprachen:* Französisch und Deutsch.

★★ Bianco di Corteglia, Bianco Ticinese, 🍷 1996 (🍾 4.000 N *Pk.* B) 🍇 Sauvignon (34%), Semillon (33%) und Chasselas (33%) 1996 (R.L.) 85

★ I Trii Pin, Merlot del Ticino Rosso, 🍷 1996 (🍾 13.000 N *Pk.* B) 1996 (R.L.) 83

♣ Novi dal Drumpa, Bianco Ticinese barrique, 🍷 1996 (N B *Pk.* D) 🍇 Sauvignon

★★ Novi dal Drumpa, Rosso Ticinese barrique, 🍷 1996 (🍾 2.000 N B *Pk.* D) 🍇 Merlot (95%), Cabernet Franc und Cabernet Sauvignon (5%) 1996 (R.L.) 86

Besonderes: Der neue Novi dal Drumpa Rosso kommt im März 1999 auf den Markt.

Azienda Vitivinicola **Parravicini**

6851; Tel. und Fax 091/6465013.

Inhaber: Luca und Antonio Parravicini. *Kundenbetreuung:* Antonio Parravicini. *Produktionsleitung:* Luca Parravicini. *Besuchszeiten:* täglich, nach Vereinbarung. *Anbaufläche in ha.:* 1. *Fremdsprachen:* Französisch und Deutsch.

★ Paravexinis, Bianco del Ticino DOC, 🍷 der letzte (🍾 8.000 N *Pk.* A) 🍇 Merlot (90%) weiß gekeltert und Chardonnay (10%)

★ Rosignolo, Rosato di Merlot Ticino DOC, 🍷 der letzte (🍾 3.000 N *Pk.* A)

★ La Crus, Merlot del Ticino Rosso, 🍷 1996 (🍾 10.000 N *Pk.* A)

★ I Cauri, Merlot del Ticino Rosso, 🍷 1996 (N B *Pk.* B)

CROGLIO

Nächste Autobahnausfahrt: Ponte Tresa/Lugano nord.

Viticoltore **Christian Zundel**

6980, Castelrotto; Tel. und Fax 091/6082440.

Inhaber: Christian Zundel. *Kundenbetreuung:* der Inhaber. *Produktionsleitung:* der Inhaber. *Besuchszeiten:* nur nach Vereinbarung. *Fremdsprachen:* Französisch, Englisch und Deutsch.

- ♣ Velabona, Chardonnay Barriques, 🍷 1996 (H *Pk.* D) — 1996 (R.L.) 85
- ○ Orizzonte, Rosso del Malcantone, 🍷 1996 (14.500 B *Pk.* E) Merlot (88%) und Cabernet Sauvignon (12%) — 1996 (R.L.) 92
- ★★★ Terraferma, Merlot del Ticino Rosso, 🍷 1996 (16.300 B *Pk.* D) — 1996 (R.L.) 88

Besonderes: Zundel behauptet sich als einer der beeindruckendsten kleinen Tessiner Winzer.

GIUBIASCO

Nächste Autobahnausfahrt: Bellinzona sud.

CAGI – Cantina Giubiasco

6512, via Linoleum; Tel. 091/8572531; Fax 8577912.

Geschäftsführer: Adriano Petralli. *Kundenbetreuung:* Anna Laurini. *Produktionsleitung:* Adriano Petralli. *Besuchszeiten:* Montag bis Freitag, außer während der Weinlese. *Fremdsprachen:* Französisch, Englisch und Deutsch.

- ★ Bucaneve, Bianco di Merlot Ticino DOC, 🍷 der letzte (N *Pk.* B)
- ★ Terre di Bianco, Chardonnay del Ticino DOC, 🍷 der letzte (N *Pk.* B)
- ★ Tre Rose, Rosato di Merlot Ticino DOC, 🍷 der letzte (N *Pk.* B)
- ★ Alba, Merlot del Ticino Rosso Viti, 🍷 1995 (N H *Pk.* B)
- ★ Bondola, Rosso del Ticino DOC, 🍷 der letzte (N *Pk.* A) Bondola, eine autochthone Rebe von Sopraceneri
- ★ Sarecc, Merlot di Losone Rosso, 🍷 1995, 1996 im Kommen (N H *Pk.* C) — 1995 (R.L.) 84
- ★★ Camorino Ronchi del Contado, Merlot del Ticino Rosso, 🍷 1993, 1995 im Kommen (N B *Pk.* C) — 1993 (R.L.) 87
- ★★ Monte Carasso Ronchi del Contado, Merlot del Ticino Rosso, 🍷 1995 (N B *Pk.* C) — 1995 (R.L.) 86

★ Sementina Ronchi del Contado, Merlot del Ticino Rosso, 🍷 1995 (N B *Pk.* C) 1995 (R.L.) 84

★★ Riserva Speciale, Merlot del Ticino Rosso, 🍷 1995 (N H *Pk.* B) 1995 (R.L.) 87

GORDOLA

Nächste Autobahnausfahrt: Bellinzona sud.

Cantina **Ai Portici**

6596, località Soleggio 24; Tel. 091/7456724.

Inhaber: Marco Borradori und Graziano Carrara. *Kundenbetreuung:* die Inhaber. *Produktionsleitung:* die Inhaber. *Besuchszeiten:* nur nach Vereinbarung. *Anbaufläche in ha.:* 1. *Fremdsprachen:* Französisch, Spanisch und Deutsch.

★ Bisbiglio, Merlot del Ticino rosso, 🍷 1996 (5.000 N *Pk.* B)

♣ Il Bacio d'Amore, Merlot del Ticino rosato, 🍷 der letzte (N *Pk.* B)

★ Merlot Bondola rosso, 🍷 der letzte (N *Pk.* B)
Merlot (60%) und Bondola (40%)

GUDO

Nächste Autobahnausfahrt: Bellinzona sud.

Cantina **Pian Marnino**

6515, Tel. 091/8592319; Fax 8594146.

Inhaber: Tiziano Tettamanti. *Kundenbetreuung:* der Inhaber und Mirto Ferretti. *Produktionsleitung:* Mirto Ferretti. *Besuchszeiten:* nach telefonischer Vereinbarung. *Anbaufläche in ha.:* 1,5. *Fremdsprachen:* Französisch und Deutsch.

♣ Pian Marnino Bianco di Merlot Ticino DOC, 🍷 der letzte (N *Pk.* B)

★ Pian Marnino Rosato di Merlot Ticino DOC, 🍷 der letzte (3.000 N *Pk.* B)

★ Pian Marnino Merlot del Ticino Rosso, 🍷 1996 (6.000 N *Pk.* B) 1996 (R.L.) 85

★★★ Oro del Pian Marnino, Rosso del Ticino, 🍷 1995 (2.500 N B *Pk.* D)
Merlot (85%), Cabernet Franc und Cabernet Sauvignon (15%) 1995 (R.L.) 88

Besonderes: Mirto Ferretti arbeitet beim Eidgenössischen Büro für Agrarforschung in Cadenazzo (Tel.091/8502033).

LAMONE

Nächste Autobahnausfahrt: Lugano nord/Ponte Tresa.

Azienda Vitivinicola **Franchini Francesco**

6814, via Girella; Tel. 091/9665353.

Inhaber: Francesco Franchini. *Kundenbetreuung:* Paola Franchini. *Produktionsleitung:* Francesco Franchini. *Besuchszeiten:* nur nach Vereinbarung. *Anbaufläche in ha.:* 1. *Fremdsprachen:* Französisch, Englisch und Deutsch.

★★ Poggio del Cinghiale, Rosso del Ticino, 🍷 1996 (🍾 3.000 [N] [B] *Pk.* B) 🍇 Merlot (90%) und Cabernet Sauvignon (10%) — 1996 (R.L.) 85

Vini Eredi Carlo **Tamborini**

6814, strada Cantonale; Tel. 091/9453434; Fax 9452833.

Inhaber: Claudio Tamborini. *Kundenbetreuung:* der Inhaber. *Produktionsleitung:* Bruno Bernasconi und Michele Conceprio. *Besuchszeiten:* Montag bis Freitag, von 8 bis 12 Uhr und von 14 bis 18 Uhr, nach Vereinbarung, außer im August und während der Weinlese. *Anbaufläche in ha.:* ca. 25. *Fremdsprachen:* Französisch und Deutsch.

★★★ Castello di Morcote, Merlot del Ticino Rosso, 🍷 1996 (🍾 25.000 [N] [H] [B] *Pk.* D) — 1996 (R.L.) 89

★★★ Comano Vigneto ai Brughi, 🍷 1996 (🍾 6.100 [N] [B] *Pk.* D) — 1996 (R.L.) 91

♣ Collivo Tenuta Colle degli Ulivi, Bianco Ticinese DOC, 🍷 der letzte (🍾 39.700 [N] *Pk.* B) 🍇 Chasselas (60%) und Merlot (40%)

♣ Collivo Rosato Tenuta Colle degli Ulivi, Rosato di Merlot Ticino DOC, 🍷 der letzte ([N] *Pk.* B)

★ Collivo Tenuta Colle degli Ulivi, Merlot del Ticino Rosso, 🍷 1995 ([N] *Pk.* B) — 1995 (R.L.) 84

★★ Collivo Tenuta Colle degli Ulivi, Merlot del Ticino Riserva Rosso, 🍷 1996 (🍾 5.900 [N] [B] *Pk.* D) — 1996 (R.L.) 87

♣ San Zeno Riserva, Merlot del Ticino Rosso, 🍷 1996 (🍾 29.000 [N] [H] *Pk.* D) — 1996 (R.L.) 86

Besonderes: Claudio Tamborini könnte sich in der nahen Zukunft mit seinem Castello di Morcote eine Sonne verdienen.

LIGORNETTO

Nächste Autobahnausfahrt: Mendrisio/Stabio.

Viticoltori **Vinattieri Ticinesi**

6853, via Comi; Tel. 091/6473333; Fax 6473432.

Inhaber: Luigi Zanini. *Kundenbetreuung:* Sergio Crivelli. *Produktionsleitung:* Daniele Maffei. *Besuchszeiten:* Montag bis Freitag, nach Vereinbarung. *Fremdsprachen:* Französisch, Englisch und Deutsch.

★★★ Vinattieri, Merlot del Ticino Rosso, 🍷 1995 (🍾 10.000 H B *Pk.* E) 1995 (R.L.) 90

★★ Ligornetto, Merlot del Ticino Rosso, 🍷 1995 (🍾 12.700 H B *Pk.* E) 1995 (R.L.) 86

LOSONE

Nächste Autobahnausfahrt: Bellinzona sud, dann Richtung Locarno.

Vini e Distillati **Angelo Delea**

6616, zona industriale Zandone 11; Tel. 091/7910817; Fax 7915908.

Inhaber: Angelo Delea. *Kundenbetreuung:* der Inhaber und Gino Fontana (Verkaufsleiter). *Produktionsleitung:* der Inhaber. *Besuchszeiten:* Montag bis Freitag, von 14 bis 17 Uhr, Samstag von 9 bis 12 Uhr. *Fremdsprachen:* Französisch, Englisch und Deutsch.

★ Charme, Spumante Brut di Merlot, 🍷 der letzte (🍾 20.000 N *Pk.* B) 🍇 Merlot, weiß gekeltert 1997 (R.L.) 85

★ Apocalisse, Bianco Ticinese DOC, 🍷 der letzte (🍾 12.000 N *Pk.* B) 🍇 Sauvignon (40%), Chasselas (30%) und Chardonnay (30%)

★ Chiar di Luna, Bianco di Merlot Ticino DOC, 🍷 der letzte (🍾 20.000 N *Pk.* B)

★★ Il Chardonnay, Bianco del Ticino DOC, 🍷 der letzte (🍾 9.000 B *Pk.* D) 1997 (R.L.) 86

★★ Carato, Merlot del Ticino Rosso, 🍷 1995 (🍾 12.000 N B *Pk.* D)

★★★ Carato Riserva, Merlot del Ticino Rosso, 🍷 1995 (🍾 4.500 N B *Pk.* E) 🍇 Merlot aus Monte Dato 1995 (R.L.) 89

♣ Progero e Caneggio, Merlot di Gudo Rosso, 🍷 1996 (🍾 9.000 N B *Pk.* B) 🍇 Merlot (92%) und Cabernet Franc (8%)

LOSONE

★ Saleggi, Merlot di Losone Rosso,
🍷 1996 (🍾 12.000 N B *Pk.* B) 1996 (R.L.) 85

★★ San Carlo, Merlot del Locarnese Rosso,
🍷 1995 (🍾 9.000 N H *Pk.* C) 🍇 Merlot (90%) und Cabernet Franc (10%) 1995 (R.L.) 86

LUGANO

Nächste Autobahnausfahrt: Lugano sud.

Fattoria **Moncucchetto**

6900, via Crivelli 29; Tel. 091/9667363; Fax 9227177.

Inhaber: Niccolò und Arrigo Lucchini. *Kundenbetreuung:* die Inhaber. *Produktionsleitung:* Niccolò und Lisetta Lucchini. *Besuchszeiten:* täglich. *Anbaufläche in ha.:* 25. *Fremdsprachen:* Französisch und Deutsch.

★ Vite Bianca, Bianco del Ticino DOC, 🍷 der letzte (N *Pk.* B) 🍇 Chasselas (40%), Merlot, weiß gekeltert (20%), Chardonnay (20%) und Pinot Nero, weiß gekeltert (20%)

★ Moncucchetto Merlot del Ticino Rosso, 🍷 1996 (N H *Pk.* B)

★★ Moncucchetto, Merlot del Ticino Rosso Barriques,
🍷 1996 (🍾 4.000 B *Pk.* D) 1996 (R.L.) 86

Besonderes: Einige neue Weine auf der Grundlage von Cabernet Sauvignon, Pinot Nero und Chardonnay Musquè befinden sich noch in der Ausbauphase.

MANNO

Nächste Autobahnausfahrt: Lugano nord/Ponte Tresa.

La Cappellaccia

6928, via strada Regina; Tel. 091/6054476; Fax 6046471.

Inhaber: Giancarlo Muschi. *Kundenbetreuung:* der Inhaber. *Besuchszeiten:* nach telefonischer Vereinbarung. *Anbaufläche in ha.:* 4,5. *Fremdsprachen:* Französisch und Deutsch.

♣ Baculus, Bianco del Ticino 🍷 1996 (🍾 3.000 N *Pk.* D) 🍇 Chardonnay (50%), Semillon (25%) und Sauvignon (25%) 1996 (R.L.) 86

★ Le Orchidee, Merlot del Ticino Rosso,
🍷 1995 (🍾 10.000 N *Pk.* C) 🍇 Merlot aus Sottoceneri

★★ Merlot di Manno, Rosso del Ticino,
🍷 1996 (🍾 2.000 N B *Pk.* D) 1996 (R.L.) 84

★★★ Purpuratum, Merlot del Ticino Rosso
🍷 1995 (🍾 7.000 N B *Pk.* E) 1995 (R.L.) 90

MENDRISIO

Nächste Autobahnausfahrt: Mendrisio.

Cantina Sociale di Mendrisio

6850, via Bernasconi 22; Tel. 091/6464621; Fax 6464364.

Geschäftsführer: Sandro Guarneri. *Kundenbetreuung:* Mattias Schmidt. *Produktionsleitung:* Francesco Tettamanti. *Besuchszeiten:* Montag bis Freitag, von 9 bis 11 Uhr und von 14 bis 17 Uhr, nur nach Vereinbarung. *Fremdsprachen:* Französisch, Englisch und Deutsch.

♣ Tenuta Montalbano Bianco di Merlot Ticino DOC, der letzte (N *Pk.* B) 1997 (R.L.) 83

★ Vibiano, Bianco Ticinese DOC, der letzte (N *Pk.* A) Chasselas (60%), Chardonnay (15%), Merlot, weiß gekeltert, Kerner und Sauvignon (25%)

★★ Castel San Pietro, Merlot del Ticino Rosso, 1995 (N *Pk.* B) 1995 (R.L.) 85

★ Stario, Merlot Valli Riviera e Blenio Rosso Viti, 1995 (N H *Pk.* A)

★★ Tenuta Montalbano, Merlot del Ticino Rosso, 1995 (N H *Pk.* B) 1995 (R.L.) 86

Casa Vinicola **Gialdi**

6850, via Vignoo 3; Tel. 091/6464021; Fax 6466706.

Geschäftsführer: Feliciano Gialdi. *Kundenbetreuung:* Luca Ferrari. *Produktionsleitung:* Giuseppe Rattazzo. *Besuchszeiten:* Montag bis Freitag, von 8 bis 12 Uhr und von 13.30 bis 17 Uhr, nach telefonischer Vereinbarung. *Fremdsprachen:* Französisch und Deutsch.

★ Terre Alte, Bianco di Merlot Ticino DOC, der letzte (N *Pk.* B)

★ Tre Valli, Rosato di Merlot Ticino DOC, der letzte (N *Pk.* B)

★★ Biancospino, Pinot-Chardonnay Bianco Ticinese DOC, der letzte (B *Pk.* D) Pinot Nero, weiß gekeltert (70%) und Chardonnay (30%) 1997 (R.L.) 87

♣ Ramolo, Pinot Grigio Ticino DOC, der letzte (N *Pk.* B)

★ Biasca, Merlot di Biasca Rosso Viti, 1996 (N H *Pk.* B)

★★ Biasca Premium, Merlot di Biasca Rosso, 1995 (N H *Pk.* B) 1995 (R.L.) 86

★ Giornico, Merlot di Giornico Rosso Viti, 1996 (N H *Pk.* B)

★★ Giornico Riserva Oro, Merlot di Giornico Rosso, 1996 (N H B *Pk.* C) 1996 (R.L.) 87

★ Il Gabbiano, Merlot del Ticino Rosso Viti, 1996 (N H *Pk.* B)

★ Malvaglia, Merlot di Malvaglia Rosso, 🍷 1996 (N H *Pk.* B)
★★★ Sassi Grossi, Merlot del Ticino Rosso, 🍷 1995; 1996 im Kommen (B *Pk.* E) 1995 (R.L.) 93

Besonderes: Die Firma Gialdi hat die ehemalige Kellerei Roberti Foc von Bodio übernommen und nun findet die gesamte Produktion in Bodio statt. Der Sassi Grossi hat sich wieder einmal als einer der bedeutendsten Schweizer Rotweine bestätigt. (R.L.)

I Vini di Guido Brivio

6850, via Vignoo 8; Tel. 091/6460757; Fax 6460805.

Inhaber: Guido Brivio. *Kundenbetreuung:* der Inhaber und Cinzia Brivio Barin. *Produktionsleitung:* der Inhaber. *Besuchszeiten:* Montag bis Freitag, von 8 bis 12 Uhr und von 14 bis 16 Uhr, nach telefonischer Vereinbarung.

★ La Contrada, Bianco di Merlot Ticino DOC, 🍷 der letzte (🍾 30.000 N *Pk.* B)
★ Gran Rosé, Rosato di Merlot Ticino DOC, 🍷 der letzte (🍾 9.000 N *Pk.* B)
★ Baiocco, Merlot del Ticino Rosso, 🍷 1996 (🍾 28.000 N H *Pk.* B)
★★ Bianco Rovere, Bianco di Merlot Ticino DOC, 🍷 der letzte (🍾 33.000 B *Pk.* D)
★★★ Riflessi d'Epoca Merlot del Ticino Rosso, 🍷 1996 (🍾 25.000 N B *Pk.* D) 1996 (R.L.) 88
★★ Donnay, Bianco Ticinese DOC, 🍷 der letzte (🍾 8.000 B *Pk.* D) 🍇 Chardonnay (70%) und Pinot Nero (30%) 1997 (R.L.) 87
★★ Vigna d'Antan, Rosso del Ticino, 🍷 1996 (🍾 8.000 N H B *Pk.* D) 🍇 Merlot (70%) und Cabernet Franc (30%) 1996 (R.L.) 86

Besonderes: Interessant für den Besucher ist der in den Felsen von Monte Generoso gehauene Weinkeller.

MONTE CARASSO

Nächste Autobahnausfahrt: Bellinzona sud.

Cantina **Blattmann**

6513, Monte Carasso; Tel. 091/8253247; Privat: via Tabiò 2, 6500 Bellinzona; Tel. 091/8251903.

Inhaber: Walter Blattmann. *Kundenbetreuung:* der Inhaber und Janine Blattmann. *Produktionsleitung:* der Inhaber. *Besuchszeiten:* am Wochenende, nur nach telefonischer Vereinbarung. *Anbaufläche in ha.:* 0,32. *Fremdsprachen:* Französisch und Deutsch.

★ Bondola di Bellinzona Rosso, 🍷 1996 (N Pk. B) Bondola
★ Merlot del Ticino Rosso, 🍷 1996 (N B Pk. C)
★ Rebus, Merlot del Ticino Rosso barriques, 🍷 1996 (N B Pk. B) 1996 (R.L.) 84

MONTEGGIO

Nächste Autobahnausfahrt: Lugano nord/Ponte Tresa.

Azienda Vitivinicola **Hostettler**

6998, località Tiradelza di Monteggio;
Tel. 091/6081178; Fax 6082833.

Inhaber: Massimo Hostettler. *Kundenbetreuung:* der Inhaber. *Produktionsleitung:* der Inhaber. *Besuchszeiten:* täglich, nur nach telefonischer Vereinbarung. *Fremdsprachen:* Französisch, Englisch und Deutsch.

★★ Il Satiro Rosso del Malcantone, 🍷 1996 (B Pk. C) Merlot (60%), Cabernet Sauvignon (40%) 1996 (R.L.) 87
★ San Martino, Merlot del Ticino Rosso, 🍷 1996 (N Pk. B)

Viticoltore **Daniele Huber**

6998, Termine di Monteggio; Tel. und Fax 091/6081754.

Inhaber: Daniele Huber. *Kundenbetreuung:* der Inhaber. *Produktionsleitung:* der Inhaber. *Besuchszeiten:* nur nach Vereinbarung. *Anbaufläche in ha.:* 3. *Fremdsprachen:* Französisch, Englisch und Deutsch.

★★ Ronco di Persico, Merlot del Ticino Rosso, 🍷 1995 (5.000 N H Pk. C) Merlot (96%) und Pinot Nero (4%) 1996 (R.L.) 87
★★★ Montagna Magica, Rosso del Malcantone, 🍷 1996 (7.000 N B Pk. E) Merlot (95%), Cabernet Sauvignon und Cabernet Franc (5%) 1996 (R.L.) 90

MORBIO INFERIORE

Nächste Autobahnausfahrt: Chiasso.

Azienda Agricola **Cormano Masseria di Ligrignano**

6834, via Vincenzo Vela 15; Tel. und Fax 091/6831565.

Inhaber: Pasquale Cormano. *Kundenbetreuung:* Giuliano Cormano. *Produktionsleitung:* Pasquale und Giuliano Cormano. *Besuchszei-*

ten: täglich, nur nach Vereinbarung. *Anbaufläche in ha.:* 4. *Fremdsprachen:* Französisch und Deutsch.

★ Beatrice, Merlot del Ticino Rosso,
🍷 1995; 1996 im Kommen (🍾 10.000 N *Pk.* C)

Besonderes: Zur Zeit ist Giuliano Cormano Präsident der Proviti.

PURASCA

Nächste Autobahnausfahrt: Lugano nord/Pontre Tresa.

Klausener Eric di Bentivegni

6989, Tel. 091/6063522; Fax 091/6063522 und 9461801.

Inhaber: Eric Klausener. *Kundenbetreuung:* der Inhaber. *Produktionsleitung:* der Inhaber. *Besuchszeiten:* nach telefonischer Vereinbarung. *Anbaufläche in ha.:* 1,5. *Fremdsprachen:* Französisch und Deutsch.

★ Chiaretto Ticinese DOC, 🍷 der letzte (🍾 2.000 N *Pk.* B)
🍇 Merlot 1996 (R.L.) 84
♣ Trevano Bianco di Merlot, 🍷 1996 (B *Pk.* D)
★ Malcantonissimo, Merlot del Ticino Rosso,
🍷 1996 (🍾 6.000 N *Pk.* B) 1996 (R.L.) 85
★★ Trevano, Merlot del Ticino Rosso,
🍷 1996 (🍾 4.500 B *Pk.* D) 1996 (R.L.) 86
★★★ Gran Riserva di Trevano, Merlot del Ticino Rosso,
🍷 1996 (N B *Pk.* E) 1996 (R.L.) 92

RIVERA

Nächste Autobahnausfahrt: Rivera-Monte Ceneri.

Azienda **Del Portico**

6802, Casa del Portico; Tel. 091/9461282; Fax 9461801.

Inhaber: Werner Stucky. *Kundenbetreuung:* der Inhaber. *Produktionsleitung:* der Inhaber. *Besuchszeiten:* nur nach telefonischer Vereinbarung. *Fremdsprachen:* Französisch und Deutsch.

★★★ Conte di Luna Rosso, 🍷 1996 (🍾 2.000 N B *Pk.* E)
🍇 Merlot und Cabernet Sauvignon 1996 (R.L.) 89
★★ Tracce di Sassi, Merlot del Ticino Rosso, 🍷 1996
(🍾 12.000 N B *Pk.* E) 1996 (R.L.) 85

ROVIO

Nächste Autobahnausfahrt: Campione d'Italia/Bissone.

Vini **Rovio Ronco**

6821, In Basso–via Perada; Tel. 091/6495831; Fax 6497812.

Kundenbetreuung: Gianfranco Chiesa, auch Produktionsleiter. *Besuchszeiten:* nach telefonischer Vereinbarung. *Anbaufläche in ha.:* 6 Hektar, die alle nach der «Ergänzungsmethode» angebaut werden. *Fremdsprachen:* Französisch, Englisch und Deutsch.

★★ Bianco di Pugerna, Ticino DOC, der letzte (3.000 N *Pk.* B) Chasselas

★★ Chardonnay di Rovio, Ticino DOC, der letzte (5.000 N *Pk.* C) 1997 (R.L.) 86

★ Rovio, Merlot del Ticino Rosso, 1996 (20.000 N *Pk.* B)

★★ Rovio Riserva, Merlot del Ticino Rosso, 1996 (5.000 N B *Pk.* D) 1996 (R.L.) 87

★ Pugerna, Merlot del Ticino Rosso, 1996 (3.000 N *Pk.* B)

★★ Vincenzo Vela, Rosso di Ligornetto, 1996 (3.000 N *Pk.* B) Merlot (90%), Cabernet Franc (5%) und Cabernet Sauvignon (5%) 1996 (R.L.) 86

SEMENTINA

Nächste Autobahnausfahrt: Bellinzona sud.

Collina di Sementina

6514, località al Mondò; Tel. 091/8572321.

Inhaber: Peter Gauch. *Kundenbetreuung:* der Inhaber. *Produktionsleitung:* der Inhaber. *Besuchszeiten:* Mittwochnachmittag, nach telefonischer Vereinbarung. *Anbaufläche in ha.:* 0,8.

★ Collina di Sementina Chardonnay Ticino DOC, der letzte (N *Pk.* C)

★ Collina di Sementina Chardonnay barriques, 1996 (H *Pk.* D)

★ Collina di Sementina Merlot Rosso, 1996 (N *Pk.* B) 1996 (R.L.) 84

★★ Collina di Sementina Merlot Riserva Rosso, 1995; 1996 im Kommen (5.000 N B *Pk.* D) Merlot (92%) und Cabernet Sauvignon (8%) 1995 (R.L.) 86

STABIO

Nächste Autobahnausfahrt: Mendrisio/Stabio.

Tenuta Viticola **Roberto Ferrari**

6855, via Mulino 6; Tel. 091/6471234.

Inhaber: Roberto Ferrari. *Kundenbetreuung:* der Inhaber. *Produktionsleitung:* Sacha Pelossi. *Besuchszeiten:* Dienstag und Donnerstag, nur nach Vereinbarung. *Anbaufläche in ha.:* 0,3. *Fremdsprachen:* Französisch und Deutsch.

- ★ Chardonnay, 🍷 1996 (B *Pk.* D)
- ♣ Castanar, Merlot del Ticino Rosso, 🍷 1996 (N B *Pk.* D) 1996 (R.L.) 85
- ♣ Loto, Rosso di Syrah, 🍷 1996 (N B *Pk.* C) 1996 (R.L.) 84

Tenuta Prelletta

6855, via Colorine; Tel. 091/6471940.

Inhaber: Familie Christen. *Kundenbetreuung:* Andrea Christen. *Produktionsleitung:* Alessandro Christen und Daniele Bianco. *Besuchszeiten:* werktags von 9 bis 12 Uhr und von 14 bis 18 Uhr. *Anbaufläche in ha.:* 20. *Fremdsprachen:* Französisch und Deutsch.

- ★ Tenuta Prelletta Rosso, 🍷 1992, 1993 und 1994 im Kommen (🍾 4.500 N H *Pk.* A) 🍇 Merlot (85%) und Cabernet Sauvignon (15%) 1994 (R.L.) 84

Besonderes: Die Weine der Tenuta Prelletta werden alle aus dem Ertrag eines einzigen Weinbergs hergestellt und reifen mindestens ein Jahr auf der Flasche.

TREMONA

Nächste Autobahnausfahrt: Mendrisio/Stabio, Ausfahrt Arzo/Rancate.

Cantine **Latini**

6865, Tremona; Tel. 091/6463317.

Inhaber: Edoardo Latini. *Kundenbetreuung:* Barbara Latini. *Produktionsleitung:* Edoardo Latini. *Besuchszeiten:* täglich nur nach telefonischer Vereinbarung. *Anbaufläche in ha.:* 3. *Fremdsprachen:* Französisch und Deutsch.

- ★ Bianco di Sant'Agata Vigneti di Tremona, Bianco Ticinese DOC, 🍷 der letzte (N *Pk.* A) 🍇 Chasselas (70%) und Riesling × Sylvaner (30%)

★ Riesling Sylvaner Vigneti di Tremona, 🍷 1996 ([N] *Pk.* B)
★ Tremonti, Merlot del Ticino Rosso, 🍷 1996
(🍾 3.500 [N] [H] *Pk.* B)

Diese fünf Symbole sind neu im Veronelli:

🍷	empfohlene Jahrgänge eines Weines
ha 3,5	Anbaufläche in Hektar, auf der ein bestimmter Wein erzeugt wird
🍾	Anzahl der vom genannten Wein ausgebauten Flaschen
★≈	ein hervorragender Wein, der neu in diesen Führer aufgenommen wurde und bei der Verkostung auf Anhieb mindestens 90 Punkte erhielt
⊙	besonders gutes Preis/Leistungs-Verhältnis

Stilvoll nächtigen in Bella Italia...

So wird der Italien-Urlaub noch schöner: Ein topaktueller Überblick über reizvolle kleine Hotels und Pensionen, die eingehend geprüft wurden und hier ausführlich beschrieben sind. Dabei sind die tatsächlichen Wünsche der Reisenden berücksichtigt und zahlreiche nützliche Informationen beigegeben.

238 Seiten, Broschur
DM 28,-/öS 204,-/sFr 26,-
ISBN 3-453-15624-2

HEYNE

Index der Kometen

Index der neuen Weine

Hier finden Sie alle Weine aufgelistet, die zum ersten Mal im Führer erscheinen oder nach langer Abwesenheit wieder aufgenommen wurden.

ABRUZZEN

AOSTATAL

APULIEN

EMILIA ROMAGNA

FRIAUL/JULISCH VENETIEN

KALABRIEN

KAMPANIEN

LATIUM

LIGURIEN

LOMBARDEI

MARKEN

MOLISE

PIEMONT

SARDINIEN

SIZILIEN

SÜDTIROL

TESSIN

TOSKANA

TRENTINO

UMBRIEN

VENETIEN

Index der Weine

B

D

F

G

K

L

M

P

Q

R

S

U

V

Index der Produzenten

D

E

F

G

H

I

M

N

Q

R

S

W

T

U

V

W

T

Südtirol (Alto Adige)

Deutsches Namensverzeichnis der Orte Südtirols, in denen sich im Führer besprochene Weingüter befinden.

ANDRIAN	siehe	ANDRIANO
AUER	siehe	ORA
BOZEN	siehe	BOLZANO
BRANZOLL	siehe	BRONZOLO
BRIXEN	siehe	BRESSANONE
EPPAN	siehe	APPIANO
KALTERN	siehe	CALDARO
KASTELBELL	siehe	CASTELBELLO
KLAUSEN	siehe	CHIUSA
KURTATSCH	siehe	CORTACCIA
KURTINIG	siehe	CORTINA
MARGREID	siehe	MAGRE'
MARLING	siehe	MARLENGO
MERAN	siehe	MERANO
MÖLTEN	siehe	MELTINA
MONTAN	siehe	MONTAGNA
NALS	siehe	NALLES
NATURNS	siehe	NATURNO
NEUMARKT	siehe	EGNA
SALURN	siehe	SALORNO
TERLAN	siehe	TERLANO
TRAMIN	siehe	TERMENO
TSCHERMS	siehe	CERMES
VAHRN	siehe	VARNA

Z

Stilvoll nächtigen in Bella Italia...

So wird der Italien-Urlaub noch schöner: Ein topaktueller Überblick über reizvolle kleine Hotels und Pensionen, die eingehend geprüft wurden und hier ausführlich beschrieben sind. Dabei sind die tatsächlichen Wünsche der Reisenden berücksichtigt und zahlreiche nützliche Informationen beigegeben.

238 Seiten, Broschur
DM 28,-/öS 204,-/sFr 26,-
ISBN 3-453-15624-2

HEYNE

Importeure mit einer großen Auswahl italienischer Weine und Spirituosen

La Cantina
10965 Berlin, Kreuzbergstr. 76
Tel.: 030/7858793; Fax: 030/7865259

La Cantina – Weinbar
14467 Potsdam, Gutenbergstr. 30
Tel.: 0331/2704969; Fax: 0331/2803738

Castel Cosimo, italienisches Weinlager GmbH
20097 Hamburg, Heidenkampsweg 84
Tel.: 040/234443; Fax: 040/230386
http://www.castelcosimo.de

LA VIGNA WEINE
20144 Hamburg, Beim Schlump 10–12
Tel.: 040/452091; Fax: 040/4504032

Bordeaux-Import-Kontor*
20207 Hamburg, Postfach 201731
Tel.: 0130/832255; Fax: 0130/835983

BORDEAUX
IMPORT-KONTOR
EIN FUCHS-UNTERNEHMEN
Weine · Champagner · Brände
Weltimporte

Postfach 201731 · 20207 Hamburg
Tel. 0130/832255 · Fax 0130/835983

La Cantina Italiana GmbH
21614 Buxtehude, Abtstraße 8
Tel.: 04161/53533; Fax: 04161/53460

GES Generalagentur Sorrentino*
27755 Delmenhorst, Riedeweg 275
Tel.: 04221/9252-41 oder -42; Fax: 04221/9252-43

Eggers & Franke
28195 Bremen, Töferbohm 8
Tel.: 0421/30530; Fax: 0421/3053110

Gisy Vino anspruchsvolle ital. Weine,
Vinoteca und Ristorante Gallo Nero
30655 Hannover, Groß-Buchholzer Kirchweg 72b
Tel.: 0511/5463434; Fax: 0511/548283

In Vino
32052 Herford, Lockhauser Straße 145
Tel.: 05221/73706; Fax: 05221/972672

Vinsecco
33775 Versmold, Brüggenkamp 10
Tel.: 05423/94520; Fax: 05423/945252

GES
Generalagentur Sorrentino Exclusive Vertretungen
direkt aus Italien

ENRICO SERAFINO
VISCONTI
ALLEGRINI
MACULAN
CORTEGIARA
CANEL
FIEGL
MONTALCINO

LA VITE
COCCI GRIFONI
CASALE MATTIA
CANT. TOLLO
SORRENTINO
TORREVENTO
D' ANGELO
LIBRANDI
TORREVECCHIA

Fordern Sie unverbindlich unsere Preisliste an.

Riedeweg 275 · 27755 Delmenhorst
Tel. (0 42 21) 92 52 41/42 · Fax (0 42 21) 92 52 43

MÖVENPICK
WEINLAND

Dortmund (Stammhaus)
Brennaborstraße 5 · 44149 Dortmund
Tel. 0231/9651560 · Fax: 0231/96515699

Filialen in:
Berlin, Forckenbeckstr. 9–13
Neu-Isenburg, Dornhofstraße 38
München, Maria-Probst-Str. 22 (Euro-Industriepark Ost)
Hamburg-Bahrenfeld, Bornkampsweg 2 / Ecke Stresemannstraße

Ihr Spezialist **auch** für Italien:

*Bruno Giacosa * Tenute Carretta * Vechie Terre di Montefili*
*Montevertine * E. Rinaldi & Figli * Monsanto*
*Cerretto * Marchesi di Frescobaldi*
*LUCE * Tedeschi * Caparzo * La Chiara * Travignoli*
*Antinori * Il Poggione * Poliziano * Castello di Rampolla*
*Castellare * Villa Pigna * Pieropan * Nino Negri*
*Lungarotti * Schreckbichl/Colterenzio * Fratelli Pighin*
*Badia a Coltibuono * Teruzzi & Puthod und viele andere*

Fordern Sie kostenlos und unverbindlich unseren umfangreichen 50seitigen Gesamtkatalog an.

LA VIGNA
38100 Braunschweig, Ziegenmarkt 3
Tel.: 0531/125213; Fax: 0531/125214

Bremer – Haus italienischer Qualitätsweine
38104 Braunschweig, Efeuweg 16
Tel.: 0531/237360; Fax: 0531/373022

Vini d'Italia
38440 Wolfsburg, Schillerstr. 25
Tel.: 05361/15446; Fax: 05362/2165

Piemont-Express – SLABY
40476 Düsseldorf, Spichernstraße 33
Tel.: 0211/5141236; Fax: 0211/5141235
piemont-express-slaby@t-online.de
www.vs-weine.de

W.D.V. Wein-Direkt-Vertrieb GmbH
41460 Neuss, Düsseldorfer Str. 46
Tel.: 02131/568350; Fax: 02131/568359

Mövenpick Weinland*
44149 Dortmund, Brennaborstr. 5
Tel.: 0231/9651560; Fax: 0231/96515699

Anzeige

vom Ende & Pohl, Ausgesuchte Weine
47799 Krefeld, Am Hohen Haus 2
Tel.: 02151/25656; Fax: 02151/28884

Weinspezialitäten Import+Versand Vortkamp*
48599 Gronau, Enscheder Str. 313
Tel.: 02562/4001; Fax: 02562/25635

Weinhandlung Deitermann
49757 Werlte, Hauptstraße 76
Tel.: 05951/840; Fax: 05951/765

W.D.V. Wein-Direkt-Vertrieb GmbH
50226 Frechen, Kölner Str. 195–197
Tel.: 02234/273201; Fax: 02234/273203

Classica Wein- und Lebensmittelhandels GmbH
50670 Köln, Im Klapperhof 33
Tel.: 0221/120447; Fax: 0221/123090

Piero Massi – Selektion italienischer Spitzenweine
50968 Köln, Brühler Straße 25–27
Tel.: 0221/9347630; Fax: 0221/9347639

Italiens
Beste Weine

Wir vertreten 35 kleine, aber feine Weingüter aus 12 Regionen Italiens. Die Weine sind typisch und von großer, überregionaler Bedeutung.

Gern schicken wir Ihnen unseren Katalog, oder Sie schauen ins Internet.

Weinspezialitäten Import + Versand

VORTKAMP

48599 GRONAU, ENSCHEDER STR. 313
Tel. 02562 93360, Fax 02562 25635
http://www.vortkamp.de

HERI'S WEINGALERIE

Wein vom Aostatal bis nach Sardinien

Große Winzernamen aus Italien führen alle
– wir auch – und gute Alltagsweine?
Rufen Sie uns an – wir beraten
Sie gerne persönlich und individuell!

Ihr Probepaket: max. 12 verschiedene Weine nach Ihrer Wahl versenden wir frei Haus.

MÜHLWIESENSTR. o. Nr. 65191 WIESBADEN
TELEFON 0611-1885696 TELEFAX 0611-1899633
Import • Einzelhandel • Versand • Großhandel

SCHELTE WEIN-IMPORT GMBH
50968 Köln, Marktstraße 10
Tel.: 0221/9346870; Fax: 0221/93468740

Vini per Amici
56077 Koblenz, Friesenstr. 16
Tel.: 02630/959098; Fax: 02630/959098

Per il vino – Erika Well
59379 Selm, Schillerstr. 2
Tel.: 02592/240310; Fax: 02592/240311

Vinoc – Wein aus ökologischem Anbau
63067 Offenbach, Nordring 84
Tel.: 069/888490; Fax: 069/886464

WEINIMPORT E. Cresceri
63329 Egelsbach, In den Obergärten 5
Tel.: 06103/42745; Fax: 06103/42430

Anzeige

Magazzino del Vino
63739 Aschaffenburg, Cornelienstr. 29
Tel.: 06021/20720; Fax: 06021/410753

E. Molina, Spezialitäten + Weine
64283 Darmstadt, Adelungstraße 3
Tel.: 06151/293105; Fax: 06151/21872

Heri's Weingalerie*
65191 Wiesbaden, Mühlwiesenstraße
Tel.: 0611/1885696; Fax: 0611/1899633

Jacopini Import
66538 Neunkirchen, Brückenstr. 16
Tel.: 06821/14132; Fax: 06821/25847

Enoteca La Vigna*
67063 Ludwigshafen, Arnimstr. 2
Tel.: 0621/699194; Fax: 0621/6375269

Extraprima Weinimport
68165 Mannheim, R7, 39
Tel.: 0621/28652; Fax: 0621/24957

Vinothek in der Mühle
68519 Viernheim, Hügelstraße 24
Tel.: 06204/3793; Fax: 06204/65856

MACHA Weine & Feines
69120 Heidelberg, Rahmengasse 12
Tel.: 06221/412883; Fax: 06221/402526
Macha.Steph@aol.com

Fischer + Trezza Import GmbH*
70372 Stuttgart, Mercedesstr. 55
Tel.: 0711/9559590; Fax: 0711/561235

Feinkosthaus J. Gaiser
73033 Göppingen, Hauptstr. 30
Tel.: 07161/97640; Fax: 07161/976444

profumo del vino – ausgesuchte Weine aus Italien
74523 Schwäbisch Hall, Haalstraße 4
Tel.: 0791/857120; Fax: 0791/857121

Weinparadies
76185 Karlsruhe, Bachstraße 56
Tel.: 0721/592499; Fax: 0721/593523
weinparadies@t-online.de

Anzeige

Enoteca la Vigna

Italiens Größen & Newcomer

Die interessantesten Weingüter aus Sizilien, Apulien und der Maremma Toscana oder die Top-Weingüter aus Piemont & Friaul

Friaul

Mario Schiopetto, Villa Russiz, Ronco del Gelso, Zof

Veneto

La Cappucina, Nino Franco, Inama

Piemont

Roberto Voerzio, Villa Sparina, Ciabot Berton, Fontanabianca

Toskana

Panizzi, Moris Farms, Valdipiatta, Fuligni, Fanti-San Filippo, Villa Cafaggio, Rascioni & Cecconello, Tenuta di Ghizzano, San Giusto a Rentenano, Ambrosini Lorella, Le Corti Corsini

Umbrien

Le Poggette

Marken

Lanari, Cimarelli Medoro

Apulien

Felline (Primitivo di Manduria), Taurino Cosimo

Sizilien

Planeta, COS, Benanti, Salvatore Murana

Sardinien

Giuseppe Gabbas

Fordern Sie unverbindlich unsere Preisliste an!

Versand bundesweit an Endverbraucher und Gastronomie

Enoteca La Vigna

67063 Ludwigshafen
Arnimstr. 2 · Tel. 0621/699194 · Fax 0621/6375269
http://www.LaVigna.de
e-Mail: Enoteca@LaVigna.de

Melter Getränke
76344 Eggenstein, Siemensstr. 4
Tel.: 0721/787880

Weinmarkt an der Laube
78462 Konstanz, Untere Laube 17
Tel.: 07531/22131; Fax: 07531/23815

Strecker's
79110 Freiburg, In den Kirchenmatten 50 B
Tel.: 0761/81001; Fax: 0761/806341
Strecker.Freiburg@t-online.de

il vinaio – Dr. Rainer Welle
79238 Ehrenkirchen-Norsingen, Bundesstraße 37
Tel.: 07633/13603; Fax: 07633/3231

Vincent Becker
79285 Ebringen, Gewerbestr. 11
Tel.: 07664/97980; Fax: 07664/979899

Alois Dallmayr – Delikatessen, Weine + Spirituosen
80331 München, Dienerstraße 14–15
Tel.: 089/21350; Fax: 089/2135251

Brantl – Erlesene Weine aus Italien GmbH
80331 München, Frauenplatz 10
Tel.: 089/223879; Fax: 089/221608

Niederreuther Frische-Markt*
80337 München, Zenettistr. 10
Tel.: 089/76710; Fax: 089/677155

Andreas Furtmayr
80538 München, Kanalstraße 11
Tel.: 089/293841; Fax: 089/293874

Weinhandel Sabitzer
80538 München, Liebigstraße 26
Tel.: 089/21939034; Fax: 089/21939036

Eberhard Spangenbergs GARIBALDI*
80807 München, Frohschammerstraße 14
Tel.: 089/3590222; Fax: 089/3592929

La Dolce Vita
81667 München, Steinstraße 62
Tel.: 089/486999; Fax: 089/487098
wein@ladolcevita.de

Anzeige

Feinkost Käfer
81675 München, Prinzregentenstr. 73
Tel.: 089/4168260; Fax: 089/4168622

Vinothek Bogenhausen
81677 München, Stuntzstraße 30
Tel.: 089/472799; Fax: 089/472799

Italienische Vinothek Munzert
81825 München, Damaschkestraße 11
Tel.: 089/421827; Fax: 089/426486

Weinimport Graf Medolago-Albani
82319 Starnberg, Bahnhofstr. 3
Tel.: 08151/15711; Fax: 08151/28887

Casa del Vino, Direktimport italienischer Weine, Grappe und Delikatessen
84478 Waldkraiburg, Pfarrer-Kneipp-Straße 7
Tel.: 08638/3819; Fax: 08638/85481

Ars Vivendi
85049 Ingolstadt, Taschenturmstr. 10
Tel.: 0841/910963; Fax: 08456/2603

Steines KG, la Cave
85424 Erding, Postfach 1425
Tel.: 08122/18200; Fax: 08122/40168
sales@steines-weine.com

Vinothek Steines
85435 Erding, Haager Str. 9
Tel.: 08122/18485; Fax: 08122/18485

Bonvino
85635 Höhenkirchen-Siegertsbrunn, Egmatinger Str. 3
Tel.: 08102/71071; Fax: 08102/1024
www.bonvino.de, info@bonvino.de

Josef Schöpf Weinimport
85748 Garching, Daimlerstraße 22
Tel.: 089/3204001

Hochwertige Weine – H. Domberger
86152 Augsburg, Am Katzenstadel 10
Tel.: 0821/488919; Fax: 0821/485727

vino buono – Barbara Kinzler, Import und Versand anspruchsvoller Weine
86567 Hilgertshausen, Sommerstraße 11
Tel.: 08250/9123; Fax: 08250/7564

Castel Calmasino, Vino e Olivicoltura
87488 Betzigau
Tel.: 0831/73035; Fax: 0831/73039

Georg Böck – Weinimport
87600 Kaufbeuren, Heinrichstr. 40
Tel.: 08341/14660; Fax: 08341/73889

Weingalerie Tafel
88212 Ravensburg, Herrenstraße 30
Tel.: 0751/14807

Pinot Weinhandel
90419 Nürnberg, Rückertstraße 11
Tel.: 0911/330433; Fax: 0911/374044

Il Nuraghe GmbH
90482 Nürnberg, Happurger Str. 88
Tel.: 0911/501091; Fax: 0911/504560

FIASCO CLASSICO * WEINIMPORT
90491 Nürnberg, Europaplatz 8
Tel.: 0911/595910; Fax: 0911/599026

Anzeige

Ital Vini
90530 Wendelstein, Sorgwiesen 3
Tel.: 09129/277812; Fax: 0911/277813
italvini@aol.de

Weinberger – Historisches Weingewölbe
93047 Regensburg, Spiegelgasse 1
Tel.: 0941/59191; Fax: 0941/59100

Enoteca Italiana
93059 Regensburg, Andreasstraße 10
Tel.: 0941/86507; Fax: 0941/897520
webmaster@enoteca-regensburg.de

Weinhaus Heinrich & Heinrich
96049 Bamberg, Untere Sandstraße 14
Tel.: 0951/58057; Fax: 0951/58067

Österreich

Weinkultur Ernst
A-8273 Ebersdorf 160
Tel.: 0043/3333/2824; Fax: 0043/3333/3131

Schweiz

l'enoteca LIECHTI WEINE
CH-4051 Basel, Schneidergasse 10
Tel.: 0041/61/2616071; Fax: 0041/61/2639098

* Bitte beachten Sie auch die Anzeige

Anzeige

BITTE BEACHTEN

Trotz genauer Recherchen lassen sich Fehler bei den Angaben zu Weingütern und Weinen nicht vermeiden. Für Schäden, die durch fehlerhafte oder fehlende Angaben sowie fehlerhafte oder fehlende Eintragungen in den Karten entstehen, übernehmen Verlag und/oder Herausgeber keine Haftung.

Impressum

Verlag: Wilhelm Heyne Verlag GmbH & Co. KG, Türkenstr. 5–7, 80333 München, Tel. (0 89) 2 86 35-3 01

Übersetzung: Loredana Leins

Satz: MEDIO, Berlin

Umschlagillustration: IFA-Bilderteam/Breig, Taufkirchen

Umschlaggestaltung: Nele Schütz Design, München

Druck: Kösel, Kempten

Copyright © der Originalausgabe by VERONELLI EDITORE SRL, BERGAMO

Copyright © der deutschen Ausgabe
1999 by Wilhelm Heyne Verlag GmbH & Co. KG, München
Alle Rechte vorbehalten

Ohne ausdrückliche schriftliche Genehmigung des Verlages ist es nicht gestattet, das Buch oder Teile daraus zu kopieren oder zu vervielfältigen.

ISBN 3-453-15617-X

ZABERT SANDMANN

Deutschlands Weinbuch Nr. 1!

Glänzendes Weinwissen, knapp und prägnant dargestellt. Ein Buch für alle, die Wein nicht nur trinken, sondern auch verstehen wollen. Denn man schmeckt nur, was man weiß.

256 Seiten mit 1.000 Farbfotos, gebunden.
DM 58,-
öS 423,- / sFr 52,50
ISBN 3-932023-02-1

176 Seiten, mit zahlreichen Farbabbildungen, gebunden.
DM 48,-
öS 350,- / sFr 44,50
ISBN 3-932023-16-1

Die Weine der Neuen Welt – ein neuer Priewe, ein neuer Trend

Das erste Buch in deutscher Sprache, das sich ausschließlich den Weinen zuwendet, die mit europäischem Know-how produziert werden, aber in den Anbauländern auf der südlichen Erdhalbkugel reifen.
Schon jetzt ein Klassiker der Weinliteratur.

Wie man sich bettet ...

220 Seiten, 180 Farbfotos
ISBN 3-453-15621-8

238 Seiten, 180 Farbfotos
ISBN 3-453-15624-2

Jeder Band
DM 28,-/öS 204,-/sFr 26,-

192 Seiten, 170 Farbfotos
ISBN 3-453-15622-6

... steht hier drin!

HEYNE

Hiermit bestelle ich:

☐ **Veronelli Restaurants in Italien** . . . . Exemplare
aktuelle Ausgabe DM 49,–

☐ **Veronelli Weine aus Italien** . . . . Exemplare
aktuelle Ausgabe DM 48,–

☐ **Veronelli Restaurants und Weine in der Toskana** . . . . Exemplare
neu, 1. Ausgabe DM 39,–

zuzüglich DM 6,– Versandkosten (einmalig)

☐ Ich möchte Veronelli verschenken.
Bitte machen Sie mir ein Angebot für . . . . Exemplare

Datum/Unterschrift ______________________________

(Anschrift siehe Rückseite)

Telefax 08105 - 5408

Leserservice Revilak
Postfach 1180
D-82196 Gilching

Ich bitte um Zusendung
an folgende Adresse

Name

Straße

PLZ/Ort